Formación y orientación laboral Avanzado

M.ª Lourdes Gago García
Carmen García Leal
Soledad López Barra
Eugenio Ruiz Otero

Revisión técnica
M.ª Carmen Martínez Ramírez
Carlos Molina Molina

Mc Graw Hill
MADRID · BUENOS AIRES · CARACAS · GUATEMALA · MÉXICO
NUEVA YORK · PANAMÁ · SAN JUAN · BOGOTÁ · SÃO PAULO · AUCKLAND
HAMBURGO · LONDRES · MILÁN · MONTREAL · NUEVA DELHI · PARÍS
SAN FRANCISCO · SÍDNEY · SINGAPUR · SAINT LOUIS · TOKIO · TORONTO

Todas las actividades propuestas en este libro de texto deben realizarse en un cuaderno aparte.
Los espacios incluidos en las actividades son meramente indicativos, y su finalidad, didáctica.

Formación y orientación laboral • Avanzado

McGraw-Hill/Interamericana de España, S.L.
Edificio Valrealty, 1.ª planta
Basauri, 17
28023 Aravaca (Madrid)

ISBN: 978-84-486-2326-5
Depósito legal: M-9964-2021

McGraw Hill apoya los Objetivos de Desarrollo Sostenible

© M.ª Lourdes Gago García, Carmen García Leal, Soledad López Barra y Eugenio Ruiz Otero
Equipo editorial: Paloma Sánchez Molina y R. Belmonte
Diseño de cubierta: Javier Aguilera y Diego Mir
Diseño interior: Marta Girabal
Fotografías: archivo McGraw Hill, 123RF
Ilustraciones: archivo McGraw Hill, Rosanna Crespo y Artedis Producción Gráfica, S.L.
Composición: Artedis Produccción Gráfica, S.L.
Impreso en: MACROLIBROS, S.L.
0213456789 - 2524232221
IMPRESO EN ESPAÑA - PRINTED IN SPAIN

Certificado PEFC
Este producto procede de bosques gestionados de forma sostenible y fuentes controladas
PEFC
PEFC/14-38-00230
www.pefc.es

Presentación

Este libro está especialmente ideado para trabajar el módulo de Formación y Orientación Laboral de los Ciclos Formativos y adaptado al currículo estatal y al de las distintas comunidades autónomas.

El módulo de Formación y Orientación Laboral, que es común a todos los ciclos formativos, tiene como finalidad proporcionar al alumnado la formación necesaria para:

- Conocer la legislación laboral básica y los derechos y obligaciones que se derivan de las relaciones laborales, de modo que sea capaz de abordar y resolver las diversas situaciones a las que se debe enfrentar a lo largo de su vida profesional.
- Comprender el funcionamiento de los equipos de trabajo, la gestión de los conflictos y el desempeño en los nuevos entornos organizativos.
- Adquirir las competencias necesarias para orientarse en el mercado laboral, identificando las posibilidades de inserción profesional.
- Adquirir las competencias precisas para trabajar en condiciones de seguridad y prevenir los riesgos derivados de determinadas situaciones laborales.

El libro está estructurado en 18 unidades en las que se ha pretendido reflejar de forma clara y sistemática los contenidos y los criterios de evaluación que recoge la normativa vigente, tratando de potenciar la iniciativa y el desarrollo de las capacidades de comprensión, análisis, relación y búsqueda, propias del proceso de enseñanza-aprendizaje.

Cada unidad didáctica comprende: contenidos teóricos, casos prácticos resueltos, actividades que el alumnado debe resolver y ejercicios denominados «Ponte a prueba» en los que se facilitan a los estudiantes pautas para la resolución.

Al final de cada unidad se proponen dos grupos de actividades: actividades de síntesis, para repasar los contenidos estudiados, y actividades de investigación, para promover la competencia digital de búsqueda de información y la competencia de análisis de esta.

Además, cada unidad se cierra con un «Test de repaso» y una sección denominada «Comprueba tu aprendizaje», que consiste en una batería de actividades diseñadas para profundizar en la adquisición de los conocimientos, las competencias y las habilidades recogidas en los resultados de aprendizaje del módulo; dichas actividades se clasifican según los criterios de evaluación curriculares y permiten aplicar los conocimientos adquiridos en situaciones propias de la vida profesional. Cada unidad se cierra con un bloque de actividades encadenadas, denominado «De camino al mundo laboral», en las que el estudiante se introduce en situaciones reales.

Aunque el texto está actualizado, en algunas actividades es necesario utilizar informaciones y datos que pueden variar con el paso del tiempo, pero que no modifican sustancialmente los conceptos utilizados ni los procedimientos aplicados. Para que dichos datos se puedan actualizar, aportamos información sobre la fuente a la que se debe acudir con esa finalidad.

Esperamos que este libro resulte útil y no defraude las expectativas que se puedan tener sobre él. Las autoras y el autor agradecemos de antemano las observaciones, las sugerencias y las críticas que tanto el alumnado como el profesorado puedan realizar, y estaremos atentos a todas aquellas propuestas que redunden en una mejora de la obra en futuras ediciones.

Las autoras y el autor

Índice

1 UNIDAD El derecho del trabajo

ESTUDIARÁS

- El concepto de derecho del trabajo:
  - Las fuentes que regulan la relación laboral entre las personas trabajadoras y las empresas.
  - La jerarquía existente entre las diversas normas que regulan la relación laboral.
  - Los principios de aplicación del derecho del trabajo.
- Los derechos y deberes inherentes a una relación laboral entre la empresa y la persona trabajadora.
- Las funciones principales de los organismos administrativos y judiciales que protegen a los empleados y las empleadas.

Y SERÁS CAPAZ DE

- Ejercer los derechos y cumplir las obligaciones que se derivan de las relaciones laborales, reconociendo unos y otras en los diferentes contratos de trabajo.

La Organización de las Naciones Unidas ha creado los Objetivos de Desarrollo Sostenible (ODS) con la finalidad de construir un mundo más justo y proteger el planeta Tierra.

El ODS 8 (Trabajo decente y crecimiento económico) intenta conseguir que las personas trabajadoras tengan empleos en condiciones de justicia e igualdad.

Consulta la siguiente página web y señala tres características que, según la ONU, debe cumplir un trabajo decente:

https://bit.ly/3jf53Kq

En tu opinión, ¿qué condiciones tendría que cumplir un empleo para ser decente?

- ¿Conoces el origen del derecho laboral?
- ¿El derecho al trabajo es un derecho fundamental?
- ¿Sabes si puedes trabajar en otros países de la Unión Europea?

1. El derecho del trabajo

A finales del siglo XVIII comenzó en Inglaterra la denominada **Revolución Industrial**, que supuso la progresiva sustitución de los pequeños talleres artesanales por grandes fábricas. El poder de las empresas frente a las plantillas y la falta de unión de estas provocaban enormes abusos y los trabajadores y trabajadoras debían soportar unas durísimas condiciones de vida.

Así, ante la necesidad de proteger a la parte más débil de la relación laboral (la **persona trabajadora**), surgieron las **primeras normas** del derecho del trabajo.

> El **derecho del trabajo** o **derecho laboral** es el conjunto de normas que regulan el trabajo prestado de forma personal, voluntaria, por cuenta ajena, retribuida y en relación de dependencia con la empresa.

La norma más importante del derecho del trabajo en nuestro país es el **texto refundido del Estatuto de los Trabajadores (TRET)** de 2015, que contiene la regulación básica de las relaciones laborales.

El derecho del trabajo tiene las siguientes **finalidades** (Fig. 1.1):

Finalidad

- Proteger a la persona trabajadora: su salud, su vida y su dignidad.
- Compensar a la persona trabajadora frente al poder de la empresa:
  - Estableciendo condiciones mínimas de trabajo.
  - Reconociendo a las personas trabajadoras vías de defensa, como el proceso judicial.
  - Creando instrumentos para controlar la aplicación de las normas, como los tribunales o la Inspección de Trabajo.

Fig. 1.1. Finalidades del derecho del trabajo.

¿SABÍAS QUE...?

El **derecho laboral** surge para regular jurídicamente la **realidad social del trabajo** humano, ordenar las **relaciones entre personas trabajadoras y empresas** y solucionar los **conflictos** que puedan surgir.

Las **primeras leyes** se promulgaron por razones de orden público, políticas o de justicia social (trabajo infantil, accidentes laborales, etc.) que sacudían la conciencia y la sensibilidad colectivas. A su vez, los sindicatos se desarrollaron para mejorar las condiciones de trabajo.

1.1. La relación laboral

El derecho del trabajo **no regula todos** los trabajos que pueden realizar las personas, sino solo aquellos que reúnen las siguientes características (Tabla 1.1):

Personal	La persona contratada debe realizar el trabajo personalmente.
Voluntario	El trabajador o trabajadora tiene libertad para elegir su trabajo forma voluntaria y también para ponerle fin.
Por cuenta ajena	El resultado del trabajo y los medios de producción utilizados pertenecen a la empresa, y el personal no soporta las pérdidas ni percibe las ganancias de esta.
Retribuido	No existe relación de trabajo si no hay una contraprestación o retribución por la realización del servicio, independientemente de que la empresa tenga o no ánimo de lucro.
Dependiente	La empresa organiza la actividad y decide cuándo, dónde y cómo ha de realizarse.

Tabla 1.1. Requisitos de una actividad regulada por el derecho laboral.

ACTIVIDADES

1. Busca en Internet el texto refundido del Estatuto de los Trabajadores. Consulta el artículo 1 y señala a quién se aplica esta norma.

2. ¿Se puede hablar de relación laboral en estos supuestos?

a) Pablo trabaja como delineante desde hace dos meses. Estudió un ciclo formativo de Grado Superior de la rama profesional de Edificación y Obra Civil y siguió colaborando con la compañía en la que hizo la FCT. Firmó un contrato de seis meses con la empresa y cobra el salario mínimo de convenio para su nivel profesional.

b) Ángela lleva unos meses trabajando sola en su tienda de bisutería, pero espera poder contratar a una persona para que la ayude.

1.2. Relaciones no laborales o excluidas

El Estatuto de los Trabajadores **excluye** del ámbito del derecho del trabajo una serie de actividades, bien porque carecen de los requisitos señalados, bien porque así lo establece la ley (Tabla 1.2).

Relaciones excluidas (no se consideran relaciones laborales)	
Por falta de voluntariedad	**Las prestaciones personales obligatorias.** Por ejemplo, formar parte de un jurado o de una mesa electoral, los servicios a la ciudadanía en caso de grave riesgo social o catástrofe y de protección civil, los trabajos de colaboración social que deben realizar las personas que perciben prestaciones por desempleo para no perderlas, etc.
Porque no son retribuidas	• **Los trabajos benévolos, amistosos y de buena vecindad,** ya que carecen de retribución (a veces se intercambian servicios por servicios). Por ejemplo, las labores de voluntariado en una ONG, el deporte aficionado, las prácticas educativas no remuneradas, el intercambio en labores agrícolas o la colaboración en los festejos populares. • **Los trabajos en negocios familiares,** salvo que se demuestre que existe un contrato. Afecta a parientes hasta segundo grado de consanguinidad o afinidad que vivan con el empresario o empresaria. La excepción a esta norma son los hijos e hijas menores de 30 años, aunque convivan con él o ella (se acogerán al Régimen General de la Seguridad Social, sin derecho a la prestación de desempleo).
Porque falta la dependencia o la ajenidad	• El trabajo de **intermediarios e intermediarias o agentes comerciales** que prestan sus servicios en virtud de una relación o contrato mercantil, siempre que asuman el riesgo y la ventura de la actividad. • Los servicios de **consejeros** y **consejeras** o miembros de un **órgano de administración** de una sociedad (SA, SL, etc.), siempre que no se desempeñen otras funciones. • El **trabajo de personas incluidas en el régimen especial del trabajo autónomo** (RETA). • Las labores de **transportistas por cuenta propia** titulares de una autorización administrativa que efectúan por un precio servicios públicos con vehículo propio.
Porque así lo establece la ley	El trabajo desempeñado por cierto **funcionariado público.** Se rige por lo establecido en el Estatuto Básico del Empleado Público.

Tabla 1.2. Relaciones excluidas del derecho laboral.

1.3. Relaciones laborales especiales

El Estatuto de los Trabajadores considera relaciones laborales especiales aquellas que, por sus características, requieren una **regulación particular** en algún aspecto, como, por ejemplo, salarios, vacaciones, horarios, turnos, etc. (Tabla 1.3).

Relaciones laborales especiales (tienen peculiaridades en la regulación de algunos aspectos)	
a) Personal de alta dirección (personal directivo y gerentes de empresa). *b)* Personas que trabajan al servicio del hogar familiar (personal de limpieza, de los cuidados, la jardinería, etc.). *c)* Personas reclusas en instituciones penitenciarias. *d)* Deportistas profesionales. *e)* Artistas en espectáculos públicos.	*f)* Agentes comerciales que no asumen el riesgo y la ventura de las operaciones que realizan. Su retribución suele fijarse en forma de comisiones sobre las ventas. *g)* Personas con discapacidad en centros especiales de empleo (aquellos que solo ocupan a estas personas). *h)* Personal médico interno residente (MIR), abogadas y abogados en despachos profesionales, y otros que establezca la ley.

Tabla 1.3. Relaciones laborales especiales.

PONTE A PRUEBA 1. Relación laboral

Lorena y Carla trabajan como técnicas de ciberseguridad en una empresa en la que realizaron la FCT, al término de la cual firmaron un contrato por el que perciben el salario base que marca el convenio colectivo. Su jefa les ha encargado colaborar en un proyecto con otros compañeros de su departamento.

Analiza si se dan las condiciones para considerar trabajadoras a Lorena y Carla.

Para resolver esta prueba puedes consultar el artículo 1 del Estatuto de los Trabajadores y apoyarte en los contenidos explicados en esta unidad.

2. La regulación de la relación laboral

> La relación laboral que se crea entre una persona trabajadora y una empresa, y las distintas situaciones que de ella se pueden derivar, están reguladas por el **derecho del trabajo**, formado por un conjunto de normas que presentan diferente origen y naturaleza jurídica.

Las **normas o fuentes** que integran el derecho del trabajo proceden de distintos órganos, tanto nacionales como internacionales, y siguen una jerarquía.

2.1. Jerarquía de las normas laborales

La **legislación laboral** se caracteriza por la pluralidad de normas que regulan la misma materia de forma simultánea. Pero estas normas no tienen el mismo rango, por lo que se deben ordenar jerárquicamente atendiendo a dicho rango, que depende tanto del órgano que las elabora como de la materia que desarrollan.

> El principio de **jerarquía normativa** significa que las normas de mayor rango prevalecen sobre las de rango inferior, y que, a su vez, estas no pueden contradecir lo dispuesto en las normas de rango superior.

Esto quiere decir, por ejemplo, que una ley no puede establecer un contenido contrario a lo que dicta la Constitución, al ser esta la norma de máximo rango en el ordenamiento jurídico español; así, la norma que contradiga la Constitución podrá ser declarada inconstitucional y no se aplicará.

En la Figura 1.2 aparecen dispuestas jerárquicamente las normas del ordenamiento jurídico laboral en nuestro país.

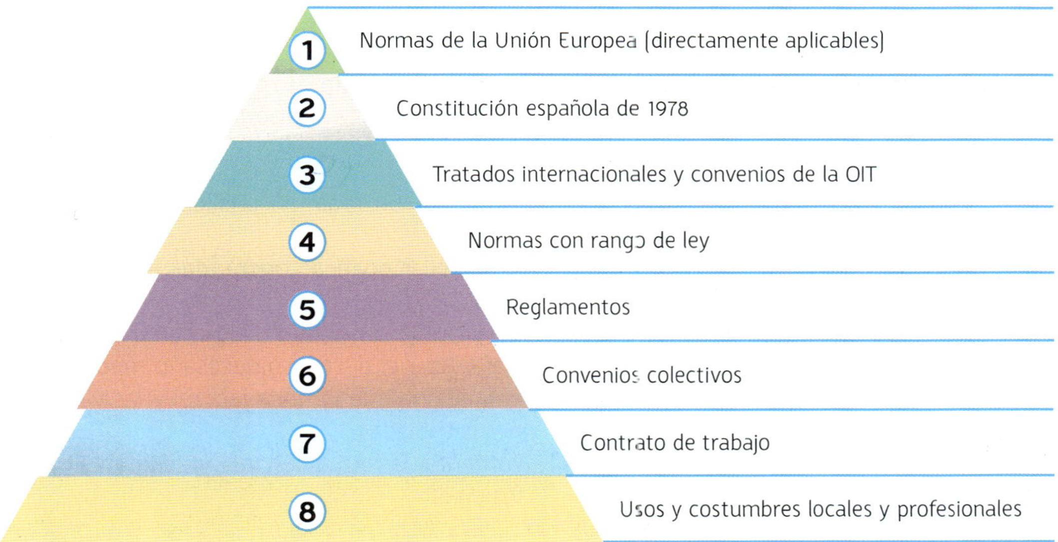

Fig. 1.2. Fuentes de la relación laboral y su jerarquía normativa.

ODS

Naciones Unidas, a través del ODS 16, tiene como objetivos garantizar el acceso público a la información y proteger las libertades fundamentales, de conformidad con las leyes nacionales y los acuerdos internacionales, así como promover y aplicar leyes y políticas no discriminatorias en favor del desarrollo sostenible.

16 PAZ, JUSTICIA E INSTITUCIONES SÓLIDAS

ACTIVIDADES

3. El derecho fundamental de libre sindicación se regula en el artículo 28.1 de la Constitución española y en la Ley Orgánica de Libertad Sindical.

a) Lee lo que establece el artículo de la Constitución e indica a quién se podrá limitar este derecho.

b) Di cuál de las dos normas mencionadas es superior jerárquicamente y si sería posible que una ley orgánica limitara el ejercicio de este derecho a otras personas.

4. En el Tratado de Funcionamiento de la Unión Europea se reconoce el derecho a la libre circulación de personas trabajadoras de la Unión Europea. Señala si en alguna norma española se podría exigir algún requisito para trabajar en España.

! IMPORTANTE

Las **fuentes internas de la relación laboral** son:

- La Constitución.
- Las leyes (leyes orgánicas y ordinarias, decretos leyes y decretos legislativos).
- Reglamentos (reales decretos y órdenes ministeriales).
- El convenio colectivo.
- El contrato de trabajo.
- La costumbre.
- Los principios generales.

2.2. Fuentes internas

El derecho laboral presenta unas características especiales respecto al resto del ordenamiento jurídico. Por una parte, contiene unas normas comunes a las demás ramas del derecho y, por otra, incluye unas **fuentes especiales exclusivas del derecho del trabajo:** los **convenios colectivos** (fruto del reconocimiento del derecho a la negociación colectiva), los **contratos de trabajo** y los **usos y costumbres** locales y profesionales.

En el artículo 3 del TRET se señala que los **derechos y obligaciones** concernientes a la relación laboral (Tabla 1.4) se regulan por:

Fuentes de la relación laboral	Las **disposiciones legales y reglamentarias** del Estado.
	Los **convenios colectivos.**
	La **voluntad de las partes** manifestada en el contrato de trabajo.
	Los **usos y costumbres** locales y profesionales.

Tabla 1.4. Fuentes de la relación laboral.

La **jurisprudencia** del Tribunal Supremo complementa el ordenamiento jurídico y sirve como criterio de interpretación en las actuaciones de los jueces y tribunales inferiores.

A. La Constitución

El sistema de relaciones laborales que establece la Constitución española se enmarca dentro del modelo del **Estado social y democrático de derecho,** lo cual implica que nuestra Constitución reconoce derechos sociales relacionados con el trabajo y las condiciones en que se desarrolla. El contenido laboral de la Constitución se puede clasificar en tres grandes bloques (Fig. 1.3).

Contenido laboral de la Constitución

Derechos fundamentales

- Derecho a la vida y a la integridad física.
- Libertad sindical: derecho a fundar sindicatos y a afiliarse libremente al sindicato que se elija.
- Derecho a la huelga.
- Derecho a no ser discriminado por razón de sexo, raza, religión, opinión o cualquier otra circunstancia personal o social.

Derechos y libertades de los ciudadanos

- Derecho al trabajo.
- Derecho a la promoción a través del trabajo.
- Derecho a la elección de profesión u oficio.
- Derecho a la negociación colectiva.
- Derecho a un salario adecuado.
- Derecho a la libertad de empresa.

Principios rectores de la política económica y social

- Mantener un régimen público de Seguridad Social.
- Desarrollar políticas orientadas al pleno empleo.
- Velar por la seguridad e higiene en el trabajo.
- Garantizar el descanso necesario mediante la limitación de la jornada laboral y las vacaciones retribuidas.
- Fomentar la formación y la readaptación profesional.

Fig. 1.3. Contenido laboral de la Constitución.

CASO PRÁCTICO 1. Derecho a la no discriminación

Jorge es técnico superior en Educación Infantil, terminó sus estudios de Formación Profesional hace un año y ha realizado varias búsquedas de empleo en el último trimestre.

Hace unos días asistió a una entrevista de trabajo para cubrir un puesto en una escuela infantil. La persona que lo entrevistó le comentó que tenía un perfil interesante, pero preferían que el puesto ofertado lo ocupara una mujer.

¿Se podría estar vulnerando algún derecho fundamental en este proceso?

Solución:

El artículo 14 de la Constitución reconoce el derecho a la igualdad de todas las personas sin que pueda existir discriminación alguna por razón de nacimiento, raza, sexo, religión, opinión o cualquier otra condición o circunstancia personal o social.

B. Disposiciones legales y reglamentarias

En España, la potestad de elaborar y aprobar las leyes corresponde a las **Cortes Generales** (Congreso y Senado). No obstante, en determinadas circunstancias, el Gobierno puede establecer normas con rango de ley bajo el control de las Cortes (Tabla 1.5).

Cortes Generales (poder legislativo)	Leyes orgánicas	Regulan las materias relativas al desarrollo de los derechos fundamentales y las libertades públicas y aprueban los estatutos de autonomía y el régimen general electoral. Se ratifican por mayoría absoluta en una votación. En el ámbito laboral, la libertad sindical y el derecho de sindicación han sido regulados mediante la Ley Orgánica de Libertad Sindical, ya que afectan al ejercicio de derechos fundamentales y libertades públicas.
	Leyes ordinarias	Regulan aquellas materias no reservadas a las leyes orgánicas. Por ejemplo, la Ley de Prevención de Riesgos Laborales.
Gobierno (poder ejecutivo)	Decretos leyes	En caso de extraordinaria y urgente necesidad, el Gobierno podrá dictar decretos leyes, que no podrán afectar a materias reservadas a las leyes orgánicas. Se exige su convalidación por el Parlamento en el plazo de 30 días desde su aprobación.
	Decretos legislativos	Las Cortes Generales pueden delegar en el Gobierno la facultad de dictar normas jurídicas con rango de ley, que reciben el nombre de decretos legislativos y pueden ser de dos tipos: *a)* **Textos articulados.** Desarrollan unas bases dadas por las Cortes Generales. *b)* **Textos refundidos.** Reúnen en un solo texto una serie de leyes dispersas que regulan la misma materia. Por ejemplo, el texto refundido del Estatuto de los Trabajadores.
	Reglamentos	Son normas jurídicas de rango inferior a las leyes, dictadas por el Gobierno, los ministros y ministras u otros órganos con potestad reglamentaria, que desarrollan las leyes.

Tabla 1.5. Leyes y reglamentos.

C. Los convenios colectivos

La Constitución española reconoce el derecho a la negociación colectiva laboral, a través de los representantes de los trabajadores y trabajadoras y de las empresas, como instrumento para establecer condiciones comunitarias de empleo. A la vez, otorga a los convenios colectivos el carácter de fuente del derecho y **fuerza vinculante**, es decir, de norma jurídica de cumplimiento obligatorio.

> Los **convenios colectivos** son acuerdos libremente negociados entre los representantes de las personas trabajadoras y de las empresas en los cuales se establecen las condiciones de trabajo y de productividad en un ámbito laboral para un periodo de tiempo.

D. El contrato de trabajo

Es un **negocio jurídico** entre la empresa y el empleado o empleada en el que se pactan las condiciones de trabajo y la relación laboral, las cuales no pueden ser contrarias a lo establecido en las normas jurídicas y en los convenios colectivos.

E. Los usos y costumbres locales y profesionales

Los usos y costumbres solo se aplicarán cuando no haya una ley, un convenio o un contrato, o bien cuando la propia ley se refiera a ellos. Deben ser exclusivamente de ámbito **local** (de una localidad concreta) y **profesional** (de una determinada rama de la producción, oficio o profesión), nunca algo generalizado.

? ¿SABÍAS QUE...?

Se denomina **costumbre** la norma de conducta nacida de la práctica social reiterada y constante y considerada obligatoria por la comunidad.

ACTIVIDADES

5. La norma que regula el salario y sus garantías en nuestro país es el texto refundido del Estatuto de los Trabajadores. Pero también se establece cada año, por real decreto, el salario mínimo interprofesional (SMI), y en los convenios colectivos se fijan las tablas salariales en su ámbito de aplicación. ¿De qué órganos provienen estas normas?

2.3. Fuentes externas

En su relación con otros países, organismos e instituciones internacionales, el Estado español asume una serie de obligaciones, como resultado de las cuales se incorporan al derecho español unas fuentes de origen internacional que se caracterizan por su **primacía sobre el derecho interno.** Son fuentes internacionales las normas emanadas de la **Unión Europea,** los **tratados internacionales** y las **normas de la OIT** (Organización Internacional del Trabajo).

Fig. 1.4. Las instituciones de la Unión Europea tienen su sede en Bruselas.

A. La Unión Europea

La Unión Europea (UE) es una organización constituida por diversos Estados europeos democráticos que se han comprometido a trabajar juntos en beneficio de la paz y la prosperidad. Esta unión de soberanías, también denominada **integración europea** (Fig. 1.4), tiene entre sus fines principales **mejorar el nivel de vida de las personas trabajadoras** de los Estados miembros y **equiparar las condiciones laborales** en los distintos países.

Para alcanzar estos objetivos, cuenta con cinco instituciones esenciales, cada una de ellas con una función específica (Tabla 1.6).

Unión Europea	
Parlamento	Es elegido por la ciudadanía de los Estados miembros.
Consejo	Representa a los Gobiernos de los Estados miembros.
Comisión	Es el órgano ejecutivo de la Unión, y representa y defiende los intereses de esta en su conjunto.
Tribunal de Justicia	Garantiza el cumplimiento de las normas de la Unión Europea.
Tribunal de Cuentas	Efectúa el control del presupuesto de la Unión.

Tabla 1.6. Instituciones de la Unión Europea.

El **Tratado de Funcionamiento** de la Unión Europea clasifica los actos legislativos del modo siguiente:

- **Reglamentos.** Son normas de aplicación en todos los Estados miembros y crean un mismo derecho en toda la Unión. Son directamente aplicables a todos los Estados.
- **Directivas.** Marcan unos objetivos a los Estados a los que se destinan, que, en un plazo determinado, deben adoptar las medidas legislativas necesarias para conseguir los fines previstos. Es necesario trasponerlas al derecho nacional.
- **Decisiones.** Son obligatorias en todos sus elementos, pero no tienen alcance general.
- **Recomendaciones y dictámenes.** Son textos de orientación que no imponen obligaciones jurídicas, sino que expresan valoraciones o juicios políticos y morales.

Las actuaciones en materia laboral de la Unión Europea se enmarcan en la llamada **dimensión social europea,** que se asienta en **el principio de no discriminación entre la ciudadanía de los Estados miembros por razón de su nacionalidad,** y tiene unas consecuencias (Tabla 1.7).

Libre circulación de personas trabajadoras	La **libre circulación de personas trabajadoras** es un principio fundamental de la Unión Europea según el cual la ciudadanía de la Unión tiene derecho a: buscar empleo en otro país de la UE, trabajar en otro país sin necesidad de permiso de trabajo, residir en otro país por motivos laborales, permanecer en el mismo cuando hayan dejado de trabajar, recibir el mismo trato que la ciudadanía de ese país en el acceso al empleo, las condiciones de trabajo y las ventajas sociales y fiscales. La UE establece unas normas comunes que protegen los derechos de seguridad social de sus ciudadanos y ciudadanas cuando se desplazan por Europa. Los periodos cotizados en los países de la UE se totalizarán a efectos de conceder prestaciones, y estas se pagarán en cualquier Estado de la UE.
Condiciones de trabajo armonizadas	Han sido reguladas las siguientes **materias:** contratos de trabajo escritos, protección de la salud de las personas trabajadoras, prohibición de ejercer un empleo a menores de quince años y protección a la mujer embarazada. Estas disposiciones no excluyen la posibilidad de que cada país pueda establecer condiciones más favorables.
Acceso a la función pública	Las vías de acceso a la función pública están abiertas a toda la ciudadanía de los Estados miembros de la Unión, con excepción de los empleos que implican el ejercicio de poder público y de la soberanía nacional, como en el caso de la Policía, el Ejército y la alta Administración.

Tabla 1.7. Actuaciones de la Unión Europea en materia laboral.

B. Los tratados internacionales

Los tratados internacionales válidamente celebrados pasan a formar parte del ordenamiento jurídico español una vez **aprobados en las Cortes y publicados en el *Boletín Oficial del Estado* (BOE).** Estos tratados solo son válidos si respetan lo dispuesto en la Constitución.

C. Las normas de la Organización Internacional del Trabajo

La Organización Internacional del Trabajo (OIT) es un organismo especializado de la Organización de las Naciones Unidas (ONU), cuya finalidad consiste en **promover acciones internacionales para mejorar las condiciones de empleo y el nivel de vida de las personas trabajadoras;** así mismo, se encarga de elaborar programas de asistencia y asesoramiento a los países que lo requieran.

La actividad de la OIT se manifiesta mediante tres tipos de normas jurídicas: **convenios, recomendaciones y resoluciones.** Solo los convenios son vinculantes una vez ratificados por las Cortes.

IMPORTANTE

Las **fuentes externas del derecho laboral** son:

- Los reglamentos, las directivas y las decisiones de la Unión Europea.
- Los tratados o convenios internacionales.
- Los convenios y recomendaciones de la Organización Internacional del Trabajo.

CASO PRÁCTICO 2. Libre circulación de trabajadores

Héctor, de nacionalidad española, realizó el Grado Superior en Comercio Internacional hace dos años y no ha encontrado trabajo relacionado con esta área, situación en la que también se encuentra Mariola, compañera de estudios venezolana.

Los dos estudiantes tienen la intención de probar suerte en Amberes (Bélgica), donde viven y trabajan unos amigos y compañeros de estudios que les han comentado la posibilidad de conseguir empleo allí. Indica si necesitan algún tipo de autorización para trabajar en esa ciudad.

Solución:

Héctor no necesita autorización, pues uno de los derechos más importantes reconocidos a los trabajadores y trabajadoras naturales de los países miembros de la Unión Europea es la libre circulación, que reconoce la facultad de moverse, residir y trabajar libremente en todo el territorio de los Estados miembros.

PONTE A PRUEBA 2. Trabajo en la Unión Europea

Rocío, auxiliar de enfermería, ha recibido una oferta de trabajo para un hospital de una localidad francesa próxima a su residencia en España. Cada día tendrá que desplazarse al país vecino, pues quieren que preste sus servicios en el mencionado centro sanitario durante dos meses en verano. Ella no sabe si podrá trabajar en Francia, al tener nacionalidad española, ni si precisará algún permiso para hacerlo durante ese periodo.

Comprueba y analiza si Rocío tendría la posibilidad de desempeñar la actividad en Francia y si necesitaría algún permiso de trabajo.

Para resolver la prueba se aconseja localizar en Internet el Real Decreto 240/2007, de 16 de febrero, sobre entrada, libre circulación y residencia en España de ciudadanos de los Estados miembros de la Unión Europea y de otros Estados parte en el Acuerdo sobre el Espacio Económico Europeo y consultar detalladamente el artículo 6.

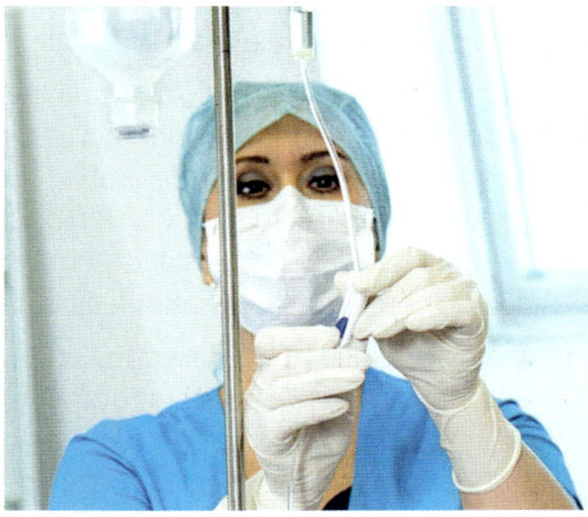

ACTIVIDADES

6. Agustina ha obtenido el título de técnico superior en Automoción y, a través del portal europeo de la movilidad profesional EURES, ha visto una oferta para trabajar de mecánica en Alemania. Como no se indica el salario, piensa que le podrían pagar menos que a los empleados y empleadas alemanes.

   ¿Crees que a Agustina le podría suceder esto?

2.4. Principios para la aplicación de las normas laborales

El sistema de normas del derecho del trabajo es complejo, ya que existen múltiples fuentes y no todas tienen la misma importancia. Si nos limitáramos a aplicar siempre las jerárquicamente superiores, habría otras que no se ejecutarían nunca. Por ello es necesario hacer referencia a los principios, específicos de esta rama del derecho, que rigen la aplicación de estas normas laborales y que **ayudan a resolver** los posibles conflictos entre las de distinto rango (Tabla 1.8).

Principio de norma mínima	El principio de norma mínima significa que las normas de rango superior determinan el contenido mínimo de las de menor rango, estableciendo unas condiciones de trabajo inderogables en perjuicio de la persona trabajadora. Por tanto, las normas laborales de rango inferior pueden establecer mejores condiciones que la de rango superior, pero nunca empeorarlas.
Principio de norma más favorable	Cuando existan dos o más normas, cualquiera que sea su rango, aplicables a un caso concreto, se tomará la que, apreciada en su conjunto, sea más favorable para la persona trabajadora y se aplicará en su totalidad, es decir, no se puede seleccionar lo favorable y rechazar lo adverso.
Principio de irrenunciabilidad de derechos	Los trabajadores y las trabajadoras no pueden renunciar a los derechos que tengan reconocidos en las normas legales y en los convenios colectivos. Por ejemplo, no pueden rechazar las vacaciones retribuidas, el salario ni los periodos de descanso.
Principio de condición más beneficiosa	El personal tiene derecho a conservar los beneficios (jornada, salario, ventajas sociales, etc.) pactados en su contrato u obtenidos por concesión unilateral de la empresa cuando se otorgan con una voluntad clara y poseen continuidad en el tiempo, ya que mantienen su vigencia mientras las partes no acuerden otra cosa o mientras estas ventajas no sean compensadas en virtud de una norma posterior, legal o pactada colectivamente, más favorable.
Principio *in dubio pro operario*	En caso de duda sobre la aplicación de una norma, los tribunales la interpretarán de la forma que resulte más beneficiosa para la persona trabajadora.

Tabla 1.8. Principios para la aplicación de las normas laborales.

CASO PRÁCTICO 3. Aplicación de las normas laborales

Identifica en cada supuesto qué principio deber seguirse para la aplicación de las normas laborales.

a) **Norma mínima.** Un convenio colectivo establece que los trabajadores y las trabajadoras incluidas dentro de su ámbito de aplicación disfrutarán de 28 días naturales de vacaciones al año. Señala si sería posible.

b) **Norma más favorable.** A un gabinete de ingeniería con sede en Madrid, que se rige por el Convenio Colectivo de Empresas de Ingeniería de ámbito nacional, la plantilla le reclama la aplicación del Convenio Colectivo de Oficinas y Despachos de la Comunidad porque es más favorable en su conjunto. ¿Qué convenio debe aplicarse?

c) **Irrenunciabilidad de derechos.** Una empresa propone a una persona trabajadora un aumento de sueldo a cambio de renunciar a uno de los dos días de descanso semanal que le corresponden según convenio, y ella accede. ¿Es correcta la actuación de esta persona?

d) **Condición más beneficiosa.** La plantilla de una empresa venía percibiendo un premio consistente en seis meses de salario cuando alcanzaba los 25 años de antigüedad en la compañía. Esta les ha comunicado la supresión del beneficio por el elevado coste que supone. ¿Puede suprimir unilateralmente este derecho?

e) **Principio *in dubio pro operario*.** Una persona que trabaja a turnos solicitó una reducción de jornada por cuidado de un menor de doce años, pidiendo que esta se concretara en la realización de un solo turno reducido. La empresa se lo deniega y la persona trabajadora acude al Juzgado de lo Social, que falla a su favor aplicando el principio *in dubio pro operario.* ¿Qué significa este principio?

Solución:

a) No sería posible, el principio de norma mínima establece que las normas de rango superior dictan los mínimos inderogables para las de rango inferior. Tendrá derecho a los 30 días naturales que establece el Estatuto de los Trabajadores.

b) Se aplicaría el Convenio de Oficinas y Despachos por ser más favorable en su conjunto y en cómputo anual.

c) No es correcta, porque el principio de irrenunciabilidad de derechos señala que las personas trabajadoras no pueden renunciar a derechos que tengan reconocidos en las normas legales y en los convenios colectivos.

d) No, ya que las condiciones más beneficiosas concedidas unilateralmente por la empresa mantienen su vigencia mientras las partes no acuerden otra cosa.

e) El principio *in dubio pro operario* significa que, en caso de duda al interpretar una norma, se hará a favor de la persona trabajadora. En este caso el juzgado entiende que en una interpretación literal del derecho a la reducción de jornada no se establece que la limitación sea en los mismos turnos sino en la jornada ordinaria, y en todo caso sería de aplicación el principio *in dubio pro operario.*

3. Derechos y deberes de las personas trabajadoras

Los principales derechos y deberes de las personas trabajadoras (Tabla 1.9) están recogidos en la Constitución y en el Estatuto de los Trabajadores.

Derechos básicos	Libre elección de la profesión	Nadie puede ser forzado a desarrollar un trabajo que no haya elegido.
	Libre sindicación	La persona trabajadora tiene la libertad de afiliarse o no a un sindicato.
	Negociación colectiva	La plantilla y la empresa o sus representantes tienen reconocida la facultad de negociar convenios colectivos que regulen las condiciones de trabajo.
	Adopción de medidas de conflicto colectivo	Para defender sus intereses, los trabajadores y trabajadoras pueden adoptar medidas de conflicto colectivo (manifestaciones, encierros, etc.).
	Reunión	El personal puede reunirse en asamblea.
	Huelga	Consiste en la suspensión de la prestación laboral por parte de los empleados y empleadas para defender sus intereses.
	Información, participación y consulta en la empresa	Se realiza a través de los representantes de la plantilla (comité de empresa y persona delegada de personal); por ejemplo, en los despidos colectivos.
Derechos relacionados con el trabajo	Ocupación efectiva del puesto de trabajo	La empresa está obligada a no obstaculizar las funciones de la persona trabajadora dándole funciones propias de su grupo profesional y los medios para ello.
	Promoción y formación profesional en el trabajo	Es el derecho al ascenso y a la adaptación de la jornada y la prioridad para asistir a cursos y obtener permisos para realizar exámenes.
	Integridad física y protección en salud	La empresa velará por la salud e integridad de las personas trabajadoras adoptando las oportunas medidas de seguridad y salud en el trabajo.
	Respeto a la intimidad y protección ante ofensas verbales, físicas o sexuales	No se permiten intromisiones de la compañía en la vida privada de las empleadas y los empleados. Este derecho comprende también la protección frente a ofensas verbales y sexuales por parte de la empresa.
	Cobro puntual del salario	El salario pactado se percibirá con la periodicidad acordada.
	Acciones derivadas del contrato de trabajo	El personal podrá reclamar judicialmente los derechos derivados de su contrato de trabajo.
	Igualdad y no discriminación	Las personas trabajadoras no pueden ser discriminadas por razón de edad, sexo, estado civil, raza, condición social, ideas religiosas y políticas o afiliación a un sindicato, ni por hablar cualquiera de las lenguas del Estado.
	Otros que se deriven del contrato de trabajo	Derecho al descanso diario, semanal y anual, a la jornada de trabajo pactada y a los complementos salariales establecidos en función del tipo de actividad.
Obligaciones de la persona trabajadora en la relación laboral	Cumplir las obligaciones del puesto de trabajo	La persona trabajadora deberá desempeñar las tareas del puesto para el que ha sido contratada con diligencia y buena fe.
	Observar las medidas de seguridad	La plantilla debe velar por su seguridad y su salud en el trabajo mediante el cumplimiento de las medidas de prevención.
	Cumplir las órdenes de la empresa	Se deben acatar las órdenes de la empresa, pues se trata de un trabajo subordinado, salvo que se reconozca el derecho a la resistencia.
	Mejorar la productividad en la empresa	La persona trabajadora está obligada a colaborar con la empresa para que su trabajo sea lo más productivo posible.
	No competir con la actividad de la empresa	Se prohíbe la competencia desleal con la empresa, la aceptación de sobornos y la divulgación de secretos.
	Cuantas se deriven del contrato laboral	Aceptar los cambios en el puesto de trabajo cuando la ley, el convenio o el contrato lo permitan, y cumplir con los pactos establecidos.

Tabla 1.9. Principales derechos y deberes derivados de las relaciones laborales.

3.1. Poderes y facultades de la empresa

A. Poder de dirección

Se conoce como **poder de dirección** la facultad que tiene la empresa para disponer la organización del trabajo (tiempo, modo y lugar de ejecución).

La empresa organiza el trabajo y decide cuándo, dónde y cómo ha de realizarse. Para poder ejercer estas funciones, tiene una serie de poderes o facultades que se detallan a continuación.

Según la **jurisprudencia**, las órdenes de la empresa se presumen legítimas, y la persona trabajadora debe cumplirlas sin perjuicio de que, posteriormente, las impugne si no está de acuerdo. Los trabajadores y trabajadoras pueden **desobedecer** las órdenes de la compañía de manera justificada únicamente en los siguientes casos (Tabla 1.10):

Órdenes que exceden el poder de dirección empresarial	Aquellas que afecten a la vida privada.
	Órdenes peligrosas y que supongan un riesgo grave para la salud.
	Órdenes que atenten contra la dignidad personal.
	Órdenes ilegales.

Tabla 1.10. Supuestos de órdenes que exceden el poder de dirección de la empresa.

B. Poder disciplinario

Se conoce como **poder disciplinario** la facultad que tiene la empresa para sancionar a las personas trabajadoras cuando cometen una falta.

Estas solo pueden ser sancionadas por las **infracciones tipificadas** en los convenios colectivos que no estén prescritas, con alguna de las medidas allí previstas y siguiendo el procedimiento establecido, en el que siempre se garantizará el derecho a ser escuchado o escuchada.

En la Tabla 1.11 se pueden observar los distintos tipos de **faltas** y el plazo de **prescripción** de cada uno. No se podrán aplicar sanciones que consistan en la reducción de la duración de las vacaciones u otra minoración del derecho al descanso, ni en la imposición de una multa, aunque sí se permite la suspensión de empleo y sueldo, y la máxima sanción es el despido.

Plazos de prescripción para sancionar	
Clases de faltas	Días naturales
Leves	10 días
Graves	20 días
Muy graves	60 días

Cómputo de los plazos de prescripción

- Desde el momento en que la empresa tuvo conocimiento de la falta.
- En cualquier caso, a los seis meses de su comisión.

Tabla 1.11. Clases de faltas y plazo de prescripción.

CASO PRÁCTICO 4. Desobediencia lícita

Un albañil, que trabaja en la construcción de un rascacielos, recibe de la responsable de obra la orden de actuar sin protección en andamios que no cumplen las normas de seguridad.

¿Puede negarse a obedecer?

Solución:

Sí, puede negarse porque se trata de una orden que pone en peligro su vida y su seguridad, puesto que puede sufrir caídas desde diferentes alturas y, como consecuencia, lesionarse.

PONTE A PRUEBA 3. Derecho a la desconexión digital

Andrés presta sus servicios como técnico en reparación de redes informáticas en una empresa. Desde que comenzó la relación laboral, debe trasladarse a diario a la sede de los clientes para reparar las averías correspondientes, pero desde hace unos meses la empresa lo obliga a estar permanentemente conectado al equipo informático, incluso durante su tiempo de descanso. El trabajador está empezando a sentirse acosado y vigilado, porque la jefa de mantenimiento le envía un mensaje cada vez que desconecta su equipo de trabajo.

¿Qué derechos se vulneran en este control de la empresa?

Para resolver la prueba te recomendamos consultar y analizar el artículo 20 bis del Estatuto de los Trabajadores, referido al derecho a la desconexión digital, y los contenidos explicados en esta unidad sobre los derechos de las personas trabajadoras.

3.2. El poder de vigilancia de la empresa y el derecho a la intimidad

La empresa puede adoptar las medidas que estime oportunas para vigilar y controlar el cumplimiento de sus obligaciones por parte de la persona trabajadora, pero siempre manteniendo la consideración debida a su dignidad e intimidad y respetando la legalidad vigente en cada momento. Los tribunales han entrado a valorar en varias sentencias las **medidas de control y vigilancia** adoptadas por la empresa (Tabla 1.12).

Medidas de control	¿Cómo debe hacerse?
Videovigilancia Consiste en la instalación de cámaras de vigilancia en las empresas para el control de las personas trabajadoras (control de la producción, seguridad y salud, horarios de entrada y salida, controles de calidad, desempeño de funciones, etc.).	• La empresa no necesita el consentimiento expreso de la persona trabajadora para la instalación de cámaras, ya que se trata de una medida dirigida a controlar el cumplimiento de las condiciones de la relación laboral, y su conformidad se deduce del contrato. • **La plantilla debe ser informada de que está siendo grabada**, se considera medida suficiente la señalización de la existencia de cámaras de vigilancia y la finalidad de su instalación. • No se permite videovigilancia en vestuarios, servicios, comedores, zonas de descanso, etc. • **No está autorizada la instalación de un sistema de audio o de micrófonos** en las zonas de trabajo, porque se entiende que es una medida desproporcionada.
Registros La empresa puede efectuar registros sobre la persona del trabajador o trabajadora, sus taquillas o sus efectos particulares (bolsos, mochilas, vehículo, mesa de trabajo, etc.).	• Cuando sean necesarios **para la protección del patrimonio empresarial y de las demás personas trabajadoras.** • Con el máximo respeto a la intimidad y dignidad del personal. • Con la presencia de un representante o una representante legal de las personas trabajadoras o de otros compañeros o compañeras. • En el centro de trabajo y en horario laboral.
Herramientas informáticas La empresa está legitimada para controlar las herramientas informáticas puestas a disposición de la persona trabajadora.	• La empresa **debe advertir a las personas trabajadoras de la existencia de controles** para comprobar que se hace un uso correcto de las herramientas informáticas, del correo electrónico y de Internet. Si el convenio colectivo lo especifica, se podrá realizar un control sin aviso previo. • La empresa **debe establecer unas reglas de uso de los medios informáticos** y ponerlas a disposición del personal.
Enfermedad La empresa tiene la potestad de verificar, mediante reconocimiento a cargo de personal médico, el estado de enfermedad o accidente alegado por la persona trabajadora.	• Los datos médicos de la persona trabajadora son confidenciales y están sujetos a secreto profesional, y **no se pueden comunicar a la empresa en ningún caso.** • El uso de **detectives** y de las redes sociales para comprobar situaciones de incapacidad temporal es legal siempre que no se rebase el derecho a la intimidad. • La persona trabajadora debe dar su conformidad al reconocimiento. • La negativa de los trabajadores o trabajadoras a ser reconocidos puede conllevar la suspensión de derechos económicos a cargo de la empresa y la comunicación a la Inspección Médica.

Tabla 1.12. El poder de vigilancia de la empresa.

ACTIVIDADES

7. Un monitor de gimnasio, contratado por cuenta ajena, habla mal de las condiciones de la instalación a los clientes. Además, la dirección se ha enterado de que deriva clientes al gimnasio de una amiga. ¿Qué gravedad tiene la falta cometida por el trabajador? ¿La empresa podría sancionarlo?

8. Lee el siguiente artículo en el que se constata que las mujeres tienen más dificultades para encontrar un trabajo: **https://bit.ly/36lktIY**. Después, reflexiona y elabora una lista con todos los datos que permiten afirmar que en algunas ocasiones las mujeres sufren discriminación laboral.

4. Organismos públicos en materia laboral

> **? ¿SABÍAS QUE...?**
>
> Se reconoce el **derecho a la asistencia jurídica gratuita** a las personas trabajadoras y a quienes se beneficien de prestaciones de la Seguridad Social.

Los **principales organismos públicos** que intervienen en la elaboración y aplicación de la normativa laboral, así como en la resolución de los conflictos que se derivan de esta, son los siguientes:

4.1. Los tribunales laborales

Para resolver los conflictos que surgen en materia laboral y de seguridad social, se debe acudir a unos tribunales con jurisdicción específica en el ámbito sociolaboral. Además, se ha de realizar una **conciliación previa** en los casos en que sea obligatoria. Los tribunales laborales **están ordenados jerárquicamente, de menor** (base de la pirámide) **a mayor rango** (Fig. 1.5):

Tribunal Constitucional	El Tribunal Constitucional (TC) es independiente de los demás órganos constitucionales y está sometido solo a la Constitución. Las personas trabajadoras pueden acudir al TC para plantear un recurso de amparo cuando, habiendo agotado la vía judicial previa, reclamen contra la vulneración de un derecho fundamental como la huelga, el principio de no discriminación, la libre sindicación, etc.
Tribunal Supremo	Resuelve los recursos de casación contra las sentencias de las Salas de lo Social de los Tribunales Superiores de Justicia de las comunidades autónomas y de la Sala de lo Social de la Audiencia Nacional, y unifica doctrina.
Audiencia Nacional	Resuelve los procesos en materia sindical y colectiva cuando su ámbito excede el de una comunidad autónoma.
Tribunales Superiores de Justicia de las comunidades autónomas	Resuelven los recursos de suplicación contra las resoluciones de los Juzgados de lo Social.
Juzgados de lo Social	Resuelven los conflictos de trabajo individuales y colectivos, siempre que el ámbito de estos no supere el provincial.

Fig. 1.5. Estructura de los tribunales laborales.

> **? ¿SABÍAS QUE...?**
>
> Los particulares, empresas y organizaciones podrán acudir al **Tribunal de Justicia de la Unión Europea** cuando crean que han sido vulnerados sus derechos por una institución de la UE.

> **ABC VOCABULARIO**
>
> **Recurso de casación.** Es un recurso extraordinario que tiene por objeto anular una sentencia judicial que contiene una interpretación o aplicación incorrecta.
>
> **Recurso de amparo.** El recurso de amparo ante el Tribunal Constitucional permite reaccionar frente a las violaciones de los derechos fundamentales y las libertades públicas.

CASO PRÁCTICO 5. Recurso de sentencia

José Antonio fue despedido por motivos disciplinarios y, al no llegar a un acuerdo en el Servicio de Mediación, presentó una demanda en el Juzgado de lo Social, el cual ha emitido una sentencia que desestima la reclamación. Indica:

a) ¿A qué juzgado debe dirigirse para recurrir la sentencia con la que no está de acuerdo? ¿Qué recurso debe plantearse contra las resoluciones de los Juzgados de lo Social?

b) Si el recurso fuera desestimado de nuevo, ¿ante qué órgano debería recurrirse?

Solución:

a) El recurso debe dirigirse a la Sala de lo Social del Tribunal Superior de Justicia de la comunidad autónoma correspondiente. Debe ser un recurso de suplicación.

b) Se podría plantear un recurso de casación para unificación de doctrina, pero solo en el caso de que hubiera otra sentencia del Tribunal Supremo que, ante idénticas circunstancias, hubiera resuelto de manera distinta.

ACTIVIDADES

9. Loreto trabaja para una empresa de jardinería desde hace cinco años. Hace quince días, la compañía le comunicó su despido por causas imputables a la trabajadora, que decidió interponer una demanda en el Juzgado de lo Social directamente. Este no la ha admitido a trámite por defecto de forma y Loreto se pregunta qué habrá podido ocurrir.

Explica el proceso general para hacer una reclamación laboral ante los tribunales y detecta cuál puede ser la causa de la inadmisión de la demanda.

4.2. La Administración laboral

La **Administración laboral** tiene como principales funciones **desarrollar la política laboral** mediante los órganos del Ministerio de Empleo y las consejerías de las comunidades autónomas, y **velar por el cumplimiento de la normativa laboral** mediante la Inspección de Trabajo (Tabla 1.13).

Ministerio de Trabajo	Es el departamento del Gobierno encargado de la propuesta y ejecución de la política del propio Gobierno en materia de empleo y de seguridad social. Sobre él recae la exclusividad de la competencia legisladora en materia laboral.
Comunidades autónomas	Pueden dictar disposiciones legales y reglamentarias para el desarrollo, dentro de su ámbito territorial, de la materia regulada, pero siempre respetando las bases fijadas para todo el territorio nacional.
Inspección de Trabajo	Es un órgano de la Administración del Estado cuya finalidad consiste en vigilar el cumplimiento de la legislación laboral. Los inspectores pueden entrar libremente en los centros de trabajo, investigar, revisar los libros y la documentación relativa a la Seguridad Social, suspender las actividades que no cumplan las normas de prevención de riesgos laborales y, si procede, levantar actas de infracción, liquidación y obstrucción.

Tabla 1.13. Organismos relacionados con la Administración laboral.

¿SABÍAS QUE...?

La persona trabajadora que recurra judicialmente una decisión empresarial debe acudir, previamente, a los **servicios de mediación, arbitraje y conciliación.**

WEB

En la página web de la ITSS (**https://bit.ly/2SmbsaU**), Atención al ciudadano, puedes descargarte el **formulario de denuncia.** No se tramitan denuncias anónimas, pues es necesario que el denunciante se identifique.

La Inspección está obligada a no revelar la identidad de los denunciantes a las empresas objeto de inspección.

CASO PRÁCTICO 6. Reclamación previa

Claudia, que trabaja como técnica superior en Diseño y Amueblamiento en una fábrica de muebles, ha recibido una notificación de la empresa en la que se le comunica su despido por faltas de asistencia. La empleada no está de acuerdo con la medida y quiere recurrirla. Necesita saber:

a) A qué juzgado tiene que dirigirse para reclamar contra la decisión de la compañía.

b) Si, previamente, tiene que realizar algún trámite antes de acudir al juzgado.

Solución:

a) Claudia debe dirigirse al Juzgado de lo Social de su provincia.

b) La trabajadora debe solicitar la conciliación previa ante el órgano de conciliación de su comunidad autónoma.

CASO PRÁCTICO 7. Denuncia ante la Inspección de Trabajo

Una persona trabajadora lleva prestando sus servicios en una empresa de tecnología alimentaria desde hace un año, sin que, a pesar de las buenas palabras, esta haya tramitado su alta en la Seguridad Social.

Un conocido le ha aconsejado que denuncie a la empresa ante la Inspección de Trabajo. ¿Pueden las personas trabajadoras interponer denuncias ante este organismo?

Solución:

Sí, toda persona que conozca hechos que puedan constituir una infracción en materias en las que la Inspección de Trabajo y Seguridad Social (ITSS) es competente (laboral, seguridad y salud laboral, Seguridad Social, empleo, etc.) puede reclamar los servicios de este organismo. La denuncia no puede ser anónima en ningún caso, aunque sí confidencial.

PIENSA Y RESUELVE

10. Las empresas utilizan múltiples medios de comunicación para dar a conocer sus productos a sus clientes reales y potenciales, como creación de páginas web, folletos informativos o asistencia a ferias, entre otros.

Las leyes se publican en el *Boletín Oficial del Estado* o en otros boletines oficiales de las comunidades autónomas; pero, en ocasiones, no es suficiente para que estas se den a conocer al gran público.

Imagina que se ha publicado una nueva ley con contenido laboral. ¿Cómo la publicarías para que todo el mundo tuviese conocimiento de sus derechos y deberes? Enumera al menos tres medios de difusión.

ACTIVIDADES DE SÍNTESIS

1. Completa el siguiente mapa conceptual con las palabras que se proponen: *personal, voluntaria, relación laboral, dependiente, deportistas profesionales, movimiento obrero, retribuido, trabajos familiares, por cuenta ajena, autónomos, empleados de hogar, funcionarios, prestaciones obligatorias, personal de alta dirección, Revolución Industrial.*

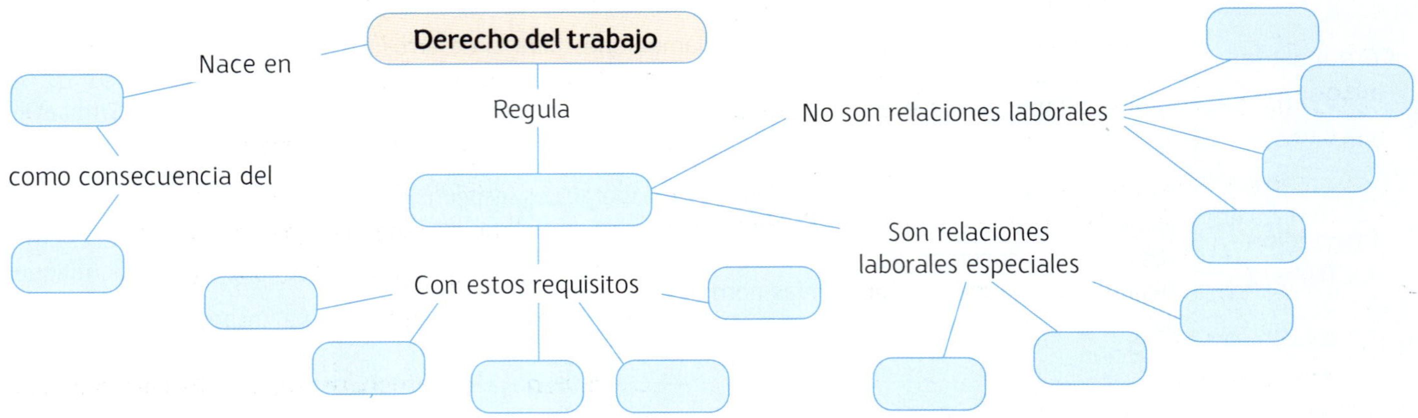

2. Las siguientes normas constituyen la regulación sobre el despido colectivo de nuestro país.

   Ordena estas normas jerárquicamente según el órgano del cual proceden.

   - Real Decreto Legislativo 2/2015, de 23 de octubre, por el que se aprueba el texto refundido de la Ley del Estatuto de los Trabajadores.
   - Real Decreto 1483/2012, de 29 de octubre, por el que se aprueba el Reglamento de los procedimientos de despido colectivo y de suspensión de contratos.
   - Directiva 98/59/CE del Consejo, de 20 de julio de 1998, relativa a la aproximación de las legislaciones de los Estados miembros que se refieren a los despidos colectivos.
   - Convenio 158 de la OIT sobre la terminación de la relación de trabajo.

INVESTIGACIÓN

Palabras clave para la búsqueda de información: *Constitución, derechos fundamentales, discriminación, Estatuto de los Trabajadores, justicia gratuita.*

3. El Estatuto de los Trabajadores establece que las personas trabajadoras tienen derecho a no ser discriminadas directa o indirectamente para el empleo, o una vez empleadas.

   a) Consulta el artículo 4 del Estatuto de los Trabajadores y enumera las causas por las que puede haber discriminación.

   b) Una de las disposiciones que aplican contra la discriminación de la mujer consiste en adoptar medidas de acción positiva. Explica brevemente en qué consiste y valora si te parece adecuada o no.

   Utiliza los siguientes recursos:

   - **https://bit.ly/3jzVtlt**
   - **https://bit.ly/3cW53g4**

   En la página web de Amnistía Internacional puedes ampliar tu investigación sobre la discriminación laboral de las mujeres: **https://bit.ly/34oXOED**.

4. En ocasiones, los derechos de las personas trabajadoras son vulnerados por las empresas que obligan a las personas que precisan para desarrollar su actividad a ejercer dicho trabajo dándose de alta en el Régimen Especial de Trabajadores Autónomos.

   Consulta los enlaces que se proponen a continuación e indica los argumentos tanto del Tribunal Supremo como del Tribunal de Justicia de la Unión Europea para considerar a los *riders* como trabajadores por cuenta ajena:

   - **https://bit.ly/2Giqts1**
   - **https://bit.ly/33AmgJ3**

5. Las personas trabajadoras pueden ejercer acciones judiciales, y para llevarlas a cabo acompañadas de un abogado o abogada, disponen de la justicia gratuita.

   Investiga y responde a las siguientes cuestiones:

   a) ¿Cuál es la finalidad de la justicia gratuita?

   b) ¿Qué requisitos existen para acceder a ella?

   c) ¿Cuándo puedo solicitarla y qué coste tiene?

   Puedes utilizar los siguientes recursos:

   - **https://bit.ly/3jvVjf3**
   - **https://bit.ly/3Ov9ER9**

TEST DE REPASO

1. Señala cuáles de los siguientes derechos están considerados derechos fundamentales por la Constitución española de 1978:

a) Derecho al trabajo y a un salario.
b) Derecho a la huelga y a la libertad sindical.
c) Derecho a descansar un día y medio a la semana.
d) Derecho a la ocupación efectiva.

2. Indica cuál de las siguientes situaciones está excluida del derecho laboral:

a) Una joven que trabaja en una compañía de seguros con un contrato mercantil y cobra comisión por cada póliza que realiza.
b) Un empleado al servicio del hogar familiar.
c) Un auxiliar de farmacia.
d) Una deportista profesional.

3. Los trabajos que realiza en la empresa familiar un hijo de 35 años que vive con la familia están excluidos del derecho del trabajo porque faltan las siguientes características:

a) Voluntariedad y dependencia.
b) Dependencia y ajenidad.
c) Retribución y voluntariedad.
d) Ajenidad y retribución.

4. El principio de norma mínima significa que la norma de rango superior establece condiciones...

a) Derogables en perjuicio de las personas trabajadoras.
b) Inderogables en perjuicio de las personas trabajadoras.
c) Salariales, mejores que las de los convenios.
d) De jornada, peores que las de los convenios.

5. ¿Puede renunciar una persona trabajadora a los derechos reconocidos en su contrato de trabajo?

a) Sí, pero a cambio de dinero.
b) Sí, cuando así lo disponga el convenio colectivo.
c) Sí, siempre que no sean derechos reconocidos por ley o por convenio colectivo.
d) No, por el principio de irrenunciabilidad de derechos.

6. El derecho a la ocupación efectiva del puesto de trabajo significa que la empresa debe respetar...

a) Las condiciones de horario pactadas.
b) Las funciones pactadas.
c) La jornada de trabajo.
d) Todas las respuestas anteriores son verdaderas.

7. Una empresa, que lleva abonando a sus empleados una ayuda para el transporte desde hace diez años no la puede suprimir unilateralmente, ya que iría contra el principio de...

a) Norma mínima.
b) Irrenunciabilidad de derechos.
c) Condición más beneficiosa.
d) Norma más favorable.

8. La normativa de la Unión Europea...

a) Tiene un rango superior a la Constitución.
b) Tiene el mismo rango que la Constitución.
c) Tiene un rango inferior a la Constitución.
d) No se aplica en España.

9. Las órdenes de la empresa según la jurisprudencia...

a) Se presumen legítimas.
b) Nunca podrán desobedecerse.
c) Solamente podrán desobedecerse las que afectan a la vida privada.
d) Pueden desobedecerse antes de ser recurridas.

10. Las personas trabajadoras pueden desobedecer las órdenes de la empresa...

a) Si son peligrosas y suponen un grave riesgo para la salud.
b) Cuando sean ilegales.
c) Cuando afecten a su vida privada.
d) Las tres respuestas son verdaderas.

11. Si las personas trabajadoras tienen un conflicto con su empresa deben resolverlo judicialmente en primer lugar en...

a) El Tribunal Supremo.
b) La Audiencia Nacional.
c) El Juzgado de lo Social.
d) El Tribunal Superior de Justicia.

12. El derecho a la libre circulación de personas trabajadoras en la Unión Europea permite...

a) Circular libremente en la mitad de los Estados de la Unión Europea.
b) Circular libremente en todos los Estados de la Unión Europea.
c) Crear una empresa en solo dos Estados de la Unión Europea.
d) Todas las respuestas anteriores son verdaderas.

COMPRUEBA TU APRENDIZAJE

1. Una persona técnica superior de radioterapia fue contratada por el servicio de diagnóstico por imagen de un hospital. Está trabajando desde hace cinco meses y el periodo de prueba es de seis. El horario es de 8 h a 15 h. Por el trabajo percibirá 1000 € mensuales. ¿Crees que esta relación tiene todos los elementos para considerarse regulada por el derecho del trabajo?

2. Señala qué características les faltan a las actividades relacionadas a continuación para que se consideren reguladas por el derecho del trabajo.

   a) El trabajo de Juan como autónomo.

   b) La realización del módulo de Formación en Centro de Trabajo por parte de Carmen, una alumna de un ciclo de Higiene Bucodental en una clínica privada.

   c) El voluntariado en una ONG.

   d) Patricia como miembro de una mesa electoral.

3. Indica en el cuaderno cuáles de las siguientes actividades son relaciones laborales especiales y cuáles están excluidas del derecho del trabajo:

Actividades	Relaciones especiales	Excluidas
Trabajo en la presidencia de una mesa electoral.		
Trabajo de una persona empleada al servicio del hogar familiar.		
Trabajo de un artista en un espectáculo público.		
Trabajo de un funcionario o funcionaria como auxiliar en el Ministerio de Trabajo y Economía Social.		
Actividades de representantes de comercio.		
Ayuda a una vecina en la recogida de la aceituna.		
Trabajo de un jugador o jugadora de baloncesto en un equipo de primera división.		
Actividad de un comisionista que responde del buen fin de la operación.		

4. Ángela, de 33 años, trabaja en el negocio de sus padres, pero lleva una vida independiente y tiene su propio domicilio, donde vive con su pareja y sus dos hijos. ¿Existe en este caso relación laboral o no? Justifica la respuesta.

5. El Estatuto de los Trabajadores establece el derecho de la persona trabajadora a recibir una indemnización de 33 días por año trabajado, con un máximo de 24 mensualidades, por despido improcedente. Señala si sería posible que se suprimiera esta indemnización en un convenio colectivo.

6. Indica cuáles de los siguientes derechos son regulados por una ley orgánica: derecho a la libre sindicación, derecho al trabajo, derecho a la huelga, derecho a un salario justo y derecho a la no discriminación.

7. Una directiva de la Unión Europea establece que los trabajadores temporales tienen derecho al cobro de los mismos complementos salariales que un trabajador fijo.

   Indica si una norma española puede establecer diferencias retributivas para las personas trabajadoras temporales.

8. Indica si las situaciones que se presentan a continuación se ajustan a la legalidad de acuerdo con los principios de aplicación de las normas laborales:

   a) A María, contratada como desarrolladora de aplicaciones informáticas con categoría de técnico superior mediante un contrato eventual por circunstancias de la producción, se le van a pagar según su contrato 1450 € mensuales, mientras que el convenio de su empresa establece una retribución de 1100 € para su categoría.

   b) En una empresa se está negociando el convenio colectivo y se habla de realizar 42 horas a la semana en cómputo anual a cambio de un incremento del salario del 5 %, cuando la jornada máxima anual según el Estatuto de los Trabajadores es de 40 horas semanales. ¿Se puede pactar esa jornada en un convenio colectivo?

   c) A una persona que trabaja en una empresa panificadora le ofrecen la posibilidad de renunciar a cinco días de vacaciones de los 35 días naturales que reconoce el contrato que había firmado. A cambio, la compañía le plantea pagarle esos días con el doble del salario fijado en su convenio colectivo.

9. Clemente, que trabaja como electricista en una constructora, va a ser padre por primera vez y disfrutará del permiso por nacimiento de hijo o hija. Además de la prestación de la Seguridad Social, en el convenio colectivo del sector al que pertenece su empresa se conceden tres días de permiso retribuido, que se han negociado en el último convenio. ¿Es legal que dicho convenio establezca más días de permiso que los que señala la ley?

10. Iván, que trabaja como técnico de mantenimiento de una compañía de conservas vegetales, se ha negado a reparar una avería mientras no se le faciliten los equipos de protección individual necesarios. Desde la empresa se le ha comunicado que va a ser sancionado por desobediencia. Indica si nos encontramos en uno de los supuestos que justifican la desobediencia del trabajador.

COMPRUEBA TU APRENDIZAJE

11. Luisa, que trabaja como instaladora de calderas de calefacción, será sancionada por la empresa por faltar al trabajo dos días sin justificación. La falta, cometida hace dos meses, se considera grave según su convenio colectivo. Indica:

a) El plazo para sancionar las faltas graves.

b) Si la empresa, que conoció la infracción desde el primer día, puede sancionar aún a Luisa.

12. Alicia, que trabajaba como conductora de autobuses, se encuentra desempleada en estos momentos, porque se ha suprimido la línea en la que ejercía su actividad. Acaba de leer una oferta de empleo en la que solicitan conductores, pero piden que se abstengan las mujeres. ¿Qué derecho se podría estar vulnerando?

13. La gerencia de una empresa informa al personal de que ayer, cuando la empresa ya estaba cerrada, realizó una inspección de las taquillas, inspección que se repetirá periódicamente sin avisar.

a) ¿Puede hacerlo la empresa?

b) Estas inspecciones, ¿se pueden realizar fuera de las horas de trabajo?

c) ¿Qué derecho de las personas trabajadoras se podría estar vulnerando?

14. Identifica qué derechos de las personas que se indican se vulnerarían con estas actuaciones de la empresa:

a) Laura es la única trabajadora de su sección que, aun realizando el mismo trabajo que sus compañeros, no ha ascendido, ya que, según sus jefes, no tiene la misma disponibilidad que ellos, solteros y sin hijos.

b) Marta recibe cada mes el pago de la nómina con diez días de retraso.

c) Samuel ha sido obligado a subirse a un tejado sin equipos de protección.

d) Francisco ha sido despedido por estar afiliado a un sindicato.

15. ¿A qué órgano de la Administración laboral se puede acudir en caso de que la empresa incumpla la normativa laboral?

16. Una inspectora de trabajo visita una empresa con una plantilla de 18 empleados y empleadas y comprueba que cuatro de ellos no están dados de alta en la Seguridad Social. ¿Cuál será la actuación de la inspectora?

- Escribe dos ideas de esta unidad que tengas claras y que te parezcan fundamentales. ¿Qué te ayudó a comprenderlas?
- Formula dos preguntas sobre aspectos de la unidad que no hayas entendido totalmente.
- Escribe dos aspectos de esta unidad sobre los que te gustaría profundizar.

DE CAMINO AL MUNDO LABORAL

Para incorporarte al mundo laboral, debes aprender que como persona trabajadora posees un conjunto de derechos y deberes que has de tener siempre presentes.

Objetivo

Conocer los derechos laborales de las personas trabajadoras en España y en la Unión Europea.

Tarea

1. Como personas trabajadoras tenemos una serie de derechos que es importante conocer.

Visualizad el video sobre las condiciones trabajo en las minas de coltán en el Congo y realizad estas tareas:

a) Organizad en clase un equipo de tres estudiantes y entre todos identificad qué derechos de estas personas trabajadoras se podrían estar vulnerando.

b) El primer estudiante coordinará y tomará nota de esos derechos, el segundo realizará las tareas de búsqueda de información y el tercero comunicará las conclusiones, mediante una exposición en el gran grupo.

c) Consultad en equipo el artículo 4 del Estatuto de los Trabajadores, y analizad cómo están formulados los derechos de las personas trabajadoras.

d) Entre todos los estudiantes elaborad una tabla con la información que hayáis encontrado, que se presentará en clase al finalizar esta actividad.

Utilizad los siguientes recursos:

- **https://bit.ly/36DKtjz**
- **https://bit.ly/3nej6m1**

2. Uno de los principales derechos que tenemos como ciudadanía europea es la posibilidad de desplazarnos libremente por el territorio de la Unión Europea, institución que se creó con la finalidad de garantizar la paz y la justicia en el continente europeo tras la Segunda Guerra Mundial.

16 PAZ, JUSTICIA E INSTITUCIONES SÓLIDAS

La libre circulación de personas en el ámbito laboral significa que las personas trabajadoras tenemos derecho a trabajar en los demás Estados de la Unión. Para comprender qué posibilidades ofrece este derecho, accede a la página web que se indica a continuación y completa los siguientes enunciados:

a) La libre circulación de las personas trabajadoras supone la abolición de...

b) Una persona trabajadora de la Unión Europea tiene derecho a responder...

Utiliza el siguiente recurso:

- **https://bit.ly/3cXnHUE**

2 UNIDAD

El contrato de trabajo y las modalidades de contratación

ESTUDIARÁS

- Las modalidades del contrato de trabajo.
- Las medidas de fomento de la contratación.

Y SERÁS CAPAZ DE

- Ejercer los derechos y cumplir las obligaciones que se derivan de las relaciones laborales, reconociendo unos y otras en los diferentes contratos de trabajo.
- Identificar los elementos que conforman un contrato de trabajo, distinguiendo las ventajas de cada tipo de contratación y las diferencias existentes entre los distintos tipos.

Sonia fue contratada como técnica de reparaciones por una empresa de telefonía. Pensaba que su centro de trabajo era fijo; sin embargo, a las dos semanas la empresa le pidió que se desplazara a otra localidad para reparar varios terminales de clientes. Ella comentó que no quería trabajar fuera, pero la compañía le recordó que en su contrato había pactado una cláusula de movilidad para la prestación del servicio.

Consulta el siguiente enlace del Servicio Público de Empleo Estatal, descarga un modelo de contrato y descubre en qué apartado pueden pactarse esas cláusulas que deben ser leídas para que no te suceda lo que a Sonia:

https://bit.ly/33hgQ5d

- ¿Sabrías explicar qué es un contrato de trabajo?
- ¿Te han contratado alguna vez?
- ¿Te puede contratar una empresa y cederte a otra?

1. El contrato de trabajo

Con el contrato de trabajo nace la relación laboral entre la **empresa** y la **persona trabajadora.**

El **contrato de trabajo** es el **acuerdo entre dos partes** por el que una de ellas, la persona trabajadora, se compromete a prestar determinados servicios por cuenta ajena bajo la organización y dirección de la otra, la empresa, y recibe a cambio una retribución.

1.1. Los sujetos de la relación laboral

Los sujetos de la relación laboral son la **persona trabajadora** y la **empresa** (Fig. 2.1).

A. La persona trabajadora

Es una **persona física** (Tabla 2.1) que desempeña su labor voluntariamente bajo la organización y dirección de la empresa, y que cede el fruto de su trabajo a cambio de un salario.

Personas que pueden celebrar válidamente contratos de trabajo	Cualquier persona desde los 18 años, no incapacitada por motivos psíquicos.
	Personas mayores de 16 años y menores de 18 legalmente emancipadas. Se les prohíbe el desempeño de trabajos nocturnos, peligrosos e insalubres y la realización de horas extraordinarias.
	Mayores de 16 años y menores de 18, si viven de forma independiente o si tienen autorización de sus representantes legales (progenitores o tutores).
	Los extranjeros y extranjeras, de acuerdo con lo dispuesto en la legislación sobre la materia (tarjetas de residencia con autorización de trabajo para las personas trabajadoras no comunitarias).

Tabla 2.1. La persona trabajadora como sujeto del contrato de trabajo.

B. La empresa

Puede ser una **persona física o jurídica,** o una **comunidad de bienes** (colectivo de personas sin personalidad jurídica; por ejemplo, una comunidad de vecinos o de herederos). Son personas físicas los empresarios y empresarias individuales, y jurídicas, las sociedades en sus diversas clases (civiles y mercantiles).

Sujetos del contrato de trabajo

Persona trabajadora

- Desde los 18 años no incapacitado.
- Menor de 18 años legalmente emancipado o incapacitado.
- Mayor de 16 y menor de 18, si vive de forma independiente o con autorización de progenitores o tutores.
- Persona extranjera con autorización de residencia y de trabajo.
- Menor de 16 años en espectáculos públicos con autorización de sus progenitores/tutores y de la autoridad laboral.

Empresa

- Persona jurídica que puede ser tanto un ente privado (sociedades civiles, mercantiles, asociaciones, fundaciones, etc.) como una entidad pública (las Administraciones públicas pueden realizar contratos laborales).
- Comunidad de bienes.
- Persona física:
  - Mayor de 18 años.
  - Menor de edad emancipada.
  - Menor de edad a través de su representante legal.

Fig. 2.1. Sujetos de la relación laboral.

¿SABÍAS QUE...?

Excepcionalmente, los **menores de 16 años** pueden intervenir en espectáculos públicos, siempre que el trabajo no perjudique su salud ni su formación profesional y humana, con autorización previa por escrito de sus representantes legales.

ABC VOCABULARIO

Emancipación. Situación que permite que una persona con más de 16 años y menos de 18 anticipe los derechos de la mayoría de edad. Se obtiene por matrimonio o por concesión, bien de los progenitores/tutores, bien del órgano judicial.

Empresario o empresaria como persona física. La capacidad de obrar se alcanza con la mayoría de edad o por emancipación. Las personas menores de edad no pueden celebrar por sí mismas un contrato de trabajo como empresa porque carecen de capacidad de obrar, pero sí pueden hacerlo por medio de representación legal.

Personas jurídicas. Son las entidades a las que las normas jurídicas reconocen capacidad para ser titulares de derechos y contraer obligaciones. La condición de persona jurídica se adquiere cuando se cumplen los requisitos legales de constitución y la entidad se inscribe en los registros públicos correspondientes.

1.2. Elementos esenciales del contrato de trabajo

Para que exista un contrato es necesario que concurran tres elementos:

- **Consentimiento.** El contrato se realiza de mutuo acuerdo porque ambas partes (la empresa y la persona trabajadora) consienten libremente en mantener una relación laboral.
- **Objeto.** Es la prestación retribuida de los servicios, es decir, la actividad de la persona trabajadora, que será remunerada mediante el salario.
- **Causa.** Es el motivo por el que se realiza el contrato: la cesión a la empresa del fruto del trabajo y la retribución a la persona trabajadora.

ODS

Naciones Unidas aboga por el establecimiento de políticas que fomenten la creación de empleo y permitan a las personas trabajadoras disfrutar de **contratos laborales** que posibiliten el desarrollo de su vida profesional y personal en condiciones dignas.

1.3. Forma, contenido y duración del contrato de trabajo

El Estatuto de los Trabajadores (ET) regula la forma, el contenido y la duración que han de respetar los contratos de trabajo.

A. Forma del contrato de trabajo

El contrato de trabajo se puede celebrar por **escrito** o **de palabra** y cualquiera de las partes puede exigir que se plasme por escrito, incluso durante el transcurso de la relación laboral.

De acuerdo con el Estatuto de los Trabajadores, todos los contratos deben constar por escrito, excepto el contrato indefinido ordinario y el contrato eventual por circunstancias de la producción con una duración inferior a cuatro semanas y a tiempo completo.

Si no se cumple este requisito, se presume que el contrato se ha celebrado por tiempo indefinido, salvo que se acredite la naturaleza temporal del mismo.

CASO PRÁCTICO 1. Contratación de menores

Un joven de 16 años, de nacionalidad ecuatoriana y con autorización de residencia y trabajo en España, ha encontrado un empleo como camarero en un restaurante. El día que acude a la empresa a firmar el contrato de trabajo, lo hace acompañado de su madre. La persona que los recibe les comenta que no es necesario que la progenitora firme el contrato por él, ya que los documentos sobre su regularización están vigentes.

a) Este trabajador extranjero no comunitario, ¿puede trabajar en España si es menor de edad?

b) ¿Necesita completar su capacidad con la firma de la madre?

Solución:

a) Sí. El joven puede trabajar, puesto que su tarjeta de residencia está vigente y él tiene 16 años, edad que lo capacita para ejercer actividades retribuidas.

b) Sí. Al ser menor de edad no emancipado, necesita la autorización de sus progenitores para celebrar válidamente el contrato de trabajo. En este caso, la madre ha firmado el documento para completar la capacidad del joven, aunque este tiene libertad plena para ejercer los derechos y obligaciones derivados del contrato.

CASO PRÁCTICO 2. Elementos del contrato de trabajo

Identifica los tres elementos esenciales que deben concurrir para que exista un contrato de trabajo en el siguiente caso:

Un estudiante acaba de finalizar el ciclo de Grado Superior de Prótesis Dentales y ha sido contratado como técnico por la clínica Blancobel SA, con un salario de 1000 € mensuales.

Solución:

- **Consentimiento:** es el acuerdo prestado libremente entre la empresa y la persona trabajadora.
- **Objeto:** es la actividad remunerada que realiza la persona trabajadora diariamente y por la que percibe una retribución de 1000 € mensuales.
- **Causa:** es la cesión del fruto del trabajo a cambio de un sueldo.

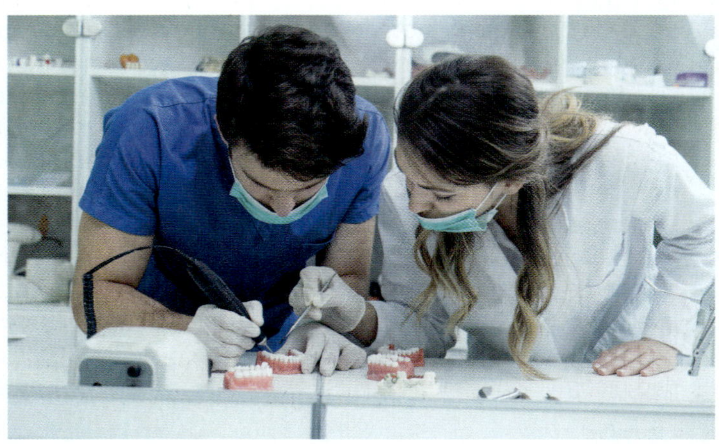

B. Contenido mínimo del contrato de trabajo

Aunque la ley no establece de forma rigurosa cuál ha de ser el contenido del contrato de trabajo, en todos aquellos que se celebren por escrito deben figurar estos datos (Fig. 2.2):

> Lugar y fecha de la firma; identificación de las partes; denominación y categoría del puesto; lugar de trabajo; tiempo de actividad (jornada, horario, turno y si es trabajo nocturno); duración, fecha de comienzo de la relación laboral y periodo de prueba si lo hay; retribución, salario base y complementos salariales; vacaciones; plazo de preaviso que deben respetar ambas partes en caso de rescisión; convenio colectivo que regula la relación laboral; otras cláusulas que no vayan en contra de la ley, y firma de las partes.

Además de las mencionadas, cada vez resulta más frecuente que, a la firma del contrato, las empresas impongan determinadas cláusulas, como las de **permanencia, no competencia, confidencialidad, no concurrencia o plena dedicación.** Mediante ellas quedan reflejadas las obligaciones legales que la persona trabajadora asume, tanto durante la vigencia del contrato como después de su extinción en algunos casos.

Estas cláusulas recogen las obligaciones que asume la persona trabajadora al firmar el contrato. Su incumplimiento constituye una infracción que en algunos casos, si se acredita, puede llegar a provocar el despido (Tabla 2.2).

IMPORTANTE

Cláusulas nulas

Las cláusulas que limitan el ejercicio de derechos fundamentales, como el de libre sindicación, el de huelga o cualquier otro reconocido a las personas trabajadoras (salario, descanso, etc.), se consideran nulas.

Las cláusulas nulas quedan sin efecto, pero el **contrato** sigue **vigente.**

Confidencialidad	La persona trabajadora se compromete a mantener en secreto y total confidencialidad toda la información revelada por la empresa u obtenida de ella.
No competencia	No se puede realizar la misma actividad para otra empresa durante cierto periodo de tiempo una vez finalizada la relación laboral, a cambio de una compensación económica. Cabe fijar un periodo de no competencia máximo de dos años para los técnicos y de seis meses para las demás personas trabajadoras.
No concurrencia o plena dedicación	El empleado o empleada se obliga a trabajar exclusivamente para la empresa y a no hacerlo para otras compañías de diferentes sectores. Así, se limita la posibilidad del pluriempleo o la pluriactividad durante la vigencia del acuerdo. De no existir este pacto, la persona trabajadora puede prestar servicios a otras empresas siempre que no incurra en competencia o concurrencia desleal.
Permanencia	El acuerdo de permanencia se suscribe cuando la empresa ha invertido en la formación de la persona trabajadora, por lo que le interesa asegurarse de que puede contar con ella (durante un tiempo máximo de dos años) y de que, así, la inversión realizada revierte en la empresa.
Polivalencia funcional	La persona trabajadora se obliga a realizar las funciones propias de más de un grupo profesional.

Tabla 2.2. Cláusulas más habituales en los contratos de trabajo.

C. Duración del contrato

El contrato puede concertarse **por un tiempo indefinido,** si no se fija una fecha determinada para su finalización, o **con una limitación temporal,** cuando se realiza por una causa y con una duración determinadas (una obra o servicio, una circunstancia de la producción, la sustitución de alguien con derecho a la reserva del puesto de trabajo) o cuando tiene carácter formativo.

¿SABÍAS QUE...?

Si la persona trabajadora no cumple con lo pactado en la **cláusula de permanencia** y abandona el trabajo antes del plazo fijado, la empresa tendrá derecho a una indemnización de daños y perjuicios.

PONTE A PRUEBA 1. Cláusulas laborales

Ana terminó el ciclo formativo de Grado Superior en Enseñanza y Animación Sociodeportiva. Hace un año fue contratada como monitora deportiva de sala en un gimnasio de su localidad. Ana ha recibido la noticia de que a partir de septiembre tendrá que ocupar el puesto de monitora de piscina, comunicado que no le satisface porque no le gusta mucho desempeñar esa función.

Sus compañeros y compañeras le comentan que creen que en sus contratos han pactado la polivalencia funcional. ¿Podrías explicarle a Ana si debe asumir ese cambio de tarea, en el caso de que hubiera pactado alguna cláusula en ese sentido? ¿Qué contenido tiene la cláusula de polivalencia funcional?

Para resolver la prueba consulta el artículo 22.4 del Estatuto de los Trabajadores.

Identificación de las partes. Si la empresa es una persona jurídica, la entidad actuará a través de un representante legal, haciendo constar el poder que se le otorga para contratar; de lo contrario, actúa como persona física.

Fecha y lugar del contrato.

1. **Grupo profesional** al que pertenece el puesto de trabajo asignado.
2. **Lugar de trabajo.** Domicilio del centro de trabajo donde se van a prestar los servicios.
3. **Jornada laboral.** Se especificará el número de horas de trabajo y el horario.
4. **Duración.** Indefinida o temporal, según el tipo de contrato.

   Periodo de prueba. Será como máximo el que fije el ET o el convenio colectivo para ese grupo profesional.
5. **Retribución.** Se debe indicar si el salario es diario, mensual o anual. Se refleja el salario bruto, pues el neto se calcula descontando los seguros sociales y el IRPF, y los pluses salariales que percibirá.
6. **Vacaciones.** Duración de las vacaciones anuales expresadas en días.
7. **Legislación aplicable.** El convenio colectivo que regula la relación laboral, si lo hay.
8. **Preaviso.** Plazo de preaviso para comunicar la extinción del contrato.
9. Se pueden incluir **otras cláusulas** ajustadas a la ley. De ser ilegales, la persona trabajadora no estará obligada a cumplirlas, aunque las haya firmado.

En .... a ...... de .... de 20....

De una parte, D./Dña. ...., mayor de edad, con domicilio en ...., calle ...., y DNI núm. ...., una persona actuando como representante legal de la empresa ....

De otra parte, D./Dña. ...., mayor de edad, con domicilio en ...., calle ...., y DNI núm. ....

Los **menores** verán completada su capacidad por sus progenitores o tutores.

CLÁUSULAS

1. **Primera.** La persona trabajadora prestará sus servicios en la empresa como ....
2. **Segunda.** El centro de trabajo en el que se realizará la actividad se encuentra en ....
3. **Tercera.** La jornada laboral será de .... horas semanales, prestadas de la siguiente forma: .... con los descansos establecidos.
4. **Cuarta.** La duración del presente contrato será de ...., y se establece un periodo de prueba de ....
5. **Quinta.** La persona trabajadora recibirá una retribución total bruta de .... euros, que se distribuirá en los siguientes conceptos salariales: ....
6. **Sexta.** La duración de las vacaciones anuales será de ....
7. **Séptima.** En lo previsto en este contrato, se estará a lo establecido en la legislación vigente y en el convenio colectivo de ....
8. **Octava.** Ambas partes se comprometen a comunicar el fin de la relación laboral con un plazo de preaviso de ....
9. **Novena.** Se pueden incluir cláusulas adicionales que no vayan en contra de la ley.

Y para que conste, se extiende este contrato, por triplicado, en el lugar y fecha indicados.

La persona trabajadora | El/la representante de la empresa

Por último, la **firma de las partes.**

Fig. 2.2. Contenido del contrato de trabajo.

1.4. El periodo de prueba

El **periodo de prueba** es un **espacio de tiempo de duración determinada** que la empresa y la persona trabajadora pueden pactar con el fin de comprobar la conveniencia de la contratación para ambas partes. Se debe pactar por escrito en el contrato.

A. Duración

La duración del periodo de prueba se fija en el convenio colectivo. Si este no establece nada, la duración máxima del periodo no puede exceder de estos plazos (Tabla 2.3):

Casos	Duración
Técnicos titulados	Seis meses como máximo.
Resto de personas trabajadoras	Dos meses como máximo. En las empresas de menos de 25 personas de plantilla, el periodo de prueba no puede exceder de tres meses.
Contratos en prácticas	No más de dos meses para los titulados de Grado Superior y máximo de un mes para los de Grado Medio.
Contratos temporales de hasta seis meses	Un mes como máximo.

Tabla 2.3. Periodos de prueba.

B. Derechos

Durante el periodo de prueba, la persona trabajadora tiene **los mismos derechos y obligaciones que el resto de la plantilla,** debe estar dada de alta en la Seguridad Social y percibir el salario que corresponda al puesto de trabajo que ocupa.

Será nulo cualquier pacto que establezca un periodo de prueba para una persona que haya desempeñado las mismas funciones con anterioridad en la empresa bajo cualquier modalidad de contratación.

Durante el periodo de prueba se puede dar por finalizada la relación laboral por voluntad manifiesta de cualquiera de las partes, sin necesidad de alegar causa alguna ni preaviso. En este caso, la persona trabajadora no tiene derecho a percibir indemnización.

CASO PRÁCTICO 3. Periodo de prueba

En un contrato de trabajo, una empresa ha establecido un periodo de prueba de dos meses; sin embargo, al cabo de un mes le comunica a la persona trabajadora que da por finalizado dicho contrato.

a) ¿Se puede resolver este antes de los dos meses?

b) ¿A la persona trabajadora le corresponderá alguna indemnización?

c) ¿Sería válido el establecimiento de un periodo de prueba si la empleada hubiese ocupado el mismo puesto en la empresa anteriormente?

Solución:

a) Sí. Durante el periodo de prueba cualquiera de las partes puede dar por finalizado el contrato sin necesidad de alegar causa alguna.

b) No, no tiene derecho a ningún tipo de indemnización.

c) No, es nulo todo pacto que establezca un periodo de prueba cuando la persona trabajadora haya desempeñado las mismas funciones con anterioridad en la empresa bajo cualquier modalidad de contratación.

ABC VOCABULARIO

Técnico titulado. Es el que está en posesión de un título superior o medio, tanto universitario como de ciclos formativos.

Técnico no titulado. Es el que no posee título profesional.

! IMPORTANTE

Interrupción del periodo de prueba

Las situaciones de incapacidad temporal, nacimiento de un hijo o hija, adopción, guarda con fines de adopción, acogimiento, riesgo durante el embarazo y la lactancia, violencia de género que afecten a la persona durante el periodo de prueba interrumpen el cómputo del mismo siempre que haya acuerdo entre dicha persona y la empresa.

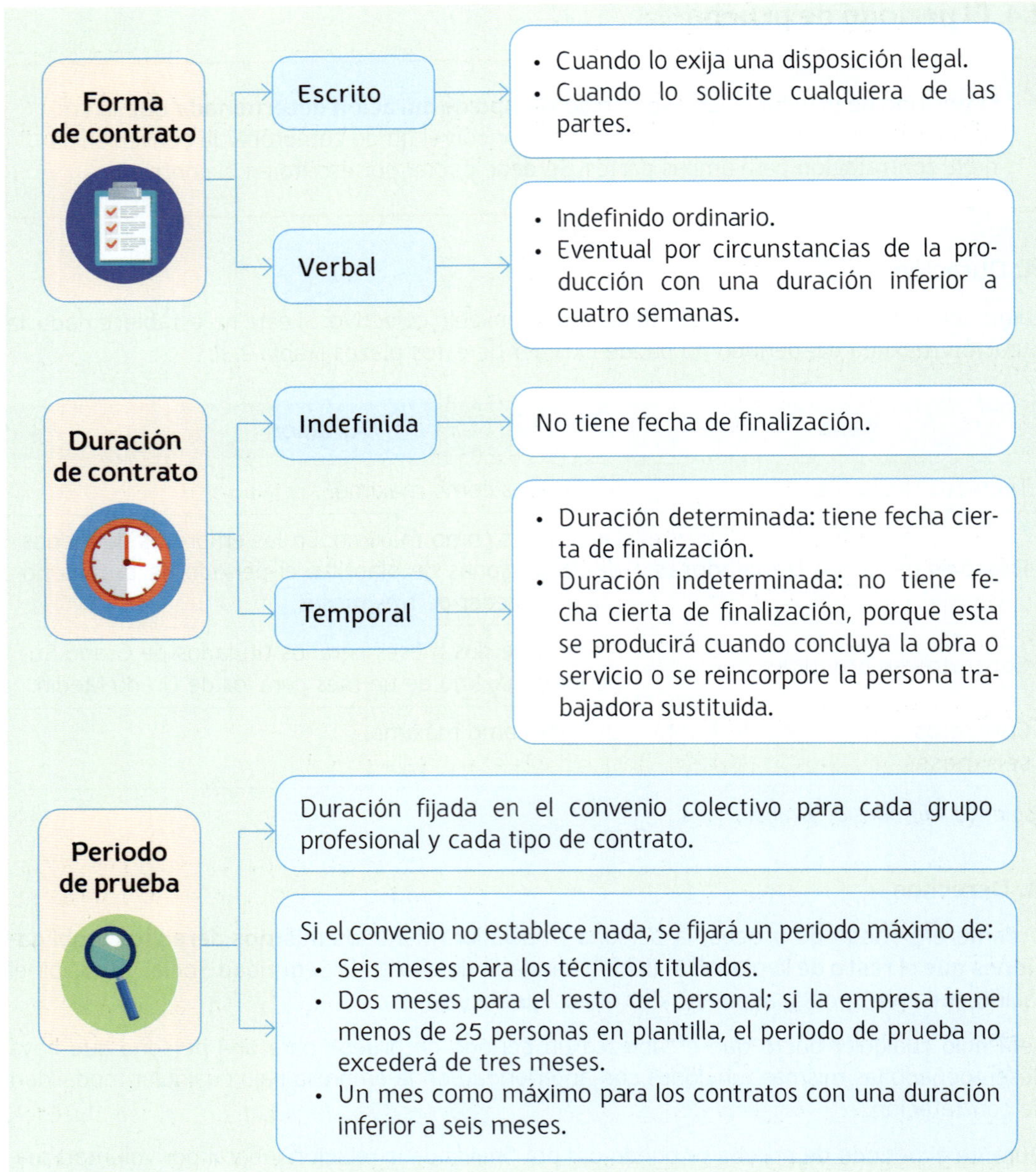

Fig. 2.3. Resumen de las principales características de los contratos de trabajo.

@ WEB

SERVICIO PÚBLICO DE EMPLEO ESTATAL

SEPE

La página oficial del **Servicio Público de Empleo Estatal** recoge toda la información sobre el sistema de contratación actual.

En el enlace que aparece a continuación se puede encontrar la información que empresas y personas trabajadoras puedan necesitar para formalizar la relación laboral.

Esta página te será muy útil a lo largo de toda tu vida profesional.

- **http://bit.ly/3qQHI4Z**

ACTIVIDADES

1. Una joven de 17 años que acaba de finalizar sus estudios de Grado Medio de Equipos e Instalaciones Eléctricas, ¿puede trabajar haciendo instalaciones de alta tensión? Razona la respuesta.

2. María Jesús Ordóñez trabaja en una empresa de diseño de páginas web y recientemente ha encontrado otro empleo para realizar diferentes tareas por la tarde en una compañía distinta. Al enterarse, el director de la primera empresa ha decidido sancionarla porque en su contrato tiene pactada una cláusula de dedicación plena.

¿Puede ser sancionada María Jesús por estos hechos?

3. Un joven fue seleccionado en una empresa, pero no se le contrató por escrito. Han transcurrido tres años y nunca ha tenido ningún problema con respecto a sus derechos, pero él se pregunta qué tipo de contrato tiene. Indica qué modalidad contractual se aplicará en este caso.

4. Paula ha sido contratada como camarera en un hotel. No posee ninguna cualificación y le han puesto un periodo de prueba de tres meses. ¿Es correcto este periodo de prueba en su contrato?

2. Tipos de contratos

El Estatuto de los Trabajadores establece que los contratos pueden concertarse por tiempo indefinido o por tiempo determinado. Las empresas disponen de diversas modalidades de contratación para la incorporación de personas trabajadoras (Tabla 2.4).

Duración	Indefinidos	Ordinario.
		Fijo discontinuo y fijo periódico.
	Temporales o de duración determinada o determinable	• De obra o servicio. • Eventual por circunstancias de la producción. • De interinidad. • Contratos formativos: – En prácticas. – Para la formación y el aprendizaje.
Jornada	A tiempo completo	Indefinidos, temporales y fijos periódicos.
	A tiempo parcial	

Tabla 2.4. Modalidades y tipos de contratos.

2.1. Contratos indefinidos

Son aquellos que **no fijan una fecha determinada de finalización.**

A. Contrato indefinido ordinario

Es el contrato indefinido común regulado por el Estatuto de los Trabajadores; se puede concertar por **escrito** o **verbalmente.** Se presumirán celebrados por tiempo indefinido, salvo que alguna prueba acredite la naturaleza temporal de la prestación, aquellos contratos en los que concurra alguna de las siguientes circunstancias:

- Que la persona trabajadora no haya sido **dada de alta** en la Seguridad Social una vez transcurrido un plazo igual o superior al que legalmente se haya podido fijar para el periodo de prueba según la actividad de que se trate.
- Que no se hayan documentado, si la forma escrita es **exigida** legalmente para su validez.
- Que se hayan celebrado con **fraude de ley**; por ejemplo, los contratos pactados por un tiempo determinado cuando se trata de necesidades permanentes de la empresa.

¿SABÍAS QUE...?

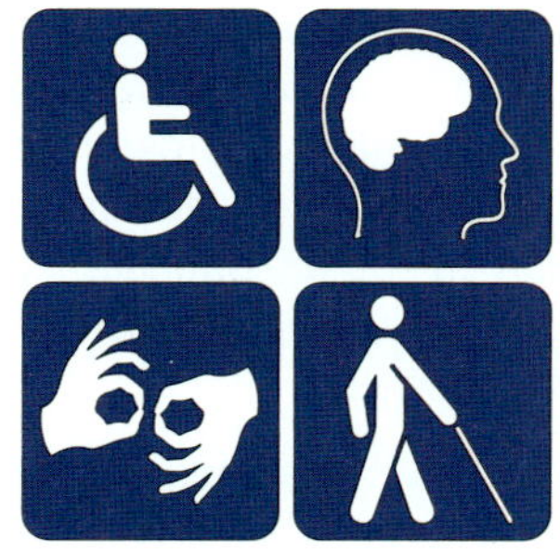

Determinadas modalidades de contratación, así como las destinadas a ciertos colectivos, se benefician de **bonificaciones en la cotización** a la Seguridad Social. Puedes consultarlas en la página web del Servicio Público de Empleo Estatal:

https://bit.ly/3naWzpQ

CASO PRÁCTICO 4. Contrato indefinido

Mercedes, técnica de Desarrollo Analítico con experiencia en el sector, fue contratada por unos laboratorios hace cuatro años. Desde entonces realiza las tareas encomendadas y cobra su nómina puntualmente cada mes. Está satisfecha con el trabajo, pero no sabe qué tipo de contrato tiene porque en el momento de la formalización del mismo no firmo ningún documento y todos los acuerdos fueron verbales. Ahora necesita conocer esta información porque piensa comprar una vivienda y le han preguntado qué tipo de contrato tiene, con el fin de valorar su solvencia económica.

¿Ante qué modalidad contractual nos encontramos?

Solución:

El contrato de trabajo indefinido ordinario se puede concertar por escrito o de palabra. Como Mercedes lleva trabajando cuatro años de manera continuada y la contratación fue verbal, tiene un contrato indefinido ordinario.

¿SABÍAS QUE...?

Se consideran **indefinidos** los contratos **a tiempo parcial** que se celebren para realizar trabajos fijos y periódicos. Estos trabajos son aquellos en los que se desarrollan tareas discontinuas en el tiempo pero que se repiten en fechas ciertas.

La persona trabajadora conoce por adelantado la fecha de inicio de su actividad laboral.

B. Contrato fijo discontinuo

Es aquel que se concierta para la ejecución de trabajos que tengan carácter de fijos, pero discontinuos en el tiempo, **siempre que no se repitan en fechas ciertas** y se enmarquen dentro del volumen normal de la empresa. En este contrato se combinan periodos de trabajo (vinculados a la estacionalidad de la actividad) con periodos de inactividad, manteniéndose el vínculo entre empresa y persona trabajadora. Por ejemplo, trabajadores agrícolas en épocas de recolección.

2.2. Contratos de duración determinada

Los contratos de duración determinada son aquellos cuya **fecha de finalización se pacta en el propio contrato.** El TRLET establece tres tipos de contratos legalmente permitidos dentro de esta modalidad: por obra o servicio determinado, eventual por circunstancias de la producción y de interinidad o sustitución con derecho a reserva del puesto de trabajo (Tabla 2.5).

El Estatuto de los Trabajadores impide que la empresa **encadene** contratos temporales por un tiempo superior a **24 meses**, en un periodo de 30, para cualquier puesto de trabajo en la misma empresa o grupo. Si se supera ese plazo, deberá hacerse un contrato indefinido a la persona trabajadora. Para que esto sea posible, se exige, además, que se hayan celebrado dos o más contratos temporales, con independencia de la modalidad y aunque se trate de contratos de puesta a disposición a través de una ETT. Se excluyen de esta posible conversión en indefinidos los contratos de interinidad, los formativos y los de relevo.

PONTE A PRUEBA 2. Contrato temporal

Una empresa precisa contratar a personas trabajadoras que desarrollen tareas comerciales para su campaña de lanzamiento de un nuevo producto. Como la compañía no tiene claro si dicho producto va a tener éxito, no quiere comprometerse de manera permanente con las personas que contrate.

¿Le podrías aconsejar sobre las ventajas e inconvenientes de la contratación temporal?

Para resolver la prueba, investiga sobre estos contratos y haz una tabla con los aspectos positivos y los negativos. También puedes consultar este enlace: **https://bit.ly/2S5pyNH**.

CASO PRÁCTICO 5. Contrato fijo discontinuo

Koldobika tiene un contrato indefinido como monitor en una estación de esquí. La empresa le reclama al comienzo de la temporada, pero las fechas de inicio y finalización de los servicios son inciertas porque dependen de la climatología. Al terminar el periodo, el trabajador cesa su actividad y vuelve a ser llamado al inicio de la siguiente temporada. ¿Ante qué tipo de contrato nos encontramos? ¿Se repite el trabajo en fechas ciertas?

Solución:

Nos encontramos ante un contrato fijo discontinuo de un trabajador que solo desarrolla su actividad en la empresa durante una parte del año.

Las fechas no se repiten de una manera exacta, ya que, al depender de la climatología, siempre existe una incertidumbre sobre la duración de la campaña.

ACTIVIDADES

5. Una empresa con una plantilla de 40 personas precisa incorporar a dos más de forma indefinida, pero una trabajará a jornada completa y la otra, a tiempo parcial. ¿Qué tipo de contrato le interesará a cada una?

6. Indica qué tipo de contrato elegirías en cada caso:

a) Una asesoría desea incorporar a un auxiliar contable para la campaña del IRPF.

b) Una empresa de automoción tiene un incremento de pedidos con respecto a los meses anteriores y precisa contratar a diez personas trabajadoras para reforzar sus líneas de producción.

c) Una entidad precisa cubrir el puesto de una trabajadora que, al haber sido elegida alcaldesa de su localidad, ha pasado a la situación de excedencia forzosa.

7. Antonio ha trabajado para una empresa, de manera continuada, con un contrato de obra de dos años. ¿La misma empresa podrá hacerle un contrato temporal?

8. La temporalidad es uno de los problemas del mercado de trabajo. Busca en la página web **https://bit.ly/33jO9ot** los datos que avalan esta afirmación e indica qué tipos de contratos son los más utilizados en nuestro país y cómo ha evolucionado la contratación en los últimos años.

Contratos de duración determinada		
Contrato por obra o servicio determinado	Finalidad	La realización de obras o servicios con autonomía dentro de la actividad normal de la empresa, cuya ejecución, aunque limitada en el tiempo, es, en principio, de duración incierta.
		Los convenios colectivos podrán identificar aquellos trabajos o tareas que sea posible cubrir con contratos de esta naturaleza; por ejemplo, en el convenio de la construcción, las tareas de encofrado.
	Duración	El tiempo exigido para la realización del trabajo o servicio. Hasta un máximo de tres años, ampliables a cuatro por el convenio.
		Si el contrato tiene una duración superior al año, debe denunciarse con quince días de antelación a la fecha de finalización del mismo. La empresa puede sustituir el preaviso por una indemnización equivalente al salario que corresponde a dicho periodo.
	Indemnización	Será de doce días de salario por año; por ejemplo, si la persona trabajadora ha tenido un contrato de dos años de duración, le corresponderán 12 días x 2 años = 24 días de indemnización.
	Forma	Por escrito.
Contrato eventual por circunstancias de la producción	Finalidad	Atender las necesidades derivadas del incremento eventual de la actividad de la empresa por circunstancias del mercado, acumulación de tareas o exceso de pedidos.
	Duración	La duración máxima será de seis meses durante un periodo de doce, contados a partir del momento en que se produzca la causa. Por convenio colectivo se puede ampliar la duración a doce meses dentro de un periodo de referencia de dieciocho meses.
		Admite una única prórroga, siempre que se haya concertado por un plazo inferior a la duración máxima.
	Indemnización	Será de doce días de salario por cada año de servicio.
	Forma	Por escrito cuando su duración exceda las cuatro semanas y en aquellos casos en que se celebre a tiempo parcial.
Contrato de interinidad	Finalidad	Sustituir a las personas trabajadoras de la empresa cuyo contrato está suspendido con reserva del puesto de trabajo (en caso de enfermedad, excedencia por cuidado de hijo o hija, o familiar, nacimiento, etc.) o para cubrir temporalmente un puesto de trabajo durante el proceso de selección o promoción para su cobertura definitiva.
	Duración	El tiempo en que la persona sustituida tenga suspendido el contrato laboral y subsista el derecho de reserva de su puesto. Cuando se trate de cubrir un puesto de trabajo, lo que se tarde en el proceso de selección o promoción, sin superar los tres meses.
	Indemnización	Su finalización no genera derecho a indemnización.
	Forma	Por escrito; debe especificar el nombre de la persona sustituida y la causa del reemplazo.

Tabla 2.5. Contratos de duración determinada.

ACTIVIDADES

9. Una empresa de fabricación de piezas para relojes necesita contratar a una delineante para un nuevo proyecto. Tiene previsto que el proyecto dure un año.

¿Qué tipo de contrato temporal sería idóneo para cubrir el puesto que precisa?

10. Indica cuál será la modalidad contractual adecuada para cubrir los siguientes puestos de trabajo:

a) Una empresa dedicada al *marketing* recibe de manera inesperada dos encargos de clientes nuevos que debe atender en el plazo de un mes. La compañía tiene una importante acumulación de tareas que quiere acabar cuanto antes.

b) Una empresa tiene que sustituir a un trabajador que será operado de una fractura en una pierna, ocasionada por un accidente de tráfico.

2.3. Contratos de trabajo formativos

Se encuadran en la modalidad de **contratación temporal**, tienen una finalidad formativa y han sido establecidos por el Gobierno como medida para fomentar el empleo (Tabla 2.6).

	Contrato en prácticas	Contrato para la formación y el aprendizaje
Finalidad	La inserción de personas trabajadoras tituladas para adquirir experiencia laboral adecuada al nivel de estudios cursados.	Conseguir la cualificación profesional, combinando unos servicios retribuidos en una empresa con una actividad formativa recibida en el marco del sistema de formación profesional para el empleo o del sistema educativo.
Requisitos	Poseer el título universitario, de técnico o de técnico superior (FP) de la correspondiente profesión, o los títulos oficialmente reconocidos como equivalentes, como, por ejemplo, el certificado de profesionalidad. Los títulos deberán haber sido obtenidos dentro de los cinco años anteriores a la fecha de contratación, o siete si se celebra con personas con diversidad funcional. Debe existir una correlación entre el trabajo que se va a desarrollar y el nivel de estudios cursados.	Ser mayor de 16 años y menor de 25 años y carecer de un título o del certificado profesional para formalizar un contrato en prácticas. El límite máximo de edad no se aplicará cuando el contrato se concierte con personas con discapacidad. El contrato puede extenderse a los estudiantes de FP.
Duración	Entre seis meses y dos años. Caben dos prórrogas hasta alcanzar el límite máximo, con una duración no inferior a seis meses cada una de ellas.	Como mínimo de un año y como máximo de tres. Se podrán pactar hasta dos prórrogas de seis meses de duración como mínimo. Por convenio colectivo pueden establecerse distintos límites temporales del contrato, sin que la duración mínima sea inferior a seis meses ni la máxima superior a tres años.
Periodo de prueba	Dos meses para titulados de Grado Superior y un mes para titulados de Grado Medio.	Se sigue la regla general del periodo de prueba.
Jornada	Completa o a tiempo parcial. 	El tiempo de trabajo efectivo no puede ser superior al 75 % de la jornada máxima prevista en el convenio colectivo durante el primer año, ni al 85 % durante el segundo y el tercero. El resto de la jornada se dedicará a actividades formativas que pueden desarrollarse en la propia empresa o en un centro formativo. Las personas trabajadoras no pueden realizar horas extraordinarias, salvo en el supuesto previsto en el artículo 35.3 del ET, ni tampoco trabajos nocturnos ni a turnos.
Retribución	La marcada en el convenio; no puede ser inferior al 60 % (primer año de contrato) o al 75 % (segundo año) del salario fijado en el convenio colectivo para una persona trabajadora que desempeñe el mismo puesto de trabajo o uno equivalente. En ningún caso tales cuantías pueden ser inferiores al salario mínimo interprofesional (SMI). En el caso de personas trabajadoras contratadas a tiempo parcial, el salario será proporcional al tiempo efectivamente trabajado.	Se fija en proporción al tiempo de trabajo efectivo, de acuerdo con lo establecido en el convenio colectivo. En ningún caso la retribución puede ser inferior al salario mínimo interprofesional, en proporción al tiempo de trabajo efectivo.
Seguridad Social	Incluye todas las prestaciones de la Seguridad Social.	La acción protectora de la Seguridad Social comprende todas las prestaciones. Se cotizará por una cuota fija.
Acreditación	Se debe expedir a la persona contratada un certificado donde conste la duración de las prácticas, el puesto o los puestos de trabajo ocupados y las principales tareas realizadas en todos.	La persona que haya finalizado con evaluación positiva la formación prevista puede recibir de la Administración pública la acreditación que certifique la cualificación o competencia profesional adquirida a través del contrato.

Tabla 2.6. Tipos de contratos formativos y características.

2.4. Contratación a tiempo parcial

La contratación a tiempo parcial es la que se celebra para la prestación de servicios durante un número de horas al día, a la semana, al mes o al año **inferior a la jornada laboral de una persona trabajadora a tiempo completo comparable** (Tabla 2.7).

En el contrato debe hacerse constar expresamente el número y la distribución de horas al día, a la semana, al mes o al año durante las cuales la persona trabajadora desarrollará su actividad.

<table>
<tr><th colspan="3">Contrato a tiempo parcial</th></tr>
<tr><td>Objeto</td><td colspan="2">Posibilitar el trabajo de un mayor número de personas.</td></tr>
<tr><td rowspan="2">Duración</td><td colspan="2">Temporal para los contratos legalmente permitidos, exceptuando el contrato para la formación.</td></tr>
<tr><td colspan="2">Indefinida para los siguientes casos:
• Contrato indefinido ordinario.
• Trabajos fijos y periódicos, dentro del volumen normal de la actividad de la empresa, que se producen siempre en las mismas fechas. Por ejemplo, personas contratadas en las mismas fechas para retenes de incendios.</td></tr>
<tr><td>Horas extraordinarias</td><td colspan="2">No se pueden realizar horas extraordinarias, salvo para prevenir siniestros o reparar los daños provocados por estos, u otros daños extraordinarios (fuerza mayor).</td></tr>
<tr><td rowspan="2">Horas complementarias</td><td rowspan="2">Son adicionales a las horas ordinarias y su retribución debe ser igual a la de estas. Deben estar pactadas en el contrato a tiempo parcial, aunque solo cabe esta posibilidad si la jornada de trabajo no es inferior a diez horas semanales en cómputo anual.
La suma de la jornada ordinaria más todas las horas complementarias no puede superar el límite establecido para la jornada ordinaria diaria. Transcurrido un año la persona trabajadora puede renunciar al pacto de horas complementarias con preaviso de 15 días.</td><td>Horas pactadas. En todos los contratos a tiempo parcial se puede pactar la realización de horas complementarias siempre que su número máximo no exceda el 30 % de las horas ordinarias de trabajo objeto del contrato. En el convenio colectivo se puede establecer otro porcentaje: entre el 30 % y el 60 % de las horas ordinarias contratadas.
La persona trabajadora debe conocer el día y la hora de realización de este tipo de horas con una antelación de tres días.</td></tr>
<tr><td>Horas voluntarias. En los contratos indefinidos a tiempo parcial la empresa puede ofrecer en cualquier momento la realización de horas complementarias voluntarias, cuyo número no puede superar el 15 %, ampliable al 30 % en el convenio, de las horas ordinarias del contrato.</td></tr>
</table>

Tabla 2.7. Características del contrato a tiempo parcial.

CASO PRÁCTICO 6. Contrato en prácticas

Un hotel contrata a Silvia, una joven de 26 años, que finalizó el ciclo de Grado Superior de Gestión de Alojamientos Turísticos y a ella le ilusiona poder trabajar en una actividad que se corresponda con los estudios cursados. El convenio establece que el salario que le corresponde según su categoría es de 1500 € mensuales.

a) ¿Qué tipo de contrato sería adecuado para esta trabajadora?

b) Si obtuvo su título hace cuatro años, ¿es posible realizar un contrato en prácticas?

c) ¿Qué importe percibirá Silvia durante su año de trabajo?

d) Si, una vez finalizado el año, sigue trabajando y la empresa no le comunica su deseo de rescindir el contrato, ¿en qué situación se encontraría la trabajadora?

Solución:

a) El tipo de contrato adecuado es el formativo en prácticas.

b) Sí. El contrato debe celebrarse dentro de los cinco años siguientes a la obtención del título adecuado.

c) Percibirá el 60% de 1500 (1500 x 0,60) = 900 € mensuales. Al no poder cobrar menos del salario mínimo interprofesional, la retribución que le corresponda se debe ajustar al salario mínimo vigente en cada momento.

d) El contrato quedará prorrogado hasta su plazo máximo (dos años).

IMPORTANTE

Registro de jornadas a tiempo parcial

La jornada de las personas trabajadoras a tiempo parcial se debe registrar a diario y se totaliza mensualmente. La empresa está obligada a entregarles, junto con el recibo del salario, una copia del resumen de todas las horas realizadas cada mes, tanto ordinarias como complementarias. Y también a conservar los resúmenes durante un periodo mínimo de cuatro años.

En caso de incumplimiento, el contrato se presumirá celebrado a jornada completa, salvo que exista una prueba que acredite el carácter parcial de los servicios.

2.5. Otras modalidades de contratación

Además de los estudiados, existe la posibilidad de celebrar otros tipos de contratos. Por sus características especiales, destacan los siguientes (Tabla 2.8):

<table>
<tr><th colspan="3">Otras modalidades de contratación</th></tr>
<tr><td rowspan="5">Contrato de relevo</td><td>Finalidad</td><td>Emplear a una persona en situación de desempleo o con un contrato de duración determinada para sustituir parcialmente a alguien de la empresa que accede a la pensión de jubilación de forma parcial.</td></tr>
<tr><td>Duración</td><td>Indefinida o, como mínimo, igual a la del tiempo que le falta a la persona sustituida para alcanzar la edad de jubilación.</td></tr>
<tr><td>Requisitos de la persona sustituida</td><td>La persona jubilada parcialmente debe cumplir los siguientes requisitos:
• Haber cumplido 61 años.
• Acreditar un periodo de antigüedad en la empresa de seis años, inmediatamente anteriores a la edad de jubilación.
• Justificar un periodo de cotización previo de 30 años.</td></tr>
<tr><td>Jornada</td><td>• Completa.
• A tiempo parcial; como mínimo, igual a la reducción de la jornada acordada con la persona trabajadora sustituida.</td></tr>
<tr><td>Indemnización</td><td>Doce días por cada año de servicio.</td></tr>
<tr><td rowspan="2">Contrato de sustitución por anticipación de la edad de jubilación</td><td>Finalidad</td><td>Contratar a personas trabajadoras desempleadas en sustitución de otras que anticipan en un año su edad de jubilación ordinaria (65 años).</td></tr>
<tr><td>Duración</td><td>Un año.</td></tr>
<tr><td>Contrato de trabajo de grupo</td><td>Finalidad</td><td>Celebrar un contrato con un grupo de personas trabajadoras consideradas en su totalidad; por ejemplo, un conjunto musical.</td></tr>
<tr><td>Contrato de trabajo a distancia</td><td colspan="2">El trabajo a distancia consiste en la realización del trabajo en el domicilio de la persona trabajadora o en el lugar elegido por esta, durante toda su jornada o parte de ella, con carácter regular. Se considerará teletrabajo si se utilizan preferentemente para el desarrollo del trabajo medios telemáticos.
• Para que una actividad se considere trabajo a distancia, debe realizarse al menos un 30 % de la jornada bajo esta modalidad, dentro del periodo de referencia de tres meses o un porcentaje equivalente.
• Las personas trabajadoras menores de 18 años con contrato en prácticas y contrato para la formación, que antes estaban excluidas del trabajo a distancia, ahora podrán trabajar a distancia si al menos el 50 % de la jornada es presencial.
• El trabajo a distancia debe ser siempre voluntario, tanto para la empresa como para la persona trabajadora; no se puede obligar a nadie a pasar a esta modalidad si no lo desea.
• El acuerdo debe recogerse por escrito, bien en el contrato inicial, bien en un documento posterior, antes de que se inicie el trabajo a distancia.
• Las personas teletrabajadoras tienen derecho a que se les faciliten los medios necesarios para trabajar a distancia, así como atención ante las dificultades técnicas.
• Trabajar a distancia no puede suponer que la persona trabajadora asuma los costes de las herramientas que precisa para desarrollar la actividad laboral.</td></tr>
</table>

Tabla 2.8. Otras modalidades de contratación.

ACTIVIDADES

11. Una empresa de seguros precisa incorporar en su plantilla a tres personas para apoyar el servicio de asistencia del hogar que ha sufrido un incremento notable de la demanda. La empresa no dispone de puestos de trabajo en oficina.

¿Qué tipo de contrato se puede hacer a estas personas?

12. Un joven de 18 años sin título ni certificado profesional ha sido contratado en un taller de confección.

a) Indica qué tipo de contrato formativo sería el adecuado.

b) ¿Cuál será la duración mínima y máxima que puede tener este contrato?

3. Relaciones laborales triangulares

Para cubrir sus necesidades de mano de obra temporal, las compañías acuden a **empresas de trabajo temporal** o contratan los servicios de **otras empresas**.

A. Empresas de trabajo temporal (ETT)

> Una **empresa de trabajo temporal** es aquella cuya actividad consiste en prestar a otra empresa (llamada empresa cliente o usuaria), o poner a su disposición, con carácter temporal a personas trabajadoras contratadas por ella. Las ETT también pueden actuar como agencias de colocación.

La relación se establece a través de un **contrato entre la ETT y la empresa usuaria** formalizado por escrito y en modelo oficial, denominado **contrato de puesta a disposición** (Fig. 2.4).

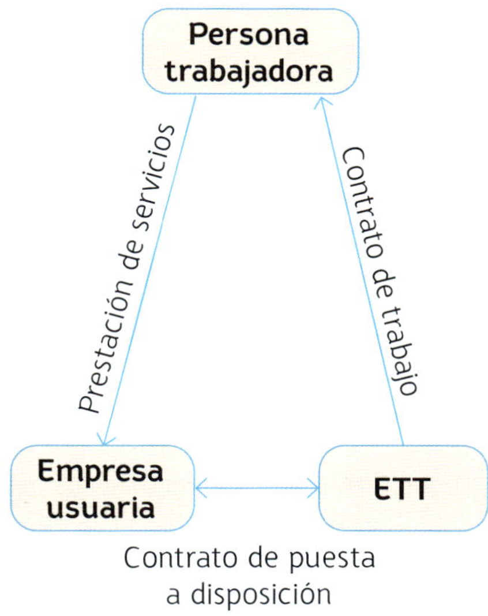

Fig. 2.4. Funcionamiento de una ETT.

No se pueden celebrar contratos de puesta a disposición para trabajos en obras de construcción o actividades de especial peligrosidad, para sustituir a las personas trabajadoras en huelga o para cederlos a otra ETT. Las Administraciones públicas pueden contratar a personas trabajadoras a través de las ETT, salvo para puestos reservados a funcionarios públicos.

El poder de **dirección y organización** corresponde a la empresa usuaria, y el poder sancionador, a la empresa de trabajo temporal. Las **personas trabajadoras** contratadas se regirán por los convenios colectivos de las ETT, ya sean de ámbito estatal o autonómico, y tendrán los derechos que se establecen en la Tabla 2.9.

Derechos de las personas trabajadoras de las empresas de trabajo temporal	
Retribución	La abona la ETT; la persona trabajadora tiene derecho a la misma retribución que el personal de la empresa usuaria, incluyendo la parte proporcional de descanso, pagas extraordinarias, días festivos y vacaciones.
Seguridad y salud laboral	El mismo nivel de protección que las personas trabajadoras de la empresa usuaria. La vigilancia de la salud es llevada a cabo por la ETT.
Periodo de prueba	No puede exceder de cuatro meses para los técnicos titulados, 45 días para el resto de las personas trabajadoras y quince días para el personal no cualificado. Si a lo largo de un año se renueva el contrato en una misma empresa, no puede establecerse un nuevo periodo de prueba.
Indemnización	Al finalizar el contrato, la persona trabajadora tendrá derecho a recibir una indemnización correspondiente a doce días por cada año de servicio, o a la parte proporcional, si tiene una duración inferior.

Tabla 2.9. Derechos de las personas trabajadoras en las ETT.

B. Empresas de subcontratación

En el ***outsourcing*** o **externalización** una empresa contrata o subcontrata a otra para la realización de una actividad que tradicionalmente venía desempeñando ella misma, como, por ejemplo, la limpieza, la vigilancia, el mantenimiento, etc. Las personas trabajadoras son contratadas por el contratista, pero prestan servicios para la empresa contratante.

ABC VOCABULARIO

Subrogación. Nueva situación en la que, por obligación legal, una persona, física o jurídica, ocupa la posición de otra y adquiere todos los derechos y obligaciones de los que esta fuese titular.

PIENSA Y RESUELVE

13. En el ámbito laboral, el contrato de trabajo genera derechos y obligaciones que tanto la persona trabajadora como la empresa deben cumplir y que normalmente se ponen por escrito para que ambas partes los conozcan. Te proponemos que hagas un cartel para expresar de manera creativa la obligación de la empresa de pagar el salario y el deber de la persona trabajadora de cumplir con las tareas para las que ha sido contratada.

Utiliza la técnica que consideres más adecuada: pintura a mano, con un programa de ordenador, con signos o símbolos...; lo importante es que ambas obligaciones se presenten de una manera diferente a como figuran en un modelo de contrato escrito y legal.

ACTIVIDADES DE SÍNTESIS

1. Organiza estos conceptos en bloques de manera que cada característica se sitúe junto al contrato temporal que le corresponde.

- Atender circunstancias de la producción o aumento de pedidos
- Lo que dure la obra o servicio
- Seis meses en un periodo de doce
- Tres años ampliables a cuatro por convenio
- **Contrato de obra**
- **Contrato eventual**
- Hasta que se reincorpore la persona sustituida y subsista el derecho a la reserva del puesto
- Sustituir a trabajadores con contrato suspendido con derecho a reserva del puesto
- **Contrato de interinidad**
- Forma escrita
- Forma escrita o verbal si es de menos de cuatro semanas
- Por escrito indicando el nombre de la persona sustituida

2. Construye oraciones usando todas las palabras que aparecen en cada uno de los apartados siguientes:

   a) Dieciocho años, tutores, progenitores, menores, trabajar, autorización.

   b) Desconoce, fecha, cierta, inicio, finalización, indefinidos, contratos, fecha.

   c) Empresa, ETT, ceden, usuaria, personas trabajadoras, contratan.

3. Clasifica los siguientes contratos según el grupo al que pertenezcan:

   a) Indefinido ordinario.

   b) De interinidad.

   c) De relevo.

   d) De obra o servicio determinado.

   e) Fijo discontinuo.

   f) Eventual por circunstancias de la producción.

   g) En prácticas.

   h) Fijo periódico.

   i) A distancia.

   j) Para la formación y el aprendizaje.

INVESTIGACIÓN

Palabras clave para la búsqueda de información: *contrato de trabajo, contrato indefinido, contrato temporal, contrato a tiempo parcial, ETT, subcontratación.*

4. En la actualidad, muchas personas tienen contratos a tiempo parcial. Realiza estas tareas:

   a) Visualiza el siguiente video y escribe una reflexión sobre si lo que se muestra se corresponde con la realidad de nuestro país y la opinión que te merece esta situación.

   b) Organizad un debate en clase con la puesta en común de vuestras opiniones y extraed conclusiones.

   Puedes utilizar el siguiente recurso: **https://bit.ly/3jefrC2**.

5. El número de contratos temporales empleado por las empresas ha crecido significativamente. Investigad en grupo sobre esta realidad.

   Dividid la clase en grupos de dos personas. Una investigará sobre la pregunta *a)* y la otra, sobre la *b)*, y luego se desarrollará una puesta en común.

   En el siguiente enlace a la sede del Servicio Público de Empleo Estatal encontraréis la información oficial sobre esta materia: **https://bit.ly/3l9aGdR**.

   a) ¿Qué tipos de contratos temporales son los más usados en los seis años de referencia?

   b) ¿Cuántos contratos indefinidos se han celebrado en el último año que abarca el informe? ¿Y temporales por obra y servicio, eventuales por circunstancias de la producción y de interinidad?

6. Uno de los medios más utilizados para buscar empleo consiste en acudir a empresas de trabajo temporal. Consulta las fuentes que se proporcionan a continuación y responde a las siguientes cuestiones:

   a) ¿Qué son y cómo funcionan las ETT?

   b) ¿Qué ventajas tienen para las empresas y para las personas trabajadoras?

   c) ¿Cómo se puede contratar a la persona trabajadora por medio de una ETT y cómo se le paga?

   Puedes utilizar los siguientes recursos:

   - **https://bit.ly/2ELNJxl**
   - **https://bit.ly/3iogXAc**

TEST DE REPASO

1. **Los menores de edad...**
   ⓐ Pueden trabajar desde los 16 años con el consentimiento de sus progenitores o tutores.
   ⓑ Pueden trabajar desde los 17 años sin necesidad de consentimiento.
   ⓒ No pueden trabajar en ningún sector profesiona , salvo en la hostelería.
   ⓓ Todas las afirmaciones anteriores son correctas.
2. **Una persona física puede ser empresaria desde...**
   ⓐ Los 16 años.
   ⓑ Los 18 años.
   ⓒ Los 19 años, con consentimiento.
   ⓓ Todas las opciones son correctas.
3. **Durante el periodo de prueba de un contrato, las empresas...**
   ⓐ Pueden rescindirlo avisando con quince días de antelación a los empleados y empleadas.
   ⓑ Pueden rescindirlo sin necesidad de alegar causa alguna.
   ⓒ No pueden extinguirlo, puesto que la persona trabajadora aún no está definitivamente incorporada a la empresa.
   ⓓ No pueden extinguirlo sin alegar una razón que justifique la medida.
4. **El periodo de prueba en un contrato en prácticas realizado a un técnico superior no puede...**
   ⓐ Exceder de quince días.
   ⓑ Exceder de un mes.
   ⓒ Exceder de dos meses.
   ⓓ No se puede pactar periodo de prueba.
5. **En el contrato de trabajo para la formación y el aprendizaje se cotiza para que la persona trabajadora tenga cubiertas...**
   ⓐ Todas las prestaciones de la Seguridad Social.
   ⓑ Solamente la prestación sanitaria.
   ⓒ La prestación sanitaria y la incapacidad por accidente.
   ⓓ Solamente la incapacidad temporal.
6. **La duración máxima de un contrato por obra o servicio determinado será de...**
   ⓐ Dos años.
   ⓑ Tres años.
   ⓒ Tres años, ampliables seis meses más.
   ⓓ Cinco años.
7. **La duración máxima de un contrato eventual por circunstancias de la producción será de...**
   ⓐ Dos años.
   ⓑ No tiene duración máxima.
   ⓒ Seis meses dentro de un periodo de un año, ampliables por convenio colectivo a un máximo de doce meses dentro de un periodo de 18.
   ⓓ Ocho meses dentro de un periodo de un año, ampliables por convenio colectivo a un máximo de doce meses dentro de un periodo de 18.
8. **El contrato de interinidad, cuando se realiza para cubrir temporalmente un puesto durante un proceso de selección, tiene una duración máxima de...**
   ⓐ Un mes.
   ⓑ Dos meses.
   ⓒ Tres meses.
   ⓓ Cinco meses.
9. **A la finalización de un contrato en prácticas, la empresa entregará a la persona trabajadora una certificación que acredite...**
   ⓐ Las tareas realizadas.
   ⓑ La duración del contrato.
   ⓒ El puesto ocupado.
   ⓓ Todos los elementos anteriores.
10. **Las personas trabajadoras a tiempo parcial...**
    ⓐ Pueden realizar horas extraordinarias.
    ⓑ No pueden realizar horas extraordinarias, salvo por fuerza mayor.
    ⓒ Solo pueden realizar horas extraordinarias si se pactan.
    ⓓ Solo pueden realizar cinco horas extraordinarias por mes.
11. **Se puede pactar la realización de horas complementarias en contratos a tiempo parcial en los que la jornada de trabajo no sea inferior a...**
    ⓐ Diez horas semanales en cómputo anual.
    ⓑ Quince horas semanales en cómputo anual.
    ⓒ Veinticinco horas semanales en cómputo anual.
    ⓓ Treinta horas semanales en cómputo anual.
12. **La persona trabajadora contratada a tiempo parcial debe conocer el día y la hora de la realización de horas complementarias con un preaviso de...**
    ⓐ Tres días.
    ⓑ Cuatro días.
    ⓒ Cinco días.
    ⓓ Diez días.
13. **Las personas trabajadoras de las empresas de trabajo temporal recibirán por cada año trabajado, como indemnización por fin del contrato...**
    ⓐ Doce días de salario.
    ⓑ Quince días de salario.
    ⓒ Veinte días de salario.
    ⓓ Treinta y tres días de salario.

COMPRUEBA TU APRENDIZAJE

1. Un joven de 16 años quiere simultanear sus estudios de formación profesional con un empleo de fin de semana en un restaurante.

   a) ¿Puede celebrar un contrato de trabajo?

   b) El horario del restaurante es de 12.00 a 16.00 h y de 20.00 a 24.00 h. ¿Puede realizar el joven trabajos nocturnos?

2. María Jesús, que tiene 17 años y se ha emancipado, ha sido contratada como reponedora en un supermercado. La empresa le comunica que, en caso necesario, deberá continuar el trabajo una vez finalizada su jornada y se le abonarán las horas extraordinarias que realice.

   a) ¿Necesitaría esta trabajadora la autorización de sus progenitores o tutores para celebrar el contrato?

   b) ¿Es legal la petición de la empresa?

3. Una empresa necesita contratar a varias personas trabajadoras, cada una de ellas con un tipo de contrato diferente. Señala los periodos de prueba máximos que pueden establecerse en las siguientes situaciones:

   a) Mar va a ser contratada con un contrato para la formación y el aprendizaje.

   b) José Manuel, que es técnico superior en Diseño de Fabricación Mecánica, va a tener un contrato en prácticas de seis meses de duración.

   c) Eva será contratada para una campaña de *marketing*. Le van a realizar un contrato por obra o servicio de cinco meses de duración.

   d) Daniel es técnico titulado y será contratado como auxiliar administrativo con un contrato indefinido ordinario.

4. Una empresa de ingeniería que desarrolla prototipos de robots para la industria realiza un contrato de trabajo a Jimena González, que será la jefa del equipo de ingeniería. En el documento se establece una cláusula que indica que, una vez finalizada su relación laboral con la empresa, la trabajadora se compromete a no realizar la misma actividad para otra durante tres años. A cambio, percibirá 120 000 € como compensación.

   ¿Es legal la cláusula pactada en el contrato?

5. Pedro García es monitor de natación en un gimnasio. Su horario laboral comienza a las 8.00 y termina a las 14.00 h. Como su salario es pequeño, ha buscado otro empleo para enseñar a nadar a niños en otra instalación deportiva por las tardes.

   ¿Pedro puede ocupar los dos puestos al mismo tiempo?

6. Una persona trabajadora comienza su relación laboral en una empresa el día 1 de diciembre. El Departamento de Recursos Humanos le comunica 20 días más tarde la finalización de la misma alegando que no ha superado el periodo de prueba; sin embargo, en su contrato no existe ninguna referencia al citado periodo.

   ¿Es legal la actuación de la empresa? Razónalo.

7. Un trabajador firmó un contrato en el que se establecía un periodo de prueba de dos meses, pero, transcurrido un mes, decide abandonar la empresa.

   a) ¿Tiene alguna obligación respecto a la empresa?

   b) ¿Sería válido el establecimiento de un periodo de prueba si hubiese trabajado anteriormente en la compañía en el mismo puesto de trabajo?

8. Sara, técnica en Producción de Audiovisuales y Espectáculos, fue seleccionada por una productora de televisión hace un año y posteriormente comenzó a trabajar en ella. Durante este tiempo no ha tenido ningún problema con respecto a sus derechos, incluso estuvo de baja por enfermedad y cobró la prestación que le correspondía, pero ahora se pregunta qué tipo de contrato tiene. ¿Qué modalidad contractual se debió utilizar en este caso?

9. Pedro Fernández ha sido contratado en una empresa de *telemarketing*, mediante un contrato eventual por circunstancias de la producción por un periodo de quince días, para trabajar en una campaña en curso. El acuerdo se formaliza verbalmente.

   ¿Se puede formalizar este contrato de forma verbal?

10. Señala qué posibles contratos se pueden hacer a los siguientes candidatos:

    a) Un joven de 25 años que cuenta con el título de técnico superior de Administración y Finanzas y finalizó hace cuatro años sus estudios.

    b) Un técnico superior en Diseño en Fabricación Mecánica que actualmente tiene un contrato por obra o servicio con una empresa, pero el contrato se termina y la empresa quiere seguir contando con él.

    c) Un joven que acaba de obtener el certificado de profesionalidad de Atención Sociosanitaria a Personas Dependientes en Instituciones Sociales.

11. Una productora de televisión va a realizar un documental y ha decidido contratar a dos jóvenes con el título de técnico superior en Producción de Audiovisuales y Espectáculos. La modalidad de contratación debe ser temporal.

    a) ¿Cuál será el tipo de contrato adecuado?

    b) ¿Qué duración máxima puede tener?

    c) El contrato durará aproximadamente siete meses. ¿Se debe notificar la fecha de finalización?

12. Una fábrica de muebles quiere contratar a una persona que posea el título de técnico superior en Diseño y Amueblamiento mediante un contrato temporal de cinco meses de duración para atender el aumento de pedidos que se ha producido en la fábrica en el último semestre.

    a) ¿Qué tipo de contrato sería el más apropiado para cubrir las tareas que se indican?

b) Señala la duración máxima que puede tener la modalidad contractual adecuada.

c) Una vez cumplida la duración máxima del contrato, ¿se podría celebrar otro del mismo tipo con la misma persona?

d) Señala si la persona trabajadora tendría derecho a recibir alguna indemnización cuando termine su contrato.

13. En una empresa de artes gráficas se contrata a una trabajadora bajo la modalidad de interinidad para sustituir a un trabajador en situación de incapacidad temporal. Una vez transcurridos 18 meses, la empresa le comunica a la empleada que su contrato ha finalizado, aunque el trabajador sustituido no se ha reincorporado por haber pasado a la situación de incapacidad permanente.

a) ¿A qué trabajadores se puede sustituir mediante un contrato de interinidad?

b) ¿Qué duración máxima tiene este tipo de contrato?

c) ¿Tiene derecho la trabajadora a permanecer en el puesto de trabajo al no reincorporarse la persona sustituida?

d) ¿Le corresponde a la empleada alguna indemnización al finalizar su contrato?

14. Una cadena de alimentación necesita incorporar a su plantilla a personas como reponedoras y vendedoras durante 30 días por el incremento de la actividad en Navidad. Acude a una ETT y esta le facilita las personas trabajadoras.

a) ¿Qué tipo de contrato tendrán que firmar?

b) ¿Quién las va a pagar?

c) ¿Qué convenio se les va a aplicar?

15. Francisco simultanea estudios de un ciclo de Grado Superior de Comercio con un contrato indefinido a tiempo parcial en un restaurante en el que se establece una jornada de cuatro horas diarias de lunes a viernes. La empresa le propone realizar horas complementarias durante el fin de semana, a pesar de que en el contrato no existe ningún pacto que haga referencia a este tipo de horas.

a) ¿Está obligado Francisco a realizar las horas complementarias propuestas por la empresa?

b) Si hubiera pacto, ¿cuántas podrá realizar y qué retribución le corresponderá?

- Escribe dos ideas de esta unidad que tengas claras y que te parezcan fundamentales. ¿Qué te ayudó a comprenderlas?
- Formula dos preguntas sobre aspectos de la unidad que no hayas entendido totalmente.
- Escribe dos aspectos de esta unidad sobre los que te gustaría profundizar.

DE CAMINO AL MUNDO LABORAL

Te van a contratar y tienes que firmar tu primer contrato de trabajo. Es importante aprender a leerlo con detenimiento.

Objetivo

Conocer las características más importantes de los contratos más usuales para los jóvenes.

Tarea

1. Tu primer contrato será, probablemente, temporal.

Imagina que te selecciona una empresa para atender el incremento de pedidos en un momento determinado.

a) Busca el modelo de contrato temporal correspondiente y el convenio colectivo aplicable a tu sector profesional y a tu ámbito geográfico.

b) Rellena el contrato con tus datos personales y con los siguientes:

- Funciones y grupo profesional (según tu convenio colectivo).
- Jornada completa.
- Duración: seis meses.
- Periodo de prueba: un mes.
- Horario: de lunes a viernes de 8.00 a 16.00 h.
- Salario: el que establezca el convenio.
- Vacaciones: las que constan en el contrato.

Para desarrollar la actividad, puedes consultar la página web del SEPE (Servicio Público de Empleo Estatal), en la que se pueden descargar los modelos de contrato para cumplimentar: **https://bit.ly/3jfvTC5**.

Para encontrar el convenio colectivo que buscas, puedes usar el enlace oficial del Ministerio de Trabajo y Economía Social: **https://bit.ly/3i6xNni**.

2. Uno de los contratos que suelen usar las empresas en la contratación de personas que acaban de terminar un ciclo formativo es el contrato en prácticas.

Hemos estudiado que el salario correspondiente a un contrato en prácticas no puede ser inferior al 60 % del salario base marcado en el convenio durante el primer año de duración, ni al 75 % durante el segundo año; y en ningún caso puede ser inferior al SMI del año para el que se calcula. Para aprender a hacer el cómputo, supón que te contratan para una jornada de ocho horas con un contrato en prácticas y que el salario de convenio para tu grupo profesional es de 1360 € mensuales. Calcula el importe que recibirás durante el primer y el segundo año.

Para comprobar el importe del SMI, puedes usar el siguiente enlace: **https://bit.ly/2ENanGO**.

3 UNIDAD

La jornada y su retribución

ESTUDIARÁS

- El concepto de jornada laboral y su distribución diaria y semanal.
- Los tiempos de descanso retribuidos.
- Las medidas implantadas para conciliar la vida laboral y familiar.
- El concepto de salario y los componentes que lo integran.
- Los mecanismos de protección del salario.
- Los permisos retribuidos.
- Las horas extraordinarias.
- El calendario laboral.

Y SERÁS CAPAZ DE

- Ejercer los derechos y cumplir las obligaciones que se derivan de las relaciones laborales.
- Calcular los días de vacaciones correspondientes al tiempo trabajado.
- Saber bajo qué condiciones y con qué límites se pueden realizar horas extras.

1 de mayo, Día del Trabajo

El día 1 de mayo se celebra el Día del Trabajo, en conmemoración de la huelga que en Chicago y otras ciudades estadounidenses iniciaron el 1 de mayo de 1886; aproximadamente, 300 000 personas trabajadoras en busca de un trato más justo y de jornadas laborales de 8 horas, ya que en aquel entonces era normal trabajar más de 12 horas al día.

¿Sabes cuántas horas puede durar como máximo la jornada diaria de trabajo en estos momentos?

Consulta el artículo 34 del Estatuto de los Trabajadores y encontrarás la respuesta.

- ¿Sabes si se puede trabajar un número distinto de horas según los días?
- ¿Sabes cuánto tiempo tienes derecho a descansar entre jornada y jornada?
- ¿El derecho a las vacaciones es retribuido?

1. La jornada laboral

El **tiempo de trabajo** es uno de los aspectos más importantes de la relación laboral, ya que influye en las condiciones laborales, de vida y de salud de la persona trabajadora.

Las características de la jornada laboral se resumen en la Tabla 3.1.

Regulación	• El **Estatuto de los Trabajadores (ET)** establece los límites máximos de la jornada y los descansos mínimos. • Los **convenios colectivos** concretan la jornada en cada sector de actividad, y pueden mejorar el ET. • El **contrato de trabajo** contiene el pacto entre las partes sobre la jornada de cada empleado o empleada concretos, pero siempre respetando los límites establecidos tanto en el convenio colectivo como en el ET.
Duración máxima	• Como máximo, **40 horas semanales** de trabajo efectivo, en cómputo anual, lo cual permite distribuir la jornada anual de modo que unas semanas se trabaje más de 40 horas y otras menos, respetando siempre los descansos legales. • La duración máxima de la jornada ordinaria diaria es de nueve horas, salvo que por convenio se establezca otra cosa; para menores, el máximo será de **ocho horas.**
Cómputo	• El tiempo de trabajo se computará de forma que tanto al comienzo como al final de la jornada diaria la persona trabajadora se encuentre **en su puesto de trabajo.** • No se considera tiempo efectivo de trabajo el dedicado a desplazamientos, cambio de ropa, etc., pero sí el destinado a **reconocimientos médicos** y a la **formación en prevención de riesgos laborales.**
Distribución	• **Regular.** La empleada o el empleado trabaja siempre el mismo número de horas al día o a la semana. • **Irregular.** Cuando existe una distribución distinta de las horas a lo largo de las semanas laborables que tiene el año. Es una medida de flexibilidad laboral que presenta estas particularidades en su regulación: – Por convenio colectivo puede pactarse la distribución irregular de la jornada y, a falta de pacto, la empresa tiene la facultad de repartir unilateralmente hasta un 10 % de la jornada de forma irregular. – La persona trabajadora debe conocer el día y la hora del servicio con una antelación de cinco días. – Deben respetarse siempre los descansos diarios y semanales. – La compensación de la jornada irregular tiene que hacerse según lo dispuesto en el convenio colectivo o por acuerdo entre la empresa y la representación de la plantilla. Si no hay acuerdo, debe compensarse en los doce meses siguientes.

Tabla 3.1. Regulación legal de la jornada laboral.

1.1. Jornadas especiales

Existen casos en los que la ley admite que la jornada pueda ser ampliada o reducida para adaptarla a las particularidades de ciertos sectores de actividad o a circunstancias personales.

A. Jornadas especiales en determinadas actividades

Las circunstancias singulares de ciertas actividades hacen que sea necesario establecer una distribución de la jornada o de los periodos de descanso diferente a la habitual (Tabla 3.2).

Ampliaciones y distribución diferente de jornada	Para adaptar la jornada al contexto de determinadas actividades.	• Comercio. • Hostelería. • Vigilancia. • Transportes.	Por ejemplo, en comercio y hostelería se puede acumular medio día de descanso en periodos de cuatro semanas.
Reducciones y limitaciones de jornada	Para proteger a la persona trabajadora.	• Trabajo en el campo. • Minas. • Trabajos expuestos a riesgos ambientales. • Cámaras frigoríficas.	Por ejemplo, los empleados y empleadas expuestos a riesgos ambientales reducen su jornada sin descuento de salario.

Tabla 3.2. Ampliaciones y reducciones de jornada.

! IMPORTANTE

Se considera **trabajo efectivo** el tiempo dedicado a:

- Aseo personal.
- Pausa para el bocadillo, si así se recoge en el convenio colectivo o en un acuerdo.
- Formación en prevención de riesgos laborales.
- Tareas propias del trabajo.
- Reconocimientos médicos.
- Formación para adaptación a modificaciones técnicas.

B. Jornadas especiales o reducciones de jornada

La jornada laboral se puede reducir por iniciativa de la persona trabajadora, para conciliar la vida personal, familiar y laboral, o de la empresa, por causas organizativas (Tabla 3.3.).

Por iniciativa de la persona trabajadora	
Cuidado de un lactante menor de nueve meses	Derecho a una hora de ausencia laboral divisible en dos fracciones, durante un periodo máximo de nueve meses. Se puede sustituir por una reducción de jornada de media hora diaria o acumular el tiempo en jornadas completas. Es un permiso remunerado al que tienen derecho ambos progenitores. Se puede prolongar hasta los doce meses, pero en este caso con reducción proporcional del salario.
Cuidado por hospitalización de un hijo/a neonato (enfermedad, prematuridad...)	Derecho a ausentarse del trabajo durante una hora diaria (permiso retribuido) o a reducir la jornada en un máximo de dos horas (se pierde la parte proporcional del salario) hasta el término de la hospitalización. Pueden disfrutar este derecho ambos progenitores, de forma simultánea o sucesiva.
Cuidado de menores de doce años o personas discapacitadas que no llevan a cabo actividades retribuidas (guarda legal) o de familiares hasta segundo grado, que no puedan valerse por sí mismos y que no desempeñen actividad retribuida	Derecho a la reducción de entre una octava parte y la mitad de la jornada, es un derecho automático y su duración se ajusta al tiempo necesario hasta llegar a los doce años (menores) o para la recuperación (personas con discapacidad física y familiares). En estas situaciones, se aplica una disminución de salario proporcional, pero la persona trabajadora mantiene el derecho a recuperar su jornada.
Cuidado de menor enfermo de cáncer u otra enfermedad grave de larga duración	La reducción se mantiene hasta que desaparece la enfermedad, la hospitalización o, la necesidad de curas o hasta los 18 años y se establece con un mínimo del 50 % y sin un máximo definido. Conlleva una disminución proporcional de salario.
Personas trabajadoras víctimas de violencia	La empresa debe permitir la reducción, si la víctima de violencia de género o terrorismo demuestra su condición mediante sentencia firme.
Por iniciativa de la empresa	
Reducción temporal de jornada por causas económicas, organizativas, técnicas o de producción	Se sigue el mismo procedimiento que para un expediente de regulación temporal de empleo (ERTE) y se debe obtener la aprobación de la autoridad laboral. La reducción puede ser de entre un 10 % y un 70 % y conlleva una disminución proporcional de salario.

Tabla 3.3. Causas de reducción de la jornada laboral.

C. La jornada y la conciliación de la vida laboral y familiar

Las personas trabajadoras tienen derecho a adaptar la duración y distribución de su jornada de trabajo para hacer efectivo su **derecho a la conciliación** de la vida laboral y familiar.

Cada empresa debe desarrollar medidas que faciliten el ejercicio de este derecho. Si el convenio colectivo no regulara dichas medidas, el empleado o empleada puede negociar con la empresa y, de no llegarse a un acuerdo, será la empresa la que comunique una alternativa negociada. Entre las **medidas de conciliación** que pueden adoptar las empresas se encuentran las siguientes: la promoción de **flexibilidad** en los horarios de entrada y salida del trabajo; el impulso del **teletrabajo;** la realización de la **formación interna** y de las reuniones en horario laboral; la eliminación de las **horas extraordinarias;** la ampliación de los **permisos** legales remunerados y de los no retribuidos, y las excedencias y reducciones de jornada.

? ¿SABÍAS QUE...?

Durante el periodo entre los nueve y doce meses del lactante, los progenitores verán reducido su salario en la misma proporción que su reducción de jornada, aunque pueden optar a una **prestación económica** por ejercicio corresponsable del cuidado del lactante de la que solo podrá beneficiarse uno de ellos.

D. Obligación de registro de la jornada laboral

La empresa tiene la **obligación de garantizar el registro diario de la jornada laboral**, que debe incluir el horario concreto de inicio y finalización y se puede llevar a cabo mediante cualquier sistema o medio, en papel o de forma telemática, que permita almacenar esta información de manera fiable y no manipulable *a posteriori*.

Si la empresa y la representación legal de la plantilla lo acuerdan, pueden utilizarse dispositivos digitales y sistemas de videovigilancia o geolocalización para registrar la jornada laboral de las personas trabajadoras, siempre que se respete su **derecho a la intimidad.**

Los registros se deben conservar durante cuatro años y permanecer a disposición de las personas trabajadoras, de sus representantes legales y de la Inspección de Trabajo y Seguridad Social.

1.2. Periodos de descanso

Son los tiempos **retribuidos** en los que la persona trabajadora no realiza ninguna actividad laboral. La ley establece los siguientes periodos de descanso (Tabla 3.4):

Por iniciativa de la persona trabajadora				
Descanso en la jornada continuada	Para menores de 18 años.	Si la jornada supera las 4 horas y media.	No inferior a 30 minutos.	La pausa para el bocadillo no se considera tiempo de trabajo retribuido, excepto cuando así lo establezca el convenio o el contrato.
	Para mayores de 18 años.	Si la jornada supera las 6 horas.	No inferior a 15 minutos.	
Descanso diario entre jornadas	Periodo mínimo de descanso de 12 horas entre el final de una jornada y el comienzo de la siguiente.			
Descanso semanal	Para menores de 18 años.	2 días seguidos.	Normalmente se descansa la tarde del sábado y el domingo, o el domingo y la mañana del lunes.	Puede acumularse en periodos de 14 días; por ejemplo, trabajando 11 y descansando 3 seguidos.
	Para mayores de 18 años.	Un día y medio seguidos.		

Tabla 3.4. Duración mínima de los descansos legales.

1.3. Jornada nocturna

Es la que desarrolla la persona trabajadora entre las diez de la noche y las seis de la mañana. Sus características se resumen en la Tabla 3.5.

Características de la jornada nocturna	
Horario	Desde las 22.00 hasta las 06.00 h del día siguiente. Por convenio colectivo puede ampliarse esa franja horaria.
Persona trabajadora nocturna	El trabajo que realiza incluye tres horas diarias en horario nocturno o un tercio de la jornada anual, como mínimo, en horario nocturno.
Límites de la jornada nocturna	• Ocho horas diarias de promedio en un periodo de referencia de quince días. • Las personas que trabajan en horario nocturno no pueden hacer horas extraordinarias, excepto por causa mayor.
Retribución	Tiene una retribución específica, el plus de nocturnidad, que compensa las horas realizadas en este horario y cuya cuantía será la establecida en el convenio colectivo. No se percibirá cuando el salario haya sido fijado atendiendo a la nocturnidad del trabajo o cuando se compense con descansos.
Prohibiciones	Se prohíbe la realización de esta jornada a los menores de 18 años.

Tabla 3.5. Características de la jornada nocturna.

1.4. Trabajo a turnos

El **trabajo a turnos** es la forma de organización del trabajo en equipo por la cual **distintas personas ocupan sucesivamente los mismos puestos de trabajo** conforme a un cierto ritmo, continuo o discontinuo, de manera que la persona trabajadora debe prestar sus servicios en horas diferentes, en un periodo determinado de días o semanas.

En empresas con procesos productivos continuos durante las 24 horas del día, en la rotación de turnos nadie deberá trabajar en el turno de noche más de dos semanas consecutivas, salvo que lo solicite voluntariamente.

PONTE A PRUEBA 1. Jornada laboral

Rebeca acaba de entrar a trabajar en una empresa donde ha firmado una jornada laboral de 35 horas semanales, repartidas en siete horas diarias, de lunes a viernes.

Para resolver esta prueba tendrás que investigar sobre la duración de la jornada.

IMPORTANTE

Las personas trabajadoras nocturnas y quienes trabajen a turnos deberán gozar en todo momento de un nivel de **protección en materia de salud y seguridad** adaptado a la naturaleza de su trabajo, y equivalente al de las restantes personas trabajadoras de la empresa.

1.5. Horas extraordinarias

> Se considera **extraordinaria** cada hora de trabajo efectivo que sobrepase la **duración máxima** de la jornada ordinaria de trabajo.

Las características de las **horas extraordinarias** se resumen en la Tabla 3.6.

Tipos de horas extraordinarias	• **Voluntarias.** Se realizan de forma deliberada por parte de la persona trabajadora. • **Obligatorias.** Existen dos tipos: – **Pactadas:** en el convenio o en el contrato. – **Por fuerza mayor:** para reparar daños por siniestros fortuitos (incendios, inundaciones, etc.).	Límite máximo anual autorizado: • Ochenta horas anuales. • Si se compensan con tiempo de descanso, no computan para determinar el máximo. • Las de fuerza mayor no cuentan.
Retribución	• Se fija por convenio colectivo o mediante acuerdo entre las partes, que pueden optar entre pagarlas o compensarlas con tiempo de descanso en los cuatro meses siguientes a su realización. • La retribución no puede ser inferior a la de una hora ordinaria.	
Prohibición	• Se prohíbe realizar horas extraordinarias a los menores de 18 años. • Están prohibidas durante la jornada nocturna, excepto en casos de fuerza mayor o cuando se trate de un trabajo a turnos y existan irregularidades en el relevo no imputables a la empresa. • No se pueden hacer, excepto por fuerza mayor, cuando la compañía esté bajo un ERE. • Las personas trabajadoras a tiempo parcial tampoco pueden realizar horas extras, excepto las debidas a fuerza mayor.	
Control	• La empresa debe llevar un control escrito de las horas realizadas por el personal. • La representación de la plantilla será informada de las horas que se hacen mensualmente.	

Tabla 3.6. Horas extraordinarias.

CASO PRÁCTICO 1. Jornada diaria y tiempo de descanso

Una persona trabajadora presta servicios 9 horas de lunes a jueves y 4 horas los viernes, con un descanso diario de 13 horas. Responde a las siguientes preguntas:

a) ¿Se pueden realizar jornadas superiores a ocho horas?

b) ¿Se cumple en este caso el descanso entre jornadas?

c) ¿Puede el empresario cambiarle algún día la jornada, según las necesidades de la empresa?

Solución:

a) Sí, ya que la jornada ordinaria máxima es de nueve horas, salvo que el convenio establezca otra cosa.

b) Sí, porque entre jornada y jornada debe haber un descanso mínimo de 12 horas.

c) Sí, porque la empresa tiene la facultad de poder distribuir irregularmente la jornada anual en un 10 %.

PONTE A PRUEBA 2. Flexibilidad horaria

Lorena tiene dos hijos pequeños y trabaja en una empresa en la que se han implantado medidas para flexibilizar los horarios.

Para resolver busca el convenio colectivo de tu sector profesional, observa si incluye medidas de conciliación.

ACTIVIDADES

1. Sheila tiene un contrato de 40 horas semanales. La empresa le comunica que tiene que hacer horas extraordinarias para sustituir a una compañera. ¿Sheila está obligada a realizar estas horas? ¿Se podrán compensar con tiempo de descanso?

2. Una empresa el sector de hostelería, debido al complicado momento que está atravesando el sector a causa de la pandemia, ha solicitado una reducción de jornada de sus empleados a través de un ERTE. ¿Qué porcentaje de reducción de jornada podrá solicitar?

2. Permisos retribuidos

El ET establece que la persona trabajadora, con **aviso previo y justificación posterior,** puede ausentarse del trabajo con derecho a retribución por los motivos y durante el tiempo que figuran en la Tabla 3.7, ampliables por convenio colectivo.

Permisos para la promoción y formación profesional	Las personas trabajadoras tienen derecho al disfrute de determinados permisos que posibiliten su promoción en la empresa o la mejora de su formación.	• Derecho a la adaptación de la jornada para asistir a cursos de formación. • Tiempo necesario para concurrir a exámenes. • Las personas trabajadoras con al menos un año de antigüedad en la empresa tienen derecho a un permiso retribuido de 20 horas anuales de formación profesional para el empleo vinculadas a la actividad de la empresa. • Preferencia para elegir turno de trabajo cuando se cursen con regularidad estudios para la obtención de un título académico o profesional.
Otros permisos retribuidos	Matrimonio (pareja de hecho legalmente inscrita, si el convenio colectivo lo contempla).	Quince días naturales. El permiso comienza el primer día laborable siguiente a la celebración de la boda (o la inscripción en el registro como pareja de hecho)
	Muerte, accidente, enfermedad grave, hospitalización o intervención quirúrgica sin hospitalización, pero que precise reposo domiciliario y acompañamiento, de familiares hasta el segundo grado de consanguinidad o afinidad.	• Dos días en la misma localidad. • Cuatro días, si se precisa desplazamiento.
	Exámenes prenatales y técnicas de preparación al parto.	El tiempo necesario.
	Búsqueda de trabajo durante el plazo de preaviso de un despido objetivo.	Seis horas semanales durante dicho periodo de preaviso.
	Para ejercer funciones sindicales o como representante de las personas trabajadoras.	Crédito horario variable, según las situaciones.
	Traslado de domicilio.	Un día natural.
	Cumplimiento de un deber público o personal inexcusable (votar, asistir a un juicio, etc.).	El tiempo necesario.

Tabla 3.7. Permisos retribuidos.

ACTIVIDADES

3. Algunas personas trabajadoras de una empresa se han encontrado en las siguientes circunstancias personales:

- Un trabajador ha sido citado para ser parte de un jurado.
- El padre de una trabajadora ha sido intervenido quirúrgicamente en la misma localidad de la empleada y precisa reposo domiciliario.
- Ha fallecido el tío de un trabajador.

Responde a las siguientes cuestiones:

a) ¿A cuántos días de permiso tiene derecho cada una de esas personas trabajadoras?

b) ¿Se puede descontar a la persona trabajadora alguna cantidad por disfrutar de estos permisos?

2.1. Las vacaciones

> **IMPORTANTE**
>
> Si una vez iniciadas las vacaciones, estas se interrumpen por alguna enfermedad o accidente, el Tribunal de Justicia de la Unión Europea se pronunció a favor de aplicar las mismas medidas que en el caso de no haber iniciado las vacaciones en el momento de la enfermedad o accidente, es decir, de poder disfrutarlas una vez reincorporado, siempre que no hayan transcurrido más de 18 meses.

> **IMPORTANTE**
>
> El artículo 37 del ET determina que en todo el Estado hay que respetar como **festivos** los siguientes días: el 25 de diciembre (Navidad), el 1 de enero (Año Nuevo), el 6 de enero (Día de Reyes), el 1 de mayo (Día del Trabajo) y el 12 de octubre (Fiesta Nacional).

Las personas trabajadoras tienen derecho a un periodo de **vacaciones anuales retribuidas,** no sustituible por compensación económica (Tabla 3.8). Este derecho es irrenunciable e indisponible, por lo que la empresa está obligada a concederlas.

Duración mínima	Treinta días naturales por cada año de trabajo o la parte proporcional en casos inferiores a un año. Se computan como días de vacaciones los domingos y festivos incluidos en el periodo de disfrute.
Periodo de disfrute	Las vacaciones deben disfrutarse dentro del año natural y no son acumulables. Algunas empresas permiten tomarlas fuera del año.
Retribución de las vacaciones	Las vacaciones son retribuidas y no pueden sustituirse por compensación económica, aunque existen dos **excepciones** a esta regla: • Cuando la persona trabajadora cesa en la empresa sin haber disfrutado las vacaciones, percibirá en su liquidación una compensación económica por los días generados y no disfrutados. • Cuando la persona trabajadora ha sido contratada por un periodo inferior al año y no ha disfrutado las vacaciones que le corresponden.
Calendario de vacaciones	La fecha de disfrute de las vacaciones se fija entre la empresa y el empleado o empleada **de común acuerdo**, y conforme a lo establecido en el convenio colectivo. En caso de desacuerdo, será la jurisdicción social, la que marque la fecha. El personal tiene derecho a conocer el periodo de disfrute de las vacaciones con dos meses de antelación.
Vacaciones e incapacidad temporal	• Si el periodo de vacaciones fijado coincide en el tiempo con una incapacidad por accidente o enfermedad, laborales o no, podrá disfrutarse con posterioridad un periodo equivalente a aquel en que se estuvo de baja médica siempre que no hayan transcurrido más de 18 meses a partir del final del año en que se hayan generado. • Si el periodo de vacaciones fijado coincide con una incapacidad temporal derivada de embarazo, parto, lactancia, nacimiento y cuidado del menor, se tiene derecho a disfrutar las vacaciones al finalizar el periodo de suspensión, aunque haya terminado el año natural al que corresponden.

Tabla 3.8. Vacaciones.

2.2. El calendario laboral y las fiestas laborales

Las empresas deben confeccionar un **calendario laboral.** Su contenido mínimo incluye: los días de trabajo, los descansos semanales, los festivos y otros días inhábiles (retribuidos y no recuperables), acorde con la regulación que realiza el Ministerio de Trabajo, las comunidades autónomas y los ayuntamientos.

Las fiestas laborales de carácter retribuido y no recuperables no podrán exceder de catorce al año; de estas, dos serán locales y las comunidades autónomas pueden fijar hasta tres.

CASO PRÁCTICO 2. Vacaciones

Julio trabaja en una empresa de componentes electrónicos y le comunican con quince días de antelación la fecha en que debe comenzar sus vacaciones.

a) ¿Es correcto este plazo de aviso?

b) Si Julio está disconforme con la fecha que le comunica la empresa, ¿cómo se resolverá el conflicto?

Solución:

a) No, porque Julio tiene derecho a conocer la fecha con, al menos, dos meses de antelación.

b) Si no existe un acuerdo entre la empresa y la persona trabajadora, será la jurisdicción competente la que determine la fecha.

3. El salario

El artículo 26.1 del Estatuto de los Trabajadores establece lo siguiente:

> Se considera **salario** la totalidad de las **percepciones económicas de las personas trabajadoras**, en dinero o en especie, por la prestación profesional de los servicios laborales por cuenta ajena, las cuales retribuyen el trabajo efectivo, cualquiera que sea la forma de remuneración o los periodos de descanso computables como trabajo. En ningún caso el salario en especie podrá superar el 30 % de las percepciones salariales del trabajador o trabajadora.

La **estructura salarial** comprende el **salario base del grupo profesional** o salario de contratación, entendido como **retribución fijada por unidad de tiempo o de obra**, y, en su caso, los complementos salariales (Figura 3.1).

Salario según el medio de pago

- **Retribución dineraria.** En metálico, mediante cheque, transferencia, etc.
- **Retribución en especie.** Entrega de determinados bienes a la persona trabajadora con valor económico: vivienda, vehículo, seguro médico, suministro de electricidad, etc.

Salario según el método de cálculo

- **Salario por unidad de tiempo.** Se retribuye solo el tiempo trabajado, sin tener en cuenta el rendimiento de la persona trabajadora.
- **Salario por unidad de obra.** Se retribuye el trabajo efectivamente realizado, computado por piezas, m^2, etc.
- **Salario mixto.** Incluye una cantidad fija por tiempo de trabajo y una cantidad variable en función de la labor realizada; por ejemplo, salario más comisiones.

Fig. 3.1. Formas de retribución salarial.

¿SABÍAS QUE...?

El artículo 28 del ET recoge el principio de **igualdad de remuneración** independientemente del sexo y establece las siguientes obligaciones para la empresa:

- Pagar la misma retribución por la prestación de un trabajo de igual valor.
- Llevar un registro con los valores medios de los conceptos salariales y extrasalariales de la plantilla, desagregados por sexo y distribuidos por grupos, categorías o puestos de trabajo iguales o con el mismo valor.

CASO PRÁCTICO 3. Salario

Marcos trabaja como comercial de una compañía de seguros. Percibe un salario de 1500 € al mes, el pago de un seguro médico y un 5 % del importe de las ventas realizadas. Analiza qué tipo de salario percibe.

Solución:

Marcos, según el medio de pago, recibe una retribución dineraria por un importe de 1500 € de salario base y unas comisiones que se complementan con un seguro médico como salario en especie.

Hay que seleccionar el método más adecuado para calcular el salario, que, en este caso, se trata de un salario mixto, ya que recibe, por una parte, el salario base por el tiempo trabajado y, por otra, el variable de las comisiones en función de los resultados obtenidos.

ACTIVIDADES

4. Sandra tuvo un hijo el 1 de noviembre y solo había disfrutado de 15 días de vacaciones. Después del descanso por nacimiento, solicita el resto de las vacaciones, pero la empresa se los deniega por no haberlos disfrutado en el año natural.

a) ¿Tiene derecho la trabajadora a disfrutar las vacaciones del año anterior no disfrutadas?

b) ¿Puede unir esas vacaciones al descanso por nacimiento y cuidado del menor?

5. María ha disfrutado del permiso de lactancia hasta los nueve meses de su hija. Esta trabajadora quiere saber si al solicitar una ampliación de este periodo hasta los doce meses seguirá siendo retribuido.

IMPORTANTE

Reclamación a la empresa de los salarios debidos a la persona trabajadora

El personal puede reclamar judicialmente a la empresa en el plazo de un año, contado desde el día en que debieron pagarse, los salarios devengados y no cobrados. Se debe presentar:

- La papeleta de conciliación ante el Servicio de Mediación, Arbitraje y Conciliación; si no se llega a un acuerdo, es posible acudir a la vía judicial.
- Una demanda judicial ante el Juzgado de lo Social.

Si la cantidad en concepto de salarios que se reclama no es superior a 6000 €, la deuda es exigible porque ha vencido y la empresa es fácilmente localizable, la persona trabajadora puede utilizar el proceso monitorio, para el cual no necesita ni abogado ni procurador.

3.1. El salario mínimo interprofesional

El **salario mínimo interprofesional (SMI)** es la **cantidad mínima** que debe percibir una persona trabajadora por una jornada laboral de 40 horas semanales, cantidad que puede ser mejorada por el convenio colectivo y el contrato de trabajo. Cuando la jornada no llegue a 40 horas semanales, el salario será proporcional al tiempo trabajado.

El SMI es fijado anualmente por el Gobierno tras consultar a las organizaciones sindicales y asociaciones empresariales más representativas. Se puede incrementar con el importe de los **complementos salariales,** como, por ejemplo, antigüedad, pagas extraordinarias y de beneficios, complementos de nocturnidad, peligrosidad o toxicidad, entre otros.

El salario mínimo es **inembargable,** lo que significa que para hacer frente a las deudas contraídas por las personas trabajadoras solo se pueden embargar las cantidades que sobrepasen el importe del SMI, sin las dos pagas extraordinarias. A dichas cantidades se les aplican unos porcentajes (establecidos en el artículo 607 de la Ley de Enjuiciamiento Civil) que aumentan a medida que crecen los salarios.

Únicamente se puede embargar la totalidad de la retribución, incluido el SMI, cuando no se ha cumplido el deber de pagar las pensiones alimenticias del cónyuge o los hijos e hijas en los casos de separación, divorcio o nulidad matrimonial.

3.2. El indicador público de renta de efectos múltiples

El **indicador público de renta de efectos múltiples (IPREM)** es la **referencia de nivel de rentas** para acceder a prestaciones, beneficios o servicios públicos, o para calcular la cuantía de algunas retribuciones, ayudas y subvenciones públicas, como la protección por desempleo, las becas, el acceso a una vivienda protegida, etc.

El uso de este indicador es obligatorio en las normas del Estado y potestativo para las comunidades autónomas, las ciudades autónomas de Ceuta y Melilla y las entidades de la Administración local.

El IPREM se publica anualmente a través de los Presupuestos Generales del Estado, de forma que tendremos que **usar como referencia el último valor publicado** oficialmente para determinar si nuestros ingresos superan un determinado número de veces el IPREM actual.

La concesión de algunas ayudas, como, por ejemplo, el acceso a una vivienda de protección oficial, está restringida a la percepción de unos ingresos inferiores a 5,5 veces el valor del IPREM vigente. En este caso, para comprobar si nuestros ingresos anuales según la declaración de la renta superan esta cuantía, debemos multiplicar el citado valor, en este momento, por 5,5.

ACTIVIDADES

6. Busca en Internet cuáles son el SMI y el IPREM vigentes este año e indica la diferencia entre uno y otro. ¿Quién los fija y cuándo?

7. Santiago acumula deudas con Hacienda por multas de tráfico, y su salario mensual es, según convenio, de 1450 €. ¿Qué cantidad de su salario podrá ser embargada?

PIENSA Y RESUELVE

8. Algunas empresas, para facilitar la conciliación, han creado un banco de horas, que consiste en poder acumular horas de trabajo que se puedan utilizar posteriormente para dedicarlas a su vida personal o familiar.

Cada estudiante debe exponer otra medida para facilitar la conciliación como persona trabajadora y, a continuación, se elegirán entre todos las tres mejores para implantarlas en una empresa, como si de una compañía real se tratase.

3.3. El Fondo de Garantía Salarial

El **Fondo de Garantía Salarial (Fogasa)** es un **organismo autónomo adscrito al Ministerio de Trabajo** cuya finalidad consiste en garantizar a las personas trabajadoras los salarios y las indemnizaciones, por despido o extinción de la relación laboral, pendientes de cobro debido a la insolvencia de la empresa o concurso de acreedores.

El Fogasa garantiza las siguientes retribuciones (Tabla 3.9):

- **Salarios.** Abonará la cantidad máxima que resulte de multiplicar el doble del SMI diario, incluida la parte proporcional de las pagas extraordinarias, por el número de días pendientes de pago, con un máximo de 120 días.
- **Indemnizaciones** por despido o extinción del contrato reconocidas en sentencia judicial o resolución administrativa, con un límite de una anualidad (doce meses), sin que para el cálculo del salario diario se pueda sobrepasar el doble del SMI y considerando un límite de días de pago que varía dependiendo de la causa de extinción.

Para reclamar las prestaciones al Fogasa, las personas trabajadoras disponen de un año, contado a partir de la fecha en que se haya celebrado el acto de conciliación o se haya dictado sentencia, resolución de la autoridad laboral o resolución judicial complementaria.

¿SABÍAS QUE...?

Se denomina **concurso de acreedores** el procedimiento judicial que tiene lugar cuando una empresa (persona física o jurídica) es insolvente y no puede hacer frente a la totalidad de sus deudas.

El concurso abarca tanto las situaciones de quiebra como las de suspensión de pagos.

<table>
<tr><th colspan="4">Salarios</th></tr>
<tr><th colspan="2">Cuantía límite legal</th><th colspan="2">Días límite legales</th></tr>
<tr><td colspan="2">Doble del salario mínimo interprofesional con prorrata de las pagas.</td><td colspan="2">Ciento veinte días.</td></tr>
<tr><th colspan="4">Indemnizaciones</th></tr>
<tr><th>Procedencia de la indemnización</th><th>Límite máximo de días de pago</th><th>Límite máximo de salario diario (base de cálculo)</th><th>Tope máximo</th></tr>
<tr><td>Despido disciplinario.</td><td rowspan="2">Treinta días.</td><td rowspan="5">Doble del SMI con prorrata de pagas.</td><td rowspan="5">Doce meses.</td></tr>
<tr><td>Extinción por voluntad de la persona trabajadora, regulado en el artículo 50 del TRLET.</td></tr>
<tr><td>Extinción por despido colectivo (art. 51 del TRLET).</td><td rowspan="2">Veinte días.</td></tr>
<tr><td>Extinción por causas objetivas (art. 52 del TRLET).</td></tr>
<tr><td>Extinción por finalización del tiempo convenido.</td><td>De ocho a doce días.</td></tr>
<tr><td>Extinción por movilidad geográfica o modificación sustancial de las condiciones de trabajo.</td><td>Veinte días.</td><td>Doble del SMI con prorrata de pagas.</td><td>Doce meses: movilidad geográfica.
Nueve meses: modificaciones sustanciales.</td></tr>
</table>

Tabla 3.9. Prestaciones del Fogasa.

CASO PRÁCTICO 4. Reclamación al Fogasa

Las personas trabajadoras de una obra, llevan cinco meses sin cobrar, porque la empresa está atravesando un periodo de dificultades económicas.

Uno de los trabajadores, con un salario mensual de 1650 €, incluida la prorrata de pagas extraordinarias, ha decidido reclamar judicialmente los salarios que le deben, pero el juzgado declara insolvente a la empresa.

a) ¿Qué organismo debe hacerse cargo de los salarios impagados de este trabajador?

b) Calcula el importe que abonará dicho organismo con un SMI de 950 €, sin las pagas extraordinarias.

Solución:

a) El trabajador debe reclamar al Fogasa.

b) La empresa debe al trabajador la siguiente cantidad:

1650 × 5 meses = 8250 €

Fogasa paga el doble del SMI diario como tope:

950 × 14 / 360 = 36,94 €

36,94 × 2 (doble del SMI) = 73,89 €/día

Como Fogasa abona un tope de 120 días:

120 × 73,89 = 8866,67 €

Observamos que el importe es superior a la cantidad adeudada por la empresa (8250 €).

ACTIVIDADES DE SÍNTESIS

1. Completa en el cuaderno un esquema sobre la duración de la jornada de trabajo como el que se propone.

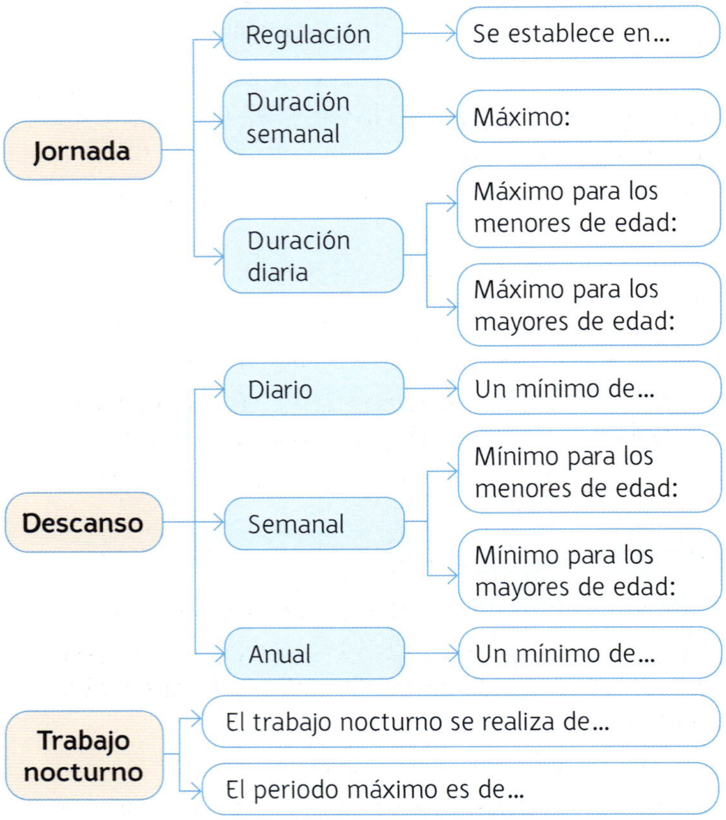

2. Con los conceptos aprendidos en esta unidad, completa en el cuaderno las siguientes oraciones:

a) El tiempo de trabajo se computa de forma que...

b) La empresa puede hacer una distribución irregular de hasta...

c) La distribución irregular debe comunicarse a la persona trabajadora con, al menos...

d) Las jornadas especiales pueden consistir tanto en ampliaciones de las mismas como en...

e) Las horas extraordinarias se pueden retribuir económicamente y...

f) El pago de las horas extras debe consistir, como mínimo, en...

3. Algunas de las siguientes afirmaciones no son correctas; señala cuáles y formúlalas de nuevo, de manera que sí lo sean:

a) Las personas menores de edad pueden realizar hasta nueve horas diarias de trabajo.

b) Las personas menores de edad tienen derecho a dos días ininterrumpidos de descanso a la semana.

c) Las vacaciones anuales tienen una duración máxima de 30 días naturales.

d) El descanso de quince minutos dentro de la jornada continuada, cuando esta exceda de las seis horas, es retribuido.

INVESTIGACIÓN

Palabras clave para la búsqueda de información: *jornada, distribución irregular de jornada, teletrabajo, flexibilidad, SMI, IPREM.*

4. Lee el artículo «Las ocho horas, una conquista histórica» y explica en varias líneas cómo y cuándo se consiguieron en España la jornada de ocho horas y el descanso semanal. Después, señala las diferencias entre la situación actual y la de partida.

Puedes utilizar el siguiente recurso:

- **https://bit.ly/34majFP**.

5. María ha terminado el ciclo formativo de Grado Medio de Cocina. Ahora trabaja en el restaurante donde realizó las prácticas y quiere simultanear los estudios de Grado Superior. María tiene algunas dudas sobre su jornada, ya que en su contrato se le remite al Estatuto de los Trabajadores y a su convenio colectivo.

a) En el restaurante existen dos turnos (mañana y noche), y el ciclo que ella quiere cursar solo se puede realizar por la mañana. ¿Podrá elegir el turno?

b) ¿Tiene derecho a un permiso retribuido para realizar sus exámenes?

c) Si el empresario le pide que realice alguna hora extra, ¿cómo serán remuneradas?

d) María tiene horarios irregulares, ¿existe algún registro de las horas que lleva trabajadas mensualmente que pueda consultar?

Ponte en el lugar de María y responde a las mismas cuestiones, teniendo en cuenta el convenio de tu especialidad. Para ello, puedes consultar:

- El Estatuto de los Trabajadores, en la guía laboral que nos ofrece el Ministerio de Trabajo en su página web: **https://bit.ly/2HwHAH6**.
- El convenio colectivo en los siguientes enlaces: **https://bit.ly/35SRHPO** y **https://bit.ly/3eLOear**.

6. ¿Puede ser productivo trabajar menos? Hay empresas que así lo entienden. Investiga en los siguientes documentos: **https://bit.ly/36Lq2AH** y **https://bit.ly/2Il3LQW**.

Después, haz una argumentación para convencer a tus futuros jefes de las ventajas de trabajar menos.

TEST DE REPASO

1. **Indica cuál es el promedio de la jornada máxima semanal.**
   (a) Treinta y cinco horas.
   (b) Cuarenta horas en cómputo anual.
   (c) Treinta horas.
   (d) Treinta y siete horas.

2. **La empresa puede distribuir la jornada laboral de forma irregular a lo largo del año en un porcentaje máximo del...**
   (a) 10 %.
   (b) 5 %.
   (c) 15 %.
   (d) 20 %.

3. **Los registros de control del horario laboral se deben conservar durante...**
   (a) Cuatro años.
   (b) Dos años.
   (c) Un mes.
   (d) No es necesario conservarlos.

4. **El importe de la reducción de salario para cuidar a un menor de doce años es...**
   (a) Del 50 %.
   (b) Proporcional a la reducción del trabajo.
   (c) No tiene reducción alguna.
   (d) Del 25 %.

5. **La reducción de jornada por cuidado de un lactante para un progenitor que tiene un hijo o hija menor de nueve meses le corresponde...**
   (a) Al padre.
   (b) A la madre.
   (c) Es un derecho de ambos progenitores.
   (d) Este derecho está derogado.

6. **Las horas extraordinarias son voluntarias, salvo que...**
   (a) Se establezcan por convenio.
   (b) Sean por fuerza mayor.
   (c) Se pacten por contrato.
   (d) Todas las respuestas anteriores son correctas.

7. **Si se compensan las horas extraordinarias con tiempo de descanso, ¿en qué periodo puede disfrutarlo la persona trabajadora?**
   (a) En los dos meses siguientes.
   (b) En los seis meses siguientes.
   (c) En los cuatro meses siguientes.
   (d) En los doce meses siguientes.

8. **El descanso mínimo semanal para los mayores de edad es de...**
   (a) Dos días.
   (b) Un día y medio.
   (c) Tres días.
   (d) Dos días hábiles.

9. **Se considera persona trabajadora nocturna aquella que trabaje durante...**
   (a) Al menos, un tercio de la jornada anual en horario nocturno.
   (b) Cuatro horas en horario nocturno.
   (c) Al menos, tres horas en jornada nocturna.
   (d) Las tres respuestas anteriores son verdaderas.

10. **Dentro de la jornada continuada, ¿cuándo se considera tiempo de trabajo la pausa para el bocadillo?**
    (a) Cuando así lo establezca el convenio o el contrato.
    (b) Nunca.
    (c) Solo para menores de 18 años.
    (d) Ninguna de las respuestas anteriores es verdadera.

11. **Si las vacaciones coinciden con una incapacidad temporal por un accidente no laboral, la persona trabajadora...**
    (a) Pierde su derecho a vacaciones.
    (b) Podrá disfrutarlas cuando finalice la incapacidad, siempre que no hayan transcurrido más de 18 meses desde el final del año en que se hayan originado.
    (c) Tiene que disfrutarlas dentro del año natural.
    (d) Podrá disfrutarlas cuando finalice la incapacidad, si no han transcurrido más de doce meses desde el final del año en que se hayan originado.

12. **El principio de igualdad de remuneración, sin discriminación por razón de sexo, obliga a la empresa...**
    (a) A pagar el mismo sueldo por la realización de un trabajo de igual valor.
    (b) A hacer el pago directa o indirectamente y cualquiera que sea su naturaleza, salarial o extrasalarial.
    (c) A llevar un registro con los valores medios de los salarios de la plantilla, desagregados por sexo y distribuidos por grupos profesionales.
    (d) Todas las respuestas son verdaderas.

13. **El salario en especie no puede superar:**
    (a) El 50 % de las percepciones salariales.
    (b) El 25 % de las percepciones salariales.
    (c) El 30 % de las percepciones salariales.
    (d) El 15 % de las percepciones salariales.

COMPRUEBA TU APRENDIZAJE

1. La gerente de un hotel de una zona turística se ha dirigido al personal para comunicarle que por necesidades del servicio se va a modificar la jornada laboral. Le ha informado de que, a partir del mes siguiente y durante los cuatro meses con mayor afluencia de clientes, deben trabajar nueve horas, en vez de las ocho que realizan habitualmente.

   ¿Puede establecer la empresa esta distribución de la jornada?

2. Eugenio Arranz trabaja en una cadena de montaje en una fábrica de electrodomésticos y desarrolla su jornada laboral desde las 17.00 h hasta la 1.00 h del día siguiente durante todo el año.

   a) Indica si se trata de una jornada en horario nocturno.

   b) ¿Se puede considerar trabajador nocturno a Eugenio?

   c) ¿Tendrá derecho a un complemento de nocturnidad en su salario?

3. Margarita está empleada en un laboratorio químico y precisa ropa de trabajo adecuada (con protección contra el riesgo químico) para el desempeño de sus funciones. Llega puntualmente a la empresa y se cambia de ropa; deja el puesto de trabajo a las 14.50 h y vuelve a cambiarse. Teniendo en cuenta que su horario es de 7.00 a 15.00 h, ¿actúa correctamente?

4. Juan comenzó a trabajar en una empresa de suministros médicos y tiene que firmar tanto a la entrada como a la salida de su jornada. La empresa les ha comunicado que próximamente se sustituirá este método por la firma con huella digital para que todo sea más ágil.

   a) ¿Sabes si es legal la utilización de estos tipo de métodos digitales para controlar la jornada de las personas trabajadoras?

   b) ¿Durante cuanto tiempo conservará la información de los registros de jornada, la empresa?

5. Raúl ha firmado un contrato en prácticas de seis meses de duración. Transcurridos estos meses, este no se renueva y la empresa procede a practicar la liquidación, en la que, según observa el trabajador, se ha incluido el importe de las vacaciones que no ha disfrutado.

   a) ¿Se puede sustituir con carácter general el descanso anual por una retribución económica?

   b) ¿La actuación de la empresa en este caso es correcta?

6. Cecilia trabaja como auxiliar de clínica en días alternos con una jornada laboral de nueve horas diarias en horario nocturno.

   a) Indica si dicha jornada se ajusta a la legalidad.

   b) Debido a una epidemia de gripe, a la plantilla de su empresa le han comunicado que durante varios días tendrá que hacer horas extraordinarias. ¿Se pueden realizar estas horas extras?

7. Susana trabaja en una empresa que organiza su trabajo mediante un proceso productivo continuo, por turnos, durante 24 horas diarias.

   A la trabajadora en el *planning* del mes le corresponde trabajar tres semanas de noche de manera consecutiva.

   ¿Es posible trabajar en el turno de noche durante tres semanas seguidas?

8. Una empresa situada junto al río Ebro sufre una inundación por el desbordamiento de este y obliga a las personas trabajadoras de la planta productiva a hacer horas extraordinarias para reparar el siniestro.

   ¿Puede exigir la empresa a la plantilla la realización de horas extras?

9. Una trabajadora ha tenido que hacer doce horas extraordinarias durante el mes en curso debido a un aumento de pedidos en la empresa, motivo que obliga a la realización de horas extras, según el convenio colectivo. Calcula el importe que se le debe abonar por dichas horas, teniendo en cuenta que la hora ordinaria se paga a 20 € y el convenio establece un incremento del 75 % para las extraordinarias.

10. Un comercial pacta la realización de horas extras cuando la empresa lo requiera, sometiéndose a la normativa legal correspondiente. Comentando el tema con su compañera, le dice que su contrato no incluye ninguna cláusula relativa a las horas extraordinarias.

    a) ¿Tienen la misma obligación respecto a la realización de horas extraordinarias ambas personas?

    b) ¿Pueden negarse ambos a realizarlas?

11. Un trabajador solicita un permiso por intervención quirúrgica de su padre, y la empresa se lo deniega, ya que no requiere hospitalización.

    a) ¿La empresa puede denegar este permiso?

    b) ¿Cuál sería su duración en el caso de que tuviera derecho y su padre viviera en otra provincia?

12. Mario trabaja de 16 a 24 h y de 10 a 18 h en días alternos. Indica si se respeta el derecho al descanso entre jornadas.

13. Pedro tiene que ser hospitalizado a los diez días de haber comenzado sus vacaciones. Al reincorporarse al trabajo, solicita a la empresa las vacaciones correspondientes a los días que estuvo enfermo. ¿Tiene derecho a ello?

14. El convenio que le corresponde a una trabajadora fija 31 días naturales de vacaciones, de los cuales ella ha disfrutado 16 en agosto y se ha reservado 15 para la segunda quincena de diciembre. El 14 de diciembre tuvo un accidente de tráfico y se fracturó una cadera, por lo que permanecerá de baja hasta finales de enero. ¿Cuándo podrá disfrutar sus vacaciones?

15. Un trabajador lleva empleado en una empresa 18 años. Hasta este año la empresa cerraba el mes de agosto por va-

caciones, pero a partir de ahora la empresa permanecerá abierta todo el año y el personal podrá elegir la fecha de disfrute de las mismas entre los meses de verano.

a) ¿Cómo se fijará ahora la fecha de disfrute de las vacaciones?

b) En el caso de desacuerdo, ¿quién fijará la fecha de disfrute?

16. Una empleada inicia la suspensión por nacimiento de hijo durante lo que hubiera sido su periodo de vacaciones. Una vez reincorporada, solicita a la empresa el disfrute de las vacaciones, a lo que la compañía se niega rotundamente. ¿Es legal la postura de la empresa?

17. ¿Se pueden fijar complementos salariales de diferente cuantía para personas de distinto sexo que desarrollan el mismo trabajo? Razona la respuesta.

18. La plantilla de una empresa que se declara en concurso de acreedores lleva seis meses sin percibir el salario y quiere saber...

a) ¿Qué parte de su salario tiene garantizado?

b) ¿Quién se lo abonará?

c) ¿De qué plazo disponen para reclamar las prestaciones?

19. La duración de la jornada laboral es uno de los grandes debates sociales, pues la preocupación por compaginar la actividad profesional y la vida personal ha aumentado el interés por la gestión del tiempo de trabajo.

Pregunta a varias personas de tu entorno que realicen una actividad laboral cómo incide su jornada de trabajo en el desempeño del mismo, en su vida y en su salud, y, a partir de sus respuestas, enumera los aspectos de su vida más afectados por su jornada. Después, haced una puesta en común debatiendo los puntos tratados y recogiéndolos en un documento que quedará expuesto en clase.

20. Juan y su pareja han solicitado el permiso de reducción de jornada por cuidado de lactante durante nueve meses.

a) ¿Tienen derecho a esta reducción los dos progenitores?

b) ¿Indica si será retribuido por la empresa, este permiso, y si lo sería en caso de que lo prolongaran hasta los 12 meses?

- Escribe dos ideas de esta unidad que tengas claras y que te parezcan fundamentales. ¿Qué te ayudó a comprenderlas?
- Formula dos preguntas sobre aspectos de la unidad que no hayas entendido totalmente.
- Escribe dos aspectos de esta unidad sobre los que te gustaría profundizar.

DE CAMINO AL MUNDO LABORAL

Acabas de conseguir tu primer empleo y mañana comienzas a trabajar. En tu contrato se te informa sobre el número de horas que debes realizar y sobre el horario, pero hay otras cuestiones que también te interesan, como las horas de entrada y salida.

Objetivo

Al finalizar las actividades conocerás la importancia que tiene la jornada laboral dentro de las condiciones de trabajo, por su incidencia en la vida profesional, familiar y personal.

Tarea

1. Observa si en tu convenio colectivo se especifica: la jornada máxima anual, una posible distribución irregular de la jornada, una acumulación de la reducción de jornada por lactancia y el teletrabajo.

Haz un cuadro con lo que se indica en el convenio.

Puedes utilizar los siguientes recursos:

- **https://bit.ly/2F2KRwy**
- **https://bit.ly/3e6JRnY**
- **https://bit.ly/35SRHPO**

2. Investiga sobre las ventajas que tiene el teletrabajo para la empresa y para la persona trabajadora.

Después, haz una lista detallada.

Para realizar esta lista puedes documentarte en los siguientes enlaces:

- **https://bit.ly/2IhJDz9**
- **https://bit.ly/33MEUg6**
- **https://bit.ly/2JPUBMz.**

Una vez que todos hayáis realizado esta lista, haced en clase una puesta en común y elaborad una lista conjunta.

3. Las empresas adoptan políticas de conciliación de la vida profesional y familiar que permiten un equilibrio entre las necesidades de la compañía y las de la plantilla.

Reflexiona sobre la siguiente cuestión: cuando se habla de conciliación de la vida laboral, personal y familiar, ¿de qué estamos hablando? ¿Qué ventajas tiene esta circunstancia tanto para la empresa como para la persona trabajadora?

Elabora un cartel con una frase que sintetice lo que significa para ti la conciliación.

Puedes utilizar los siguientes recursos:

- **https://bit.ly/2Gx5iCf**
- **https://bit.ly/3OrOwLR**
- **https://bit.ly/2GDNrJW**

4

UNIDAD

El recibo de salarios: la nómina

ESTUDIARÁS

- El análisis de la relación laboral individual.
- La estructura del recibo de salarios.
- La distinción entre percepciones salariales y no salariales.
- La forma de calcular las bases de cotización.
- El modo de cumplimentar el recibo de salarios.

Y SERÁS CAPAZ DE

- Ejercer los derechos y cumplir las obligaciones que se derivan de las relaciones laborales.
- Interpretar el contenido de un recibo de salarios.
- Conocer las obligaciones de la empresa y de la persona trabajadora referidas a la cotización a la Seguridad Social y al pago del IRPF.

Para que la persona trabajadora esté al corriente del salario que percibe por su trabajo y justificar el pago de este, se elabora un documento denominado recibo de salarios.

En una oferta de trabajo, además del factor económico, existen otros aspectos como el ambiente laboral, la formación o la conciliación con la vida personal. El conjunto de estos factores se denomina «salario emocional».

¿Al percibir un salario se deben pagar impuestos y cotizar a la Seguridad Social? ¿Aceptarías un trabajo en el que ganases menos a cambio de mejorar tu formación?

- ¿Sabes qué normas suelen regular los salarios de diferentes sectores económicos?
- Aparte del salario base, ¿conoces algún complemento que retribuya el trabajo realizado?
- ¿Sabrías diferenciar el salario bruto del salario neto?

1. El recibo de salarios

Con la liquidación del sueldo, la empresa está obligada a entregar a la persona trabajadora un documento denominado **recibo de salarios.**

> En el **recibo de salarios,** también conocido como **nómina,** se especifica cada una de las percepciones, así como los descuentos que se practican.

1.1. Estructura del recibo de salarios

Los contenidos principales del recibo de salarios, según el modelo oficial establecido por el Ministerio de Trabajo y Economía Social, se irán analizando en esta unidad (Fig. 4.1).

Encabezamiento. Se identifican la empresa y la persona trabajadora.

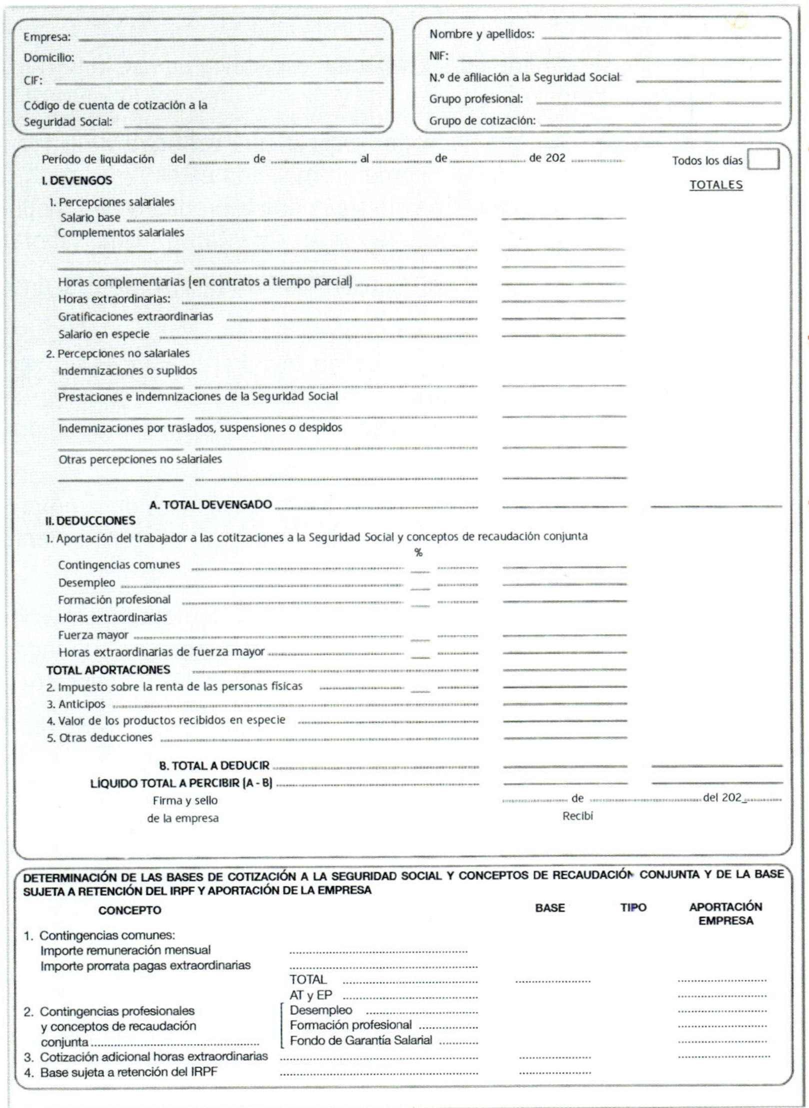

Empresa:
Domicilio:
CIF:
Código de cuenta de cotización a la Seguridad Social:

Nombre y apellidos:
NIF:
N.º de afiliación a la Seguridad Social:
Grupo profesional:
Grupo de cotización:

Período de liquidación del ... de ... al ... de ... de 202 ... Todos los días

TOTALES

I. DEVENGOS
1. Percepciones salariales
Salario base
Complementos salariales
Horas complementarias (en contratos a tiempo parcial)
Horas extraordinarias:
Gratificaciones extraordinarias
Salario en especie
2. Percepciones no salariales
Indemnizaciones o suplidos
Prestaciones e indemnizaciones de la Seguridad Social
Indemnizaciones por traslados, suspensiones o despidos
Otras percepciones no salariales

A. TOTAL DEVENGADO

II. DEDUCCIONES
1. Aportación del trabajador a las cotizaciones a la Seguridad Social y conceptos de recaudación conjunta %
Contingencias comunes
Desempleo
Formación profesional
Horas extraordinarias
Fuerza mayor
Horas extraordinarias de fuerza mayor
TOTAL APORTACIONES
2. Impuesto sobre la renta de las personas físicas
3. Anticipos
4. Valor de los productos recibidos en especie
5. Otras deducciones

B. TOTAL A DEDUCIR
LÍQUIDO TOTAL A PERCIBIR (A - B)

Firma y sello de la empresa ... de ... del 202...
Recibí

DETERMINACIÓN DE LAS BASES DE COTIZACIÓN A LA SEGURIDAD SOCIAL Y CONCEPTOS DE RECAUDACIÓN CONJUNTA Y DE LA BASE SUJETA A RETENCIÓN DEL IRPF Y APORTACIÓN DE LA EMPRESA

CONCEPTO		BASE	TIPO	APORTACIÓN EMPRESA
1. Contingencias comunes:				
Importe remuneración mensual				
Importe prorrata pagas extraordinarias				
	TOTAL			
2. Contingencias profesionales y conceptos de recaudación conjunta	AT y EP			
	Desempleo			
	Formación profesional			
	Fondo de Garantía Salarial			
3. Cotización adicional horas extraordinarias				
4. Base sujeta a retención del IRPF				

Devengos: percepciones salariales. Retribuyen el trabajo efectivo: salario base, antigüedad, incentivos, pluses, pagas extras, horas extras, salario en especie, etc. (Tabla 4.1).

Devengos: percepciones no salariales. Se perciben cuando se producen determinadas circunstancias, pero no retribuyen el trabajo efectivo ni los periodos de descanso.

Por ejemplo: gastos de desplazamiento y alojamiento, gastos de locomoción, pluses de transporte, prestaciones de la Seguridad Social por incapacidad temporal, productos en especie concedidos por la empresa, etc. (Tabla 4.2).

Deducciones. Son cantidades que se restan al salario bruto para obtener el salario neto (Tabla 4.3).

Este espacio se utiliza **para calcular las bases de cotización a la Seguridad Social** y la base sobre la que se aplica la retención a cuenta del **IRPF.** También se refleja la **aportación de la empresa** a la Seguridad Social, pero solamente a título informativo.

Fig. 4.1. Modelo oficial de recibo de salarios.

ABC VOCABULARIO

Salario. Se considerará salario la totalidad de las percepciones económicas de los trabajadores, en dinero o en especie, por la prestación profesional de los servicios laborales por cuenta ajena, ya retribuyan el trabajo efectivo, cualquiera que sea la forma de remuneración, o los periodos de descanso computables como de trabajo (artículo 26, Estatuto de los Trabajadores).

Total devengado
(Salario bruto: suma de todas las percepciones, salariales y no salariales)

−

Deducciones
(Retenciones a cuenta del IRPF, cotizaciones a la Seguridad Social y conceptos de recaudación conjunta)

=

Total que se percibirá
(Salario neto)

Fig. 4.2. Proceso de liquidación del salario.

A. Percepciones salariales

Se trata de percepciones que retribuyen el trabajo y deben cotizar a la Seguridad Social y tributar en el IRPF. Se clasifican del modo siguiente (Tabla 4.1):

<table>
<tr><th colspan="2">Percepciones salariales</th></tr>
<tr><td colspan="2">Salario base del grupo profesional. Es la parte fijada por unidad de tiempo o de obra, establecida para cada grupo profesional, en los convenios colectivos o en los contratos de trabajo.</td></tr>
<tr><td rowspan="3">Complementos salariales. Retribuyen circunstancias que no han sido valoradas al determinar el salario base.
Estos complementos pueden venir regulados en las leyes o en los convenios colectivos, también pueden pactarse en el contrato o ser concedidos voluntariamente por la empresa.</td><td>Complementos personales. Se determinan a partir de las condiciones personales de la plantilla. Por ejemplo, antigüedad, conocimientos especiales, idiomas, etc.
Los convenios colectivos pueden fijar un complemento salarial en función de la antigüedad que suele establecerse en bienios (dos años), trienios (tres años), quinquenios (cinco años) o sexenios (seis años).</td></tr>
<tr><td>Complementos de puesto de trabajo. Se perciben en atención a ciertas características especiales del puesto. Se dejan de cobrar en el momento en que desaparece la circunstancia que motivó su concesión. Son, entre otros, los siguientes:
• Complemento de penosidad, toxicidad, peligrosidad, turnicidad, etc. Se perciben cuando lo establece la autoridad laboral o el convenio colectivo, en atención a las características especiales del puesto, y únicamente por los días realmente trabajados.
• Complemento de nocturnidad. El trabajo nocturno tiene una retribución específica que se determina en la negociación colectiva o en el contrato de trabajo.</td></tr>
<tr><td>Complementos por calidad o cantidad de trabajo. Se perciben por realizar una cantidad de trabajo mayor o por alcanzar un nivel de calidad superior al considerado como normal. Son estos:
• Incentivos, actividad. Se establece cuando se alcanza un rendimiento superior a la productividad media.
• Asistencia, puntualidad. Con este tipo de pluses salariales, se trata de evitar el absentismo laboral.</td></tr>
<tr><td colspan="2">Horas extraordinarias. Su importe no puede ser inferior al de la hora ordinaria, o bien se compensará con un tiempo de descanso retribuido equivalente.</td></tr>
<tr><td colspan="2">Gratificaciones extraordinarias (pagas extras). La persona trabajadora tiene derecho a, como mínimo, dos gratificaciones extraordinarias al año: una en Navidad y la otra en la fecha fijada en el convenio colectivo o pactada entre la empresa y los representantes legales del personal. Igualmente, en el convenio se establecerá la cuantía de las gratificaciones y podrá acordarse que estas se prorrateen entre doce mensualidades, cobrándose cada mes la parte proporcional.</td></tr>
<tr><td colspan="2">Participación en beneficios. Es una gratificación anual de cuantía variable que se alcanza en función de los beneficios de la empresa, o una cantidad fija pactada en el convenio colectivo, con independencia de las ganancias obtenidas. Retribuye el cumplimiento total o parcial de los objetivos marcados por la empresa.</td></tr>
<tr><td colspan="2">Salario en especie. Consiste en la obtención, el consumo o la utilización para fines particulares de los bienes, derechos o servicios que se proporcionan a la persona trabajadora de forma gratuita o a un precio inferior al habitual de mercado, aunque no supongan un gasto real para quien los concede. El importe de la retribución en especie no puede superar el 30 % del total de las percepciones.</td></tr>
<tr><td colspan="2">De residencia. Remunera la prestación del servicio en un lugar determinado, siempre que la persona trabajadora tenga fijada en él su residencia, ya sea en España (generalmente en Ceuta, Melilla y las islas) o en el extranjero.</td></tr>
</table>

Tabla 4.1. Clasificación de las percepciones salariales.

ACTIVIDADES

1. Utiliza un buscador en *Noticias Jurídicas*, en el *Boletín Oficial del Estado* o en la página web de un sindicato y encuentra un convenio colectivo cuyo sector de actividad esté relacionado con el ciclo formativo que estás cursando en la actualidad.

Después, indica qué percepciones recibirá una persona que comience a trabajar en un grupo profesional similar a aquel al que pertenecerás cuando finalices tus estudios.

a) Localiza en las tablas salariales el salario base.

b) Indica si existen complementos como, por ejemplo, plus de convenio, de antigüedad, etc.

c) Señala si hay complementos especiales como plus de trabajo a turnos, de peligrosidad, de toxicidad, etc.

d) Comprueba cuántas pagas extras existen y cuál es su cuantía.

e) Localiza el artículo en el que se regula el trabajo nocturno e indica cómo se retribuye o compensa.

f) Busca el artículo en el que se regulan las horas extraordinarias y explica cómo se compensan.

g) En caso de baja por incapacidad temporal, está obligada la empresa a resarcir a la persona trabajadora que la sufre por la pérdida de ingresos?

B. Percepciones no salariales

Se trata de percepciones que no tienen la consideración de salario. Se clasifican del modo siguiente (Tabla 4.2):

<table>
<tr><th colspan="2">Percepciones no salariales</th></tr>
<tr><td rowspan="5">Indemnizaciones y suplidos. Son cantidades abonadas a las personas trabajadoras por los gastos que soportan para realizar su actividad laboral (si superan los límites de la Tabla 4.4, deben cotizar a la Seguridad Social).</td><td>Gastos de estancia y manutención. Tienen esta consideración los gastos en hoteles derivados de desplazamientos fuera del centro habitual de trabajo, para desarrollar la actividad en un municipio distinto.</td></tr>
<tr><td>Gastos de locomoción. Son gastos ocasionados por desplazamientos fuera de la fábrica, el taller, la oficina o el centro usual de trabajo, para prestar los servicios en otro centro distinto (del mismo o diferente municipio), ya se realicen en transporte público o privado.</td></tr>
<tr><td>Pluses. Se trata de una cantidad que se abona por el desplazamiento desde el lugar de residencia hasta el centro habitual de trabajo, y viceversa.</td></tr>
<tr><td>Indemnizaciones por adquisición y mantenimiento de prendas de trabajo y por compra y desgaste de útiles y herramientas.</td></tr>
<tr><td>Plus de quebranto de moneda. Son cantidades que se perciben para cubrir errores en cobros y pagos, o pérdidas involuntarias.</td></tr>
<tr><td colspan="2">Prestaciones e indemnizaciones de la Seguridad Social. Por incapacidad temporal derivada de una enfermedad o accidente común o profesional, o bien por desempleo parcial.</td></tr>
<tr><td colspan="2">Indemnizaciones. Son cantidades que la empresa paga a la persona trabajadora como consecuencia de traslados, despidos o suspensión del contrato.</td></tr>
<tr><td colspan="2">Otras percepciones no salariales. Se pueden destacar las mejoras de las prestaciones de la Seguridad Social otorgadas por las empresas, los productos en especie concedidos voluntariamente, etc.</td></tr>
</table>

Tabla 4.2. Clasificación de las percepciones no salariales.

C. Deducciones

A los devengos íntegros se les practican unas deducciones para obtener el salario neto que percibirá la persona trabajadora. Dichas deducciones son (Tabla 4.3) estas:

Deducciones
Aportaciones de la persona trabajadora a las cotizaciones a la Seguridad Social y conceptos de recaudación conjunta. Las personas trabajadoras están obligadas a cotizar a la Seguridad Social, aunque corresponde a las empresas deducir en los recibos de salarios las cuotas que correspondan a los conceptos de contingencias comunes, desempleo, formación profesional y horas extraordinarias.
Impuesto sobre la renta de las personas físicas (IRPF). Las empresas están obligadas a retener, a cuenta del IRPF, unos determinados porcentajes, calculados en función de los ingresos brutos anuales y de las circunstancias familiares de la persona trabajadora.
Anticipos. En este apartado deben constar las cantidades a cuenta del trabajo ya realizado, cantidades que la empresa descontará en el recibo de salarios del mes correspondiente.
Valor de los productos en especie. Se deducirá el valor económico de los productos en especie recibidos por la persona trabajadora y reflejados en el apartado «Devengos» del recibo de salarios.
Otras deducciones. En este epígrafe se incluirá cualquier otra deducción, como la devolución de préstamos que la persona trabajadora haya percibido de la empresa, embargos, etc.

Tabla 4.3. Deducciones que se practican en la nómina.

! IMPORTANTE

El **salario mínimo interprofesional (SMI)** es la cantidad mínima que debe percibir una persona trabajadora como salario base por una jornada completa, sin distinción de sexo o edad, ya sea fijo, eventual o temporero. Cuando se trabaje a tiempo parcial, el salario mínimo será proporcional a la jornada de trabajo realizada.

! IMPORTANTE

Prohibición de discriminación

La empresa está obligada a pagar la misma retribución por la prestación de un trabajo de igual valor, ya sea salarial o extrasalarial. No puede producirse discriminación alguna, directa o indirecta, por razón de sexo y, sobre todo, por razones derivadas de la maternidad, paternidad, las obligaciones familiares o el estado civil.

? ¿SABÍAS QUE...?

El Estatuto de los Trabajadores reconoce el derecho a percibir **anticipos** de la nómina mensual a cuenta del trabajo ya realizado en ese mes, pero no se incluyen las pagas extras, las de beneficios, etc.

2. Bases de cotización a la Seguridad Social

La empresa y las personas trabajadoras están obligadas a cotizar a la Seguridad Social por diversos conceptos para tener cubiertos ciertos riesgos.

> La **base de cotización** es una cantidad que se calcula a partir de las retribuciones de las personas trabajadoras y sobre la cual se aplican unos tipos de cotización para obtener las cuotas que se han de descontar en las nóminas (Fig. 4.3).

Bases de cotización × **Tipo de cotización** = **Cuotas que se deben ingresar**

Fig. 4.3. Fórmula del cálculo de la cotización.

En el régimen general de la Seguridad Social, la base de **cotización** está constituida por la totalidad de las percepciones económicas recibidas por las personas trabajadoras, en dinero o en especie, que retribuyan tanto el trabajo efectivo como los periodos de descanso computables como trabajo.

Las **bases de cotización** se exponen en la Figura 4.4.

Bases de cotización a la Seguridad Social

Base de cotización por contingencias comunes
La cotización por este concepto está destinada a cubrir las situaciones protegidas por la Seguridad Social de enfermedad común, nacimiento y cuidado de menor, riesgo durante el embarazo, jubilación y accidente no laboral.

Base de cotización por contingencias profesionales: accidentes de trabajo y enfermedades profesionales (AT y EP)
La cotización por estas contingencias corre a cargo de la empresa exclusivamente. Se divide en:

- **Cuotas por IT**, destinadas a la cobertura de la incapacidad temporal.
- **Cuotas por IMS**, para cubrir la incapacidad permanente y la muerte y supervivencia.

Base de cotización por desempleo, formación profesional y Fondo de Garantía Salarial

- **Desempleo (D).** La recaudación se destina a la cobertura de las prestaciones por desempleo.
- **Formación profesional (FP).** La cotización se destina a la formación y el reciclaje de los trabajadores.
- **Fondo de Garantía Salarial (Fogasa).** Su finalidad consiste en garantizar los salarios que no se abonen a las personas trabajadoras en casos de insolvencia empresarial.

Base de cotización adicional por horas extraordinarias

- **Por fuerza mayor.** Cotizan a tipos reducidos.
- **Resto de horas.** Estas horas extraordinarias cotizan a los mismos tipos que las contingencias comunes (Tabla 4.7).

Fig. 4.4. Bases de cotización a la Seguridad Social.

@ WEB

En la página web de la **Seguridad Social** puedes encontrar información sobre las bases y los tipos de cotización vigentes.

- **www.seg-social.es** > *Trabajadores* > *Cotización / Recaudación de trabajadores* > *Bases y tipos de cotización.*

Siguiendo la misma ruta, se pueden identificar las tarifas que han de pagar las empresas por incapacidad temporal (IT) e invalidez, muerte y supervivencia (IMS) causadas por AT y EP.

! IMPORTANTE

Registro salarial

Todas las empresas, independientemente de su tamaño, deben contar con un registro retributivo que incluya los datos promedios de los sueldos reales (indicando qué parte es salario base y qué parte son complementos) percibidos en cada grupo profesional, categoría profesional, nivel, puestos, incluidos altos cargos, divididos entre hombres y mujeres.

Las empresas de 50 o más personas en plantilla, incluirán en sus planes de igualdad una auditoría retributiva que contendrá una justificación si en alguno de los valores promedios la diferencia entre hombres y mujeres supera el 25 %.

2.1. Conceptos no computables en la base de cotización

Algunas **percepciones no salariales** están exentas de cotizar a la Seguridad Social si no superan unos determinados límites. El exceso sobre dichos límites se computará en la base de cotización a la Seguridad Social (Tabla 4.4).

Conceptos excluidos de la base de cotización

Concepto		Importe exento	Importe computable
Gastos de locomoción.	Según factura.	Importe justificado.	—
	Sin justificar el importe.	0,19 €/km recorrido.	Exceso de 0,19 €/km recorrido.
Gastos de manutención.	Con pernocta.	En España: 53,34 €/día. En el extranjero: 91,35 €/día.	Exceso de tales cantidades.
	Sin pernocta.	En España: 26,67 €/día. En el extranjero: 48,08 €/día.	
Gastos de estancia.	Importe justificado.		—
Prestaciones de la Seguridad Social y mejoras abonadas por las empresas en situaciones de incapacidad laboral.	Importe legal.		Exceso sobre el importe legal.
Indemnizaciones por fallecimiento, traslados, suspensiones, despidos y ceses.			

Tabla 4.4. Conceptos excluidos de la base de cotización y límites exentos de cotización.

CASO PRÁCTICO 1. Gastos de locomoción cotizables

Manuela Sierra trabaja como comercial en una editorial y utiliza su propio vehículo para desplazarse durante la jornada. Este mes ha hecho 500 kilómetros. El complemento de locomoción se retribuye a 0,25 €/km. Calcula el importe que cobrará la empleada en concepto de locomoción, la cuantía que quedará excluida de cotizar a la Seguridad Social y tributará en el IRPF y la cantidad por la que cotizará y tributará.

Solución:

- Cantidad que percibirá: 500 x 0,25 = 125 €.
- Importe excluido de cotizar a la Seguridad Social: 500 x 0,19 = 95 €.
- Importe por el que se cotizará y tributará en el IRPF: 125 – 95,00 = 30 €.

PONTE A PRUEBA 1. Gastos de manutención cotizables

Mónica ha cursado el Grado Superior de Sistemas de Telecomunicaciones e Informáticos y trabaja en una consultora. Durante el mes de febrero, ha tenido que desplazarse tres días a una ciudad distinta de la suya y la empresa le ha abonado 60 €/día, incluyendo la pernocta. También ha debido desplazarse cinco días a Bruselas y ha cobrado una dieta de manutención de 100 €/día. La empresa pagó el billete de avión y le ha reembolsado 700 € por el gasto de alojamiento, que ha tenido que justificar debidamente, presentando la factura del hotel.

Calcula qué parte de estos gastos de manutención y de estancia cotizan a la Seguridad Social y tributan en el IRPF.

Para resolver estas cuestiones, puedes tener en cuenta las siguientes pautas:

- Averiguar cuál es el importe de los gastos de manutención y de alojamiento exento de cotizar y tributar.
- Calcular la diferencia respecto a lo que ha percibido Mónica. Según marca la ley, este tipo de gastos deben estar debidamente justificados.

CLAVES Y CONSEJOS

A efectos de cotización, las personas trabajadoras se dividen en once grupos.

Los grupos del 1 al 7 comprenden bases de cotización mensuales (cotizan siempre por 30 días).

Los grupos del 8 al 11 se refieren a las bases de cotización diarias; esto hace que coticen por los días naturales que tenga el mes que se liquida.

IMPORTANTE

Las **horas complementarias** en los contratos a tiempo parcial también se integran en la base de cotización por contingencias comunes.

2.2. Base de cotización por contingencias comunes

En el cálculo de la base por contingencias comunes es preciso distinguir las personas trabajadoras clasificadas en grupos de **retribución mensual** (1 a 7) de los que tienen **retribución diaria** (8 a 11).

A. Base de cotización cuando la retribución es mensual

Se procede del modo siguiente:

- **Se computan los devengos salariales del mes** al que se refiere la cotización, excluidos los conceptos extrasalariales no computables y las horas extraordinarias.
- **Se añade la parte proporcional de las pagas extraordinarias** y de aquellas otras gratificaciones de devengo superior al mes (pagas de beneficios, incentivos anuales, etc.), de esta forma:

$$\frac{\text{Importe anual estimado de las pagas extraordinarias}}{12}$$

La base de cotización ha de estar comprendida entre el mínimo y el máximo establecidos para cada grupo de cotización del 1 al 7 (Tabla 4.5). Si la base resultante es inferior a la mínima, se cotiza por esta; en el caso de que sea superior a la máxima, esta última es considerada como base de cotización.

B. Base de cotización cuando la retribución es diaria

En estos casos, se procede así:

- **Se computan de forma diaria los devengos salariales del mes** al que se refiere la cotización, excluidos los conceptos extrasalariales no computables y las horas extraordinarias.
- **Se añade la parte proporcional de las pagas extraordinarias** del modo siguiente:

$$\frac{\text{Importe anual estimado de las pagas extraordinarias}}{\text{365 o 366 (si el año es bisiesto)}}$$

- **La base de cotización debe estar comprendida entre el mínimo y del máximo establecidos para cada grupo de cotización** del 8 al 11 (Tabla 4.5). Si la base resultante es inferior a la mínima, se cotiza por esta; en el caso de que sea superior a la máxima, esta última es considerada como base de cotización.
- La base diaria de cotización se multiplica por el número real de días que tiene el mes de que se trate (28, 29, 30 o 31).

Bases de cotización por contingencias comunes			
Grupo	Grupos de cotización (retribución mensual)	Bases mínimas (€/mes)	Bases máximas (€/mes)
1	Ingenieros, licenciados y altos directivos.	1547,00	4070,10
2	Ingenieros técnicos, peritos y ayudantes titulados.	1282,80	4070,10
3	Jefes administrativos y de taller.	1116,00	4070,10
4	Ayudantes no titulados.	1108,33	4070,10
5	Oficiales administrativos.	1108,33	4070,10
6	Subalternos.	1108,33	4070,10
7	Auxiliares administrativos.	1108,33	4070,10
	Grupos de cotización (retribución diaria)	Bases mínimas €/día	Bases máximas €/día
8	Oficiales de primera y segunda.	37,00	135,67
9	Oficiales de tercera y especialistas.	37,00	135,67
10	Peones.	37,00	135,67
11	Trabajadores menores de 18 años, cualquiera que sea su categoría profesional.	37,00	135,67

Tabla 4.5. Grupos de cotización por contingencias comunes.

2.3. Base de cotización por contingencias profesionales y conceptos de recaudación conjunta

La base de cotización por contingencias profesionales (AT y EP) y la base de cotización por conceptos de recaudación conjunta como son: desempleo (D), formación profesional (FP) y Fondo de Garantía Salarial (Fogasa) se calculan de la misma forma que las bases por contingencias comunes, pero incluyendo el importe de las horas extraordinarias.

En este caso la base de cotización resultante, cualquiera que sea el grupo de cotización de la persona trabajadora, debe estar comprendida entre los topes mínimos y máximos vigentes, que son los que aparecen en la Tabla 4.6.

Las cotizaciones por AT, EP y Fogasa corren a cargo de la empresa exclusivamente y se establecen en función de la rama de actividad en la que esta se encuadre. Dichas cotizaciones no se reflejan en la nómina.

Topes de cotización por accidentes de trabajo y enfermedades profesionales	
Mínimo	Máximo
1108,33 €/mes	4070,10 €/mes

Tabla 4.6. Topes mínimo y máximo para AT y EP, y para D, FP y Fogasa.

IMPORTANTE

Cotización por accidentes de trabajo y enfermedades profesionales (AT y EP).

Los tipos de cotización aplicables para AT y EP se establen en función de la actividad económica principal de la empresa, conforme a la Clasificación Nacional de Actividades Económicas (CNAE).

Los tipos son diferentes para las distintas actividades, industrias y tareas, dependiendo del riesgo de cada actividad.

2.4. Base de cotización adicional por horas extraordinarias

A efectos de cotización a la Seguridad Social, las horas extraordinarias se clasifican en dos tipos: **por fuerza mayor** y otras **horas extraordinarias.** La cotización por estas horas se determina aplicando a su importe el tipo que aparece en la Tabla 4.7.

CASO PRÁCTICO 2. Bases de cotización cuando la retribución es mensual

Calcula las bases de cotización de una jefa de taller (grupo 3) que en el presente mes ha recibido las siguientes retribuciones:

- Salario base: 1200 €.
- Incentivos: 200 €.
- Horas extraordinarias: 60 €.
- Horas extraordinarias por fuerza mayor: 100 €.
- Percibe anualmente dos pagas extras, el importe de cada una de las cuales es igual al sueldo base.

Solución:

Base por contingencias comunes

No se incluyen en el cálculo de esta base las horas extraordinarias.

Remuneración:

Salario base	1200 €
Incentivos	200 €
Total	1400 €

Prorrata de pagas extras: $\frac{1200 \times 2}{12} = 200$ €

1400 + 200 = 1600 €

Esta cantidad está comprendida entre los límites mínimo y máximo del grupo de cotización (Tabla 4.5).

Base por AT y EP, y por D, FP y Fogasa

Hay que tener en cuenta que las horas extraordinarias realizadas durante todo el mes deben sumarse al total calculado para la base por contingencias comunes:

1600 + 60 + 100 = 1760 €

Esta cantidad está comprendida entre los topes mínimo y máximo establecidos para accidentes de trabajo y enfermedades (AT y EP) y conceptos de recaudación conjunta por desempleo (D), formación profesional (FP) y Fondo de Garantía Salarial (Fogasa) (Tabla 4.6).

- Base adicional por horas extras fuerza mayor: 100 €.
- Base adicional horas extras: 60 €.

ACTIVIDADES

2. Calcula las bases de cotización de un trabajador que desempeña el puesto de auxiliar administrativo (grupo de cotización 7) y recibe las siguientes retribuciones:
   - Salario base: 1300 €.
   - Plus de actividad: 120 €.
   - Horas extraordinarias: 150 €.
   - Horas extraordinarias por fuerza mayor: 200 €.
   - Por último, hay que tener en cuenta que el empleado percibe anualmente dos pagas extras cada una de las cuales tiene un importe igual al salario base.

3. Base de retención del IRPF

¿SABÍAS QUE...?

Para calcular el **tipo impositivo** de cada persona, la AEAT tiene en cuenta las retribuciones y el resto de rentas que recibe, y, también, sus circunstancias personales: por ejemplo, el número de hijos e hijas menores de 25 años y de personas mayores o con discapacidad que tiene a su cargo.

La base de retención está constituida por los rendimientos íntegros de la persona trabajadora, exceptuados los siguientes conceptos, que están exentos de retención fiscal:

- **Las indemnizaciones por despido, cese en el puesto de trabajo, traslado, extinción del contrato y fallecimiento,** siempre que no excedan de la cuantía legalmente establecida, en otro caso, tributan por el exceso abonado por la empresa.
- **Los gastos de locomoción,** siempre que estén debidamente justificados y dentro de los límites que aparecen en la Tabla 4.4.
- **Las asignaciones para gastos de manutención y estancia,** siempre que no superen los límites establecidos en el reglamento del IRPF y que figuran en la Tabla 4.4.
- **El salario en especie** en los siguientes supuestos:
  - Tiques restaurante hasta 11 €/día hábil.
  - Seguro médico hasta un límite de 500 €/año por cada persona asegurada o 1500 € si es discapacitada.
  - Servicios educativos a hijos (Infantil, Primaria, ESO, Bachillerato y FP) y cheque guardería, sin límite de cantidad.
  - Tarjetas de transporte público colectivo hasta 1500 €/año.
  - Entrega de acciones hasta 12 000 €.
  - Seguros de responsabilidad civil y los de AT y EP.

CASO PRÁCTICO 3. Bases de cotización cuando la retribución es diaria

Calcula las bases de cotización, en un mes de 31 días, de una persona trabajadora del grupo 9 con las siguientes retribuciones:

- Salario base: 40 €/día.
- Plus de actividad: 4 €/día.
- Horas extraordinarias: 90 €/mes.
- Recibe dos pagas extras al año equivalentes, cada una de ellas, a 30 días de salario base.

Solución:

Base por contingencias comunes

En el cálculo de esta base no se consideran las horas extraordinarias.

Remuneración:

Salario base	40 €
Plus de actividad	4 €
Total	44 €

Prorrata de pagas extras: $\frac{30 \times 40 \times 2}{365} = 6{,}58$ €

$$44 + 6{,}58 = 50{,}58 \text{ €}$$

Consultando la Tabla 4.5, se observa que la cantidad obtenida está comprendida dentro de los límites del grupo 9.

Para calcular la base mensual, se multiplica la base diaria por el número de días del mes.

La base de cotización por contingencias comunes será esta:

$$50{,}58 \times 31 = 1567{,}98 \text{ €}.$$

Base por AT y EP, y por D, FP y Fogasa

Se deben tener en cuenta las horas extraordinarias realizadas durante el mes, que deben sumarse al total calculado para la base por contingencias comunes:

$$1567{,}98 + 90 = 1657{,}98 \text{ €}.$$

La cantidad está comprendida entre los topes mínimo y máximo establecidos para AT y EP, y para D, FP y Fogasa (Tabla 4.6).

PONTE A PRUEBA 2. Cálculo de las bases de cotización diarias

Calcula la base de cotización de una persona trabajadora que pertenece al grupo 10 que en el mes de febrero percibió las siguientes retribuciones:

- Salario base: 39 €/día.
- Plus de actividad: 3 €/día.
- Salario en especie (electricidad): 5 €/día.
- Tiques restaurante: recibió 20 tiques de 11 € cada uno.
- Locomoción: 140 km a 0,19 €/km.
- Horas extraordinarias por fuerza mayor: 60 €/mes.

Anualmente, recibe tres pagas extras con un importe equivalente a 40 días del salario base.

Para resolver tienes que tener en cuenta: qué percepciones no cotizan a la Seguridad Social; el número de pagas extras y los días que tiene febrero, y el hecho de que las horas extraordinarias solo se incluyen en una de las bases de cotización.

4. Cálculo de deducciones

A los devengos que perciben las personas trabajadoras se les practican una serie de deducciones que, una vez restadas del importe íntegro, dan lugar a la cantidad que realmente percibirá, denominada **salario neto** o líquido a percibir.

Las deducciones que se deben hacer son las siguientes:

- **Aportación de las personas trabajadoras a las cotizaciones a la Seguridad Social y conceptos de recaudación conjunta.** La aportación de la persona trabajadora a la Seguridad Social se denomina cuota obrera y es el resultado de la suma de las cuotas que se obtienen de aplicar los tipos de cotización a las bases calculadas (estos tipos son los que aparecen en la Tabla 4.7). Se refleja en el segundo apartado del recibo de salarios, correspondiente a las deducciones.
- **Retenciones a cuenta del impuesto sobre la renta de las personas físicas (IRPF).** Las empresas que pagan rendimientos del trabajo, en metálico y en especie, o prestaciones por cuenta de la Seguridad Social (en caso de baja por enfermedad) están obligadas a retener unos determinados porcentajes a cuenta de la liquidación anual del IRPF.

  El porcentaje que se debe aplicar depende de varias circunstancias, como el importe anual de las retribuciones, el estado civil de la persona trabajadora, el número de descendientes, la edad de los mismos, la situación laboral del cónyuge, el importe anual de las retribuciones de este o la existencia de ascendientes o personas con discapacidad a cargo.

@ WEB

A través de su página web, la **Agencia Tributaria** facilita un programa para calcular en línea el porcentaje de retención a cuenta del IRPF que se debe practicar en la nómina de cada persona trabajadora.

- **www.agenciatributaria.es**

Para acceder, tienes que seguir esta ruta: *Acceda directamente > Descarga de programas de ayuda > Retenciones > Ejercicio 202_ > Servicio de cálculo de retenciones.*

4.1. Tipos de cotización al régimen general de la Seguridad Social

El tipo de cotización es el porcentaje que se aplica a la base para obtener la cuota que se ingresa en la Seguridad Social. Los tipos vigentes son los que aparecen en la Tabla 4.7.

Tipos de cotización (expresados en %)	Empresa	Persona trabajadora	Total
Contingencias comunes	23,60	4,70	28,30
Desempleo			
Tipo general	5,50	1,55	7,05
Contrato de duración determinada a tiempo completo	6,70	1,60	8,30
Contrato de duración determinada a tiempo parcial	6,70	1,60	8,30
Horas extraordinarias de fuerza mayor	12,00	2,00	14,00
Resto de horas extraordinarias	23,60	4,70	23,80
Formación profesional	0,60	0,10	0,70
Fogasa	0,20	–	0,20

Tabla 4.7. Tipos de cotización al Régimen General de la Seguridad Social.

Devengos
Percepciones salariales + Percepciones no salariales

−

Deducciones
Cotizaciones a la Seguridad Social
Retención a cuenta del IRPF
Otras deducciones

=

Total
Salario líquido

Fig. 4.5. Fórmula del cálculo del importe líquido.

ACTIVIDADES

3. Accede al programa de ayuda que facilita la Agencia Tributaria en su web, como se indica en el margen de esta página, para calcular el porcentaje de retención a cuenta del IRPF que corresponde en los casos siguientes:

a) Un trabajador soltero que tiene un contrato indefinido. La retribución anual estimada es de 15 000 €, y la cotización la Seguridad Social, también estimada, es de 953 €.

b) Una trabajadora con un contrato indefinido, casada y con dos hijos, de 10 y 2 años, respectivamente; su cónyuge no obtiene ningún tipo de renta, la retribución bruta anual se estima en 32 000 €, y la cotización a la Seguridad Social, en 2032 €.

c) Un trabajador, contratado por un periodo de nueve meses, que cobra 10 800 € al año y cuya cotización estimada a la Seguridad Social es de 768 €.

ACTIVIDADES

4. Un equipo de trabajo formado por dos personas debe confeccionar el recibo de salarios del mes de septiembre de Marcos Cabrera Vega, un oficial administrativo (grupo 5), con un contrato indefinido a tiempo completo. Lleva trabajando en la empresa doce años y percibe mensualmente las siguientes retribuciones:

- Salario base: 1900 €.
- Antigüedad: 5 % del salario base por cada trienio.
- Tiques comida: este mes recibió 15 tiques de 15 € cada uno.
- Locomoción: ha realizado 300 km, que se compensan a 0,25 €/km.
- Otras horas extraordinarias: 300 €.

Percibe anualmente dos pagas extraordinarias, cada una de ellas con un importe equivalente al sueldo base.

La empresa se dedica a la fabricación de bebidas.

a) Calcula el tipo de retención a cuenta del IRPF estimado a principio de año, utilizando el programa de ayuda de la Agencia Tributaria. Se hará la estimación como si se tratase del mes de enero, teniendo en cuenta los ingresos y los gastos previstos para todo el año. Está casado, su cónyuge gana más de 1500 € y tiene un hijo nacido en 2015.

b) Una de las personas del equipo calculará el importe de la antigüedad, el de los tiques y la locomoción que cotiza y tributa.

c) La otra persona del equipo calculará las bases de cotización. Los tipos de cotización aplicables por incapacidad temporal (IT) y por invalidez, muerte y supervivencia (IMS) son, respectivamente, 0,80 € y 0,70 €; posteriormente cumplimentará la nómina.

CASO PRÁCTICO 4. Recibo de salarios cuando la retribución es mensual

Confecciona el recibo de salarios correspondiente al mes de julio de Antonio Pérez Ávila, auxiliar administrativo (grupo 7) que lleva cinco años trabajando en la empresa.

Sus retribuciones, según el convenio colectivo, son:

- Salario base: 1100 €.
- Incentivos: 70 €.
- Antigüedad: 5 % del salario base por cada trienio.
- Anualmente tiene derecho a percibir dos pagas extraordinarias, cada una de ellas con un importe igual al salario base.
- Retención a cuenta del IRPF: 10 %.
- Tiene un contrato indefinido a tiempo completo.
- Cotización por AT y EP: IT, 0,80 %; IMS, 0,70 %.

Solución:

Para la correcta cumplimentación del recibo de salarios, que puedes observar en la Figura 4.6, es necesario realizar los siguientes cálculos:

a) **Devengos**

Antigüedad: lleva cinco años en la empresa, por lo que tiene un trienio y le corresponde cobrar:

1100 x 0,05 = 55 €

b) **Determinación de las bases de cotización a la Seguridad Social y conceptos de recaudación conjunta, y de la base sujeta a retención del IRPF**

Para calcular las bases de cotización, se tienen en cuenta las percepciones salariales, que, en este caso concreto, son todas.

- **Base de cotización por contingencias comunes**

Remuneración:

Salario base	1100 €
Incentivo	70 €
Antigüedad	55 €
Total	1225 €

$$\text{Prorrata de pagas extras: } \frac{1100 \times 2}{12} = 183{,}33 \text{ €/mes}$$

- **Base por contingencias comunes diaria**

La base por contingencias comunes sería:

1225 + 183,33 = 1408,33 €.

Esta cantidad está comprendida entre los límites mínimo y máximo establecidos para su grupo de cotización, que es el 7 (Tabla 4.5).

- **Base de cotización por contingencias profesionales (AT y EP) y conceptos de recaudación conjunta por desempleo, formación profesional y Fondo de Garantía Salarial**

Las bases coinciden con la base por contingencias comunes, puesto que el trabajador no ha realizado horas extraordinarias, y están comprendidas entre los topes máximo y mínimo.

Bases por AT y EP, y por D, FP y Fogasa: 1408,33 €.

- **Base sujeta a retención del IRPF**

La base sobre la que se calculan las retenciones a cuenta del IRPF coincide con el total de los devengos del mes:

Base sujeta a retención del IRPF: 1225 €

CASO PRÁCTICO 4. Recibo de salarios cuando la retribución es mensual *(continuación)*

Empresa:
Domicilio:
CIF:
Código de cuenta de cotización a la Seguridad Social:

Nombre y apellidos: Pérez Ávila, Antonio
NIF: 12345678K
N.º de afiliación a la Seguridad Social: 11/0022344/68
Grupo profesional: Auxiliares administrativos
Grupo de cotización: 7

Período de liquidación del 1 de julio al 31 de julio de 202_ — Todos los días 30

			TOTALES
I. DEVENGOS			
1. Percepciones salariales			
Salario base		1100,00	
Complementos salariales			
Incentivos		70,00	
Antigüedad (1100 x 0,05)		55,00	
Horas complementarias (en contratos a tiempo parcial)			
Horas extraordinarias:			
Gratificaciones extraordinarias			
Salario en especie			
2. Percepciones no salariales			
Indemnizaciones o suplidos			
Prestaciones e indemnizaciones de la Seguridad Social			
Indemnizaciones por traslados, suspensiones o despidos			
Otras percepciones no salariales			
A. TOTAL DEVENGADO			1225,00 €
II. DEDUCCIONES			
1. Aportación del trabajador a las cotizaciones a la Seguridad Social y conceptos de recaudación conjunta	%		
Contingencias comunes (1408,33)	4,70	66,19	
Desempleo (1408,33)	1,55	21,83	
Formación profesional (1408,33)	0,01	1,41	
Horas extraordinarias			
Fuerza mayor			
Horas extraordinarias de fuerza mayor			
TOTAL APORTACIONES		89,43	
2. Impuesto sobre la renta de las personas físicas (1225,00)	10,00	122,50	
3. Anticipos			
4. Valor de los productos recibidos en especie			
5. Otras deducciones			
B. TOTAL A DEDUCIR			211,93 €
LÍQUIDO TOTAL A PERCIBIR (A - B)			1013,07 €

Firma y sello de la empresa

Granada, a 31 de julio del 202_

Recibí

DETERMINACIÓN DE LAS BASES DE COTIZACIÓN A LA SEGURIDAD SOCIAL Y CONCEPTOS DE RECAUDACIÓN CONJUNTA Y DE LA BASE SUJETA A RETENCIÓN DEL IRPF Y APORTACIÓN DE LA EMPRESA

CONCEPTO			BASE	TIPO	APORTACIÓN EMPRESA
1. Contingencias comunes:					
Importe remuneración mensual		1225,00			
Importe prorrata pagas extraordinarias		183,33			
	TOTAL		1408,33	23,60	332,37 €
2. Contingencias profesionales y conceptos de recaudación conjunta	AT y EP	(0,80 + 0,70)	1408,33	1,50	21,12 €
	Desempleo		1408,33	5,50	77,46 €
	Formación profesional		1408,33	0,60	8,45 €
	Fondo de Garantía Salarial		1408,33	0,20	2,82 €
3. Cotización adicional horas extraordinarias					
4. Base sujeta a retención del IRPF			1225,00		

Fig. 4.6. Solución del Caso práctico 4.

PIENSA Y RESUELVE

5. Paloma, que trabaja en una empresa dedicada a la fabricación de equipos electrónicos, observa que la mayoría de las personas que perciben pluses por actividad, dedicación y productividad son hombres.

También está constatando que no se aplican criterios claros para cubrir los puestos de trabajo mediante promoción (lo cual supone una mejora en el salario), pues unas veces utilizan el criterio objetivo de la antigüedad, otras ascienden a familiares de personal directivo y, en ocasiones, a personas muy competentes en sus tareas actuales, aunque sin la formación necesaria para desempeñar las propias de una jefatura; además, en la mayoría de los casos promocionan a hombres.

Estas actuaciones de la empresa ocasionan que parte del personal y, especialmente las mujeres, se sienta discriminado y poco valorado.

Piensa cómo se podrían solucionar estos problemas ocasionados por el pago de pluses y por los ascensos y qué argumentos darías a la empresa sobre igualdad de géneros para que cambiara su enfoque con el fin de evitar discriminaciones por razón de sexo, agravios comparativos y tensiones entre las personas trabajadoras.

CASO PRÁCTICO 5. Recibo de salarios con retribución diaria y horas extraordinarias

Elabora el recibo de salarios correspondiente al mes de febrero de Mercedes Pelayo Martínez, oficial de tercera (grupo 9).

Las retribuciones, según el convenio, son las siguientes:

- Sueldo base: 41 €/día.
- Incentivos: 9 €/día.
- Prendas de trabajo: 2 €/día.
- Horas extraordinarias: 85 €.
- Horas extraordinarias por fuerza mayor: 140 €.
- Tiene derecho a dos pagas extras con un importe equivalente a 35 días del salario base, cada una.
- Retención a cuenta del IRPF: 11 %.
- Tiene un contrato de duración determinada.
- Cotización por AT y EP: IT, 1,30 %; IMS, 1,20 %.

Solución:

Para la cumplimentación del recibo de salarios (Fig. 4.7) se deben realizar estos cálculos:

Determinación de las bases de cotización a la Seguridad Social y conceptos de recaudación conjunta, y de la base sujeta a retención del IRPF

a) **Base por contingencias comunes**

En el cálculo de las bases de cotización por contingencias comunes no se deben incluir las horas extraordinarias.

Remuneración:

Salario base	41 €
Incentivos	9 €
Prendas de trabajo	2 €
Total	52 €

Prorrata de pagas extras: $\frac{(35 \times 41) \times 2}{365} = 7{,}86$ €/día

- **Base por contingencias comunes diaria:**

52 + 7,86 = 59,86 €.

Esta cantidad está comprendida entre los límites mínimo y máximo establecidos para su grupo 9 (Tabla 4.5).

Para calcular la base mensual, se multiplica la base diaria por los días del mes febrero (en este caso vamos a considerar 28 días).

- **Base por contingencias comunes mensual:**

59,86 × 28 = 1676,08 €.

b) **Base de cotización por contingencias profesionales (AT y EP) y conceptos de recaudación conjunta por desempleo, formación profesional y Fondo de Garantía Salarial**

En el cálculo de estas bases, se han de tener en cuenta las horas extraordinarias realizadas durante el mes, que deben sumarse a la base por contingencias comunes.

Base por contingencias comunes	1676,08 €
Horas extraordinarias	85,00 €
Horas extraordinarias por fuerza mayor	140,00 €
Total	1901,08 €

- **Bases por AT y EP, y por D, FP y Fogasa:**

1901,08 €.

Esta cantidad está comprendida entre los topes mínimo y máximo establecidos para AT y EP, y para D, FP y Fogasa (Tabla 4.6).

c) **Base de cotización adicional por horas extraordinarias**

Se han realizado dos clases diferentes de horas extraordinarias, que cotizan a tipos diferentes, dando lugar a dos bases distintas:

- Horas extraordinarias: 85 €.
- Horas extraordinarias por fuerza mayor: 140 €.

d) **Base sujeta a retención del IRPF**

La base sobre la que se calculan las retenciones a cuenta del impuesto sobre la renta de las personas físicas, en este caso, coincide con el total de los devengos del mes.

Base sujeta a retención del IRPF:

1148 + 252 + 85 + 140 + 56 = 1681 €.

CASO PRÁCTICO 5. Recibo de salarios con retribución diaria y horas extraordinarias *(continuación)*

Empresa:	Nombre y apellidos: Pelayo Martínez, Mercedes
Domicilio:	NIF: 1234678 H
CIF:	N.º de afiliación a la Seguridad Social: 40/00414243/92
Código de cuenta de cotización a la Seguridad Social:	Grupo profesional: Oficiales/as de tercera
	Grupo de cotización: 9

Período de liquidación del 1 de febrero al 28 de febrero de 202_ — Todos los días: 28

I. DEVENGOS			TOTALES
1. Percepciones salariales			
Salario base	(41 x 28)	1148,00	
Complementos salariales			
Incentivo	(9 x 28)	252,00	
Horas complementarias (en contratos a tiempo parcial)			
Horas extraordinarias:	(85 + 140)	225,00	
Gratificaciones extraordinarias			
Salario en especie			
2. Percepciones no salariales			
Indemnizaciones o suplidos			
Prestaciones e indemnizaciones de la Seguridad Social			
Indemnizaciones por traslados, suspensiones o despidos			
Otras percepciones no salariales			
Prendas de trabajo	(2 x 28)	56,00	
A. TOTAL DEVENGADO			1681,00 €

II. DEDUCCIONES	%		
1. Aportación del trabajador a las cotitzaciones a la Seguridad Social y conceptos de recaudación conjunta			
Contingencias comunes	4,70	78,78	
Desempleo	1,60	30,42	
Formación profesional	0,10	1,90	
Horas extraordinarias	4,70	4,00	
Fuerza mayor	2,00	2,80	
Horas extraordinarias de fuerza mayor		117,90	
TOTAL APORTACIONES			
2. Impuesto sobre la renta de las personas físicas	11,00	184,91	
3. Anticipos			
4. Valor de los productos recibidos en especie			
5. Otras deducciones			
B. TOTAL A DEDUCIR			302,81 €
LÍQUIDO TOTAL A PERCIBIR (A - B)			1378,19 €

Firma y sello de la empresa — Almería, a 28 de febrero del 202_ — Recibí

DETERMINACIÓN DE LAS BASES DE COTIZACIÓN A LA SEGURIDAD SOCIAL Y CONCEPTOS DE RECAUDACIÓN CONJUNTA Y DE LA BASE SUJETA A RETENCIÓN DEL IRPF Y APORTACIÓN DE LA EMPRESA

CONCEPTO			BASE	TIPO	APORTACIÓN EMPRESA
1. Contingencias comunes:					
Importe remuneración mensual		1456,00			
Importe prorrata pagas extraordinarias		220,08			
	TOTAL		1676,08	23,60	395,55 €
2. Contingencias profesionales y conceptos de recaudación conjunta	AT y EP	(1,30 + 1,20)	1901,08	1,50	28,52 €
	Desempleo		1901,08	6,70	127,37 €
	Formación profesional		1901,08	0,60	11,41 €
	Fondo de Garantía Salarial		1901,08	0,20	3,80 €
3. Cotización adicional horas extraordinarias			85,00	23,60	20,06 €
4. Cotización adicional horas extras de fuerza mayor			140,00	12,00	16,80 €
5. Base sujeta a retención del IRPF			1681,00		

Fig. 4.7. Solución del Caso práctico 5.

ACTIVIDADES DE SÍNTESIS

1. Apoyándote en el modelo de nómina que aparece en la Figura 4.1, elabora un esquema que incluya los apartados de una nómina.

Cada apartado, a su vez, tiene que reflejar las percepciones (salariales y no salariales) y los descuentos que se realizan hasta llegar al importe neto.

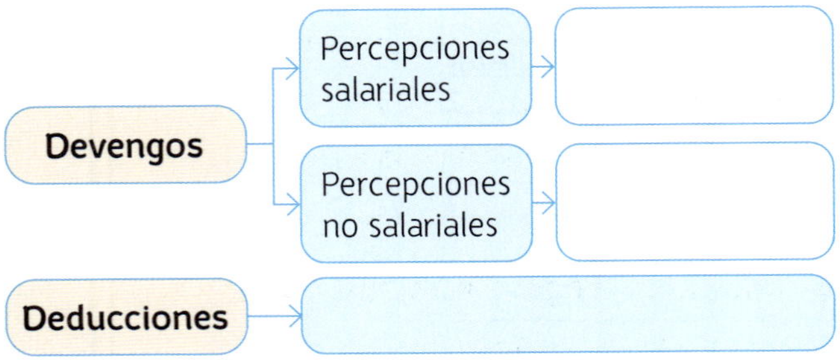

2. Un amigo que ha comenzado a trabajar recientemente te enseña su primera nómina y te plantea varias cuestiones que no comprende, como por ejemplo:

a) En el apartado «Devengos» aparecen el plus de convenio como percepción salarial y el plus de transporte como percepción no salarial. Explícale la diferencia entre estos dos tipos de percepciones.

b) Tu amigo desconoce el sentido de cotizar a la Seguridad Social por tantos conceptos. Hazle saber para qué sirven las cotizaciones.

c) Quiere saber por qué le aplican un tipo del 1,60 % por desempleo, mientras que a una compañera del mismo departamento le aplican el 1,55 %. Explícale a qué se debe esta diferencia.

d) Al comparar la nómina con la de su compañera también ha observado que la retribución bruta que perciben ambos es idéntica, pero a él le aplican un tipo de retención a cuenta del IRPF superior. ¿Cuál puede ser la razón?

e) Quiere saber por qué la base de cotización y la base sujeta a retención del IRPF no son iguales. ¿Sabrías explicar el motivo de esta diferencia?

f) En la parte inferior de la nómina aparece la cotización de la empresa, y tu amigo se pregunta si esto repercute en su salario.

INVESTIGACIÓN

Palabras clave para la búsqueda de información: *salario mínimo interprofesional (SMI), bases de cotización, importe bruto, importe neto, embargo.*

3. Pablo ha sido contratado en el mes de enero mediante un contrato indefinido. Su salario se desglosa como se indica. Salario base: salario mínimo interprofesional mensual; plus de convenio: 150 €/mes; plus de transporte: 45 €/mes; retribución en especie (utilización del automóvil): 60 €. Percibirá dos pagas extras del importe del salario mínimo interprofesional, que, en esta empresa, se cobran prorrateadas por meses.

Pablo quiere saber cuál será el salario neto que percibirá a final de mes; para ello tienes que hacer estas tareas:

a) Investiga cuál es el salario mínimo interprofesional mensual, diario y anual.

b) Calcula el importe bruto del salario mensual.

c) Calcula las bases de cotización y las aportaciones a la Seguridad Social, y comprueba que están comprendidas entre las bases máxima y mínima de cotización vigentes en este año.

Puedes obtener esta información en la web de la Seguridad Social: **www.seg-social.es** > *Trabajadores* > *Cotización / Recaudación de trabajadores* > *Bases y tipos de cotización.*

d) Para conocer cuánto te descontarán a cuenta del IRPF, la Agencia Tributaria facilita un programa de ayuda al que puedes acceder a través de la página web: **https://www.agenciatributaria.es**.

Utilizando el programa, tienes que calcular el importe bruto de las retribuciones anuales y las cotizaciones a la Seguridad Social. Para ello partimos de la premisa que Pablo está soltero y tiene un hijo menor de tres años.

e) Finalmente, calcula el importe neto que percibirá al finalizar el mes.

4. Las empresas deben embargar obligatoriamente el sueldo de sus empleados cuando reciban una notificación administrativa o judicial de embargo, por no haber pagado una deuda.

Supongamos que Pablo no ha pagado una multa por exceso de velocidad y la Dirección General de Tráfico le reclama una cuantía de 400 €.

Partiendo del salario neto mensual, calcula el importe que la empresa le tiene que descontar e indica durante cuántos meses le embargaran el sueldo hasta saldar la deuda.

Para calcular la cantidad a embargar, puedes utilizar el programa que facilita la Agencia Tributaria en su página web: **https://www.agenciatributaria.es.** La ruta para acceder al programa es la siguiente: *Descarga de programa de ayuda* > *Cálculo del importe embargable de sueldos.*

TEST DE REPASO

1. Las percepciones extrasalariales...

a) Nunca cotizan a la Seguridad Social.
b) Algunas cotizan a la Seguridad Social, si sobrepasan un límite.
c) Nunca tributan en el IRPF.
d) No cotizan a la Seguridad Social y no tributan en el IRPF.

2. Los gastos de manutención durante los viajes de una persona trabajadora...

a) Nunca cotizan a la Seguridad Social.
b) Cotiza la parte que supera el límite reglamentario.
c) Cotizan íntegramente a la Seguridad Social.
d) Cotiza la parte que no supera el límite reglamentario.

3. Indica qué conceptos no cotizan a la Seguridad Social:

a) Las prendas de trabajo.
b) El desgaste de útiles y herramientas.
c) Las indemnizaciones por traslado.
d) El quebranto de moneda.

4. Es retribución en especie...

a) La percepción por prendas de trabajo.
b) El quebranto de moneda.
c) La utilización de automóvil de empresa.
d) El plus de transporte.

5. En el cálculo de la base por contingencias comunes no se incluyen...

a) Las percepciones salariales.
b) La prorrata de las pagas extraordinarias.
c) Las horas extraordinarias.
d) Los productos en especie.

6. La base por contingencias profesionales...

a) Es la misma que la base por contingencias comunes.
b) Es la base por contingencias comunes más las pagas extraordinarias.
c) Es la base por contingencias comunes más las horas extraordinarias.
d) Nunca es igual que la base por contingencias comunes.

7. Cuando la retribución es mensual, para el cálculo de la base de cotización, las pagas extraordinarias...

a) Se prorratean entre doce meses.
b) Se prorratean entre 365 días.
c) Se prorratean entre el número de pagas.
d) No se prorratean.

8. El tipo de cotización por desempleo...

a) Es el mismo para todos los tipos de contrato.
b) Es mayor para los contratos de duración determinada.
c) Es el mismo que por contingencias comunes.
d) Es el mismo que para el Fogasa.

9. Si la base de cotización que se ha calculado es superior al máximo establecido para el grupo de cotización...

a) Se cotiza por la base del grupo superior.
b) Se cotiza por la base máxima del grupo.
c) Se aplican tipos incrementados.
d) Se cotiza por la base calculada.

10. La cotización al Fogasa le corresponde...

a) A la persona trabajadora.
b) A la empresa.
c) A la persona trabajadora y a la empresa.
d) A ninguna de ellas.

11. Se exceptúan de gravamen y, por tanto, no se les practica retención a cuenta del IRPF, a ...

a) Los incentivos.
b) Las prestaciones de la Seguridad Social.
c) Las percepciones extrasalariales.
d) Los gastos de locomoción justificados.

12. ¿El importe de la locomoción cotiza a la Seguridad Social?

a) No, independientemente de su importe.
b) Cotiza el importe en su totalidad.
c) Cotiza solo cuando sobrepasa 0,19 €/km.
d) Cotiza solo la cuantía que sobrepasa de 0,19 €/km.

13. ¿Tributan en el IRPF las dietas de viaje?

a) No, nunca.
b) Solamente cuando sobrepasan los límites.
c) Solo la cuantía que no sobrepasa los límites.
d) Solamente la cuantía que sobrepasa los límites.

14. ¿Los tiques restaurante tributan en el IRPF?

a) Nunca, independientemente de su importe.
b) Por todo el importe que no sobrepasa los límites legales.
c) Solamente por la cuantía que sobrepasa los límites legales.
d) Tributan por todo el importe.

COMPRUEBA TU APRENDIZAJE

1. Señala si las siguientes afirmaciones son verdaderas (V) o falsas (F) y redacta en tu cuaderno estas últimas correctamente:

   a) Las percepciones extrasalariales no cotizan a la Seguridad Social, pero tributan en el IRPF.

   b) Las horas extras tienen una cotización adicional a la Seguridad Social.

   c) Las horas extras se incluyen en la base de cotización por contingencias comunes.

   d) Las dietas se incluyen en la base de cotización por contingencias comunes cuando superan una determinada cuantía, y en su totalidad.

   e) El plus de locomoción es una percepción extrasalarial que no cotiza a la Seguridad Social.

   f) Los tiques restaurante cotizan a la Seguridad Social y no tributan en el IRPF.

2. Ana tiene una antigüedad en la empresa de 16 años y 11 meses. Su salario base es de 1400 € mensuales y le corresponde, según el convenio colectivo, un complemento de antigüedad del 2 % del salario base por cada trienio y cada quinquenio.

   a) Calcula los trienios y quinquenios de esta trabajadora.

   b) Determina el importe del complemento de antigüedad si cobrase quinquenios y trienios.

3. Un trabajador que lleva 17 años en una empresa percibe un salario mensual de 1800 €. Calcula el importe de la antigüedad en los siguientes casos:

   a) Percibe bienios retribuidos al 3 %.

   b) Percibe sexenios retribuidos al 10 %.

   Indica si los bienios y sexenios cotizan a la Seguridad Social y tributan en el IRPF.

4. Álvaro es enfermero y tiene que utilizar su vehículo particular para atender a personas que se encuentran en hospitalización domiciliaria. Durante el mes de septiembre, ha recorrido 300 kilómetros, que se compensan a 0,22 €/km, en concepto de gastos de locomoción.

   Calcula el importe de este tipo de gastos que ha de ser incluido en la base de cotización y, por tanto, debe cotizar a la Seguridad Social.

5. Calcula las bases de cotización correspondientes a una persona trabajadora, auxiliar administrativo (grupo 7), que recibe las retribuciones que se indican. Salario base: 1400 €; antigüedad: 48 €; incentivos: 120 €.

   Percibe anualmente dos pagas extraordinarias, cada una de las cuales tiene un importe equivalente al sueldo base más la antigüedad.

6. Determina las bases de cotización de una trabajadora del grupo 8 que recibirá en el mes de marzo la retribución que se indica. Salario base: 40 €/día; actividad: 4 €/día; plus de distancia: 5 €/día; horas extras por fuerza mayor: 110€/mes.

   Además, percibe dos pagas extraordinarias al año, equivalentes, cada una, a 40 días del salario base.

Para realizar las actividades siguientes, vamos a considerar que todas las nóminas pertenecen al personal de una misma empresa. Dicha empresa cotiza un 2,30 % por IT y un 1,20 % por IMS.

7. Elabora el recibo de salarios del mes de enero de Ramón Alonso Moreno, un jefe administrativo (grupo 3) que tiene un contrato indefinido a tiempo completo y recibe las retribuciones que se indican según su convenio. Salario base: 1500 €; plus de convenio: 100 €; plus de actividad: 300 €.

   Percibe anualmente dos pagas extraordinarias, cada una de ellas con un importe igual al salario base, y se le aplica una retención a cuenta del IRPF del 12 %.

8. Cumplimenta el recibo de salarios correspondiente al mes de enero de Pedro López Pérez, incluido en el grupo 4, que tiene un contrato indefinido a tiempo completo.

   Percibió las siguientes retribuciones: salario base: 1900 €; antigüedad: 7 % del salario base por cada trienio (lleva ocho años trabajando en la empresa). Plus de dedicación: 200 €; plus de transporte: 65 €. Además, percibe anualmente dos pagas extraordinarias de una cuantía, cada una, igual al sueldo base más la antigüedad, y se le aplica una retención a cuenta del IRPF del 18 %.

9. Confecciona el recibo de salarios correspondiente al mes de febrero de Lorena Coterillo González, una oficial administrativa incluida en el grupo 5. Su contrato es indefinido a tiempo completo. Lleva trabajando en la empresa diez años y percibe mensualmente las retribuciones que se indican. Salario base: 1200 €; antigüedad: 5 % del salario base por cada trienio; plus de desplazamiento: 100 €; horas extraordinarias: 160 €; horas extraordinarias por fuerza mayor: 300 €.

   Percibe anualmente dos pagas extras equivalentes, cada una, al sueldo base más la antigüedad, y se le aplica una retención a cuenta del IRPF del 12 %.

10. Elabora el recibo de salarios de Eva Ríos Bandera, incluida en el grupo 6 (subalternos), que recibió en mayo las retribuciones que se indican. Salario base: 1200 €; dietas exentas justificadas: 75 €; locomoción dentro de los límites: 35 €; horas extraordinarias: 350 €; horas extras por fuerza mayor: 160 €, y un anticipo de 400 €, que se le descuenta en esta nómina.

    Percibe anualmente dos pagas extraordinarias de 1500 € cada una. El contrato es indefinido a tiempo completo, y la retención del IRPF, del 12 %.

11. Confecciona el recibo de salarios correspondiente al mes de diciembre de Alonso Sierra Bedoya, ayudante titulado (grupo 2). Tiene dos bienios de antigüedad y las percepciones

que se indican. Salario base: 1600 €; antigüedad: 4 % por cada bienio, sobre el salario base; horas extraordinarias: 150 €. Realizó un viaje de tres días por España y percibió 53,34 € al día en concepto de gasto de manutención con pernocta.

Percibe anualmente dos pagas extraordinarias equivalentes al sueldo base más la antigüedad, una de las cuales se cobra en esta nómina; se le aplica una retención a cuenta del IRPF del 15 %. Tiene un contrato de duración determinada.

12. Confecciona el recibo de salarios correspondientes al mes de febrero de Roberto Herrería Almeida, incluido en el grupo 10 de cotización, cuyas retribuciones del mes de febrero son las siguientes. Salario base: 39 €/día; productividad: 4 €/día; salario en especie: 2 €/día.

Anualmente, tiene derecho a percibir tres pagas extraordinarias de 900 € cada una, y se le aplica una retención a cuenta del IRPF del 6 %. Tiene un contrato de duración determinada a tiempo completo.

13. Elabora el recibo de salarios correspondiente al mes de abril de Lucía Barrio Osorio, una oficial de primera (grupo 8). Tiene un contrato de duración determinada.

Las retribuciones mensuales son las que se indican. Salario base: 35 €/día; incentivos: 6 €/día; plus de convenio: 3 €/día; horas extraordinarias por fuerza mayor: 140 €/mes.

Anualmente, percibe dos pagas extraordinarias, cada una de ellas con un importe igual a 30 días del salario base; se le aplica una retención a cuenta del IRPF del 8 %.

14. Realiza el recibo de salarios del mes de junio de Jesús Mantilla, oficial de tercera (grupo 9) que percibe las retribuciones que se indican. Salario base: 37 €/día, plus de transporte: 4 €/día del mes, complemento de nocturnidad: 12 €/día, horas extraordinarias fuerza mayor: 250 €/mes, otras horas extraordinarias: 130 €/mes. Además, la empresa le descontó 500 € de un anticipo que le había realizado antes de finalizar el mes.

Anualmente tiene derecho a dos pagas extraordinarias de 1000 € cada una y además una paga de Navidad de 500 €. En esta nómina se incluye una paga extra.

Debido a una notificación administrativa, la empresa le debe de embargar durante diez meses 35 €. Se le aplica una retención a cuenta del IRPF del 15 %. Tiene un contrato de duración determinada.

- Escribe dos ideas de esta unidad que tengas claras y que te parezcan fundamentales. ¿Qué te ayudó a comprenderlas?
- Formula dos preguntas de la unidad sobre aspectos que no hayas entendido totalmente.
- Escribe dos aspectos de esta unidad sobre los que te gustaría profundizar.

DE CAMINO AL MUNDO LABORAL

> Cuando empieces a trabajar, te conviene saber, de forma detallada, cuáles van a ser tus retribuciones.

Objetivo

Reconocer cómo están reflejadas las retribuciones de los convenios colectivos en las nóminas.

Tarea

1. Ana, auxiliar de clínica, trabaja en una clínica veterinaria, pero no sabe cómo se reparten su retribuciones.

Por parejas, localizad el convenio colectivo de servicios veterinarios en el BOE y responded a estas cuestiones:

a) ¿Qué salario base corresponde a la empleada?

b) ¿Tiene derecho a estos complementos: de puesto de trabajo, de disponibilidad, de nocturnidad, de festividad, de festivos especiales y retribución por jornada continuada? ¿Cuál es el importe de cada uno?

c) ¿Cuántas pagas extraordinarias puede percibir? ¿Qué importe tiene cada una?

d) ¿Cómo son retribuidas las horas extraordinarias?

e) ¿Tiene derecho a alguna compensación si sufre un accidente laboral?

f) En caso de desplazamiento, ¿cómo se compensarán los kilómetros realizados? ¿Cuánto percibirá por dietas?

g) ¿Debe la empresa facilitarle la ropa de trabajo o le pagará un complemento?

2. Calcula el tipo de retención a aplicar según las retribuciones de la tabla salarial del año en curso.

Comenzó a trabajar en el mes de enero y ha facilitado estos datos: está casada y su marido percibe un salario superior a 15 000 €/año, tiene un hijo menor de cuatro años y su contrato es indefinido a tiempo completo.

3. Realiza la nómina del mes de junio con las retribuciones habituales y además: realizó tres horas extraordinarias, trabajó dos festivos, trabajó ocho horas en jornada nocturna, estuvo en situación de disponibilidad tres jornadas, realizó diez horas extraordinarias, recorrió 50 km con su coche para asistencia domiciliaria. Este mes cobró una de las pagas extraordinarias.

a) Elabora la nómina del mes de junio con los datos de las tablas salariales del año en curso.

b) Supongamos que la paga extraordinaria la cobrase prorrateada en los doce meses del año. Realiza la nómina de junio con la paga prorrateada.

c) Supongamos que la paga extraordinaria la documentan en una nómina independiente del salario del mes. Realiza la nómina de esta paga.

5 UNIDAD

Modificación, suspensión y extinción del contrato de trabajo

ESTUDIARÁS

- La relación laboral en lo que respecta a...
  - Las causas por las que se modifica el contrato de trabajo.
  - Las causas y los efectos de la suspensión y de la extinción del contrato de trabajo.
  - Los distintos tipos de despidos y sus consecuencias.
  - El sistema de cálculo de las indemnizaciones y liquidaciones vinculadas a la extinción del contrato de trabajo.

Y SERÁS CAPAZ DE

- Ejercer los derechos y cumplir las obligaciones que se derivan de las relaciones laborales.
- Entender las modificaciones que se pueden hacer en los contratos laborales.
- Comprender las causas por las que se puede suspender o extinguir un contrato de trabajo.

Lorena trabaja para una empresa desde hace cinco años y acaba de recibir una carta en la que se le indica que debe realizar funciones de un grupo profesional inferior al que tiene asignado en el contrato. Se sorprende porque, en la reunión de evaluación del desempeño de su puesto, la Dirección de Recursos Humanos no mencionó el cambio, que supone una carga extra de trabajo. Lorena no sabe cómo actuar en esta situación ni si está obligada a asumir el cambio.

Consulta el artículo 39 del ET en la siguiente página web y comprueba si la empresa puede hacer la modificación indicada.

- **https://bit.ly/3lGuDbQ**

- ¿Se te puede destinar a un puesto de trabajo situado en otra localidad sin aviso previo?
- ¿Puedes pedir una excedencia para cuidar a tus hijos e hijas o a algún familiar?
- ¿Conoces alguna causa de despido?

1. Modificación del contrato de trabajo

Durante el tiempo de vigencia de un contrato de trabajo, pueden darse circunstancias que alteren los pactos acordados y den lugar a una modificación, una suspensión temporal o incluso la extinción de dicho contrato.

La empresa, conforme al poder de dirección estudiado en la Unidad 1, tiene la facultad de introducir cambios en el contrato laboral; sin embargo, este poder no es absoluto, pues algunas modificaciones están sujetas a unos límites legales, que se estudian a continuación.

El Estatuto de los Trabajadores recoge **tres circunstancias diferentes en las que la empresa puede modificar un contrato de trabajo:** la movilidad funcional, la movilidad geográfica y la modificación sustancial de las condiciones de trabajo.

1.1. Movilidad funcional

La persona trabajadora está obligada a prestar los servicios convenidos en el momento de ingreso en la empresa, pero la ley concede a esta la facultad de modificar unilateralmente las funciones desempeñadas por el empleado o empleada de forma habitual; se produce, entonces, la situación conocida como **movilidad funcional** (Tabla 5.1).

Movilidad funcional		
Dentro del mismo grupo profesional	• Para que se dé esta movilidad no se exige que la empresa alegue causa alguna ni se impone un límite temporal, siempre que no se vulneren los derechos fundamentales de la persona trabajadora ni se atente contra su dignidad. • La persona percibirá la retribución correspondiente a las nuevas funciones que debe desempeñar, aunque queda garantizada la remuneración que venía percibiendo si se le encargan funciones inferiores.	
Fuera del grupo profesional	• Exige una justificación basada en causas técnicas u organizativas. • Tiene una limitación temporal. • La representación de las personas trabajadoras debe ser informada de la decisión y de las causas que originan la modificación funcional.	**Funciones inferiores a las del grupo, o movilidad funcional descendente** • La empresa solo puede mantener estas funciones durante el tiempo imprescindible. • Se conserva el salario de origen.
		Funciones superiores a las del grupo, o movilidad funcional ascendente Cuando se encomiende a una persona la realización de funciones superiores a las de su grupo profesional tiene derecho a: • Percibir el salario correspondiente a las funciones superiores mientras dure la situación. • Reclamar que se cubra el puesto vacante al que corresponden dichas funciones, de acuerdo con el sistema de ascensos aplicable en la empresa, si la movilidad se produce por un periodo superior a seis meses durante un año u ocho meses durante dos años.

Tabla 5.1. Características de la movilidad funcional.

1.2. Movilidad geográfica

La movilidad geográfica consiste en el **traslado definitivo** o el **desplazamiento temporal** de la persona trabajadora a un centro de trabajo situado en otra localidad, siempre que el traslado implique un cambio del lugar de residencia habitual; en ambos casos, la movilidad debe justificarse con razones técnicas, organizativas, económicas o productivas.

A. Traslado definitivo

> Se produce un **traslado definitivo** cuando la persona trabajadora es destinada a un centro de trabajo de la misma empresa situado en otro lugar y ello exige un **cambio de residencia definitivo,** o cuando el desplazamiento excede de doce meses en un periodo de tres años. El traslado definitivo puede ser individual o colectivo.

En la Figura 5.1 se recogen las distintas modalidades de traslado definitivo.

ABC VOCABULARIO

Ius variandi. Facultad de la empresa para modificar unilateralmente las condiciones de la prestación de los servicios.

Grupo profesional. Agrupación de personas trabajadoras, establecido en convenio colectivo, que se realiza en función de sus aptitudes profesionales, sus títulos y el contenido general de su trabajo. Puede incluir tareas, funciones, especialidades profesionales o responsabilidades otorgadas.

Traslado colectivo	
Plantilla	**Personas trabajadoras afectadas**
De menos de 100 personas	Mínimo: 10
De entre 100 y 300 personas	Mínimo: 10 %
De 301 personas o más	Mínimo: 30

Tabla 5.2. Número de personas afectadas en un traslado colectivo.

IMPORTANTE

Aquellas personas trabajadoras cuyo contrato prevé la **movilidad** no se encuadran en estos supuestos, pues para ellas no hay modificación de contrato, al haberse pactado la movilidad.

Traslado individual: debe ser notificado con una antelación mínima de 30 días. Ante esta situación, la persona trabajadora puede optar entre:

- **Aceptar el traslado**
  La empresa debe pagar los gastos de desplazamiento de la persona trabajadora y de sus familiares.
- **Extinguir el contrato**
  El empleado o empleada tendrá derecho a una indemnización de 20 días de salario por cada año trabajado; los periodos inferiores al año se prorratearán por meses, hasta un máximo de doce mensualidades.
- **Acudir al Juzgado de lo Social**
  Sin perjuicio de que la decisión de la empresa es ejecutiva. En caso de que el traslado se declare injustificado, la persona debe ser reincorporada al centro de trabajo de origen; si la empresa se niega, tendrá que indemnizarla del mismo modo que si se tratara de un despido improcedente (Fig. 5.2).

Traslado colectivo: afecta a un grupo o a todas las personas trabajadoras de un centro de trabajo (Tabla 5.2)

Requiere la apertura de un **periodo previo de consultas,** no superior a quince días, con representantes de las personas trabajadoras o con una comisión representativa que debe quedar constituida antes de la comunicación por parte de la empresa del inicio del citado periodo de consultas. Las personas trabajadoras deben recibir la notificación del traslado con 30 días de antelación y tienen las mismas opciones que en el traslado individual. En caso de ausencia de representación legal de la plantilla en la empresa, aquellos pueden atribuir su representación, para el periodo de consultas y la adopción de un acuerdo, a una comisión designada.

Fig. 5.1. Tipos de traslado definitivo.

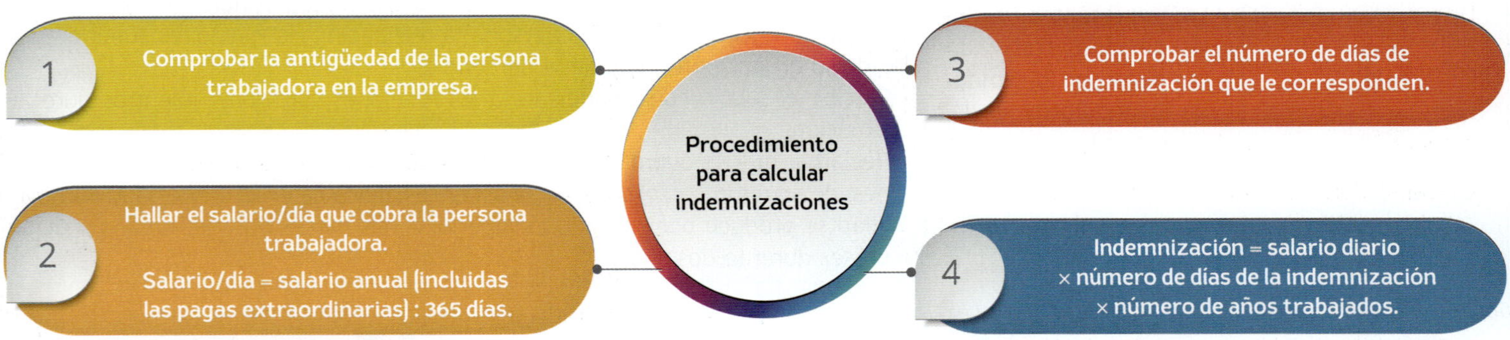

Fig. 5.2. Cálculo de indemnizaciones.

CASO PRÁCTICO 1. Funciones de un grupo inferior

Un operario de mantenimiento eléctrico, encuadrado en el nivel II del grupo profesional 3, ha recibido una orden de su jefa de equipo para que a partir de la semana siguiente realice las funciones del nivel II del grupo inferior al suyo, alegando motivos técnicos.

a) Indica si la empresa puede recolocar al trabajador en un grupo inferior al suyo.

b) Consulta durante cuánto tiempo debe permanecer el empleado en el nuevo puesto.

Solución:

a) Sí, la empresa puede realizar una movilidad funcional de un trabajador a un grupo inferior por causas técnicas u organizativas.

b) La movilidad funcional está regulada en el artículo 39 del Estatuto de los Trabajadores, que puede consultarse en el enlace **https://bit.ly/33V2WpV**. La empresa solo puede mantener al trabajador en el nuevo puesto durante el tiempo imprescindible.

B. Desplazamiento temporal

> Un **desplazamiento temporal** consiste en el **traslado provisional** de la persona trabajadora a un **centro de trabajo situado en una población distinta** a la de su residencia habitual. El límite de tiempo máximo del desplazamiento es de doce meses en un periodo de tres años.

En este periodo el empleado o empleada tiene **derecho** a:

- Conservar las funciones de su puesto, dentro de su grupo profesional, y percibir el mismo salario.
- Cobrar gastos de viajes y dietas.
- Disfrutar de cuatro días de estancia en su domicilio de origen por cada tres meses.
- Ser informado o informada del traslado con cinco días de antelación como mínimo cuando este sea superior a tres meses.

1.3. Modificaciones sustanciales de las condiciones de trabajo

> Se consideran **modificaciones sustanciales de las condiciones trabajo,** entre otras, las que afectan a la jornada laboral, el horario y distribución de la misma, el trabajo a turnos, el sistema de remuneración y cuantía salarial, el sistema de trabajo y rendimiento y las funciones, cuando el cambio exceda de la movilidad funcional antes examinada. Estas modificaciones no conforman una lista cerrada.

La empresa puede realizar modificaciones sustanciales de las condiciones de trabajo cuando existan **probadas razones** económicas, técnicas, organizativas o de producción que lo justifiquen. Dichas modificaciones pueden ser individuales o colectivas.

IMPORTANTE

Se consideran razones económicas, técnicas, organizativas o de producción para realizar **modificaciones sustanciales de las condiciones de trabajo** las que estén relacionadas con la competitividad, productividad u organización del trabajo en la empresa.

IMPORTANTE

En el contrato puede pactarse la **movilidad** entre diversos centros de trabajo de una empresa si estos son móviles o itinerantes.

CASO PRÁCTICO 2. Traslado definitivo individual

Una empresa especializada en ingeniería y construcción comunica a una de sus ingenieras que, por razones organizativas, debe trasladarse, durante un periodo de dos años, a la sucursal que la organización posee en la ciudad de Jubail (Arabia Saudí).

La trabajadora tiene una antigüedad de cinco años y percibe un salario de 3000 € mensuales, incluido el prorrateo de las pagas extraordinarias. Indica qué opciones puede plantearse.

Solución:

a) Aceptar el traslado. En ese caso, la empresa debe pagar los gastos ocasionados.

b) Extinguir el contrato y cobrar la indemnización correspondiente (20 días por cada año trabajado). En este caso, la cantidad sería la siguiente:

20 días × 5 años = 100 días.

Salario diario: 3000 × 12 : 365 = 98,63 €/día.

Indemnización: 98,63 × 100 = 9863 €.

Tope indemnizatorio: 98,63 x 360 días (12 meses) = = 35 506,80 €.

c) Acudir al Juzgado de lo Social. Si el traslado se considera injustificado, la trabajadora puede reincorporarse o ser indemnizada por despido improcedente.

ACTIVIDADES

1. Victoria, empleada en una empresa de construcción en Toledo, ha recibido una carta del Departamento de RR. HH. en la que se le comunica que dentro de quince días tiene que incorporarse al centro de trabajo que la compañía tiene en Valencia. También se le informa de que el desplazamiento se basa en razones organizativas y durará tres meses.

   Rafael recibe otra carta del mismo Departamento de Recursos Humanos en la que le comunican con siete días de antelación que, a partir del siguiente lunes, su jornada, que hasta el momento era de 40 horas semanales, se verá reducida y pasará a ser de 35 horas, con la consiguiente reducción de salario.

   a) ¿Qué tipo de modificación ha realizado la empresa en cada caso?

   b) ¿Qué derechos relacionados con esos cambios tiene cada una de estas personas trabajadoras?

A. Modificaciones individuales

Se comunican con **quince días** de antelación. Se podrá elegir entre las opciones de la Tabla 5.3.

Opciones	Efectos
Aceptar la modificación	La persona trabajadora asume el cambio sin contraprestación por parte de la empresa.
Asumir la modificación, pero recurrirla judicialmente por considerarla injustificada	• El empleado o empleada asume la modificación, pero interpone una demanda ante el Juzgado de lo Social en un plazo de 20 días hábiles por considerarla injustificada. • La persona trabajadora tiene derecho a volver a trabajar bajo las condiciones anteriores al cambio, si la sentencia declara que este ha sido injustificado.
Rescindir el contrato de trabajo	• La modificación afecta a la jornada laboral, el horario y la distribución de la misma, el régimen de trabajo a turnos, el sistema de remuneración y la cuantía salarial, o cuando se trata de una movilidad funcional que exceda de los límites regulados en el artículo 39 del Estatuto de los Trabajadores. • La empresa debe pagar a la persona trabajadora una indemnización correspondiente a 20 días de salario por cada año de servicio, prorrateándose por meses los periodos de tiempo inferiores al año y con un máximo de nueve mensualidades de salario. • El empleado o empleada queda en situación legal de desempleo.

Tabla 5.3. Opciones de la persona trabajadora ante una modificación de las condiciones de trabajo individuales.

B. Modificaciones colectivas

La decisión debe ir precedida de un periodo de consulta, cuya duración no puede superar los quince días, con la representación de las personas trabajadoras, y contra ella cabe reclamar tanto por el procedimiento de conflicto colectivo como de forma individual. Para ser considerada colectiva, la modificación debe afectar a un número de personas trabajadoras igual que el establecido para el traslado colectivo (Tabla 5.2). Si no se llega a un acuerdo, la decisión empresarial surtirá efecto en los siete días siguientes a su notificación.

CASO PRÁCTICO 3. Indemnización por modificación sustancial de las condiciones de trabajo

Un trabajador de la empresa Sílex S.A. que presta sus servicios desde el 1 de enero de 2009, percibe una retribución mensual desglosada en los siguientes conceptos:

- Salario: 1000 €.
- Antigüedad: 150 €.
- Incentivos: 85 €.
- Cobra dos pagas extraordinarias al año, cada una de las cuales equivale a la suma del salario mensual más la antigüedad.

El trabajador tiene un horario de 7.30 a 15.30 h.

El día 30 de agosto de 2021 la dirección de la empresa le comunica la modificación de su jornada de trabajo, que a partir del día 1 de octubre de 2021 se desarrollará de 8.00 a 13.00 y de 17.00 a 20.00 h.

El empleado no está de acuerdo con la decisión y solicita la rescisión de su contrato con fecha 30 de septiembre.

Calcula la indemnización que le corresponde.

Solución:

a) **Salario diario:**

Para obtener el salario diario, se procede a calcular el salario anual y se divide entre 365 días:

- Salario: 1000 x 12 = 12 000 €.
- Antigüedad: 150 x 12 = 1800 €.
- Incentivos: 85 x 12 = 1020 €.
- Pagas extras: (1000 + 150) x 2 = 2300 €.

Total: 17 120 €.

Salario diario: 17 120 : 365 = 46,90 €/día.

b) **Días de indemnización que le corresponden:**

Desde el 1 de enero de 2009 hasta el 31 de diciembre de 2020 = 12 años completos:

12 x 20 = 240 días de indemnización.

Desde el 1 de enero hasta el 30 de septiembre de 2021 = = 9 meses.

Si a 12 meses le corresponden 20 días de indemnización, a 9 meses le corresponden *x* días de indemnización:

x = 9 x 20 : 12 = 15 días de indemnización.

Le corresponden 240 + 15 = 255 días de indemnización.

(No se supera el límite máximo de nueve mensualidades, es decir, 270 días).

c) **La indemnización será, pues:**

46,90 €/día x 255 días = 11 959,50 €.

Nota: la indemnización legal no está sometida ni a la retención del IRPF ni a las deducciones de la Seguridad Social.

2. Suspensión del contrato de trabajo

Se entiende por **suspensión del contrato** la **interrupción temporal** de la prestación laboral y retributiva entre las partes sin que dicho contrato quede extinguido.

Cuando se produce la suspensión del contrato de trabajo (Tabla 5.4), **cesan las obligaciones** principales de ambas partes: la empresa no tiene el deber de abonar el salario a la persona trabajadora ni esta el de prestar sus servicios.

En algunos casos de suspensión, la empleada o el empleado conservan el derecho a volver a su puesto de trabajo bajo las mismas o similares condiciones cuando desaparezca la causa que motivó la interrupción.

¿SABÍAS QUE...?

Durante la **suspensión** se mantienen vigentes algunos **derechos** y **deberes** laborales, como los siguientes: el derecho a formación, el de vigilancia de la salud, el deber de no concurrencia desleal con la empresa, el de secreto, etc.

Causas	Conceptos	Efectos
Acuerdo entre las partes	Las partes interrumpen temporalmente la prestación laboral y salarial.	La empresa no paga el salario y la persona trabajadora no presta sus servicios. Las partes pactan si se reserva o no el puesto de trabajo y si el tiempo de suspensión computa o no para calcular la antigüedad.
Causas consignadas en el contrato	Las partes pactan al inicio del contrato las circunstancias que pueden originar la suspensión, circunstancias que serán válidas si no son contrarias a la ley.	La empresa no paga el salario y la persona trabajadora no realiza la prestación laboral. Las partes pactan si se reserva o no el puesto de trabajo y el tiempo de suspensión computa o no para calcular la antigüedad.
Incapacidad temporal	Se deriva de una enfermedad común o profesional, o de un accidente común o de trabajo.	Se suspende la prestación laboral y salarial hasta el alta de la persona trabajadora, que tiene reservado su puesto de trabajo. El tiempo de incapacidad computa para el cálculo de la antigüedad.
Suspensión en el embarazo, la lactancia y el nacimiento de menor	Se engloban las situaciones de riesgo por embarazo y lactancia, y los permisos por nacimiento, adopción o guarda con fines de adopción o acogimiento.	Se suspende la prestación laboral y salarial hasta la incorporación de quien tiene reservado su puesto de trabajo. El tiempo de suspensión computa a efectos de antigüedad.
Privación de libertad de la persona	Suspensión del contrato mientras no exista sentencia condenatoria.	La sentencia absolutoria obliga a la persona trabajadora a incorporarse a su puesto, mientras que si es condenatoria, la empresa puede resolver el contrato. Computa a efectos de calcular la antigüedad.
Suspensión de empleo y sueldo por razones disciplinarias	La empresa puede imponer esta sanción a la persona trabajadora si esta incumple sus obligaciones laborales.	La duración de la suspensión depende de la gravedad de la falta. El tiempo que dure la sanción disciplinaria computa para el cálculo de la antigüedad y se reserva el puesto de trabajo.
Fuerza mayor temporal	Tiene lugar cuando se produce un hecho extraordinario, normalmente un fenómeno de la naturaleza, que impide la prestación laboral.	Debe ser constatada por la autoridad laboral en un expediente tramitado al efecto. Las personas trabajadoras tienen reservado su puesto de trabajo durante este tiempo, que computa a efectos de antigüedad.
Huelga y cierre patronal	Son medidas de conflicto colectivo que suspenden el contrato de trabajo durante su desarrollo.	Las partes quedan liberadas de sus obligaciones siempre que la huelga o el cierre patronal sean legales. También existe el derecho a la reserva del puesto de trabajo y la duración de la suspensión computa para el cálculo de la antigüedad.
Trabajadora víctima de violencia de género	Si la persona trabajadora sufre esta condición, puede decidir por sí misma la suspensión de su contrato de trabajo.	Se puede suspender el contrato durante seis meses, prorrogables por decisión judicial en periodos de tres meses hasta un máximo de 18. El tiempo computa a efectos de antigüedad y se reserva el puesto de trabajo. En este caso, además, tiene derecho a la prestación de desempleo si ha cotizado lo suficiente.
Excedencia	Es una causa de suspensión del contrato que, por su amplitud y peculiaridades, se desarrolla en el epígrafe siguiente.	

Tabla 5.4. Causas de suspensión del contrato de trabajo.

1 Padre y madre, suegro y suegra, hijos e hijas, yernos y nueras.

2 Abuelos y abuelas, hermanos y hermanas, cuñados y cuñadas, nietos y nietas.

3 Bisabuelos y bisabuelas, tíos y tías, sobrinos y sobrinas, bisnietos y bisnietas.

4 Primos y primas.

Fig. 5.3. Grados de parentesco.

¿SABÍAS QUE...?

La **línea de sucesión** puede ser **directa**, personas que ascienden o descienden unas de otras (abuelos y abuelas, padre y madre, hijos e hijas, nietos y nietas...), o **colateral**, personas que proceden de un tronco común (hermanos y hermanas, tíos y tías, sobrinos y sobrinas).

Además, la línea de sucesión puede ser por **consanguinidad**, si se considera a la propia familia, y por **afinidad**, cuando alude a la familia del cónyuge o la cónyuge.

2.1. Excedencia

Constituye una causa de suspensión del contrato de trabajo (art. 46 del TRET) que presenta varias modalidades (Tabla 5.5). El parentesco de una persona respecto a otra se determina por el número de generaciones que las separa (Fig. 5.3).

Clases	Motivos	Duración	Características
Voluntaria	Necesidad de la persona trabajadora.	Entre cuatro meses y cinco años.	• Para poder solicitarla se exige un año de antigüedad en la empresa. • No computa a efectos de calcular la antigüedad. • No se reserva el puesto de trabajo, pero existe derecho preferente a la incorporación. • Puede volver a solicitarse una vez transcurridos cuatro años desde la anterior excedencia.
Forzosa	Elección para un cargo público representativo que impida la asistencia al trabajo.	Durante el ejercicio del cargo público.	• Computa para el cálculo de la antigüedad. • Se reserva el puesto de trabajo.
Cuidado de hijos e hijas	Nacimiento, adopción o guarda con fines de adopción o acogimiento permanente de un hijo o hija.	Tres años desde el nacimiento, la guarda, la adopción o el acogimiento.	• Se reserva el mismo puesto de trabajo durante el primer año; el segundo y el tercero, la persona trabajadora tiene derecho a ocupar un puesto del mismo grupo profesional. • Computa a efectos de calcular la antigüedad.
Cuidado de un familiar	Asistencia a un familiar de hasta segundo grado de afinidad o consanguinidad que no pueda valerse sin ayuda y que no desempeñe una actividad retribuida.	Hasta dos años.	• Computa para el cálculo de la antigüedad. • Durante el primer año se reserva el puesto de trabajo, mientras que durante el segundo la persona trabajadora tiene derecho a ocupar un puesto del mismo grupo profesional.

Tabla 5.5. Clases de excedencias.

PONTE A PRUEBA 1. Modalidades de excedencia

Analiza las siguientes situaciones laborales y explica cómo afectarán al contrato de cada persona trabajadora.

a) Domingo ha pedido una excedencia de cinco meses para cuidar a su padre, que ha sufrido un accidente y depende de él.

b) Eva acaba de entregar el parte de baja por una incapacidad temporal derivada de la operación a la que ha sido sometida como consecuencia de una enfermedad común.

c) Amparo ha solicitado una suspensión de su contrato durante ocho meses alegando que es víctima de violencia de género.

Para resolver el reto propuesto, tienes que repasar los contenidos tratados de esta unidad y los artículos 45 y 46 del Estatutos de los Trabajadores, que puedes encontrar en la siguiente página web: **http://bit.ly/38tefrF**.

ACTIVIDADES

2. Identifica qué tipo de excedencia se puede solicitar en cada uno de estos casos:

a) Juan Carlos pide tres meses para el cuidado de su madre, gravemente enferma.

b) Alba precisa de un año sin trabajo para cursar un máster.

c) Isaac solicita un año para cuidar a su hija recién nacida.

d) Isabel gana las elecciones municipales y es nombrada alcaldesa de su localidad.

3. Extinción del contrato de trabajo

La **extinción del contrato** de trabajo supone la **finalización de la relación laboral entre la empresa y la persona trabajadora**, de forma que desaparecen definitivamente las obligaciones de ambas partes.

Las **causas** de la extinción del contrato de trabajo se muestran en la Tabla 5.6.

Por voluntad conjunta de ambas partes	Acuerdo entre las partes.
	Causas consignadas válidamente en el contrato.
	Expiración del tiempo convenido o del servicio objeto del contrato.
Por voluntad de la persona trabajadora	Dimisión de la persona trabajadora.
	Abandono.
	Causas justas y cualquier incumplimiento grave de las obligaciones de la empresa, salvo los casos de fuerza mayor.
Por voluntad de la empresa	Despido colectivo y por fuerza mayor.
	Causas objetivas.
	Despido disciplinario por incumplimiento grave y culpable de la persona trabajadora.
Por otras causas	Muerte, incapacidad o jubilación de la persona trabajadora.
	Muerte, incapacidad o jubilación del empresario o empresaria.
	Extinción de la personalidad jurídica de la empresa.
	Trabajadora víctima de violencia de género.

Tabla 5.6. Causas de extinción del contrato de trabajo.

Cuando termina una relación laboral, la empresa debe comunicar a la persona trabajadora la denuncia del contrato, en ciertos casos preaviso, y está obligada a entregarle una propuesta de liquidación de las cantidades adeudadas: el documento conocido como finiquito (Tabla 5.7).

Una vez que el empleado o empleada ha firmado el finiquito (puede solicitar para este acto la presencia de un representante o una representante del personal), se produce la extinción definitiva del contrato.

3.1. Extinción por voluntad conjunta de ambas partes

Esta causa de extinción supone la finalización de la relación laboral entre la empresa y la persona trabajadora mediante la simple aceptación de ambas partes. Engloba tres situaciones diferentes:

- **Acuerdo entre las partes** con petición de baja por parte del empleado o empleada y aceptación de la empresa. En este caso, la persona trabajadora no tiene derecho a indemnización ni a percibir la prestación por desempleo.
- **Expiración del tiempo convenido o finalización de la obra o servicio objeto del contrato.** Si el contrato tiene una duración superior a un año, la parte que formule la denuncia está obligada a notificar a la otra parte la extinción con una antelación mínima de quince días, salvo que el convenio colectivo disponga algo diferente.
- **Causas válidamente consignadas en el contrato,** salvo que constituyan un abuso de derecho por parte de la empresa.

? ¿SABÍAS QUE...?

Mediante el convenio colectivo o un acuerdo alcanzado durante el periodo de consultas en la **tramitación del expediente regulador de empleo,** se pueden establecer prioridades de permanencia en la empresa a favor de personas trabajadoras como personal con cargas familiares, mayores de determinada edad o personas con discapacidad.

Finiquito	
Conceptos	Días del mes trabajados.
	Pagas extraordinarias.
	Vacaciones no disfrutadas.
	Indemnizaciones, en su caso.
	Preaviso incumplido.
Cotización	A la Seguridad Social.
Retenciones	IRPF.
Las indemnizaciones no tienen retención si no superan los límites establecidos legalmente.	

Tabla 5.7. Contenido del finiquito.

VOCABULARIO

Finiquito. Documento que recibe la persona trabajadora al finalizar la relación laboral, independientemente del motivo de la extinción del contrato. Mediante el finiquito, se abonan a la persona trabajadora las cantidades devengadas que le corresponden y quedan así saldadas sus obligaciones para con la empresa, y viceversa.

CASO PRÁCTICO 4. Extinción del contrato por finalización de este

Nicolás Pereira ha trabajado para la empresa Cos S. L. dedicada a la construcción de polígonos industriales, con un contrato temporal por obra o servicio desde el 1 de enero de 2020 hasta el 31 de diciembre de 2021.

Este último día, la empresa le comunicó por carta que desde ese momento dejaría de prestar servicios a la entidad, al haber terminado la obra para la que fue contratado.

Sus datos salariales son los siguientes:

- Salario base: 1100 €.
- Dos pagas extraordinarias de 1100 € cada una y devengo anual.
- No ha disfrutado de vacaciones durante el año 2021.

Calcula el finiquito que le corresponde al trabajador al finalizar su contrato.

Solución:

- **Salario de diciembre:** 1100 €.
- **Parte proporcional de pagas extras:**
  - – Paga extra de diciembre: 1100 €.
  - – Paga extra de junio: 1100 € : 365 días x 181 = 545,48 €.
- **Parte proporcional de vacaciones:**
  Se abonan los 30 días de vacaciones porque durante el año en que Nicolás deja la empresa no ha disfrutado de vacaciones: 1100 €.
- **Indemnización por finalización del contrato:**
  Al trabajador le corresponden 12 días de salario por cada año de trabajo, ya que su contrato se celebró en 2020; por lo tanto, le pertenecen 24 días de indemnización (12 días x 2 años = = 24 días).
  Para calcular el salario/día del trabajador se consideran todos los conceptos que tienen carácter salarial, es decir:
  - – Salario/mes: 1100 €.
  - – Prorrata de pagas extras/mes: 1100 x 2 : 12 = 183,33 €.
  - – Total mes: 1283,33 €.
  - – Salario/día: 1283,33 x 12 : 365 = 42,19 €/día.
  - – 42,19 € x 24 días = 1012,56 €.
- **Preaviso incumplido:**
  La empresa debe abonar al trabajador el importe correspondiente a quince días de salario en concepto de preaviso incumplido, puesto que ha estado en la empresa más de un año: 42,19 €/día x 15 días = 632,85 €.
- **Liquidación total:**
  - – Salario/mes: 1100 €.
  - – Pagas extras: 1100 + 545,48 = 1645,48 €.
  - – Vacaciones no disfrutadas: 1100 €.
  - – Indemnización: 1012,56 €.
  - – Preaviso incumplido: 632,85 €.

  Hay que practicar el descuento del IRPF sobre las cantidades del salario del mes y las vacaciones, así como sobre la correspondiente al preaviso incumplido.

  Hay que aplicar la deducción de la Seguridad Social a las cantidades adeudadas por el salario del mes y las vacaciones.

ACTIVIDADES

3. Una trabajadora ha recibido una carta en la que se le comunica la suspensión de empleo y sueldo durante tres días por haber cometido una falta.

¿La trabajadora puede tener en cuenta este tiempo para el cálculo de su antigüedad?

4. Un trabajador presta sus servicios en la empresa Cesta S. A. desde el 1 de febrero de 2021. El día 15 de noviembre comunica por escrito a la dirección de la entidad su voluntad de no continuar la relación laboral tras finalizar la jornada del día 30 de ese mes. ¿Es correcto el plazo de preaviso?

3.2. Extinción por voluntad de la persona trabajadora

La persona trabajadora puede extinguir por iniciativa propia el contrato en los **casos** que se incluyen en la Tabla 5.8.

Casos	Causas	Efectos	Forma
Dimisión	Permite a la persona trabajadora extinguir su contrato sin una causa que lo justifique.	• Finiquito: sí. • Indemnización: no. • Prestación por desempleo: no.	• Verbalmente o por escrito, con quince días, o el tiempo que establezca el convenio, de antelación. • En la práctica se hace por escrito.
Abandono	La persona trabajadora deja de asistir a su trabajo de manera continuada y sin avisar a la empresa.	• Finiquito: sí. • Indemnización: no. • Prestación por desempleo: no. • La empresa puede exigir responsabilidades a la persona trabajadora por los daños causados.	• Actuación: dejar de asistir al trabajo de forma continuada y sin aviso previo. • La jurisprudencia exige que el abandono sea claro y no deje dudas sobre la intención de la persona trabajadora.
Incumplimiento de las obligaciones de la empresa	Los incumplimientos graves de la empresa pueden llevar a la persona trabajadora a decidir la extinción de su contrato (artículo 50 del ET). Por ejemplo, por falta de pago o por retrasos continuados, persistentes y relevantes en el abono del salario, o por cualquier otro incumplimiento grave.	• Finiquito: sí. • Indemnización: sí (33 días de salario por cada año de servicio, con un tope máximo de 24 mensualidades de salario). • Prestación por desempleo: sí.	La persona trabajadora debe solicitar la extinción del contrato judicialmente y esperar a la sentencia, salvo que la permanencia en la empresa le cause un daño patrimonial o una pérdida de opciones profesionales. En estos casos, se puede optar por comunicar a la empresa que extingue el contrato, dejar de asistir al trabajo y solicitar judicialmente la indemnización.

Tabla 5.8. Extinción del contrato por voluntad de la persona trabajadora.

3.3. Extinción por voluntad de la empresa

El Estatuto de los Trabajadores contempla una serie de incumplimientos graves por parte de la persona trabajadora y una serie de situaciones referidas a la actividad empresarial, que pueden justificar la extinción del contrato a instancia de la empresa. Estos supuestos se estudian a continuación.

A. Despido colectivo

La **extinción** de los contratos de trabajo de un **grupo de personas trabajadoras** (Tabla 5.9) debe fundamentarse en **motivos económicos, técnicos, organizativos o de producción,** o bien en causas derivadas de una fuerza mayor que imposibiliten la continuidad de la empresa.

Un despido colectivo se debe realizar bajo la forma jurídica de expediente de regulación de empleo (ERE) (Fig. 5.4), abonando una indemnización de 20 días de salario por cada año de servicio con un límite de doce mensualidades. Las causas del despido colectivo son las siguientes:

- **Causas económicas,** cuando de los resultados de la empresa se desprenda una situación económica negativa o la disminución persistente de su nivel de ingresos ordinarios o ventas. Se entiende que la disminución es persistente si, durante tres trimestres consecutivos, el nivel de ingresos ordinarios o ventas de cada trimestre es inferior al registrado en el mismo trimestre del año anterior.
- **Causas técnicas,** cuando se produzcan cambios, entre otros, en el ámbito de los medios o instrumentos de producción.
- **Causas organizativas,** cuando se den cambios, entre otros, en el ámbito de los sistemas y métodos de trabajo del personal o en el modo de organizar la producción.
- **Causas productivas,** cuando se originen cambios, entre otros, en la demanda de los productos o servicios que la empresa pretende colocar en el mercado.

Despido colectivo	
Plantilla	Número de personas trabajadoras
De menos de 100 personas	Mínimo: 10
De entre 100 y 300 personas	Mínimo: 10 %
De 301 personas o más	Mínimo: 30

Tabla 5.9. Límites para considerar colectivo un despido.

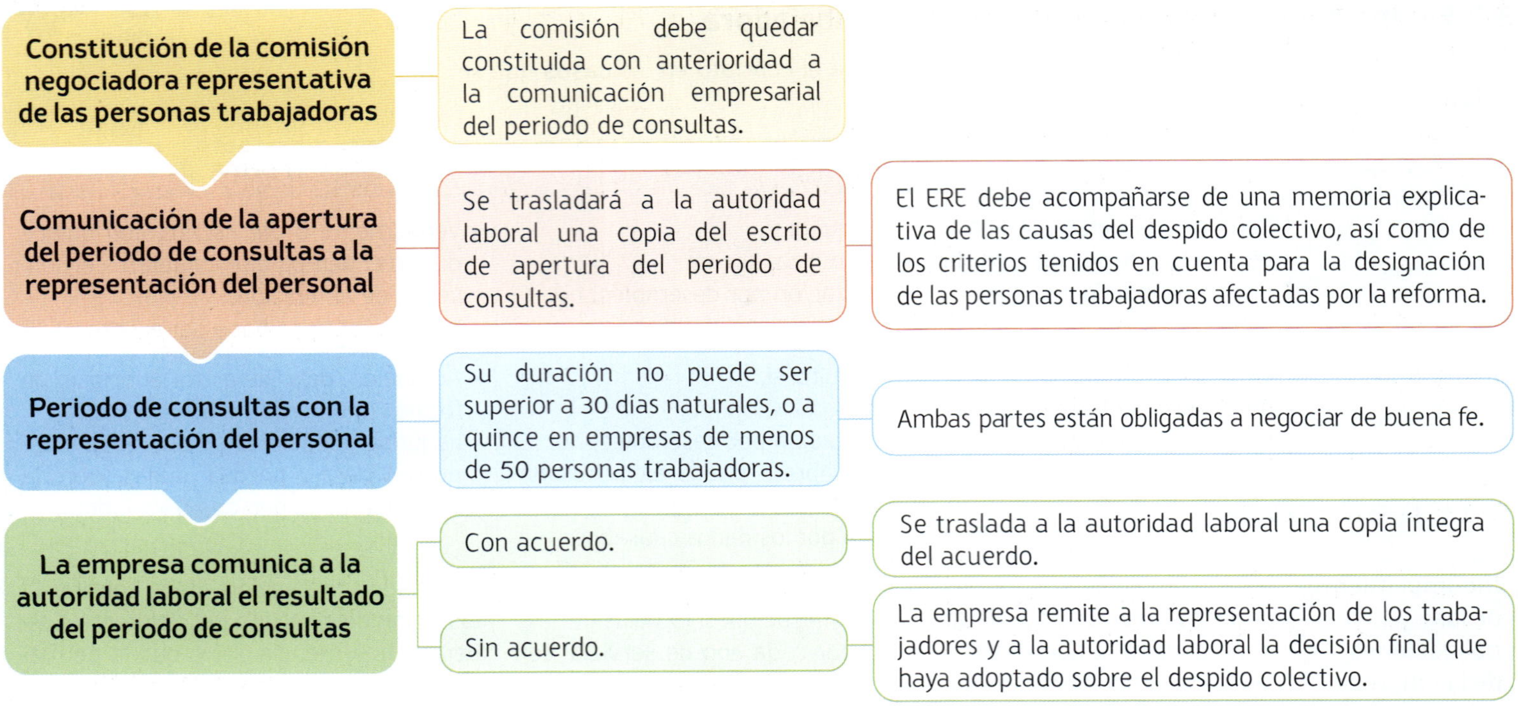

Fig. 5.4. Tramitación del expediente de regulación de empleo.

B. Extinción por causas objetivas

La extinción del contrato por causas objetivas se puede producir cuando concurren **circunstancias ajenas a la voluntad de la persona trabajadora y la empresa** (Tabla 5.10).

Causas	Características
Ineptitud de la persona trabajadora	• Debe ser conocida o sobrevenida después de su colocación efectiva en la empresa. Si se tiene constancia de la ineptitud durante el periodo de prueba, no se puede alegar como causa posteriormente. • La jurisprudencia admite tanto la ineptitud física como la psíquica.
Falta de adaptación de la persona trabajadora a las modificaciones técnicas	• La empresa debe ofrecer a la empleada o el empleado un curso dirigido a facilitar la adaptación a las modificaciones operadas en su puesto de trabajo. • La extinción no puede acordarse hasta que hayan transcurrido, como mínimo, dos meses desde que se introdujo la modificación o desde que finalizó la formación dirigida a la adaptación.
Amortizaciones de puestos de trabajo	• Tienen que concurrir causas económicas, técnicas, organizativas o de producción. Son las mismas que las del despido colectivo. • El número de puestos que se amortizan en la empresa ha de ser inferior al establecido para el despido colectivo.
Insuficiencia de consignación presupuestaria o extrapresupuestaria anual	• La entidad puede rescindir los contratos cuando no reciba de las Administraciones públicas las cantidades destinadas a la ejecución de planes y programas públicos determinados que no tengan dotación económica estable y que estuvieran siendo financiados por dichas Administraciones. • La empresa debe ser una entidad sin ánimo de lucro y puede extinguir los contratos que tuviera concertados por tiempo indefinido.

Tabla 5.10. Causas de extinción objetiva.

CASO PRÁCTICO 5. Extinción por ineptitud

A una conductora de autobuses, la Jefatura de Tráfico le ha retirado el permiso de conducir por actuar bajo los efectos de alcohol. Y su empresa le ha comunicado la extinción del contrato por pérdida de capacidad para prestar sus servicios.

a) ¿Se puede rescindir este contrato por causas objetivas?

b) ¿Con cuánto tiempo debe avisar a la trabajadora?

c) ¿Qué indemnización le corresponde a esta?

Solución:

a) Sí, por la pérdida de capacidad para realizar el trabajo.

b) Quince días antes de la fecha de efecto del despido.

c) Una indemnización de 20 días de salario por cada año de servicio con un tope de doce mensualidades.

Cuando una empresa decide extinguir un contrato por **causas objetivas** debe cumplir los requisitos que se indican en la Tabla 5.11.

Comunicación	Por escrito, aclarando la causa y la fecha de efecto del despido.
Indemnización	Veinte días de salario por cada año de servicio, con un límite de doce mensualidades.
Preaviso	Quince días, contados desde la entrega de la comunicación.
Licencia	Seis horas semanales retribuidas para buscar nuevo empleo.
Recurso	La persona trabajadora puede recurrir contra la decisión de extinción del mismo modo que si se tratara de un despido disciplinario.

Tabla 5.11. Requisitos para extinguir un contrato por causas objetivas.

C. Despido disciplinario

El contrato de trabajo puede extinguirse por decisión de la empresa mediante el despido basado en un **incumplimiento grave y culpable de la persona trabajadora.** Las causas y el procedimiento de este tipo de despido aparecen en la Tabla 5.12.

Causas del despido disciplinario
Las **faltas repetidas e injustificadas** de asistencia al trabajo o puntualidad.
La **indisciplina o desobediencia** en la prestación del servicio.
Las **ofensas verbales o físicas** al empresario o empresaria o a las personas que trabajan en la empresa, así como a los familiares que convivan con ellos o ellas.
La **transgresión de la buena fe contractual** y el abuso de confianza en el desempeño del trabajo.
La **disminución continuada y voluntaria en el rendimiento** del trabajo normal o pactado.
La **embriaguez habitual o toxicomanía**, si repercuten negativamente en la actividad.
El **acoso** por razón de origen racial o étnico, de religión, convicciones, discapacidad, edad u orientación sexual, y el acoso sexual o por razón de sexo al empresario o empresaria o a las personas que trabajan en la empresa.
Procedimiento del despido disciplinario
La notificación del despido debe realizarse por escrito; este documento, para el que la ley no establece un modelo oficial, se denomina **carta de despido** y presenta como mínimo, el contenido siguiente: • Indicación de la decisión de despedir y descripción detallada de los **hechos** que motivan dicha decisión. • **Fecha en la que tendrá efecto** el despido. No es necesario ningún preaviso.

Tabla 5.12. Causas y procedimiento del despido disciplinario.

ODS

Naciones Unidas impulsa un crecimiento económico inclusivo y sostenido que permita crear empleos decentes.

Por su parte, la legislación debe contribuir, regulando **la modificación, suspensión y extinción de los contratos,** a mejorar el nivel de vida de las personas y a afianzar un sistema de relaciones laborales que incluya garantías en la finalización de las mismas como forma de lograr la paz social.

8 TRABAJO DECENTE Y CRECIMIENTO ECONÓMICO

16 PAZ, JUSTICIA E INSTITUCIONES SÓLIDAS

IMPORTANTE

Los **convenios colectivos** suelen tipificar las infracciones graves que pueden dar lugar a una sanción disciplinaria y señalan el número de faltas que pueden justificar un despido; si no lo especifican, serán los **tribunales** los que decidan en función de la gravedad de los hechos.

PONTE A PRUEBA 2. Indemnización por extinción de contrato

Clemente trabaja para una empresa forestal desde hace doce años, está incluido en el grupo profesional de personal capataz forestal y percibe un salario anual de 28 900 €. El 25 de septiembre de 2021 la compañía le comunica que, por razones económicas, su contrato va a ser rescindido el día 30 del mismo mes. Este ejercicio te propone el reto de calcular las cantidades que se le adeudan al trabajador en concepto de indemnización por la extinción de su contrato. Además, te invita a averiguar si la empresa ha cumplido o no la obligación de preavisar de forma adecuada a Clemente.

Para resolver el reto, te proponemos que consultes los contenidos explicados en esta unidad y que investigues en el artículo 53 del Estatuto de los Trabajadores, que puedes localizar en el siguiente enlace: **https://bit.ly/3lN7Jj4**.

4. Causas de extinción del contrato

Además de las causas citadas de extinción del contrato y de despido, imputables a la voluntad de las partes, existen otras causas (Tabla 5.13).

Muerte, jubilación o incapacidad del empresario o empresaria	La persona trabajadora tiene derecho al abono de una cantidad equivalente a un mes de salario. Para que proceda la indemnización será necesario que la empresa no continúe su actividad y se pueda justificar la finalización de los contratos de trabajo. En el supuesto de que se produzca una sucesión en la empresa no procederá la indemnización porque los contratos no se extinguen.
Extinción de la personalidad jurídica de la empresa	Esta causa hace referencia a la disolución de sociedades. La extinción de los contratos deber someterse al procedimiento de extinción regulado en el artículo 51 del ET para los despidos colectivos, y la persona trabajadora tiene derecho a percibir una indemnización consistente en el abono de 20 días de salario por cada año de servicio, prorrateándose por meses los periodos de tiempo inferiores al año, con un máximo de doce mensualidades. El empleado o empleada queda en situación legal de desempleo.
Víctima de violencia de género	La condición de víctima de violencia de género debe acreditarse con una orden de protección a favor de la víctima que expida el juzgado, o con un informe del Ministerio Fiscal indicando que existen indicios de tal condición.

Tabla 5.13. Otras causas de extinción del contrato de trabajo.

4.1. Impugnación del despido

Si la persona trabajadora a la que se le notifica el despido **no está de acuerdo** con las causas alegadas en la comunicación, puede impugnarlo (Fig. 5.5). Para ello debe presentar obligatoriamente una **papeleta de conciliación** en el plazo de 20 días hábiles, a contar desde el día siguiente a la fecha del despido, ante el Servicio de Mediación, Arbitraje y Conciliación de la comunidad autónoma correspondiente. Se exceptúan los casos de impugnación de un despido colectivo por parte de la representación de la plantilla.

A. El acto de conciliación

La autoridad laboral citará a las partes dentro de los quince días siguientes a la presentación de la papeleta, señalando la fecha y la hora en que tendrá lugar el acto de conciliación. En dicho acto se invita a los interesados a ponerse de acuerdo. **Si no hay acuerdo**, queda abierta la vía para recurrir en el Juzgado de lo Social y, **si hay acuerdo**, se termina el conflicto entre las partes.

B. Demanda ante el Juzgado de lo Social

Una vez celebrado o intentado el acto de conciliación y resuelto sin pacto entre las partes, la persona trabajadora debe presentar la demanda ante el Juzgado de lo Social, aportando el acta con el resultado del intento de acuerdo, en un plazo de **20 días hábiles**, contados desde que el despido es efectivo. Al tratarse de un plazo de caducidad, se suspende durante un periodo máximo de quince días con la presentación de la papeleta de conciliación hasta que este acto se celebra, debiendo presentarse la demanda ante el Juzgado antes de que concluyan los días restantes del plazo. Una vez transcurrido este íntegramente, se pierde el derecho a ejercer acción alguna.

ACTIVIDADES

5. Indica qué tipo de situación relacionada con el contrato se ha producido en cada una de las siguientes circunstancias:

a) Un empleado que desempeña funciones de administrativo en una empresa recibe una oferta de trabajo para llevar la contabilidad de otra compañía, que va a duplicar su salario, por lo que solicita una excedencia en la empresa actual.

b) Un empleado de la construcción que desarrolla su actividad en un rascacielos decide extinguir el contrato ante la falta de medidas de seguridad en el desempeño de su trabajo.

c) Una trabajadora es despedida por hablar mal de su empresa y desviar clientes a otra entidad del mismo ámbito profesional.

6. Consulta el convenio colectivo aplicable a tu sector e indica qué acciones de la persona trabajadora son consideradas faltas graves y muy graves para fundamentar un despido disciplinario.

C. Sentencia

El juez debe dictar sentencia y declarar el despido procedente, improcedente o nulo. Las causas y consecuencias de la misma aparecen en la Tabla 5.14.

Sentencia de despido		
Procedente	Causas	• Han sido probadas las causas alegadas por la empresa. • El despido ha cumplido las formalidades legales.
	Consecuencias	**Despido disciplinario:** no se tiene derecho a indemnización.
		Despido colectivo u objetivo: las personas cobran 20 días de salario por año trabajado con un tope de doce mensualidades.
Improcedente	Causas	• No han sido probadas las causas alegadas por la empresa. • No se ha cumplido el procedimiento para la tramitación del despido objetivo o disciplinario.
	Consecuencias	La empresa puede optar, en el plazo de cinco días desde la notificación de la sentencia, entre: • La readmisión de la persona trabajadora con abono de los salarios de tramitación. • El pago de una indemnización de 33 días de salario por cada año trabajado, con un máximo de 24 mensualidades, prorrateándose por meses las fracciones inferiores al año. • La elección entre la readmisión o la indemnización corresponde a la persona trabajadora solo si es representante del personal.
Nulo	Causas	• Violación de los derechos fundamentales y las libertades públicas de la persona trabajadora. • Despido de mujeres víctimas de violencia de género. • Despido de personas trabajadoras durante los periodos de suspensión del contrato de trabajo por nacimiento, adopción, guarda con fines de adopción, acogimiento, riesgo durante el embarazo o riesgo durante la lactancia natural. • Despido de personas trabajadoras por reducción de jornada por cuidado de hijos prematuros o por razones de guarda legal de menor de doce años o persona con discapacidad. • Despido colectivo realizado con fraude de ley, si se incumplen las formalidades durante el periodo de consultas o no se respeta la prioridad de permanencia de las personas trabajadoras en la empresa.
	Consecuencias	Readmisión obligatoria de la persona trabajadora y abono de los salarios de tramitación, es decir, de los salarios no percibidos desde la fecha del despido hasta la fecha de readmisión.

Tabla 5.14. Causas y consecuencias de la calificación jurídica del despido por resolución judicial.

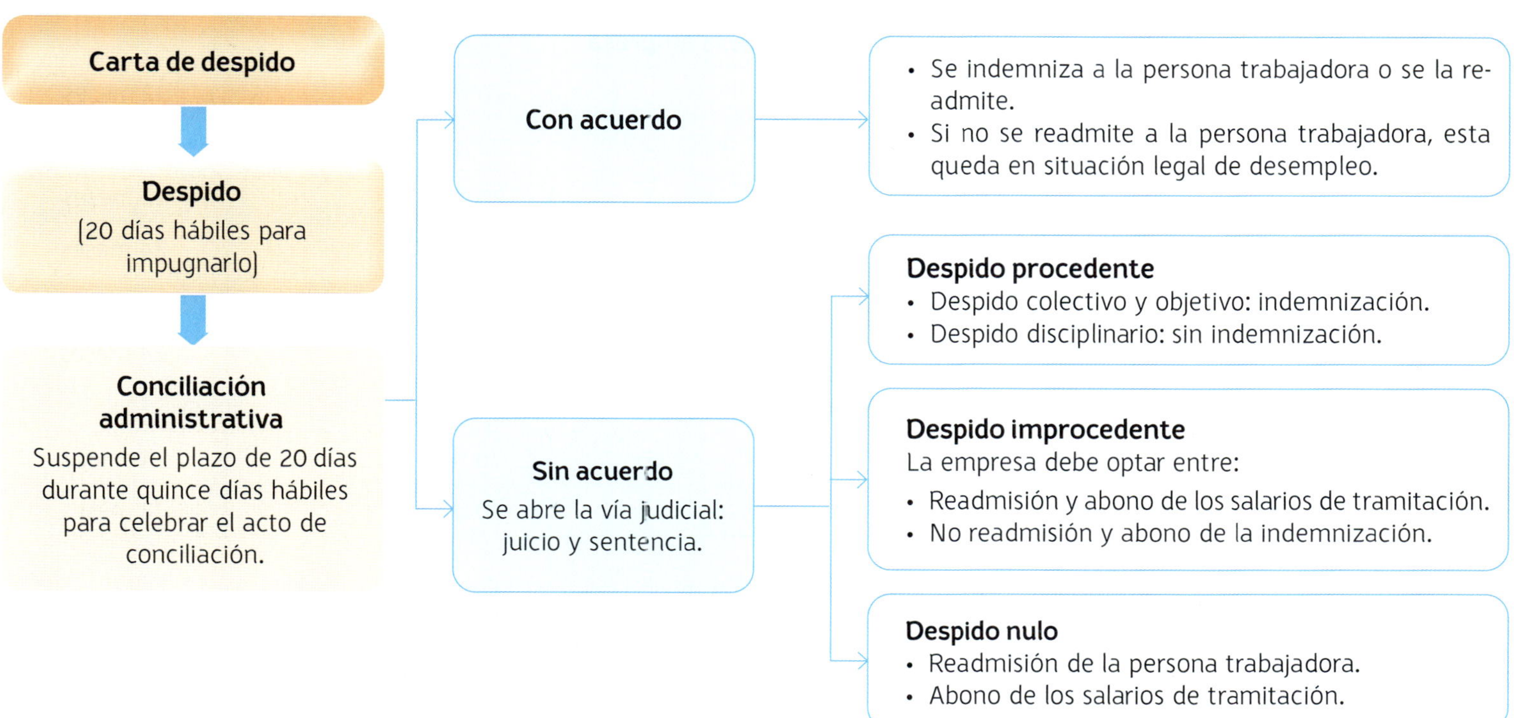

Fig. 5.5. Trámites al impugnar un despido.

¿SABÍAS QUE...?

Para probar que la **carta de notificación del despido** ha llegado a manos de la persona trabajadora, la empresa puede utilizar los medios que considere oportunos, como, por ejemplo, la entrega por duplicado, mediante certificado con acuse de recibo o un telegrama con comunicación de entrega, un burofax, una notificación notarial o cualquier otra forma en la que quede constancia de la recepción.

D. Régimen transitorio de las indemnizaciones por despido

La **indemnización por despido improcedente** de los contratos formalizados antes de la entrada en vigor del Real Decreto Ley 3/2012 (hasta el 11 de febrero de 2012) se calcula de la siguiente manera:

- Se indemniza a la persona trabajadora con la cantidad correspondiente a **45 días** de salario por cada año de servicio, prorrateándose por meses los periodos inferiores al año, por el tiempo trabajado desde la firma del contrato hasta el 11 de febrero de 2012.
- Por el tiempo de servicios comprendido entre el 12 de febrero de 2012 hasta la extinción del contrato, se la indemniza con el equivalente a **33 días** de salario por cada año, prorrateándose por meses los periodos de tiempo inferiores al año.

El importe indemnizatorio resultante **no puede exceder de 720 días de salario,** salvo que en el cálculo de la indemnización correspondiente al periodo de trabajo anterior a la entrada en vigor del citado Real Decreto Ley resulte un número de días superior. De ser así, se aplicará este último número de días como indemnización, que no puede ser superior, en ningún caso, a 42 mensualidades (1260 días).

Indemnizaciones por extinción del contrato de trabajo			
Causa de la indemnización		Días de salario por año de servicio[1, 3]	Máximo de mensualidades
Por voluntad conjunta de la empresa y de la persona trabajadora			
Acuerdo entre las partes.		Sin indemnización, salvo que se pacte entre las partes.	No hay.
Extinción del contrato por obra o servicio determinados y del eventual por expiración del tiempo convenido.		12 días[4]	Sin límite
Por voluntad de la persona trabajadora			
Dimisión o abandono.		Sin indemnización	9 meses
Por alteración del horario, la jornada o los turnos.		20 días	12 meses
Por traslado del centro de trabajo que implique cambio de residencia.		20 días	24 meses
Por incumplimientos graves de la empresa.		33 días	
Por voluntad de la empresa			
Despido colectivo	Procedente	20 días	12 meses
	Improcedente	33 días	24 meses
Despido por causas objetivas	Procedente	20 días	12 meses
	Improcedente	33 días	24 meses
Despido disciplinario	Procedente	--	No hay.
	Improcedente	33 días	24 meses
Por otras causas[2]			
Muerte, incapacidad o jubilación del empresario o empresaria.		Un mes	No hay.
Extinción de la personalidad jurídica de la empresa.		20 días	12 meses

1. Las indemnizaciones de los periodos inferiores al año se prorratean por meses.
2. Todas las indemnizaciones mínimas son ampliables por el convenio colectivo o por voluntad unilateral de la empresa.
3. El salario que se considera en el cálculo de las indemnizaciones en los casos de reducción de jornada por cuidado de lactantes, guarda legal de un menor o una menor de doce años o una persona con diversidad funcional, cuidado de hijos o hijas prematuros mientras permanecen hospitalizados, o cuidado de hijos o hijas con cáncer o gravemente enfermos, será el que hubiera correspondido a la persona trabajadora sin considerar dicha reducción de jornada.
4. Doce días de salario por cada año trabajado o la parte proporcional que corresponda.

Tabla 5.15. Resumen de indemnizaciones por extinción del contrato de trabajo.

CASO PRÁCTICO 6. Cálculo de un finiquito

Un trabajador ha sufrido un despido, disciplinario improcedente, y la empresa ha decidido indemnizarlo. Sus datos laborales son los siguientes:

- Fecha de alta: 1 de enero de 2008.
- Fecha de baja: 31 de diciembre de 2021.
- Salario base: 1248 €.
- Antigüedad: 125 €.
- Plus de peligrosidad: 200 €.
- Plus de transporte: 90 €.
- Percibe dos pagas extras de devengo semestral por un importe igual al salario base más la antigüedad.
- Ha disfrutado de 25 días de vacaciones en el año 2021.

Calcula la liquidación que debería abonar la empresa a este trabajador.

Solución:

Al trabajador le correspondería la siguiente liquidación:

1. **La empresa debe abonarle la retribución correspondiente al mes de diciembre**

   Salario del mes: 1248 + 125 + 200 + 90 = 1663 € brutos.

   Hay que calcular la nómina correspondiente con el procedimiento estudiado en la Unidad 4.

2. **Parte proporcional de pagas extraordinarias**

   Paga extra de Navidad: 1373 € (recibe la paga íntegra porque el fin de su contrato coincide con el periodo completo de devengo, que es un semestre).

   Esta cantidad tributa por el IRPF.

3. **Liquidación de vacaciones**

   Días de vacaciones no disfrutadas en 2021: le deben cinco días, porque ha trabajado el año completo y solo ha disfrutado de 25 días (30 – 25 = 5 días que hay que abonar).

   Salario de vacaciones: 1248 + 125 = 1373 : 30 días = = 45,77 €/día x 5 días = 228,85 €. Esta cantidad tributa por el IRPF y cotiza a la Seguridad Social.

4. **Indemnización**

   El trabajador ha trabajado en la empresa desde el año 2008, por lo que se le aplicará el régimen transitorio de las indemnizaciones por despido disciplinario.

   Salario diario: salario anual : 365.

Salario anual: 1248 + 125 + 200 = 1573 x 12 = 18 876 + 2746 € de pagas extras (1373 x 2) = 21 622 €.

Salario diario: 21 622 : 365 = 59,24 €/día.

Antigüedad del trabajador en la empresa. Se calculan dos tramos:

a) Del 1 de enero de 2008 al 11 de febrero de 2012 = 4 años y 2 meses.

b) Del 12 de febrero de 2012 al 31 de diciembre de 2021 = = 9 años y 11 meses.

Tramo *a)*. La indemnización es de 45 días de salario por cada año de servicio.

59,24 € x 45 días = 2665,80 € x 4 años = 10 663,20 €.

Por los 2 meses restantes: 2665,80 € : 12 x 2 meses = 444,30 €.

Total: 10 663,20 + 444,30 = 11 107,50 €.

Tramo *b)*. La indemnización es de 33 días de salario por cada año de servicio.

59,24 € x 33 días = 1954,92 € x 9 años = 17 594,28 €.

Por los 11 meses restantes: 1954,92 € : 12 x 11 meses = 1792,01 €.

Total: 17 594,28 + 1792,01 = 19 386,29 €.

Total de la indemnización: 11 107,50 + 19 386,29 = 30 493,79 €.

Comprobación del tope fijado por ley.

- Primer tramo: 45 días x 4 años = 180 días.
- Por 2 meses: 2 x 45 : 12 = 7,5 días.

Total de días de indemnización por el primer tramo:

180 + 7,5 = 187,50 días.

- Segundo tramo: 33 días x 9 años = 297 días.
- Por 11 meses: 11 x 33 : 12 = 30,25 días.

Total de días de indemnización por el segundo tramo:

297 + 30,25 = 327,25 días.

Total de días de indemnización para este trabajador = = 187,50 + 327,25 = 514,75 días.

Como el máximo fijado por el ET es de 720 días, al trabajador le corresponde la cantidad calculada, ya que no llega al tope establecido por la ley. La indemnización está exenta de tributación por el IRPF, al ajustarse al tope marcado legalmente y haber sido declarada judicialmente la improcedencia del despido.

PIENSA Y RESUELVE

7. Formas parte del equipo de dirección de una empresa de consumibles informáticos y tienes los siguientes problemas con algunos empleados:

   a) Un trabajador de planta ha faltado al trabajo dos días consecutivos de manera justificada.

   b) Una trabajadora, encargada del departamento de atención, reclamaciones e incidencias, no quiere aceptar la propuesta de traslado definitivo al nuevo centro que se abrirá en una ciudad situada a 100 km del lugar de trabajo actual.

   c) Un trabajador pide una excedencia para cuidar a su hijo durante dos años.

   ¿A cuál de todas estas personas trabajadoras despedirías? Analiza las situaciones desde una perspectiva legal y busca un enfoque creativo para llegar a un acuerdo sin despido.

ACTIVIDADES DE SÍNTESIS

1. Ordena los tipos de extinción de contrato que se proponen emparejando cada modalidad extintiva con la indemnización correspondiente.

33 días de salario por año de servicio. Tope: 24 mensualidades.

Despido disciplinario improcedente

20 días de salario por año de servicio. Tope: 12 mensualidades.

Movilidad geográfica temporal

Movilidad geográfica definitiva

Modificación sustancial de las condiciones de trabajo

Despido colectivo procedente

20 días de salario por año de servicio. Tope: 12 mensualidades.

Obligatoria. No conlleva indemnización.

20 días de salario por año de servicio. Tope: 9 mensualidades.

2. Completa en el cuaderno una tabla como la que se ofrece encuadrando cada uno de los siguientes conceptos en el grupo que corresponda: *excedencia, traslado, disminución del rendimiento, ineptitud, acoso, huelga, incapacidad temporal, desplazamiento, preaviso de 30 días, abuso de confianza, falta de consignación presupuestaria, suspensión de empleo y sueldo, falta de adaptación a modificaciones técnicas, embriaguez habitual o toxicomanía.*

Movilidad geográfica	
Suspensión del contrato	
Extinción objetiva	
Despido disciplinario	

INVESTIGACIÓN

Palabras clave para la búsqueda de información: *movilidad funcional, movilidad geográfica, modificación sustancial, suspensión, excedencia, despido.*

3. Agustín Rodríguez sufrió una enfermedad común que lo mantuvo en una situación de incapacidad temporal durante cinco meses. Tras su reincorporación, la empresa le comunicó el despido disciplinario. En la carta de despido se alegaba que el empleado había reducido su rendimiento, por lo que pensaban que el despido era procedente; sin embargo, Agustín considera que su despido es nulo por discriminatorio.

   Algunas personas trabajadoras que sufren incapacidades temporales ven cómo las empresas extinguen sus contratos al considerar que no rinden lo suficiente tras su reincorporación. Consulta el siguiente enlace e indica qué circunstancias se tienen que dar para que pueda considerarse el despido nulo por discriminatorio:

   - **https://bit.ly/3j1AgQc**.

4. Las empresas pueden llevar a cabo traslados cuando existan razones económicas, técnicas, organizativas y productivas. La movilidad geográfica definitiva tiene que implicar un cambio de residencia de las personas trabajadoras.

   Para resolver esta actividad tienes que consultar el artículo 40 del Estatuto de los Trabajadores y señala si en él se explica qué se considera cambio de residencia. Para ello, puedes usar el siguiente enlace:

   - **https://bit.ly/3444uOB**.

5. Pamela Lago es una empleada que desde hace cinco años presta sus servicios en una empresa de construcción naval, con nivel profesional de técnica. La compañía se encuentra en una situación económica muy negativa, al haber reducido sus ventas casi un 40 %, y contempla la posibilidad de un despido colectivo. Pamela cree que ella podría verse incluida en dicho despido y desea saber qué cantidad le correspondería como indemnización.

   Existen simuladores de cálculo de indemnizaciones que se usan para comprobar la cantidad que le corresponde a la persona trabajadora. En este enlace puedes utilizar uno de ellos:

   - **https://bit.ly/3iTRvTG**.

   Calcula la indemnización que le corresponde a Pamela sabiendo que sus datos son los siguientes:

   a) Fecha de alta: 1 de enero de 2017.

   b) Fecha de baja: 31 de diciembre de 2021.

   c) Salario anual: 36 000 €.

TEST DE REPASO

1. **Un empresario o empresaria puede realizar una movilidad funcional dentro del mismo grupo profesional...**
   a) Solo si existe una causa técnica u organizativa.
   b) Solo si existe una causa económica.
   c) Sin necesidad de alegar causa alguna.
   d) Solo si existe una causa productiva.
2. **La movilidad funcional descendente fuera del grupo profesional puede hacerse...**
   a) Solo durante quince días.
   b) Solo durante un mes.
   c) Solo mientras la persona trabajadora quiera.
   d) Solo durante el tiempo imprescindible.
3. **La movilidad geográfica temporal tiene un límite máximo de...**
   a) Tres meses en tres años.
   b) Seis meses en tres años.
   c) Nueve meses en tres años.
   d) Doce meses en tres años.
4. **El listado que enumera las modificaciones sustanciales de las condiciones de trabajo en el Estatuto de los Trabajadores es...**
   a) Un listado que no admite ninguna causa más.
   b) Un listado cerrado en el que solo la Inspección de Trabajo y Seguridad Social puede incluir otras causas.
   c) Un listado cerrado en el que solo los tribunales pueden incluir nuevas condiciones.
   d) Un listado abierto.
5. **La indemnización a una persona trabajadora que extingue su contrato al sufrir una movilidad geográfica definitiva será de...**
   a) Ocho días de salario por cada año de servicio.
   b) Doce días de salario por cada año de servicio.
   c) Quince días de salario por cada año de servicio.
   d) Veinte días de salario por cada año de servicio.
6. **La suspensión de un contrato de trabajo genera una interrupción...**
   a) Definitiva del contrato.
   b) Temporal del contrato.
   c) Solo de la obligación del trabajo.
   d) Solo de la obligación del pago.
7. **La excedencia por cuidado de un familiar reserva el puesto de trabajo durante:**
   a) Un año.
   b) Dos años.
   c) Tres años.
   d) No reserva el puesto de trabajo.
8. **Las empresas deben preavisar la extinción de los contratos de trabajo si estos han tenido una duración de...**
   a) Un año.
   b) Más de un año.
   c) Dos años.
   d) Tres años.
9. **El plazo para impugnar un despido con el que no se está de acuerdo es de...**
   a) Quince días hábiles.
   b) Veinte días hábiles.
   c) Veinte días naturales.
   d) No hay ningún plazo.
10. **Si un empleado o empleada falta a su trabajo, puede ser despedido mediante despido disciplinario siempre que las faltas...**
    a) Sean repetidas.
    b) Sean repetidas y estén injustificadas.
    c) Puede despedirle con una sola falta injustificada.
    d) Todas las respuestas son verdaderas.
11. **Si una persona es despedida porque ejerce su derecho a una reducción de jornada para el cuidado de su hijo o hija menor de doce años, el despido será considerado...**
    a) Nulo.
    b) Procedente.
    c) Improcedente.
    d) Procedente revisable.
12. **La falta de adaptación de una persona trabajadora a las modificaciones introducidas en su puesto de trabajo es causa de...**
    a) Despido disciplinario.
    b) Despido por causas objetivas.
    c) Despido colectivo.
    d) No es causa de despido.
13. **Simular una enfermedad puede ser causa de...**
    a) Despido disciplinario, al tratarse de una transgresión de la buena fe.
    b) Despido por causas objetivas.
    c) No es causa de despido ni sanción.
    d) Solo puede ser sancionado con una amonestación.
14. **La extinción de un contrato por falta de adaptación a las modificaciones técnicas introducidas en el puesto puede fundamentar un despido...**
    a) Disciplinario.
    b) Colectivo.
    c) Objetivo.
    d) Ninguna de las anteriores.

COMPRUEBA TU APRENDIZAJE

1. Marta Jiménez, oficial administrativa, ha recibido el día 1 de mayo una comunicación escrita en la que la empresa le indica que a partir del 1 de junio debe realizar las tareas de su compañero, auxiliar administrativo, que está de baja.

   ¿Puede realizar la compañía este tipo de movilidad?

2. La empresa Rico S. A., con domicilio en Madrid, notifica a uno de sus trabajadores el traslado a una de las filiales en Zaragoza durante seis meses para participar en un proceso de formación.

   a) Durante el periodo de desplazamiento, ¿qué derechos tiene el trabajador?

   b) ¿Con cuánto tiempo de antelación le deben comunicar el traslado?

3. Una trabajadora a quien la empresa quiere trasladar a otro centro, acuerda con esta la extinción de su contrato. Percibe un salario mensual, incluido el prorrateo de pagas extraordinarias, de 1800 € y tiene una antigüedad en la empresa de cinco años.

   Calcula la indemnización que le corresponde por la rescisión de su contrato.

4. El día 15 de mayo, un trabajador recibe una comunicación de la empresa en la que se le notifica que, a partir del 16 de junio, su turno, que hasta el momento era de mañana, pasará a ser de tarde, debido a la necesidad de reorganizar el departamento para lograr un reparto más equitativo de la carga de trabajo entre todos los turnos.

   a) ¿Puede realizar esa modificación la empresa?

   b) ¿Qué posibilidades tiene el trabajador si no está de acuerdo con esta decisión?

5. Una trabajadora quiere solicitar una excedencia para cuidar a su madre, que no puede valerse por sí misma y no desempeña ningúna actividad, y se pregunta lo siguiente:

   a) Si tiene derecho a pedirla.

   b) Si tiene un tope de duración.

   c) Si la excedencia computará a efectos de calcular la antigüedad.

   d) Si tiene derecho a la reserva del puesto de trabajo.

6. Un informático de una empresa ha recibido una carta en la que le comunican su despido por falta de adaptación a los cambios técnicos, pues no es capaz de hacer el trabajo con un nuevo programa informático que la compañía ha comprado para aumentar la productividad; sin embargo, la entidad no le ha ofrecido ningún curso de formación.

   a) ¿Puede despedir la empresa al trabajador en este caso?

   b) De ser así, ¿qué plazo debe respetar?

7. Indica si las circunstancias que se mencionan seguidamente pueden dar lugar a algún tipo de extinción del contrato de trabajo señalando qué causa se podría alegar:

   a) Usar el correo electrónico de la empresa para cuestiones personales cuando está prohibido.

   b) Faltar al trabajo por una enfermedad que impide acudir al mismo durante 25 días al mes.

   c) Aprovechar la jornada laboral para realizar trámites particulares.

   d) Una demora de cuatro meses en el pago de los salarios por parte del empresario o empresaria.

   e) Faltar una semana al trabajo sin justificación.

8. Una empresa quiere despedir a un trabajador porque, hallándose en situación de baja médica y cobrando la prestación por incapacidad temporal desde hace dos meses, presta sus servicios en otra empresa.

   a) ¿Estaría produciéndose algún incumplimiento por parte del empleado?

   b) ¿Podría constituir causa de despido esta actuación?

   c) En caso afirmativo, ¿de qué tipo sería?

   d) Si hubiese causa de despido, ¿con cuánto tiempo debería ser preavisado el trabajador?

9. El día 5 del presente mes, una trabajadora y sus nueve compañeros de sección reciben una comunicación escrita en la que se les notifica que en un plazo de quince días sus contratos serán resueltos ante la necesidad de amortizar sus puestos de trabajo debido a la eliminación del servicio que todos ellos venían prestando. En la empresa trabajan 120 personas.

   a) ¿Ante qué tipo de despido nos encontramos?

   b) ¿Cómo debe proceder la empresa para extinguir estos contratos?

10. Tres trabajadores son despedidos por hacer huelga durante una semana, siguiendo la convocatoria de un sindicato con implantación minoritaria en la empresa, y deciden acudir a los tribunales para recurrir la decisión. En su sentencia, el Juzgado de lo Social falla que el despido es nulo.

    a) ¿Cuál es la causa de que el despido se considere nulo?

    b) ¿Qué consecuencias conlleva el hecho de que un despido sea declarado nulo?

11. Un trabajador recibe una carta en la que se le comunica su despido disciplinario por faltas repetidas e injustificadas; sin embargo, él no está de acuerdo con la decisión y quiere presentar una demanda ante el Juzgado de lo Social.

    a) ¿Qué plazo tiene para recurrir el despido?

    b) ¿Se debe cumplir algún requisito previo para presentar la demanda en el juzgado?

12. Luisa Lozano, delegada de personal de una empresa dedicada a la confección de trajes regionales andaluces, ha sido despedida al considerar la compañía que el rendimiento de

la trabajadora ha disminuido de manera continuada y sistemática. La sentencia declara que el despido es improcedente.

La posibilidad de optar entre la readmisión o la indemnización, ¿a quién corresponde?

13. Una joven es despedida el 10 de mayo por razones disciplinarias, al haber faltado un día al trabajo injustificadamente. El 11 de junio, tras enterarse a través de un sindicato de que el motivo alegado por la empresa no reviste la gravedad suficiente como para constituir causa de despido, decide impugnar la decisión.

a) ¿Qué debe hacer esta trabajadora para impugnar el despido?

b) Explica razonadamente qué crees que ocurrirá en este caso concreto.

14. Un empleado recibe una carta de la empresa en la que se le comunica que, por motivos económicos, su salario se verá reducido en un 25% desde el mes siguiente. El trabajador decide resolver su contrato con la empresa.

a) ¿Puede hacerlo basándose en el motivo indicado?

b) En el caso de que tuviera derecho a una indemnización, calcula cuál sería el importe, teniendo en cuenta que su salario anual es de 29 645 € y que tiene una antigüedad en la empresa de 17 años y ocho meses.

15. Una trabajadora ha recibido una notificación de la empresa en la que se le comunica su despido por desobedecer una orden de su superior. Como no está de acuerdo, decide impugnar la decisión. La sentencia reconoce el despido como improcedente y la empresa opta por pagarle a la empleada la indemnización que le corresponde.

Calcula el importe de dicha liquidación.

- Fecha de alta en la empresa: 1 de junio de 2009.
- Fecha de baja: 15 de julio de 2021.
- Salario anual: 36 000 €.
- La trabajadora percibe al año dos pagas extraordinarias de 2571,43 € cada una, de devengo semestral.
- Ha disfrutado de 10 días de vacaciones en 2021.

- Escribe dos ideas de esta unidad que tengas claras y que te parezcan fundamentales. ¿Qué te ayudó a comprenderlas?
- Formula dos preguntas sobre aspectos de la unidad que no hayas entendido del todo.
- Escribe dos aspectos de esta unidad sobre los que te gustaría profundizar.

DE CAMINO AL MUNDO LABORAL

A lo largo de tu vida laboral podrás comprobar cómo tu contrato de trabajo sufre diferentes transformaciones que te afectarán como persona trabajadora.

Objetivo

- Comprender la importancia de buscar fuentes de información adecuadas para conocer tus derechos laborales relacionados con la movilidad.
- Aprender a localizar instrumentos jurídicos para defender tus derechos como persona trabajadora y a calcular la liquidación.

Tarea

1. La mayor parte de las causas de extinción de un contrato corresponden a la empresa, pero las personas trabajadoras podemos encontrarnos con numerosas situaciones en las que no deseemos seguir prestando nuestros servicios laborales en una compañía.

Por otro lado, algunas empresas pueden hacer un uso abusivo de algunas situaciones que afectan a la calidad de la vida laboral de las personas trabajadoras.

Organizad la clase en grupos de tres personas, que tendrán, respectivamente, las siguientes funciones:

- Moderar el debate.
- Cronometrar el tiempo de intervención.
- Exponer en el gran grupo.

Consultad el artículo 50 del Estatuto de los Trabajadores en el siguiente enlace e investigad qué causas de incumplimientos graves por parte de la empresa se indican:

- **https://bit.ly/2SUXhK3**

Habrás podido comprobar que una de ellas es la falta de pago o los retrasos continuados en el abono del salario. Esta situación puede provocar muchas dudas a las personas trabajadoras en el momento de activar la extinción contractual. Por ejemplo, podemos preguntarnos lo siguiente:

a) ¿Cuánto tiempo de retraso en el pago debo tolerar?

b) ¿La extinción será automática?

c) ¿Debo rescindir el contrato personalmente?

d) ¿Tendré derecho a una indemnización?

e) ¿Debo seguir trabajando aunque no me paguen?

Para encontrar respuesta a todas estas cuestiones podéis consultar el siguiente recurso:

- **https://bit.ly/3dGqOf6**

Intentad resolverlas en 20 minutos, elaborad una tabla con las soluciones y poned en común vuestras respuestas en el gran grupo.

6 UNIDAD El sistema de la Seguridad Social

ESTUDIARÁS

- La estructura de la Seguridad Social.
- Las principales obligaciones de las empresas y las personas trabajadoras en relación con la Seguridad Social: afiliación, altas, bajas y cotización.
- Las distintas prestaciones de la Seguridad Social.
- Las situaciones de desempleo protegibles.

Y SERÁS CAPAZ DE

- Reconocer la acción protectora del sistema de la Seguridad Social frente a las distintas contingencias cubiertas, identificando las diversas clases de prestaciones.

La Seguridad Social es uno de los sistemas de protección colectiva más importantes del Estado. Tiene como fin garantizar asistencia y prestaciones sociales ante situaciones de necesidad a la ciudadanía que vive y trabaja en nuestro país.

Para cumplir este objetivo, necesita financiación, que procede tanto de asignaciones del Estado como de las aportaciones de las personas trabajadoras y las empresas.

¿Qué política de protección te resulta más interesante? ¿Cómo clasificarías las acciones protectoras, según la importancia que tienen para ti?

- ¿Sabrías explicar qué función cumple la Seguridad Social?
- ¿Podrías decir quién tiene obligaciones con la Seguridad Social?
- ¿Conoces las prestaciones de la Seguridad Social?

1. La seguridad social

> Según la Organización Internacional del Trabajo (OIT), la **seguridad social** es la **protección que proporciona la propia sociedad** a los individuos y hogares para garantizarles el acceso a la asistencia médica y unos ingresos en caso de vejez, desempleo, enfermedad, invalidez, accidentes de trabajo, maternidad o pérdida del apoyo familiar.

Los principios que rigen la seguridad social son los siguientes:

- **Universalidad.** Tiene como objetivo último proteger a todos los ciudadanos y en todas las situaciones de necesidad en que puedan encontrarse.
- **Solidaridad.** Cada persona trabajadora aporta recursos según su capacidad contributiva. Tiene una doble vertiente, intergeneracional (financian las pensiones de quienes ya no trabajan), e intrageneracional (contribuyen a mantener las prestaciones de las personas con menores ingresos).
- **Igualdad.** La protección es la misma para toda la ciudadanía en las mismas circunstancias.
- **Unidad de caja.** El Estado gestiona los recursos de nuestro sistema de Seguridad Social.

ABC VOCABULARIO

Periodo de carencia. Tiempo mínimo de cotización, anterior al hecho causante, necesario para poder acceder a la protección del sistema de Seguridad Social en su modalidad contributiva.

1.1. Campo de aplicación de la Seguridad Social

En el sistema español de Seguridad Social existen, en función de los requisitos exigidos para obtener prestaciones, dos niveles: **contributivo y no contributivo** (Tabla 6.1).

Niveles	
Contributivo. Se financia, básicamente, con las aportaciones de las empresas y las personas trabajadoras.	Incluye a las personas trabajadoras españolas residentes en nuestro país y a las extranjeras que residen legalmente y ejercen una actividad profesional en territorio nacional, y que estén incluidas en alguno de los apartados siguientes: • Personas trabajadoras por cuenta ajena. • Personas trabajadoras por cuenta propia (RETA). • Personas trabajadoras socias de cooperativas, de trabajo asociado. • Funcionariado público, civil y militar. • Estudiantes. • Españoles no residentes en territorio nacional, en determinadas situaciones.
No contributivo. Se financia con los presupuestos generales del Estado.	Integra a personas que se encuentran en una situación de necesidad, que carecen de recursos económicos propios suficientes para su subsistencia, aun cuando no hayan cotizado nunca o no lo hayan hecho durante el tiempo suficiente para percibir prestaciones de nivel contributivo. Incluye las pensiones no contributivas de **incapacidad permanente, jubilación** y prestación por **hijo o hija a cargo.**

Tabla 6.1. Niveles de protección de la Seguridad Social.

1.2. Regímenes que integran la Seguridad Social

El nivel contributivo de la Seguridad Social está integrado por diferentes regímenes:

- El **régimen general,** en el que se incluyen todas las personas trabajadoras de nacionalidad española y extranjeras que trabajen habitualmente en territorio nacional, por cuenta ajena y que no estén incluidas en algún régimen especial.
- Los **regímenes especiales,** que engloban a las personas trabajadoras por cuenta propia adscritas al régimen especial de trabajadores autónomos (RETA), las personas trabajadoras del mar, las de la minería del carbón, el funcionariado público y los estudiantes (seguro escolar), excepto quienes realicen prácticas en formación dual con contrato de trabajo.

! IMPORTANTE

Las **personas trabajadoras socias de sociedades mercantiles,** aun cuando sean miembros de los órganos de administración de estas, se incluyen en el régimen general de la Seguridad Social.

1.3. Entidades gestoras de la Seguridad Social

Las competencias sobre la normativa y el control de la Seguridad Social están atribuidas al **Ministerio de Trabajo y Economía Social** y al **Ministerio de Sanidad, Consumo y Bienestar Social.** Por su parte, la gestión se lleva a cabo a través de varias instituciones (Tabla 6.2).

Entidades gestoras	Instituto Nacional de la Seguridad Social (INSS)	Es la entidad encargada de la gestión y administración de las prestaciones económicas.
	Instituto de Mayores y Servicios Sociales (IMSERSO)	Gestiona las pensiones de incapacidad y de jubilación, en su modalidad no contributiva, así como los servicios complementarios a personas mayores.
	Instituto de Gestión Sanitaria (INGESA)	Administra los servicios sanitarios.
	Instituto Social de la Marina (ISM)	Se encarga de las prestaciones de régimen especial del sector marítimo-pesquero.
Servicios comunes	Tesorería General de la Seguridad Social (TGSS)	Gestiona los recursos económicos y tramita las afiliaciones, las altas y las bajas de las personas incluidas en los diferentes regímenes de la Seguridad Social.
Organismos autónomos	Servicio Público de Empleo Estatal (SEPE)	Se ocupa de la gestión de las prestaciones por desempleo.
	Instituto Nacional de Seguridad Salud y Bienestar en el Trabajo (INSSBT)	Asesora sobre la prevención de riesgos laborales.
	Inspección de Trabajo y Seguridad Social (ITSS)	Ejerce la vigilancia del cumplimiento de la normativa de trabajo y Seguridad Social, exige responsabilidades y presta asesoramiento.
Entidades colaboradoras	Mutuas colaboradoras de AT y EP	Son asociaciones voluntarias de empresas que se agrupan para gestionar servicios relacionados con los accidentes de trabajo y las enfermedades profesionales.
	Empresas	Colaboran abonando prestaciones de incapacidad temporal que, después, les son reintegradas por la Seguridad Social.

Tabla 6.2. Órganos de gestión de la Seguridad Social.

1.4. Obligaciones con la Seguridad Social

Las empresas que empleen a personas incluidas en el campo de aplicación de la Seguridad Social deben proceder a su **afiliación, alta, baja** y **cotización,** e ingresar sus aportaciones en las tesorerías territoriales de la Seguridad Social (Tabla 6.3).

Empresas	**Afiliación.** Cuando una empresa contrata a una persona trabajadora, debe comprobar si está afiliada a la Seguridad Social y, en caso negativo, realizar el trámite. La afiliación es vitalicia y solamente se lleva a cabo una vez en toda la vida laboral, con independencia de las altas y las bajas que puedan producirse. La TGSS asigna a cada persona afiliada un número para su identificación. **Altas.** El alta de la persona trabajadora debe ser promovida por la empresa antes del inicio de la relación laboral (hasta 60 días naturales antes); cuando la solicitud se haga fuera de plazo, tendrá efecto desde el día de su presentación. **Bajas.** Al finalizar la relación laboral, la persona trabajadora debe ser dada de baja en el plazo de tres días naturales desde su cese en la actividad. Si se solicita la baja transcurrido este plazo, se debe cotizar hasta la fecha de su presentación. **Cotización.** La empresa debe cotizar a la Seguridad Social, ingresando mensualmente tanto la cuota patronal como la cuota obrera a cargo de las personas trabajadoras en la Tesorería General de la Seguridad Social.
Personas trabajadoras por cuenta propia	Tienen las mismas obligaciones que las personas trabajadoras por cuenta ajena y, además, están obligadas a inscribirse en el RETA al inicio de su actividad y a pedir la baja cuando esta cese. Respecto a la cotización, pueden elegir las bases dentro de unos límites máximos y mínimos.

Tabla 6.3. Obligaciones de las empresas y las personas trabajadoras por cuenta propia con la Seguridad Social.

CASO PRÁCTICO 1. Afiliación y alta de una persona trabajadora

Raúl, que acaba de obtener el título de Técnico Superior en Laboratorio de Diagnóstico Clínico, ha sido contratado en un centro de experimentación animal el día 14 de diciembre. Este es su primer empleo y ha firmado un contrato en prácticas.

¿Qué obligaciones tiene la empresa con la Seguridad Social respecto a este trabajador?

Solución:

- La empresa debe afiliar a Raúl a la Seguridad Social si no está afiliado.
- También tiene que darle de alta en la Seguridad Social antes de iniciar la actividad.
- Además, debe cotizar a la Seguridad Social, ingresando en la Tesorería General de la Seguridad Social la cuota que le corresponda, junto con la cuota obrera de Raúl, que la empresa debe detraer cada mes de la nómina del trabajador.

CASO PRÁCTICO 2. Baja de una persona trabajadora

Aurora ha trabajado para una empresa con un contrato indefinido durante cuatro años, pero este se extingue porque la empresa se ve obligada a realizar un despido colectivo.

a) ¿En qué plazo debe comunicar dicha empresa la baja de la persona trabajadora?

b) ¿Qué repercusión tendría una baja solicitada fuera de plazo?

Solución:

a) La empresa comunicará a la Tesorería General de la Seguridad Social la baja de Aurora en un plazo de tres días naturales a partir del siguiente al del cese de la actividad.

b) Si la empresa solicita la baja de la trabajadora fuera de plazo, debería cotizar por ella hasta el día de la presentación de la mencionada baja.

ACTIVIDADES

1. Relaciona cada uno de los siguientes organismos con la función que cumplen:

Organismos	Finalidad
INSS	Reconoce las prestaciones por desempleo.
TGSS	Gestiona las prestaciones económicas de la Seguridad Social.
SEPE	Recauda las cuotas de la Seguridad Social.
IMSERSO	Administra los servicios sanitarios.
INGESA	Gestiona las pensiones de incapacidad y de jubilación no contributiva.

2. Indica en qué régimen de la Seguridad Social encuadrarías a las siguientes personas. Puedes encontrar información en esta página web: **https://bit.ly/2T7XkCw**.

   a) Juan, empleado como técnico en un laboratorio de análisis clínicos.

   b) Pedro, que es picador en una mina.

   c) Gema, una trabajadora por cuenta propia.

   d) Lorena, que cursa un ciclo formativo de Grado Superior.

   e) Valeria, fisioterapeuta, que trabaja en su propia clínica.

3. ¿Quién debe ingresar mensualmente las cotizaciones a la Seguridad Social de la empresa y de la persona trabajadora?

¿SABÍAS QUE...?

El **funcionariado público** se encuentra distribuido en diferentes regímenes de la Seguridad Social: unos colectivos están protegidos por el régimen general, y otros, por los regímenes especiales.

IMPORTANTE

RED Directo

Es una modalidad de transmisión dentro del **Sistema RED** orientada a la pequeña y mediana empresa. Facilita el cumplimiento de las obligaciones con la Seguridad Social a través de Internet, mediante conexión directa en tiempo real con la TGSS, y permite realizar las siguientes gestiones:

- **Afiliación:** comunicación de las altas, las bajas y las variaciones de sus datos, petición de informes de alta, vida laboral, etc.
- **Cotización de empresas:** confección y obtención de la relación nominal de las personas trabajadoras y generación automática del recibo de liquidación de cotizaciones, ingreso de cuotas, etc.
- **Partes médicos de incapacidad temporal:** comunicación de partes de incapacidad temporal (partes médicos de alta, baja y confirmación).

2. Prestaciones de la Seguridad Social

Las **prestaciones** son las medidas adoptadas por la Seguridad Social para ayudar a las personas trabajadoras y a los familiares que estén a su cargo a superar situaciones concretas: enfermedades, accidentes, nacimiento y cuidado del menor, desempleo, jubilación, etc. (Tabla 6.4).

Prestaciones en especie		
Prestación sanitaria, farmacéutica y social	Tienen derecho a la asistencia sanitaria (incluidos los servicios de recuperación física, prótesis y ortopedia) y a la prestación farmacéutica: la persona trabajadora, su cónyuge, sus hijos e hijas y sus ascendientes, siempre que vivan con él o ella y estén a su cargo; las personas pensionistas, y las personas desempleadas.	
Prestaciones económicas		
Subsidios	Prestaciones de pago periódico y duración temporal.	• Incapacidad temporal. • Riesgos durante el embarazo y la lactancia. • Nacimiento y cuidado del menor. • Cuidados de menores con cáncer u otra enfermedad grave. • Corresponsabilidad por cuidado de lactante.
Pensiones	Prestaciones de pago periódico y vitalicio o hasta alcanzar una edad determinada.	• Incapacidad permanente. • Jubilación. • Por muerte y supervivencia: viudedad y orfandad.
Indemnizaciones	Prestaciones económicas que se abonan una vez.	• Lesiones permanentes no invalidantes. • Incapacidad permanente parcial.
Otras prestaciones	• Por desempleo (prestación contributiva). • Subsidio asistencial. • Prestación por cese de actividad (RETA).	• Protección familiar no económica. • Ingreso mínimo vital.
Prestaciones no contributivas. Prestaciones y servicios de asistencia sanitaria y social, pensiones no contributivas de incapacidad permanente, jubilación, complementos a mínimos de las pensiones de la Seguridad Social y otras prestaciones familiares reguladas en la LGSS.		

Tabla 6.4. Prestaciones de la Seguridad Social.

CASO PRÁCTICO 3. Comprobación de alta en la Seguridad Social

Dolores, que trabaja como peluquera desde hace casi dos meses, ha oído rumores de que la empresa no le dará de alta en la Seguridad Social hasta completar los dos meses de actividad. Indica si existe alguna página web donde informarse.

Solución:

La página web *Tu Seguridad Social* (**https://bit.ly/3dEFuAl**), donde se puede obtener información actualizada y realizar las gestiones más habituales.

PONTE A PRUEBA 1. La tarjeta sanitaria europea

Ana quiere hacer turismo por Europa y ha oído hablar de la tarjeta sanitaria europea, pero no sabe en qué países tiene cobertura ni cómo se solicita.

¿Podrías ayudarla a resolver sus dudas?

Para resolver puedes consultar estas páginas web:

- **https://bit.ly/3m56ts1**
- **https://bit.ly/2FHiwMD**
- **https://bit.ly/3dlfww6**

ACTIVIDADES

4. La asistencia sanitaria es una prestación de la Seguridad Social. Consulta estos enlaces y responde a estas cuestiones: **https://bit.ly/34bxZOd** y **https://bit.ly/3jbbr4B**

a) ¿Qué entidad se tiene que encargar de tramitar la tarjeta sanitaria?

b) ¿Qué organismo reconoce este derecho?

3. Nacimiento y cuidado del menor, embarazo y lactancia

La Seguridad Social protege a las **personas trabajadoras por cuenta propia** o **ajena** de la pérdida de ingresos en estas situaciones: nacimiento y cuidado de menores, adopción o acogimiento familiar y riesgo por el embarazo y la lactancia (Tabla 6.5).

Nacimiento y cuidado del menor	Situación protegida	• Nacimiento de un hijo o una hija. • Adopción o acogida de una persona menor de seis años o menor de 18 con discapacidad.
	Requisitos	Estar afiliado o afiliada, en situación de alta y cumplir los requisitos de la **edad:** • Menores de 21 años: no se exige periodo de cotización. • Personas de entre 21 y 26 años: 90 días cotizados en los siete años anteriores al nacimiento, adopción o acogida, o 180 días a lo largo de toda la vida laboral anterior. • Mayores de 26 años: 180 días cotizados en los siete años anteriores al nacimiento, adopción o acogida, o 360 días a lo largo de toda la vida laboral. Si la madre no reúne el periodo exigido de cotización previa, se reconoce un subsidio no contributivo de cuantía equivalente al 100% del IPREM durante las seis primeras semanas (42 días).
	Duración	Dieciséis semanas, ampliable en una semanas más para cada progenitor por cada hijo a partir del segundo. Las seis primeras semanas tras el nacimiento, la acogida o la adopción son obligatorias e ininterrumpidas, mientras que las diez restantes pueden disfrutarse en periodos semanales hasta que el hijo o hija cumpla doce meses, siempre que ambos progenitores trabajen y cumplan los requisitos exigidos. La madre biológica puede anticipar la prestación hasta cuatro semanas antes de la fecha del parto, debiendo comunicar a la empresa el ejercicio de este derecho con una antelación de quince días. Cuando los dos progenitores trabajen para la misma empresa, la dirección puede limitar el disfrute simultáneo de la prestación por razones fundadas.
	Cuantía	Consiste en un subsidio equivalente al 100 % de la base reguladora. $BR = \frac{\text{Base cotización de contingencias comunes del mes anterior}}{\text{30 (base mensual) o 31, 30, 29, 28 (base diaria)}}$
Corresponsabilidad en el cuidado del lactante	Situación protegida	La reducción de la jornada de trabajo en media hora que lleven a cabo con la misma duración y régimen los dos progenitores, adoptantes, guardadores con fines de adopción o acogedores de carácter permanente, cuando ambos trabajen, para el cuidado del lactante desde que cumpla nueve meses hasta los doce meses. Solo podrá beneficiarse uno de ellos.
	Requisitos	Los mismos que para el nacimiento y cuidado de menor.
	Duración	Tres meses.
	Cuantía	Será el 100 % de la base reguladora de una incapacidad temporal por contingencias comunes y proporcional a la reducción de la jornada.
Riesgo durante el embarazo y la lactancia natural	Situación protegida	Se percibe cuando el trabajo influye negativamente en la salud de la trabajadora, en la del feto o en la del hijo o hija en el caso de la lactancia natural.
	Requisitos	Estar afiliado o afiliada y en situación de alta. No se exige un periodo previo de cotización.
	Duración	• En caso de riesgo durante el embarazo hasta que el riesgo cesa o se produce el parto. • En caso de riesgo durante la lactancia natural, hasta los nueve meses del hijo o hija.
	Cuantía	Subsidio equivalente al 100 % de la base reguladora, que se calcula del modo siguiente: $BR = \frac{\text{Base de AT y EP mes anterior a la baja – horas extras}}{\text{N.º de días cotizados en dicho mes: 30 (GC 1 a 7 salario mensual), o días cotizados en el mes: 31, 30, 29, 28 (GC 8 a 11 salario diario)}} + \frac{\text{Horas extras del año anterior a la baja}}{365}$

Tabla 6.5. Prestaciones por nacimiento y cuidado de menor, embarazo y lactancia.

4. Incapacidad temporal

La **incapacidad temporal (IT)** es la situación en la que se encuentran las personas trabajadoras incapacitadas transitoriamente para ejercer su actividad y que precisan asistencia sanitaria por padecer una enfermedad, común o profesional, o por haber sufrido un accidente, sea o no laboral, así como los periodos de observación por una enfermedad profesional.

ODS

Garantizar una vida sana y promover el bienestar en personas de cualquier edad es esencial para el desarrollo sostenible.

3 SALUD Y BIENESTAR

A. Requisitos para percibir las prestaciones económicas de la IT

Para percibir las prestaciones, son necesarios dos requisitos: estar afiliado o afiliada a la Seguridad Social y en situación de alta o asimilada al alta y haber cotizado durante un periodo determinado de tiempo (Tabla 6.6).

Enfermedad común	Haber cotizado como mínimo durante 180 días dentro de los cinco años anteriores a la baja médica (este periodo se denomina, en lenguaje técnico, «periodo de carencia».
Enfermedad profesional y accidente, ya sea laboral o no	No se exige un periodo mínimo de cotización o carencia.

Tabla 6.6. Periodo de carencia para beneficiarse del subsidio por incapacidad temporal.

IMPORTANTE

Pérdida de la prestación por incapacidad temporal

Las personas trabajadoras pueden perder la prestación por varios motivos: por haberla conseguido fraudulentamente, por trabajar por cuenta propia o ajena mientras se percibe y por rechazar o abandonar el tratamiento médico sin una causa justificada.

B. Duración

La incapacidad temporal tiene una duración máxima de doce meses, prorrogables, a instancia del INSS, por otros seis cuando se estime que en ese tiempo la persona trabajadora pueda recibir el alta médica por curación.

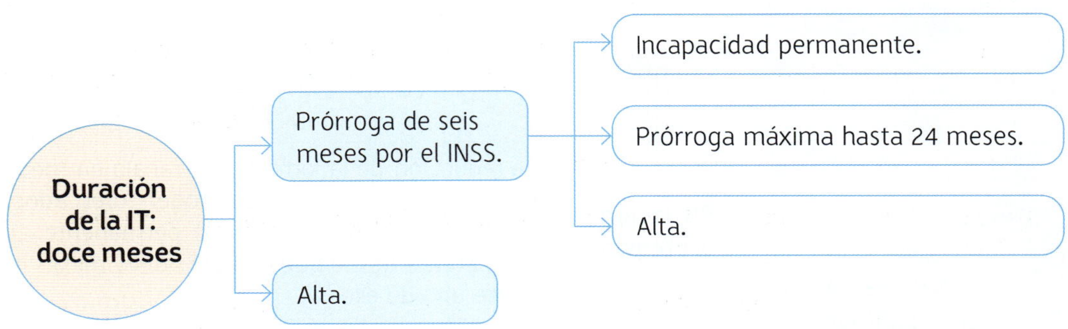

Fig. 6.1. Duración de la incapacidad temporal.

CASO PRÁCTICO 4. Prestación por nacimiento y cuidado de un menor

Paloma, una empleada de 30 años con una antigüedad de tres en la empresa, ha dado a luz a un niño en el mes de junio. Su base reguladora por contingencias comunes fue de 2500 € en el mes de mayo. El padre del recién nacido tiene 35 años, lleva cinco trabajando en la empresa y su base de cotización del mes de junio es de 2000 €. El salario de ambos es mensual.

Contesta a las siguientes preguntas, teniendo en cuenta las prestaciones por nacimiento y cuidado del menor:

a) ¿Tienen derecho ambos progenitores a la prestación por nacimiento y cuidado de menor?

b) En caso afirmativo, ¿cuál será la cuantía de la prestación para la madre y para el padre?

c) ¿Qué importe percibirá la madre en el mes de junio?

d) ¿Y en el mes de julio?

Solución:

a) Sí, ambos cumplen los requisitos, pues han cotizado durante 180 días en los siete años anteriores a la fecha del parto.

b) Base reguladora diaria de la madre: 2500 € : 30 días = = 83,33 €.

16 semanas × 7 días = 112 días; el subsidio de la madre asciende a 112 x 83,33 € = 9332,96 €.

Base reguladora diaria del padre: 2000 € : 30 días = 66,67 €.

16 semanas × 7 días = 112 días. El importe total del subsidio del padre asciende a 66,67 € × 112 = 7467,04 €.

c) La prestación que percibirá la madre en el mes de junio: 83,33 € × 30 días = 2499,90 €.

d) La prestación que percibirá la madre en el mes de julio: 83,33 € × 31 días = 2583,23 €.

C. Subsidio

La prestación económica por IT, llamada subsidio, **varía dependiendo de la contingencia o del hecho causante:** enfermedad común y accidente no laboral o enfermedad profesional y accidente laboral (Tabla 6.7).

Subsidio por incapacidad temporal			
Contingencia	Duración	Cuantía	A cargo de...
Enfermedad común y accidente no laboral	Días 1, 2 y 3 de la baja.	No se cobra subsidio.	La empresa, cuando tenga derecho a una mejora voluntaria.
	Del 4.º al 15.º día (doce días).	El 60 % de la base reguladora.	La empresa.
	Del 16.º al 20.º día (cinco días).	El 60 % de la base reguladora.	El INSS o la mutua colaboradora de AT y EP.
	Día 21 y siguientes, hasta el día del alta, inclusive.	El 75 % de la base reguladora.	El INSS o la mutua colaboradora de AT y EP.
Enfermedad profesional y accidente laboral	Desde el día siguiente al de la baja hasta el día de alta inclusive (el de baja corre a cargo de la empresa).	El 75 % de la base reguladora.	El INSS o la mutua colaboradora de AT y EP.

Tabla 6.7. Cuantía del subsidio en situación de incapacidad temporal.

El subsidio de IT se calcula sobre una cantidad denominada **base reguladora**, cuyo importe depende del hecho causante o contingencia del que se derive.

- **Base reguladora en caso de IT por enfermedad común o accidente no laboral:**

$$\text{Base reguladora} = \frac{\text{Base por contingencias comunes del mes anterior a la baja}}{\text{30 (salario mensual) o número de días cotizados en el mes (salario diario)}}$$

- **Base reguladora en caso de IT por accidente de trabajo o enfermedad profesional:**

$$\text{Base reguladora} = \frac{\text{Base por AT y EP del mes anterior a la baja} - \text{horas extras}}{\text{N.º de días cotizados en dicho mes: 30 (salario mensual), o de días cotizados en el mes: 31, 30, 29, 28 (salario diario)}} + \frac{\text{Horas extras del año anterior a la baja}}{365}$$

IMPORTANTE

Alta de pleno derecho

Todas las personas trabajadoras inscritas en el régimen general de la SS se encuentran en alta de pleno derecho a efectos de asistencia sanitaria, IT derivada de contingencias profesionales, suspensión de contrato por riesgo durante el embarazo y la lactancia natural y desempleo, aunque la empresa hubiera incumplido sus obligaciones de afiliación, alta o cotización, sin perjuicio de su responsabilidad legal.

CASO PRÁCTICO 5. Cálculo del salario mensual por enfermedad común

Josefina, que trabaja en una gestoría, ha sido operada de una hernia discal; ha permanecido 15 días en el hospital y 20 en su casa en una situación de incapacidad temporal por enfermedad común. El médico le da la baja el 14 de enero y el alta el 17 de febrero. Su base de cotización por contingencias comunes del mes anterior fue de 1375 € (salario mensual).

Calcula el subsidio que percibirá la trabajadora durante el tiempo que esté en situación de IT e indica qué parte debe pagar la empresa y cuál le corresponde al INSS.

Solución:

Base reguladora: 1375 € : 30 = 45,83 €.

- Tres primeros días (14-16 de enero): no se percibe subsidio.
- A cargo de la empresa: del 4.º al 15.º día de baja (17-28 de enero), Josefina percibirá el 60 % de su base reguladora: 12 días × 45,83 € × 0,60 = 329,98 €.
- A cargo del INSS: del 16.º al 20.º día de baja (29-31 de enero y 1-2 de febrero), percibirá el 60 % de su base reguladora: 5 días × 45,83 € × 0,60 = 137,49 €.
- Desde el 21.º día de baja hasta el del alta (3-17 de febrero) percibirá el 75 % de la base reguladora: 15 días × 45,83 € × 0,75 = 515,59 €

Total del subsidio = 329,98 + 137,49 + 515,59 = 983,06 €.

5. Incapacidad permanente

> La **incapacidad permanente (IP)** es la situación en la que se encuentra la persona trabajadora que, después de haber recibido el alta médica, presenta **reducciones anatómicas o funcionales graves** que disminuyen o anulan su capacidad para el trabajo.

Para percibir esta prestación hay que estar en situación de alta y haber cotizado durante el tiempo exigido, excepto cuando la incapacidad se debe a un accidente o una enfermedad profesional, que no requieren un periodo de cotización previo. La incapacidad permanente se califica con los distintos grados que aparecen en la Tabla 6.8.

	Grados de incapacidad	Prestación
Incapacidad permanente parcial	Es la que produce en la persona trabajadora una disminución no inferior al 33 % en el rendimiento de su profesión, sin impedirle realizar las tareas fundamentales.	Una cantidad equivalente a 24 mensualidades de la base reguladora.
Incapacidad permanente total	Inhabilita a la persona trabajadora para la realización de las tareas fundamentales de su profesión habitual, pero le permite dedicarse a otras distintas.	El 55 % de la base reguladora, cuantía que puede incrementarse en un 20% en el caso de pensiones por incapacidad permanente total (IPT) cualificada (personas mayores de 55 años sin empleo).
Incapacidad permanente absoluta	Impide a la persona trabajadora el ejercicio de cualquier profesión u oficio.	El 100 % de la base reguladora.
Gran invalidez	Es la situación en la que se halla una persona trabajadora afectada por una incapacidad permanente que precisa la asistencia de otra persona para las actividades esenciales de la vida.	El 100 % de la base reguladora, incrementado con un complemento que no puede ser inferior al 45 % de la pensión.

Tabla 6.8. Grados de incapacidad permanente y prestaciones económicas.

PONTE A PRUEBA 2. La prestación por incapacidad

Enrique, que trabaja como auxiliar en un laboratorio, ha tenido un accidente de tráfico que le ha dejado tetrapléjico. Quiere saber qué grado de incapacidad tiene, de qué prestación puede beneficiarse y cómo se solicita esta.

¿Podrías ayudar a este trabajador a despejar sus dudas?

Para resolver la prueba, puedes consultar el siguiente enlace **https://bit.ly/2T7XkCw**. Debes buscar las prestaciones en el apartado Trabajadores.

CASO PRÁCTICO 6. Incapacidad temporal por accidente no laboral

Fabio trabaja en una empresa de compraventa de automóviles desde hace 18 meses. El día 8 de mayo sufre en su casa un corte en la mano, y permanece de baja el resto del mes. Percibe el salario mensual; y la base de cotización por contingencias comunes del mes anterior fue de 1500,00 €.

a) Calcula el subsidio que recibirá el trabajador.

b) Diferencia la parte que le corresponde pagar a la empresa de la que le corresponde al INSS.

Solución:

a) El trabajador permaneció en activo siete días (del 1 al 7) y en situación de IT, 24 días (del 8 al 31).

Base reguladora: base de contingencias del mes anterior: 1500 : 30 (por ser salario mensual) = 50 €.

Cálculo del subsidio:

- Tres primeros días (8, 9 y 10): no hay subsidio.
- Del 4.º al 15.º de baja (del 11 al 27): 17 días, el 60 % de la base reguladora: 17 × 50 × 0,60 = 510 €.
- Desde el día 28 al 31: cuatro días, el 75 % de la base reguladora: 4 × 50 × 0,75 de la base reguladora = 150 €.
- Total subsidio: 510 + 150 = 660 €.

b) Distribución del subsidio entre el INSS y la empresa.

- A cargo del empresario: 12 días (del 4.º al 15.º): 12 × 50 × × 0,60 = 360 €.
- A cargo del INSS, del 16.º al 20.º día de baja: 5 días al 60 % y el resto al 75 %.
  (5 × 50 × 0,60) + (4 × 50 × 0,75) = 300 €.

6. Jubilación y prestaciones por muerte y supervivencia

La **jubilación** consiste en el **cese voluntario** en el trabajo (por cuenta propia o ajena) **a causa de la edad,** situación que conlleva una pensión vitalicia que será reconocida a la persona beneficiaria.

Los requisitos para la jubilación dependen de la edad del interesado y de los años cotizados en su vida laboral.

- Cumplir la edad legal de jubilación, según se especifica en la Tabla 6.9.
- Tener cotizados 15 años (sin incluir los días «cuota» correspondientes a las pagas extraordinarias), de los cuales dos deben estar comprendidos dentro de los 15 años inmediatamente anteriores a la edad de jubilación.

El importe de la pensión se determina aplicando a la base reguladora un porcentaje que varía según el número de años cotizados por la persona trabajadoras. Para ello se aplica una escala que empieza con un 50 % de la base a los 15 años cotizados y se va incrementando hasta llegar al 100% de la pensión que en 2027 se alcanzará tras cotizar 37 años.

Transitoriamente la base reguladora (BR) desde 2013 se viene actualizando:

- En 2021: BR = bases de cotización de los últimos 288/336 meses.
- A partir de 2022: BR = bases de cotización de los últimos 300/350 meses.

En determinados casos se admite la jubilación anticipada, así como la jubilación parcial (después de cumplir los 60 años) y la flexible (permite compatibilizar un trabajo a tiempo parcial con la pensión que se reduce proporcionalmente).

Año	Edad
2021	66 años
2022	66 años y 2 meses
2023	66 años y 4 meses
2024	66 años y 6 meses
2025	66 años y 8 meses
2026	66 años y 10 meses
2027	67 años o 65 años si se han cotizado 38 años y 6 meses

Tabla 6.9. Transitoriedad de la edad de jubilación.

CASO PRÁCTICO 7. Edad y prestación de jubilación

A Antonio, que cumplirá 65 años en 2027 y en ese momento habrá cotizado durante 39 años ininterrumpidos, le gustaría jubilarse, pero le han comentado que para hacerlo en esa fecha debe tener 67 años.

a) ¿Podrá jubilarse Antonio en 2027, suponiendo que siga trabajando hasta entonces?

b) ¿Cobrará el 100% de la pensión?

Solución:

a) Sí, porque en esa fecha rebasará los 38 años y medio de cotización establecidos legamente para poder jubilarse con 65 años, siempre que permanezca en activo durante los dos últimos años.

b) Sí, le corresponderá el 100 % de la pensión porque cumple los requisitos establecidos por la ley.

6.1. Prestaciones por muerte y supervivencia

Las prestaciones por muerte y supervivencia (Tabla 6.10) han sido establecidas **en favor de las personas vinculadas a la persona trabajadora o pensionista,** en caso de fallecimiento de esta.

Viudedad	Personas beneficiarias	Cónyuge superviviente en matrimonios reconocidos civilmente, parejas separadas o divorciadas si cobran una pensión compensatoria y parejas de hecho, siempre que acrediten un periodo de convivencia mínimo o estén inscritas en algún registro específico.
	Cuantía	Como norma general, el 52 % de la base reguladora. Si se cumplen ciertos requisitos (tener más de 65 años, carencia de ingresos, etc.), esta cantidad es ampliable al 60 %. En otras situaciones (por ejemplo, viudedad, tener cargas familiares, hijos o hijas menores de 26 años, etc.), puede aumentar hasta alcanzar el 70 % de la base reguladora.
Orfandad	Personas beneficiarias	Con carácter general, personas huérfanas de hasta 21 años, prorrogables hasta los 25, si se trata de estudiantes que no disponen de otros ingresos o de personas con una discapacidad superior al 33 %.
	Cuantía	La pensión supone el 20 % de la base reguladora, sin que la suma de todas las pensiones por muerte y supervivencia pueda superar el 100 % de dicha base.

Tabla 6.10. Prestaciones por muerte y supervivencia.

7. Desempleo

> El **desempleo** es la situación en la que se encuentran quienes pierden su empleo o ven reducida su jornada laboral en un porcentaje comprendido entre un 10 % y un 70 %, con la correspondiente pérdida o disminución proporcional del salario.

A. Nivel contributivo: prestación de desempleo

La persona en situación de desempleo puede solicitarla si cumple estos requisitos (Tabla 6.11):

Requisitos	• Estar afiliado a la Seguridad Social y en situación de alta o asimilada al alta. • Encontrarse en situación legal de desempleo por la extinción de la relación laboral, por la suspensión autorizada de la relación laboral y por la reducción temporal y autorizada de la jornada de trabajo. • Tener cubierto el periodo mínimo de cotización, doce meses en los seis años anteriores al desempleo. • No haber cumplido la edad establecida para tener derecho a la pensión contributiva de jubilación, salvo que la persona trabajadora no tuviera acreditado el periodo de cotización requerido. • Haber trabajado por cuenta ajena. Las personas trabajadoras autónomas no tienen derecho a prestación de desempleo, pero si podrán percibir la prestación por cese de actividad si han cotizado por esta contingencia ya que su cobertura no es obligatoria.

Tabla 6.11. Requisitos para la prestación por desempleo.

@ WEB

En la siguiente página web encontrarás la información necesaria para **calcular las prestaciones por desempleo:**

- **http://www.sepe.es**

La cuantía de la prestación por desempleo depende de la base reguladora y se calcula aplicando la siguiente fórmula.

$$\text{Base reguladora} = \frac{\text{Suma de las bases de cotización por desempleo de los últimos 180 días} - \text{Retribuciones por horas extraordinarias}}{180}$$

La cuantía resulta de aplicar a la base reguladora un porcentaje establecido por el tiempo de permanencia en desempleo (Tabla 6.12). Esta prestación tributa a IRPF y su importe debe estar comprendido entre unos límites mínimos y máximos establecidos en función del IPREM vigente y del número de descendientes que la personas trabajadora tenga a su cargo (Tabla 6.13).

! IMPORTANTE

Pago único del desempleo

Los beneficiarios de la prestación de desempleo pueden beneficiarse del pago único para montar su propia empresa.

Días cotizados en los seis últimos años	Duración de la prestación
De 360 a 539	120 días
De 540 a 719	180 días
De 720 a 899	240 días
De 900 a 1079	300 días
De 1080 a 1259	360 días
De 1260 a 1439	420 días
De 1440 a 1619	480 días
De 1620 a 1799	540 días
De 1800 a 1979	600 días
De 1980 a 2159	660 días
De 2160 en adelante	720 días

Tabla 6.12. Duración de la prestación por desempleo.

Cuantía de la prestación por desempleo	
Los primeros 180 días	El 70 % de la base reguladora
A partir del día 181	El 50 % de la base reguladora
Límites máximos de la prestación por desempleo	
N.º de hijos a cargo menores de 26 años	Porcentaje sobre el IPREM*
Sin hijos	El 175 % del IPREM
Con un hijo	El 200 % del IPREM
Con dos o más hijos	El 225 % del IPREM
Límites mínimos de la prestación por desempleo	
Sin hijos	El 80 % del IPREM
Con hijos	El 107 % del IPREM
* Este indicador se refiere a la cuantía mensual incrementada con una sexta parte de las pagas extraordinarias.	

Tabla 6.13. Cuantía de la prestación por desempleo.

ACTIVIDADES

5. Calcula la prestación por desempleo que le corresponde percibir a una persona trabajadora sin hijos que ha cotizado durante 390 días. Su base de cotización por contingencias profesionales de los últimos seis meses es de 1100 € mensuales.

B. Nivel asistencial: subsidio por desempleo

El subsidio por desempleo es una prestación asistencial (nivel no contributivo), que se concede a quienes continúan en paro sin haber rechazado oferta de trabajo adecuada (Tabla 6.14).

Beneficiarios del subsidio por desempleo	Duración del subsidio
Personas trabajadoras que han agotado la prestación contributiva por desempleo y tienen responsabilidades familiares. 	Seis meses, prorrogables por otros dos periodos de igual duración hasta un máximo de 18 meses. Excepciones: • Las personas trabajadoras menores de 45 años que hayan agotado una prestación contributiva de al menos seis meses tendrán derecho a una prórroga de seis meses, hasta totalizar 24 meses. • Las personas trabajadoras mayores de 45 años que hayan agotado una prestación contributiva de cuatro meses tendrán derecho a una prórroga de seis meses, hasta totalizar 24 meses. • Las personas trabajadoras mayores de 45 años que hayan agotado una prestación contributiva de al menos seis meses tendrán derecho a dos prórrogas de seis meses cada una, hasta totalizar 30 meses.
Personas trabajadoras que, al producirse la situación legal de desempleo, no han cubierto el periodo mínimo de cotización para acceder a una prestación contributiva.	Si la persona trabajadora tiene responsabilidades familiares: • Tres, cuatro o cinco meses, si ha cotizado tres, cuatro o cinco meses, respectivamente. • Veintiún meses, si ha cotizado seis meses o más. Si la persona trabajadora no tiene responsabilidades familiares: • Seis meses si ha cotizado seis o más meses.
Personas mayores de 55 años que hayan cotizado por desempleo al menos durante seis años y reúnan todos los requisitos, salvo la edad para acceder a la pensión de jubilación.	Subsidio de desempleo hasta que se alcance la edad para acceder a la pensión de jubilación contributiva en cualquiera de sus modalidades.
Persona trabajadora emigrante retornada, sin derecho a la prestación por desempleo, liberado de prisión o declarado plenamente incapaz o inválido en el grado de IPP para la profesión habitual.	Seis meses, prorrogables por otros dos periodos de igual duración hasta un máximo de 18 meses.
Límites mínimos de la prestación por desempleo	
La cuantía será del 80 % del indicador público de renta de efectos múltiples mensual, sin incluir las pagas extraordinarias.	

Tabla 6.14. Duración y cuantía del subsidio por desempleo.

CASO PRÁCTICO 8. Prestación por desempleo

Joaquín ha sido despedido por motivos disciplinarios. Llevaba trabajando en su empresa ocho años. No tiene hijos y las bases de cotización por desempleo durante los 180 días anteriores ascienden a 19 000 €.

Indica la cuantía de la prestación por desempleo que le corresponde, suponiendo que el IPREM ascendiera a 700 € mensuales, e indica durante cuánto tiempo le corresponderá percibir la prestación.

Solución:

Base Reguladora = 19 000/180 = 105,56 €. Durante los primeros 180 días percibirá el 70 % de la base reguladora.

BR: 105,56 × 0,70 = 73,89 €/día × 30 = 2216,76 €/mes.

La prestación máxima para un trabajador sin hijos es el 175 % del IPREM, incluidas las pagas extraordinarias. Siendo el IPREM mensual de 700,00 €, cobraría 700,00 € × 175 % = 1225,00 €.

Este trabajador no cobrará los 2216,76 €, sino 1225,00 €.

A partir del día 181, cobrará el 50 % de la base reguladora, con el límite del 175 % del IPREM.

BR/día: 105,56 × 50 % = 52,78 €/día × 30 días = 1583,40 €/mes.

Por su situación familiar, el trabajador no cobrará los 1583,40 €/mes porque es superior al límite máximo, sino 1225,00 €.

PIENSA Y RESUELVE

6. La OCDE afirma que España debe vincular la edad de jubilación a la expectativa de vida, y considera que el factor de sostenibilidad constituye una herramienta adecuada para afrontar el impacto de la longevidad en las pensiones. ¿Qué camino alternativo se podría seguir para la resolución de este problema de forma creativa?

ACTIVIDADES DE SÍNTESIS

1. En esta unidad hemos visto en qué consiste la acción protectora de la Seguridad Social.

Elabora en tu cuaderno un mapa conceptual con las siguientes palabras clave: *modalidades, regímenes, organismos de la Seguridad Social, obligaciones de la empresa* y *prestaciones.*

2. Realiza ahora en el cuaderno una tabla que recoja los datos básicos de las siguientes prestaciones:

Prestaciones	Requisitos de acceso	Duración
Nacimiento y cuidado del menor		
Corresponsabilidad en el cuidado del lactante		

3. Haz un esquema donde indiques qué prestaciones cubren estas situaciones: enfermedad, incapacidad permanente, jubilación, muerte y supervivencia.

4. Al finalizar esta unidad debes tener claro en qué consisten los siguientes conceptos: régimen general, contingencia, afiliación y prestación.

Relaciona cada uno con su definición.

a) Afiliación	1. Régimen de la Seguridad Social al que pertenecen las personas trabajadoras por cuenta ajena.
b) Prestación	2. Situación de necesidad, como enfermedad o pérdida de ingresos por jubilación, enfermedad, desempleo, etc.
c) Contingencia	3. Medidas con las que cuenta la Seguridad Social para ayudar a las personas a superar determinadas situaciones o estados de necesidad concretos.
d) Régimen general	4. Acto administrativo mediante el cual la Tesorería General de la Seguridad Social reconoce la condición de persona incluida en el sistema de la Seguridad Social.

INVESTIGACIÓN

Palabras clave para la búsqueda de información: *Seguridad Social, prestaciones, beneficiarios, requisitos.*

5. En la empresa Formación, S. L., trabajan Juan, Gema, Sara, Pedro, Mateo e Ismael.

- Juan es el propietario y gerente de la empresa que fundó hace quince años.
- Sara, auxiliar administrativa de 28 años, lleva tres trabajando en la empresa y actualmente está de baja por nacimiento y cuidado de menor.
- Pedro es técnico electricista, tiene 40 años y lleva 15 como empleado en la empresa. Actualmente, está de baja por una incapacidad temporal derivada de un accidente en el trabajo.
- Mateo trabaja como técnico electricista y tiene 64 años. Está a la espera de la jubilación.
- Gema tiene 28 años, trabaja en Atención al cliente y ayer le confirmaron la próxima finalización de su contrato en prácticas, de dos años de duración.
- Ismael, que es padre de un niño, tiene 31 años y ha firmado un contrato de interinidad de cuatro meses para sustituir a Sara.

La Seguridad Social encuadra a las personas trabajadoras en diferentes regímenes para adecuar las prestaciones y obligaciones a las particularidades de la actividad.

Responde a las cuestiones siguientes:

a) Indica si las personas trabajadoras de la empresa Formación, S. L., pertenecen al régimen general o a alguno especial.

b) Indica qué trámites debe realizar Juan cada vez que incorpore a una persona trabajadora a la empresa y cada vez que se produzca un cese, y en qué plazo debe hacerlo.

c) Señala qué prestaciones han solicitado o pueden solicitar cada una de las personas trabajadoras de la empresa e indica ante qué organismo deben tramitarse.

6. Fernando, que pronto estará desempleado, se pregunta si tiene derecho a alguna prestación. Lo primero que debe saber es cuánto tiempo ha cotizado, información que puede averiguar a través del informe de vida laboral. ¿Cómo se consigue telemáticamente la vida laboral?

Puedes utilizar los siguientes recursos:

- **https://bit.ly/34v9onM**
- **https://bit.ly/3dVIZT6**

Fernando, que ha agotado su prestación por desempleo y no encuentra trabajo, quiere saber si puede acceder al subsidio por desempleo. Tiene 24 años y carece de responsabilidades familiares. Puedes utilizar el programa de autocálculo que encontrarás en este enlace:

- **https://bit.ly/331jNXo**

TEST DE REPASO

1. ¿Cuál de estas personas trabajadoras se encuadra dentro del régimen general de la Seguridad Social?

a) Azucena, que cursa un ciclo formativo de Administración y Finanzas.

b) Vicenta, que trabaja en un barco pesquero.

c) Un informático que trabaja como como autónomo.

d) Un técnico de laboratorio que trabaja en una clínica.

2. La afiliación de la persona trabajadora la solicita...

a) La propia persona trabajadora.

b) La empresa.

c) El INSS.

d) El SEPE.

3. Indica qué prestaciones de la Seguridad Sociedad incluye la modalidad no contributiva.

a) La asistencia sanitaria.

b) La incapacidad permanente.

c) La jubilación.

d) Todas las anteriores.

4. ¿Qué organismo gestiona la prestación por desempleo?

a) La Tesorería General de la Seguridad Social.

b) El Servicio Público de Empleo Estatal (SEPE).

c) El Instituto Nacional de la Seguridad Social (INSS).

d) Ninguno de ellos.

5. Desde el 1 de enero de 2021, la duración de la prestación por nacimiento y cuidado de menor, para ambos progenitores asciende a...

a) Dieciséis semanas.

b) Catorce semanas.

c) Doce semanas.

d) Diez semanas.

6. La cuantía de la prestación por nacimiento y cuidado de menor equivale a...

a) El 100 % de la base reguladora.

b) El 75 % de la base reguladora.

c) El 70 % de la base reguladora.

d) El 80 % de la base reguladora.

7. Indica cuántas semanas puede anticipar la madre biológica en el inicio de la prestación por nacimiento y cuidado de menor a la fecha probable del parto.

a) Dos.

b) Tres.

c) Cuatro.

d) Cinco.

8. En una incapacidad temporal derivada de una enfermedad común, el subsidio durante los tres primeros días es de...

a) No hay subsidio los tres primeros días.

b) El 50 % de la base reguladora.

c) El 60 % de la base reguladora.

d) El 75 % de la base reguladora.

9. La incapacidad permanente total inhabilita a la persona trabajadora para...

a) Realizar tareas de su profesión; no obstante, puede dedicarse a otras distintas.

b) Realizar tareas de cualquier profesión.

c) Cualquier actividad en su vida profesional o personal.

d) Todas las afirmaciones anteriores son incorrectas.

10. Para poder acceder a la pensión de jubilación es necesario...

a) Tener la edad de jubilación correspondiente en cada momento.

b) Haber cotizado durante quince años como mínimo.

c) Dos años deben estar incluidos dentro de los últimos cotizados, previos a la edad de jubilación.

d) Todas las respuestas son verdaderas.

11. Las prestaciones por desempleo...

a) Están sujetas a tributación en el impuesto sobre la renta de las personas físicas.

b) No están sujetas a ninguna tributación.

c) Solamente está sujeta a tributación la parte que excede del SMI.

d) Están sujetas a tributación en función del número de hijos o hijas.

12. El subsidio por desempleo de nivel asistencial se concede a quienes, en situación de paro, carecen de rentas superiores, en cómputo mensual, a...

a) El 75 % del SMI.

b) El 80 % del IPREM.

c) El 80 % del SMI.

d) El 100 % del IPREM.

13. Tienen derecho a la pensión de orfandad...

a) Las personas menores de 21 años.

b) Las personas menores de 25 años que no realicen ninguna actividad, siempre que sus ingresos resulten inferiores al SMI en cómputo anual.

c) Los hijos o hijas incapacitados para trabajar.

d) Todas las opciones son correctas.

COMPRUEBA TU APRENDIZAJE

1. Explica qué competencias tienen los siguientes organismos: INSS, TGSS, IMSERSO y SEPE.

2. Indica ante qué organismos realizarías estos trámites:

   a) Afiliación y alta de una persona.

   b) Solicitud de una prestación por desempleo.

   c) Solicitud de una prestación por incapacidad permanente absoluta.

   d) Solicitud de asistencia médica.

3. Juan, que trabaja como mecánico en un taller de reparación de automóviles desde hace dos meses, ha oído decir que la empresa no da de alta a los empleados y empleadas hasta que llevan tres meses en plantilla. Tiene gripe y teme necesitar una baja médica. Indica a dónde se tiene que dirigir el trabajador para averiguar si se encuentra de alta o no en la Seguridad Social.

4. Determina cuáles de las siguientes situaciones están comprendidas dentro del ámbito de protección de la Seguridad Social:

   a) Un estudiante de 23 años que participa como voluntario durante un verano en un campo de trabajo, ayudando a niños y niñas. El joven sufre un esguince en un pie al bajar las escaleras de la residencia.

   b) Una persona trabajadora de una empresa de maderas se lesiona una mano cuando manipula una herramienta de corte, pero la empresa no le ha dado de alta en la Seguridad Social.

   c) María tiene 22 años y estudia en la universidad, lugar donde sufre un accidente al resbalar en el suelo de un pasillo que estaba mojado. Como consecuencia, tiene que ser operada de una fractura de tobillo.

5. Señala qué actividades están incluidas en algún régimen especial de la Seguridad Social.

6. La empresa BIMSA contrata a Eduardo, que acaba de terminar su FCT en dicha empresa. Indica qué obligaciones tiene la empresa con este trabajador respecto a la Seguridad Social.

7. El contrato de trabajo de Román finaliza el día 15 de octubre de 2021 y la empresa procede a darle de baja en la Seguridad Social el 20 del mismo mes, haciendo constar este día como fecha de baja en la empresa.

   a) ¿La empresa ha actuado correctamente?

   b) ¿Qué repercusiones puede tener para la empresa el hecho de hacer constar el día 20 como fecha de la baja?

   c) ¿Quiénes están obligados a cotizar a la Seguridad Social?

   d) ¿A quién corresponde ingresar el importe de las cuotas en la Tesorería General de la Seguridad Social?

8. Una empleada de 22 años con una antigüedad de seis meses en la empresa, ha dado a luz a unos gemelos en julio. Su base de cotización por contingencias comunes del mes anterior a la baja asciende a 1300 €. El salario de la trabajadora es mensual.

   a) ¿Qué permiso por nacimiento y cuidado de menor le corresponde?

   b) Calcula a cuánto ascenderá la prestación por nacimiento y cuidado de menor en el mes de julio.

9. Alfredo que tiene 37 años y lleva siete trabajando en una refinería de petróleo, ha sido padre en el mes de noviembre. Su base de cotización del mes de octubre es de 2950 €. Le han comentado que tiene derecho a percibir una prestación para el cuidado de su hija durante 16 semanas, igual que la madre. Contesta a las siguientes preguntas:

   a) ¿Puede beneficiarse de la citada prestación por nacimiento y cuidado de menor?

   b) ¿Quién paga el permiso: la empresa o la Seguridad Social?

   c) Calcula el importe de diciembre que percibiría Alfredo por el hecho de haber sido padre.

10. Ana y Nicolás, que tienen 35 y 40 años, respectivamente, van a adoptar un hijo. ¿Tienen derecho a percibir las prestaciones por nacimiento y cuidado de menor?

11. ¿Cuál será la cuantía del subsidio por incapacidad que le correspondería a Eugenia teniendo en cuenta sus circunstancias? La baja se debe a un accidente laboral y comprende desde el día 8 de agosto hasta el 31; el contrato de la empleada, que lleva diez años en la empresa, es indefinido a jornada completa; su salario es mensual, con una base de cotización (en el mes anterior a la baja) de 2100 €; el último mes ha cobrado 225 € horas extras, mientras que en los doce meses anteriores cobró 3500 € por este concepto.

12. Calcula el subsidio por IT que le corresponde a Rosa, que sufrió una luxación de tobillo el día 18 de septiembre y estuvo de baja el resto del mes. Su salario es diario, y su base de cotización por contingencias comunes del mes anterior asciende a 1200 €. La empresa le abona una mejora voluntaria los tres primeros días igual al 50% de la base reguladora.

13. Tras ocho meses de baja, Patricio recibe una resolución del Instituto Nacional de la Seguridad Social que lo declara en situación de incapacidad permanente absoluta, basándose en la pérdida por parte del trabajador de la capacidad intelectual necesaria para desempeñar sus funciones. El empleado tiene 47 años, ha cotizado durante 25, y su base reguladora es de 1900 €. Responde a las siguientes cuestiones:

    a) ¿Qué tipo de prestación le corresponde a Patricio?

    b) ¿Cuánto cobrará?

14. Elabora un esquema que incluya los requisitos que se precisan para acceder a una prestación contributiva por jubilación.

15. Nancy ha perdido su empleo después de un procedimiento de despido colectivo. Este era su primer trabajo desde hacía siete meses y se pregunta lo siguiente:

a) ¿Tendrá derecho a percibir algún tipo de protección por desempleo?

b) En caso afirmativo, ¿durante cuánto tiempo y cuál será su importe?

16. La empresa BASL ha despedido a Rafael porque piensa que estaba reduciendo su rendimiento normal de forma voluntaria y continuada. Él recurre judicialmente el despido, este es declarado improcedente en una sentencia del Juzgado de lo Social y la empresa opta por pagar la indemnización al empleado.

Rafael, que es padre de un niño, tiene una base de cotización por contingencias profesionales, correspondiente a los últimos 180 días, de 13 800 €.

a) El trabajador despedido, ¿se encuentra en situación legal de desempleo?

b) ¿Durante cuánto tiempo puede percibir la prestación por desempleo si tiene cotizados 1600 días?

c) ¿Cuál será la base reguladora diaria con la que se calculará la prestación por desempleo de Rafael?

d) Calcula el importe de la prestación por desempleo que percibirá el trabajador cada mes, suponiendo que el IPREM mensual, incluido el prorrateo de pagas extras, es de 700 €.

17. El artículo 41 de la Constitución española , establece lo siguiente: «Los poderes públicos mantendrán un régimen público de la Seguridad Social para todos los ciudadanos, que garantice la asistencia y prestaciones sociales suficientes ante situaciones de necesidad».

En grupos de cinco estudiantes y guiados por el docente, haced una lista con prestaciones concretas de la Seguridad Social que conozcáis y contrastadlas con las estudiadas en esta unidad.

Finalmente, se hará una puesta en común y se podrán incluir prestaciones que no existen, pero podrían resultar interesantes.

- Escribe dos ideas de esta unidad que tengas claras y que te parezcan fundamentales. ¿Qué te ayudó a comprenderlas?
- Formula dos preguntas de la unidad sobre aspectos que no hayas entendido totalmente.
- Escribe dos aspectos de esta unidad sobre los que te gustaría profundizar.

DE CAMINO AL MUNDO LABORAL

La acción protectora de la Seguridad Social está presente en la asistencia sanitaria, en situaciones de incapacidad temporal y en la prestación por desempleo.

Objetivo

Profundizar en el sistema de la Seguridad Social.

Tarea

1. **Al matricularte como estudiante has pagado el seguro escolar obligatorio y se te ha dado de alta en el régimen especial de estudiantes.**

   Contesta en tu cuaderno a las siguientes preguntas:

   a) ¿Cuándo se produce el alta?

   b) ¿A cuánto asciende la cotización?

   c) ¿A qué prestaciones se tiene derecho?

   Para responder puedes consultar esta página web:

   - **https://bit.ly/2NX4pqc**

2. **Para beneficiarte de alguna prestación, necesitas saber el tiempo que has cotizado. Para ello, puedes solicitar un informe de tu vida laboral en la TGSS.**

   Consulta tu vida laboral, si has trabajado, o la de algún familiar, en caso contrario, en el siguiente enlace:

   - **http://bit.ly/2NX4pqc**

3. **Aunque has trabajado, no puedes acceder a la prestación, pero sí solicitar el subsidio por desempleo.**

   ¿Cuáles son los requisitos para beneficiarse de dicho subsidio, duración de la prestación y cuantía?

   Puedes consultar en el siguiente enlace:

   - **https://www.seg-social.es**

4. **Si has agotado los subsidios por desempleo o eres una persona parada de larga duración y has agotado la prestación por desempleo, debes saber que existe un subsidio extraordinario.**

   Investiga a quiénes está dirigido y cuáles son los requisitos.

   Puedes consultar en la página web del SEPE:

   - **https://bit.ly/37ofliI**

5. **El IMV es una prestación para prevenir la pobreza y exclusión social de personas que viven solas o integradas en una unidad de convivencia, pero carecen de recursos económicos para cubrir sus necesidades básicas.**

   Investiga a quiénes está dirigido y los requisitos que se deben cumplir para cobrar esta prestación.

   Puedes consultar en el siguiente enlace:

   - **https://www.seg-social.es**

7 UNIDAD

Participación de las personas trabajadoras en la empresa

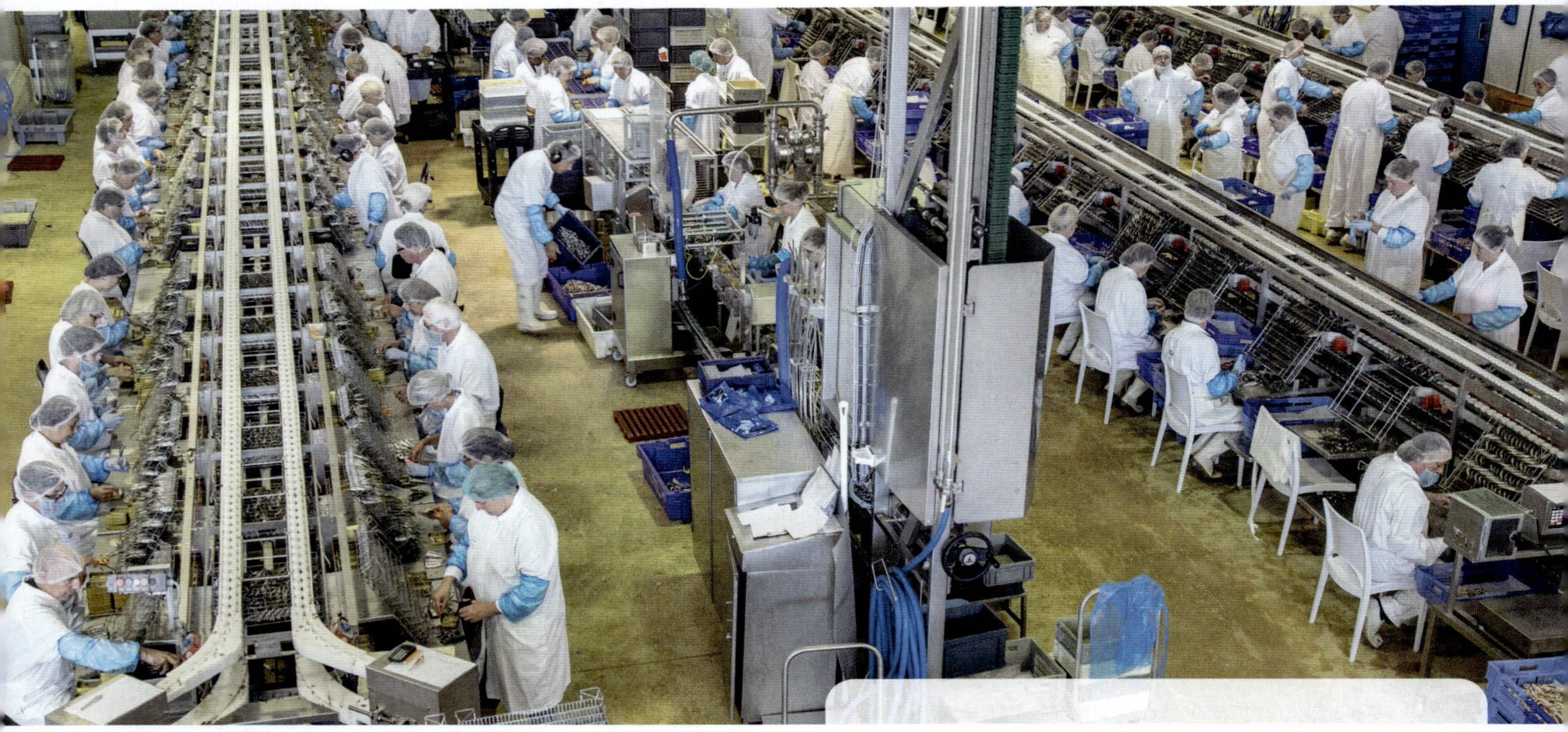

ESTUDIARÁS

- La representación de las personas trabajadoras en la empresa.
- Los sindicatos.
- El análisis del convenio colectivo.
- La negociación colectiva y sus estrategias.
- Las actuaciones en caso de conflicto colectivo en la empresa.

Y SERÁS CAPAZ DE

- Ejercer los derechos y cumplir las obligaciones que se derivan de las relaciones laborales, reconociendo unos y otras en los diferentes contratos de trabajo.
- Distinguir las diferentes formas de representación de las personas trabajadoras en la empresa.
- Valorar la importancia de la negociación y sus técnicas en los casos de conflicto colectivo.

La lucha por la defensa de los intereses de las personas trabajadoras comenzó durante la Revolución Industrial en Gran Bretaña. Sin embargo, fue a mediados del siglo XIX cuando los sindicatos consiguieron reconocimiento jurídico.

La Constitución española de 1978 prevé el derecho de las personas trabajadoras a participar en la empresa a través de sus representantes legales y de los sindicatos. Visualiza este video **https://bit.ly/2GOu3H1**, que nos muestra cómo era la situación de la libre sindicación durante la etapa preconstitucional en nuestro país, y responde:

¿Cuándo se legalizaron los sindicatos en España? ¿Existía la libre sindicación? ¿Cómo se regulaba?

- ¿Sabes qué es un sindicato?
- ¿Conoces lo que es un comité de empresa?
- ¿La huelga es un derecho fundamental?

1. La libertad sindical

La Revolución Industrial supuso el surgimiento del movimiento obrero, que reclamaba mejoras en las condiciones laborales de las personas trabajadoras y el reconocimiento del derecho a la libertad sindical, o derecho de las personas trabajadoras a afiliarse o asociarse a un sindicato para la defensa de sus intereses (Tabla 7.1).

La **libertad sindical** en España es un derecho fundamental de las personas reconocido en el artículo 28 de la Constitución de 1978, que establece que todas tienen derecho a sindicarse libremente.

Contenido de la libertad sindical	• La persona trabajadora tiene derecho a afiliarse al sindicato de su elección. • Nadie puede ser obligado a afiliarse a un sindicato. • Existe el derecho a fundar sindicatos.
¿Quiénes tienen derecho a sindicarse?	• Las personas que trabajen por cuenta ajena (personas asalariadas y funcionariado). • Personas trabajadoras desempleadas y jubiladas. • Autónomos que no tengan personas trabajadoras a su cargo. • La policía nacional, autonómica y municipal según su normativa.
¿Quiénes no tienen derecho a sindicarse?	• La judicatura y los fiscales mientras estén en activo. • Las personas trabajadoras de las fuerzas y cuerpos de seguridad sometidos a disciplina militar (Guardia Civil y Fuerzas Armadas).

Tabla 7.1. Contenido de la libertad sindical y sujetos de esta.

¿SABÍAS QUE...?

El **convenio 87 de la OIT** es uno de los ocho convenios de esta organización con estatus de convenio fundamental, lo que significa que aborda un tema considerado principio y derecho fundamental en el trabajo: la libertad de asociación y la libertad sindical. Este principio también está incluido en la Declaración de la OIT relativa a los principios y derechos fundamentales en el trabajo (1998).

CASO PRÁCTICO 1. Afiliación a un sindicato

Iván acude a firmar su contrato como técnico superior de Comercio Internacional en una empresa de logística. En la reunión con el jefe de Recursos Humanos le informan de que es costumbre en la empresa que todas las personas trabajadoras estén afiliadas al mismo sindicato.

¿Sería legal que la empresa le impusiera esta obligación al empleado?

Solución:

No. La libertad sindical es un derecho fundamental que, en su vertiente positiva, faculta a las personas trabajadoras para afiliarse a un sindicato y, en su vertiente negativa, supone la prohibición de obligar a alguien a afiliarse a un sindicato en contra de su voluntad. Por ello, la imposición de la empresa es contraria a un derecho fundamental.

CLAVES Y CONSEJOS

Los **sindicatos de personas trabajadoras** y las **asociaciones empresariales** contribuyen a la defensa de los intereses económicos y sociales que les son propios. Su creación y el ejercicio de su actividad son libres dentro del respeto a la Constitución y a la ley. Su estructura interna y su funcionamiento deben ser democráticos.

PONTE A PRUEBA 1. Libertad sindical

César se ha incorporado al mercado laboral, la empresa le ha hecho un contrato en prácticas por un año y le ha prohibido afiliarse a un sindicato mientras su contrato esté vigente. El trabajador no sabe si esa prohibición es legal.

Para resolver sus dudas, puedes consultar el artículo 28 de la Constitución española.

ACTIVIDADES

1. La Asociación Unificada de Guardias Civiles (AUGC), mayoritaria en el cuerpo, emitió un manifiesto en favor del derecho de sindicación en dicho cuerpo, apoyada por otras asociaciones de los cuerpos de seguridad del Estado, de policías o militares, así como por asociaciones de defensa de los derechos humanos. ¿Es esto posible?

¿SABÍAS QUE...?

La Constitución española ampara el derecho de las empresas a constituir asociaciones en defensa de los intereses que les son propios. Las dos más importantes en España son la CEOE y la CEPYME (Fig. 7.3).

Fig. 7.1. Anagramas de sindicatos.

Fig. 7.3. Anagramas de asociaciones empresariales.

2. Los sindicatos

El derecho a la libertad sindical, del que disfrutan las personas trabajadoras y que está recogido en la Constitución española de 1978, incluye el derecho a la creación de sindicatos (Fig. 7.1).

Un **sindicato** se puede definir como la asociación permanente de personas trabajadoras que ejercen cierta actividad profesional para la representación y mejora de sus intereses profesionales y de sus condiciones de vida (Fig. 7.2).

¿Qué funciones tienen los sindicatos?

- Representan a los trabajadores ante las Administraciones Públicas y en los organismos laborales internacionales (los más representativos).
- Participan en la negociación de los convenios colectivos.
- Promueven elecciones para delegados de personal y comités de empresa.

¿Cómo se organizan los sindicatos?

- Por actividades o ramas de producción, como por ejemplo enseñanza, metal, banca, química, transportes, etc.
- Por ámbitos territoriales: estatal, autonómico, provincial, interprovincial, regional, local, de empresa y de centro de trabajo.

Fig. 7.2. Funciones y organización de los sindicatos.

Los sindicatos pueden clasificarse según su **representatividad**, que se establece atendiendo al número de puestos o representantes que obtuvieron sus candidatos en las elecciones a órganos de representación de los trabajadores en la empresa. Teniendo en cuenta este criterio, los sindicatos pueden ser más representativos o con representatividad ordinaria (Tabla 7.2):

Sindicatos más representativos	En el ámbito nacional	Los que obtienen al menos un 10 % de los representantes de las personas trabajadoras o están federados con otro más representativo.
	En el ámbito autonómico	Los que consiguen, en el ámbito de una comunidad autónoma, al menos un 15 % de los representantes de las personas trabajadoras en las empresas, con un mínimo de 1500.
Sindicatos con representación ordinaria	Aquellos que no tienen cabida en las categorías anteriores, en un ámbito territorial y funcional específico, y consiguen al menos un 10 % de los representantes de las personas trabajadoras.	

Tabla 7.2. Tipos de sindicatos según su representatividad.

CASO PRÁCTICO 2. Representatividad de los sindicatos

Un sindicato quiere saber si tiene la consideración de sindicato más representativo a nivel nacional. Consultando las actas de las elecciones a representantes unitarios de personal de todo el Estado, se comprueba que ha conseguido en total el 8,5 % de los delegados y delegadas de personal, integrantes de los comités de empresa y juntas de personal. ¿Se podría considerar este sindicato como el más representativo de ámbito estatal?

Solución:

No, no se podría considerar el sindicato más representativo a nivel nacional, puesto que no ha conseguido el 10 % del total de los representantes unitarios. Esta es la cuota exigida por la Ley Orgánica de Libertad Sindical para que un sindicato pueda tener la consideración de sindicato más representativo de ámbito estatal.

ACTIVIDADES

2. Un sindicato que ha obtenido una representatividad ordinaria en las elecciones sindicales quiere entrar en la mesa de negociación de un convenio colectivo. Señala si está legitimado para ello.

3. Representación en la empresa

La participación de las personas trabajadoras en la empresa se puede articular de dos formas:

- **Representación unitaria** (delegados de personal y comité de empresa). Canaliza la participación de todas las personas trabajadoras con independencia de su afiliación a un sindicato.
- **Representación sindical.** Las personas trabajadoras afiliadas a un sindicato pueden estar representadas en las empresas o centros de trabajo a través de las secciones sindicales, en cuyo seno son elegidos los delegados y delegadas sindicales por sus integrantes (Fig. 7.4).

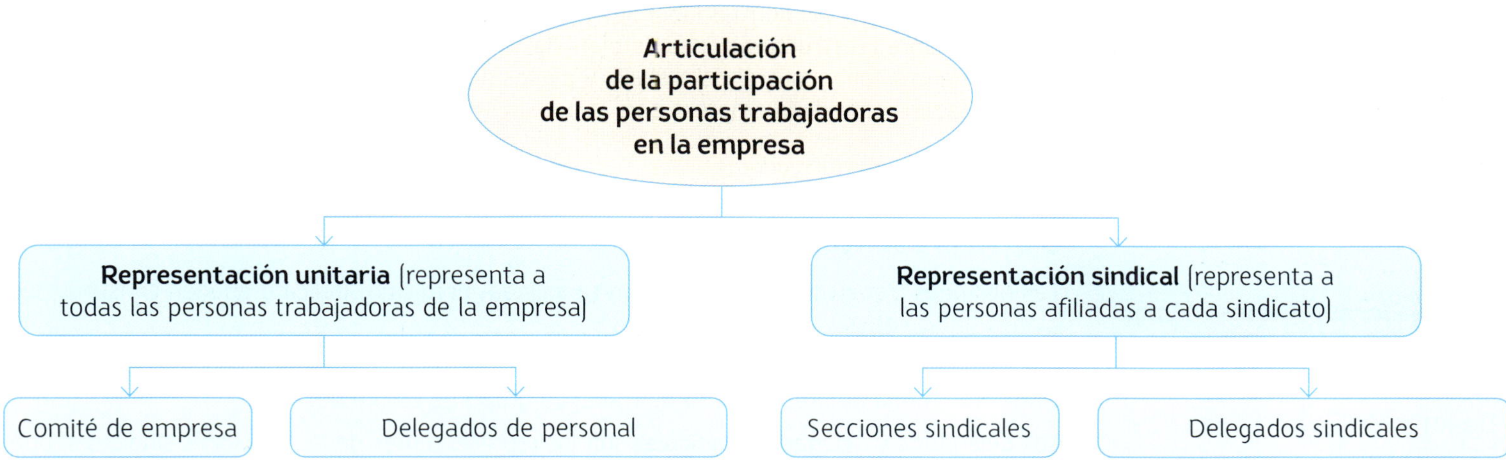

Fig. 7.4. Representación de las personas trabajadoras.

3.1. Representación unitaria

Los delegados de personal y los integrantes de los comités de empresa son elegidos por todas las personas trabajadoras mediante sufragio personal, directo, libre y secreto. Su **periodo de representación es de cuatro años,** entendiéndose que este se prorroga si a su término no se han promovido nuevas elecciones de representantes. Son electoras todas las personas trabajadoras mayores de 16 años con una antigüedad en la empresa de, al menos, un mes. Son elegibles todos los integrantes de la plantilla mayores de 18 años y con una antigüedad de, al menos, seis meses.

A. Delegados de personal

Las personas que asumen la función de delegados de personal son representantes de las personas trabajadoras en aquellas empresas o centros de trabajo que tienen más de diez y menos de 50 empleados o empleadas, en la proporción que aparece en la Tabla 7.2. En los centros de trabajo que cuentan con un número comprendido entre seis y diez personas trabajadoras, si estas lo acuerdan mayoritariamente, puede elegirse una persona que realizará esta función.

B. Comité de empresa

Es el órgano de representación colegiado de las personas trabajadoras en las empresas o centros de trabajo que tienen 50 empleados y empleadas o más. El número de componentes del comité de empresa dependerá del número de personas trabajadoras, según se indica en la Tabla 7.3.

En las empresas que poseen dos o más centros de trabajo en la misma provincia, o en municipios limítrofes, cuyos censos independientes no alcanzan las 50 personas trabajadoras, pero sí suman tal cantidad en total, se constituirá un **comité de empresa conjunto.**

Cuando unos centros tengan 50 o más personas trabajadoras y otros de la misma provincia no lleguen a esa cantidad, en los primeros se constituirán comités propios, y para todos los demás se constituirá uno solo.

Las empresas que disponen de distintos centros de trabajo con comités de empresa pueden crear un **comité intercentros,** formado por trece integrantes, como máximo, designados de entre los componentes de los comités de los distintos centros de trabajo, si así está pactado en el convenio colectivo. Si la empresa cuenta con centros en varios estados de la Unión Europea (UE), es posible crear un comité de empresa europeo.

Delegados de personal

Personas trabajadoras de la empresa	Delegados de personal
De 6 a 10	1 (si así lo deciden las personas trabajadoras por mayoría)
De 11 a 30	1
De 31 a 49	3

Comité de empresa

Personas trabajadoras de la empresa	Integrantes del comité
De 50 a 100	5
De 101 a 250	9
De 251 a 500	13
De 501 a 750	17
De 751 a 1000	21
De 1001 en adelante	1 por cada 1000 o fracción (con un máximo de 75)

Tabla 7.3. Órganos de representación unitaria en la empresa.

C. Las competencias de los representantes de los trabajadores

Las competencias de los integrantes del comité de empresa y de los delegados y delegadas de personal se recogen en la Tabla 7.4.

El número de horas de **crédito sindica**l (Tabla 7.5) depende de la cantidad de personas trabajadoras de la empresa y puede acumularse en uno o varios representantes, que tienen la posibilidad de quedar liberados de su trabajo conservando el salario íntegro.

Competencia de los representantes de los trabajadores	• Conocer la situación económica de la empresa. • Recibir información sobre la situación de la producción, la evolución del empleo, el absentismo laboral, las sanciones por faltas graves y muy graves, la aplicación del derecho de igualdad, etc. • Vigilar el cumplimiento de las normas laborales y las condiciones de seguridad e higiene. • Emitir informes sobre reestructuraciones de plantilla, reducciones de jornada, estudio de tiempos, sistemas de organización y control del trabajo, y planes de formación profesional. • Colaborar con la dirección de la empresa para la puesta en marcha de medidas de conciliación.

Tabla 7.4. Competencias de los representantes de las personas trabajadoras.

3.2. Representación sindical

Trabajadores	Horas al mes
Hasta 100	15
De 101 a 250	20
De 251 a 500	30
De 501 a 750	35
De 501 a 750	35

Tabla 7.5. Horas de crédito sindical.

Las personas trabajadoras de una empresa afiliadas al mismo sindicato pueden constituir secciones sindicales.

Las **secciones sindicales** están formadas por las personas trabajadoras afiliadas a un mismo sindicato en una empresa, centro de trabajo o grupo de empresas.

Los **delegados y delegadas sindicales** son los representantes de las secciones sindicales; pueden ser elegidos cuando la plantilla cuenta con más de 250 personas trabajadoras y la sección sindical tiene presencia en el comité de empresa.

3.3. Garantías de todos los representantes de los trabajadores

Las garantías de los representantes tanto unitarios como sindicales son las mismas y están recogidas en el artículo 68 del Estatuto de los Trabajadores (Tabla 7.6).

Garantías de los representantes de los trabajadores	• Apertura de un expediente contradictorio si la empresa los sanciona por faltas graves o muy graves. • Tener prioridad de permanencia en la empresa en los siguientes casos: despido colectivo; amortización de puestos de trabajo; movilidad geográfica, y suspensión o extinción de contratos por causas económicas, técnicas, organizativas o de producción. • No ser despedidos ni sancionados por acciones realizadas en el ejercicio de su representación durante el periodo de desarrollo de sus funciones y durante el año siguiente. • Expresar con libertad sus opiniones en materias concernientes a su representación. • Disponer de un número determinado de horas semanales retribuidas para el ejercicio de sus funciones.

Tabla 7.6. Garantías de los representantes de las personas trabajadoras.

CASO PRÁCTICO 3. Garantías de los representantes

Silvestre y Juana trabajan como técnicos en radiología. El primero es parte integrante del comité de empresa y Juana dejó de serlo hace 15 meses. Se rumorea que van a ser despedidos. ¿Tiene alguna característica especial el despido de estos trabajadores?

Solución:

En el caso de Silvestre, como representante legal, se procederá a la apertura de expediente contradictorio, en el que serán oídos, además de la persona interesada, los restantes miembros de la representación a la que pertenezca.

En el caso de Juana, no se le abrirá expediente contradictorio porque la garantía solo le protege un año después de dejar su cargo y ya han transcurrido 15 meses.

3.4. Derecho de reunión: la asamblea

Las personas trabajadoras de una misma empresa o centro de trabajo **tienen derecho a reunirse en asamblea en el propio centro** si las condiciones de este lo permiten. Las reuniones se deben realizar fuera de las horas de trabajo, salvo que se pacte lo contrario con la empresa.

La asamblea puede ser convocada por:

- El comité de empresa o los delegados y delegadas de personal.
- Un número de personas trabajadoras no inferior al 33 % de la plantilla, si así lo acuerdan en asamblea.

La convocatoria se ha de comunicar a la empresa con 48 horas de antelación como mínimo.

¿SABÍAS QUE...?

La empresa debe facilitar un **local adecuado para la celebración de asambleas,** salvo que no hayan transcurrido dos meses desde la última celebrada o no se hayan reparado los daños producidos en alguna anterior.

CASO PRÁCTICO 4. Representación sindical (I)

Una empresa cuenta con 4200 personas trabajadoras. Indica qué órgano de representación unitaria puede constituirse y el número de sus integrantes.

Solución:

En una empresa con más de 49 personas trabajadoras se debe elegir un comité de empresa, que estará formado por las siguientes personas trabajadoras:

Hasta 1000 personas trabajadoras	21 integrantes
Por los restantes 3200, dos por cada 1000 o fracción	6 integrantes
Total	27 integrantes

CASO PRÁCTICO 5. Representación sindical (II)

Una empresa de productos ópticos cuenta con tres centros de trabajo en la misma provincia: una fábrica con una plantilla de 55 personas trabajadoras, una tienda con quince y otra con doce.

a) ¿Todos los centros de trabajo pueden tener representación unitaria?

b) En caso afirmativo, ¿qué tipo de representación unitaria es posible constituir en cada uno?

Solución:

a) En todos los centros de trabajo puede crearse un órgano de representación unitaria, pues todos cuentan con una plantilla de más de once personas trabajadoras.

b) En la fábrica de 55 personas trabajadoras puede constituirse un comité de empresa con cinco integrantes. En cada tienda es posible elegir un delegado o una delegada de personal que represente a las personas trabajadoras.

ACTIVIDADES

3. Una empresa posee dos centros de trabajo en la misma localidad: uno de ellos cuenta con 25 personas trabajadoras, y el otro, con 31. ¿Qué tipo de representación unitaria pueden tener ambos centros?

4. A la plantilla completa de una empresa, compuesta por 45 personas, se le ha comunicado que la dirección quiere modificar el horario de trabajo de forma definitiva. Para intercambiar impresiones sobre el tema, 20 personas trabajadoras firman un escrito por el que se convoca una asamblea. ¿Es legal esta convocatoria?

5. Una empresa que cuenta con ocho personas en plantilla ha acordado por mayoría elegir a un delegado de personal. Indica si esta elección es correcta.

6. En una empresa que fabrica productos de cosmética natural trabajan 60 personas. Indica qué tipo de representación unitaria sería la adecuada.

7. Una empresa dedicada a la instalación de líneas telefónicas presenta un expediente de regulación de empleo (ERE). Indica si los representantes de las personas trabajadoras tienen alguna garantía de permanecer en la empresa respecto al resto del personal.

8. Daniel, un trabajador de 26 años afiliado desde hace dos a un sindicato, ha decidido presentarse como candidato del mismo en las elecciones sindicales. Indica qué requisitos se le exigen.

9. En una empresa se está sancionando y despidiendo a personas trabajadoras por infracciones graves sin informar previamente a sus representantes.

a) ¿Debería haber realizado algún trámite específico si se despide a un representante unitario?

b) ¿Cómo sería considerado el despido si una de esas personas trabajadoras fuese un representante legal?

4. La negociación colectiva

El artículo 37.1 de la Constitución española reconoce «el derecho a la negociación colectiva laboral entre los representantes de las personas trabajadoras y las empresas, así como la fuerza vinculante de los convenios».

4.1. Contenido de los convenios colectivos

> Los **convenios colectivos** son acuerdos suscritos por los representantes de las personas trabajadoras y de las empresas para fijar las condiciones de trabajo y productividad de un sector económico o de una empresa.

Mediante los convenios colectivos, las personas trabajadoras y las empresas regulan las condiciones de trabajo y de productividad, así como la paz laboral. En la Tabla 7.7 se observa el contenido mínimo de los convenios colectivos.

Contenido mínimo de los convenios
• Las partes que lo conciertan: los representantes de las personas trabajadoras y las empresas. • El ámbito del convenio: a quién se aplica. • Las materias económicas, como son las tablas salariales. • Las materias laborales, como las modalidades de contratación y su duración, la jornada de trabajo y el descanso, el periodo de prueba, la clasificación profesional, el régimen disciplinario, etc. • Las materias asistenciales, como las mejoras voluntarias de la Seguridad Social. • Las medidas que favorezcan la igualdad de trato entre mujeres y hombres y la conciliación.

Tabla 7.7. Contenido mínimo de los convenios colectivos.

4.2. Ámbito de los convenios colectivos

El ámbito de los convenios colectivos puede ser geográfico, funcional, temporal y personal (Tabla 7.8).

Ámbitos de los convenios colectivos	Geográfico	Define el territorio en el que se aplica el convenio (estatal, autonómico, provincial, etc.).
	Funcional	Marca las actividades empresariales a las que se aplica (construcción, metal, hostelería, etc.). El convenio aplicable a una compañía debe ser aquel que corresponde a la actividad principal.
	Temporal	Indica el periodo en el que se aplica o está vigente el convenio. Salvo pacto en contrario, el convenio se prorroga de año en año, si no media denuncia expresa de las partes. La denuncia, que es la comunicación de una de las partes a la otra notificando que desea negociar un nuevo convenio, será escrita y con copia a la autoridad laboral.
	Personal	Determina a qué empresas y personas trabajadoras se aplica el convenio.

Tabla 7.8. Ámbitos de los convenios colectivos.

¿SABÍAS QUE...?

Convenio de aplicación en una empresa

1. Convenio de empresa.
2. Si no existe el anterior, se aplica el convenio de sector de ámbito provincial.
3. Si no existe el provincial, se aplica el convenio de sector autonómico.
4. Si no existe el convenio autonómico, se aplica el estatal de sector.

PONTE A PRUEBA 2. Convenio colectivo de sector

Consulta el convenio colectivo de tu sector profesional:

a) Identifica las partes firmantes.

b) Localiza los ámbitos geográfico, funcional y temporal de este convenio y extracta en qué territorio se aplica, las actividades a las que corresponde y el periodo de vigencia.

Para resolver estas cuestiones, puedes consultar las siguientes páginas web:

- **https://bit.ly/3e6JRnY**
- **https://bit.ly/2HJFEuS**
- **https://bit.ly/2JipMjt**

5. Conflictos colectivos

La relación nacida del contrato de trabajo no siempre se desarrolla de forma pacífica y siguiendo las normas previstas en el ordenamiento jurídico, puesto que pueden surgir conflictos individuales o conflictos colectivos (Tabla 7.9).

Clases de conflictos laborales			
Según el número de personas afectadas		Según la finalidad del conflicto	
Individuales	Colectivos	Jurídicos	De intereses
Enfrentan a una persona trabajadora y una empresa. Se discute un interés personal.	Enfrentan a un grupo de personas trabajadoras con una empresa u organización empresarial. Los sujetos son, por un lado, los órganos de representación de las personas trabajadoras y, por otro, la empresa o la asociación empresarial.	Surgen al interpretar una norma estatal o pactada en los convenios colectivos. Pueden ser individuales o colectivos.	Tratan de revisar o sustituir una norma. Son siempre colectivos.

Tabla 7.9. Clasificación de los conflictos laborales.

El **conflicto colectivo** es un conflicto jurídico que surge como consecuencia de las discrepancias entre la empresa y las personas trabajadoras respecto de la significación o la aplicación de las normas preexistentes. Este tipo de conflictos laborales puede exteriorizarse **sin suspensión o con suspensión** del trabajo, como se muestra en la Tabla 7.10.

Formas de exteriorización de los conflictos colectivos	
Sin suspensión del trabajo	Con suspensión del trabajo
• Manifestaciones. • Trabajo lento. • Concentraciones. • Encierros. • Información (pancartas, anuncios, carteles, etc.).	• Huelga (personas trabajadoras). • Cierre patronal (empresas).

Tabla 7.10. Formas de exteriorización de los conflictos.

5.1. La huelga

La huelga es un **derecho fundamental** de los españoles reconocido en el artículo 28.2 de la Constitución, que dispone: «Se reconoce el derecho a la huelga de los trabajadores para la defensa de sus intereses».

Las huelgas pueden clasificarse según diversos criterios; el más importante es la distinción entre **huelga legal** y **huelga prohibida** (Tabla 7.11). Cuando la huelga es ilegal, su ejercicio puede acarrear a las personas trabajadoras consecuencias negativas que pueden comprender desde el pago de una indemnización por los daños y perjuicios ocasionados hasta la imposición de una sanción disciplinaria, incluido el despido.

¿SABÍAS QUE...?

El artículo 37.2 de la Constitución española reconoce el derecho de las personas trabajadoras y las empresas a adoptar **medidas de conflicto colectivo.** Este derecho está limitado por el respeto al funcionamiento de los servicios esenciales de la comunidad.

IMPORTANTE

En nuestro derecho existen diferentes mecanismos pacíficos de solución de conflictos colectivos, que pueden ser de dos tipos:

- **Extrajudiciales:** negociación, conciliación, mediación o arbitraje. Lo acordado tiene la misma eficacia que se atribuye a los convenios colectivos.
- **Judiciales:** proceso judicial de conflicto colectivo.

Huelgas legales	Son aquellas que cumplen todos los requisitos relativos a la convocatoria y ejercicio de estas legalmente establecidos.
Huelgas prohibidas	• **Las políticas,** por motivos políticos o con cualquier otra finalidad ajena al interés profesional de las personas trabajadoras afectadas. La huelga general no se consideraría huelga política como tal. • **Las solidarias,** salvo que afecten al interés profesional de quienes las promueven o sostienen. • **Las novatorias,** cuando tienen por objeto modificar lo pactado en un convenio colectivo, excepto en caso de incumplimiento de la empresa o cambio radical de las circunstancias. • **Las que no siguen el procedimiento legal para su declaración,** salvo que exista incumplimiento por la empresa o un cambio radical de las circunstancias.

Tabla 7.11. Huelgas legales y huelgas prohibidas.

Declaración de la huelga

La realizarán los delegados y delegadas de personal, el comité de empresa, las personas trabajadoras de la empresa por mayoría absoluta o los sindicatos.

Comunicación de la huelga a la empresa y a la autoridad laboral

Se notificará al menos cinco días antes de su inicio, periodo que asciende a diez días si se trata de servicios esenciales para la comunidad.

Comité de huelga

Debe realizar todas las actuaciones necesarias para la solución de la huelga.

Fig. 7.5. Procedimiento para la declaración de huelga.

A. Procedimiento para la declaración de huelga

El procedimiento para la declaración es el siguiente (Fig. 7.5):

- **Declaración de la huelga**, que exige la adopción de un acuerdo expreso. Pueden acordarla las personas trabajadoras que vayan a declararse en huelga o sus representantes (comité de empresa o delegados y delegadas de personal), que deben adoptar el acuerdo por mayoría, o los sindicatos con implantación en el ámbito laboral al que afecta la huelga.
- **Comunicación del acuerdo de huelga a la autoridad laboral y al empresario o empresaria.** La notificación debe realizarse con un preaviso de, al menos, cinco días naturales respecto al inicio. Este plazo se elevará a diez días cuando la huelga afecte a empresas de servicios públicos.
- **Constitución del comité de huelga.** El comité de huelga es el órgano que tiene como misión llevar a cabo las actuaciones necesarias para conseguir la solución de la huelga (negociar y garantizar los servicios mínimos). Está formado por un máximo de doce integrantes, todos ellos trabajadores del centro de trabajo, la empresa o las empresas afectadas, elegidos por sus compañeros y compañeras.

B. Desarrollo de la huelga

Durante el transcurso de la huelga, tanto la empresa como las personas trabajadoras tienen que cumplir las siguientes condiciones:

- La empresa **no puede sustituir a los huelguistas** por personas trabajadoras que no estuviesen vinculadas a la empresa al notificarse la huelga. Solo se permiten piquetes informativos.
- Debe **respetarse la libertad de trabajo** de quienes no quieran sumarse a la huelga.
- El comité de huelga tiene que **garantizar los servicios necesarios** para la seguridad de las personas y las cosas, así como el mantenimiento de locales, maquinaria, instalaciones, materias primas y cualquier otra atención imprescindible.
- Las partes tienen el **deber de negociar** durante todo el desarrollo de la huelga.

Los **servicios mínimos** los fija la autoridad gubernativa si la huelga afecta a servicios esenciales para la comunidad, como por ejemplo la sanidad, el transporte o la educación, entre otros.

CASO PRÁCTICO 6. Desarrollo de la huelga

La plantilla de una empresa con más de 100 empleados y empleadas está secundando una huelga para evitar el despido de varias personas. El comité de huelga se ha negado a negociar mientras la empresa no retire los expedientes sancionadores. Algunas personas trabajadoras quieren incorporarse al trabajo, pero los sindicatos han puesto piquetes. ¿Es correcta la actuación del comité de huelga y de las personas trabajadoras?

Solución:

El comité de huelga debe negociar mientras se desarrolla la huelga para poder llegar a un acuerdo.

Durante la huelga pueden existir piquetes informativos, pero están prohibidos los piquetes violentos que impiden el acceso al centro de trabajo a las personas trabajadoras que no desean secundar la huelga.

ACTIVIDADES

10. En una empresa se está desarrollando una huelga, secundada por el 90 % de la plantilla, para evitar que la dirección lleve a cabo un despido colectivo. La empresa ha contratado a personas trabajadoras a través de una ETT para servir los pedidos más urgentes.

¿Puede hacer esto la empresa?

PIENSA Y RESUELVE

11. Francisco tiene un conflicto laboral con la empresa automovilística en la que trabaja al haber sido sancionado por suplantar a un compañero, alterando los registros y controles de entrada y salida.

El trabajador simplemente intentaba ayudar a un compañero que necesitaba un favor para conciliar su vida laboral con la familiar por un problema puntual.

Indica cómo resolverías este problema de forma imaginativa.

C. Efectos de la huelga

De acuerdo con el ordenamiento jurídico, la huelga legal tiene consecuencias tanto para las personas trabajadoras como para las empresas:

- **Suspensión del contrato de trabajo.** No se percibe salario. Por cada día de huelga, se descuenta el salario de la jornada, pagas extras y retribución por el descanso semanal y por días festivos correspondiente.
- **Situación de alta especial en la Seguridad Social.** No se cotiza y no se tiene derecho a la prestación por IT ni por desempleo durante la huelga.

5.2. Cierre patronal

Las empresas tienen derecho al cierre patronal, clausura temporal del centro de trabajo decidida por la empresa como instrumento de presión frente a las personas trabajadoras.

Esta acción puede llevarse a cabo siempre que concurra alguna de las siguientes circunstancias:

- **Notorio peligro de violencia** para las personas o daño grave para las cosas.
- **Ocupación ilegal del centro** de trabajo o peligro cierto de que se produzca.
- **Inasistencia al trabajo o irregularidades** en este que impidan el proceso normal de producción.

El cierre patronal se limitará al tiempo imprescindible. Los contratos de trabajo se suspenderán y las personas trabajadoras no recibirán su salario.

5.3. Resoluciones judiciales

Los órganos jurisdiccionales del orden social encargados de resolver los conflictos de trabajo colectivos y de carácter individual son los tribunales y los juzgados de lo social, que resolverán en sus sentencias los conflictos planteados.

CASO PRÁCTICO 7. Convocatoria de huelga

En una empresa de autobuses que da servicio a una línea regular, se ha convocado una huelga. ¿Con cuántos días de antelación se debe comunicar a la autoridad laboral y a la empresa?

Solución:

Al tratarse de una empresa de servicio público, el plazo de preaviso será de diez días naturales respecto al inicio de la huelga.

¿SABÍAS QUE...?

El **cierre patronal** debe ser comunicado a la autoridad laboral en el plazo de 12 horas y nunca puede ser utilizado como medida de presión que vacíe de contenido el derecho de huelga de la plantilla.

ODS

Los sindicatos trabajan desde su nacimiento para conseguir una mejora de las condiciones laborales de las personas trabajadoras.

Además, contribuyen a lograr la paz social al establecer cauces de diálogo permanente con las asociaciones empresariales para regular las condiciones de trabajo pactadas.

16 PAZ, JUSTICIA E INSTITUCIONES SÓLIDAS

CASO PRÁCTICO 8. Cierre patronal

Una empresa ha sufrido varios sabotajes y ha cerrado para proteger tanto sus instalaciones como a las personas trabajadoras mientras persistan los actos de este tipo.

¿Este motivo es suficiente para decretar el cierre patronal? ¿Cómo repercutirá este en una persona trabajadora que durante el tiempo de clausura inicie una baja por incapacidad temporal?

Solución:

Sí, se puede decretar el cierre ante el peligro de violencia sobre las personas trabajadoras y los bienes de la empresa.

La persona trabajadora está en situación de alta especial en la Seguridad Social, situación en la que no se cotiza ni se tiene derecho a percibir prestaciones.

PONTE A PRUEBA 3. Huelgas recientes

Busca información acerca de las huelgas realizadas el año pasado, la proporción entre las plantillas de los centros y las personas trabajadoras participantes, y las jornadas no trabajadas por huelga y cierre patronal.

Para resolver esta cuestión, consulta el siguiente enlace: **https://bit.ly/34B7YrO**.

ACTIVIDADES DE SÍNTESIS

1. Señala qué afirmaciones son verdaderas o falsas; en este último caso, reformúlalas de la manera correcta.
   a) La libertad sindical consiste en la libertad para afiliarse o no a un sindicato.
   b) El funcionariado no puede sindicarse.
   c) Los integrantes de las Fuerzas Armadas pueden sindicarse.
   d) Las personas trabajadoras por cuenta propia con personas a su servicio pueden sindicarse.
   e) Los sindicatos representan a sindicatos y a las personas trabajadoras.
   f) Los sindicatos que no son los más representativos también tienen representatividad institucional.
   g) Los sindicatos que obtienen un 10 % de los representantes en su ámbito autonómico se consideran más representativos.
   h) La huelga es un derecho de las empresas.
   i) Si las personas trabajadoras se ponen en huelga, las empresas pueden cerrar para presionarlas.
   j) Durante la huelga, las empresas pueden contratar a otras personas trabajadoras.
   k) El arbitraje, la mediación y la conciliación son sistemas extrajudiciales de resolución de conflictos.

2. Asocia cada uno de los siguiente conceptos con su correspondiente definición:

a) Delegado sindical	Es el órgano de representación colegiado de las personas trabajadoras en las empresas o centros de trabajo cuya plantilla tiene 50 o más.
b) Comité de empresa	Son los representantes, en la empresa, de las personas trabajadoras afiliadas a un sindicato.
c) Representación unitaria	Son los representantes de las secciones sindicales.
d) Delegado de personal	Es la representación de todas las personas trabajadoras de la empresa, con independencia de su afiliación a un sindicato.
e) Sección sindical	Son los representantes del personal en aquellas empresas o centros de trabajo que tienen más de diez y menos de 50 personas trabajadoras.

3. Elabora una tabla en el cuaderno con las similitudes y las diferencias que hay entre la huelga y el cierre patronal.

INVESTIGACIÓN

Palabras clave para la búsqueda de información: *sindicatos, delegados y delegadas sindicales, comité de empresa, convenios, conflictos colectivos, huelga, planes de igualdad.*

4. Entra en la página web de, al menos, dos sindicatos y elige una campaña en la que estén trabajando. Haz un resumen e indica en qué consiste la reivindicación y qué acciones se están llevando a cabo. Puedes utilizar estos enlaces:
   - **http://www.ugt.es**
   - **http://www.ccoo.es**

5. Mateo trabaja como auxiliar de farmacia y junto con una compañera son las dos únicas personas trabajadoras de la empresa. El otro día se enteró de que se iba a convocar en la provincia una huelga del sector. Él ha decidido secundarla, mientras que su compañera no lo hará. En la empresa no hay representación sindical.
   Responde a las siguientes cuestiones:
   a) ¿Quién puede convocar la huelga?
   b) ¿Debe comunicar una persona trabajadora a su empresa, con carácter previo, su intención de hacer huelga?
   c) En otra ocasión en que hubo huelga, la empresa sustituyó a la persona huelguista. ¿Es legal esta actuación?
   d) En caso de que la empresa fuera designada como parte de los servicios mínimos, ¿podría negarse Mateo a trabajar alegando su derecho a la huelga?
   Para responder puedes utilizar este recurso:
   - **https://bit.ly/37YFASD**

6. **Negociación de los planes de igualdad.** La normativa para la paridad efectiva entre las mujeres y los hombres comprende un conjunto de medidas adoptadas para alcanzar en la empresa la igualdad de trato y de oportunidades entre ellos y eliminar la discriminación por razón de sexo. La ley obliga a las empresas de más de 50 personas a tener un plan de igualdad. Estos planes de igualdad deben ser objeto de negociación con la representación de la plantilla.
   Accede al Real Decreto 901/2020, que regula los planes de igualdad y su registro, para investigar y responder a las siguientes preguntas:
   a) ¿Cuál es el procedimiento de negociación de los planes de igualdad?
   b) ¿Qué competencias tiene la comisión negociadora?
   c) ¿Cuál es el contenido mínimo de dichos planes?
   d) ¿Dónde se deben inscribir esos planes?

TEST DE REPASO

1. **La libertad sindical es un derecho constitucional reconocido en el artículo 28 de la Constitución que implica afiliarte al sindicato...**
   - (a) Que te diga la empresa.
   - (b) Que sea el más representativo.
   - (c) Que te aconsejen tus compañeros y compañeras.
   - (d) Que sea de tu libre elección.
2. **Indica cuáles de los siguientes colectivos no tienen derecho a la libre sindicación:**
   - (a) Personas que integran la magistratura y fiscales mientras estén en activo.
   - (b) Integrantes de las Fuerzas Armadas.
   - (c) Integrantes de la Guardia Civil.
   - (d) Todas las opciones son verdaderas.
3. **La asociación permanente de personas trabajadoras para la representación y mejora de sus intereses profesionales y de sus condiciones de vida son...**
   - (a) Los sindicatos.
   - (b) Las asociaciones empresariales.
   - (c) Las asociaciones vecinales.
   - (d) Las asociaciones de amigos.
4. **El comité de empresa representa a...**
   - (a) La empresa.
   - (b) Las personas trabajadoras afiliadas a los sindicatos.
   - (c) La empresa y las personas trabajadoras.
   - (d) Toda la plantilla de la empresa.
5. **Los delegados de personal son representantes de las personas trabajadoras en empresas que tengan...**
   - (a) Más de diez y menos de 50.
   - (b) Más de 51.
   - (c) Entre 51 y 100.
   - (d) Más de 400.
6. **¿Qué número mínimo de personas trabajadoras debe tener una empresa para elegir un comité de empresa?**
   - (a) Veinte.
   - (b) Cuarenta y nueve.
   - (c) Cincuenta.
   - (d) Cien.
7. **El sindicato más representativo en una comunidad autónoma es aquel que ha obtenido al menos...**
   - (a) El 15 % de los representantes en su comunidad autónoma, con un mínimo de 1500.
   - (b) El 30 % de los representantes en tres comunidades.
   - (c) El 10 % de los representantes en todo el Estado.
   - (d) No existe una cantidad mínima necesaria.
8. **Si la empresa quiere despedir a un representante de las personas trabajadoras por falta grave o muy grave, debe...**
   - (a) Comunicarle el despido con 60 días de antelación.
   - (b) No se le puede despedir.
   - (c) Abrirle un expediente contradictorio antes de sancionarle.
   - (d) Debe esperar un año.
9. **En una empresa se ha convocado una huelga legalmente. Las personas que deciden secundarla, ¿están obligadas a comunicarlo a la empresa previamente?**
   - (a) Sí.
   - (b) No.
   - (c) Solamente en las huelgas generales.
   - (d) Ninguna opción es verdadera.
10. **¿Se puede pactar en un convenio la prohibición de ejercer el derecho a la huelga para modificar dicho convenio mientras está vigente?**
    - (a) Sí, se puede pactar y garantizar la paz laboral renunciando las personas trabajadoras al derecho a la huelga durante la vigencia del convenio.
    - (b) No, la huelga es un derecho irrenunciable.
    - (c) En un convenio no se puede incluir este pacto.
    - (d) Solamente en determinados convenios.
11. **En una huelga, ¿pueden existir piquetes informativos?**
    - (a) Sí.
    - (b) No.
    - (c) Sí, siempre que lo autorice la empresa.
    - (d) Todas las opciones son incorrectas.
12. **El cierre patronal es posible para que la empresa pueda...**
    - (a) Negociar la apertura de un nuevo centro de trabajo.
    - (b) Defenderse de una huelga que causa graves daños a las personas o a las cosas.
    - (c) Conseguir unos mejores acuerdos para la empresa en la negociación de un convenio colectivo.
    - (d) Abastecerse de productos.
13. **Durante una huelga, la empresa...**
    - (a) No puede contratar a nuevo personal para sustituir a las personas trabajadoras en huelga.
    - (b) Puede sustituir a los huelguistas por otras personas contratadas para el periodo de huelga.
    - (c) Puede contratar a nuevo personal con un contrato de interinidad para sustituir a las personas trabajadoras en huelga.
    - (d) Puede solicitar personal a una empresa de trabajo temporal.

COMPRUEBA TU APRENDIZAJE

1. Camilo acaba de aprobar unas oposiciones para la Policía Local. Antes estaba afiliado a un sindicato y en su nuevo trabajo también quiere estarlo. Indica si la Policía Local tiene derecho a la libre sindicación.

2. Un grupo de personas trabajadoras decide iniciar una campaña para fundar un nuevo sindicato. La dirección de la empresa y los compañeros y compañeras afiliados a otros sindicatos empiezan a poner trabas. ¿Las personas asalariadas tienen derecho a fundar sindicatos o solo pueden afiliarse a ellos? Razona la respuesta.

3. Indica el número de integrantes que componen el comité de empresa de un centro de trabajo que tiene en plantilla 2400 personas.

4. Un sindicato ha obtenido 150 de los 1700 representantes elegidos en unas elecciones autonómicas. ¿Se considerará el más representativo en el ámbito de la comunidad autónoma?

5. Localiza en Internet los convenios colectivos aplicables a tu sector por ámbito geográfico. Ten en cuenta que puede haber convenios colectivos de ámbito provincial, autonómico y estatal.

6. Las personas trabajadoras de una empresa láctea ven la necesidad de que alguien les represente, puesto que, cuando deben tratar algún asunto con la dirección, tienen problemas para decidir quién habla con ella.

   La plantilla está formada por 42 personas (27 hombres y 15 mujeres), todas ellas mayores de edad.

   ¿Qué tipo de representación unitaria podrán tener las personas trabajadoras de la empresa láctea?

7. En una empresa de reciente creación se han convocado elecciones para elegir a los representantes unitarios de las personas trabajadoras. La plantilla cuenta con 17 personas, diez de las cuales tienen una antigüedad de 10 meses. Otras cinco tienen una antigüedad de 24 meses y dos personas tienen 17 años y una antigüedad de 8 días.

   a) ¿Cuántos delegados y delegadas de personal podrán elegirse?

   b) ¿Qué personas trabajadoras pueden ser elegibles?

   c) ¿Quiénes pueden votar en las elecciones sindicales?

8. En una empresa con una plantilla de 332 personas trabajadoras existe un comité de empresa compuesto por trece integrantes: siete de ellos son de CC. OO., cuatro de UGT y dos de USO. Las secciones sindicales quieren elegir a sus delegados y delegadas. Señala si todas las secciones sindicales pueden hacerlo.

9. En un taller de chapa y pintura, las personas trabajadoras están desempeñando sus funciones sin que la empresa les suministre los equipos de protección obligatorios.

   a) ¿Qué competencias tienen los representantes de estas personas para corregir la situación?

   b) ¿Qué medidas pueden adoptar dichos representantes?

10. Una empresa conservera arrastra pérdidas en los dos últimos ejercicios económicos. Los representantes de las personas trabajadoras han pactado con la dirección no aplicar la subida salarial establecida en el nuevo convenio del sector, que se acaba de negociar; sin embargo, algunas personas trabajadoras se oponen a esta medida.

    a) ¿Es válido el acuerdo firmado entre el personal y la empresa?

    b) ¿Cómo se llaman este tipo de cláusulas?

11. Juan se encuentra en una situación de incapacidad temporal desde hace quince días. La empresa no ha cumplido los acuerdos pactados con los sindicatos y, si en las próximas semanas no hay consenso, estos se plantean convocar una huelga. Juan se pregunta: «En caso de que esta se lleve a cabo, ¿podrán descontarme la parte proporcional de mi prestación por baja médica?».

12. Las personas trabajadoras de una empresa que secundaron una huelga observan, al percibir el salario, que su nómina se ha visto reducida.

    a) ¿Se descuenta alguna cantidad del sueldo de las personas trabajadoras que hayan realizado una huelga?

    b) En caso afirmativo, ¿qué importe se resta por cada día?

    c) ¿En qué situación se encuentra la persona trabajadora respecto a la Seguridad Social en caso de huelga?

13. Los profesionales del sector del metal han decidido convocar una huelga en solidaridad con el personal sanitario y en apoyo de la petición de subida de sueldo de las personas trabajadoras del sector hospitalario. Indica si dicha huelga puede considerarse legal.

14. Un tribunal ha declarado ilegal el cierre patronal de una empresa. ¿Está obligada esta a abonar los salarios que debieron cobrar las personas trabajadoras durante los días del cierre?

15. Como consecuencia de la mala situación económica que atraviesa, una empresa ha decidido despedir a quince trabajadores. El comité de empresa está disconforme y ha convocado una huelga. Una parte de la plantilla quiere incorporarse al trabajo y no secundarla, pero los sindicatos han puesto piquetes en la entrada del centro para impedir la actividad.

    a) ¿Las personas trabajadoras están obligadas a participar en la huelga?

    b) ¿Qué procedimiento se debe seguir para declarar una huelga?

    c) ¿Es correcta la actuación de los sindicatos?

COMPRUEBA TU APRENDIZAJE

16. Una empresa que viene sufriendo sabotajes se plantea cerrar mientras persistan los actos vandálicos para evitar daños graves, tanto en las instalaciones como a las personas trabajadoras.

¿Sería una causa suficiente para proceder al cierre patronal la alegada por la empresa?

17. En una empresa en la que el personal de administración está en huelga, los recibos de los salarios están siendo elaborados por la jefa del departamento, que no secunda el paro. ¿Puede adoptar la empresa esta medida de movilidad funcional? ¿Qué efectos tendrá la huelga sobre esta trabajadora?

18. Debido a la mala situación económica de una empresa, formada por la empleadora y otras cuatro personas, se comunica a estas que en el presente año no se les va a subir el sueldo. Como medida de protesta, las personas trabajadoras deciden bajar el rendimiento.

a) ¿Se puede considerar huelga el hecho de bajar el rendimiento en el trabajo?

b) ¿Qué repercusión puede tener esta postura de las personas trabajadoras?

19. Reflexiona y valora por escrito el papel de los sindicatos en la actualidad. Puedes utilizar estos enlaces:

- **https://bit.ly/31TGqfu**
- **https://bit.ly/3l2ObJz**

20. Visualiza el vídeo *El movimiento obrero,* que puedes localizar en el enlace **https://bit.ly/2TCiCZd**, y responde a estas cuestiones:

a) ¿Cuál era el marco histórico en el que surgió el movimiento obrero español?

b) ¿Qué sindicato fue el primero en crearse en España?

c) ¿Todos los sindicatos defendían las mismas ideas?

d) ¿Cómo eran las condiciones laborales en esa época? Compáralas con las actuales.

Dividid la clase en grupos, responded por equipos a las distintas preguntas, haced una puesta en común debatiendo las cuestiones planteadas y redactad un documento final que recoja las conclusiones y que quedará expuesto en el aula.

- Escribe dos ideas de esta unidad que tengas claras y que te parezcan fundamentales. ¿Qué te ayudó a comprenderlas?
- Formula dos preguntas sobre aspectos de la unidad que no hayas entendido totalmente.
- Escribe dos aspectos de esta unidad sobre los que te gustaría profundizar.

DE CAMINO AL MUNDO LABORAL

Si no se hubieran creado los sindicatos, ¿te imaginas cómo serían las condiciones de trabajo?

Objetivo

- Reflexionar sobre las conquistas sociales.
- Debatir acerca del estado actual del sindicalismo.
- Descubrir qué consecuencias tiene para la persona trabajadora el hecho de declararse en huelga.

Tarea

1. Todos sabemos que los derechos laborales que disfrutamos en la actualidad (la jornada de ocho horas, la libre sindicación, el derecho a la huelga...) no han sido una conquista fácil.

Elige un acontecimiento del listado siguiente:

a) El Día del Trabajo o Primero de Mayo.

b) La huelga de la Canadiense.

c) El Día de la Mujer Trabajadora.

d) La huelga del silencio.

Después, investiga y haz un esquema en el cuaderno en el que expliques los hechos, lo que se pretendía conseguir y lo que se logró. Puedes utilizar estos enlaces:

- **https://bit.ly/3exc9Zk**
- **https://bit.ly/3kgMLs3**
- **https://bit.ly/35O1ROE**

2. El derecho a la huelga fue una importante conquista para las personas trabajadoras. Si haces huelga, ¿sabes qué parte del salario te pueden descontar?

Elabora una tabla con los descuentos salariales que se pueden aplicar y los que no. Puedes usar los siguientes recursos:

- **https://bit.ly/34GoKWL**
- **https://bit.ly/2HQlbof**
- **https://bit.ly/3oNypTx**

3. Llegados a este punto, sabemos que la huelga es una medida de presión colectiva que utilizan las personas trabajadoras.

Busca una noticia sobre una huelga y responde en el cuaderno a las siguientes cuestiones:

a) ¿Quién la hace?

b) ¿Por qué?

c) ¿Qué se reivindica?

Puedes utilizar estos enlaces:

- **https://bit.ly/3jZSRwA**
- **https://bit.ly/35Kan2Q**

8
UNIDAD

La organización del trabajo y los entornos emergentes

ESTUDIARÁS

- Los beneficios para las personas trabajadoras en las nuevas organizaciones: flexibilidad y beneficios sociales, entre otros.

Y SERÁS CAPAZ DE

- Ejercer los derechos y cumplir las obligaciones que se derivan de las relaciones laborales, reconociendo unos y otras en los diferentes contratos de trabajo.

Lola y Pedro han sido contratados en una empresa multinacional de informática.

Lola va a formar parte del Departamento de Seguridad, donde todo el personal, menos ella y un compañero, es extranjero. Pedro ha sido destinado a París, durante los tres primeros meses, con el fin de que asista a un curso de informática, fundamental para integrarse en la empresa.

¿Consideras que el hecho de trabajar con personas de culturas diferentes supone un beneficio para la organización empresarial?

Para reflexionar puedes leer un artículo en el siguiente enlace: **https://bit.ly/2J5Sx2C**.

- ¿Conoces algún elemento que condicione la organización del trabajo?
- ¿Sabes en qué consiste la deslocalización empresarial?
- ¿Crees que los nuevos entornos organizativos son beneficiosos?

1. La organización del trabajo

Todas las empresas se organizan para lograr sus **objetivos.** Por lo tanto, hay que conocer cuáles son sus sistemas más habituales de organización y cómo están cambiando actualmente los entornos en los que se mueven. Para adaptarse a estos nuevos entornos, las empresas se ven obligadas a **modificar sus estructuras** tradicionales y crear otras más modernas y efectivas.

Mintzberg, en su obra *La estructuración de las organizaciones,* define la estructura de la empresa como «la forma en la que se divide el trabajo en tareas distintas, para la posterior coordinación de estas». La organización exige, por un lado, la división de las tareas y, por otro, su coordinación. Toda organización está formada por cinco estamentos (Fig. 8.1) ordenados jerárquicamente y necesarios para su buen funcionamiento.

ABC VOCABULARIO

Empresa. Organización, entendiendo como tal un conjunto de elementos y personas que precisan ordenarse para conseguir unos objetivos. Cualquier organización necesita dotarse de una estructura que le permita funcionar y alcanzar los fines que se ha propuesto.

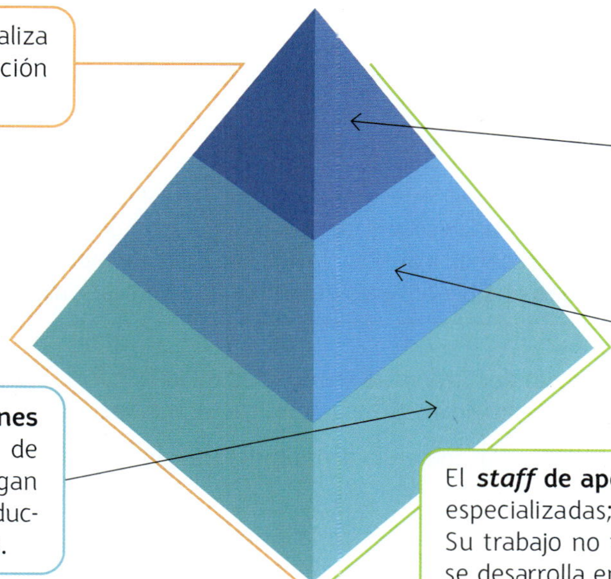

Fig. 8.1. Organización de la empresa según Mintzberg.

CASO PRÁCTICO 1. Estructura de Mintzberg

Una empresa dedicada al diseño de pequeños electrodomésticos cuenta con el siguiente personal en su plantilla:

a) Jaime Sánchez: director ejecutivo.

b) María Gil: jefa del equipo de delineación.

c) Rubén Toledo: delineante proyectista.

d) Luis Ruiz: trabajador por cuenta ajena de una asesoría que ha contratado la empresa para realizar la contabilidad.

Indica a qué grupo de profesionales, según la clasificación de Mintzberg, pertenece cada persona trabajadora.

Solución:

a) Jaime Sánchez: ápice estratégico.

b) María Gil: línea media.

c) Rubén Toledo: núcleo de operaciones.

d) Luis Ruiz: *staff* de apoyo.

ACTIVIDADES

1. Arturo Gómez y Belén López son dos jóvenes empresarios que han puesto en marcha un hotel rural, en el que han establecido la siguiente estructura de personal:

a) Paloma García lleva a cabo la limpieza y el mantenimiento.

b) José Pérez se encarga de la cocina en el bar y en el restaurante del hotel.

c) Pilar Rodríguez supervisa todas las tareas de la empresa y la atención a la clientela.

d) Los servicios de contabilidad y asesoría jurídica han sido subcontratados con una gestoría local.

Clasifica a estas personas trabajadoras según el grupo de la organización de la empresa realizada por Mintzberg en el que se incluyen.

2. Modelos de organización de empresas

> **! IMPORTANTE**
>
> El **taylorismo**, a pesar de ser un modelo organizativo muy extendido, ha sido criticado por varias razones:
>
> - Produce en las personas trabajadoras desmotivación e insatisfacción laboral.
> - Conlleva dificultades para introducir las nuevas tecnologías en los procesos productivos desarrollados por las empresas.

Las formas de organizar las empresas en el mundo han variado a lo largo de la historia. Los estudiosos de esta materia señalan dos fases, condicionadas por la **Revolución Industrial:**

- Los talleres y las fábricas anteriores a la Revolución Industrial se organizaban mediante un **sistema artesanal de producción.** Este sistema permanece en centros de producción en los que se elaboran objetos de alta calidad (que pueden calificarse de artículos de lujo o exclusivos), con un precio elevado que está al alcance de pocas personas. Suelen ser objetos trabajados con técnicas tradicionales y materias primas de primera calidad.
- Los avances tecnológicos de la Revolución Industrial estimularon el desarrollo de las actividades industriales. A partir de entonces, se sucedieron varias teorías sobre la organización de las empresas que se aplicaron al sistema de producción en masa. Las más representativas son la **teoría de Taylor** y el **modelo japonés,** que veremos a continuación.

En la Tabla 8.1 se ha establecido una comparación entre estos sistemas de producción.

2.1. La teoría organizativa de Taylor

> El **taylorismo** es una escuela clásica, basada en la organización científica del trabajo, fundada por Frederick Winslow Taylor. Su principal objetivo es **conseguir la mayor productividad posible** a través de un sistema de especialización del trabajo.

El modelo diseñado por Taylor fue introducido en la estructura de muchas empresas del mundo y pervive en la actualidad. Sus características principales son:

- Una organización basada en la división del trabajo, el control de los tiempos de cada tarea y el trabajo en cadena.
- Una organización de las tareas de la empresa mediante una estructura descendente de la autoridad, la comunicación y la toma de decisiones (Fig. 8.2).

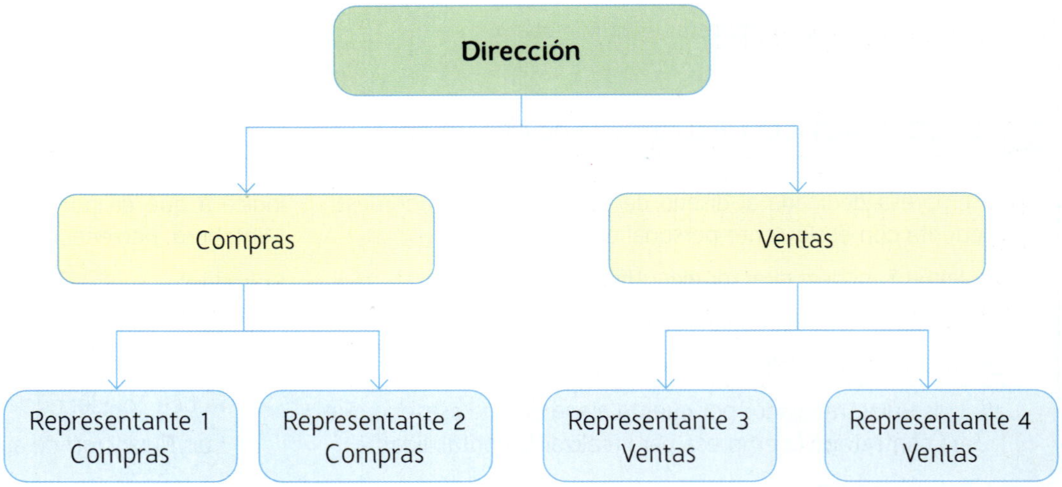

Fig. 8.2. Estructura de organización descendente.

Esta **estructura de la empresa** propuesta por el taylorismo, que está unida a la producción en masa, organiza dicha producción utilizando los siguientes métodos:

- Las personas trabajadoras están especializadas en determinadas funciones.
- El personal suele desarrollar su actividad en cadenas de montaje.
- Las actividades se dividen en tareas; la fragmentación ha llegado a ser tan grande que algunos autores hablan de «trabajo en migajas».
- Algunas personas trabajadoras de la empresa se dedican a reflexionar y diseñar los bienes que esta produce, mientras que otras se encargan de ejecutar los proyectos. Entre ambas actividades existe una separación radical.

2.2. El modelo organizativo japonés o toyotismo

El **toyotismo** es un sistema de producción flexible que busca adaptarse a los cambios del entorno y, por encima de todo, **conseguir un trabajo bien hecho**.

Las **características** principales de este modelo son las siguientes:

- El personal está organizado en grupos que tienen acceso a los sistemas de información sobre el trabajo en la empresa.
- La empresa utiliza procedimientos de motivación para aumentar el rendimiento de las personas trabajadoras y de sus equipos.
- El método que emplea es el *just in time* (JIT, «justo a tiempo»), basado en reducir el volumen de materias primas y productos almacenados, ya que se produce a medida que va surgiendo la demanda. Este método exige tener muy organizado el sistema de aprovisionamiento de materias primas para que estén disponibles cuando sean necesarias.

IMPORTANTE

El **modelo japonés** o **toyotismo** fue desarrollado fundamentalmente en Japón y puesto en práctica por la fábrica de automóviles japonesa Toyota; de ahí su nombre.

Sistemas de producción

Producción artesanal	Taylorismo	Toyotismo
Productos de calidad.	Productos fabricados en masa.	Productos de la mejor calidad.
Productos exclusivos o de lujo, lo que encarece su precio.	Especialización de las personas trabajadoras.	Organización del personal en equipos de trabajo.
	División del trabajo.	
Utilización de materias primas de gran calidad.	Control del tiempo de las tareas de cada puesto.	Uso del *just in time* o producción bajo demanda, que permite reducir los costes de almacenamiento y abaratar el producto.
Trabajo con poca mano de obra.	Trabajo en cadenas de montaje.	Trabajo con un método flexible.

Tabla 8.1. Tabla comparativa de los sistemas de producción.

CASO PRÁCTICO 2. Modelo de producción toyotista

Sonia es jefa de equipo en el Departamento de Calidad de una fábrica de coches. Este departamento se encarga de probar los automóviles cuando el proceso de fabricación ha terminado y, a la vez, atiende las reclamaciones de la clientela en la fase de posventa. El equipo que coordina Sonia se reúne semanalmente para detectar errores y establecer medidas de mejora. La empresa planifica su producción de forma anual teniendo en cuenta los pedidos de los consumidores, y entre sus principios se encuentra el de no acumular mercancía. Detecta qué sistema de producción se emplea en esta empresa e indica qué elementos lo identifican.

Solución:

La empresa utiliza un sistema toyotista. Los elementos que lo identifican son la producción bajo demanda y la organización del personal en equipos de trabajo.

ACTIVIDADES

2. En los últimos años, los sistemas de producción y de comercialización del trabajo artesanal han vivido un proceso de renovación gracias a las nuevas tecnologías.

Accede al siguiente enlace: **https://bit.ly/3pTyBkF**, y responde a estas cuestiones:

a) ¿Cuál es el elemento estratégico de la producción de jabones?

b) ¿Cómo se integra al consumidor en la empresa de fabricación de muebles?

c) ¿Qué sistema de distribución de los productos artesanales usan estas empresas?

3. Jorge y Ángela, dos personas emprendedoras que viven en un pueblo, han puesto en marcha una granja ecológica de ganado vacuno. Además de vender carne de ternera para su consumo, han implantado un sistema de elaboración de queso que garantiza un proceso ecológico y tradicional.

Jorge se encargará de atender a los animales, puesto que ha realizado un ciclo formativo sobre el cuidado animal. De la producción y distribución de los derivados lácteos se va a encargar Ángela, que tiene experiencia en el sector.

Indica el sistema de organización de producción que se utiliza en el proceso descrito.

3. Factores que influyen en la actual organización empresarial

En la actualidad, las empresas se enfrentan a nuevos retos que las obligan a implantar unas estructuras flexibles. Existe un conjunto de **elementos estructurales** que afectan a la organización de la empresa. Junto con ellos, es imprescindible tener siempre presentes los elementos contextuales.

¿SABÍAS QUE...?

Los **elementos estructurales** de la empresa son:

- La organización y el reparto del poder.
- El tamaño de la empresa.

Los **elementos contextuales** son aquellas circunstancias del mundo exterior que rodean a la empresa y ejercen influencia sobre ella.

En opinión del economista Vicente Tena, los principales elementos contextuales que inciden en las organizaciones son el entorno, la tecnología y el tamaño de la empresa, aunque en la actualidad se añaden la globalización y la ampliación de la demanda de productos y servicios (Fig. 8.3).

Fig. 8.3. Elementos contextuales que inciden en la organización de la empresa.

A. El entorno

Según Tena, el **entorno** es «el conjunto de intenciones o fuerzas externas que afectan al desempeño de las funciones de la empresa, pero sobre las que no se tiene control. Entre ellas están los elementos sociales, culturales, económicos, científicos y políticos, los clientes, los proveedores, los organismos reguladores de los Gobiernos, los ministerios, las instituciones, etc.».

Actualmente, vivimos en un entorno en el que se innova constantemente, y las empresas tienen que dotarse de mecanismos para asimilar los cambios que se producen. Una empresa que tenga una estructura cerrada y no se adapte a las transformaciones dejará de ser competitiva.

Las **modificaciones políticas y legislativas** que tienen lugar en un determinado momento pueden facilitar o entorpecer las posibilidades de cambio en las empresas.

Algunos de estos cambios pueden representar una disminución de la plantilla, lo que entraña importantes repercusiones sociales (aumento del número de prestaciones por desempleo), familiares (desestructuración familiar, agresividad, disminución de la renta familiar) y, también, psicológicas (desmotivación, disminución de la autoestima, etc.).

Cuando la reestructuración de la plantilla afecta a empresas que cuentan con muchas personas trabajadoras, puede tener consecuencias negativas para el conjunto de la sociedad, como la aparición de inestabilidad social.

B. La tecnología

Es el **conjunto de medios materiales** de los que dispone la empresa para elaborar sus productos o prestar sus servicios.

La **evolución tecnológica** ha sido abrumadora durante las últimas décadas y continúa siéndolo: constantemente se ponen a disposición de los usuarios nuevos avances tecnológicos. Las empresas precisan tecnología punta para ser competitivas en el mercado y vender sus productos o servicios.

CLAVES Y CONSEJOS

La empresa necesita emplear **nuevas tecnologías** para conseguir dos objetivos:

- Incrementar su productividad.
- Lograr una mayor diferenciación de sus productos respecto al resto de los competidores en el mercado.

Una empresa que incorpore innovaciones tecnológicas tendrá que planificar los siguientes aspectos:

- **Recursos económicos.** Requerirá un estudio de costes económicos, así como la búsqueda de la financiación adecuada para la implantación prevista.
- **Grado de complejidad** de las tecnologías que se quiere introducir. Su implantación puede conllevar la necesidad de instruir al personal que debe emplearlas. La exigencia de formación puede implicar retrasos en el proceso productivo, así como un importante coste económico.
- **Grado de aceptación del cambio** entre las personas trabajadoras.

C. El tamaño de la empresa, la globalización y la ampliación de la demanda de productos y servicios

Estos elementos contextuales, que también condicionan a las empresas, han sido añadidos en los estudios más recientes (Tabla 8.2).

El tamaño de la empresa	Se organiza en función del número de personas trabajadoras con las que cuenta la estructura empresarial.	Cuando la empresa crece, su estructura se hace más compleja, se incrementa el nivel de especialización y se hacen necesarias unas normas de funcionamiento muy claras.
La globalización	Es un proceso por el cual el mundo se convierte en un espacio único para comprar y vender.	Con la globalización, las empresas se abren a mercados en zonas hasta ahora vetadas; este hecho, que se debe a la liberalización de los mercados mundiales, ha permitido que aumente la competencia.
La ampliación de la demanda de productos y servicios	Es el proceso de respuesta de la empresa a la demanda de la clientela.	Las personas que consumen necesitan los productos básicos (por ejemplo, el pan), pero también solicitan otros que se han convertido en artículos de consumo habitual, o los mismos pero con ciertas propiedades específicas (integral, candeal, gallego, *baguette*, etc.).

Tabla 8.2. Otros elementos contextuales.

¿SABÍAS QUE...?

Ejemplos de la influencia de algunos factores en la organización empresarial

- **El tamaño.** Las personas trabajadoras de las pequeñas empresas suelen tener un nivel de autonomía mayor para decidir sobre el orden, el método y el ritmo de trabajo.
- **Ampliación de la demanda.** El grupo de población con un nivel adquisitivo alto exige a las empresas que diseñen y creen productos que solo ellos pueden consumir.

CASO PRÁCTICO 3. Globalización

Una empresa dedicada a la venta al por mayor de fruta y verdura ha llegado a un acuerdo con una compañía de América del Sur para comercializar los productos de ambas: la empresa española distribuirá sus artículos en varios países de América, y la americana hará lo mismo en el mercado español. El tiempo de transporte no sobrepasará los diez días.

¿Qué elemento contextual permite este fenómeno de trasvase de mercancías?

Solución

El elemento contextual que se refleja en el texto es la globalización.

PONTE A PRUEBA 1. Elementos contextuales que influyen en la empresa

Una empresa de transportes ha cerrado su balance económico con una importante subida del precio de las energías que precisa para prestar sus servicios.

Desde hace unos meses el combustible se encarece continuamente, lo cual ha provocado que el coste de la energía se haya incrementado un 25% respecto a años anteriores. Toda la flota de camiones, cuya renovación no está prevista, usa gasóleo.

a) ¿Qué elemento del entorno está afectando a la situación económica de esta empresa?

b) ¿Podrías explicar qué causas provocan un aumento del precio del combustible y qué países son sus principales productores?

Para resolver esta actividad puedes consultar con detalle el siguiente enlace: **https://bbc.in/38EpJJq**.

ACTIVIDADES

4. Indica qué elementos contextuales están influyendo en las siguientes situaciones:

a) Pilar Cañadas dirige una bodega de vino en una zona muy soleada. Debido a esta circunstancia, ha decidido bajar el importe de la factura eléctrica de su empresa instalando un sistema de producción de energía solar.

b) Los clientes habituales de una casa de comidas tradicional llevan varios meses comentándole al dueño del local que les gustaría probar algún plato diferente. Este ha decidido incluir en su carta algunas propuestas de cocina fusión actual para cumplir las expectativas de estas personas.

4. Nuevos entornos de organización del trabajo

En los últimos años se han producido muchos cambios en los modelos de localización y organización de las industrias. Las antiguas estructuras piramidales, que organizan la empresa en niveles jerárquicos muy rígidos y con una clara centralización del poder, están cada día más en desuso, y surgen las **estructuras en red**, que tienen su punto de anclaje en un potentísimo sistema de transmisión de la información.

Entre las nuevas formas de organización está la **estructura en malla o en red** (Fig. 8.4), tanto para la configuración de la propia estructura de la empresa como para su relación con otras, basada en los nuevos sistemas de información y en los equipos tecnológicos, que permiten un trabajo conjunto como pilar de su éxito. Las empresas se encuentran dentro de una red de relaciones que cambian constantemente a lo largo de las fases de producción. Las compañías más grandes de la red se dedican a la investigación, el diseño, la organización y la venta de los productos. La producción, normalmente, se subcontrata.

Actualmente, se está desarrollando también la llamada **estructura virtual** (Fig. 8.5), que consiste en que diversas empresas comparten lo que mejor saben hacer para lograr entrar en un negocio que se presenta como una oportunidad. La estructura virtual agrupa a departamentos de diferentes empresas, una vez que estas han firmado un acuerdo para producir algo.

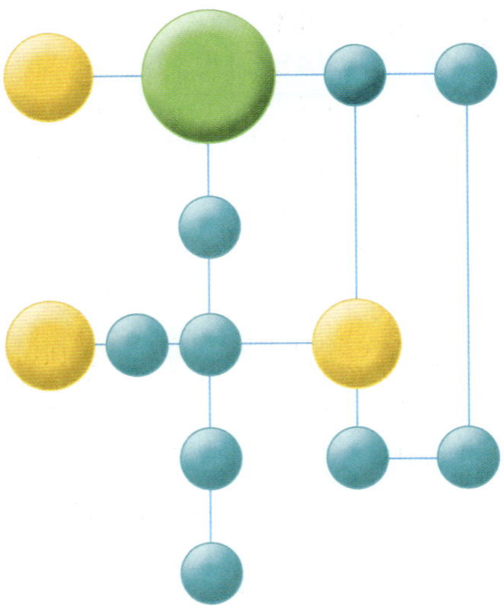

Fig. 8.4. Estructura en malla, que establece relaciones muy flexibles entre empresas de diferente tamaño.

Fig. 8.5. Estructura virtual, empresas que comparten su estructura para un proyecto conjunto.

Junto con estas formas de organización, se está imponiendo en muchas empresas la **estructura en trébol.** Esta estructura se caracteriza por la organización en cuatro áreas que se representan como un trébol de cuatro hojas; de ahí su nombre (Fig. 8.6).

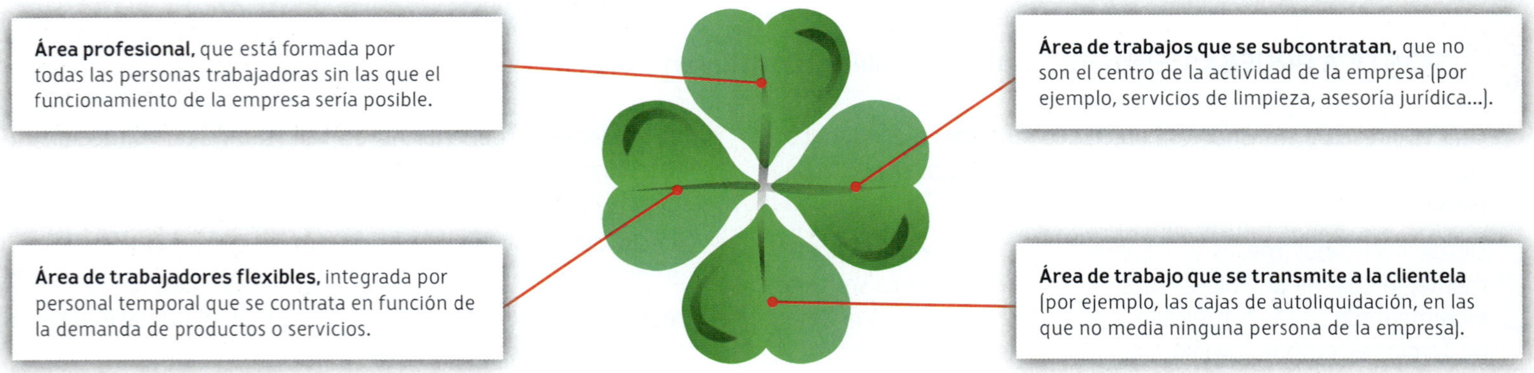

Fig. 8.6. Las cuatro áreas de la organización con estructura en trébol.

PONTE A PRUEBA 2. Estructura de las empresas

En la actualidad, existen muchas empresas que han adoptado una estructura en trébol para flexibilizar su organización.

Dividid la clase en grupos de tres personas y buscad en Internet empresas que estén organizadas con esta estructura. Elegid un portavoz o una portavoz para dar a conocer a toda la clase las que hayáis encontrado y, finalmente, haced una recopilación con todas ellas.

Para resolver este reto, cada equipo tiene que pensar en empresas que podrían presentar esta estructura y, después, consultar su página web con el fin de confirmarlo.

4.1. Elementos emergentes en la organización del trabajo

En la empresa actual confluyen, además de las estructuras organizativas ya estudiadas, un conjunto de **elementos emergentes**, que son novedosos y que afectan tanto a la organización del trabajo como a las personas trabajadoras. Veamos a continuación algunos de ellos.

A. Las contratas y las subcontratas

Uno de los sistemas empresariales más utilizado cada día es la contratación, consistente en **contratar** con otra empresa (contratista) **la producción** de una parte de los propios bienes o la prestación de un servicio determinado. Cuando la empresa contratista, a su vez, contrata con otra (subcontratista) una parte de la producción o prestación contratada, nos encontramos con el fenómeno de la subcontratación. Este fenómeno de externalización empresarial es conocido con el nombre de *outsourcing*.

Por ejemplo, una constructora (empresa principal) contrata la pintura de los nuevos edificios con una empresa (contratista), y esta, como no puede prestar ese servicio con su plantilla en el plazo pactado, subcontrata a otra empresa (subcontratista) para que realice la actividad junto con ella. Con este sistema se consiguen dos **efectos** importantes:

- Se divide un proceso productivo completo en fases o partes que son ejecutadas por distintas empresas (la principal y las contratas y las subcontratas).
- Se crea una red con otras empresas más pequeñas que hacen una parte del trabajo.

B. El *offshoring* o deslocalización empresarial

Se denomina *offshoring* la contratación de una **parte de la producción** o los servicios de una empresa con otras situadas en países en los que los costes de fabricación son más bajos. Se trata de una variante de la subcontratación, que desglosamos aquí por su especial desarrollo durante los últimos años a nivel internacional.

C. La flexibilidad productiva y laboral

La fuerza y la rapidez de los cambios a los que están sometidas las empresas hacen que sus estructuras deban ser flexibles. Esta flexibilidad, tanto productiva como laboral, **facilita**, a su vez, **la adaptación a los cambios** que impone el entorno (Fig. 8.7).

Flexibilidad productiva

Se refiere a la capacidad de la empresa para adaptar su sistema productivo a la creación de nuevos productos y servicios, si la demanda de la clientela así lo exige. También implica que se pueda modificar la cantidad de producto que se desea.

Flexibilidad laboral

Es la capacidad de adaptar tanto el número de personas trabajadoras en plantilla en una empresa (aumentarlo o disminuirlo) como sus funciones. Para lograr esta posibilidad se han llevado a cabo en los últimos años diferentes reformas de la legislación laboral.

Las ETT han contribuido de manera considerable a flexibilizar el mercado laboral, tanto en lo que se refiere a la entrada como a la salida de personal de las empresas.

Fig. 8.7. Flexibilidad productiva y flexibilidad laboral.

! IMPORTANTE

El ***outsourcing*** está dando lugar a una interminable cadena de contratas y subcontratas que exige la protección legal de las personas empleadas por las empresas contratistas y subcontratistas. A tal fin, las leyes laborales vienen estableciendo mecanismos de defensa que obligan a la empresa principal a responder conjuntamente con las empresas contratistas y subcontratistas cuando estas incumplan sus obligaciones legales para con las personas trabajadoras en materia laboral o de Seguridad Social.

? ¿SABÍAS QUE...?

Muchas empresas aplican métodos motivadores para incentivar el trabajo de su plantilla.

La **motivación** produce un efecto beneficioso en las personas trabajadoras, llevándolas a implicarse más con la organización.

CASO PRÁCTICO 4. Elementos emergentes

Alicia ha abierto una empresa dedicada a la producción de conservas artesanales. Ha contratado personal para las tareas habituales, pero necesita algunos servicios para los que prefiere no contratar a nadie más. Ha buscado una gestoría de la ciudad que se ocupe de la contabilidad y una empresa transportista que se encargue de las tareas de reparto.

¿Qué sistema de trabajo emergente ha utilizado Alicia para realizar los trabajos que no puede cubrir con su plantilla?

Solución:

Alicia ha utilizado la subcontratación de una gestoría para la contabilidad y de una empresa transportista para las tareas de reparto, servicios que no puede cubrir en su empresa.

D. Otros elementos emergentes

Además de los elementos emergentes en la organización de trabajo ya estudiados, existen otros que se detallan en la Tabla 8.3.

El conocimiento	Las empresas, para ser más competitivas, deben destinar recursos económicos a los departamentos de I+D+i con el fin de fomentar el conocimiento y crear productos innovadores que la competencia no pueda ofrecer.
La internacionalización de la actividad empresarial	El enorme desarrollo de las comunicaciones y de los medios de transporte ha hecho que las empresas puedan exportar sus productos a muchos países; de esta manera, se internacionalizan los bienes y los servicios, a la vez que se intensifica la competencia.
El teletrabajo	El teletrabajo es un medio que contribuye a la flexibilidad empresarial a través del espacio de trabajo, pero requiere el uso de nuevas tecnologías; de hecho, ha sido el desarrollo de la tecnología informática lo que ha permitido trabajar a distancia.
La conciliación de la vida familiar y laboral	La mayor demanda de las personas trabajadoras es poder conciliar la vida laboral y familiar. Las empresas están obligadas a organizar la actividad para que sus plantillas puedan atender a sus obligaciones familiares (cuidado de menores, personas mayores, etc.). Estas demandas tienen su fruto en las jornadas laborales continuadas, el teletrabajo, la flexibilidad de horarios, etc.
La movilidad	Los puestos de trabajo «de por vida» tienden a desaparecer. En la actualidad, las personas construyen su vida laboral en diferentes empresas; estas demandan una plantilla con conocimientos de idiomas que les permitan trasladarse a otros centros de trabajo ubicados en el extranjero. La competitividad y la globalización empujan a las empresas a buscar nuevos mercados.
El entorno multicultural	La movilidad de personas trabajadoras de unos países a otros hace que los entornos de trabajo se enriquezcan con la multiculturalidad.
Nuevas amenazas globales	Las circunstancias económicas, políticas, medioambientales y de seguridad, como el terrorismo internacional, las catástrofes medioambientales o las pandemias, afectan a las empresas a nivel global. Estos contextos obligan a la adaptación permanente de las personas trabajadoras a nuevas formas de trabajo.

Tabla 8.3. Otros elementos emergentes de la organización del trabajo.

ODS

El crecimiento sostenible debe incluir una **industrialización** que, en primer lugar, ofrezca oportunidades a todas las personas y, en segundo lugar, cuente con el respaldo de la innovación y de infraestructuras resilientes.

9 INDUSTRIA, INNOVACIÓN E INFRAESTRUCTURA

¿SABÍAS QUE...?

Los convenios colectivos suelen contemplar **medidas de conciliación** de la vida laboral y familiar para que se implanten en las empresas de los sectores productivos a los que se aplican.

ACTIVIDADES

5. Paula lleva cinco años trabajando en una empresa dedicada a la creación de objetos de bisutería, que vende fundamentalmente a los turistas que visitan su localidad. Desde hace meses, el número de turistas ha disminuido y las ventas han caído un 50 %, lo que empieza a preocupar a Paula, porque los ingresos son suficientes para pagar los gastos, pero no se están generando beneficios. Hace tiempo, un cliente le sugirió la venta *on-line* de sus artículos y la producción de cosméticos ecológicos, más demandados por la población local. ¿Qué tipo de elemento emergente en la organización utilizará Paula para mejorar sus ingresos?

6. Un centro educativo cuenta con un comedor para el alumnado y el profesorado. Las instalaciones de la cocina se han quedado obsoletas y no cumplen las medidas mínimas de seguridad. Sin embargo, el comedor se encuentra en perfecto estado, pues se reformó hace cinco años. El centro no puede hacer frente en este momento a una remodelación completa de la cocina, pero no quiere dejar de prestar un servicio que lleva ofreciendo desde que se fundó la institución.

¿Qué solución se le puede proponer para que mantenga el servicio de comedor?

5. Beneficios de los nuevos entornos organizativos

Los nuevos entornos organizativos pueden repercutir en la vida de las personas trabajadoras, procurándoles **beneficios** (Tabla 8.4) tanto personales como profesionales.

Polivalencia	• El paso de una empresa con una estructura piramidal, con personal especializado, a una empresa organizada con un sistema de red necesita personas trabajadoras polivalentes. • La polivalencia permite a las personas trabajadoras ejecutar diferentes tareas o participar en distintos proyectos empresariales, a la vez que desaparecen las actividades repetitivas y monótonas.
Flexibilidad	La flexibilidad es una de las ventajas de las que pueden disfrutar las plantillas por estas razones: • Contribuye a la conciliación de la vida laboral y familiar. • Permite al empleado o la empleada organizar su jornada laboral y trabajar desde sitios diferentes, incluso muy alejados del domicilio de la empresa. • Obliga a las empresas a ser flexibles para lograr viabilidad y supervivencia en un entorno altamente competitivo. Las que no lo logran acaban desapareciendo y, con ellas, una multitud de puestos de trabajo.
Formación	• Las empresas con una producción flexible y que desean tener trabajadores y trabajadoras polivalentes deben pensar en la formación permanente que estos precisan para afrontar los cambios. • La formación permanente contribuye a la retención del talento en las empresas.
Organización menos jerarquizada	• Los sistemas flexibles de organización precisan un entorno empresarial menos jerarquizado. El personal directivo se ocupa más de coordinar los proyectos que de establecer un férreo control sobre todo el sistema productivo. • La desaparición de líneas medias promueve una mayor fluidez en la comunicación ascendente y descendente entre las líneas que subsisten en la empresa, a la vez que las informaciones discurren con más rapidez.
Trabajo en equipo	El trabajo en equipo permite a las personas trabajadoras disfrutar de todas sus ventajas: aumenta la creatividad personal, ayuda a realizar trabajos más complejos, facilita el aprendizaje de los miembros del equipo, impulsa el trasvase de conocimiento entre ellos y fomenta la motivación personal.
Movilidad	Las personas trabajadoras pueden trabajar en otros países y, así, ampliar su formación profesional y su currículum con la experiencia adquirida en otro país. Esta posibilidad, derivada de la globalización, exige tener conocimientos de idiomas, lo que permite aprovechar las oportunidades de trabajo y enriquecimiento en el extranjero.
Entorno multicultural	Los entornos multiculturales posibilitan el intercambio de información y de sistemas de trabajo en el ámbito de la empresa entre personas de diferentes países, lo cual enriquece la actividad.

Tabla 8.4. Beneficios de los nuevos entornos organizativos para las personas trabajadoras.

ACTIVIDADES

7. Una empresa de ocio y estética tiene contratados a varias personas trabajadoras para prestar sus servicios tanto en la peluquería como en las instalaciones del *spa*.

El empleado que ocupaba el puesto de socorrista ha dejado la empresa hace pocos días y ha sido sustituido por una trabajadora que, además de ser peluquera, tiene el título de Técnico Superior en Acondicionamiento Físico y el de socorrista.

¿Qué beneficio presenta para la trabajadora su perfil polivalente en esta empresa?

PIENSA Y RESUELVE

8. Muchas empresas, para mejorar sus productos, utilizan técnicas de trabajo en equipo en las que cada integrante aporta sus mejores ideas.

Una joven compañía española de diseño y creación de videojuegos ha logrado un importante éxito con su último producto, que ha generado un enorme interés entre todos los públicos. Ante el alza de las ventas, ha decidido dar un salto y lanzar una serie de juegos para su comercialización a nivel mundial. La empresa precisa mejorar algunos elementos del producto para adaptarlo a diversas culturas.

Imagina que estás trabajando en la empresa y tienes que indicar al menos dos aspectos de los juegos que se deban perfeccionar y dos nuevos elementos organizativos que podría incorporar la empresa para lograr la mejora que pretende.

ACTIVIDADES DE SÍNTESIS

1. Haz en el cuaderno una tabla para resumir las principales características de cada sistema organizativo.

cadena de montaje / manufactura / control de tiempos / *just in time* / división del trabajo / productos de calidad / producción en masa / producción bajo demanda

Producción artesanal	Sistema taylorista	Sistema toyotista

2. Completa en el cuaderno las frases que se enuncian a continuación, referidas a los elementos emergentes en la organización del trabajo, con las palabras clave que se proponen.

liberalización / vender / competencia / globalización / mercados

a) Con la ... , las empresas se abren a ... para ... los productos en zonas hasta ahora vetadas; este proceso tiene su fundamento en la ... de los mercados mundiales y ha hecho que aumente la ... .

terrorismo / métodos / global / amenazas / pandemias / sistemas / adaptación

b) Las nuevas ... globales son el conjunto de circunstancias sociales, económicas, políticas, de seguridad y medioambientales a nivel ... que afectan a las poblaciones de todo el mundo, como el ... internacional o las ... . Estas situaciones obligan a una ... permanente a nuevas formas, ... y ... de trabajo.

3. Construye enunciados completos uniendo los fragmentos de la columna izquierda con los de la derecha.

a) El fenómeno de la externalización de la producción es conocido como...	1. *offshoring* o deslocalización empresarial.
b) La contratación de la producción empresarial en países distintos al de origen de la empresa se denomina...	2. trabajan bajo la modalidad de teletrabajo.
c) La flexibilidad productiva es la capacidad de las empresas para...	3. subcontratación u *outsourcing.*
d) Las personas trabajadoras que no tienen que desplazarse al centro de trabajo de la empresa porque desarrollan su actividad en casa o en otro centro...	4. adaptar su sistema productivo a la creación de nuevos productos y servicios.

INVESTIGACIÓN

Palabras clave para la búsqueda de información: *taylorismo, toyotismo, entorno, globalización, flexibilidad, subcontratación, polivalencia.*

4. Los nuevos entornos organizativos de las empresas tratan de conciliar la vida laboral y familiar. Localiza en Internet el convenio colectivo aplicable a tu sector profesional y consulta si en él se establecen estas medidas. Puedes utilizar el siguiente enlace:

- **https://bit.ly/2FRnCFY**

5. Los especialistas en organización de empresas estudian las consecuencias que tienen para las personas trabajadoras los cambios en el sistema de organización empresarial. Accede a este enlace: **https://bit.ly/2K7x1Ln**, y lee detenidamente el artículo propuesto.

Elabora una tabla que recoja tres aspectos de los cambios en el entorno organizativo que repercutan en las empresas y otros tres que afecten a las personas trabajadoras.

6. Uno de los fenómenos que más ha incidido en la vida de las empresas y de las personas trabajadoras en el mundo occidental ha sido el *offshoring* o deslocalización empresarial.

Accede a este enlace: **https://bit.ly/3eZIzMh**, lee el artículo y haz un listado con, al menos, tres ventajas y tres inconvenientes del sistema expuesto.

7. En esta unidad has estudiado modernas formas de organización empresarial que buscan, fundamentalmente, hacer las empresas más flexibles, tanto productiva como laboralmente. Una de ellas es la estructura en trébol. El creador de este sistema fue Charles Handy, quien apuntó sus características.

Accede al siguiente enlace: **https://bit.ly/35yiErZ** y responde a las siguientes cuestiones:

a) ¿En qué época fue formulado este modelo de estructura empresarial?

b) ¿Qué ventaja tiene para la empresa actual?

c) ¿Qué perfil de personas se piensa que puede adaptarse mejor a ella?

TEST DE REPASO

1. **La tecnoestructura, en el sistema de Mintzberg, permite...**
   (a) Dirigir la empresa.
   (b) Realizar los sistemas de normalización.
   (c) Aclarar dudas.
   (d) Asesorar en asuntos financieros.
2. **El sistema artesanal de producción se caracteriza por...**
   (a) Organizar el trabajo en cadenas de montaje.
   (b) Mantener la calidad del producto.
   (c) Elaborar objetos de lujo y exclusivos.
   (d) Ninguna de las afirmaciones anteriores es verdadera.
3. **El sistema de producción toyotista...**
   (a) Basa su organización en el control de los tiempos.
   (b) Produce según la demanda de la clientela.
   (c) Tiene grandes almacenes.
   (d) Concentra la producción en un país.
4. **La estructura empresarial en trébol organiza parte de sus tareas para que sean realizadas por...**
   (a) El personal directivo.
   (b) Los clientes.
   (c) Los proveedores.
   (d) Las personas desempleadas.
5. **Las modernas estructuras empresariales en red o en malla...**
   (a) Permiten una mayor flexibilidad en las empresas.
   (b) Son estructuras muy rígidas que no admiten cambios.
   (c) No subcontratan la producción.
   (d) La estructura en malla no existe.
6. **La subcontratación es un mecanismo de organización empresarial que...**
   (a) No permite a una empresa trabajar para otra.
   (b) Crea una red de empresas pequeñas que hacen una parte del trabajo de otra más grande.
   (c) Permite trabajar siempre con equipos informáticos.
   (d) Organiza la formación para las personas trabajadoras de una empresa.
7. **Se denomina *offshoring* la técnica que emplean las empresas para...**
   (a) Deslocalizar su producción.
   (b) Vender sus productos.
   (c) Generar campañas de *marketing*.
   (d) Todas las respuestas anteriores son correctas.
8. **Una estructura empresarial virtual significa que...**
   (a) La empresa trabaja a través de Internet.
   (b) La empresa no tiene una plantilla.
   (c) La empresa solo hace investigación.
   (d) Diversas empresas ponen en común lo que mejor saben hacer.
9. **Entre los elementos del entorno sobre los que las empresas no tienen control se encuentran...**
   (a) Los cambios políticos.
   (b) Los cambios en la normativa.
   (c) Las fuerzas medioambientales.
   (d) Todos los anteriores.
10. **La flexibilidad productiva supone para las empresas la capacidad para...**
    (a) Producir un solo modelo de producto.
    (b) Producir un producto y los complementos y los accesorios que lleva aparejados.
    (c) Adaptar el número de personas trabajadoras al volumen de pedidos.
    (d) Producir nuevos productos o adaptar las cantidades que se fabrican del mismo artículo.
11. **Entre las nuevas amenazas globales a las que tienen que hacer frente las empresas y las personas trabajadoras se encuentran...**
    (a) Las pandemias.
    (b) El terrorismo internacional.
    (c) Las catástrofes medioambientales.
    (d) Todas las opciones anteriores son correctas.
12. **La polivalencia funcional de las personas permite...**
    (a) Participar en diferentes tareas y proyectos.
    (b) Asumir una sola función en la empresa.
    (c) Conciliar la vida familiar y laboral.
    (d) Una organización piramidal estricta en la empresa.
13. **El teletrabajo permite a las personas trabajadoras...**
    (a) Trabajar desde la oficina de la empresa con la clientela.
    (b) Trabajar desde su domicilio utilizando las nuevas tecnologías.
    (c) Trabajar en la oficina de la empresa compartiendo información con sus compañeros y sus compañeras.
    (d) Todas las afirmaciones anteriores son verdaderas.

COMPRUEBA TU APRENDIZAJE

1. Indica a qué grupo pertenecen estas personas trabajadoras según la organización de la empresa que propone Mintzberg:

   a) Peones de obra.

   b) Arquitecto jefe de un proyecto.

   c) Directora de la empresa.

   d) Jefe de obra.

   e) Asesora jurídica.

2. Visiona en el siguiente enlace: **https://bit.ly/3kZ53y9** los primeros 30 minutos de *Tiempos modernos,* de Charles Chaplin, y, después, responde a estas cuestiones:

   a) ¿Qué sistema de producción refleja la película?

   b) ¿Cuáles son las características de este sistema?

   c) ¿Qué aspectos del sistema son criticados?

3. Indica si estas afirmaciones son verdaderas o falsas:

   a) El toyotismo es una forma de organización del trabajo propia de los sistemas artesanales.

   b) El sistema artesanal de producción surgió con anterioridad a la Revolución Industrial.

   c) La división del trabajo genera una mayor especialización de la mano de obra en sus puestos.

   d) La excesiva fragmentación del trabajo produce en la mano de obra unos efectos altamente beneficiosos.

4. Pedro Alcántara y Gema Aparicio acaban de abrir una tienda de prendas de vestir de lana y algodón que ellos mismos confeccionan. Ambos estudiaron un ciclo formativo de Confección y Moda y, tras finalizarlo, decidieron emprender un negocio con ayuda de su familia y sus amistades, que los apoyaron económicamente. En los meses previos a la apertura del centro estuvieron creando personalmente las prendas pues piensan que este carácter artesanal es el que les permitirá competir y distinguirse de la competencia.

   Indica qué sistema de producción han decidido implantar estos dos emprendedores en su negocio.

5. Una tienda cuenta con tres empleados fijos para atender a su clientela de manera permanente y, cuando existe un pico productivo, contrata a trabajadores y trabajadoras temporales. Los servicios de limpieza, asesoría jurídica y contable y prevención de riesgos laborales los tienen subcontratados. Además, dispone de una caja para que los clientes paguen su compra.

   ¿Qué sistema organizativo tiene implantado esta tienda?

6. Señala si estas afirmaciones son verdaderas o falsas:

   a) La contratación y la subcontratación no utilizan nunca personas trabajadoras de otras empresas.

   b) La contratación y la subcontratación son propias de organizaciones muy poco flexibles.

   c) La contratación y la subcontratación son propias de empresas con una estructura flexible.

   d) La contratación y la subcontratación constituyen un sistema muy poco utilizado en la actualidad.

7. Señala, en los siguientes supuestos, el elemento emergente utilizado para la organización del trabajo:

   a) Unos laboratorios protésicos han contratado a una empresa para la limpieza de sus instalaciones.

   b) Irene Santiago solicita la reducción de su jornada para atender a su padre y a sus hijos.

   c) Una empresa de enlatado de bebidas investiga un nuevo sistema de envasado más ecológico.

8. Identifica qué elemento contextual de los nuevos entornos de trabajo está reflejado en el siguiente caso: en un hospital quieren hacer unos cambios para mejorar considerablemente la calidad del servicio que se ofrece a los pacientes:

   a) En el Departamento de Administración se va a implantar un nuevo programa informático para realizar la contabilidad general del hospital.

   b) En el servicio de radiodiagnóstico se va a adquirir el último modelo de ecógrafo para hacer pruebas con las que se obtienen unos diagnósticos muy precisos.

   c) Se ha comprado un nuevo tipo de pinzas para operaciones que acaban de salir al mercado.

9. Indica qué factores están influyendo en la organización de estas empresas:

   a) Una fábrica textil de Bangladés se plantea exportar sus productos, diseñados y elaborados en el país, a Europa y Estados Unidos. Todo el capital de la empresa es bangladesí y esta no desea tener sedes físicas en las regiones a las que va a exportar. Para evitar este problema, ha decidido establecer un sistema de venta *on-line.*

   b) Una empresa de transporte se ve obligada a cambiar los sistemas de filtros de sus automóviles debido a que el Gobierno acaba de aprobar una norma que establece unos límites de emisiones de CO_2 muy bajos.

10. Lee este caso y señala qué circunstancia ha obligado a la empresa a realizar un cambio en su producción:

    Joven, S. L., se dedica a la venta de ropa para jóvenes. Posee una tienda, situada en una céntrica calle de la localidad, que hasta el año pasado había sido el único establecimiento de este tipo que existía en esa zona. La empresa ha sabido canalizar muy bien los gustos de las personas con edades comprendidas entre los 15 y los 25 años, circunstancia que cada año se confirma con el creciente volumen de ventas y de beneficios.

Sin embargo, desde el verano pasado la demanda ha descendido un 15 %. Los estudios de mercado que han realizado demuestran que la disminución de las ventas se debe a la la apertura de dos tiendas más de ropa para gente de las edades mencionadas. Aunque estos nuevos comercios no están al lado de Joven, S. L., muchas ventas se han desviado hacia ellos. Los analistas han señalado que las dos tiendas ofrecen productos similares a los de Joven, S. L., pero incorporan el reclamo de descuentos y promociones constantes en diversos artículos. Los directivos de Joven, S. L., han decidido realizar una campaña de *marketing* para recuperar la clientela, con ventajas para todos los compradores, y lanzar una nueva línea de ropa de deporte y aventura.

11. Una trabajadora, después de disfrutar de su permiso por nacimiento, se reincorpora a su puesto y se encuentra con el problema de tener que conciliar el horario del trabajo y el de la entrada en la guardería del bebé, ya que coinciden. ¿Qué mecanismo de los nuevos sistemas organizativos podría permitirle conciliar su vida laboral y familiar?

12. Una empresa del sector electrónico que produce ordenadores y componentes para móviles tiene su sede en España; cuenta con dos fábricas: una en Madrid y otra en Teruel. Ha decidido cerrar esta última y trasladar toda la producción a Bulgaria para ahorrar en costes laborales. ¿Qué elemento emergente se aprecia en esta decisión empresarial?

13. Señala si las siguientes afirmaciones son verdaderas o falsas:

a) La flexibilidad productiva permite a la empresa variar el número de personas trabajadoras.

b) La flexibilidad productiva permite a la empresa cambiar el producto.

c) La flexibilidad productiva consigue que la empresa sea más competitiva.

14. Una empresa de desarrollo tecnológico acaba de abrir una nueva línea de productos sobre la que la dirección de producción tiene grandes expectativas. La organización está haciendo un proceso de selección y ha descubierto a dos talentos en el nuevo campo que viven fuera de nuestro país y le han comunicado que estarían interesados en el puesto pero no en trasladarse de manera definitiva. ¿Qué sistema de organización puede emplear la empresa para poder contratar a estos talentos?

- Escribe dos ideas de esta unidad que tengas claras y que te parezcan fundamentales. ¿Qué te ayudó a comprenderlas?
- Formula dos preguntas de la unidad sobre aspectos que no hayas entendido totalmente.
- Escribe dos aspectos de esta unidad sobre los que te gustaría profundizar.

DE CAMINO AL MUNDO LABORAL

Las personas trabajadoras pueden mejorar sus condiciones de vida en los entornos laborales.

Objetivo

Identificar los principales elementos del entorno organizativo de las empresas y sus beneficios.

Tarea

1. En el mundo actual se está produciendo un proceso de deslocalización empresarial que se caracteriza por buscar nuevos espacios de producción para reducir los costes. Sin embargo, también se está llevando a cabo un proceso inverso de relocalización de empresas en las fronteras nacionales.

Para comprender y diferenciar estos procesos, accede al siguiente enlace: **https://bit.ly/3ftszCp**, e identifica las características de estos tres sistemas de organización empresarial: *offshoring, nearshoring, onshoring.*

Después, organizad la clase en grupos de tres personas y distribuid las siguientes funciones: coordinar el equipo y analizar el *offshoring,* realizar el cuadro comparativo y estudiar el *nearshoring,* y ejercer la portavocía y examinar el *onshoring.* Finalmente, se expondrán las conclusiones ante el resto de los grupos.

2. Naciones Unidas pretende que la industrialización de los países vaya acompañada de una innovación que permita mejorar las condiciones de vida de las personas trabajadoras en todo el planeta.

9 INDUSTRIA, INNOVACIÓN E INFRAESTRUCTURA

Contesta en el cuaderno a las siguientes cuestiones:

a) ¿Cuál es el objetivo de desarrollo sostenible número 9?

b) ¿De qué dependen el crecimiento económico, el desarrollo social y acción contra el cambio climático?

c) ¿Qué factores o nuevos elementos emergentes debe incluir un crecimiento sostenido?

Puedes buscar información en este enlace:

- **https://bit.ly/2UrJbkj**

3. Uno de los sistemas de organización para mejorar la eficiencia en las empresas es la *joint venture*.

Responde a estas cuestiones:

a) ¿Qué es una *joint venture*?

b) ¿Qué finalidad tiene la unión temporal de empresas?

c) ¿Cómo afecta esta unión a los equipos de trabajo?

Puedes consultar el siguiente enlace:

- **https://bit.ly/2ICKRVl**

9 UNIDAD

Los equipos de trabajo

ESTUDIARÁS

- La participación en el equipo de trabajo.
- El concepto de equipo y sus características.
- Los tipos de equipos de trabajo.
- Las fases de la formación de los equipos.
- La comunicación en el equipo.
- Las técnicas de trabajo en equipo.
- Las ventajas y los inconvenientes del trabajo en equipo.

Y SERÁS CAPAZ DE

- Aplicar las estrategias del trabajo en equipo, evaluando su eficacia y su eficiencia para la consecución de los objetivos de la organización.
- Distinguir el trabajo en equipo del trabajo en grupo.
- Aplicar estrategias para optimizar el rendimiento de los equipos de trabajo.

La dirección de Recursos Humanos, que siempre elabora el calendario de vacaciones en función de la antigüedad, os encarga trabajar en equipo para hacer propuestas negociables para facilitar la conciliación en materia de vacaciones. Cada componente del equipo debe aportar, al menos, tres ideas; luego, tenéis que elegir las tres que consideréis más acertadas para presentarlas a la dirección.

Una vez terminada la dinámica, compartid con el resto y escribid en una tabla una ventaja y un inconveniente que hayáis experimentado del trabajo en equipo.

- ¿Has formado parte de algún equipo de trabajo?
- ¿Conoces la diferencia entre un grupo y un equipo?
- ¿Sabes que existen técnicas específicas para trabajar en equipo?

1. Características y funciones de los equipos de trabajo

Los seres humanos nos vemos envueltos constantemente en relaciones con otras personas en muchas actividades cotidianas. La sociedad actual tiende al individualismo, pero, por otra parte, no nos deja vivir aislados; pensemos en todas aquellas acciones diarias en las que interactuamos con los demás.

Existen muchas razones por las que las personas formamos parte de un equipo; cada una de ellas intenta responder a una necesidad que el individuo tiene que satisfacer. Viendo los tipos de grupos en los que participamos habitualmente, podemos decir que con la pertenencia a un grupo **intentamos lograr más seguridad y sentirnos parte de una organización** (Fig. 9.1).

A veces, la pertenencia a un grupo es voluntaria, pero en otras ocasiones viene impuesta por las circunstancias, especialmente laborales. En el mundo del trabajo, los grupos se convierten en auténticos equipos. Muchas empresas desarrollan actividades complejas que no se podrían realizar sin que sus empleados y empleadas desarrollaran su actividad integrados en distintos equipos de trabajo.

Fig. 9.1. Objetivos de la pertenencia a un grupo social.

> Una de las aptitudes más solicitadas en los perfiles profesionales que demandan las empresas es la **competencia para trabajar en equipo.**

1.1. Características de los equipos de trabajo

Si observamos nuestras actividades diarias comprobamos que participamos en equipos diversos: deportivos, para realizar actividades en el centro educativo, de trabajo en nuestras empresas, grupos de amigos y amigas con intereses comunes... Algunos de estos equipos forman parte de organizaciones mayores, que pretenden conseguir sus objetivos a través de ellos.

Los equipos de trabajo tienen unas características específicas, que podemos ver detalladas en la Tabla 9.1.

Características de los equipos de trabajo	Ejemplos
Se persigue un **objetivo o meta común.**	Cinco estudiantes de un ciclo formativo han decidido presentarse a un concurso de innovación sobre engranajes mecánicos. Su objetivo es ganar el concurso o quedar entre los tres primeros equipos.
Se forman por **varias personas** que se **reconocen** como integrantes del equipo.	Para diferenciarse del resto de los competidores, han decidido llamarse «Engrasa» y han creado su propia marca.
Se establecen unas **normas de funcionamiento** concretas y una **estructura organizativa** básica que permita lograr el objetivo.	Cada persona debe entregar su parte del trabajo en la fecha establecida y asistir a las reuniones de coordinación. La profesora será la coordinadora, y un estudiante, el responsable del equipo.
Se desarrollan un conjunto de **actividades o tareas** para lograr el objetivo. Dichas tareas se distribuyen entre los integrantes según sus capacidades.	Las actividades que han planificado y repartido son las siguientes: recoger información sobre productos parecidos, diseñar un prototipo, seleccionar materiales para su creación y, finalmente, montarlo.
Se **relacionan e interactúan** mediante un sistema de comunicación que debe ser fluido.	Se han intercambiado las direcciones de correo electrónico para transmitirse la información y se reúnen cada tres días para poner en común sus ideas.

Tabla 9.1. Características de los equipos de trabajo.

¿SABÍAS QUE...?

En la teoría sobre equipos de trabajo se utiliza con frecuencia la palabra **sinergia.** Con ella se hace referencia al hecho de que el trabajo en equipo proporciona mejores resultados que la suma del trabajo individual de cada integrante del grupo.

¿SABÍAS QUE...?

En un equipo de trabajo, el objetivo final no se consigue sin el **esfuerzo personal de cada integrante.**

Por ello, en los equipos la responsabilidad de los componentes aumenta, pues pueden sufrir la presión del resto.

1.2. Funciones de los equipos en las empresas

La creación de equipos de trabajo en las empresas pretende conseguir **tanto fines empresariales como sociales.** Por un lado, se logra que la organización obtenga mejores resultados, y, por otro, se fomenta que las personas trabajadoras se sientan realizadas como personas, al relacionarse con otros seres humanos con los que pueden compartir su vida. Entre las **funciones de los equipos de trabajo** en la empresa están las siguientes (Fig. 9.2):

Fig. 9.2. Funciones destacadas de los equipos de trabajo.

1.3. Diferencias entre grupo de trabajo y equipo de trabajo

Los conceptos de grupo de trabajo y equipo de trabajo parten de la idea de que varias personas se relacionan al estar unidas por ciertos vínculos. El fenómeno de agruparse para construir algo en común responde a dos realidades con características diferentes (Tabla 9.2).

Grupo de trabajo	Equipo de trabajo
Existe un responsable que dirige.	El liderazgo es compartido (coordinación).
Se persiguen logros individuales.	La meta es común.
Los integrantes trabajan de forma individual e independiente para conseguir sus metas.	Los integrantes trabajan de forma conjunta y coordinada. Las tareas se reparten y el trabajo es colaborativo.
El trabajo de cada integrante es independiente y no permite una visión de conjunto.	El trabajo de cada integrante contribuye a un resultado común y permite una visión de conjunto.
La responsabilidad por el trabajo es individual.	La responsabilidad es conjunta.
La toma de decisiones y la solución a cualquier conflicto suelen provenir de quien dirige el grupo.	La toma de decisiones y la solución a cualquier conflicto suelen ser consensuadas.
El resultado final constituye una suma de los trabajos individuales.	El equipo proporciona un aprendizaje compartido de conocimientos y habilidades, además de los resultados individuales.

Tabla 9.2. Diferencias entre grupo de trabajo y equipo de trabajo.

CASO PRÁCTICO 1. Funciones de los equipos

Una empresa de electrodomésticos organiza un equipo de trabajo compuesto por integrantes de varios departamentos con la finalidad de lograr ideas creativas para su nueva campaña publicitaria. La empresa quiere que la publicidad refleje las mejores características de sus artículos y, a la vez, lanzar una campaña original e innovadora que invite a la posible clientela a comprar el producto.

Indica qué funciones tiene la creación de este equipo en la mencionada empresa.

Solución:

El equipo de trabajo creado busca obtener ideas que puedan plasmarse en diversos medios de comunicación. Para ello, reúne a personas trabajadoras de distintos departamentos que aporten diferentes perspectivas sobre el valor del producto que se fabrica.

ACTIVIDADES

1. Analiza estos ejemplos y señala si estamos ante un grupo o un equipo de trabajo.

a) Un Ayuntamiento ha contratado a un especialista en medio ambiente, una especialista en medio rural y un biólogo para poner en marcha la gestión de un parque regional en la montaña.

b) Una empresa organiza un curso de formación sobre gestión de la prevención de riesgos en la empresa en el que se inscriben personas que dirigen varias empresas.

c) Una productora de teatro ha encargado a un técnico superior en patronaje y moda la selección de calzado para la obra que están ensayando y se va a estrenar.

2. La comunicación en el equipo de trabajo

La necesidad de comunicación, que es básica en el mundo laboral, se agudiza cuando se trabaja en equipo. En este caso, la **necesidad de coordinarse** obliga a mantener una comunicación constante y fluida.

2.1. Elementos que intervienen en el proceso de comunicación

En el proceso de comunicación intervienen los siguientes elementos (Fig. 9.3):

Fig. 9.3. Proceso de comunicación.

2.2. Escucha activa

Todas las personas estamos acostumbradas a hablar constantemente con otras. Nuestra familia, las amistades y los compañeros y las compañeras de trabajo son nuestros interlocutores a diario, pero no siempre realizamos una escucha activa.

> Escuchar activamente significa **pensar en lo que nos están diciendo** y no responder sin analizar antes lo que hemos escuchado.

Para llevar a cabo una escucha activa, podemos utilizar las siguientes pautas:

- **No interrumpir** a la persona que está hablando.
- **Pensar,** antes de responder, en lo que nos ha dicho.
- **Hacer preguntas** para que no nos queden dudas sobre lo que ha referido.
- **Mirar a los ojos** de la persona con la que se conversa.

¿SABÍAS QUE...?

La **comunicación no violenta** (CNV) fue desarrollada por el psicólogo estadounidense Marshall Rosenberg.

A través de este método comunicativo, las personas pueden resolver sus conflictos de manera pacífica, favoreciéndose el respeto y la empatía.

El proceso de la CNV es el siguiente:

- Observar lo que ocurre en una situación.
- Comprobar cómo nos sentimos ante esos hechos.
- Expresar nuestras necesidades en vista de los sentimientos experimentados.
- Hacer una petición de lo que necesitamos para mejorar la vida de quienes intervienen en la situación.

ACTIVIDADES

2. Jorge trabaja en una empresa. Mientras terminaba una tarea, su jefa se acercó a su puesto para decirle que al día siguiente tendría que asistir a una reunión, a las cinco de la tarde, con unos clientes que habían encargado un trabajo. Jorge estaba tan concentrado en su actividad que respondió «Vale», aunque, en realidad, no había escuchado lo que le dijo. Por eso, al día siguiente, le tuvieron que llamar para que acudiera a la reunión, pues no se presentó a la hora indicada.

Cuando preguntó de qué reunión se trataba, su jefa se enfadó, porque no se había enterado del mensaje que le había transmitido el día anterior y los clientes se habían visto obligados a esperarle durante media hora.

a) ¿Se ha llevado a cabo un proceso de comunicación completo?

b) ¿Ha existido escucha activa en este caso? ¿Por qué?

2.3. Barreras en la comunicación

En todo proceso comunicativo podemos encontrar un conjunto de **obstáculos que perjudican o impiden la comunicación.** Estos incidentes se denominan barreras, las más significativas de las cuales son las siguientes (Fig. 9.4):

Barreras comunicativas

- **Semánticas**
  - Se producen cuando la persona que recibe el mensaje no entiende el idioma, los signos o el vocabulario utilizado.
  - Una barrera muy común puede derivar de un uso especializado del lenguaje en el ejercicio de cada profesión.
- **Físicas**
  - Son señales presentes en el ambiente que producen interferencias y pueden perturbar el mensaje.
  - Las señales más habituales son el ruido, los cortes de luz o en la línea telefónica y las paredes y los muros, entre otras.
- **Psicológicas**
  - Están formadas por los rasgos de la personalidad que influyen de forma negativa en la comunicación.
  - Las más relevantes son las emociones, las expectativas, las impresiones, los prejuicios o la posición jerárquica en la empresa.

Fig. 9.4. Barreras en la comunicación.

2.4. Inteligencia emocional

Es el **conjunto de habilidades personales** que completa los estudios y las capacidades profesionales que se hayan podido adquirir, y contribuye a que las personas trabajadoras participen en las empresas y en los equipos de trabajo de una manera más eficaz.

Ya hemos dicho que las emociones son una de las barreras que nos podemos encontrar en el proceso de comunicación. Hoy día es muy frecuente oír hablar de inteligencia emocional, un concepto acuñado por Daniel Goleman en su obra *Inteligencia emocional,* donde señala que este tipo de inteligencia está compuesta por habilidades como «el **autocontrol**, el **entusiasmo,** la **perseverancia** y la **capacidad para motivarse a uno mismo**».

Un ejemplo de **inteligencia emocional** podemos verlo en aquellas personas que ejercen una gran **influencia** en un grupo y consiguen que se tomen decisiones ajustadas a sus propias opiniones.

Según Goleman, el control de las emociones y los sentimientos ayuda a transformar situaciones negativas en posibilidades impensables y positivas, si se cuida la parte emocional propia y la de nuestros interlocutores. El empleo de habilidades emocionales es esencial en el trabajo en equipo, especialmente cuando se ejerce el **liderazgo,** porque ayuda a persuadir a las personas trabajadoras para que aúnen sus esfuerzos en torno al objetivo que se persigue.

2.5. Estrategias de comunicación asertiva

La **asertividad** es un método de comunicación dirigido a transmitir información, pedir lo que se desea o decir lo que se piensa sin agredir a los demás y teniendo siempre en cuenta los derechos de nuestros interlocutores.

Entre las técnicas de asertividad más frecuentes están las siguientes:

- **Disco rayado.** Consiste en repetir una idea hasta que el interlocutor o la interlocutora se dé cuenta de cuál es nuestra postura y se pueda llegar a un compromiso.
- **Aserción negativa.** Permite responder a una crítica manifestando que es razonable o que contiene una parte de verdad, hasta que la persona que está criticando deje de hacerlo.
- **Pregunta negativa.** Consiste en contestar a una crítica pidiendo una aclaración.

¿SABÍAS QUE...?

La comunicación no verbal

- No usa el lenguaje hablado para emitir el mensaje.
- Tiene como función más importante reforzar la comunicación verbal, si bien, en muchas ocasiones, la suple e incluso puede contradecirla.
- Emplea signos, señales o imágenes para transmitir la información.

CLAVES Y CONSEJOS

Te proponemos analizar una situación de **aserción negativa:**

Ayer dejaste las herramientas descolocadas en tu trabajo y un compañero te lo ha recriminado.

EMISOR: Eres una persona desordenadísima, siempre dejas todo tirado, como ayer.

RECEPTOR: Siento lo que ocurrió ayer, y te pido disculpas, tenía prisa.

E: Que tuvieras prisa no tenemos que pagarlo los demás; eres una persona con la que no se puede trabajar.

R: Ya te he pedido disculpas, ayer no me di cuenta y espero que no me vuelva a pasar.

Aquí tienes un ejemplo de **pregunta negativa** en la comunicación asertiva:

E: Vas todos los fines de semana al cine. ¿No puedes hacer otra cosa?

R: Lo siento. ¿Crees que ir al cine tiene algo negativo? A mí me parece una actividad muy entretenida.

3. Ventajas e inconvenientes de trabajar en equipo

Aunque actualmente el **trabajo en equipo** constituye una práctica muy habitual en las empresas debido a los beneficios que conlleva para la organización, presenta una serie de inconvenientes que no podemos olvidar.

En la Figura 9.5 se pueden ver **las ventajas y los inconvenientes** más habituales del trabajo en equipo.

Ventajas	• Se encuentran soluciones más creativas a los problemas, porque varias personas aportan sus opiniones. • Se aprende más rápidamente. • Se realizan trabajos que no podría ejecutar una persona sola. • Se incrementan la motivación y la satisfacción de las personas trabajadoras, al llevar a cabo proyectos de mayor envergadura. • Se desarrollan la paciencia y el respeto hacia las personas, al tener que aceptar las opiniones de los demás. • Se consiguen mejores resultados laborales. • Se puede reducir el cansancio individual.
Inconvenientes	• Se ralentiza el trabajo, al tener que coordinarse varias personas. • Se teme decir lo que se piensa ante la posibilidad de ser rechazado por los integrantes del equipo. • Se puede pasar desapercibido en el grupo y no aportar nuevas ideas. • Se puede reducir el esfuerzo individual. • Se puede utilizar el equipo en beneficio propio. • Se produce un mal reparto de la actividad. • Se puede paralizar la producción por la existencia de un liderazgo contrario al trabajo en equipo.

Fig. 9.5. Ventajas e inconvenientes del trabajo en equipo.

ODS

Una **educación de calidad** implica dotar a las personas que estudian Formación Profesional de competencias que les permitan integrarse de manera plena en la futura vida laboral.

El aprendizaje sobre el trabajo en equipo contribuye a lograr este importante objetivo de desarrollo sostenible (ODS).

Entra en el enlace siguiente y consulta con qué competencias de relación está vinculado el trabajo en equipo:

https://bit.ly/3jtHSLP

4 EDUCACIÓN DE CALIDAD

CASO PRÁCTICO 2. Ventajas e inconvenientes del trabajo en equipo

Carlos, Mercedes y Milagros, compañeros de clase, tenían que hacer un trabajo en equipo, obligatorio (tanto en cuanto a su realización como al hecho de desarrollarlo de forma conjunta), que suponía un 50% de la nota final del trimestre. Mantuvieron una primera reunión para enfocar el tema y repartieron las actividades de las que debía ocuparse cada uno.

Los tres tenían que redactar alguna parte del trabajo, pero había unas tareas concretas que decidieron dividir para poder avanzar más rápidamente. Carlos se encargaría de recopilar información sobre el tema en Internet, ya que era el único que tenía conexión en su casa; debía hacerlo en los cuatro días siguientes a la primera reunión. Mercedes, que había estudiado un curso de diseño gráfico por ordenador, se ocuparía de elaborar una plantilla para que todos trabajaran sus contenidos con el mismo formato. Milagros era la persona que se iba a encargar de leer el texto final para unificar el estilo de escritura de los tres componentes del equipo.

El primer problema surgió cuando Carlos acudió a la segunda reunión sin haber buscado la información, argumentando que no le había funcionado el acceso a Internet.

Mercedes se enfadó porque no había avisado y su propio trabajo, que ella ya había preparado, se iba a retrasar. Milagros no se quejó, aunque también estaba contrariada. Tuvieron que cambiar las fechas para seguir trabajando.

Finalmente, Carlos recopiló una buena información, que se completó con las aportaciones de sus compañeras, si bien Milagros tuvo que esforzarse durante varias noches para poder leer y corregir todo el texto antes de entregar el trabajo a la profesora. Sin embargo, finalmente llegaron a tiempo.

Señala dos ventajas y dos inconvenientes del trabajo en equipo.

Solución:

a) Ventajas: como la nota final está condicionada al hecho de trabajar en equipo, todos los componentes se benefician de la labor especializada de los demás. Por otra parte, el trabajo puede dividirse, de manera que cada cual se ocupe solo de una parte.

b) Inconvenientes: el trabajo se desarrolló más lentamente porque dependía del ritmo de cada estudiante. Cuando uno de ellos no cumplió, surgieron rencillas.

4. Tipos de equipos de trabajo

La realidad de los equipos de trabajo es muy variada; podemos decir que no existe una tipología única (Tabla 9.3). Los equipos de trabajo pueden tener múltiples funciones, estar formados por un número de integrantes diverso y tener una duración variable en el tiempo.

Según su duración	Permanentes	Desarrollan trabajo en común de manera habitual y dan estabilidad a la organización.
	Temporales	Surgen para desarrollar tareas esporádicas y, una vez concluidas estas, se disuelven.
Según su estructura organizativa	Formales	Forman parte del organigrama de la organización y tienen asignadas tareas específicas.
	Informales	Surgen de las relaciones espontáneas entre las personas trabajadoras.
Según el nivel jerárquico	De área	Realizan trabajos muy específicos y están formados por personas de la misma área o departamento, pero de distinto nivel jerárquico.
	Interdisciplinares	Ponen en marcha proyectos y están compuestos por personas de distintas áreas o departamentos de la empresa, pero del mismo nivel jerárquico.
Según la función (Robbins)	Para la solución de problemas	Debaten asuntos laborales concretos y aportan ideas para mejorarlos; están integrados por un número variable de personas (entre cinco y doce) y se reúnen semanalmente.
	Autodirigidos	Planifican el trabajo y van tomando decisiones en el día a día; están formados por un número variable de personas (entre cinco y doce) y asumen funciones de mandos intermedios.
	Interfuncionales	Realizan un proyecto concreto y están compuestos por personas de diferentes secciones de la empresa, pero del mismo nivel jerárquico. Algunas multinacionales, como Boeing o Toyota, trabajan con este sistema porque permite generar ideas nuevas.
Equipos especiales	Círculos de calidad	Mejoran la calidad del producto o el servicio que prestan, eligen los asuntos que se van a tratar y se reúnen con frecuencia; están formados por un número variable de personas (entre cinco y diez), que suelen tener el mismo nivel jerárquico.
	Equipos de alto rendimiento	Buscan lograr las cotas más altas de productividad, creatividad e innovación, asumiendo las funciones de dirección del equipo. Gozan de mucha flexibilidad e independencia en el trabajo. Sus integrantes están orgullosos de pertenecer a estos equipos.

Tabla 9.3. Tipos de equipos de trabajo.

CASO PRÁCTICO 3. Tipos de equipos

Cinco personas que trabajan en una empresa de informática han sido convocadas a una reunión. En ella se les ha explicado que van a formar parte de un equipo de trabajo que buscará nuevas fórmulas de *marketing* digital y redes sociales para lanzar al mercado global el nuevo producto de la empresa. El equipo estará formado por dos ingenieras, un especialista, el jefe de Producción y el director de I+D+i.

Indica si el equipo de trabajo es formal o informal y si existe una jerarquía entre sus componentes.

Solución:

El equipo es formal, puesto que ha sido organizado por los responsables de la empresa para realizar un trabajo concreto. Sí, ya que este equipo está integrado por personas de diferentes niveles jerárquicos.

ACTIVIDADES

3. Analiza qué tipo de equipo de trabajo se aprecia en los casos siguientes:

a) Una empresa de nueva creación ha organizado su equipo de contabilidad con dos personas para llevar toda la gestión contable.

b) Cuatro personas trabajadoras de una empresa (dos del Departamento de Ingeniería y dos del Departamento de Producción) van a viajar juntas a Alemania para presentar en un congreso un invento que han patentado.

4. Indica qué tipo de equipo de trabajo se refleja a continuación, según la clasificación de Robbins:

Una empresa dedicada a la producción de coches quiere diseñar un nuevo modelo híbrido (que incorpore un motor eléctrico y otro de gasolina) para reducir la emisión de gases. Con este fin, ha creado un equipo de trabajo formado por dos ingenieros del Departamento de Producción y otro del Departamento de Diseño, dos ingenieras mecánicas de la cadena de montaje y una directiva.

5. Condiciones para que un equipo de trabajo sea eficaz

Se llaman **condiciones de eficacia** de un equipo de trabajo el conjunto de circunstancias que contribuyen a que dicho equipo rinda el máximo posible.

Además de las condiciones, es necesario que las personas trabajadoras que integran un equipo conozcan los objetivos de la empresa y sepan cuál es su rol en la consecución de estos.

5.1. Condiciones para la eficacia de un equipo

La teoría de equipos es un campo en el que la práctica va determinando qué resulta eficaz y qué no, pero existen ciertos factores que contribuyen al **éxito del trabajo** (Tabla 9.4).

Transformar un grupo en un equipo	Las personas que trabajan juntas tienen que aprender a orientar sus esfuerzos hacia un logro común.
Sistema de comunicación	Los equipos de trabajo precisan sistemas rápidos y fiables para comunicarse e intercambiar nuevas ideas. Los integrantes del equipo tienen que conocer la manera, el momento y el lugar en que puede entablarse la comunicación.
Empatía	Cada componente del equipo debe saber ponerse en el lugar de otra persona y comprender sus inquietudes.
Asertividad	Cada persona trabajadora debe ser capaz de exponer claramente las ideas propias, razonando y sin atacar o desautorizar las opiniones de los demás.
Normas claras	Un equipo de trabajo eficaz precisa de unas normas que no dejen lugar a dudas sobre la necesidad de su cumplimiento.
Ayuda permanente entre los integrantes del equipo	Cada integrante debe sentirse respaldado por el conjunto del equipo que trabaja de forma coordinada: si alguien no conoce un procedimiento de trabajo o tiene dificultades, debe apoyarse en el resto; si una persona acaba su tarea, puede ayudar a otras a completar las suyas.
Capacidad de adaptación y cambio	La flexibilidad es necesaria para lograr los objetivos. A la hora de repartir el trabajo, hay que adaptar cada tarea a las competencias de cada integrante del equipo. También hay que ser flexible para rectificar aquellos aspectos que, en el desarrollo de las tareas, se aprecian como inconvenientes para lograr los objetivos.
Motivación de las personas trabajadoras	Los integrantes del equipo deben trabajar para conseguir los objetivos previstos. Un equipo en el que las personas estén desmotivadas, sin ganas de desarrollar sus tareas o de aportar nuevas ideas no será eficaz, porque empleará más tiempo y más recursos para alcanzar la meta propuesta.
Logro de unos resultados comunes	Un equipo de trabajo tiene que obtener un resultado unificado, es decir, el fruto de la actividad no debe aparecer como una suma de «fragmentos» independientes realizados por distintas personas, sino que el trabajo ha de reflejarse en un resultado que presente coherencia entre las distintas partes.

Tabla 9.4. Condiciones para la eficacia de los equipos de trabajo.

ACTIVIDADES

5. Lee los siguientes supuestos y señala qué condiciones de eficacia pueden haber fallado:

a) Una oficial de primera de un taller mecánico que coordina el trabajo de cinco operarios lleva varios meses sin dar órdenes claras al equipo, dejando que cada persona actúe libremente. Algunos clientes se han quejado porque al ir a recoger el coche la reparación aún no estaba acabada.

b) El trabajador encargado del almacén de una empresa de mensajería se lamenta cuando la clientela va a recoger sus pedidos. Aunque los clientes no le pregunten cómo se encuentra, el encargado del almacén comenta que sus jefes no le pagan bien, que trabaja en pésimas condiciones y que los compañeros de la oficina nunca le avisan cuando llaman a los clientes, que en ocasiones tienen que volver al taller varias veces.

5.2. Los roles en los equipos de trabajo

El **rol** es el comportamiento característico según el cual cada integrante de un equipo interactúa con los demás miembros para facilitar el logro de los objetivos del equipo.

Las investigaciones llevadas a cabo por Meredith Belbin y su equipo desarrollaron una metodología para identificar los distintos roles que asume cada individuo en un equipo de trabajo; concluyeron que, **en los equipos que tienen éxito, se pueden observar nueve roles** operando a la vez (Fig. 9.6) y que es necesario que las personas que forman parte del equipo puedan cumplir dichos roles. Esto no significa que el equipo deba tener nueve integrantes, puesto que una persona puede asumir más de un rol. Los roles reflejan las competencias con las que el sujeto que las posee puede contribuir al buen funcionamiento del equipo.

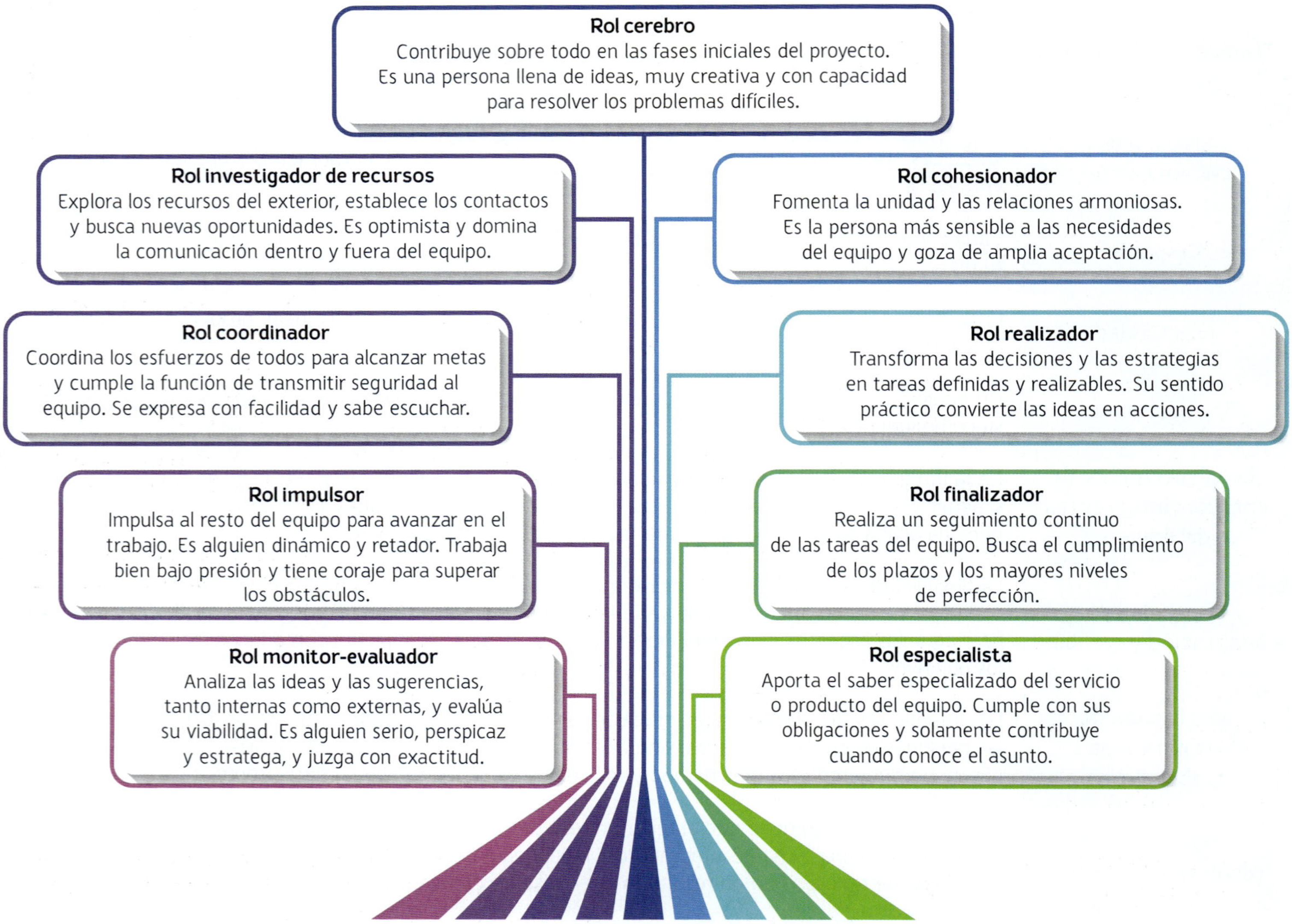

Fig. 9.6. Roles y contribuciones que han de cumplirse en los equipos de trabajo, según Belbin.

PONTE A PRUEBA 1. Roles en los equipos

En sus investigaciones, Belbin comprobó que, en los equipos que tienen éxito, se pueden observar los nueve roles operando a la vez y que es necesario que los integrantes de un equipo puedan cumplir dichos roles; pero, además de aportar fortalezas, el rol de equipo lleva asociados unos puntos débiles, denominados «debilidades permitidas». Investiga cuáles son las debilidades permitidas para cada uno de los nueves roles y selecciona los tres roles con los que más te identificas y que desempeñarías mejor en un equipo de trabajo.

Para resolver esta actividad puedes encontrar información en el siguiente enlace: **https://bit.ly/3oXYCyu**.

5.3. Las cinco C del trabajo en equipo

Tom Peters señala cinco condiciones para que el trabajo en equipo sea eficaz (Fig. 9.7).

1 Comunicación

Un buen ambiente comunicativo mejora las relaciones. Un liderazgo eficaz favorece el intercambio de ideas.

2 Coordinación

El líder no es un mandatario; debe identificarse con un coordinador que dirige, encarga, delega y contribuye.

3 Complementariedad

El reparto de las tareas permite que los trabajos se complementen y obtengamos mejores resultados.

4 Confianza

La comunicación debe ser transparente. Hay que favorecer el clima de confianza.

5 Compromiso

Los logros reflejan el compromiso y una mejora de los resultados.

Fig. 9.7. Las cinco C del trabajo en equipo.

5.4. Liderazgo del equipo

Normalmente los equipos de trabajo son dirigidos o coordinados por alguna persona. La capacidad de este sujeto para dirigir y liderar los recursos humanos suele influir notablemente en los resultados del equipo.

Los estudios tradicionales sobre esta materia distinguen tres **tipos de liderazgo:**

- **Autocrático.** La dirección autocrática se caracteriza por tener un líder que da continuas órdenes al equipo sin dejar espacios para que los integrantes aporten ideas o sugerencias. Este tipo de líderes suele utilizar premios y castigos con las personas trabajadoras.
- **Liberal.** La dirección liberal, también conocida como de *laissez-faire* («dejar hacer»), se caracteriza por tener un líder que casi no da órdenes al equipo. La dirección liberal del trabajo deja a las personas trabajadoras capacidad para hacer lo que consideren conveniente.
- **Democrático.** La dirección democrática sitúa al líder como coordinador del equipo. El líder aporta ideas, reparte las tareas y hace un seguimiento del trabajo dejando espacios para intercambiar información con las personas trabajadoras y permitir la creatividad del equipo. Este estilo de liderazgo es al que se debe tender, ya que con él se obtienen buenos resultados laborales a la vez que las personas trabajadoras se mantienen motivadas.

CLAVES Y CONSEJOS

- Los líderes **autocráticos** suelen utilizar premios y castigos con los trabajadores.
- Los líderes **liberales** no suelen coordinar los equipos de trabajo.
- Los líderes **democráticos** permiten la creatividad del equipo.

ACTIVIDADES

6. Una empresa alimentaria quiere crear una nueva línea de productos para desayuno. La empresa produce diversas variedades de cereales, pero en los últimos años las ventas han descendido de forma considerable.

La directora de producción está pensando en varias propuestas, pero le gustaría conseguir el mayor número de ideas para tener un abanico lo más amplio posible de cara a cubrir las necesidades del mercado. Ha decidido consultar a los empleados del equipo comercial.

¿Qué técnica de trabajo en equipo puede ser idónea para lograrlo?

PIENSA Y RESUELVE

7. La técnica de Zeppelin es muy habitual en el trabajo en equipo. Se utiliza para identificar las motivaciones que impulsan la toma de decisiones en estos entornos de trabajo.

En un zepelín viaja un grupo de cinco personas que se dedican a la medicina, la enseñanza, la política, la cocina y la recogida de basura. La nave atraviesa dificultades y, para que no se estrelle, hay que sacrificar a una de las personas que viajan en ella.

Decidid de cuál de los pasajeros o pasajeras se podría prescindir, justificando la elección.

6. Fases en la formación de los equipos

La consolidación de un equipo de trabajo es un proceso continuo que se prolonga desde que el equipo se crea hasta su disolución (si es un grupo temporal) o hasta que empieza a ser productivo. Vamos a señalar **cinco etapas en la formación de los equipos** (Fig. 9.8).

1 Etapa de formación

Se planifica la creación del equipo y se definen los objetivos y los procedimientos para realizar las tareas. Cada persona se siente insegura al enfrentarse a un entorno desconocido y tendrá que sobreponerse para lograr la plena integración.

2 Etapa de conflicto

Se establecen las normas y se reparten las tareas y las responsabilidades. En ese momento, surge el conflicto en el que hay que conjugar los intereses individuales con los grupales. La falta de entendimiento puede originar la disolución del equipo.

3 Etapa de resolución

Se consolida el equipo, al empezar a obtener resultados satisfactorios en el trabajo que está realizando. Las personas se empiezan a identificar con el equipo y se incrementa la productividad.

4 Etapa de producción

Se llega al momento de máxima productividad; las personas del equipo están satisfechas de haber puesto todas sus habilidades al servicio del grupo y del trabajo que se está realizando.

5 Etapa de terminación

Se han alcanzado todos los objetivos en esta breve etapa. Si el equipo es temporal, tenderá a desaparecer con la separación física de sus integrantes, que sentirán pena por la disolución del equipo.

Fig. 9.8. Etapas en la formación de los equipos.

CASO PRÁCTICO 4. Fases en la formación de un equipo

Señala con qué fase de la formación de un equipo de trabajo se corresponde la siguiente situación:

Rosa aceptó formar parte de un equipo de trabajo en la empresa porque le apetecía ampliar sus actividades. Su jefa le propuso que participara en un equipo de calidad que se iba a crear para mejorar tanto la gestión de la empresa como los servicios que se prestaban a los clientes. Durante los primeros días de reuniones del equipo, se fijaron los objetivos del proyecto, y en el momento actual, Rosa no para de comparar sus expectativas iniciales con la realidad. Le parece que el trabajo de equipo no es lo que ella esperaba, aunque su jefa le pide que tenga paciencia y espere para ver algún resultado concreto.

Solución:

El equipo de trabajo está en una fase de conflicto, porque se comparan las expectativas personales con los escasos resultados obtenidos hasta el momento.

7. Técnicas para trabajar en equipo

Para lograr unos resultados de forma más rápida y eficaz, en los equipos se suelen utilizar algunas técnicas de trabajo. Las más habituales son las que se recogen en la Tabla 9.5.

Técnica	Utilidad	Características	Tamaño
Tormenta de ideas o *brainstorming*	• Generar ideas nuevas. • Conocer las opiniones de los integrantes del equipo respecto a un tema.	Se expresan, durante un periodo de entre cinco y quince minutos y de la manera más libre posible, todas las ideas que se les ocurran a los participantes sobre el tema o el problema que haya motivado la reunión. Se prohíbe totalmente cualquier crítica hacia dichas ideas. Quien modera extrae aquellas que presentan mayor calidad y originalidad.	Para equipos pequeños
Dramatización o *role playing*	• Analizar problemas desde el punto de vista de las personas implicadas, lo que puede ayudar a decidir la forma de actuación futura ante una situación similar.	A partir de un guion elaborado por la persona que coordina, se pide a los participantes que asuman un papel y lo desarrollen durante un tiempo. Después de la representación, el equipo comenta las reacciones o los sentimientos de los actores y las actrices.	
Estudio de casos	• Análisis y búsqueda de soluciones para un caso real. Así, las conclusiones del caso podrán aplicarse a situaciones análogas.	Se estudia individualmente el caso (leído en voz alta o escrito) y se comentan las posibles soluciones. Quien ejerce la coordinación, mientras tanto, va recapitulando el trabajo realizado. El caso debe ser lo más detallado posible. Ello ayudará al equipo en la búsqueda de soluciones para problemas complejos.	
Phillips 66	• Recoger mucha información en un tiempo breve, garantizando la participación de todas las personas. • Generar nuevas ideas y recabar opiniones de los participantes en el equipo.	Los integrantes del equipo se dividen en subgrupos de seis para charlar y cambiar impresiones sobre un tema predeterminado durante seis minutos. Cada subgrupo designa a una persona para ejercer la coordinación (controlar el tiempo y permitir que cada integrante exponga sus ideas) y a un secretario o secretaria, que anotará las conclusiones. Pasados esos seis minutos (el tiempo puede alargarse), se reúnen los subgrupos y quien ejerce la secretaría expone las conclusiones y las opiniones, así como las discrepancias que se produjeron. Se anota en una pizarra una síntesis de todo ello y se hace un resumen general.	Para equipos medianos y grandes

Tabla 9.5. Técnicas de trabajo en equipo.

Además de las que aparecen en la Tabla 9.5, existen **otras técnicas** para aumentar la participación en los equipos y dinamizar y optimizar las reuniones de estos:

- **Diálogos simultáneos.** En un grupo, todos los participantes dialogan por parejas simultáneamente durante diez o doce minutos, para discutir un tema o un problema actual o para responder a una breve pregunta que se formule en la reunión. Esta técnica sirve para obtener la opinión de cada participante en el equipo y permite la interacción de todos ellos.
- **Método de proyectos.** Consiste en la formulación y el diseño, por parte de un equipo de cinco o seis personas, de un proyecto referido a una hipotética situación futura.
- **Entrevista pública.** Un miembro del equipo interroga a una persona experta sobre un tema establecido en presencia de todos los integrantes; de este modo, el equipo consigue obtener información.

PONTE A PRUEBA 2. Técnicas de trabajo en equipo

El trabajo en equipo exige el manejo de distintas técnicas para mejorar el rendimiento colaborativo. Te proponemos que, por parejas, investiguéis sobre otras técnicas de trabajo en equipo que no han sido estudiadas en esta unidad.

a) ¿Cómo se trabajaría en un «daily huddle»?

b) ¿Para qué se utiliza la técnica «romper el hielo»?

c) ¿En qué consiste la técnica de la «escalada»?

Para resolver esta actividad puedes buscar información en los siguientes enlaces:

- **https://bit.ly/2HFqiac**
- **https://bit.ly/2J2widQ**
- **https://bit.ly/3kwJNR6**

ACTIVIDADES DE SÍNTESIS

1. Completa las definiciones con las palabras clave de los recuadros y di a qué tipo de equipo se refieren:

normalmente / nivel jerárquico / poner en marcha / distintas áreas

Equipo formado por personas de ... o departamentos de la empresa, pero del mismo ... . Se crean ... para ... proyectos. ▶ ...

planifican / mandos intermedios / control / toman decisiones / cinco y doce

Integrados por entre ... personas trabajadoras que forman parte de ellos asumiendo funciones de ... . Los componentes del equipo ...... el trabajo que desarrollarán, realizan el ...... de este y ...... sobre el día a día del trabajo. ▶ ...

2. Señala a qué tipologías de equipos de trabajo corresponden las siguientes situaciones según la clasificación estudiada en el apartado 4, «Tipos de equipos de trabajo»:

a) Las personas que forman el comité de empresa de un centro de trabajo.

b) Una empresa crea un grupo de trabajo exclusivamente para diseñar una campaña de *marketing* de un nuevo centro comercial que se va a abrir.

c) Las nadadoras del equipo olímpico de natación sincronizada.

d) Una empresa crea un equipo de trabajo para decidir si lanza o no una nueva línea de productos.

3. De los siguientes rasgos de la inteligencia emocional, indica cuál ha desarrollado la persona de cada supuesto: automotivación, asertividad, empatía.

a) Daniel, un estudiante de un ciclo formativo de Grado Superior, ha obtenido unas notas excelentes, cuando en Bachillerato tenía unas calificaciones medias. Los buenos resultados derivados de su esfuerzo le han hecho pensar que merece la pena lo que está haciendo.

b) Natalia trabaja por las tardes en una empresa de instalación de aparatos de calor y frío. Al finalizar cada jornada, deja el material y las herramientas en el almacén, pero no los coloca. Su compañero de la mañana se ha quejado del desorden, pero Natalia dice que no le comprende; le pide perdón y le asegura que intentará dejar todo colocado.

c) Sergio, un estudiante de un ciclo formativo de Grado Superior, tiene la ilusión de realizar el módulo de Formación en Centros de Trabajo con una beca Erasmus+, ya que quiere mejorar su empleabilidad futura. Por ello, se ha matriculado en una escuela de idiomas con el objetivo de perfeccionar su inglés y se levanta todos los días a las siete de la mañana para estudiar antes de ir al instituto.

INVESTIGACIÓN

Palabras clave para la búsqueda de información: *equipos, comunicación asertiva, liderazgo, roles de equipo, inteligencia emocional, comunicación no violenta, técnicas de trabajo en equipo, círculos de calidad, equipos de alto rendimiento.*

4. Kurt Lewin fue un psicólogo nacido en Alemania y nacionalizado estadounidense que, a lo largo de su vida, estudió el comportamiento y las relaciones de las personas en los grupos, así como el comportamiento de los propios grupos. Visualiza el vídeo del enlace **https://bit.ly/34BlHPt**, respecto al estudio que realizó Lewin sobre los estilos de liderazgo y su influencia sobre los grupos humanos.

Señala qué efectos tiene el tipo de liderazgo que se ejerce sobre las personas que forman parte de un equipo de trabajo.

5. En la vida laboral se pueden presentar situaciones que generan conflictos entre una persona y una empresa o en el seno de un equipo. Para solucionarlos, algunos autores proponen el uso de las técnicas de la comunicación no violenta. Consulta el enlace **https://bit.ly/2TU5xL5** e indica cuáles son las claves para negociar en situaciones conflictivas.

6. La mejora de la calidad de los productos o servicios que ofrece es uno de los principales objetivos de cualquier empresa. Durante años, las empresas han implementado el trabajo en equipo como un instrumento para lograr este fin, usando múltiples herramientas de gestión para lograrlo; entre ellas destaca la implantación de los círculos de calidad, que durante las últimas décadas del siglo XX fueron un método muy extendido.

Consulta en Internet el origen de este sistema de trabajo en equipo que tan buena acogida tuvo en las empresas de todo el mundo para mejorar su productividad. Puedes usar el siguiente enlace: **https://bit.ly/34yvVjw**.

TEST DE REPASO

1. Una de las competencias que más demandan las empresas es...

- a) Saber gestionar las vacaciones.
- b) Capacidad para trabajar en equipo.
- c) Organizar eventos.
- d) Todas las opciones son correctas.

2. Los equipos de trabajo...

- a) Buscan un beneficio individual.
- b) Generan sinergias que redundan en la calidad del trabajo.
- c) No disponen de normas de comportamiento comunes para sus integrantes.
- d) Todas las afirmaciones anteriores son correctas.

3. La comunicación asertiva permite...

- a) Defenderse agrediendo.
- b) Defenderse pasivamente.
- c) No defenderse.
- d) Defenderse sin agredir.

4. Una barrera psicológica en la comunicación dentro de los grupos puede ser...

- a) El ruido que exista en el ambiente.
- b) Un corte de electricidad.
- c) No conocer la lengua en la que se habla.
- d) Los prejuicios sobre las personas o las cosas.

5. Las personas trabajadoras de un círculo de calidad...

- a) Suelen tener el mismo nivel jerárquico.
- b) Suelen pertenecer a distinto nivel jerárquico.
- c) Pertenecen siempre a la dirección de la empresa.
- d) Todas las afirmaciones anteriores son incorrectas.

6. Una tormenta de ideas es un método de trabajo en equipo que busca...

- a) Generar ideas.
- b) Analizar un proyecto.
- c) Discutir un tema entre dos personas.
- d) Conseguir un conflicto entre personas trabajadoras.

7. Los equipos de alto rendimiento...

- a) Se crean en todas las empresas para que sus personas trabajadoras se conozcan.
- b) Se caracterizan por que las personas trabajadoras se reúnen todas las semanas con la dirección.
- c) Reúnen a un conjunto de personas para lograr las cotas más altas de productividad, creatividad e innovación.
- d) No existen en ninguna empresa.

8. La comunicación no violenta...

- a) Ayuda en la solución de los conflictos.
- b) Es un método de trabajo individual.
- c) No se usa en los grupos.
- d) No permite la interacción entre las personas.

9. Un equipo de trabajo interfuncional tiene como función principal...

- a) Debatir asuntos relacionados con el trabajo.
- b) Planificar y distribuir el trabajo que desarrolla.
- c) Tomar decisiones sobre aspectos económicos de la empresa.
- d) Poner en marcha proyectos en los que intervienen distintas secciones.

10. La inteligencia emocional está formada por...

- a) Las titulaciones de las personas trabajadoras.
- b) Las competencias técnicas de las personas trabajadoras.
- c) Los idiomas que hablan las personas trabajadoras.
- d) Las competencias personales que completan los estudios y las capacidades profesionales.

11. Según la teoría de Belbin, en todos los equipos...

- a) Hay nueve roles.
- b) Hay nueve personas siempre.
- c) La persona que coordina pertenece a la dirección.
- d) Todas las opciones anteriores son falsas.

12. El *role playing*...

- a) Es una técnica de trabajo en equipo que agrupa a sus integrantes de seis en seis.
- b) Es una lluvia de ideas sobre un tema.
- c) Es una técnica que pide a los integrantes del equipo que representen una situación imaginaria como si fuera real.
- d) No es una técnica de trabajo en equipo.

13. Entre las utilidades de la técnica del estudio de casos, está su aplicación para...

- a) Analizar y buscar soluciones a un problema real.
- b) Generar nuevas ideas que puedan aplicarse en la empresa.
- c) Lograr que todos los integrantes del equipo den su opinión respecto a un tema.
- d) Recoger información en un tiempo breve.

14. El método de proyectos permite...

- a) Lograr muchas ideas.
- b) Estudiar un caso.
- c) Dramatizar una situación.
- d) Formular un proyecto referido a una hipotética situación futura.

COMPRUEBA TU APRENDIZAJE

1. Indica si estas afirmaciones son verdaderas o falsas:

a) En los grupos de trabajo, las personas, normalmente, no buscan un beneficio individual.

b) En los equipos de trabajo, las personas trabajan para conseguir un objetivo común.

2. Señala si las siguientes opciones describen a un grupo o a un equipo:

a) El equipo de cirugía, el personal de enfermería y los auxiliares de clínica en una operación.

b) Las personas que están esperando en un aeropuerto para subirse al mismo avión.

c) El profesorado en una sesión de evaluación de final de curso.

d) Todos los estudiantes que formáis la clase.

3. La directora de producción de una cadena de montaje de frigoríficos ha establecido que las personas de cada turno deben reunirse semanalmente, durante la última media hora de trabajo, para recoger por escrito los problemas que se hayan presentado durante la semana.

Indica si en la situación descrita interviene un círculo de calidad o un equipo de alto rendimiento.

4. A un equipo de personas trabajadoras de una empresa dedicada a la creación de videojuegos le han encomendado inventar un nuevo juego con diferentes niveles de dificultad. La empresa desea que el producto pueda adaptarse, por niveles, a niños y niñas, jóvenes y personas adultas. Quienes tienen que desarrollar el videojuego solo han recibido unas indicaciones sobre los plazos para su lanzamiento, pero ninguna otra directriz. No se reúnen hasta el día en que ponen en común el trabajo, y entonces se percatan de que cada integrante del grupo ha creado una parte que no tiene nada que ver con las del resto.

Indica qué condiciones de eficacia del trabajo en equipo pueden haber fallado.

5. Señala los aspectos que pueden originar que el equipo de trabajo descrito a continuación no sea eficaz:

Rodrigo García, el gerente de una empresa de artes gráficas, creó un equipo de trabajo que se encargara de preparar un evento para celebrar el cincuenta aniversario de la fundación de la empresa.

Reunió a un grupo de personas trabajadoras y les pidió que organizaran una fiesta a la que se invitaría a los clientes más importantes que habían tenido. Los únicos datos que les dio fueron la fecha y la hora de la celebración; no les indicó ningún otro extremo, salvo que tendrían que realizar el trabajo sin descuidar sus obligaciones cotidianas.

Las personas trabajadoras elegidas se reunieron varias veces y encontraron diversos problemas porque no tenían claro qué tipo de evento quería su jefe que organizaran. Además, las reuniones les ocupaban mucho tiempo, pues uno de los integrantes del equipo discutía continuamente las ideas que proponían los demás. Rodrigo no estaba nunca con ellos.

6. Con un compañero o una compañera, piensa una actividad concreta, de entre las tareas propias de tu trabajo, que tenga que realizarse en equipo.

Señala dos ventajas y dos inconvenientes de trabajar en equipo en dicha actividad.

7. Indica cómo puede afectar a las personas integrantes de un equipo la existencia de alguien con alguna de las siguientes actitudes:

a) En una reunión de trabajo, una de las personas que forman parte de un equipo critica abiertamente todas las opiniones que se exponen.

b) En un equipo de trabajo, una persona que siempre tiene muy buenas ideas permanece callada, sin hacer ninguna aportación.

c) La coordinadora de un equipo acude a todas las reuniones de este con un reparto siempre equilibrado del trabajo que debe hacer cada cual.

d) Un integrante de un equipo alaba las ideas de los demás y suele aportar sus opiniones respecto a la manera de buscar financiación o los materiales necesarios para realizar el trabajo propuesto.

8. Aplicad la técnica de la tormenta de ideas a la siguiente situación:

En la empresa en la que prestas tus servicios existe un alto índice de accidentes de trabajo y el Departamento de Recursos Humanos está preocupado por la situación. Se ha decidido mantener una reunión con las personas trabajadoras para escuchar sus ideas con el objetivo de reducir la siniestralidad.

Elegid a un compañero o compañera que asuma la función de coordinación del equipo. Otra persona apuntará en la pizarra todas las ideas que vayan surgiendo. Una vez terminada la actividad, leed todas las aportaciones, pensad si alguna os parece realmente adecuada para conseguir el objetivo y votad la que prefiráis.

9. Aplicad la técnica del estudio de casos a la siguiente situación:

José Antonio Rodríguez trabaja en la sección de zapatería de unos grandes almacenes. Siempre ha sido un empleado amable con el público y posee una gran experiencia en ventas.

El viernes pasado hubo una gran afluencia de personas en la zapatería y, a última hora de la tarde, llegó una señora de edad avanzada que deseaba comprarse unos zapatos cómodos para usarlos a diario.

La señora pidió asesoramiento a José Antonio, quien le indicó que tenían dos modelos que podrían sentarle bien. La clienta se los probó, pero ninguno le quedaba bien ajustado, por lo que quiso probarse dos modelos que le gustaban más. Sin embargo, ninguno de estos fue de su agrado: uno le quedaba ancho y del segundo no le gustaba el brillo de la piel. Unos segundos después, le pidió al dependiente que le dejara probarse otros tres modelos con un poco menos de tacón.

Este le sugirió que, si no estaba segura del modelo, era preferible que volviera en otro momento con más calma, pero ella insistió en que necesitaba los zapatos para el día siguiente.

El comercial accedió a mostrarle los modelos, pero, nuevamente, a ella no le convenció ninguno: uno le quedaba pequeño, otro le hacía daño en el dedo meñique y el tercero le parecía más feo de lo que había creído en su primera impresión, por lo que ni siquiera se lo probó.

Un segundo después, le pidió a José Antonio que le dejara ver algún modelo más moderno; en ese momento, el dependiente, ya nervioso por la situación, le gritó, en mitad de la tienda, que era una anciana pesada.

Un cliente defendió a la señora pidiéndole al comercial que no la intimidara con sus gritos.

Ella se quedó aturdida con la contestación, puso una queja ante la dirección del centro por el trato grosero que había recibido del dependiente y solicitó una reparación.

Suponed que sois los jefes del trabajador que ha tratado de esta manera a la clienta en medio de la tienda. Debatid en grupos de cuatro las siguientes cuestiones: ¿Qué haríais ante tal comportamiento? ¿Qué sanción le pondríais al empleado? ¿Le perdonaríais sin sancionarle?

10. Trabajad con la técnica de Phillips 66 la siguiente situación: dividid la clase en tres o cuatro equipos de seis personas en función del número de personas. Cada equipo tiene que dar ideas durante seis minutos para crear una marca y un logotipo que la identifique para que represente a toda la clase. Una vez que pasen los seis minutos, la clase se vuelve a reunir y se exponen las ideas aportadas en cada equipo. Elegid la que más guste a la mayoría de la clase.

- Escribe dos ideas de esta unidad que tengas claras y que te parezcan fundamentales. ¿Qué te ayudó a comprenderlas?
- Formula dos preguntas sobre aspectos de la unidad que no hayas entendido totalmente.
- Escribe dos aspectos de esta unidad sobre los que te gustaría profundizar.

DE CAMINO AL MUNDO LABORAL

Te han contratado en una empresa y te preocupa saber si te vas a integrar de forma competente en el grupo.

Objetivo

Identificar los roles que se pueden asumir de forma destacada y la competencia para liderar equipos.

Tarea

1. Evalúa si eres competente para trabajar en equipo.

Lee la siguiente lista de cualidades necesarias para trabajar en equipo y puntúalas del uno al diez, en función de si tienes o no esa cualidad. Divide la suma de las puntuaciones entre ocho y sabrás, en una escala del cero al diez, lo capaz que te ves como integrante de un equipo.

a) **Flexibilidad.** Saber adaptarse a otras personas y a los cambios que van surgiendo.

b) **Saber escuchar.** Prestar atención a lo que dicen otras personas, además de aportar ideas.

c) **Comunicar.** Ser capaz de dirigir mensajes coherentes a cualquier integrante del equipo.

d) **Asumir responsabilidades.** Trabajar en equipo supone cumplir las funciones asignadas con eficiencia. Si asumes una tarea, llévala a cabo, no la traslades a otro.

e) **Aceptar críticas.** Asumir que no todo lo que decimos es una gran idea; podemos estar equivocados.

f) **Valorar a las otras personas.** Reconocer los logros del resto de los integrantes del equipo.

g) **Buscar soluciones.** Trabajar en equipo supone ser capaz de proponer soluciones ante los imprevistos que puedan surgir.

h) **Buscar el beneficio común.** Ver al resto de las personas como colaboradoras y no como competidoras, puesto que lo importante es que el equipo consiga los mejores resultados posibles.

2. Comprueba que el trabajo en grupo potencia la creatividad, una cualidad muy valorada por las empresas.

Organizad la clase en grupos de tres estudiantes y visualizad el vídeo *Los tres acertijos del diablo*, de los hermanos Grimm, en este enlace:

- **https://bit.ly/3kD5wqs**

A continuación, tratad de conseguir el mayor número de respuestas posible a los acertijos que se proponen en el cuento.

a) ¿Cuántas respuestas habéis obtenido?

b) ¿Podéis imaginar otras preguntas que se podrían plantear en el cuento?

Poned en común con el resto de la clase las soluciones que habéis propuesto para las preguntas y, al menos, dos interrogantes nuevos que se podrían incorporar al relato.

10 UNIDAD

Los conflictos en la empresa

ESTUDIARÁS

- El conflicto en el mundo laboral.
- Las causas de los conflictos laborales.
- Los tipos de conflictos laborales.
- La prevención del conflicto en el trabajo.
- La resolución de conflictos.
- La negociación.

Y SERÁS CAPAZ DE

- Aplicar las estrategias del trabajo en equipo, valorando su eficacia y su eficiencia para la consecución de los objetivos de la organización.

Imaginad que trabajáis en una empresa de venta *on-line* y formáis parte del Departamento de Reclamaciones. Desde hace unos meses, recibís llamadas de clientes molestos por la existencia de fallos en los envíos. Se lo habéis comunicado a la jefa del Departamento de Atención al Cliente, quien averigua que Carla, una empleada del almacén, está desmotivada, porque no ha sido ascendida, y los envíos erróneos siempre ocurren en su turno. Además, las personas que trabajan con ella se quejan de la falta de comunicación y del ambiente enrarecido que se ha generado.

¿Cómo actuarías en el conflicto planteado, si fueras Carla? Piensa en soluciones que puedan resolver este problema laboral.

- ¿Has vivido algún conflicto con colegas?
- ¿Sabrías negociar en un conflicto con alguna persona?
- ¿Conoces algún método de resolución de conflictos?

1. El conflicto en el mundo laboral

El **conflicto** se define como la **situación de confrontación** en la que se ven inmersas varias personas o grupos de personas que defienden **ideas o posiciones opuestas**. El conflicto también puede originarse en la mente de una persona que tiene que decidir entre dos o más soluciones distintas; en este caso, también se conoce con el nombre de **dilema** o conflicto **intraindividual.**

En el ámbito laboral hay que resolver conflictos o dilemas. En algunas ocasiones, los problemas son humanos y, otras veces, técnicos.

- Los **conflictos humanos** surgen por desacuerdos entre las personas trabajadoras, bien porque en el propio ejercicio laboral se adoptan diferentes puntos de vista sobre cuestiones diversas, porque alguien toma decisiones que molestan a un tercero, etc. En otras ocasiones, los conflictos se producen entre ciertas personas trabajadoras y la empresa, e incluso dentro de la dirección pueden surgir tensiones que den lugar a un conflicto que entorpezca el trabajo.
- Los **problemas técnicos** pueden ser simples o presentar complicaciones que, a corto, medio o largo plazo incidan en la viabilidad de la empresa. Los especialistas con los que esta cuente tendrán que resolver estas cuestiones lo antes posible para evitar problemas mayores de índole técnica, organizativa o de producción.

Los conflictos en el mundo del trabajo tienen las mismas características que en el resto de las relaciones humanas y están formados por tres ejes principales (Tabla 10.1):

Asunto o motivo	Es el **tema** sobre el que las partes en cuestión tienen que trabajar.
Causa	Confluyen dos o más personas con **diferentes perspectivas**, con ideas y soluciones diversas, respecto a un asunto.
Acuerdo	Es la **decisión** consensuada que pone fin al problema.

Tabla 10.1. Ejes de los conflictos laborales.

También se incluyen aquí los conflictos que pueden surgir entre grupos de la empresa y otras empresas colaboradoras, los cuales generan situaciones de inestabilidad.

Los conflictos entre las personas pasan por cuatro **etapas** claramente diferenciadas (Fig. 10.1).

Etapas del conflicto entre personas

- **Generación de la causa** → Se desarrollan una serie de condiciones que hacen que surja el conflicto. Este avanzará o no en función de cómo se prevenga la aparición de la causa o bien de cómo se trate esta.
- **Reconocimiento del conflicto** → Se produce cuando una de las partes en conflicto es consciente de que una situación le afecta de manera negativa.
- **Desarrollo del conflicto** → Se manifiesta la parte que se considera afectada y surgen tensiones entre ambas.
- **Resolución** → Se buscan vías para solventar el problema de modo que ambas partes queden satisfechas.

Fig. 10.1. Etapas de los conflictos.

¿SABÍAS QUE...?

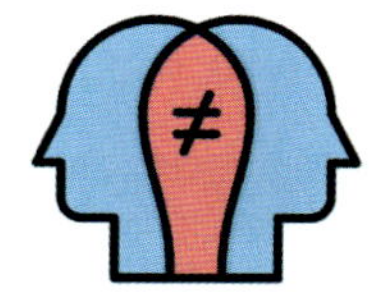

Aunque la palabra **conflicto** parece tener un sentido peyorativo, los conflictos no siempre son negativos. De hecho, a partir de un conflicto se puede lograr un aprendizaje permanente en la empresa que ayude a evitar desavenencias futuras.

ACTIVIDADES

1. En un hospital se producen enfrentamientos entre los auxiliares de clínica. El conflicto surge al establecerse los turnos de las personas trabajadoras que tienen menos antigüedad, pues se quejan de un trato injusto con respecto a quienes llevan más años en la empresa. Los turnos han sido fijados por el Departamento de Recursos Humanos sin consultar a la jefatura de servicio.

a) ¿Qué etapa del conflicto se manifiesta en la situación descrita?

b) ¿Qué efectos para las personas trabajadoras, la empresa y los pacientes puede tener dicho conflicto?

c) ¿Qué medidas se pueden plantear para que resulte positivo para las partes implicadas?

2. Causas de los conflictos en el mundo laboral

ODS

Las organizaciones en cuyo seno se desarrollan medidas relacionadas con la **justicia social** adoptan soluciones más equitativas ante los conflictos, aumentan la motivación de sus integrantes y mejoran su imagen interna y externa.

16 PAZ, JUSTICIA E INSTITUCIONES SÓLIDAS

La conflictividad es un hecho natural en las organizaciones, por lo que resulta imprescindible conocer sus causas para así poder actuar lo antes posible. Uno de los problemas más importantes para identificar la causa de un conflicto estriba en la dificultad que pueden tener las personas para reconocer su existencia, así como la tendencia a considerar como conflicto algo que realmente no lo es. Las controversias pueden ser de dos tipos:

- **Controversia clara y escueta.** Las partes comunican que existe un asunto sobre el que tienen posiciones encontradas.
- **Controversia invisible o latente.** Los sujetos viven un conflicto, pero no lo ponen al descubierto.

Independientemente de cómo se manifieste el conflicto, las circunstancias que pueden originar situaciones controvertidas son muy variadas y pueden dividirse entre aquellas que se derivan de las relaciones entre sujetos, grupos u organizaciones y las que parten de un sujeto.

2.1. Causas derivadas de las relaciones entre sujetos, grupos u organizaciones

Pueden ser de diversos tipos, pero las más destacadas son las siguientes (Tabla 10.2):

Reparto poco nítido del trabajo	Las funciones de cada puesto deben estar bien definidas para evitar que surjan problemas de atribución.
Intereses diferentes	Las personas pueden tener deseos diversos respecto de una misma situación.
Diferencia de valores o creencias	Los valores que guían las conductas de las personas pueden provocar discrepancias en las organizaciones.
Enfrentamientos personales	Se manifiesta la parte que se considera afectada.

Tabla 10.2. Causas de conflictos derivados de las relaciones entre personas.

CASO PRÁCTICO 1. Reparto poco nítido de las tareas

Entre las personas trabajadoras del servicio técnico de una empresa de electrodomésticos han surgido roces porque algunas de ellas eluden las tareas alegando que no son parte de su cometido y temen cometer errores. Al mismo tiempo, surgen tensiones con un trabajador más experimentado que siempre muestra disposición para realizar cualquier tarea, está suficientemente capacitado y tiene facilidad para aportar nuevas ideas sobre la forma de abordar el trabajo.

Señala las causas de los conflictos que se manifiestan en esta situación.

Solución:

Se pone de manifiesto un reparto poco claro de las tareas y el riesgo de cometer errores. El conflicto con el trabajador más experimentado tiene su origen en que este muestra una actitud positiva, aptitud técnica, experiencia profesional y capacidad creativa.

ACTIVIDADES

2. Indica si los siguientes conflictos son claros o latentes:

a) Marta trabaja como auxiliar de clínica en un hospital. Ha notado que desde hace días uno de sus compañeros, también auxiliar, no le dirige la palabra. Marta no entiende qué ha pasado, pero sospecha que se ha enfadado con ella porque la semana pasada no pudo cambiarle el turno.

b) La encargada de un taller de carpintería le ha comunicado a Pablo, un empleado del mismo, que a partir de mañana tendrá que trabajar más rápido y no podrá hacer la pausa para el bocadillo porque hay que aumentar la producción. Pablo le ha contestado que no está dispuesto a hacer lo que la encargada le diga, si no le ofrece una causa justificada.

2.2. Causas que parten de un sujeto

Cuando hay que tomar decisiones, es posible que surjan problemas. Los factores que suelen generarlos pueden ser externos al sujeto o internos, y, entre ellos, podemos señalar los siguientes (Tabla 10.3):

Factores externos al sujeto	El riesgo de la decisión	Consiste en la posibilidad de que se produzca un evento o una circunstancia nocivos o no deseados. Cuando hay que tomar una decisión para resolver alguna cuestión, debemos analizar qué posibilidades existen de que la alternativa elegida lleve al resultado óptimo esperado. Para ello habrá que estudiar las consecuencias de cada opción.	
	Las presiones	Son circunstancias que rodean a la persona que tiene que adoptar una determinación y que contribuyen a que el proceso de toma de decisiones resulte conflictivo. Hay que ser consciente de ellas y analizarlas para resolver el conflicto.	
Factores internos del sujeto	La actitud	Es la manera en la que nuestro ánimo o nuestra mente se enfrentan a determinadas circunstancias en el ámbito personal y laboral. La actitud que se mantiene ante un problema (estar contento o triste, nervioso o tranquilo, cansado o en forma, enfadado o sereno) influye en la propia solución.	Por ejemplo, un sentimiento de optimismo cuando las cosas no van muy bien ayuda a enfrentar los problemas.
	La aptitud	Es el conjunto de capacidades físicas, intelectuales y sociales que tiene cada persona. También influyen a la hora de solucionar conflictos y dilemas.	Por ejemplo, la facilidad natural para hablar idiomas facilita su aprendizaje.
	La experiencia personal y profesional	Cuanto mayor es la experiencia, menor es la probabilidad de cometer errores, ya que resulta común utilizar las mismas soluciones para problemas similares planteados en el pasado.	Por ejemplo, un auxiliar de vuelo experimentado afrontará con más soltura un aterrizaje forzoso.
	La cultura que vive el sujeto	Las personas toman decisiones en función de lo que es más importante para ellas. La importancia que concedemos a las cosas determina nuestra escala de valores. Quien tiene que resolver un dilema debe ser capaz de reconocer sus propios valores para saber cómo van a incidir estos en sus decisiones.	Por ejemplo, una persona trabajadora que considere importante la verdad afrontará una equivocación, aunque esa actitud le perjudique en su trabajo.

Tabla 10.3. Factores que influyen en la toma de decisiones.

CASO PRÁCTICO 2. Factores que influyen en la toma de decisiones

Jorge Gómez es el jefe comercial de un gran concesionario de coches. En los últimos meses, tres trabajadores de su equipo se han marchado a otras empresas. Su superior jerárquico le ha pedido que comience un proceso de selección con el fin de contratar a tres nuevas personas, dejando a su elección los criterios para escogerlas.

Jorge ha dedicado un mes a recopilar información sobre posibles candidaturas y ha recibido algunos currículos de mujeres con una consolidada experiencia en el sector automovilístico para ocupar los puestos de comercial.

Tradicionalmente, la empresa nunca ha contratado a mujeres para estas funciones, ya que el anterior jefe del equipo consideraba que los hombres aumentaban considerablemente los beneficios en estos puestos gracias a sus estrategias.

Después de pensárselo un tiempo, Jorge decide contratar a dos mujeres y a un hombre para ocupar las vacantes.

¿Sabrías señalar qué factores internos están afectando al sujeto del caso que se presenta?

Solución:

Jorge ha tomado la decisión teniendo en cuenta sus propios valores personales, que se deben de basar en fomentar la igualdad y ofrecer oportunidades a todas las personas. Además, manifiesta tener una actitud abierta a nuevas situaciones.

3. Tipos de conflictos en el mundo laboral

Son muchos los autores y autoras que han establecido clasificaciones de los conflictos. Si seguimos la tipología más común, podemos hacer la clasificación que se propone a continuación, atendiendo a los siguientes criterios (Fig. 10.2):

	Tipos de conflictos	Ejemplos
Número de personas afectadas	**Conflicto individual.** Surge entre una persona trabajadora y una empresa por el ejercicio de un derecho.	El que se suscita al no ponerse de acuerdo las partes sobre las fechas de disfrute de las vacaciones.
	Conflicto colectivo. Surge entre un grupo de personas trabajadoras en su conjunto y la empresa. Su objeto es un interés atribuido a un grupo entendido como colectividad, y la solución del problema afecta a todas las personas que conforman el colectivo.	El que surge por la diferente interpretación de una cláusula de un convenio colectivo.
Nivel jerárquico de las personas o los grupos	**Conflicto vertical.** Se produce entre personas que ostentan distintos niveles jerárquicos en la empresa u organización.	La jefa de contabilidad de una empresa, con tres trabajadores a su cargo, discute con su superior acerca de la manera en que transmite las órdenes a sus subordinados.
	Conflicto horizontal. Se da entre personas trabajadoras del mismo nivel jerárquico en la empresa.	Un recepcionista de un hotel se queja de que su compañero nunca atiende las quejas de los clientes.
Materia tratada	**Conflicto jurídico o de interpretación.** Surge de la diferente interpretación o aplicación de una norma.	Un convenio colectivo no deja claro si la aplicación de un incentivo económico se calcula sobre doce pagas o sobre catorce.
	Conflicto económico o de regulación. Se produce entre diferentes personas o colectivos que tienen intereses económicos o laborales enfrentados.	Las personas trabajadoras de una empresa reclaman el disfrute de días remunerados por asuntos propios, que no están regulados en el convenio colectivo.
Resultado	**Conflicto positivo, productivo o funcional.** Se obtiene de él un resultado que favorece las posiciones de las partes.	La clientela de un restaurante se queja de la falta de limpieza de los cubiertos. El jefe de sala ordena revisar los lavavajillas y se encuentra que uno de ellos no funciona correctamente.
	Conflicto negativo o destructivo. También denominado conflicto disfuncional, es el que, lejos de acercar posturas, las agrava, desestabilizando funciones y tareas de la organización.	Un socio de una empresa ha decidido vender su participación en la misma porque no se pone de acuerdo con el resto de las personas asociadas sobre las modalidades de contrato que deben utilizarse en la incorporación de personal.
Recursos utilizados para su resolución	**Conflicto agresivo.** No se utilizan para su resolución medios pacíficos, como el diálogo o la negociación.	Ante la negativa de la empresa a realizar una subida salarial, la plantilla convoca una huelga.
	Conflicto pacífico. Se produce cuando las partes implicadas emplean métodos no violentos, como la mediación o el arbitraje, para su resolución.	Una empresa firma un importante acuerdo con un cliente que después no puede pagar en los plazos fijados. Antes de acudir a los tribunales, ambas partes deciden someterse a un arbitraje.

Fig. 10.2. Tipos de conflictos laborales.

4. Prevención de los conflictos laborales

Tanto para la empresa como para las personas trabajadoras, resulta conveniente que se desarrollen estrategias de prevención de conflictos laborales. Y como estos no siempre se pueden evitar, es imprescindible crear las condiciones necesarias para encontrar la mejor solución en cada caso (Fig. 10.3):

- **Canales de comunicación.** Establecer canales tanto verticales (desde la plantilla hasta la dirección) como horizontales (entre personas trabajadoras del mismo nivel profesional) que permitan respetar el tiempo de reflexión, la consideración hacia las tareas realizadas, el respeto mutuo, la igualdad, etc.
- **Elección de responsables.** Designar representantes, tanto de las personas trabajadoras como de la empresa, y posibilitar que mantengan encuentros periódicos.
- **Evaluación de riesgos psicosociales.** Realizar la evaluación psicosocial a través del servicio de prevención siempre que sea posible. Los resultados nos aportarán información sobre el grado de satisfacción de las personas trabajadoras con la empresa, así como sobre los puntos que se deben mejorar.
- **Indicadores.** Analizar datos como el índice de accidentes e incidentes laborales, el absentismo o la rotación de personal, pues pueden estar vinculados al clima y al entorno laboral, así como a la aparición de conflictos.

PONTE A PRUEBA 1. Causas de los conflictos laborales

Lee la siguiente descripción de un conflicto laboral e identifica las causas.

En una empresa de viajes trabajan la propietaria y, a a vez, directora, un empleado que lleva la gestión de grupos, una trabajadora que se ocupa de la atención a particulares y una coordinadora encargada de la reserva de los alojamientos turísticos y del contacto con estos y con los mayoristas. Marta, la empleada que gestiona la atención a particulares, fue contratada hace tres años para esta tarea con el compromiso, por parte de la dirección, de que, en cuanto fuera posible, ocuparía el puesto de gestión de grupos que iba a quedar libre; sin embargo, llegado el momento, la directora decidió contratar a un empleado externo, por lo que Marta se sintió completamente defraudada. Esta situación ha provocado que la trabajadora no confíe en su jefa y presente una actitud defensiva en todo momento, de modo que las relaciones entre ambas no son suficientemente fluidas.

¿Cómo te sentirías ante una situación similar? Intercambia tus impresiones con otros tres estudiantes.

Para resolver la prueba puedes consultar los contenidos de esta unidad y el siguiente enlace: **https://bit.ly/2TD7fjH**.

ACTIVIDADES

3. En la prensa puedes encontrar numerosos conflictos que se producen en las empresas. Busca un ejemplo de conflicto en cuya resolución se estén utilizando medios agresivos, como una huelga, y otro en el que se esté empleando la negociación.

4. Indica, en cada situación, si se trata de un conflicto positivo o negativo.

a) Una empresa dedicada a la producción de muebles juveniles cuenta con dos socios que poseen, cada uno, el 50% de las participaciones sociales. Ambos han mantenido durante años posiciones encontradas respecto a la manera de ampliar el negocio, lo que los ha llevado a disolver y liquidar la empresa.

b) En un taller de ebanistería, las máquinas con las que se trabaja han sido sustituidas por otras nuevas que mejoran la calidad de las piezas. Las personas trabajadoras de producción han manifestado su rechazo haciendo comentarios negativos acerca del cambio. Sin embargo, los clientes expresan su satisfacción por la mayor calidad del producto.

Comunicación interna

- Establecer una comunicación fluida.
- Permitir sugerencias.

Organización

- Repartir tareas de forma coherente.
- Marcar objetivos individuales y grupales que beneficien al grupo.

Cohesión

- Mantener un buen clima laboral.

Asertividad

- Expresar opiniones y sentimientos.

Empatía

- Ponerse en el lugar de los demás.

Fig. 10.3. Condiciones para la prevención de conflictos.

CLAVES Y CONSEJOS

Las siguientes actitudes ayudan a **prevenir conflictos:**

- Intentar crear un clima de **acogida** entre los miembros de la empresa.
- Fomentar la capacidad de **escuchar activamente,** pensando en lo que el interlocutor dice, antes de contestar.
- Aprender a comportarse de **forma asertiva** ante las críticas, evitando posiciones de hostilidad y agresividad.
- Mantener la **atención** respecto a las necesidades de aquellas personas con las que se trabaja.

5. El proceso de resolución de conflictos

La resolución de problemas en la empresa supone realizar un análisis de estos y de sus posibles soluciones. Quien tiene un conflicto deberá tomar una decisión, por lo que el proceso para la resolución de problemas está ligado al de toma de decisiones (Fig. 10.3).

5.1. Fases del proceso de resolución

El conflicto sigue un proceso que pasa por varias fases (Fig. 10.4) hasta su resolución.

Acercamiento y definición del conflicto

Se establecerá un diálogo para definir **el contenido y los límites del conflicto.** Es muy importante cuidar el contacto con las personas o los grupos con los que se está enfrentado, pues puede ocurrir que una de las partes no vea la existencia del conflicto. Conviene obtener información sobre el motivo del enfrentamiento para poder entender las posiciones de la contraparte.

Estudio de las causas

Se ha producido una situación conflictiva porque hay un problema, que debe de tener alguna causa. Una vez reconocido el problema por ambas partes, es necesario **analizar en profundidad su origen:** las causas y las circunstancias que han generado esta situación.

Desarrollo de posibles soluciones

Antes de tomar decisiones, se tiene que hacer un trabajo previo con las siguientes tareas:

- **Elaborar un listado con diferentes alternativas.** Es conveniente que las alternativas den respuesta al conflicto planteado, que puedan llevarse a cabo y que sean creativas.
- **Evaluar los pros y los contras de cada alternativa.** Sirve de ayuda hacer un listado con las ventajas y los inconvenientes, ya que plasmar las ideas por escrito permite revisar las opiniones que se tienen sobre las cosas y facilita volver a ellas cuantas veces sea necesario.
- **Hacer un listado con las consecuencias que tendrá cada opción a corto, medio y largo plazo.** Será útil emplear un cuadro-resumen que nos ofrezca una visión de conjunto de las opciones, con sus ventajas y sus inconvenientes.

Las partes no deben romper nunca el proceso de diálogo abierto: hay que saber ceder sin renunciar a nada que se considere esencial.

Elección de una solución y evaluación de la decisión

Se **elige una opción** para solucionar el problema. Normalmente, se escoge aquella que implica un menor riesgo y que permite alcanzar los objetivos planteados. La solución puede llegar por consenso entre las partes implicadas, pero en ocasiones el acuerdo no es posible. En cualquier caso, siempre habrá que documentar la decisión, pues ayudará a controlar si se cumple lo pactado y a evaluar las consecuencias.

No todas las personas deciden seguir los mismos criterios: algunas basan sus resoluciones en el ideal de justicia mientras que otras las fundamentan en el beneficio empresarial.

Según Robbins, se suelen emplear tres criterios para tomar decisiones:

Utilitarismo	Derecho	Justicia
Se busca el beneficio para la mayoría.	Se usa la norma para tomar decisiones.	Se busca la distribución equitativa de los beneficios.

Las empresas se basan en el utilitarismo para la resolución de conflictos. La ética que inspira esas decisiones empresariales viene determinada por la cultura que se vive en la empresa y por la formación profesional y humana de cada persona.

Fig. 10.4. Fases del proceso de resolución de conflictos.

5.2. Factores que influyen en la resolución de conflictos

Quien se encuentre en la obligación de resolver un conflicto debe manejar una serie de variables que pueden dar lugar a soluciones diferentes en función de las circunstancias en las que se desenvuelve el enfrentamiento. En la Tabla 10.4 se presentan algunas de ellas.

Presiones	Las partes pueden estar influidas para solucionar el conflicto en un determinado sentido. Pensemos en el caso de un director de una empresa que se enfrenta a un problema en el que está implicado un familiar de un alto cargo de la organización. Este director puede sentirse presionado por el alto cargo para que su familiar no sufra las consecuencias.
Tiempo	Si se dispone de tiempo suficiente, se podrán analizar con calma el origen del problema y las posibles soluciones.
Experiencia	Cuanta más experiencia se tiene, más fácil resulta afrontar los problemas, aunque en ocasiones la experiencia imposibilita el planteamiento de alternativas nuevas.
Relaciones entre las partes implicadas	Cuanto mejores son las relaciones entre los sujetos implicados, mayor es la posibilidad de encontrar soluciones fácilmente; una situación hostil dificulta la comunicación.
Riesgo	Hay que analizar qué riesgos implica cada solución para no desequilibrar la balanza.
Complejidad del problema	Un problema que afecta a varios aspectos (económicos, relacionados con puestos de trabajo, personales, etcétera) siempre es más difícil de solucionar que aquellos que inciden en uno solo.
Número de personas afectadas	Cuantas más opiniones existen sobre las posibles causas y soluciones del conflicto, menos posibilidades hay de resolverlo. Normalmente, un número mayor de personas complica la situación.
Toma de acuerdos	Cuando el problema afecta a un grupo de personas, debe articularse algún sistema para adoptar una solución vinculante. Normalmente, los acuerdos se toman por mayoría o unanimidad, aunque cabe también la posibilidad de someterse a la decisión de una persona ajena al conflicto (medios extrajudiciales o judiciales).
Personalidad de las partes	El carácter conciliador contribuye a la solución pacífica de los problemas; el carácter agresivo, por el contrario, genera tensión.
Creatividad	La creatividad sirve para originar nuevas ideas que pueden constituir alternativas para solucionar los problemas. Las personas creativas son muy valoradas en las empresas.

Tabla 10.4. Factores que intervienen en la resolución de conflictos.

CASO PRÁCTICO 3. Factores que influyen en la resolución de conflictos

Álvaro Zumel es el jefe de un taller de mecánica de coches. Hace unas semanas, dejó de trabajar en la empresa el empleado con más experiencia, y ahora Álvaro sufre un grave problema de acumulación de producción. Lleva dos semanas entrevistando a posibles candidatos y candidatas y solo hay una persona que parece adecuada para el puesto, aunque no es muy experimentada. El trabajador tiene cada día más problemas con la clientela por culpa del retraso en la entrega de los coches, así que, para solucionarlo, ha decidido contratar a la persona mencionada, a pesar de su falta de experiencia. ¿Qué variables han afectado a la solución que ha adoptado Álvaro?

Solución:

Las variables que pueden haber afectado son dos: en primer lugar, el poco tiempo de que disponía Álvaro para buscar más candidatos y candidatas; y, en segundo lugar, las presiones de la clientela, que se quejaba de los retrasos en la entrega de los coches.

ACTIVIDADES

5. La jefa del Departamento Comercial de una empresa de telefonía ha discutido con uno de los comerciales, que se ocupa de trabajar con grandes empresas, porque su rendimiento ha descendido considerablemente y, en el último mes, se han perdido dos contratos importantes. La jefa está centrada en descubrir el origen del problema. ¿En qué fase del proceso de resolución de conflictos se encuentra la situación descrita?

6. Un equipo de cuatro especialistas en *marketing* ha terminado un trabajo que tenía que ser presentado al cliente. Uno de los integrantes no pudo presentar su parte por estar ingresado en el hospital. Como la presentación conllevaba un complemento económico, la dirección valoró las circunstancias y decidió pagar dicho complemento también a este trabajador, puesto que había aportado la idea de la campaña. ¿Qué criterio ético se ha utilizado en la resolución del conflicto?

6. Métodos para la resolución de conflictos

¿SABÍAS QUE...?

Los conflictos pueden ir acompañados de **medidas de presión**, como la huelga, que pretenden influir en la otra parte para forzar un acuerdo en un sentido determinado.

Los conflictos de trabajo pueden y deben solucionarse. Quienes viven conflictos o dilemas quizá no deseen resolverlos, bien porque consideran que no van a obtener ningún beneficio de la solución, bien porque no tienen capacidad para enfrentarse a ellos. Esta situación de evitación puede generar más problemas, porque un conflicto que no se ataja es susceptible de ocasionar otros de mayor envergadura.

6.1. La negociación para la resolución de conflictos

La forma más usual de solucionar conflictos es la negociación entre la persona trabajadora y la empresa, o entre las empresas y la clientela, para evitar que deriven en problemas mayores. Si, a través de la negociación, ambas partes no logran alcanzar un acuerdo, pueden recurrir a otros medios de resolución de conflictos o a los tribunales. Veamos algunos elementos de cualquier proceso negociador.

IMPORTANTE

La **negociación** es un proceso por medio del cual varios sujetos intentan llegar a un acuerdo respecto a un tema o una cuestión sobre los que tienen posiciones diferentes.

El *Diccionario de la lengua española* define **negociación** como «acción y efecto de negociar». Asimismo define **negociar** como «tratar asuntos públicos o privados procurando su mejor logro».

A. Concepto de negociación

De estas definiciones se deduce que en todos los procesos negociadores se dan siempre las siguientes características (Fig. 10.5):

- La intervención de **dos o más sujetos.**
- Dichos sujetos están relacionados por un **tema** concreto.
- Las partes mantienen **posiciones contrapuestas** respecto al asunto en cuestión.
- Cada parte desea **finalizar el proceso de la manera más satisfactoria** para sus intereses.
- La negociación pretende solucionar el problema de **forma pacífica.**

El **diálogo y la comunicación sincera y no violenta**, por lo tanto, serán los pilares esenciales en los que se basará el intercambio de ideas, expectativas, opiniones o necesidades.

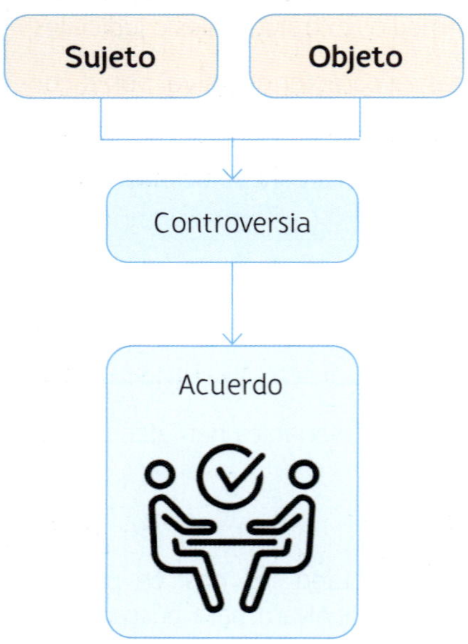

Fig. 10.5. Componentes del proceso de negociación.

B. Elementos del proceso negociador

Los componentes que intervienen en los procesos de negociación son estos (Tabla. 10.5):

Sujeto	Es cada una de las personas que debate sobre un asunto o que interviene en una negociación para defender sus intereses o los de otras personas a quienes representa.
Objeto	Es el asunto sobre el que se pretender llegar a un acuerdo.
Controversia	Son los intereses contrapuestos de las partes respecto al objeto de la negociación.

Tabla 10.5. Elementos del proceso negociador.

C. Fases del proceso negociador

Los procesos de negociación pasan por las siguientes fases (Fig. 10.6):

1 Fase de preparación
Se analiza la situación, se fijan los objetivos y se consideran los medios disponibles.

2 Fase de discusión
Se dan a conocer las posturas de las partes y se debate sobre el asunto a tratar.

3 Fase de acercamiento
Se van dando pasos para que las partes lleguen a un acuerdo que beneficie a todos.

4 Fase de cierre
Se llega a término con la negociación, independientemente de que se llegue a un acuerdo o no.

Fig. 10.6. Fases del proceso negociador.

D. Estrategias y tácticas del proceso negociador

> Se puede definir la **estrategia** como la postura que asume una parte en el proceso de negociación para lograr un buen resultado. Es el plan de acción que se ha marcado la persona negociadora.

Las estrategias más frecuentes en un proceso negociador se muestran en la Tabla 10.6.

Distributiva o de competición	Las partes entienden que una negociación es un proceso en el que se enfrentan unos adversarios. Su actitud será netamente defensiva.
Integradora o de cooperación	Las partes piensan que la negociación es un proceso en el que ambas tienen que salir beneficiadas. Su actitud será cooperativa.
Mixta	Mezcla o combina elementos de las dos anteriores.

Tabla 10.6. Estrategias para negociar.

> Las **tácticas negociadoras** son los medios o las acciones concretos que la persona negociadora va a utilizar para lograr sus objetivos.

Una vez que nos disponemos a negociar, tenemos que desarrollar una estrategia:

- Decidir el **número de participantes** en una negociación es fundamental. Un grupo muy numeroso puede bloquear el proceso.
- Elegir el **lugar** adecuado para la negociación.
- Fijar unas **fechas** en las que todos los sujetos implicados puedan participar.
- **Evitar mantener posturas poco flexibles** al comienzo del proceso, ya que puede generar una actitud defensiva en la parte contraria.
- **Ser el primero o la primera en hablar** puede ayudar a manifestar la actitud que se tiene y la postura que se adopta ante el tema.
- Decir que necesitamos más tiempo, que no tenemos **capacidad** para alcanzar un acuerdo o que la persona que tiene que decidir no está localizable en ese momento.

Las estrategias negociadoras para la resolución de conflictos se recogen en la Figura 10.7.

¿SABÍAS QUE...?

En la estrategia de competición:

- Las personas viven el proceso como una lucha.
- Cada parte intentará lograr el máximo éxito para sí misma, sin preocuparse por el resultado que puedan obtener el resto de las personas.
- Ambas partes utilizarán una comunicación agresiva y medios poco tolerantes.
- Una parte creerá que ha triunfado, pero la otra se sentirá derrotada por el resultado obtenido.

En la estrategia integradora:

- Las partes mantienen una actitud colaboradora.
- Ambas partes saben que cada una tiene que ceder algo.
- La comunicación es asertiva.
- Ninguna de las partes se siente derrotada. Todas ganan.

Win-Win → **Ganar/Ganar.** Es una estrategia colaboradora que supone un esfuerzo y una predisposición de ambas partes a lograr una solución satisfactoria para todas las personas.

Win-Lose → **Ganar/Perder.** Se trata de una estrategia competitiva en la que ambas partes compiten para ganar, tratando de hacer las mínimas concesiones. El resultado refleja un «ganador» y un «perdedor».

Lose-Lose → **Perder/Perder.** Es una estrategia de competición que se produce cuando una de las partes de éxito se dispone a destruir cualquier aspiración de la otra y que lleva a que exista una relación negativa entre ambas.

Lose-Win → **Perder/Ganar.** Se trata de una estrategia suicida. Una de las partes asume el sacrificio de sus aspiraciones, lo cual le crea una frustración que dificultará las negociaciones futuras.

Fig. 10.7. Estrategias negociadoras para la resolución de conflictos

ACTIVIDADES

7. Juan, que es miembro del comité de empresa, está negociando la subida salarial del año para la plantilla. Quiere conseguir una subida, pero para que tenga éxito y prospere considera que debe poder asumirla la empresa. ¿Qué estrategia ha pensado para llevar a cabo la negociación y conseguir su objetivo?

E. La personalidad de la persona que negocia

La habilidad negociadora y la personalidad de los sujetos que intervienen en el proceso de resolución de un conflicto determinan su desenlace. Asimismo, dicho desenlace se ve perjudicado por algunas de las posturas que pueden adoptar las partes durante el proceso.

Existen diferentes tipos de personalidad cuando se negocia para la resolución de un conflicto (Fig. 10.8).

Autoritaria	Desconfiada	Confiada	Conciliadora	Asertiva
Trata de conseguir sus objetivos sin tener en cuenta a las otras personas.	No se decide a tomar una decisión por falta de seguridad o esperanza.	Se mueve de buena fe y, a veces, se olvida de sus pretensiones.	Intenta que todas las personas salgan beneficiadas en un conflicto.	Defiende su opinión de manera firme y sin agredir a la otra parte.

Fig. 10.8. Tipos de personalidad más habituales de las personas negociadoras.

6.2. Otros medios de resolución de conflictos

La negociación es, como se ha visto, uno de los mecanismos más eficaces para resolver enfrentamientos. Normalmente se utiliza en casi todos los procesos pacíficos de resolución de conflictos, pero existen otras formas de buscar una solución.

Cuando los conflictos en el trabajo tienen carácter individual, es conveniente acudir primero al diálogo para intentar atajarlos. Si esto no se logra, se suele acudir a la vía judicial. En el caso de que el conflicto afecte a un grupo de personas, lo más frecuente es que se procure alcanzar una solución negociada. De no lograrse el acuerdo esperado, las personas trabajadoras emplean con frecuencia medios agresivos de resolución de las controversias, como la huelga.

Junto con los anteriores instrumentos de solución de situaciones conflictivas en el mundo laboral, se usan los llamados **medios de solución pacífica de conflictos.** Entre ellos, los más habituales son **la conciliación, la mediación y el arbitraje.**

Se suele afirmar que estos son mecanismos directos de solución; es decir, que con ellos se pretende lograr un acuerdo de forma inmediata. En ocasiones, su empleo evita que se recurra a la huelga para solventar el conflicto. Son medios que se emplean habitualmente si falla la negociación colectiva, en los que interviene una persona ajena al conflicto, y presentan una menor formalidad que las soluciones judiciales (Tabla 10.7).

Mecanismos extrajudiciales	Conciliación	Las partes inician un proceso de diálogo o negociación. La persona conciliadora no será quien resuelva el conflicto, y ni siquiera tiene la obligación de proponer una solución, pero anima a conseguirla.
	Mediación	La persona mediadora puede presentar información y propuestas de solución. No resuelve el enfrentamiento, sino que simplemente media para solventarlo con sus sugerencias.
	Arbitraje	Interviene un tercero, llamado árbitro, que tiene la obligación de resolver el problema dictando un laudo o fallo, cuyo cumplimiento es obligatorio para las partes.
Mecanismos judiciales	Juzgados y tribunales	La última medida, ante el fracaso de las negociaciones, queda en manos del órgano judicial competente, que, tras estudiar el conflicto y las demandas de las partes implicadas, dicta sentencia de obligado cumplimiento.

Tabla 10.7. Medios extrajudiciales y judiciales para la resolución de conflictos.

ABC VOCABULARIO

Laudo. Decisión o fallo que emite un árbitro para solucionar un conflicto. Tiene carácter obligatorio para las partes que se someten al arbitraje.

CLAVES Y CONSEJOS

Aspectos que se deben tener en cuenta al inicio de una negociación:

- No negociar con quien no tiene capacidad para decidir.
- Tomarse el tiempo necesario para preparar la negociación.
- Fijar unos objetivos mínimos e irrenunciables.
- Ser flexibles.
- Recopilar información sobre la parte contraria.

CASO PRÁCTICO 4. Estrategia negociadora

La empresa Inlosa atraviesa una pequeña crisis por falta de liquidez y no ha abonado las nóminas, pero espera recibir unos ingresos. La plantilla ha advertido a la empresa que si no paga inmediatamente interpondrá una demanda de reclamación de salarios. La representación de las personas trabajadoras es convocada a una reunión con la directora para negociar la cancelación de la deuda.

La plantilla se muestra reacia a aceptar un aplazamiento, pero intenta llegar a un acuerdo, ya que, si no lo consigue, esta se verá obligada a tramitar un despido colectivo.

¿Qué estrategia negociadora se ha usado en este conflicto?

Solución:

Se ha usado una estrategia integradora o de cooperación.

PONTE A PRUEBA 2. Resolución de conflictos

Imagina que formas parte del Departamento de Recursos Humanos en la empresa de *marketing* en la que se ha planteado este conflicto:

Marta es la socia más creativa, pero siempre llega tarde a las reuniones. Sus compañeros y compañeras están cansados de esperarla continuamente y se sienten discriminados, puesto que nadie le llama la atención por su impuntualidad. Esta situación ha generado un conflicto entre un socio muy puntual, encargado de la gestión informática y a quien se le ha recriminado haber entregado tarde un proyecto (lo cual ha causado la pérdida de un cliente), y Marta, a quien parece consentírsele todo. Desde hace semanas, ambos socios no se dirigen la palabra y el grupo se ha dividido en dos bandos.

a) ¿Serías capaz de mediar en este conflicto laboral?

b) ¿Conoces la normativa sobre mediación?

c) ¿La persona mediadora debe ofrecer soluciones?

d) ¿Para qué tipo de conflictos puede usarse la mediación?

e) ¿Las partes deben permanecer en el proceso de mediación hasta lograr un acuerdo?

Para resolver este reto, puedes consultar el siguiente enlace: **https://bit.ly/3jl3FjO**.

ACTIVIDADES

8. Indica si en los siguientes casos se ha utilizado una estrategia distributiva o integradora:

a) Lisbeth va a ser contratada y la persona responsable le informa que van a firmar un contrato temporal; la trabajadora, que desea un contrato indefinido, comenta que forma parte de uno de los colectivos a los que se les puede hacer un contrato indefinido bonificado. La empresa decide, entonces, celebrar un contrato indefinido.

b) La plantilla de una empresa se declara en huelga para conseguir que le aumenten el salario. Tras una semana de paro, el empresario, accede a las peticiones.

9. Modesto representa a una empresa y está negociando la subida salarial de la plantilla. Cuando llega el momento de cerrar el acuerdo, plantea una nueva demanda para la firma, que consiste en que la plantilla renuncie a un derecho que tiene concedido desde hace años. Él sabe que la plantilla nunca va a renunciar a tal derecho, pero quiere forzarles con la subida salarial propuesta.

10. Jorge quiere vender un coche de segunda mano por 2000 € y el comprador le pide una rebaja del 50 %. Además, le dice que, para cerrar el trato, solo puede quedar el domingo por la mañana a las 11.00 h. ¿Qué estilo de negociación presenta el comprador?

11. Dos empresas han tenido un problema por no cumplir el plazo de entrega de una obra. Han acudido a una persona que les indique la solución apropiada, solución que se han comprometido a aceptar. Dicha persona les ha comunicado por escrito su decisión y las partes la han acatado. ¿Qué medio se ha empleado en la resolución?

PIENSA Y RESUELVE

12. En la empresa para la que trabajas hay un conflicto permanente entre las personas a quienes les gusta escuchar música y las que se quejan porque no pueden concentrarse. La empresa tiene prohibido el uso de dispositivos individuales y la música se oye a través de un hilo musical.

a) ¿Cómo podrías solucionar este conflicto laboral?

b) Organizad grupos de seis estudiantes y aportad ideas durante seis minutos.

Una vez finalizado el trabajo en grupo, se votarán las soluciones y se elegirá una de ellas.

ACTIVIDADES DE SÍNTESIS

1. Completa en tu cuaderno una tabla con las causas más habituales de conflictos en el ámbito laboral.

riesgo / aptitud / presiones / intereses y deseos diferentes / factores culturales de los sujetos / reparto poco nítido del trabajo / experiencia personal y profesional / diferencia de valores y creencias / actitud / enfrentamientos personales

Causas que derivan de las relaciones entre sujetos	
Causas que parten de un sujeto (factores externos)	
Causas que parten de un sujeto (factores internos)	

2. Señala a qué tipos de conflictos corresponden las siguientes situaciones, según la clasificación estudiada en el apartado «Tipos de conflictos laborales»:

a) Los representantes de las personas trabajadoras han decidido convocar una huelga ante la negativa de la empresa a negociar el nuevo convenio colectivo.

b) Un administrativo de una empresa ha recibido la orden de ocupar el puesto de la recepcionista durante los siete días que esta permanecerá de baja. El trabajador se ha negado y ha sido sancionado con una suspensión de empleo y sueldo de quince días.

c) Un cliente de una empresa ha recibido de fábrica un producto defectuoso. En el contrato de compraventa se pactó someter a arbitraje las controversias entre las partes y se ha iniciado el procedimiento arbitral.

d) Dos empleados de una empresa discuten por la parte de trabajo que le ha sido asignada a cada uno.

3. Completa en el cuaderno los huecos que se presentan en el texto con las palabras clave que se adjuntan a continuación:

obligación / resuelva / conciliación / anima / diálogo

En la ... las partes inician un proceso de ... o negociación. Quien se encargue de la conciliación no será quien ... el conflicto, y ni siquiera tiene la ... de proponer una solución, pero ... a conseguirla.

laudo / obligatorio / resolver / fallo / árbitro / obligación

En el arbitraje, una tercera persona llamada ... tiene la ... de ... el conflicto dictando un ... o ... , cuyo cumplimiento es ... para las partes.

INVESTIGACIÓN

Palabras clave para la búsqueda de información: *conflicto, ilema, negociación, conciliación, mediación, arbitraje.*

4. El conflicto forma parte de la vida de las empresas, pues se desarrolla en ellas de forma natural. En la prensa se encuentran múltiples casos que nos sirven de ejemplo para comprender sus causas y sus mecanismos de solución.

Lee el artículo del enlace que se propone a continuación y analiza el conflicto, indicando en una tabla las circunstancias que lo han provocado y los medios que han usado las partes para resolverlo:

- **https://bit.ly/2IwnzQM**

5. La resolución de conflictos exige la activación de una serie de competencias que, sin duda, ayudan a las personas que tienen que canalizarlos. Accede al enlace que se ofrece a continuación y señala las cinco estrategias propuestas y la actitud que hay que tener en cada una de ellas:

- **https://bit.ly/384OOKc**

6. Entre los agentes económicos, resulta cada vez más usual acudir a sistemas pacíficos de resolución de conflictos, en lugar de recurrir a un proceso judicial. Desde hace años, se vienen empleando para este fin la conciliación, la mediación y el arbitraje, y, respecto a este último, el sistema arbitral se ha ido especializando cada vez más, de manera que en la actualidad existen las cortes de arbitraje.

Consulta la página web de la Corte Arbitral de Madrid y señala de quién depende este organismo y cuáles son sus principales funciones. Para realizar esta tarea puedes acceder al siguiente enlace:

- **https://bit.ly/37V5973**

TEST DE REPASO

1. Los problemas técnicos...

a) Son siempre dilemas de personas.
b) No se dan en las empresas.
c) Pueden afectar a la viabilidad de la empresa.
d) Son siempre positivos.

2. Algunas de las causas que pueden provocar conflictos son...

a) Un reparto poco nítido del trabajo.
b) La existencia de acuerdo en un tema.
c) La diferencia de valores o creencias sobre un tema.
d) Recibir órdenes diferentes de dos personas distintas.

3. Una controversia clara indica que...

a) Las partes no tienen conocimiento de la existencia de un problema.
b) El problema se produce entre personas del mismo nivel jerárquico.
c) Las partes comunican que existe un problema que hay que resolver.
d) Todas las afirmaciones anteriores son incorrectas.

4. El conflicto latente es aquel que...

a) No se manifiesta expresamente, pero existe.
b) Se manifiesta expresamente a los directivos de la empresa.
c) Se manifiesta solamente entre las personas que lo sufren.
d) Implica que las partes han expresado su existencia a los compañeros y compañeras.

5. Son factores externos al sujeto en la toma de decisiones...

a) La aptitud física, intelectual y social.
b) El riesgo y las presiones.
c) La actitud con la que nos enfrentamos a los conflictos.
d) La cultura que vive cada persona.

6. Se entiende por actitud...

a) El conjunto de conocimientos que tiene el sujeto en un proceso de conflicto.
b) Las presiones que sufren las partes en un conflicto.
c) La experiencia de las personas.
d) La manera en la que nuestro ánimo o nuestra mente se enfrentan a una situación.

7. Un conflicto negativo o destructivo en una empresa...

a) Genera una disminución del rendimiento de las personas trabajadoras.
b) Está provocado por diferencias entre la dirección y los operarios y operarias.
c) Desestabiliza las funciones y las tareas en la empresa.
d) Surge entre una persona trabajadora y sus compañeros y compañeras.

8. En la estrategia negociadora cooperativa, los sujetos...

a) Tienden a colaborar para lograr una solución.
b) Trabajan para destruir a la parte contraria.
c) Usan medios agresivos en el proceso.
d) Solo usan la huelga como medio de resolución.

9. La última fase de un proceso de negociación se denomina fase de cierre, y en ella...

a) Las partes indican sus pretensiones.
b) Las partes se conocen.
c) Se consensúa un objetivo.
d) Se llega a un acuerdo o no.

10. Cuando, en una negociación, una de las partes utiliza una estrategia de competición, se entiende que...

a) La actitud que se va a mantener en el proceso es meramente cooperativa.
b) La actitud que se va a mantener en el proceso es sobre todo asertiva.
c) Se mezclan elementos de cooperación y asertividad.
d) La actitud que se va a mantener en el proceso será básicamente defensiva.

11. Una táctica negociadora puede ser...

a) Hablar en primer lugar.
b) Fijar una fecha para negociar.
c) Elegir el lugar.
d) Todas las anteriores son tácticas negociadoras.

12. Si las partes de un conflicto se someten a un arbitraje para lograr la resolución del mismo, deben saber que la persona encargada del arbitraje...

a) Propondrá unas soluciones no vinculantes para las partes.
b) Dictará la solución por medio de un laudo de obligado cumplimiento.
c) Ayudará a las partes en la negociación.
d) Todas las afirmaciones anteriores son correctas.

COMPRUEBA TU APRENDIZAJE

1. Señala si la situación del siguiente caso constituye un problema que pueda afectar a la organización:

   Pilar e Ignacio trabajan en el mismo proyecto y llevan varias semanas sin hablarse. La causa del problema reside en que la empresa cambió el programa informático que usaban para desarrollar sus proyectos porque Pilar lo consideraba muy necesario. En cambio, Ignacio pensaba que el nuevo sistema presentaba más problemas que ventajas y estaba totalmente en contra del cambio. Su superior le advirtió de que, si no lo usaba, sería despedido.

2. Indica si los siguientes conflictos son claros o latentes:

   a) Mónica Ramos acaba de terminar la formación teórica del nivel básico de Prevención de Riesgos Laborales. Para obtener su título precisa realizar un trabajo que debe hacerse en grupo. Durante las clases teóricas, ha asistido al curso con un amigo, pero no quiere elaborar el trabajo con él porque en varias ocasiones en las que han tenido que compartir un proyecto, Mónica ha terminado ocupándose de toda la tarea. Su amigo se ha quedado perplejo cuando ella le ha informado de que no va a realizar el trabajo con él, porque no le ha dado ninguna explicación.

   b) Dos personas trabajadoras del Departamento de *Marketing* de una empresa han discutido durante la presentación de la nueva campaña publicitaria. Una de ellas sostiene que la idea de dicha campaña es exclusivamente suya, y la otra la acusa en público de mentir y de haberle robado la idea que ella lanzó primero.

3. Identifica el tipo de conflicto que se presenta en los supuestos siguientes:

   a) La plantilla de una empresa ha decidido secundar una huelga para lograr que esta les conceda tres días de permiso por asuntos propios, derecho que el convenio no recoge para ese sector.

   b) Paloma y Juan discuten con la jefa del Departamento de Recursos Humanos sobre la interpretación del artículo del convenio que establece el sistema para fijar las vacaciones anuales.

4. Señala las causas de estos conflictos:

   a) Pablo y Sonia prestan sus servicios en la misma empresa. Ambos trabajan en el Departamento de Contabilidad y han sido novios durante un año. Su relación se ha terminado y, desde entonces, se aprecia agresividad entre ellos. Su enfrentamiento afecta al trabajo, porque normalmente no se dirigen la palabra y para comunicarse recurren a una tercera persona del departamento.

   b) Luis y Jorge trabajan en el Departamento de Producción de una fábrica de vidrio, donde uno de ellos suele hacer el control de calidad de los productos. Un día se enfadan y ninguno de los dos lleva a cabo el control; cada uno comenta que ese trabajo es responsabilidad del otro. Como la partida sale de la fábrica sin comprobar, un cliente se queja de un producto defectuoso.

5. Analiza estos conflictos acaecidos en el ámbito empresarial. Indica en cada situación si se trata de un conflicto positivo funcional o negativo disfuncional:

   a) La empresa LOT, S. L., cuenta con dos socios, Eva y Francisco, que poseen cada uno el 50% de las participaciones sociales. Ambos socios no se ponen de acuerdo sobre cómo ampliar el negocio, lo que los ha llevado a disolver y liquidar la empresa.

   b) En un taller de fabricación mecánica se han sustituido los tornos por otros nuevos que aumentan la calidad de las piezas. Las personas de Producción están descontentas con el cambio; sin embargo, los clientes se muestran satisfechos por la mejora del producto.

   c) Rosa y Juan son auxiliares de clínica en una consulta odontológica. Ambos deseaban disfrutar sus vacaciones estivales el mismo mes, pero tienen que turnarse y no se ponen de acuerdo. Juan considera que Rosa ha sido beneficiada y han surgido entre ellos hostilidades que repercuten en la atención y la información que se presta a los clientes.

6. La plantilla de una fábrica de muebles ha decidido manifestarse todas las tardes en la entrada principal de la empresa para expresar su desacuerdo ante el inminente expediente de regulación de empleo que esta quiere llevar a cabo.

   Indica si la protesta se puede considerar como uno de los medios de negociación para lograr un acuerdo.

7. Señala qué medio de resolución pacífica de conflictos se ha utilizado en cada una de las siguientes situaciones:

   a) Dos empresas constructoras acordaron la realización conjunta de una gran presa hidroeléctrica. Una de ellas no puede cumplir el contrato y la otra piensa demandarla. El ministerio correspondiente intenta que ambas lleguen a un acuerdo presentando algunas propuestas para resolver el problema.

   b) Los futbolistas de un club deportivo han dejado de cobrar los salarios pactados en sus contratos por insolvencia empresarial. En dichos contratos se pactó que las divergencias serían resueltas a través de un laudo obligatorio para las partes.

8. Lee el siguiente caso y piensa la decisión que tomarías. Comentad vuestra decisión con el resto de la clase.

   Empezaste a trabajar en la empresa cuando finalizaste el ciclo formativo. Tras unos cuantos años, has llegado a ser encargado de tu sección y ahora tienes doce personas a tu cargo. La empresa está pasando por un momento de crisis económica y necesita reducir la plantilla, por lo que, desde la gerencia, te proponen que selecciones a tres de tus trabajadores y trabajadoras con la finalidad de rescindir sus contratos. Entre ellos está tu hermana, que tiene una antigüedad similar a la de otros seis empleados. Se trata de la persona con menos cualificación de todas, pero su experiencia la ha llevado a ocupar un puesto de responsabilidad, al manejar una máquina peligrosa.

9. Un comercial de una agencia de viajes prepara una reunión con el director de una residencia geriátrica y centro de día de mayores para ofrecer viajes a las personas usuarias de este centro.

En la reunión, cuando el trato estaba casi cerrado, el director comenta que antes de firmar el contrato tiene que consultarlo con el patronato de la fundación que financia la residencia.

¿Qué táctica negociadora emplea el director del centro?

10. Manuel Arranz trabaja en una inmobiliaria desde hace unos meses. Uno de sus amigos está buscando un piso y llama a Manuel para que le asesore, porque ha visto una vivienda que se ajusta a sus necesidades.

El piso se encuentra en un inmueble que ha sufrido en el pasado problemas estructurales de fisuras en las paredes, provocadas por el movimiento de la cimentación.

Manuel ha tenido acceso a esta información porque ha visto un acta de la comunidad que dejó en el expediente el vendedor del piso. Sabe que si vende la vivienda se podrá llevar una comisión, pero piensa que a su amigo puede dejar de interesarle si le comenta el problema de las fisuras, aunque fue arreglado en su momento.

Indica qué factores pueden influir sobre el comercial de la inmobiliaria en el desarrollo de esta compraventa.

11. Existen un numeroso conjunto de causas que pueden provocar situaciones indeseadas en la vida cotidiana del trabajo y que enturbian las relaciones.

Lee el siguiente artículo **https://url2.cl/mR4JX**, para que conozcas las causas más habituales de conflictividad laboral y elabora una tabla indicando alguna de las soluciones que se proponen para minimizarlos; pues ya sabemos que el conflicto forma parte de la vida de las empresas y conocer cómo canalizarlos ayudará a reducir sus efectos negativos.

- Escribe dos ideas de esta unidad que tengas claras y que te parezcan fundamentales. ¿Qué te ayudó a comprenderlas?
- Formula dos preguntas de la unidad sobre aspectos que no hayas entendido totalmente.
- Escribe dos aspectos de esta unidad sobre los que te gustaría profundizar.

DE CAMINO AL MUNDO LABORAL

El mundo laboral te ofrece muchas posibilidades, pero también tendrás que enfrentarte a la resolución de problemas.

Objetivo

Poner en práctica estrategias que refuercen tus competencias para la resolución de conflictos.

Tareas

1. **El conflicto en las empresas suele estar unido a la gestión de los equipos de trabajo, debido a la presencia de diferentes roles, actitudes, aptitudes, valores y recursos que pueden dar lugar a diferentes puntos de vistas, que, a su vez, pueden originar roces. Al mismo tiempo, la posibilidad de trabajar en equipo constituye una oportunidad excelente para el desarrollo de la creatividad y la resolución pacífica de conflictos.**

   En el equipo de trabajo del que formas parte, integrado por seis personas, se ha generado un conflicto entre una compañera y la dirección. La trabajadora ha sido sancionada con una suspensión de empleo y sueldo durante dos días por haber tratado despectivamente a un cliente que exigía obtener un producto en un plazo de dos días.

   La empleada consideró que el equipo no podría soportar la presión y contestó de forma agresiva al cliente, quien, por su parte, presentó una queja a la dirección. Inmediatamente, la directora, sin mediar palabra, sancionó a la trabajadora, que se sintió abandonada por el equipo, mientras ella estaba defendiendo los intereses comunes. Ahora no se habla con el resto del grupo y los trabajos se retrasan por falta de comunicación.

   Organizad la clase en equipos de cuatro personas y elaborad una estrategia para resolver el conflicto de manera positiva y sin sancionar a la trabajadora.

   Una vez que todos los equipos tengan su solución para el conflicto, se expondrá en clase.

2. **En el vídeo del siguiente enlace se explican cinco estilos de negociación: competitivo, colaborador, flexible, complaciente y evasivo.**

   a) Después de visionarlo, explica cuál sería tu estilo de resolución de conflictos: **https://bit.ly/3mWn3eb**

   b) Para conocer tu perfil de resolución de conflictos, realiza el test de este enlace: **https://bit.ly/2GocO2y**

   El sistema te devolverá una de estas cinco palabras: *competir, colaborar, comprometerse, evitar* y *acomodarse.*

11 UNIDAD

Búsqueda activa de empleo

ESTUDIARÁS

- Los intereses, las aptitudes y las motivaciones personales que intervienen en la carrera profesional.
- La búsqueda de empleo en pequeñas, medianas y grandes empresas.
- La importancia de la formación permanente.
- Los itinerarios formativos.
- El aprendizaje y el empleo en Europa.

Y SERÁS CAPAZ DE

- Seleccionar oportunidades de empleo, identificando las posibilidades de inserción y de aprendizaje a lo largo de la vida.
- Conocer las diversas vías de presentación de una candidatura para un puesto de trabajo.
- Valorar y utilizar las TIC a la hora de gestionar un perfil profesional.
- Definir las aptitudes y las capacidades propias.

Hay una fuerza motriz más poderosa que el vapor, la electricidad y la energía atómica: la voluntad.

ALBERT EINSTEIN

Las decisiones que tomes y los caminos que emprendas en el proceso de búsqueda de empleo vendrán determinados por tu voluntad. Dicen que el que quiere puede; por ello, refuérzate con el fin de construir tu futuro laboral. Para lograr el trabajo que deseas deberás conocerte.

¿Qué tienes que hacer para averiguar cuáles son tus fortalezas y tus debilidades? ¿Sabes dónde buscar trabajo? ¿Conoces los lugares y la forma en que puedes continuar estudiando o formándote?

- ¿Sabes si puedes utilizar tu teléfono móvil para buscar trabajo?
- ¿Crees que tu actividad en las redes sociales te puede perjudicar a la hora de conseguirlo?
- ¿Podrías decir qué es el autoempleo?

1. Planificación de la carrera profesional

La **planificación profesional** es un proceso continuo durante la vida laboral que permite crear nuevas posibilidades y aumentar las competencias profesionales y personales para ajustarlas a las demandas del mercado laboral y a las propias necesidades.

La planificación de la carrera profesional puede seguir estas fases:

a) **Estudio del mercado laboral**, buscando información precisa sobre el estado de nuestra profesión y los cambios a los que se enfrenta.

b) **Autoanálisis** profundo y sincero de las competencias profesionales y personales propias.

c) **Diseño de un plan de acción** para buscar empleo.

d) **Mejora de los conocimientos y adquisición de nuevas competencias** profesionales y personales, mediante el aprendizaje continuo, para ajustarse al perfil demandado por las empresas.

e) **Revisión permanente del plan** para adaptarlo a los cambios profesionales, tecnológicos, económicos, sociales y personales.

1.1. Toma de decisiones

Al finalizar la Formación Profesional se te presentarán diferentes opciones, en función de los estudios que hayas realizado:

- **Trabajar por cuenta ajena** bajo alguna de las formas de contratación laboral.
- **Trabajar por cuenta propia** como autónomo, emprendedor o profesional.
- **Preparar una oposición** para acceder a un puesto en la Administración pública.
- **Seguir formándote**, cursando otros ciclos formativos, grados universitarios, etc.
- **Trabajar y continuar estudiando** simultáneamente.

En la Tabla 11.1 aparecen reflejadas algunas de las ventajas y los inconvenientes de cada opción.

	Trabajo por cuenta propia	Trabajo por cuenta ajena	Trabajo como empleado público
Ventajas	Se trabaja para desarrollar proyectos propios.	Se puede buscar empleo en muchos tipos de empresas.	Se disfruta de empleo estable.
	Se organiza el tiempo con libertad.	Se evita poner en riesgo el capital.	Se tiene una remuneración segura.
	Se crea un proyecto nuevo que se puede transmitir a quienes nos hereden.	Se pueden dar posibilidades de promoción.	Se puede cambiar de tareas dentro del mismo grupo profesional.
	Se pueden generar ganancias sin límite.	Se puede negociar el salario, en teoría.	Se puede cambiar de centro de trabajo.
	Se siente satisfacción por el trabajo bien hecho.	Se tiene un horario fijo.	Se tiene un horario fijo.
	Se obtiene reconocimiento profesional.	Se obtiene reconocimiento profesional de la empresa y de los compañeros y compañeras.	Se forma parte de una estructura jerarquizada.
Inconvenientes	Se arriesga el capital propio y, en ocasiones, el de otras personas.	Se vive en la inestabilidad laboral.	Se puede tener un sueldo inferior al de la empresa privada.
	Se asume una responsabilidad económica.	Se producen abusos por parte de algunas empresas.	Se accede mediante concurso-oposición.
	Se dedica a la empresa todo el tiempo de trabajo e, incluso, de ocio.	Se siguen las decisiones tomadas por quienes arriesgan el dinero o por el personal directivo.	Se limita mucho la iniciativa propia.
	Se resuelven los problemas que se plantean y se aprende de los errores.	Se hace más difícil elegir el empleo deseado.	Se deben superar pruebas para promocionar de grupo profesional.
	Se concilian intereses entre las personas asociadas y se resuelven conflictos.	Se realiza el trabajo cumpliendo órdenes de las jefaturas.	Se hace difícil el cambio de localidad del trabajo.
	Se convierte la clientela en la jefa.	Se percibe que el salario es inferior al que corresponde a las tareas realizadas.	

Tabla 11.1. Ventajas e inconvenientes del trabajo por cuenta propia, ajena y como empleado público.

ABC VOCABULARIO

Competencias profesionales o *hard skills*. Son habilidades y destrezas que se aprenden y resultan necesarias para un puesto de trabajo: dominio de un idioma o de programas informáticos, una determinada titulación, etc.

Competencias personales o *soft skills*. Son rasgos de la personalidad válidos para cualquier puesto de trabajo, pero difíciles de cuantificar, pues son subjetivos: creatividad, liderazgo, empatía, manejo del estrés...

2. Autoanálisis personal y profesional

Realizar un autoanálisis es el primer paso al que hay que enfrentarse en la búsqueda de empleo, ya que conocerse resulta esencial para abordar con éxito este proceso. El autoanálisis servirá para:

- **Detectar las fortalezas y las debilidades.** Se deben explicitar por escrito cuáles son los puntos débiles profesionales y personales, así como las lagunas en la formación.
- **Estudiar** si el perfil obtenido se ajusta al requerido para alcanzar el empleo deseado.
- **Mejorar.** La detección de las carencias servirá para emprender las acciones necesarias y perfeccionar el *curriculum vitae* personal y profesional.

Para realizar el autoanálisis y descubrir los puntos fuertes y débiles te puede servir de guía la información de las Tablas 11.2 y 11.3.

Intereses personales		
Previamente a iniciar nuestro análisis debemos determinar cuáles son nuestros posibles intereses personales; a partir de ellos, veremos si encajan con nuestros conocimientos, destrezas y competencias.		
Conocimientos	**Destrezas**	**Competencias personales**
Hacen referencia a los conceptos que se han adquirido mediante... • Formación Profesional Básica. • Ciclos formativos de Grado Medio o Superior. • Formación profesional para el empleo. • Cursos de especialización. • Formación en el trabajo. • Autoaprendizaje. • Formación en otros campos. • Aprendizaje de lenguas autonómicas. • Aprendizaje de lenguas extranjeras.	**Aluden a la puesta en práctica de los conocimientos. Están constituidas por...** • Habilidades adquiridas en la formación. • Manejo de equipos. • Desempeño de un puesto de trabajo. • Habilidad para determinadas actividades. • Habilidades especiales. • Experiencia laboral en el empleo que se busca. • Experiencia en otros trabajos. • Prácticas en empresas. • Otros trabajos no retribuidos. • Comprender, hablar y escribir otras lenguas.	**Se relacionan con el comportamiento:** • Responsabilidad. • Iniciativa, decisión. • Lealtad. • Facilidad para el trabajo en equipo. • Capacidad para coordinar un equipo. • Resistencia ante la frustración. • Afán de superación. • Capacidad de aprendizaje. • Adaptación a diferentes entornos de trabajo. • Polivalencia. • Capacidad de comunicación. • Creatividad. • Empatía.

Tabla 11.2. Elementos para el autoanálisis.

Características	Se busca	Se rechaza
Personalidad y actitud	Iniciativa.	Pasividad.
	Autonomía.	Sumisión.
	Trabajo en equipo.	Individualismo.
	Trato agradable.	Dependencia.
	Polivalencia.	Agresividad.
	Flexibilidad.	Conflictividad.
	Asertividad.	Inseguridad.
	Capacidad de trabajo.	Rigidez.
	Empatía.	Intransigencia.
	Aptitud para trabajar por objetivos.	Dispersión de ideas.
	Capacidad de aprendizaje.	Aislamiento del grupo.
Formación y aptitud	Nivel de estudios adecuado.	Sobrecualificación.
	Capacidad de organización y planificación.	Torpeza.
	Motivación.	Motivación exclusivamente económica.
	Orientación al cliente.	Escaso interés o entusiasmo.
Imagen	Adecuada a la empresa y al puesto de trabajo.	Inadecuada a la empresa y al puesto de trabajo.

Tabla 11.3. Características que buscan y rechazan las empresas.

3. Plan de acción para la búsqueda de empleo por cuenta ajena

La **búsqueda de empleo** puede producir desconcierto o temor a quien se encuentra en esta situación, al tener que enfrentarse a pruebas, entrevistas y exámenes muy diferentes a los del mundo académico. Es lógico que nos invadan estas sensaciones, puesto que, posiblemente, nunca nos hayamos planteado la búsqueda concienzuda de empleo ni hayamos realizado **pruebas o entrevistas** para ser aceptados en un puesto de trabajo.

Sin embargo, debemos tener el convencimiento de que nuestra formación es la adecuada y confianza en nuestras capacidades. Para buscar empleo es necesario llevar a cabo un auténtico **plan de acción,** estableciendo cuáles son los objetivos de acuerdo con nuestras posibilidades y con lo que ofrece el mercado de trabajo. Después, solo queda ponernos en marcha.

3.1. Pautas para buscar empleo

La búsqueda de empleo ha de planificarse meticulosamente, para lo cual aconsejamos seguir las pautas que se ofrecen a continuación:

a) **Establecer un tiempo mínimo,** diario o semanal, para realizar tareas relacionadas con la búsqueda de empleo.

b) **Planificar las acciones que se van a llevar a cabo cada día:** trabajar en la creación de una **marca personal,** indagar en Internet, explorar los portales de empleo, gestionar las redes sociales, vigilar la huella digital, preparar entrevistas, etc.

c) **Elaborar un buen *curriculum vitae*** y una **carta de presentación** adecuada.

d) **Informarse acerca de la empresa** antes de acudir a una entrevista.

e) **Preparar muy bien la entrevista de trabajo.**

f) **Después de una entrevista,** apuntar las impresiones que se han tenido y las preguntas difíciles. Si no se recibe información posterior, llamar interesándose por los motivos del rechazo.

g) **Revisar los errores que se puedan haber cometido,** si no se consigue el empleo.

CLAVES Y CONSEJOS

¡Usa una *app* como agenda!

Es muy importante planificar la búsqueda de empleo. Hoy en día, disponemos de aplicaciones útiles para proyectar y gestionar este proceso. Te proponemos Google Calendar, Evernote, HabitNow, Any.do, TimeTree, etc.

PONTE A PRUEBA 1. Autoanálisis personal y profesional

Antes de comenzar a buscar empleo, es imprescindible que realices un autoanálisis realista para saber cuáles son tus competencias profesionales y personales. Dicho autoanálisis te ayudará a presentar una candidatura única y diferente, conocer tus puntos fuertes y diseñar tu perfil laboral.

a) Realiza tu inventario personal y profesional: conocimientos, destrezas, aptitudes y valores, etc.

b) Haz una tabla de dos columnas para reflejar tus fortalezas y tus debilidades. Ten en cuenta tus conocimientos, destrezas, aptitudes y valores, así como las características que buscan y rechazan las empresas en quienes presentan su candidatura.

c) Intenta identificar las causas de tus puntos débiles y determinar las acciones que vas a emprender para mejorar. Elabora una tabla con tres campos: punto débil, motivos, actuaciones que se pueden acometer.

Para resolver estas cuestiones, te puedes apoyar en el contenido de las Tablas 11.2 y 11.3 de esta unidad.

Debes responder sinceramente, pues el autoengaño te puede conducir a cometer errores.

Ten en cuenta que las conclusiones que obtengas te servirán para conocerte mejor, detectar determinadas carencias en tu formación, adaptar tu perfil profesional a las demandas del mercado de trabajo, etc.

ACTIVIDADES

1. A la hora de buscar un trabajo, la organización es fundamental. Resulta aconsejable que lleves una agenda dedicada exclusivamente a esta tarea. La «agenda de búsqueda de empleo» te ayudará a administrar el tiempo, pues en ella debes apuntar la información que vayas recopilando y todo lo que tengas pensado hacer durante las siguientes semanas, ya se trate de trabajar en Internet, concertar entrevistas, realizar llamadas, buscar información, etc.

Si todavía no tienes una agenda, en el siguiente enlace encontrarás un modelo que te puede servir de base y que puedes personalizar con un diseño propio:

- **https://bit.ly/3qn79vR**

CLAVES Y CONSEJOS

Antes y durante todo el proceso de **búsqueda de empleo**, debes reflexionar sobre los puntos siguientes:

- Tipo de empresa en la que te gustaría trabajar.
- Clase de empleo que deseas desarrollar.
- Aspectos de la formación que debes mejorar.
- Objetivos laborales a medio y largo plazo.
- Suponiendo que tengas trabajo, manera de formarte para cambiar o mejorar mientras permaneces en él.

CLAVES Y CONSEJOS

Vigilancia competitiva

Tienes que estar al día y saber qué requisitos pide el mercado para ser el candidato o la candidata adecuados para el trabajo que buscas. Has de identificar las demandas del entorno y adaptarte a ellas.

Debes conocer tu sector, las noticias relevantes, qué es lo que solicitan las empresas más representativas, qué se valora como positivo y qué como negativo, cuáles son los perfiles más buscados, cómo se ofrecen otras personas demandantes, etc.

3.2. El proceso de búsqueda de empleo

Los caminos que se siguen hasta conseguir un empleo pueden ser muy diferentes. En la Figura 11.1 aparece reflejado el proceso habitual de búsqueda. Se trata de un modelo, pero no tiene por qué desarrollarse siempre así; las empresas lo pueden adaptar en función de sus necesidades.

Planificación de la carrera profesional

Autoanálisis
- Inventario profesional y personal.
- Identificación de los puntos fuertes y débiles.
- Análisis de las competencias personales y profesionales.

Definición del objetivo profesional
- Creación de la marca personal.

Estudio del mercado laboral
- Confección de un plan de acción.

Búsqueda de ofertas de empleo

- **Búsqueda en los medios de comunicación:** Internet, servicios públicos de empleo, portales de empleo, empresas de trabajo temporal, boletines oficiales, relaciones personales, etc.
- **Autocandidatura.**

Currículum y carta de presentación

- **Presentación del currículum**
  - Datos personales.
  - Puesto al que se opta.
  - Formación.
  - Experiencia.
  - Cursos de especialización.
  - Idiomas.
  - Competencias.
- **Carta de presentación.**

Pruebas psicométricas

- **Test de aptitudes.** Miden aspectos de la inteligencia relacionados con el trabajo que se debe realizar.
- **Test de personalidad.** Miden facetas de la personalidad relacionadas con el trabajo que se debe realizar.

Primera entrevista

- **Entrevistador o entrevistadora.** Especialista en selección.
- **Objetivo.** Conocer personalmente a la persona candidata y evaluar su forma de comportarse, su madurez, sus competencias, etc.

Segunda entrevista

- **Entrevistador o entrevistadora.** Responsable de la empresa.
- **Objetivo.** Confirmar las expectativas generadas por la persona candidata en la primera entrevista.

Fase final

- **Reconocimiento médico.**
- **Periodo de formación.**
- **Periodo de prueba.**

Fig. 11.1. Etapas del proceso de búsqueda de empleo.

3.3. *Personal branding* o marca personal

La ***personal branding*** **o marca personal** es una idea de desarrollo que intenta vender la figura de la persona como si se tratara de una marca comercial, otorgándole una imagen individualizada que la propia persona fomenta a través de las redes.

La marca personal la crea quien busca empleo para potenciarse como profesional. En el momento de llevar a cabo esta labor, se pueden seguir los pasos que se detallan:

- **Establecer los objetivos profesionales:** qué tipo de trabajos te interesan y qué formación, competencias y experiencia puedes ofrecer.
- **Detectar los puntos fuertes** que te diferencian del resto de las personas de tu profesión.
- **Utilizar la red,** lo cual implica tener presencia en distintos medios (Twitter, Facebook, LinkedIn, Instagram, TikTok): haz *networking* y comienza a construir un blog.

A. El *networking*

El ***networking*** consiste en establecer relaciones profesionales con personas que te puedan ayudar en el proceso de búsqueda de empleo (Tabla 11.4).

Existen dos métodos para formar esta red de contactos: la tradicional es crear conexiones en la vida cotidiana con familiares, amistades, compañeros y compañeras, etc.; la actual consiste en utilizar las redes sociales. Para hacer *networking* a través de Internet, puedes emplear:

- **Redes profesionales.** LinkedIn es la más popular, aunque también destacan otras como Xing y Sumry y, dentro de estas, las redes verticales centradas en un tema concreto.
- **Redes generalistas.** Facebook, Twitter o Instagram tienen un enfoque social, pero también ofrecen la posibilidad de buscar y recibir ofertas de trabajo.

Claves para hacer *networking*	
Ofrece antes de pedir	Debes pensar en lo que puedes aportar a la persona con la que deseas conectar; por ejemplo, acceder a los contactos de tu red, resolver algún problema, ayudar de alguna manera, etc.
Contacta con personas que te puedan ayudar	Ponte en contacto con amigos, conocidos, familiares, compañeros de estudios y trabajo, personas con las que compartes aficiones o actividades (deportes, música, colaboración con ONG, etc.).
Conecta con desconocidos	Localiza a personas y empresas de tu sector y contacta con ellas, aunque no las conozcas.
Mantén al día tu red de contactos	Envía noticias interesantes y saludos; recomienda webs, actos o cualquier contenido relevante; propón ideas, y no dejes de responder: un simple «gracias» tras recibir un mensaje genera simpatía.
Establece un ritmo de trabajo	De forma periódica, tienes que hacer lo siguiente: buscar personas con las que te conviene contactar; mantener una conexión regular y fortalecer los vínculos con las personas de tu red; actuar ante las oportunidades que surjan, chequear la huella digital e identificar los aspectos que debes mejorar.

Tabla 11.4. Claves para hacer networking.

B. La identidad digital en las redes sociales y profesionales

La utilización de redes sociales genera lo que denominamos «huella digital», que es el rastro personal que vamos dejando en Internet y que puede tener unas consecuencias imprevistas en nuestra vida laboral. Las personas expertas en selección consideran que las personas activas en redes sociales tienen más oportunidades laborales que las inactivas.

Si haces *networking,* sé prudente, ya que Internet se usa para descubrir los puntos débiles de los candidatos y las candidatas, que pueden quedar al descubierto en fotografías inadecuadas, comentarios poco afortunados (sexistas, racistas...), faltas de ortografía, etc. Observarán si actúas con sentido común por los datos que muestras y por los perfiles de las amistades que hayas agregado.

ABC VOCABULARIO

Job benchmarking. Técnica que consiste en comparar tu perfil profesional y personal con los perfiles del entorno que consideres superiores (investiga en las redes sociales y en los portales de empleo) para identificar en qué aspectos tienes que mejorar y, una vez modificados, aumentar tu empleabilidad. Por ejemplo, ampliar la formación o las competencias personales.

@ WEB

Creación de la marca personal

En la web **www.fundae.es** > *Digitalízate,* puedes acceder a un curso de formación gratuita en **competencias digitales.** También aprenderás a crear tu propia marca personal y las claves para que tenga éxito.

3.4. Fuentes de información sobre empleo

Para buscar empleo, hay que estar al tanto de lo que sucede alrededor y de todas las informaciones que aparecen en los medios de comunicación. Algunas fuentes de información sobre empleo que puedes seguir se incluyen en la Tabla 11.5.

Internet	Existen multitud de páginas web destinadas a facilitar el contacto entre empresas y demandantes de empleo. También se puede dejar el *curriculum vitae* en la página web de muchas empresas.
Autocandidatura	Envía, por iniciativa propia, el *curriculum vitae* para que figure en los archivos de las empresas, por si en el futuro necesitan personal. Las cámaras de comercio son una buena fuente de información sobre la actividad de todas las empresas del entorno; para acceder a ella, puedes consultar la web **www.camerdata.es**.
Sistema Nacional de Empleo	Está integrado por el Servicio Público de Empleo Estatal y los servicios públicos de empleo de las comunidades autónomas. También ofrecen servicios de empleo las diputaciones provinciales y los ayuntamientos, así como el resto de los países del Espacio Económico Europeo. Su página web es **www.sistemanacionalempleo.es**.
Empresas de trabajo temporal (ETT)	Este tipo de empresas contratan temporalmente a personas trabajadoras en su plantilla y las ponen a disposición de otra empresa. Las más conocidas son Manpower, Adecco, Randstad y Page Personnel.
Agencias de colocación	Se trata de intermediarios que deben garantizar el principio de igualdad en el acceso al empleo. Están promovidas por ayuntamientos, sindicatos, comunidades autónomas, fundaciones y organizaciones no gubernamentales.
Relaciones personales, sociales y profesionales	Las amistades, las personas de nuestro entorno, los familiares, los compañeros y las compañeras nos pueden ayudar a encontrar trabajo. Conviene formar una red de contactos personales y comunicarles nuestra situación para que estén al tanto de posibles empleos que nos puedan interesar. Date de alta en las redes sociales y profesionales más importantes y haz *networking*.
Formación en Centros de Trabajo (FCT)	A la vez que posibilitan practicar los conocimientos adquiridos en los centros educativos, permiten a la empresa preseleccionar a sus futuras personas trabajadoras e incorporarlas con cualquier tipo de contrato de trabajo.
Bolsas de empleo de los centros educativos	En muchos centros educativos existen bolsas de trabajo a las que acuden las empresas demandando personal. Apúntate en la de tu centro y entrega el *curriculum vitae* para que sea tenido en cuenta cuando lleguen ofertas de empleo.

Tabla 11.5. Fuentes para la búsqueda de empleo.

@ WEB

Algunos de los **portales de empleo** más conocidos son:

- **www.bolsatrabajo.com**
- **www.canaltrabajo.com**
- **www.empleo.com**
- **www.infoempleo.com**
- **www.estudiasotrabajas.com**
- **www.infojobs.net**
- **www.laboris.net**
- **www.oficinaempleo.com**
- **www.primerempleo.com**
- **www.tecnoempleo.com**
- **www.trabajando.com**
- **www.trabajos.com**
- **www.turijobs.com**
- **www.es.indeed.com**
- **www.trabajarporelmundo.org**
- **www.monster.es**

ACTIVIDADES

2. LinkedIn constituye la red de contactos profesionales más conocida y utilizada. Es importante que estés presente en ella, pues, en caso contrario, limitas tus posibilidades; por ello:

a) Crea tu perfil en LinkedIn y mantenlo actualizado.

b) Explora especialmente las empresas en las que te gustaría trabajar y, también, los grupos profesionales que te interesen, así como sus debates. Estudia cómo puedes contactar con ellos y envíales correos electrónicos presentándote.

Ten en cuenta que la regla básica cuando se hace *networking* es pensar qué gana la persona con la que deseas contactar; así pues, realiza un listado de todo lo que puedes ofrecer a tus contactos de LinkedIn.

CLAVES Y CONSEJOS

Utiliza tu móvil para buscar trabajo

Existen muchas aplicaciones gratuitas para gestionar la búsqueda de empleo; las más utilizadas son Infojobs, Jobandtalent, LinkedIn, Indeed y Trovit, entre otras. Estas aplicaciones te permitirán gestionar fácilmente tu búsqueda de empleo.

4. El autoempleo

Si se tiene **voluntad emprendedora,** capacidad, formación técnica, algo de dinero y una idea de negocio, se puede estudiar la posibilidad de crear una **empresa propia** y buscar los recursos personales y económicos para ponerla en marcha.

> El **autoempleo** significa **crear tu propio puesto de trabajo,** fundar tu propia empresa y ser tu propio jefe. Esta situación puede darse como empresario individual o como miembro de una sociedad con otras personas asociadas.

El proceso para la creación de una empresa aparece reflejado en la Figura 11.2. En múltiples portales de Internet puedes encontrar apoyo para llevarlo a cabo.

- La ventanilla única (**www.eugo.es**) permite, en una sola búsqueda, la localización rápida de los requisitos para crear una empresa bajo cualquier forma jurídica y la puesta en marcha de la mayoría de las actividades económicas, aunque no se pueden hacer trámites directamente.
- El punto de atención a las personas emprendedoras del Ministerio de Industria, Comercio y Turismo (www.paeelectronico.es) posibilita realizar gestiones encaminadas a iniciar el trabajo como autónomo o a crear ciertas formas de empresa (básicamente, sociedades limitadas).

@ WEB

En el portal **www.ipyme.org** encontrarás información sobre **cómo crear una empresa** y sobre financiación, ayudas y subvenciones, gestión, cursos *on-line*, contratos de trabajo y otras informaciones de interés para las personas emprendedoras.

Idea de negocio

Diseño de un plan de negocio

1. Descripción de la empresa y del producto o servicio que se va a prestar.
2. Estudio de mercado.
3. Plan de *marketing.*
4. Definición de los medios necesarios.
5. Determinación de los recursos humanos necesarios.
6. Estudio económico y financiero.
7. Trámites legales.
8. Elección de la forma jurídica (empresa individual o sociedad mercantil).

Fig. 11.2. Proceso para la creación de una empresa.

ACTIVIDADES

3. Quizá te hayas planteado alguna vez tener tu propio negocio, pero piensas que no serás capaz de financiarlo o que no estás suficientemente maduro para ponerte manos a la obra, o tienes miedo de exponer tu idea en voz alta a los demás.

Accede a la página web de la Dirección General de Industria y de la Pyme (**www.ipyme.org**) y cumplimenta el cuestionario que te permitirá averiguar tus fortalezas y debilidades como persona emprendedora. Dicho cuestionario consta de 25 preguntas distribuidas en siete características (motivación, iniciativa y energía personal, perfil psicológico, capacidad de iniciativa, capacidad de análisis, innovación y creatividad, y propensión al riesgo).

A través de la cumplimentación del cuestionario, se irá obteniendo una valoración y generando un informe con un análisis completo en PDF.

4. DAFO (acrónimo de debilidades, amenazas, fortalezas y oportunidades) es una herramienta que permite analizar la realidad de una empresa, una marca o un producto para poder tomar decisiones. Un análisis DAFO se compone de un estudio interno (debilidades y fortalezas) y uno externo (amenazas y oportunidades).

Si te has planteado crear una empresa, DAFO puede ser un buen comienzo, pues te ayuda a establecer estrategias para que el proyecto sea viable. Accede a esta herramienta y completa la información solicitada para analizar tu idea de negocio.

El portal **www.ipyme.org** facilita información e instrumentos para la creación de empresas y la herramienta DAFO.

5. El empleo en las Administraciones públicas

Las Administraciones públicas (estatal, autonómica y local) necesitan recursos humanos para su funcionamiento, que se denominan **empleados públicos.** Estos se pueden clasificar en dos grandes grupos (Fig. 11.3):

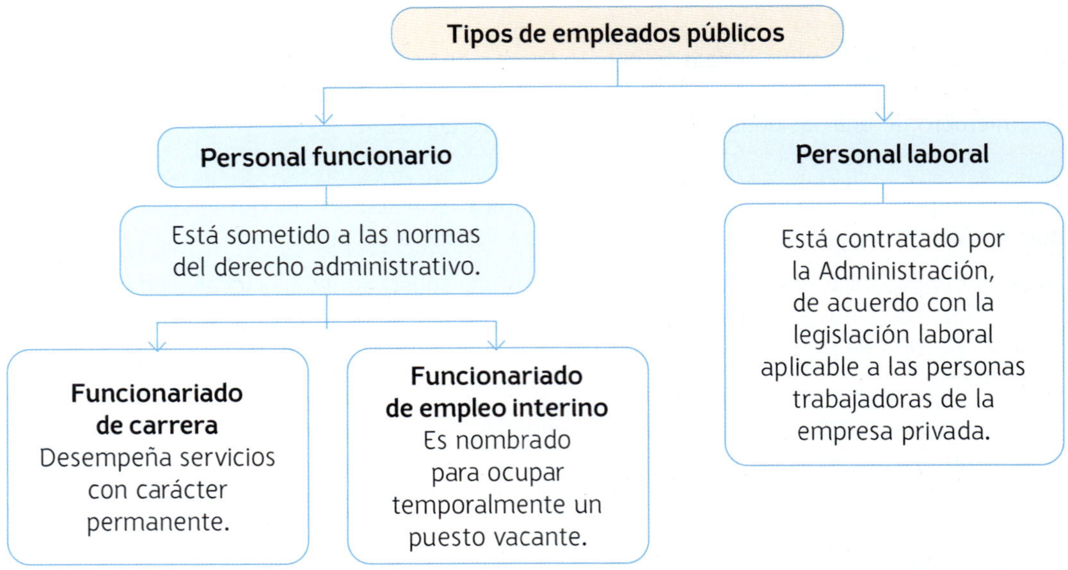

Fig. 11.3. Tipos de empleados públicos.

La Administración pública selecciona su personal, ya sea funcionario o laboral, mediante convocatoria pública a través de sistemas en los que se garanticen los principios de igualdad, mérito y capacidad, así como el de publicidad.

Puedes investigar si se ofertan puestos de trabajo vinculados a tu perfil profesional y cuáles son los requisitos exigidos en las siguientes páginas web:

- **www.sistemanacionalempleo.es**
- **https://administracion.gob.es**

ACTIVIDADES

5. Buscad las ofertas de empleo que estén relacionadas con los estudios que estáis realizando. Organizad grupos de tres estudiantes, cada uno de los cuales investigará uno de los portales especializados en trabajo: Infoempleo, Infojobs, Jobandtalent, Laboris, LinkedIn, PrimerEmpleo.com, Quiero empleo, Portalparados, SEPE, etc.

Identificad los puestos de trabajo que se demandan, los perfiles profesionales de los puestos, y las localidades, provincias y comunidades autónomas en las que se localizan.

Una vez finalizada la tarea de investigación, haced una puesta en común y elaborad un documento consensuado con las conclusiones.

6. Indaga si se ofertan empleos vinculados a tu perfil profesional en alguna Administración pública. Puedes acceder al buscador de empleo público en la página web **https://administracion.gob.es** > *Empleo público y ayudas.*

También se pueden conocer todas convocatorias de empleo público en las diferentes Administraciones públicas en las páginas web de centros de formación; por ejemplo: **https://www.opositor.com.**

Localiza las convocatorias relacionadas con tu perfil profesional e investiga qué requisitos generales se deben cumplir para participar en las pruebas selectivas con el título de Técnico Superior en… (los estudios que estás realizando).

Accede, en esa misma página, a *Suscripciones de empleo público,* suscríbete y recibe en la *app* del móvil o en el correo electrónico las nuevas convocatorias, notificaciones sobre ayudas, subvenciones, becas y premios, etc.

@ WEB

https://administracion.gob.es

administracion.gob.es
punto de acceso general

En este portal se puede obtener información sobre la oferta de empleo público de la Administración General del Estado y encontrar enlaces a las Administraciones autonómicas y locales.

! IMPORTANTE

Teléfono 060

Este número ofrece información administrativa general sobre los servicios públicos y los trámites de la Administración General del Estado.

Informan sobre empleo público, ayudas económicas, subvenciones, becas y premios, la localización de órganos de todas las Administraciones públicas o el acceso a servicios telefónicos de ministerios y organismos públicos, etc.

6. Formación permanente

> Un pilar básico de la carrera profesional es la **formación permanente o *lifelong learning*,** que te permitirá adquirir nuevos conocimientos y habilidades para ser **más competente** en el ámbito laboral y, también, en el desarrollo personal.

A lo largo de la vida laboral, se pueden presentar múltiples cambios de trabajo que requerirán la adquisición de **nuevas competencias** profesionales, la mejora de la empleabilidad y el aumento de la confianza de las personas trabajadoras en sí mismas.

6.1. Formación profesional para el empleo

La formación profesional para el empleo es uno de los dos subsistemas de formación profesional existentes en España. Tiene por objeto la **cualificación de las personas trabajadoras** desempleadas y ocupadas para mejorar su capacitación profesional y su desarrollo personal, proporcionándoles los conocimientos y las **prácticas** adecuados a las necesidades de las empresas.

Una parte de esta formación la gestionan los servicios de empleo de las comunidades autónomas, y otra parte, la Fundación Estatal para la Formación en el Empleo (www.fundae.es).

Superando todos los módulos formativos, las competencias adquiridas, que se acreditan mediante **certificados de profesionalidad,** capacitan para el desarrollo de una actividad laboral.

Estos certificados son expedidos por el SEPE y los órganos competentes de las comunidades autónomas, y tienen carácter oficial y validez en todo el territorio español.

6.2. Acceso a la universidad desde los ciclos de Grado Superior

Los estudiantes que hayan superado los ciclos formativos de Grado Superior tienen la posibilidad de cursar estudios universitarios. Existe un acceso preferente a ciertas ramas de conocimiento si el Grado Superior guarda relación con ellas (Fig. 11.4).

Quienes posean un título de técnico superior **pueden acceder, sin necesidad de realizar prueba** alguna, a las enseñanzas universitarias oficiales de grado; en este caso, solo se considera la nota media del ciclo formativo. Sin embargo, si lo desean, **tienen la posibilidad de presentarse a la fase específica** para mejorar la nota de admisión: el estudiante puede realizar un máximo de cuatro ejercicios, a su elección, cuyo contenido será el establecido para el currículo de las materias de modalidad de 2.º de Bachillerato; en este otro caso, a la nota media del ciclo se le suman las calificaciones de un máximo de dos ejercicios superados.

La nota de admisión se calcula de la siguiente manera:

Nota de admisión = NMC + a x M1 + b x M2

Donde:

- **NMC** es la nota media del ciclo formativo de Grado Superior.
- **M1** y **M2** son las calificaciones de los dos ejercicios de la fase específica superados (con una calificación superior o igual a 5) que otorguen al estudiante una nota de admisión más alta.
- **a** y **b** son los parámetros de ponderación de los ejercicios de la fase específica.

Dichos parámetros tienen un valor comprendido entre 0,1 y 0,2, otorgado por las universidades. La nota máxima de admisión es un 14.

Puedes obtener más información sobre el acceso a la universidad en **www.todofp.es** > *Sobre FP* > *Información General* > *El acceso a la universidad desde la FP.*

ACTIVIDADES

7. Investiga cuáles son los los estudios universitarios a los que puedes acceder y los parámetros de ponderación de las notas de admisión en la universidad en la que te gustaría estudiar. Puedes consultar el siguiente enlace: **https://bit.ly/39TX6Z4**.

@ WEB

Fundación Estatal para la Formación y el Empleo (www.fundae.es)

Fundación Estatal
PARA LA FORMACIÓN EN EL EMPLEO

Esta fundación tiene como misión contribuir a que las empresas y las personas trabajadoras puedan mejorar las competencias que les preparen para los cambios del mercado laboral y favorecer el acceso a una formación gratuita y de calidad para todas las personas trabajadoras (en activo y desempleadas).

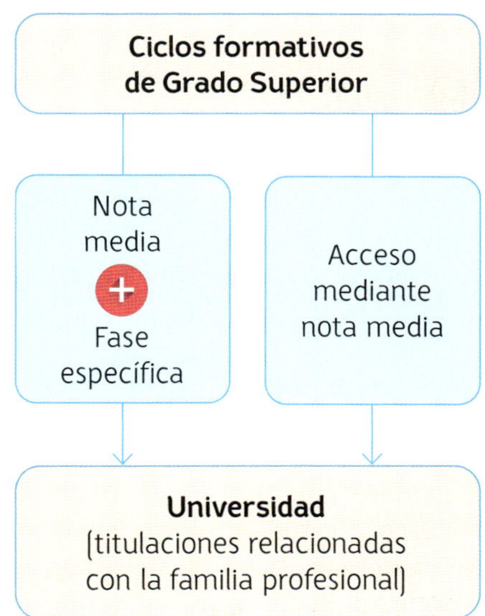

Fig. 11.4. Acceso a la universidad desde los ciclos formativos de Grado Superior.

> *Si piensas que la formación es cara, prueba con la ignorancia.*
>
> BENJAMIN FRANKLIN

7. Oportunidades de empleo y aprendizaje en Europa

Con el fin de facilitar el movimiento de personas trabajadoras y estudiantes en Europa se han creado los sistemas **Europass, Ploteus y Eures.**

7.1. Europass

Para evitar las confusiones que se producen en la selección de personas trabajadoras y estudiantes que desean desplazarse por la Unión Europea (las titulaciones y la formación difieren sustancialmente entre los diversos Estados miembros de la Unión), se ha creado el sistema Europass.

> El objetivo de Europass es ayudar a la ciudadanía europea a **presentar la información académica, laboral y personal** de manera sencilla y fácilmente comprensible en toda Europa.

El sistema ofrece herramientas gratuitas de apoyo *on-line* a estudiantes, personas trabajadoras y solicitantes de empleo de la Unión Europea (Tabla 11.6).

Perfil Europass	Ayuda a describir las propias capacidades, encontrar trabajo, buscar oportunidades de aprendizaje y elaborar CV y cartas de presentación.
Editor de CV Europass	Sirve para crear y actualizar el CV, facilita diferentes plantillas y conserva el documento confeccionado en un dispositivo o en la biblioteca Europass.
Editor de cartas de presentación	Ofrece unas plantillas, visualmente atractivas y profesionales, que permiten crear cartas de presentación, gracias al editor.
Suplemento Europass de certificados	Proporciona información para comprender los conocimientos y capacidades adquiridos en la formación profesional.
Documento de movilidad Europass	Permite llevar un inventario sencillo y fácilmente comprensible de las capacidades adquiridas en otros países.
***Curriculum vitae* Europass**	Presenta las capacidades y cualificaciones personales de modo que puedan ser comprendidas en todos los países de la Unión Europea.

Tabla 11.6. Principales documentos del Europass.

7.2. Ploteus

Ploteus (Portal on Learning Opportunities Throughout the European Space) es el portal **https://bit.ly/37AHgjs** sobre oportunidades de aprendizaje en todo el espacio europeo. Tiene como objetivo ayudar a estudiantes, personas que buscan empleo, personas trabajadoras, progenitores, orientadores y profesorado a encontrar información sobre **cómo estudiar en Europa.**

Ploteus ofrece contenidos en diferentes idiomas sobre estos aspectos:

a) Oportunidades de aprendizaje y posibilidades de formación en Europa.

b) Descripciones y explicaciones de los sistemas educativos europeos.

c) Programas de intercambio y becas disponibles en los países de la Unión.

d) Lo que se necesita saber para vivir en otro país europeo: coste de la vida, gastos de educación, forma de encontrar alojamiento, marco legal, etc.

ACTIVIDADES

8. Si has pensado seguir formándote en la Unión Europea, puedes buscar programas de intercambio y ayudas mediante Ploteus. Este portal ha sido creado para ofrecer información centralizada sobre las oportunidades de aprendizaje que existen en la UE y orientar sobre los lugares en los que se pueden realizar cursos de formación. Haz una lista de las ofertas que encuentres y ordénalas en función del interés que te susciten.

@ WEB

Pasaporte de lenguas Europass

Está integrado en la sección del perfil Europass denominada «Competencias de idiomas». Te permite hacer una **autoevaluación de tus competencias lingüísticas** basada en el *Marco Común Europeo de Referencia para las Lenguas* y compartir el resultado con empresas o centros de enseñanza cuando lo necesites. El pasaporte también contiene información sobre las titulaciones de carácter lingüístico obtenidas.

https://europa.eu/europass/es/what-happened-europass-language-passport

@ WEB

***Curriculum vitae* Europass**

En la siguiente página web **https://bit.ly/2IjLhAh** tienes acceso a un **editor *on-line*** que permite realizar un CV cronológico (estudios, experiencia, competencias lingüísticas y personales). Si creas un perfil, solo tendrás que ir actualizando los datos.

? ¿SABÍAS QUE...?

En la ruta **www.todofp.es** > *Sobre FP* > *Información general* > *Formación profesional en Europa* encontrarás información sobre todo lo que necesitas saber acerca de las posibilidades existentes para **estudiar en Europa.**

7.3. Eures, portal europeo de la movilidad profesional

Eures es una red de cooperación entre la Comisión Europea, los servicios públicos de empleo europeos de los Estados miembros del Espacio Económico Europeo (EEE) (los países de la UE más Noruega, Islandia, Liechtenstein y Suiza) y otras organizaciones asociadas.

> El propósito de **Eures** (Fig. 11.5) es proporcionar **servicios de búsqueda de empleo** a las personas trabajadoras y las empresas, así como a cualquiera que desee beneficiarse de la libre circulación.

Fig. 11.5. Anagrama del portal europeo Eures.

El portal Eures (**https://bit.ly/3lK5dKl**) posibilita las siguientes acciones:

a) Acceder a vacantes de empleo actualizadas en tiempo real, seleccionando «Búsqueda de empleo», en 31 países europeos.

b) Registrarse gratuitamente como demandante de empleo en *Mi Eures*, crear el propio *curriculum vitae* y ponerlo a disposición de las empresas registradas y del Consejo de Eures, que ayudan a las empresas a seleccionar las candidaturas adecuadas.

c) Encontrar información sobre la situación laboral y las condiciones de vida y de trabajo en la sección *Vida y trabajo.*

d) Asesorarse de forma personalizada, puesto que Eures ofrece una red de consejeros que suministran la información requerida por las personas que solicitan empleo y las empresas mediante un contacto personal. El consejero o la consejera local se encuentra en *Consejeros Eures.*

PONTE A PRUEBA 2. Perfil, *curriculum vitae* y carta de presentación Europass

Accede a la página web **https://bit.ly/36Llieg** y realiza el trabajo siguiente:

a) **Crea tu perfil Europass.** Mantenlo y siempre tendrás a mano toda la información necesaria para actualizar con rapidez el CV y las candidaturas de empleo.

b) **Confecciona tu *curriculum vitae on-line.*** Puedes partir de cero o actualizar uno que tengas e importarlo utilizando una plantilla Europass.

c) **Elabora una carta de presentación.** Puedes crear una nueva o actualizar una anterior e importarla a Europass.

Para resolver esta tarea, puedes seguir estos pasos:

- Conéctate a Europass y completa el formulario de información personal.
- Rellena los formularios de experiencia laboral, educación y formación.
- Detalla tus competencias personales (idiomas, competencias digitales, etc.).
- Si quieres, puedes poner una fotografía, pero tiene que ser de buena calidad.
- Elige el modelo de CV y descárgalo en PDF.

PIENSA Y RESUELVE

9. La marca personal o *personal branding* es un concepto que consiste en considerarse uno mismo como una marca que debe ser construida y transmitida con ánimo de diferenciarse y tener éxito en las relaciones sociales y profesionales. Una de las herramientas que se utilizan para crear esta marca son las **tarjetas de visita digitales,** que se pueden confeccionar con cualquier aplicación gratuita.

Para alimentar la marca personal, también hay que prestar especial atención a las **redes sociales.** Los departamentos de recursos humanos de las empresas suelen revisar los perfiles de los candidatos y las candidatas en las redes sociales y, como esa es la primera imagen que van a tener de tu marca, ha de ser muy positiva.

- Comienza a construir tu marca personal creando una tarjeta de visita digital; para ello, puedes utilizar **about.me** (una página en la que se añaden textos y enlaces sobre una imagen grande personalizada).
- Crea o revisa tus redes sociales y profesionales, pon especial atención al nombre por el que quieres que te encuentren, la fotografía del perfil, la biografía, el fondo, los ajustes de privacidad, los intereses, las relaciones, el nivel de actividad y la conexión entre los distintos perfiles que hayas creado.

En ellos debes ofrecer una imagen profesional que destaque por su originalidad, para que te favorezca en la búsqueda de empleo.

ACTIVIDADES DE SÍNTESIS

1. La búsqueda de empleo es un proceso que atraviesa varias fases: se inicia con la realización de un autoanálisis y finaliza con la contratación.

Elabora un gráfico en el cuaderno para explicar cómo se puede planificar una carrera profesional.

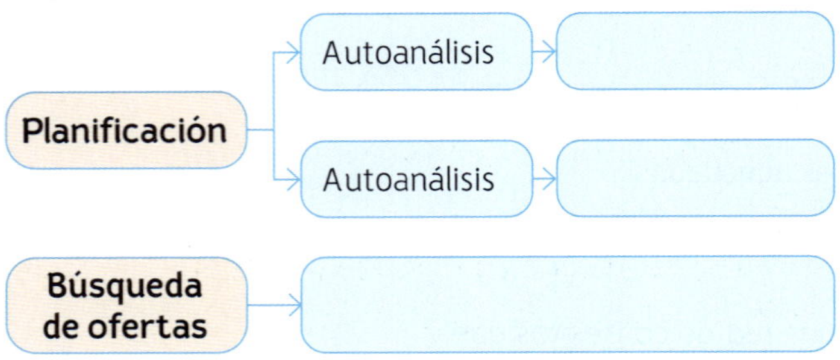

2. Después de realizar un autoanálisis personal y profesional, comenzarás a crear tu marca personal:

a) ¿Qué pasos tienes que seguir para hacerlo?

b) ¿Qué redes sociales tienes que utilizar?

c) ¿Cuáles son las claves para realizar *networking* en la búsqueda de empleo?

3. Para encontrar trabajo debes informarte, en primer lugar, acerca de las personas, las empresas y las instituciones a las que tienes que dirigirte.

Haz una relación de los canales que puedes emplear y señala los dos que consideres más interesantes.

4. La creación de una empresa debe atravesar varias fases, una de las cuales consiste en diseñar un buen plan de negocio. Indica en el cuaderno qué contenido debe presentar dicho plan.

5. Señala los portales que has de explorar para buscar empleo en Europa. Indica, a continuación, qué es el *curriculum vitae* Europass y para qué se utiliza.

INVESTIGACIÓN

Palabras clave para la búsqueda de información: *competencias, SEPE, portal de empleo, empleo público, vigilancia competitiva, crédito para emprendedores.*

6. Hay muchas aplicaciones para buscar trabajo gratuitamente desde tu *smartphone*. Te proponemos visualizar el siguiente vídeo: *Uso del* smartphone *para buscar empleo*; después, debes hacer una relación de las ideas que te parezcan más interesantes.

La ruta de acceso es esta: **https://bit.ly/39HBDmi** > *Orientación > Vídeos de orientación > Cómo usar el móvil para buscar trabajo.*

7. Después de visualizar el vídeo de la actividad anterior habrás podido comprobar que tu móvil es una buena herramienta para buscar empleo. Existen muchas aplicaciones gratuitas para gestionar el proceso; las más utilizadas son LinkedIn, Infojobs, Job Today y Jobandtalent, entre otras, pero también hay metabuscadores menos conocidos, como Indeed.

Descarga, al menos, dos de estas aplicaciones, date de alta y comienza a utilizarlas para buscar trabajo relacionado con tu especialidad.

8. Para conocer tu nivel de competencias, existen cuestionarios que te proporcionarán información muy práctica. En el siguiente enlace **https://bit.ly/2JLcfAV** puedes cumplimentar algunos relacionados con las siguientes: aprender a aprender, autonomía e iniciativa, habilidades de comunicación y tratamiento de la información y competencia digital; al final, puedes analizar los resultados.

9. Accede al portal **https://bit.ly/3qrhTZR** y realiza el test propuesto para conocer la oferta de empleo privado y público de la localidad en la que resides.

10. Puedes buscar trabajo en los siguientes portales: Servicio Público de Empleo Estatal (SEPE: **www.sepe.es**), Empléate (**www.empleate.gob.es**) y Sistema Nacional de Empleo (**www.sistemanacionalempleo.es**).

a) Explora ofertas de empleo relacionadas con los estudios que realizas en la localidad en la que resides, en tu comunidad autónoma y en todo el Estado.

b) Haz una relación de los perfiles más demandados en relación con los estudios que estás cursando en la actualidad.

Otra opción para conseguir empleo consiste en trabajar como empleado público. Accede a la web del Sistema Nacional de Empleo (**www.sistemanacionalempleo.es** > *Ofertas de empleo público*) y, a continuación, investiga si hay ofertas de empleo público relacionadas con tu perfil profesional.

11. Puede que tengas la ilusión de crear una empresa; una de las principales dificultades para llevarlo a cabo radica en encontrar financiación y ayudas. Supongamos que tienes una idea de negocio y que estás buscando aportaciones económicas.

Accede a la página web del Instituto de Crédito Oficial (ICO) e investiga las líneas de crédito disponibles para personas emprendedoras; después, responde a las siguientes preguntas:

a) ¿Quién puede solicitar un crédito ICO?

b) ¿Dónde se puede hacer?

TEST DE REPASO

1. Son competencias profesionales...

a) La empatía.
b) Las destrezas y habilidades.
c) La iniciativa y el liderazgo.
d) La seguridad en uno mismo.

2. Las competencias personales...

a) Son los conocimientos y las destrezas.
b) Son válidas para un puesto de trabajo concreto.
c) Sirven para cualquier puesto.
d) Son las habilidades técnicas.

3. La realización del autoanálisis te ayudará a...

a) Detectar puntos débiles y fuertes del currículum.
b) Descubrir lagunas en tu formación.
c) Preparar la entrevista de trabajo.
d) Todas las respuestas son ciertas.

4. El plan de empresa es...

a) El documento en el que se plasma el proyecto empresarial.
b) La idea que tenemos para crear una empresa.
c) El documento que refleja la previsión de la evolución de una empresa.
d) Todas las respuestas son ciertas.

5. El *networking* no consiste en...

a) Establecer relaciones con personas que pueden ayudarte a buscar empleo.
b) Contactar con personas conocidas y desconocidas para establecer relaciones personales.
c) Conectar con personas desconocidas que nos pueden ayudar a buscar empleo.
d) Establecer relaciones profesionales a través de las redes sociales.

6. Para hacer *networking*, la red más adecuada es...

a) Facebook.
b) Twitter.
c) LinkedIn.
d) Instagram.

7. A través del portal del Sistema Nacional de Empleo, puedes acceder a...

a) Las ofertas de empleo de las empresas privadas.
b) Las ofertas de empleo público.
c) Las ofertas de empleo en Europa.
d) Todas las respuestas son ciertas.

8. La formación profesional para el empleo acredita las competencias adquiridas mediante...

a) El reconocimiento de la experiencia laboral.
b) Certificados de profesionalidad.
c) Títulos equivalentes a los ciclos formativos.
d) Ninguna respuesta es cierta.

9. Los certificados de profesionalidad tienen validez en...

a) Una empresa.
b) Una provincia.
c) Una comunidad autónoma.
d) Todo el territorio nacional.

10. No es una clasificación de los empleados públicos...

a) Funcionarios de carrera.
b) Funcionarios interinos.
c) Personal laboral.
d) Funcionarios laborales.

11. ¿Se puede acceder a la universidad desde los ciclos formativos?

a) No, en ningún caso.
b) Preferentemente, a los grados relacionados con los estudios de FP realizados.
c) Sí, realizando obligatoriamente una prueba específica.
d) Hay que realizar la EvAU.

12. El *curriculum vitae* Europass...

a) Es un modelo de currículum que se adapta a cada Estado europeo.
b) Es un currículum que permite moverse por la Unión Europea.
c) Es un modelo de currículum único para toda la UE.
d) Permite convalidar titulaciones de los estados de la UE.

13. Mediante Eures, puedes...

a) Registrarte como demandante de empleo en la UE.
b) Acceder a consejeros de empleo.
c) Asesorarte sobre la vida en los Estados miembros de la UE.
d) Todas las respuestas son verdaderas.

14. Mediante Ploteus, no puedes...

a) Informarte sobre las posibilidades de formación en Europa.
b) Crear un *curriculum vitae* europeo.
c) Recibir información sobre becas en los países europeos.
d) Informarte sobre los sistemas educativos europeos.

COMPRUEBA TU APRENDIZAJE

1. Busca el decreto por el que se establece el título del ciclo formativo que estás cursando y realiza el siguiente trabajo:

   a) Localiza el artículo en el que se determinan las competencias profesionales, personales y sociales del título.

   b) Haz una relación de las competencias que crees que alcanzarás al finalizar tus estudios y que te aportarán un nivel suficiente para afrontar un empleo en el sector. El análisis de dichas competencias te aportará una idea de cuáles son tus fortalezas.

   c) Elabora una relación de las competencias en las que te sientes más inseguro o insegura. Considera que están relacionadas con tus debilidades y te ofrecerán una idea de los aspectos de tu formación que debes mejorar.

2. Existen en la actualidad varios canales por los que circulan las ofertas de trabajo: los portales de empleo, las bolsas de trabajo, las empresas de selección, las redes sociales, etc. Cada uno de ellos tiene sus propias características y especificidades. Vale la pena conocerlas muy bien e identificar aquellos que resultan más adecuados para realizar una búsqueda más eficiente y eficaz.

   En la web **https://bit.ly/39HBDmi** > *Orientación* > *Herramientas* > *Canales de búsqueda,* encontrarás un vídeo explicativo sobre cómo buscar empleo en Internet.

   Visualiza este vídeo y realiza un extracto de los consejos fundamentales para buscar trabajo según las características de tu formación.

   En la misma página aparecen enlaces de interés clasificados por profesiones. Explora los que consideres más interesantes, apúntate en los portales de empleo e investiga las ofertas de trabajo.

3. En el blog **https://bit.ly/2Jwdl3W** te facilitan recomendaciones y trucos para la búsqueda de empleo e información sobre las mejores páginas para buscarlo y encontrarlo.

   Lee los consejos y navega por las páginas web y las aplicaciones para investigar los puestos más demandados en relación con tu perfil profesional.

4. Debes comenzar a desarrollar tu marca personal; para ello, realiza las actividades siguientes:

   a) Elabora una lista de amistades, conocidos, familiares, compañeros y compañeras de estudios y trabajo que te pueden ayudar a conseguir empleo, y contacta con ellos.

   b) Comunica a las personas de tu entorno (familiares, amigos, vecinos, conocidos, etc.) que estás buscando trabajo y qué características debe presentar.

   c) Si aún no lo tienes, crea un perfil en las redes sociales generalistas que más te interesen. Twitter y Facebook son las más dinámicas y cuentan con secciones específicas para que las personas dadas de alta puedan buscar y recibir ofertas de empleo.

   d) Revisa toda la información que exista sobre ti en las redes, ya que ciertos contenidos privados, como fotografías o comentarios inadecuados, pueden ser contraproducentes.

   e) No permitas que te etiqueten sin tu permiso. Analiza críticamente todas tus amistades y las fotografías en que te hayan etiquetado, y si crees que alguna te puede perjudicar, pide que la eliminen.

5. Supongamos que has obtenido el título de técnico superior y estás interesado o interesada en cursar un grado universitario de acceso preferente para la familia profesional de Administración. La nota media del ciclo ha sido 8,25, pero te presentaste a las pruebas específicas para subir la nota de admisión, y conseguiste estos resultados.

   - Calificaciones de la fase específica: 7,40 y 8,30.
   - Parámetros de ponderación: 0,2 y 0,1.

   Calcula la nota de admisión.

6. Los periodos de prácticas en el extranjero incrementan las posibilidades de empleo y pueden facilitar la transición al mundo laboral. Los estudiantes de Formación Profesional pueden realizar la Formación en Centros de Trabajo (FCT) en cualquier país de la Unión Europea.

   Puedes informarte en Movilidad de las personas por motivos de aprendizaje KA1, en la siguiente ruta: **www.todofp.es** > *Sobre FP* > *Información general* > *Formación profesional en Europa.*

   a) Investiga dónde puedes realizar la FCT en el extranjero.

   b) Indaga cuáles son las condiciones que tienes que cumplir.

   c) Indica cuánto pueden durar las prácticas.

7. Es importante mantener una actitud abierta ante la formación permanente por diferentes razones: ampliar la cualificación, actualizar conocimientos, ascender en el trabajo, cambiar de profesión, etc.

   Mediante el buscador de la página web de la Fundación Estatal para la Formación en el Empleo: **www.fundae.es** > *Trabajadores,* puedes encontrar los cursos gratuitos que están disponibles en este momento dirigidos a jóvenes menores de 30 años.

   Localiza aquellos que te puedan interesar para mejorar tu formación y anota sus características básicas:

   - Nombre y programa.
   - Lugar donde se imparte.
   - Titulación o certificación necesarias.
   - ¿Para qué lo quiero utilizar?
   - ¿Está al alcance de mi mano?
   - ¿Me permite compatibilizar el trabajo y la vida personal?

   Si has pensado en seguir formándote en la Unión Europea, puedes buscar programas de intercambio y ayudas mediante Ploteus en el siguiente enlace: **https://bit.ly/2JXxTSB**.

8. La plataforma EURES (*European Employment Services*, Portal europeo de la movilidad laboral de EURES) ayuda a las personas que solicitan empleo a salir al extranjero para buscar trabajo en Europa, poniendo a su disposición toda la información relacionada con las ofertas de empleo, procesos de selección e información de los diferentes países europeos, así como la información para conocer las ofertas y convocatorias vigentes.

a) Selecciona el país que desees, elabora una lista de las ofertas que encuentres y ordénalas en función del interés que te susciten.

b) Investiga la información sobre las condiciones de vida y de trabajo, tales como la manera de encontrar alojamiento y colegio, los impuestos, el coste de la vida, la salud, la legislación social, la comparación de las cualificaciones, etcétera, del país seleccionado.

9. Quizá te esté rondando la idea de montar tu propio negocio, pero primero debes reflexionar sobre estos aspectos:

a) ¿Cuánto dinero necesitas para comenzar?

b) ¿Cómo puedes conseguirlo?

c) ¿Puedes emprenderlo tú solo o necesitas algún socio o alguna socia?

d) ¿Necesitasun local? ¿Cuál sería la ubicación idónea?

e) ¿Puedes realizar ventas a través de Internet?

10. Imagina que deseas realizar otro ciclo formativo mediante la modalidad dual o a distancia. Infórmate en el siguiente enlace: **https://bit.ly/3mxGYQC** y responde:

a) ¿En qué localidades podrías cursar el ciclo formativo que has elegido?

b) ¿Existe alguna posibilidad de realizarlo a distancia?

11. Una forma de crear tu propia empresa es hacerlo mediante una franquicia. En Internet puedes encontrar múltiples páginas que ofrecen información sobre franquiciadores; por ejemplo, la de la Asociación Española de Franquiciadores. Accede a alguna de estas web y realiza el siguiente trabajo:

a) Selecciona las franquicias que estén más relacionadas con tu perfil profesional.

b) Enumera los requisitos que exige el franquiciador.

c) Calcula cuál sería el coste de la franquicia seleccionada.

- Escribe dos ideas de esta unidad que tengas claras y que te parezcan fundamentales. ¿Qué te ayudó a comprenderlas?
- Formula dos preguntas sobre aspectos de la unidad que no hayas entendido totalmente.
- Escribe dos aspectos de esta unidad sobre los que te gustaría profundizar.

DE CAMINO AL MUNDO LABORAL

De cara al futuro, piensa cuáles son los objetivos profesionales que te gustaría alcanzar, qué formación necesitarías para conseguirlos y en qué plazo podrías hacerlo.

Objetivos

- Aprender estrategias para mejorar la empleabilidad.
- Usar las redes para la búsqueda activa de empleo.
- Conocer en qué universidades puedes seguir estudiando.

Tareas

1. Conoce la herramienta de la página www.ipyme.org.

Utiliza el análisis DAFO para realizar tu propio estudio interno (fortalezas y debilidades) y externo (amenazas y oportunidades), como si fueras un producto o una marca.

2. Las empresas de trabajo temporal (ETT) pueden servir de puerta de entrada a un empleo.

Elige una página de las que se citan y date de alta, registra tu currículum y comienza a buscar trabajo:

- Adecco (**www.adecco.es**).
- Randstad (**www.randstad.es**).
- Manpower (**www.manpower.es**).

Haz una relación con las ofertas que encuentres relacionadas con tu formación.

3. Las redes sociales y las aplicaciones son recursos fundamentales para buscar empleo.

En el blog **https://bit.ly/3lOAHif** se dan recomendaciones para crear una marca personal. Aplica las recomendaciones que resulten interesantes a tu perfil profesional y a tus redes.

4. En la ruta www.ipyme.org > *Financiación y en www.emprendedores,es > Ayudas*, encontrarás un directorio de instituciones y empresas que prestan apoyo para el emprendimiento.

a) Investiga en las páginas web de los organismos públicos y en aquellas que están relacionadas con tu idea de negocio qué tipos de ayudas se ofrecen.

b) Haz una relación de las ayudas y subvenciones a las que crees que podrías optar.

5. Quizás estés pensando continuar estudiando una carrera universitaria.

La aplicación QEDU sirve de apoyo a las personas que quieren acceder a las universidades españolas.

Sigue la ruta **www.educacion.gob.es** > *Inicio* > *Educación* > *Universidades* > *Qué estudiar y dónde* e infórmate sobre la facultad que te interesa, la oferta de plazas, la nota de corte del año anterior y el precio de cada crédito.

- **https://bit.ly/39VdeYJ**

12 UNIDAD

Selección de personal

ESTUDIARÁS

- El proceso de búsqueda de empleo en pequeñas, medianas y grandes empresas.
- Las técnicas e instrumentos de búsqueda de empleo.

Y SERÁS CAPAZ DE

- Seleccionar oportunidades de empleo, identificando las diferentes posibilidades de inserción y las alternativas de aprendizaje a lo largo de la vida.

Un poco de conocimiento que actúa es mucho más valioso que tener conocimiento y no actuar.

KHALIL GIBRAN

Los conocimientos siempre constituyen el factor más importante para encontrar trabajo; sin embargo, tus actos son los que te llevarán a conseguir esta meta, pues, si los conocimientos no van de la mano de las acciones necesarias, no permiten lograr los objetivos propuestos.

¿Por dónde empezarías, si tuvieras que preparar un plan para la búsqueda de empleo? ¿Consideras importante redactar una buena carta de presentación que complemente el currículum?

- ¿Has presentado alguna vez tu *curriculum vitae* para un proceso de selección?
- ¿En alguna ocasión has realizado una entrevista para conseguir un puesto de trabajo?
- ¿Sabes que las entrevistas de trabajo se pueden preparar?

1. La carta de presentación

La **carta de presentación** es el escrito que se envía junto con el currículum. Una carta correctamente elaborada puede fortalecerlo y, además, contribuir a diferenciarte del resto de las personas candidatas.

Es aconsejable evitar los modelos de cartas estándar; estas **deben ser personalizadas** y estar concebidas específicamente para cada empresa y para cada trabajo al que se opte. Con el fin de actuar de forma rápida, se recomienda tener preparados varios borradores de cartas y de currículums; así, con pequeños cambios, pueden ser utilizados en diferentes situaciones como si fueran documentos específicos.

1.1. Estructura de la carta de presentación

No existen unas normas rígidas para la elaboración de una carta de presentación; se trata de un ejercicio personal que admite múltiples variantes. No obstante, su ejecución puede seguir las pautas que se indican en la Tabla 12.1.

Primer párrafo	Se concreta la razón por la que se escribe, indicando el puesto o el tipo de trabajo que se desea conseguir. Se puede hacer referencia a la fuente por la que se conoce la existencia de la vacante o la razón por la que se envía el *curriculum vitae* espontáneamente.
Segundo párrafo	Se alude al *curriculum vitae* que se adjunta, resaltando los puntos fuertes (formación, competencias, experiencias, logros, etc.) relacionados con el puesto solicitado, para que no pasen desapercibidos en el currículum. Hay que reseñar si se tiene experiencia laboral, o extralaboral, relacionada con el puesto.
Tercer párrafo	Se menciona cómo, dónde y cuándo es posible establecer contacto para mantener una entrevista, ampliar información y contestar a todas las preguntas que se planteen.
Despedida	Se deben evitar las fórmulas demasiado formales, pero también aquellas excesivamente coloquiales. La forma más usual es: *A la espera de sus noticias, le saluda atentamente.*
Anexo	Se citan los documentos que acompañan la carta, normalmente el currículum.

Tabla 12.1. Pautas para redactar una carta de presentación.

1.2. Aspectos importantes en la elaboración de la carta

Para crear una carta de presentación, se han de tener en cuenta estas consideraciones:

- **Se dirige a una persona concreta.** Si no se conoce su nombre, se debe enviar a la dirección de recursos humanos o al departamento de selección de personal.
- **Se emplea un tipo de letra clásico.** Si el texto es demasiado corto, se tienen que ajustar el interlineado, los márgenes y el tipo y tamaño de la letra, para no ofrecer una impresión de brevedad.
- **Se utiliza la asertividad.** Se han de usar frases que aúnen la sinceridad con la capacidad de aprender; por ejemplo, «Aunque no he trabajado con ese programa, puedo aprender rápido, porque ya conozco otros semejantes».
- **Se especifica claramente el puesto que se solicita.** El departamento de selección tiene que estar seguro del destino de la solicitud.
- **Se emplea un trato respetuoso.** Nadie ha perdido un puesto de trabajo por ser demasiado considerado, pero sí por tomarse demasiadas confianzas.
- **Se pueden incluir referencias e informes.** Es posible hacer constar los nombres y los datos de personas a las que los destinatarios de la carta pueden dirigirse para contrastar la información del currículum.

Los informes y las referencias tienen el inconveniente de que la persona cuyo nombre se facilita quizá pueda descalificarnos; este perjuicio se evita indicando al final de la carta o del currículum: «Los informes se facilitarán a petición», es decir, durante la entrevista o después de ella.

CLAVES Y CONSEJOS

Cuida la gramática

Tanto en la carta como en el currículum hay que asegurarse de que no contienen faltas de ortografía ni incorrecciones gramaticales.

El uso del corrector nos puede ser de gran ayuda.

CASO PRÁCTICO 1. Carta de presentación

Presentamos un modelo orientativo de carta de candidatura espontánea (Fig. 12.1).

Carta de presentación. Debe ocupar una página. Hay que cuidar la presentación; si se opta por la entrega en papel, este debe ser de buena calidad y armonizar con el sobre.

María Gómez Fernández
C/ de Julio Romero, 16, 6.° A
39015 Santander
Tels.: 942 42 42 42/646 27 27 27
Correo electrónico: mariagomez@gmail.com

Sr. D. Manuel Pérez García
Director de Recursos Humanos
Gámez y Asociados, S. A.
Av. de la Constitución, 29
39456 Torrelavega

Dirección de correo electrónico. Algunas direcciones de correo electrónico pueden ser simpáticas para los amigos (maripepis@yahoo.com, supercachas@hotmail.com), pero dan una imagen poco seria; debes evitarlas.

Formas de tratamiento. Las cartas deben empezar con fórmulas sencillas: *Señor/Señora.* Nunca se debe comenzar la redacción con un gerundio: *Habiendo conocido…*

Santander, 12 de marzo de 202_

Estimado Sr. / Sra. ....

Recientemente, me he graduado en el centro educativo ...., de Santander, como Técnico Superior en ...., y quiero hacerle llegar mi candidatura para cualquier proceso de selección que inicie su empresa relacionado con un puesto de trabajo acorde a mi perfil académico y profesional.

Durante mi periodo de formación, he realizado prácticas en la empresa ...., en el Departamento de ....

Como podrá comprobar en el currículum que adjunto, también he realizado diferentes cursos que completan mi formación. Además, poseo un nivel B2 de inglés y un A2 de francés.

Si lo considera oportuno, le agradecería que mantuviésemos una entrevista con el fin de ampliar la información que aparece en el currículum, así como todos los aspectos que le susciten interés.

Atentamente le saluda,

María Gómez Fernández

María Gómez Fernández

Firma. Suele incluir unas letras o el nombre completo. Algunas personas hacen solo una rúbrica que no incluye ninguna letra. Firma siempre, no te límites a la rúbrica.

Siglas, abreviaturas y jerga técnica. No las utilices, salvo que tengas la seguridad de que la persona destinataria está muy relacionada con el puesto.

Revisión. Pide ayuda a una persona ajena para que corrija el estilo y te sugiera alternativas.

Fig. 12.1. Modelo de carta de presentación.

2. El *curriculum vitae*

El ***curriculum vitae*, currículum o currículo** es un documento que **refleja los estudios y los méritos personales y profesionales** de una persona, con objeto de conseguir un empleo, presentar un proyecto, solicitar becas o subvenciones, etc.

La persona que redacta su *curriculum vitae* se hace responsable de la **veracidad** de los méritos alegados: en los currículums aparecen méritos objetivos, no valoraciones personales o elogios. No mientas ni inventes, porque probablemente te descubrirán en la entrevista.

No hay que preocuparse por el hecho de que el currículum sea muy escueto; esta circunstancia es normal cuando se han finalizado los estudios y no se posee experiencia laboral. No hay que excederse en la cantidad de información, ya que el seleccionador o seleccionadora puede tener que leer el *curriculum vitae* de muchas personas.

Puesto que no existe un modelo oficial de currículum, conviene ser creativo, destacando los aspectos que puedan resultar más interesantes en cada caso concreto, así como jugar con el orden y la extensión de los contenidos.

2.1. Redacción y presentación del *curriculum vitae*

La elaboración y la redacción cuidadosas del *curriculum vitae* tienen una gran trascendencia, puesto que se trata de la única información de que se dispone, en un proceso de selección, sobre la persona que opta a un puesto de trabajo.

El tiempo medio que emplea un seleccionador en leer un **currículum** es de 30 segundos; por eso, este **debe producir una buena impresión a simple vista**, puesto que en muchas ocasiones, cuando su presentación no es suficientemente atractiva, los currículums son rechazados sin ser leídos. Una buena presentación del historial académico y profesional reflejará que quien lo ha redactado es una persona ordenada que realiza el trabajo con esmero.

En múltiples portales existe la posibilidad de acceder a ofertas de trabajo confeccionando una carta de presentación y un currículum de forma guiada: el candidato o la candidata solo debe rellenar unos campos concretos, por lo que el proceso se agiliza enormemente.

2.2. Formas de estructurar el *curriculum vitae*

Existen diferentes maneras de organizar el *curriculum vitae:*

- **Currículum cronológico.** Se puede ordenar de dos maneras:
  - **Ascendente.** Se presentan los datos de acuerdo con su desarrollo en el tiempo, de los más antiguos a los más recientes.
  - **Descendente.** Se empieza reflejando los datos más recientes y se va retrocediendo hasta los más antiguos. Este modelo se utiliza cuando se pretenden resaltar los méritos más próximos por su relación con el objetivo que se pretende alcanzar.
- **Currículum funcional o temático.** Se distribuye la información por temas, destacando las principales habilidades y competencias, al tiempo que se señalan los logros conseguidos.
- **Currículum mixto o combinado.** Se mezcla la experiencia profesional, los logros académicos, las habilidades y las competencias. Este es el modelo que más se trabaja hoy en día.

CLAVES Y CONSEJOS

Pautas para la elaboración de la carta y el currículum

En la confección del currículum y la carta de presentación se suele emplear el tipo de letra Arial 11 y una interlínea de 1,5 mm. Se pueden combinar distintos tipos, estilos y tamaños de letra, pero no conviene que el texto quede muy recargado.

La originalidad en el diseño se puede valorar, pero hay que tener mucho cuidado para que no resulte excesiva.

¿SABÍAS QUE...?

Aunque la formación es fundamental para aumentar la empleabilidad, hay ocasiones en las que resulta perjudicial: la **sobrecualificación** representa un desajuste entre las competencias de quien opta al puesto y las requeridas para este, lo cual causa, a menudo, que las personas candidatas sean rechazadas.

ACTIVIDADES

1. En múltiples portales de Internet puedes encontrar información sobre cómo elaborar una carta de presentación.

En **www.lanbide.euskadi.eus** > Orientación > Herramientas > Carta de presentación, encontrarás un vídeo con ideas para la carta de presentación.

a) Haz un resumen con las ideas que consideres más interesantes para tus cartas de presentación.

b) Redacta tu carta adaptada a tus circunstancias personales y profesionales para que sirva de acompañamiento a tu *curriculum vitae* en diferentes situaciones.

2.3. Estructura del *curriculum vitae*

Como paso previo a la redacción del currículum se ha de realizar la **selección de los méritos** (Fig. 12.2) que se juzguen más valiosos para el puesto de trabajo al que se opta y, si es posible, conocer de antemano los criterios de selección que utiliza la empresa.

Información personal

Los **datos mínimos** son: nombre y apellidos, domicilio, correo electrónico y teléfonos de contacto.

Experiencia profesional

La relación de puestos de trabajo se estructura por puntos (nunca como un texto seguido).

Se indica el nombre y la actividad de la empresa, el **puesto ocupado**, las funciones desempeñadas y las fechas de comienzo y finalización de la actividad.

Se pueden incluir prácticas, trabajos voluntarios, etc., relacionados con el puesto.

Formación especializada

Los **cursos profesionales y de especialización** que tengan conexión con el trabajo que se solicita.

Las horas o créditos de cada curso de especialización, el centro académico y la fecha de realización.

Formación académica

- Las **titulaciones** oficiales públicas o privadas que se poseen y el centro que las otorga.
- Los **cursos** deben revelar si se ha cursado con becas, bolsas de trabajo, subvenciones, etc.
- Las fechas de inicio y finalización de los estudios; solo se incluyen si se cursaron año por año.
- Las buenas calificaciones obtenidas hay que hacerlas constar.

Competencias personales

- **Competencias lingüísticas:** los niveles de dominio de las lenguas extranjeras se miden por las cuatro capacidades lingüísticas (comprensión escrita, comprensión oral, expresión escrita y expresión oral). El estándar internacional de competencia lingüística es el Marco Común Europeo de Referencia para las lenguas, que establece estos niveles: A1 y A2 (niveles básicos), B1 y B2 (medio-alto) y C1 y C2 (alto-nativo).
- **Competencias comunicativas:** empatía, asertividad, persuasión, negociación, escucha activa, capacidad de resolución de conflictos...
- **Competencias referidas a la organización y la gestión:** liderazgo, trabajo en equipo, gestión de conflictos, trabajo por proyectos...
- **Competencias digitales:** organización digital de información, tratamiento y procesamiento de datos, búsquedas en la red, creación de contenidos digitales...
- **Competencias relacionadas con el empleo:** aquellas que consideremos más adecuadas para el puesto al que aspiramos.

Otros datos de interés

Se incluyen todos aquellos datos que no tienen cabida en ningún apartado anterior y cualquier otro aspecto que se juzgue relevante o que aporte información sobre la personalidad.

Se pueden mencionar cuestiones que no guarden relación directa con el trabajo: carné de conducir, disponibilidad de coche y para viajar, disponibilidad horaria, etc.

Fig. 12.2. Estructura del curriculum vitae.

PONTE A PRUEBA 1

Accede a la página del SEPE, sigue la ruta **www.sepe.es** > Personas > Encontrar trabajo > Orientación profesional > Vídeos de ayuda para la búsqueda de empleo. Visualiza el vídeo que explica qué es un currículum y sus tipos. Después, confecciona tu currículum, por funciones o cronológico, siguiendo las instrucciones recibidas en el vídeo.

Para resolver la tarea, puedes seguir estos pasos:

a) Crea un modelo básico de currículum que sirva de plantilla adaptable a cada oferta de empleo.

b) Relaciona la formación con los requerimientos del puesto al que se opta.

c) Revisa la redacción y la ortografía del currículum.

d) Utiliza un vocabulario fácil de entender.

CASO PRÁCTICO 2. *Curriculum vitae*

Presentamos un modelo de currículum de una persona que ha finalizado recientemente los estudios de Formación Profesional y carece de experiencia (Fig. 12.3).

Curriculum vitae

JAVIER MARTÍNEZ RAMALES

C/ de Tajuña, 17, 6.º H - 40040 Sevilla

943 23 45 67 - 654 45 64 56

martinezramalesjavier@gmail.com

> **Foto.** Es recomendable incluir una foto reciente y que transmita un aspecto formal y profesional. Constituye un recordatorio visual para las personas que hacen las entrevistas a muchos candidatos y candidatas.

Experiencia profesional

Prácticas de administrativo (junio-septiembre de 2021)
Mistral (empresa de trabajo temporal), Sevilla

Formación especializada

2021 Contabilidad Informatizada (60 horas)
Fundae, Sevilla

2019 Comercio Internacional (50 horas)
Cámara de Comercio, Sevilla

Formación académica

2021 Técnico Superior en Administración y Finanzas.
Instituto Velázquez, Sevilla

2019 Bachillerato de Humanidades y Ciencias Sociales
IES Manuel Machado, Sevilla

COMPETENCIAS PERSONALES

Competencias lingüísticas

Inglés: nivel B2. Francés: nivel B1.

Competencias comunicativas

Buenas dotes comunicativas.

Competencias de gestión

Trabajo en equipo.

Competencias relacionadas con el empleo

La formación académica, las prácticas y el nivel B2 de inglés se ajustan al perfil solicitado.

Competencias digitales

Word, Excel, Access, Linux. Nivel experto.

Otros

Carné de conducir: B1. Disponibilidad para viajar.

> **Presentación del currículo.** Es aconsejable elaborar un currículum específico para cada puesto de trabajo al que se aspire. Se puede utilizar uno de base e ir añadiendo pequeñas modificaciones.

> **Firma digital.** La mayoría de currículums se envían por correo electrónico. En estos casos, se recomienda firmar digitalmente el documento con Smallpdf (página web que permite firmar digitalmente), AutoFirma (firma certificada).

Fig. 12.3. Modelo de curriculum vitae.

2.4. Videocurrículum

Existen diversos tipos de videocurrículum, como, por ejemplo, creativos, originales, tecnológicos, musicales, etc. Se trata de una grabación en vídeo de dos o tres minutos en la que el aspirante da a conocer su formación y su trayectoria profesional.

Mediante este tipo de formato, se pueden evaluar las dotes verbales, el dominio de los idiomas, la presencia física, los gestos y, al mismo tiempo, los conocimientos y la experiencia de la persona interesada. Quienes tengan un blog pueden colgar el videocurrículum en él.

En la realización del vídeo hay que tener mucho cuidado: **un vídeo de mala calidad perjudicará al candidato.** Es fundamental saber comportarse al crearlo, ya que la imagen, el lenguaje no verbal o cualquier desliz pueden cerrar la puerta a posibles empleos. Deben cuidarse la expresión, los gestos, la presencia y también el entorno (evitar una voz muy baja o chillona, no vestir de forma inapropiada, no emplear una gesticulación excesiva, cuidar el decorado, etc.).

IMPORTANTE

Palabras clave *(keywords)*

Cuando se realiza una solicitud de empleo por Internet, se utilizan palabras clave para cada oferta de trabajo, que van a conformar los criterios de los motores de búsqueda de las bases de datos de currículums recibidos o almacenados.

Por ejemplo, palabras relacionadas con la formación, la experiencia, las competencias, los idiomas, etc.

2.5. Realización del currículum mediante infografías

Actualmente se están utilizando **infografías** para elaborar currículums. Esta es una herramienta que permite mostrar la información a través de imágenes, dibujos, textos y gráficos. Al realizar el currículo con infografías puedes conseguir una **imagen profesional diferente** y que destaque sobre los demás.

Para convertir tu *curriculum vitae* en una infografía debes tener recopilados todos los datos que quieres que aparezcan y, después, pensar en el mejor modo de ordenarlos y representarlos en este formato de currículum. Un ejemplo de infografía consiste en ofrecer la formación con una línea del tiempo (Fig. 12.4).

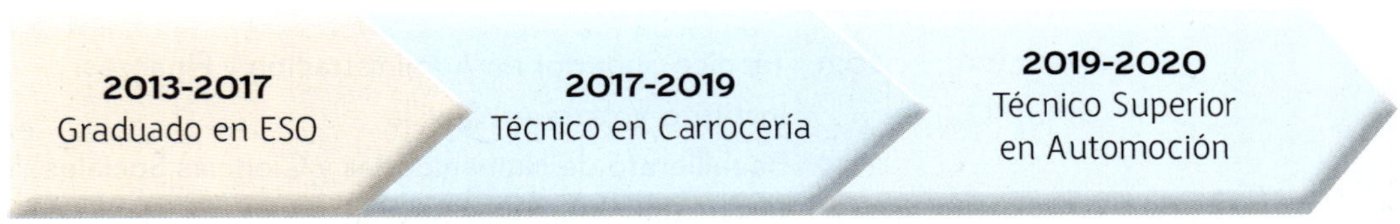

Fig. 12.4. Infografía línea de tiempo.

Puedes realizar tu currículum infográfico *on-line;* para ello has de tener una cuenta en Facebook y LinkedIn; esta última red permite generar infografías sencillas.

IMPORTANTE

Currículo ciego o anónimo

El currículum ciego es un procedimiento para evitar la discriminación que consiste en excluir del *curriculum vitae* cualquier dato personal, como la edad, la fotografía, el género, el lugar de residencia y la nacionalidad.

Se trata de prevenir prejuicios que afecten negativamente a la imagen de la persona candidata, independientemente de que se encuentre capacitada para desarrollar la actividad profesional.

ACTIVIDADES

2. En Internet existen muchas herramientas para crear un *curriculum vitae on-line* gratis capaces de crear infografías o gráficos en movimiento. Revisa algunas de las herramientas para realizar el currículum que más se adapte a tu perfil profesional y tu personalidad: **www.visualcv**, **https://cvmkr.com/**, **www.doyoubuzz.com/es/**, **https://enhancv.com/**, **https://kinzaa.com/**, **www.livecareer.es/**...

PIENSA Y RESUELVE

3. A las empresas llegan cada día decenas de cartas de presentación y currículums, pero pocos logran llamar la atención. Si deseas acceder a un proceso de selección, tu carta y tu currículum deben destacar sobre la competencia para no quedar olvidados entre otros muchos que se hayan recibido antes.

La originalidad y la creatividad son importantes para sobresalir, pero se debe tener mucho cuidado para no excederse; no hay que olvidar que el contenido debe primar sobre la forma. No obstante, si tu profesión está relacionada con las artes gráficas, la moda, el diseño o el arte, la imaginación y la originalidad están muy valoradas.

Elabora tu *curriculum vitae* y la carta de presentación aportando creatividad en el diseño, con un sello propio y elegante, pero sin comprometer la seriedad y la profesionalidad.

3. La entrevista de selección

> Una **entrevista** es una conversación entre la persona que entrevista y la entrevistada que tiene por objeto la búsqueda de la persona más adecuada para cubrir un puesto de trabajo.

Una entrevista **se puede desarrollar en diversos escenarios** (lo habitual es que tenga lugar en el despacho del entrevistador): puede haber uno o más entrevistadores, y el diálogo puede consistir en un interrogatorio o, por el contrario, en una conversación informal o incluso en una entrevista colectiva con otros candidatos y candidatas.

Manejarse correctamente en una entrevista de trabajo no es fácil, por lo que resulta **fundamental prepararla con anticipación.** El objetivo del entrevistador no es cogerte desprevenido, sino hacer una indagación. Conviene no olvidar que esta persona está interesada en que la selección se desarrolle con profesionalidad, pues su prestigio también está en juego.

3.1. La primera impresión

Las primeras impresiones son decisivas. Se dice que **los tres minutos iniciales marcan de forma decisiva la evolución de una entrevista** y que es difícil superar el hecho de haber provocado de entrada una sensación desfavorable.

Para causar una buena primera impresión, se deben cuidar los siguientes aspectos:

- **Ser puntual.** No se recomienda llegar con demasiada antelación, sino en torno a diez o quince minutos antes, para familiarizarse con el ambiente y serenarse.
- **Estrechar la mano con firmeza.** Tanto al comenzar la entrevista como al finalizarla, hay que estrechar la mano.
- **Mirar a los ojos con tranquilidad y de forma discreta.** Hacerlo de forma continua puede resultar incómodo para la otra persona, por lo que se puede mirar a la nariz o al entrecejo.
- **No sentarse hasta que te inviten a ello.** El entrevistador es quien determina el momento.
- **Ser amable con las personas que reciben.** El entrevistador puede preguntar a otros empleados o empleadas sus impresiones.
- **Tratar de usted al entrevistador.** Solo se tutea en caso de que nos lo pidan.

3.2. La indumentaria y el aspecto personal

En cuanto a la vestimenta y al aspecto personal, es conveniente tener en cuenta las siguientes recomendaciones:

- **Indumentaria.** La norma básica es vestir como lo hacen las personas de la empresa que ocupan puestos similares al que se aspira a conseguir.
- **Limpieza.** El aspecto cuidado y aseado contribuyen a dar una buena imagen.
- **Discreción.** El maquillaje, la ropa, el perfume y los complementos deben ser discretos; todos estos elementos transmiten información sobre quien los lleva.
- **Prudencia.** El uso de *piercings* y tatuajes, el pelo rapado o con colores estridentes no son aprobados por ciertas empresas; por el contrario, en algunos trabajos está bien visto.

IMPORTANTE

Preguntas de filtrado
(killer questions)

Son preguntas que ayudan en la criba de los currículums. Se realizan en una primera entrevista telefónica o personal. Los portales de empleo también las incluyen en los procesos de inscripción en las ofertas.

Suelen ser preguntas cerradas en las que se elige una opción entre varias, y la persona o el *software* que realiza el filtrado otorga una puntuación u otra en función de la respuesta escogida.

CLAVES Y CONSEJOS

Si te ofrecen algo de beber

Se puede pedir agua o un refresco sin gas, nunca una bebida alcohólica. También se puede pedir un café, si controlamos los nervios, ya que el pulso puede temblar al coger el azúcar y la cucharilla.

CLAVES Y CONSEJOS

Las camisas multicolores, los aros en las orejas, una melena desaliñada, las camisetas, las carpetas con pegatinas simpáticas, etc., están muy bien para la época de estudiante, pero no resultan aconsejables cuando se busca trabajo.

ACTIVIDADES

4. Para desenvolverse adecuadamente en una entrevista es importante estar preparado.

Un buen entrenamiento puede mejorar tu seguridad. En la ruta **http://www.todofp.es** > Orientación profesional > Busca empleo: entrénate > Entrénate para una entrevista de trabajo, encontrarás un «entrenador de entrevistas», que es una herramienta diseñada para ayudar a preparar las respuestas más adecuadas de una entrevista real. En ella se facilitan vídeos de prácticas adecuadas e inadecuadas para cada fase de la entrevista.

En parejas, un estudiante visualizará los vídeos de las prácticas adecuadas y el otro, de las inadecuadas. Después, en conjunto, se elaborará un documento en el que se agrupen las prácticas acertadas y desacertadas.

3.3. La comunicación verbal y no verbal

La comunicación no se produce solo con palabras (Fig. 12.5). Cuando se acude a una entrevista hay que cuidar dos tipos de comunicación: la verbal y la no verbal (Fig. 12.6).

COMUNICACIÓN GESTUAL

- **Unir la punta de los dedos.** ▶ Confianza.
- **Acariciarse la barbilla.** ▶ Reflexión.
- **Tocarse la nariz o un ojo.** ▶ Falsedad.
- **Mostrar las palmas de las manos abiertas hacia arriba.** ▶ Sinceridad y honestidad.
- **Desviar la mirada hacia abajo.** ▶ Inseguridad.
- **Copiar los gestos de la persona que entrevista.** ▶ Compartición de los pensamientos.
- **Mirar de reojo.** ▶ Recelo.
- **Apoyar la cabeza en el brazo, bostezar y mantener la mirada perdida.** ▶ Desinterés.
- **Cerrar los puños.** ▶ Agresividad.
- **Cruzar los brazos.** ▶ Estar a la defensiva.
- **Dar la mano de manera escurridiza.** ▶ Indicio de ser una persona poco fiable.
- **Esconder las manos.** ▶ Ocultar algo.

Fig. 12.5. Claves de la comunicación no verbal.

Comunicación verbal

Abarca dos aspectos: lo que dice la persona y cómo lo dice.

- **Hablar con voz firme y segura.** La expresión debe ser calmada, pero no muy lenta.
- **Dar respuestas completas.** Los monosílabos sin más no aportan nada.
- **Utilizar un lenguaje cuidado.** Las palabrotas, las muletillas, los vulgarismos y las expresiones de mal gusto no son recomendables bajo ningún concepto.

Comunicación no verbal

Entre el 60 y 80 % de la comunicación es no verbal. En una entrevista hay que conocer las claves de este tipo de comunicación para que nos resulte favorable.

- **Ofrecer la mano de forma enérgica.** La falta de energía se puede interpretar como debilidad de carácter.
- **Sentarse erguido en la silla.** La postura encorvada indica sentimiento de inferioridad.
- **Mantener el control visual.** La mirada huidiza o la incapacidad para resistir la de la otra persona pueden ser un signo de timidez o de falta de franqueza, aunque no hay que dejarse intimidar. No se debe desviar la mirada ni siquiera cuando nos hacen una pregunta difícil.
- **Inclinar ligeramente la cabeza a un lado.** Esta posición pone de manifiesto que se presta atención a la conversación.
- **Controlar las emociones.** La tensión que genera pasar por una entrevista se puede manifestar en nerviosismo (sudor de manos, enrojecimientos de la piel, temblor de voz...), que no siempre es fácil de controlar.
- **Moderar los gestos exagerados.** La expresión no tiene que ser reforzada con gestos, guiños, palmadas, etc. Si se tiene un tic que se acentúa en momentos de tensión, lo mejor es comentarlo (puede producir un efecto positivo y disminuir la presión).
- **Evitar los movimientos bruscos del cuerpo.** La postura transmite mucha información sobre nosotros; no conviene cambiar constantemente de posición, balancearse o mover continuamente los pies (Fig. 9.9).

Fig. 12.6. Recomendaciones para la comunicación verbal y no verbal en una entrevista.

En la Tabla 12.2 se reflejan una serie de actitudes y comportamientos que deben evitarse durante una entrevista.

Actitudes y comportamientos inapropiados en una entrevista		
Llegar tarde o demasiado pronto.	Provocar una discusión.	Aceptar todo sin pensar.
Sentarse en el borde de la silla.	Mirar el reloj.	Hablar sin parar.
Tutear al entrevistador o la entrevistadora.	Extenderse en temas personales.	Exagerar con gestos de la cara o las manos.
Hablar mal de otras personas.	Mirar indiscretamente alrededor.	Mentir.
Fumar o tomar bebidas alcohólicas.	No mirar a los ojos a la otra persona.	Proyectar indiferencia o superioridad.
Mostrar dudas sobre la propia capacidad.	Preguntar por cuestiones personales.	Hacer monólogos.

Tabla 12.2. Actitudes y comportamientos que se deben evitar en una entrevista.

3.4. Las entrevistas por competencias

En los procesos de selección, cada vez se utilizan más las entrevistas por competencias; aunque las preguntas pueden ser muy diferentes, siempre se indaga sobre la formación y la experiencia de la persona que opta al puesto. Se pueden dar diferentes tipos de entrevista:

- **Entrevista de incidentes críticos.** Las preguntas están relacionadas con la experiencia. Lo que el entrevistador o la entrevistadora quieren saber es cómo actuó el candidato y cómo lo haría en el futuro en relación con las competencias del puesto de trabajo.

  Este tipo de entrevista se basa en la técnica STAR (Fig. 12.7).

S Situaciones en las que empleó competencias requeridas por el puesto de trabajo.

T Trabajos que se vieron implicados en la situación relatada por el entrevistado.

A Actuación del entrevistado para solucionar la situación relatada.

R Resultados obtenidos después de la actuación.

Fig. 12.7. Técnica STAR.

- **Entrevista en el marco de la dinámica de grupos.** La técnica que se utiliza es la discusión entre un grupo de candidatos y candidatas (entre cinco y quince), que interactúan entre ellos mientras son observados. El objetivo es debatir sobre un tema o resolver un problema planteado, de forma grupal, en un periodo de tiempo limitado.

IMPORTANTE

Técnica del abanico

Cuando en una entrevista participan varios entrevistadores se debe comenzar a responder a la pregunta dirigiéndose a quien la formuló y, después, mirar a los demás hasta acabar la respuesta volviendo a mirar al entrevistador inicial.

ACTIVIDADES

5. Se trata de hacer un vídeo de una hipotética entrevista de selección para cubrir un puesto de trabajo relacionado con el ciclo que estás cursando.

Organizad grupos de cuatro estudiantes: un candidato o candidata y tres entrevistadores o entrevistadoras.

a) Se describirán las actividades relacionadas con el puesto de trabajo, tomando como base el currículum del ciclo formativo.

b) La persona candidata elaborará su *curriculum vitae* y lo presentará a los entrevistadores.

c) Los entrevistadores redactarán unas preguntas sobre estas cuestiones: formación, personalidad, motivación para el trabajo, iniciativa y temas diversos. Cada uno de ellos cumplimentará un informe de la entrevista, puntuando de 1 a 5 los aspectos mencionados.

d) Se compararán las puntuaciones y, si estas son muy diferentes, los entrevistadores explicarán los motivos de sus valoraciones.

e) Se analizará el vídeo de la entrevista para que la persona entrevistada se valore a sí misma, puntuando de 1 a 5 estos aspectos: expresión verbal (tono de voz, claridad en las expresiones, muletillas...), comunicación no verbal (actitudes, gestos...) y defensa de los puntos fuertes y los débiles de su currículum.

f) El resultado de la autoevaluación se comparará con las valoraciones de los entrevistadores y se contrastarán ambos puntos de vista.

4. La preparación de la entrevista

> **CLAVES Y CONSEJOS**
>
> **Prepara la entrevista** teniendo en cuenta que pretenderán averiguar:
>
> - Quién es la persona a la que entrevistan.
> - Qué competencias posee.
> - Si será capaz de desempeñar las funciones.
> - Si se integrará en el equipo de trabajo.

Para desenvolverse adecuadamente en una entrevista de trabajo, resulta fundamental prepararla con anticipación, cuidando los siguientes elementos:

- **Conocimiento de uno mismo.** Haber realizado un autoanálisis para identificar nuestras fortalezas y nuestras debilidades, tanto personales como profesionales.
- **Conocimiento y defensa del *curriculum vitae*.** Preparar argumentos para defender los puntos débiles y ensayar las respuestas con razonamientos precisos (estudios que no se finalizaron, repeticiones de cursos, asignaturas con bajas calificaciones, despidos...).
- **Conocimiento de la empresa.** Investigar sobre las actividades de la empresa, puesto que los entrevistadores van a indagar si la persona entrevistada tiene conocimiento de sus actividades y, en caso afirmativo, lo interpretarán como una buena señal; en caso contrario, se destacará de forma negativa.
- **Conocimiento del entrevistador.** Conocer quién realiza la entrevista facilita la preparación. Se puede consultar: ¿quién me va a entrevistar?, ¿por quién pregunto cuando llegue?, etc.
- **Preguntas que pueden surgir en la entrevista.** Preparar muy bien las cuestiones que se pueden plantear en la entrevista y ensayar respuestas convincente (Fig. 12.8).

Preguntas que pueden surgir en la entrevista

Estudios y personalidad

¿Dónde has estudiado?
¿Por qué elegiste estos estudios?
¿Dónde has realizado las prácticas?
¿Qué asignaturas te han gustado más y cuáles, menos?
¿Cómo te definirías a ti mismo?
¿Cuáles crees que son tus habilidades?
¿Te consideras una persona con iniciativa propia?

La empresa y el puesto

¿Qué conoces de nuestra empresa?
¿Cómo conseguiste esos datos?
¿Qué sabes del puesto al que aspiras?
¿Conoces los productos o servicios de nuestra compañía?
¿Qué piensas de ella?
¿Qué sabes de nuestra competencia?
¿Cuáles son tus pretensiones económicas?

Experiencia profesional

¿Qué tareas realizabas en tu trabajo anterior?
¿Qué sueldo tenías?
¿Por qué te fuiste de tu anterior empresa?
¿En qué facetas destacas? ¿En cuáles no?
¿Qué aspectos tuyos resaltarías para cubrir este puesto?
¿Te han despedido alguna vez? ¿Por qué?
¿Qué programas, máquinas, equipos... has utilizado?

Temas diversos

¿A qué personas podríamos pedir referencias tuyas?
¿Por qué podrías ser el mejor candidato?
¿No te consideras demasiado cualificado para este puesto?
¿No crees que estás poco cualificado para este puesto?
¿Tu falta de experiencia puede afectar a tu trabajo?
¿Qué te preocuparía si fueses aceptado para este puesto?
¿Harías horas extraordinarias?

Fig. 12.8. Preguntas posibles de una entrevista.

- **Preguntas que se le pueden plantear al entrevistador o la entrevistadora.** Es probable que en algún momento la persona que te entrevista te pregunte si quieres hacer alguna consulta. Si formulas preguntas inteligentes, ganarás puntos ante ella (Fig. 12.9).

Preguntas que se le pueden plantear a la persona que entrevista	¿Cuál sería la situación en el trabajo en el periodo inicial? ¿Qué posibilidades de promoción existen en la empresa? ¿Se trata de un puesto de nueva creación o existía ya? ¿Hay algún plan de formación para la plantilla? ¿Cuántas personas trabajan en el departamento? ¿Qué lugar ocupa mi departamento dentro del organigrama? ¿Quién será mi jefa o mi jefe? ¿Qué expectativas tienen respecto a la persona seleccionada?

Fig. 12.9. Ejemplos de preguntas que puede hacer la persona entrevistada.

4.1. Cómo contestar a preguntas incómodas o comprometidas

En la entrevista pueden surgir preguntas difíciles, comprometidas o de carácter personal (Tabla 12.3). Los expertos en selección consideran que muchas veces estas cuestiones son necesarias para conocer mejor al aspirante y no tienen por qué hacer que nadie se sienta incómodo o violento; en otras ocasiones se deben a la inexperiencia de las personas que entrevistan.

Ante este tipo de preguntas, no hay que ser tan ingenuos como para decir siempre la verdad, si no nos favorece. Nunca se debe mentir, pero eso no implica que vayamos a mencionar algo que nos perjudique. Si te sientes en un aprieto, lo mejor es la sinceridad, decir siempre la verdad.

Preguntas sobre...	Respuestas posibles
La falta de experiencia	Se trata de demostrar que se puede aprender en poco tiempo y se proponen ideas sobre cómo adquirir esos conocimientos: cursos, nuevos estudios, dedicación en el trabajo, *e-learning,* etc. También se puede comentar: «Lo que me falta de experiencia me sobra de potencial, motivación y capacidad de aprendizaje».
La edad	Si la edad no es la adecuada, se puede afirmar: «La experiencia tiene un gran valor»; «La madurez y la responsabilidad son lo más importante en el trabajo».
El sueldo	Si se trata del primer empleo, se debe manifestar que el principal interés es trabajar. En el caso de que la propuesta de retribución posterior no sea adecuada, siempre queda la opción de no aceptar. No obstante, los salarios suelen estar en relación con el convenio colectivo.
Los trabajos anteriores	Si preguntan sobre las empresas en las que se ha trabajado anteriormente, lo hacen porque les gusta tener datos; pero esto se puede volver en contra del candidato o la candidata, dado que no se fiarán de una persona que traiciona la confianza de sus anteriores compañías. Pueden pensar que, cuando se vaya de la empresa a la que quiere acceder, procederá de la misma manera. Si indagan los contratiempos ocurridos en el anterior trabajo o con los anteriores jefes, se puede decir que se tenían ideas diferentes sobre las tareas o sobre la forma de realizarlas.
La vida privada	Si plantean preguntas de carácter íntimo como «¿Vives con tu novio o novia?»; «¿vas a casarte y a tener hijos?»; «¿cuál es tu condición sexual?», etc., se responde con cortesía. Pero, si no te sientes cómodo o cómoda, puedes pedir explicaciones, de una forma cordial, sobre la relación que tiene esa pregunta con el trabajo que se debe desarrollar (algunas veces, se formulan para observar cuál es la reacción de la persona entrevistada).
Las malas calificaciones	Si las notas son buenas, la respuesta es fácil. En cambio, si no lo son, se podría responder: «Mis notas no me representan del todo, creo que laboralmente soy mucho más productivo». También se puede alegar inmadurez propia de la edad: «He sido maduro, sensato y responsable para reflexionar y cambiar».
La candidatura perfecta	La clave estriba en tener los datos suficientes sobre la empresa y relacionar nuestras características con las del perfil solicitado. Se debe responder con sobriedad, sin utilizar superlativos ni diminutivos.

Tabla 12.3. Ejemplos de preguntas y respuestas en la entrevista.

4.2. Después de la entrevista

Una vez finalizada la entrevista, conviene dedicar un tiempo a reflexionar sobre las siguientes cuestiones: impresiones que has tenido, preguntas inesperadas, cuestiones que te ha costado responder, sensaciones en las diferentes fases de la entrevista e impresión sobre el entrevistador o la entrevistadora, así como todos los datos que consideres útiles para afrontar posteriores entrevistas. Si, después de un tiempo, no se recibe respuesta, conviene contactar a la empresa e interesarse por los motivos del rechazo; la información que se obtenga ayudará a reflexionar y prepararse mejor para futuras entrevistas.

4.3. Pruebas de selección

Entre las pruebas que se utilizan en los procesos de selección, cabe destacar las siguientes: pruebas de **inteligencia y aptitudes**, cuestionarios de **personalidad e intereses**, pruebas **profesionales y de conocimientos** y pruebas de idiomas. Estas pruebas **no son imprescindibles** y, si se realizan, no se debe tomar la decisión de aceptar o no a un candidato o una candidata basándose únicamente en el resultado, sino que se han de considerar un complemento.

ACTIVIDADES DE SÍNTESIS

1. Como ya sabes, no existen unas normas fijas para la elaboración de las cartas de presentación, pues la redacción es algo personal que admite muchas variantes. No obstante, al escribirlas se deben cuidar varios aspectos. Indica a cuáles se ha de prestar atención para crear cartas de presentación adecuadas según cada oferta de empleo para la cual se vayan a utilizar.
2. Como no existe un modelo oficial de *curriculum vitae,* cada persona tiene que elaborar el suyo, en el que destacará los aspectos que pueden resultar más interesantes para cada puesto de trabajo al que se opta.
3. Indica en qué partes estructurarías tu *curriculum vitae* y qué información incluirías en cada una de ellas.
4. Manejarse correctamente en una entrevista de trabajo no es fácil: resulta fundamental prepararla con anticipación.

a) Una de las cuestiones en las que se debe pensar es la forma de causar una buena primera impresión. Indica qué aspectos relacionados con la actitud, la indumentaria y el cuidado personal tienes que vigilar para conseguirlo.

b) Durante la entrevista surgirán muchas preguntas sobre tu persona, tus estudios, tus competencias, etc. Entre las que aparecen en la Figura 12.8, selecciona aquellas que consideras más adecuadas para una persona de tu perfil profesional y reflexiona sobre cómo debes responder.

c) Probablemente, cuando la entrevista esté finalizando, el seleccionador o la seleccionadora te preguntará si quieres hacer alguna consulta. Si formulas preguntas interesantes, ganarás puntos frente a esa persona. Elabora una relación de preguntas adecuadas a tu perfil para realizar en una entrevista de trabajo.

INVESTIGACIÓN

Palabras clave para la investigación: *competencias, iniciativa y orientación al cliente, trabajo en equipo, flexibilidad, aprendizaje, cociente intelectual, inteligencia emocional, personalidad.*

5. Al iniciar la búsqueda de empleo, debes realizar un balance de las competencias personales, profesionales y sociales que has adquirido en tus estudios de Formación Profesional.

   Para ello, utiliza el decreto en el que se establecen los contenidos del título de Técnico Superior en los estudios que estás realizando. Basándote en las competencias del ciclo, elabora una tabla que relacione los módulos cursados con las competencias adquiridas.

   Puedes localizar el decreto que regula el título en la página web **www.todofp.es**, en la ruta > Qué, cómo y dónde estudiar > Qué estudiar > Estudios por niveles > Grado Superior.

6. Supongamos que tienes que elaborar tu *curriculum vitae* y una carta de presentación para responder a un anuncio de trabajo. En este anuncio se solicitan personas que reúnan las competencias siguientes: iniciativa, orientación al cliente, trabajo en equipo, flexibilidad y aprendizaje.

   Investiga qué significan estos términos, para crear una carta y un *curriculum vitae* adecuados y preparar una entrevista de trabajo por competencias.

7. Las pruebas de selección se pueden ensayar. En la página web **www.todofp.es** encontrarás información sobre aquellas que se realizan con mayor frecuencia y consejos para abordarlas.

   Después, puedes realizar un test *on-line* en los siguientes enlaces: **http://bit.ly/39VvAJj** y **http://bit.ly/366DIW5.** Se trata de adaptaciones del IQ (siglas en inglés de «cociente intelectual»). Repite varias veces los test sin preocuparte por el tiempo ni por los errores que puedas cometer. Comprobarás cómo los resultados van mejorando, ya que poco a poco se va interiorizando la lógica de las pruebas. Cuando pienses que dominas el método, realiza los test, pero con el tiempo limitado y en condiciones similares a las que se pueden dar al enfrentarse a pruebas de este tipo.

   Debes entender los resultados como un entrenamiento, nunca como una opinión experta. Dichos resultados son orientativos, ya que para obtener unos resultados fiables es preciso realizar varios test complejos y diferentes entre sí y establecer relaciones entre todos ellos.

8. El término «inteligencia emocional» (IE) se refiere a la capacidad humana para sentir, entender, controlar y modificar estados emocionales propios y de los demás. Puedes encontrar test de inteligencia emocional en: **www.psicoactiva.com,** en la ruta > Test > Autoconocimiento.

   Estos test solo son de carácter orientativo, por lo que carecen de valor diagnóstico.

9. En psicología, el modelo de los cinco grandes factores analiza los componentes de la personalidad: estabilidad emocional, responsabilidad, extroversión, amigabilidad y apertura a la experiencia.

   Puedes conocer este test en la siguiente página web: **https://bit.ly/3n7Nbmx,** siguiendo la ruta Test y escalas > Test psicométricos > Test de personalidad: cinco factores.

TEST DE REPASO

1. El anexo de las cartas de presentación sirve para...

(a) Ampliar información.
(b) Poner las referencias y los informes.
(c) Citar los documentos que acompañan a la carta.
(d) Incluir los datos personales.

2. No es una forma correcta de comenzar la carta de presentación...

(a) *He tenido conocimiento...*
(b) *Habiendo conocido...*
(c) *El motivo por el que...*
(d) *Me dirijo a ustedes...*

3. Se puede afirmar que...

(a) La carta de presentación no tiene importancia, pues nadie la lee.
(b) Utilizando papel de colores se tienen más posibilidades de que se lea la carta de presentación.
(c) Las cartas de presentación deben estar concebidas y redactadas para cada puesto de trabajo.
(d) Lo más lógico es tener una carta estándar para todos los trabajos.

4. Las cartas de presentación...

(a) Deben ir personalizadas.
(b) Han de ser extensas y detalladas.
(c) Pueden tener más de una hoja.
(d) Se escriben en un tono coloquial.

5. El currículum ha de realizarse...

(a) De manera extensa.
(b) De manera detallada.
(c) De manera sintética y clara.
(d) Cuidando más el contenido que la forma.

6. El currículum debe contener...

(a) Valoraciones personales.
(b) Méritos objetivos.
(c) Elogios.
(d) Referencias procedentes de los trabajos realizados anteriormente.

7. Son instrumentos de selección imprescindibles...

(a) Los test de inteligencia.
(b) Los test de personalidad.
(c) Las entrevistas.
(d) Los test de conocimientos.

8. Para preparar una entrevista no es conveniente...

(a) Conocer los propios puntos fuertes y débiles.
(b) Preparar argumentos para defender los puntos débiles.
(c) Conocer datos de la empresa a la que se acude.
(d) Improvisar, como un signo de agilidad mental.

9. En una entrevista se valora positivamente...

(a) Contestar de forma muy breve.
(b) Tutear a la persona que entrevista para dar impresión de cordialidad.
(c) Inspirar lástima, decir que estás en mala situación.
(d) No hacer valoraciones morales.

10. En las entrevistas de trabajo, ¿qué gesto se interpretará de una forma positiva?

(a) Mantener ocultas las manos.
(b) Sostener la mirada ante preguntas difíciles.
(c) Tocarse la nariz.
(d) Estrechar la mano de manera escurridiza.

11. Durante la entrevista, es una actitud acertada...

(a) Mirar a los ojos al entrevistador o la entrevistadora.
(b) Ser sincero, aunque pueda ser perjudicial.
(c) Contestar de forma muy breve.
(d) Tutear al entrevistador o la entrevistadora.

12. La cabeza inclinada hacia un lado puede indicar...

(a) Desaprobación.
(b) Interés.
(c) Mala educación.
(d) Aburrimiento.

13. No es una actitud acertada durante la entrevista...

(a) Mentir para defender el currículum.
(b) Hablar mal de los antiguos jefes y jefas.
(c) Preguntar datos personales al entrevistador.
(d) Todas las anteriores son actitudes erróneas.

14. Se valorará positivamente que en una entrevista de trabajo se pregunte por...

(a) Quiénes serán los compañeros.
(b) Las posibilidades de promoción.
(c) La estructura del departamento.
(d) Todas son preguntas acertadas.

15. Una entrevista de incidentes críticos indaga sobre...

(a) La vida personal de la persona candidata.
(b) Las competencias del candidato o la candidata.
(c) La vida profesional de la persona candidata.
(d) El historial académico del candidato o la candidata.

1. Para explicitar las características de las empresas y, en concreto, las de aquellas en las que te gustaría trabajar, cumplimenta en el cuaderno una tabla, puntuándolas, según la importancia que les concedas, del 1 (poco importante) al 5 (muy importante).

	Puntuación				
Características de la empresa	1	2	3	4	5
Pequeña					
Grande					
Próxima al domicilio					
Ubicada en otra localidad					
Características del trabajo					
Empleo estable					
Sueldo					
Horario flexible					
Tareas repetitivas					
Trabajo creativo					
Posibilidades de formación en el trabajo					
Posibilidades de promoción					
Trabajo en equipo					
Desplazamientos durante la jornada					
Compatibilidad de trabajo y estudios					
Conciliación de vida personal y profesional					

Haz un recuento de las puntuaciones y tendrás un perfil de la empresa y el trabajo que serían de tu agrado.

2. Supongamos que te han llamado para un puesto de trabajo y vas a ser entrevistado o entrevistada. Haz una relación de las preguntas que plantearías a la persona que te entreviste: sobre el puesto de trabajo, las tareas, el departamento, la formación, las posibilidades de promoción... Nunca se consultan cuestiones polémicas, negativas o personales a la persona encargada de la entrevista.

3. Existe una teoría denominada «de las inteligencias múltiples», según la cual puede suceder que personas que obtienen excelentes calificaciones académicas tengan problemas importantes para relacionarse o para manejar otras facetas de su vida. De este modo, una prestigiosa científica no posee una mayor inteligencia que un gran deportista, sino que cada uno de ellos ha desarrollado un tipo de inteligencia diferente.

La teoría de las inteligencias múltiples justifica las diferencias individuales, de modo que, por ejemplo, una persona que no sea competente en matemáticas puede serlo en otras áreas igualmente importantes.

a) Busca información para identificar cuáles son los diferentes tipos de inteligencia.

b) Existen diversos test y escalas para medir qué tipo de inteligencia predomina en nuestra mente. Realiza el test que encontrarás en este enlace **bit.ly/Test_inteligencias_múltiples** para saber qué inteligencia predomina en ti y cómo se puede potenciar.

Recuerda que los resultados de estos test son orientativos, puesto que el diagnóstico debe ser realizado siempre por profesionales de la psicología.

4. Con solo un currículum, se pueden mostrar la formación y la experiencia laboral, pero la carta que se adjunta puede servir para informar sobre otros aspectos, como el conocimiento de la empresa, la capacidad de comunicación, el interés por el puesto de trabajo...

El blog **https://bit.ly/2lwlbsG** facilita todos los detalles para redactar una excelente carta de presentación. Después de leer la información, elabora distintos tipos de cartas de presentación:

a) Una carta de autocandidatura.

b) Una carta que acompañe tu currículum, en respuesta a un anuncio para cubrir un puesto de trabajo que se corresponde con tu perfil profesional.

c) Una carta corta de una persona sin experiencia.

5. Para resolver esta actividad, tienes que consultar las siguientes fuentes:

- Accede al portal **www.todofp.es** > Orientación profesional – Busca empleo: entrénate > ¿Quieres buscar trabajo como asalariado? y lee la información que se facilita para confeccionar el *curriculum vitae*.
- Entra en la página web **www.lanbide.euskadi.eus** > Orientación > Vídeos de orientación y visualiza el vídeo en el que se explican los elementos clave para elaborar un currículum atractivo y efectivo.

Una vez consultadas las fuentes, puedes realizar las siguientes actividades:

a) Después de ver el vídeo, haz un esquema sobre los elementos clave que tienes que trabajar para realizar un buen currículum.

b) Basándote en esta información y en lo que has estudiado en la unidad, elabora tu *curriculum vitae* agrupando el contenido por temas: formación, experiencia, idiomas, otros conocimientos, etc. Haz varias versiones jugando con el diseño y la tipografía.

c) Después, compara dichas versiones y elige la que te parezca más adecuada a tu perfil y en la que se aprecien mejor tus méritos.

COMPRUEBA TU APRENDIZAJE

6. Accede a algún portal de empleo; por ejemplo, **www.infojobs.net**, **www.empleo.com** o **www.infoempleo.com** y cumplimenta los datos para elaborar tu *curriculum vitae*. A continuación, publica tu currículum en estas páginas.

7. Supongamos que estás participando en una entrevista de selección:

   a) Elige cinco competencias, de las descritas en el real decreto en el que se regulan los estudios que realizas, sobre las que te gustaría que te consultasen en una entrevista. Redacta una pregunta para cada competencia.

   b) Selecciona cinco competencias sobre las que no querrías que indagaran en una entrevista. Redacta las preguntas.

   c) Busca argumentos que sirvan para responder, en una entrevista de trabajo, a las preguntas que te podrían formular sobre las competencias que más dominas. Dichos argumentos se pueden exponer ante compañeros y compañeras, amistades, familiares, etc., para que juzguen si has sido convincente o no.

8. El método utilizado para la entrevista de trabajo por competencias es el método STAR, que ya conoces. Sus siglas plantean un procedimiento:

   - **S.** Situación *(situation)*. Plantear o definir una situación en el pasado.
   - **T.** Tarea *(task)*. Las tareas que tuve que hacer en esa situación.
   - **A.** Acción *(action)*. Las acciones que realicé.
   - **R.** Resultado *(result)*. Los resultados obtenidos.

   Supongamos que en una entrevista te plantean preguntas como: «Dígame, por favor, un ejemplo de su anterior trabajo (o durante los estudios) donde se pusiera de manifiesto su competencia de capacidad de trabajo en equipo (o de liderazgo, o de resolución de conflictos, etc.».

   Describe una situación en la que has intervenido siguiendo los pasos STAR.

   a) Describe una situación concreta.

   b) Tareas que te encomendaron.

   c) Acciones que realizaste.

   d) Resultados que alcanzaste.

- Escribe dos ideas de esta unidad que tengas claras y que te parezcan fundamentales. ¿Qué te ayudó a comprenderlas?
- Formula dos preguntas sobre aspectos de la unidad que no hayas entendido totalmente.
- Escribe dos aspectos de esta unidad sobre los que te gustaría profundizar.

DE CAMINO AL MUNDO LABORAL

El número de personas que opta a un puesto de trabajo es grande y la competencia es dura. Resulta importante estar bien preparado para la entrevista y las pruebas de selección.

Objetivo

Enfrentarse a una entrevista de trabajo sacando el máximo partido a nuestras competencias personales.

Tareas

1. **Previamente a la entrevista, se suelen realizar las llamadas preguntas de filtrado *(killer questions)* para hacer una primera criba entre los candidatos y candidatas.**

   Investiga en páginas web como, por ejemplo, las que aparecen a continuación, para ejecutar el trabajo que se propone:

   - **https://bit.ly/3mOR77v**
   - **https://bit.ly/33Vit8P**
   - **http://bit.ly/39bwPVx**

   a) Indica qué tipo de preguntas se suelen realizar.

   b) Formula cinco preguntas, con sus valoraciones, que permitan filtrar las candidaturas para un puesto de trabajo relacionado con el ciclo que estudias.

2. **La herramienta de selección imprescindible es la entrevista personal. Resulta importante tener preparadas algunas respuestas para las preguntas más frecuentes.**

   En el blog **https://bit.ly/3gGDo4l** se presentan 132 preguntas que se suelen realizar en una entrevista laboral y las respuestas más adecuadas. Revísalas todas y toma nota de las que estén más relacionadas con tu perfil profesional.

3. **Es posible que, cuando participes en un proceso de selección, tengas que enfrentarte a alguna prueba profesional, con el objeto de medir tu nivel respecto a las tareas que se deben desarrollar.**

   Diseña una prueba profesional para las personas candidatas en un proceso de selección relacionado con el ciclo que estás estudiando. Las pruebas pueden consistir en la resolución de casos prácticos, el manejo de equipos o la utilización de aplicaciones informáticas. Indica por qué eliges estas pruebas.

4. **Hay profesiones que se prestan a llevar preparado a la entrevista un dosier con planos, diseños, trabajos, fotografías, vídeos, CD, programas, grabaciones, presentaciones o cualquier otro tipo de documentos para enseñar.**

   Revisa el material que podrías aportar en una entrevista laboral y selecciona aquel que presentarías. Tienes que ser muy selectivo, puesto que los elementos que muestres pueden constituir una buena referencia o, por el contrario, perjudicarte.

13 UNIDAD

La salud laboral

ESTUDIARÁS

- La valoración de la relación entre el trabajo y la salud.
- El análisis de los factores de riesgo laboral.
- La determinación de los daños en la salud de la persona trabajadora que puedan derivarse de las situaciones de riesgo detectadas.
- Los derechos y los deberes relacionados con la prevención de riesgos laborales.

Y SERÁS CAPAZ DE

- Evaluar los riesgos derivados de tu actividad, analizando las condiciones de trabajo y los factores de riesgo presentes en tu entorno laboral.

Ana está con su jefe en el restaurante donde acaba de ser contratada. Él le explica que los riesgos de su trabajo suelen relacionarse con la actividad física, como las caídas, y con el uso de herramientas y objetos como los útiles de cocina.

También le indica que, en su sector, los daños que más se sufren son heridas, cortes, quemaduras, contusiones y dolores derivados de posturas forzadas, sobre todo, en la espalda, por sobrecarga. Ana está preocupada, porque hasta ahora no había tomado conciencia de la importancia de evitar estos riesgos.

Identifica la cuestión de la que se percata Ana y señala qué le inquieta.

- ¿Sabrías decir por qué el trabajo puede influir en la salud de las personas trabajadoras?
- ¿Podrías decir alguna causa de baja laboral motivada por el trabajo?
- ¿Conoces algunos derechos que tengan las personas trabajadoras referidos a la prevención de riesgos laborales?

1. El trabajo y la salud

Desde que el ser humano desempeña una **actividad laboral**, se ha constatado que las condiciones en que esta se desarrolle pueden afectar a la saluc de quien la ejerce.

El concepto de trabajo ha ido evolucionando a través de los años; en la actualidad, sus dos notas caracterizadoras son la tecnificación y la organización.

- La **tecnificación**, o producción mediante máquinas y herramientas, hace que el trabajo resulte más fácil para el individuo, pero también entraña riesgos.
- La **organización**, o planificación de las tareas, surge como consecuencia de la división del trabajo, la especialización y las actividades repetitivas.

En la actualidad, la salud no se entiende solamente como la ausencia de enfermedad, sino que la Organización Mundial de la Salud (OMS) establece un concepto más amplio:

> La **salud** es el **estado de completo bienestar físico, mental y social**, y no solamente la ausencia de afecciones o enfermedades.

De esta definición cabe destacar su triple dimensión, ya que, además de las vertientes física y mental, incluye dentro del concepto de salud el **aspecto social** (Fig. 13.1).

El **trabajo** y la **salud** están interrelacionados: la salud es necesaria para poder trabajar, y, por su parte, el trabajo permite el desarrollo integral (tanto físico como mental y social) del individuo, a la vez que genera recursos económicos para alcanzar unas condiciones de vida satisfactorias.

Pero, por otra parte, el trabajo en condiciones poco adecuadas puede producir **daños en la salud** de la persona que lo lleva a cabo (Fig. 13.2).

SALUD = Bienestar

- **Físico**: Funcionamiento correcto del conjunto de las células, los tejidos y los órganos.
- **Psíquico**: Equilibrio intelectual y emocional.
- **Social**: Bienestar de la persona en sus relaciones sociales.

Fig. 13.1. Dimensiones del concepto de salud.

Positivo

Proporciona recursos económicos.

Favorece el desarrollo personal y profesional.

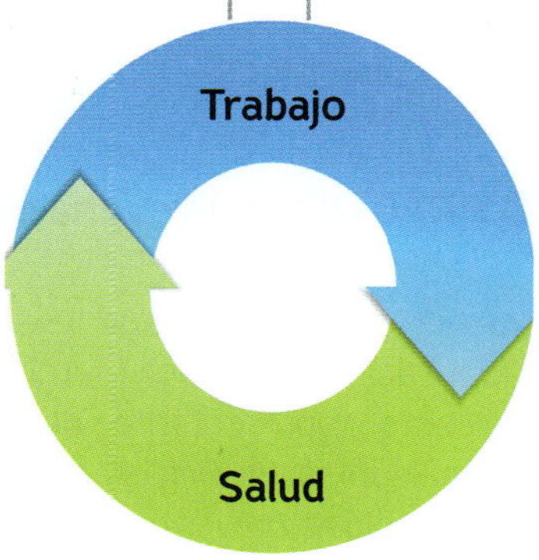

Negativo

Conlleva riesgos laborales.

Puede generar daños en la salud.

Fig. 13.2. Relación entre trabajo y salud.

ACTIVIDADES

1. El objetivo de desarrollo sostenible número 8 se refiere al trabajo decente y el crecimiento económico. Busca en Internet cuáles son sus metas, señala cuál de ellas hace referencia a la prevención de riesgos laborales y explica en qué consiste. Puedes consultar los siguientes enlaces:
   - **https://bit.ly/3lPFMae**
   - **https://bit.ly/39RlGdd**

1.1. Prevención de riesgos laborales

Es difícil encontrar una actividad laboral que no suponga algún tipo de riesgo para la salud; por ello, deben adoptarse todas las medidas capaces de eliminarlos o disminuirlos.

Para comprender en qué consiste la prevención de riesgos laborales es necesario conocer una serie de conceptos básicos. Los fundamentales son tres: prevención, riesgo laboral y daños derivados del trabajo (Fig. 13.3). Estas definiciones vienen recogidas en la Ley 31/1995, de 8 de noviembre, de Prevención de Riesgos Laborales (LPRL).

Prevención →

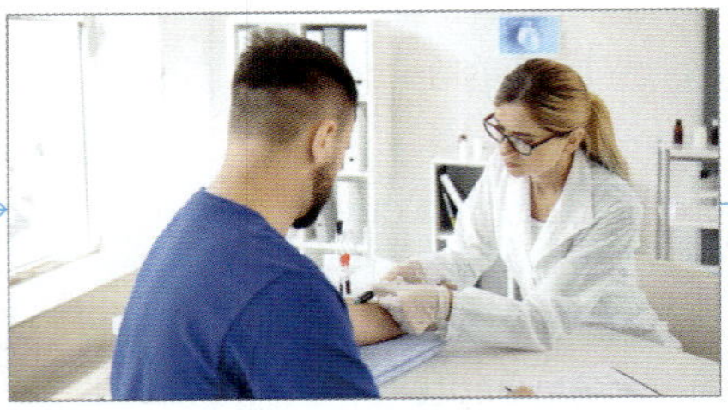

→ Conjunto de actividades o medidas adoptadas en todas las fases de actividad de la empresa con el fin de evitar o disminuir los riesgos derivados del trabajo. → Ejemplos: realizar reconocimientos médicos, evaluar los riesgos, sustituir el uso de una sustancia peligrosa por otra que no lo sea, etc.

Riesgo laboral →

→ Posibilidad de que una persona trabajadora sufra un daño derivado del trabajo. La gravedad depende de que produzca el daño (alta, media y baja) y de las consecuencias de este (leves, graves o muy graves). → Ejemplos: cortes, atrapamientos, exposición a sustancias químicas, etc.

Daños derivados del trabajo →

→ Enfermedades, patologías o lesiones sufridas con motivo u ocasión del trabajo, como los accidentes laborales y las enfermedades profesionales. → Ejemplos: tendinitis en las muñecas derivadas de movimientos repetitivos, fracturas, silicosis, sordera profesional, etc.

Fig. 13.3. Conceptos relacionados con la prevención de riesgos laborales.

¿SABÍAS QUE...?

Ejemplifiquemos en qué consisten el riesgo, el factor de riesgo y la condición del trabajo: una máquina con los resguardos de seguridad inutilizados implica, como **riesgo laboral**, el atrapamiento; el **factor de riesgo** sería la utilización de equipos de trabajo con problemas en las condiciones de seguridad, y la **condición de trabajo** es el manejo de equipos de trabajo.

CASO PRÁCTICO 1. Prevención de riesgos laborales

Alberto trabaja como encargado en un taller de fabricación de tubos. También se ocupa, como representante de las personas trabajadoras, de vigilar que se cumplan las medidas preventivas. En su profesión, resultan habituales los atrapamientos con las partes móviles de las máquinas, que suelen causar cortes o, en el peor de los casos, amputaciones.

Identifica el riesgo al que están expuestas las personas trabajadoras, el factor de riesgo que lo genera y el daño potencial.

Solución:

Riesgo laboral	Factor de riesgo	Daño
Atrapamiento	Uso de equipos con partes móviles	Cortes y amputaciones

1.2. Condiciones de trabajo y factores de riesgo

Los **riesgos laborales** a los que puede estar expuesta una persona en su lugar de trabajo dependen de las circunstancias en las que preste sus servicios. Las condiciones de trabajo son los aspectos del trabajo que puedan afectar a la salud de las personas trabajadoras. Están definidas en la Ley de Prevención de Riesgos Laborales del modo siguiente:

> Una **condición de trabajo** es cualquier característica del mismo que pueda tener una influencia significativa en la generación de riesgos para la seguridad y la salud de la persona trabajadora.

En esta definición quedan incluidas las siguientes condiciones de trabajo (Fig. 13.4):

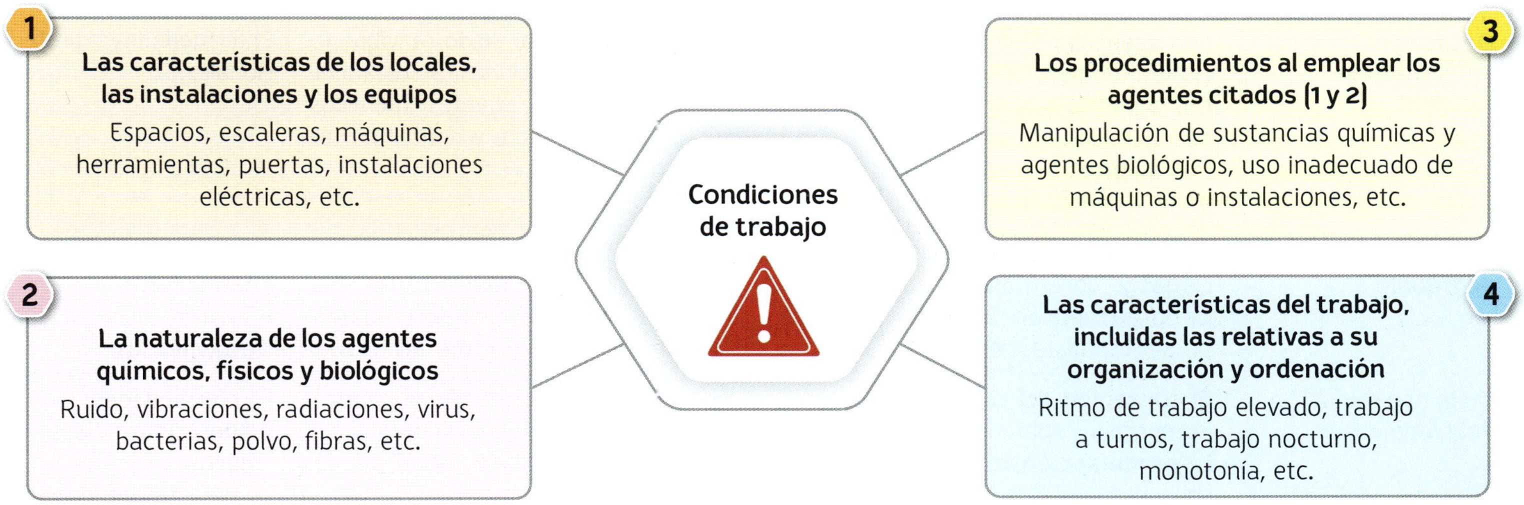

Fig. 13.4. Condiciones de trabajo.

A. Los factores de riesgo laboral

Los factores de riesgo son aquellas condiciones de trabajo que generan situaciones que pueden causar daños en la salud.

> Se considera **factor de riesgo** de un tipo de daño determinado aquella condición de trabajo que, cuando está presente, incrementa la probabilidad de la aparición de dicho daño.

Riesgo laboral, factor de riesgo y daño son conceptos relacionados, pero no significan lo mismo, tal y como puede verse en la Figura 13.5.

Fig. 13.5. Factor de riesgo laboral.

B. Clasificación de los factores de riesgo laboral

Cada actividad laboral tiene asociados unos factores de riesgo propios, que se clasifican en función del tipo de condiciones de trabajo de las que se derivan (Tabla 13.1).

Factores de riesgo	Derivados de...	Riesgos	Daños
De las condiciones de seguridad	• **Los lugares de trabajo:** dimensiones, escaleras y barandillas. • **Los equipos de trabajo:** máquinas y herramientas. • **Las instalaciones eléctricas.** • **Los incendios.**	Caídas, desplome de objetos desprendidos, choque contra objetos, atrapamientos por o entre objetos, proyección de objetos o partículas, golpes o cortes con objetos o herramientas, contactos eléctricos e incendios.	Accidentes de trabajo.
De las condiciones ambientales	• **Los agentes físicos:** ruido, vibraciones, radiaciones, temperatura e iluminación. • **Los agentes químicos:** sustancias y preparados químicos. • **Los agentes biológicos:** virus, bacterias, protozoos, hongos y gusanos.	Exposición al ruido, a vibraciones, a radiaciones, a sustancias químicas y agentes químicos; estrés térmico, y contactos térmicos.	Enfermedades profesionales.
De la carga de trabajo	• **La carga física:** posturas, manipulación de cargas y sobresfuerzo físico. • **La carga mental:** contenido de la tarea y tiempo de respuesta a esta.	Movimientos repetitivos, sobresfuerzo, posturas forzadas, manejo de cargas, tratamiento de la información y ritmo de trabajo.	• Fatiga mental. • Fatiga física. • Trastornos musculoesqueléticos.
De la organización del trabajo	• **El contenido del trabajo:** monotonía, ritmo, autonomía y sobrecarga. • **La organización del trabajo:** estilo de mando, comunicación y características del empleo.	Estrés, síndrome de *burnout* o desgaste emocional, violencia física en el trabajo, fatiga y acoso laboral o *mobbing.*	• Enfermedades. • Alteración de la conducta. • Conflictos interpersonales.

Tabla 13.1. Grupos de factores de riesgo laboral para la salud de las personas trabajadoras.

CASO PRÁCTICO 2. Riesgo laboral y factor de riesgo

Antonio trabaja como operario de mantenimiento en una empresa siderometalúrgica.

Los riesgos a los que está expuesto son principalmente: contacto eléctrico, atrapamiento.

¿A qué tipo de factores de riesgo está expuesto?

Solución:

Antonio está expuesto a factores de riesgos derivados de las condiciones de seguridad (contacto eléctrico, atrapamiento).

PONTE A PRUEBA 1. Riesgos laborales

Lee el siguiente caso y señala el riesgo laboral, la medida de prevención y el daño para la salud de esta empleada.

María trabaja como instaladora eléctrica. A veces, para acceder a algún cuadro eléctrico utiliza escaleras manuales. Es muy prudente y respeta siempre las medidas preventivas para evitar caídas que le puedan provocar alguna fractura o contactos eléctricos que le puedan producir quemaduras o, en el peor de los casos, la muerte como consecuencia de un paro cardiaco.

Para resolver esta actividad, tienes que profundizar en los contenidos de esta unidad.

ACTIVIDADES

2. Teniendo en cuenta los riesgos de la Tabla 13.1, señala aquellos que son propios de tu sector profesional, indicando qué factores de riesgo los generan.

3. Determina los peligros que pueden generar estos factores de riesgo: realizar siempre la misma tarea, el manejo de cargas y la exposición a altas temperaturas.

2. La regulación de la prevención de riesgos laborales

La normativa sobre prevención de riesgos laborales tiene su base en la **Constitución española**, que, en su artículo 40.2, encomienda a los poderes públicos fomentar una política que vele por la **seguridad y la higiene en el trabajo**, constituyendo así el primer pilar de la normativa referida a la prevención de riesgos laborales en nuestro país. Posteriormente se promulgó la **Ley 31/1995, de 8 de noviembre, de Prevención de Riesgos Laborales (LPRL)**, que constituye la norma básica en España en esta materia.

La citada ley establece los conceptos básicos en prevención de riesgos laborales, determina las obligaciones de las **empresas** y los derechos de quienes prestan sus servicios en ellas, y es la base de toda la legislación existente en nuestro país sobre la seguridad y la salud de las personas trabajadoras.

La LPRL recoge la normativa de la **Unión Europea** y de la **Organización Internacional del Trabajo (OIT)** relativa a esta materia y ha sido desarrollada a través de numerosos reales decretos que regulan aspectos concretos de la prevención, riesgos específicos o la prevención de riesgos en determinados sectores (Fig. 13.6).

Fig. 13.6. Normativa sobre prevención de riesgos laborales.

¿SABÍAS QUE...?

La Ley de Prevención de Riesgos Laborales no se aplica a la relación laboral especial del **servicio doméstico**; no obstante, la persona titular del hogar familiar está obligada a velar por que el trabajo de sus empleados o empleadas se realice en condiciones adecuadas.

PONTE A PRUEBA 2

La Ley 31/1995, de Prevención de Riesgos Laborales, establece unos principios para conseguir la seguridad y la salud de las personas trabajadoras. Señala a qué aspectos concretos se refieren estos principios generales:

a) Proteger la seguridad y la salud de las personas trabajadoras.

b) Disminuir el número de accidentes de trabajo.

c) Formar a las personas trabajadoras en cuestiones relativas a la prevención.

d) Establecer las obligaciones de las personas trabajadoras relacionadas con la prevención de riesgos laborales.

e) Eliminar o disminuir los riesgos derivados del trabajo.

Para resolver esta tarea, consulta el artículo 2 de la citada ley.

ACTIVIDADES

4. Entra en la página web www.expotrabajoysalud.es, visualiza el vídeo *Audiovisual general* y responde a las siguientes cuestiones:

a) ¿Cuáles son los antecedentes de la prevención de riesgos laborales en nuestro país?

b) ¿Cuál fue la primera norma sobre este tema en España?

c) ¿Cuáles van a ser las preocupaciones futuras respecto a la prevención de riesgos laborales?

d) Haz una línea del tiempo con aquellos hechos que consideres más importantes.

IMPORTANTE

Aplicación de la LPRL

La Ley de Prevención de Riesgos Laborales se aplica a **todos los tipos de prestación de servicios**, incluida la del personal funcionario y también a las personas trabajadoras autónomas cuando no empleen a nadie y coincidan en el trabajo con empleados o empleadas de otras empresas u otros autónomos; en ese caso existe la obligación de coordinar la prevención.

2.1. Obligaciones de la empresa

Para garantizar el derecho de las personas trabajadoras a una **protección eficaz** en materia de seguridad y salud, la empresa debe adoptar cuantas medidas sean necesarias, cumpliendo la normativa de prevención de riesgos laborales y asumiendo el coste de todas las acciones que se desarrollen (Tabla 13.2).

Obligación	Descripción
Plan de prevención	Se elaborará un plan de prevención a través del cual se integrará la prevención en la gestión general de la empresa.
Evaluación de riesgos	Se evaluarán los riesgos que no se hayan podido evitar, tanto los de cada puesto como los generales de los centros de trabajo.
Planificación de la actividad preventiva	Se planificarán las medidas preventivas para eliminar o reducir los riesgos detectados, si la evaluación realizada manifiesta que existen situaciones de riesgo.
Equipos de trabajo	Se facilitará a las personas trabajadoras los equipos de trabajo adecuados y adaptados al puesto.
Equipos de protección individual	Se proporcionará al personal los equipos de protección individual cuando los riesgos no se puedan evitar con medios de protección colectiva o con medios o métodos de organización del trabajo.
Información, consulta y participación	Se adoptarán las medidas adecuadas para que la plantilla reciba toda la información necesaria en relación con los riesgos para su salud, las medidas de prevención y protección y las medidas de emergencia.
Formación	Se garantizará que cada persona trabajadora tenga acceso a una formación teórica y práctica suficiente y adecuada sobre los riesgos y las medidas que le afecten.
Medidas de emergencia	Se analizarán las posibles situaciones de emergencia y se adoptarán medidas relativas a primeros auxilios, lucha contra incendios, evacuación y confinamiento de las personas trabajadoras. En situaciones de riesgo grave e inminente se adoptarán las medidas necesarias para que el personal pueda abandonar de inmediato el lugar de trabajo.
Vigilancia de la salud	Se garantizará una vigilancia periódica del estado de salud de las personas trabajadoras, con su consentimiento (salvo excepciones) y respetando su intimidad y dignidad.
Protección de colectivos especialmente sensibles	Se asegurará la protección de las empleadas y los empleados especialmente sensibles, las embarazadas, los menores de edad y las personas trabajadoras temporales.
Documentación	Se elaborará y conservará la documentación relativa a la actividad preventiva de la empresa (plan de prevención, evaluación de riesgos laborales, reconocimientos médicos, relación de accidentes de trabajo, etc.).
Coordinación	Se coordinará la actividad preventiva cuando en un mismo centro coincidan personas trabajadoras de dos o más empresas.

Tabla 13.2. Obligaciones de los empresarios en materia de prevención de riesgos laborales.

ABC VOCABULARIO

EPI. Equipo destinado a ser llevado o sujetado por la persona trabajadora para que le proteja de uno o varios riesgos que puedan amenazar su seguridad o su salud en el trabajo, así como cualquier complemento o accesorio destinado a tal fin.

INSST.

CASO PRÁCTICO 3. Obligaciones sobre prevención de riesgos laborales

Sara trabaja en una empresa dedicada a la fabricación de mobiliario de oficina. Últimamente tiene problemas respiratorios y le han dicho que están causados por el polvo que se genera al cortar los tablones de madera. Ha comunicado esta circunstancia a la empresa, pero le han respondido que no pueden hacer nada. ¿Está incumpliendo la empresa alguna obligación?

Solución:

Sí. La empresa debe garantizar la seguridad y la salud de aquellas personas trabajadoras que sean especialmente sensibles a alguno de los riesgos derivados de las tareas que desempeñan. Ello puede conllevar desde la obligación de adaptar su puesto de trabajo hasta la de cambiar a la persona trabajadora a algún otro puesto que sea compatible con sus circunstancias personales.

A. La vigilancia de la salud por parte de las empresas

Es una obligación de la empresa garantizar la vigilancia periódica del estado de salud de la plantilla de acuerdo con los riesgos inherentes al trabajo. Dicha vigilancia es voluntaria para la persona trabajadora, aunque los reconocimientos son forzosos en los siguientes casos:

- Cuando sean imprescindibles para evaluar los efectos de las condiciones de trabajo sobre la salud del personal.
- Para verificar si el estado de salud de una persona trabajadora puede constituir un peligro para ella misma, para los demás empleados y empleadas o para otras personas relacionadas con la empresa.
- Cuando así lo establezca una disposición legal en relación con la protección de riesgos específicos y actividades de especial peligrosidad.

Los gastos derivados de la realización de los reconocimientos médicos correrán a cargo de la empresa siempre.

B. El deber de información y formación

La empresa debe poner a disposición del trabajador **información** sobre las circunstancias en las que desarrolla su actividad laboral, los riesgos que esta conlleva y la gravedad de los mismos, las medidas preventivas adoptadas y las de emergencia. Asimismo, proporcionará directamente a la persona trabajadora, de forma verbal o por escrito, información sobre los riesgos específicos de su actividad y las medidas de prevención y protección aplicables a dichos riesgos. Esta información también le será facilitada de **forma indirecta** a través de sus representantes en materia de prevención.

Las personas trabajadoras deben recibir **formación teórica y práctica** sobre riesgos laborales suficiente y adecuada, centrada en su puesto de trabajo y adaptada a la evaluación de riesgos. Se impartirá:

- Cuando la persona trabajadora se incorpore a su puesto.
- Cuando se produzcan cambios en sus funciones.
- Cuando se introduzcan nuevas tecnologías o modificaciones en los equipos de trabajo.

La formación, gratuita para la persona trabajadora, se impartirá, siempre que sea posible, dentro de la jornada de trabajo, o en otros horarios, pero descontando el tiempo invertido.

! IMPORTANTE

El tiempo invertido en **reconocimientos médicos** se considera tiempo efectivo de trabajo en el caso de que estos se realicen durante la jornada laboral. Si se llevan a cabo fuera del horario de trabajo, se descontará el tiempo empleado.

¿SABÍAS QUE...?

La **información médica** derivada de la vigilancia de la salud de cada persona trabajadora es **confidencial.** Solo tendrá acceso a ella la propia persona trabajadora y, en su caso, la autoridad sanitaria.

La empresa solo será informada de las conclusiones relativas a la aptitud de la persona trabajadora para su puesto de trabajo y, sobre todo, las relativas a la necesidad de adecuación del puesto de trabajo para proteger la salud de la persona.

CASO PRÁCTICO 4. Información y formación laboral

Beatriz ha empezado a trabajar como animadora sociocultural en un hotel y está sorprendida porque durante la primera semana le han dado formación sobre prevención de riesgos laborales. ¿Es obligatorio para la empresa formar a las personas trabajadoras sobre los riesgos a los que están expuestas?

Solución:

Sí. Las empresas deben ofrecer formación teórica y práctica sobre la PRL centrada en el puesto de trabajo de cada persona. Esta formación se repetirá cuando haya modificaciones en sus funciones o se introduzcan cambios en los equipos.

ACTIVIDADES

5. Manuela ha solicitado que le faciliten los equipos de protección individual necesarios y el encargado le ha respondido que su adquisición es obligación suya. Indica a quién corresponde la obligación.

6. Marta estudió el ciclo de Desarrollo de Aplicaciones Multiplataforma y en la actualidad trabaja como autónoma para otras empresas desarrollando aplicaciones para móviles. Señala si se le aplica o no la Ley de Prevención de Riesgos Laborales.

7. Un conductor de autobús ha sido sancionado por negarse a pasar un reconocimiento médico al que, según la empresa, tiene obligación de someterse, pues así lo establece la normativa. ¿Sería obligatorio en este caso realizar dicho reconocimiento?

C. La protección de los trabajadores especialmente sensibles

La LPRL intenta asegurarse de que se preste una atención muy especial a la protección de la seguridad y la salud de colectivos especialmente sensibles (Tabla 13.3):

Protección de menores de edad	• Se debe realizar una evaluación de riesgos de los puestos de trabajo que vayan a ocupar estas personas trabajadoras, antes de su incorporación a los mismos. • Hay que informar a estos jóvenes y a sus progenitores o tutores de los posibles riesgos y de todas las medidas adoptadas para su seguridad y la protección de su salud. • No se debe contratar a menores de edad para actividades peligrosas, nocivas, insalubres y penosas (Decreto de 1957).
Protección de la maternidad y la lactancia	La realización de ciertos trabajos repercute negativamente sobre el **embarazo o la lactancia.** Por ello, se debe: • Adaptar las condiciones laborales o la jornada de la empleada. • Asignar un puesto de trabajo o función diferentes cuando la adaptación no sea posible. • Si no se puede asignar otro puesto o función, se suspenderá el contrato por riesgo para el embarazo y la lactancia.
Protección de personas trabajadoras especialmente sensibles	• Se debe garantizar la seguridad y la salud de aquellas personas trabajadoras que, por sus propias características personales o su estado **físico o psíquico,** sean especialmente sensibles a algunos riesgos derivados de las tareas que desempeñan. • Se deben tener en cuenta dichos aspectos en las evaluaciones de los riesgos y, en función de estas, se adoptarán las medidas preventivas y de protección necesarias. • Estas personas no serán empleadas en puestos en los que puedan ponerse ellos mismos, o a terceros, en situación de peligro.

Tabla 13.3. Protección de las personas trabajadoras especialmente sensibles.

2.2. Derechos y obligaciones de las personas trabajadoras

Las personas trabajadoras tienen derecho a una protección eficaz en relación con la seguridad y la salud en el trabajo, pero también están obligadas a velar por su propia seguridad y salud y por la de aquellas personas a las que pueda afectar su actividad profesional.

Este deber genérico se concreta en una serie de obligaciones particulares (Tabla 13.4) que, en caso de incumplimiento, darán lugar a la correspondiente sanción disciplinaria.

Obligaciones	Velar por su propia seguridad y salud en el trabajo, y también por la de aquellas personas a las que pueda afectar su actividad.
	Utilizar adecuadamente los medios y equipos de protección facilitados por la empresa, de acuerdo con las instrucciones recibidas.
	No poner fuera de funcionamiento y utilizar correctamente los dispositivos de seguridad existentes.
	Informar a sus superiores y a los responsables de prevención en caso de que exista un riesgo para la seguridad y la salud de las personas trabajadoras.
	Cooperar con la empresa para garantizar unas condiciones de trabajo seguras y contribuir al cumplimiento de las obligaciones relacionadas con la prevención.

Tabla 13.4. Obligaciones de las personas trabajadoras sobre su seguridad y su salud.

ACTIVIDADES

8. Para que tanto las empresas como las personas trabajadoras puedan luchar contra los riesgos profesionales, es importante que estas conozcan sus derechos y sus obligaciones. Indica si cada una de las siguientes obligaciones corresponde a la empresa o a la persona trabajadora.

a) Evaluar los riesgos.
b) No poner fuera de funcionamiento los dispositivos de seguridad.
c) Formar a las personas trabajadoras sobre los riesgos laborales.
d) Usar adecuadamente las máquinas, aparatos y herramientas.
e) Informar a los superiores sobre los riesgos detectados.
f) Realizar un plan de prevención.

¿SABÍAS QUE...?

Las **trabajadoras embarazadas** tienen derecho a ausentarse del trabajo, sin descuento en su remuneración, para la realización de exámenes prenatales y técnicas de preparación al parto.

2.3. Responsabilidades en materia de prevención

El incumplimiento de sus obligaciones sobre prevención de riesgos laborales por parte de las empresas puede dar lugar a responsabilidades diversas; la persona trabajadora, en menor medida, también puede tener que asumir responsabilidades de tipo laboral (Tabla 13.5).

Responsable	Tipo de responsabilidad	Sanción	Ejemplo
Empresa	**Administrativa.** Cuando se produce un incumplimiento de la normativa sobre prevención de riesgos laborales. Las infracciones pueden ser leves, graves o muy graves (Ley sobre Infracciones y Sanciones en el Orden Social).	• Económica. • Suspensión temporal de la actividad. • Paralización de los trabajos. • Cierre del centro de trabajo.	Sanción económica a una empresa por no informar y formar a las personas trabajadoras sobre los riesgos a los que están expuestas.
	Recargo en las prestaciones de la Seguridad Social. Cuando se produce un accidente de trabajo o una enfermedad profesional como consecuencia directa de la falta de medidas preventivas.	Recargo en las prestaciones de la Seguridad Social (30-50 %), que pagará la empresa, en caso de incapacidad por accidentes de trabajo o enfermedad profesional.	Recargo de un 40 % en la prestación de la Seguridad Social por incapacidad permanente, a cargo de la empresa, por la caída de una persona trabajadora de un andamio que carecía de plataformas seguras y de barandilla.
	Civil. Cuando se produce un daño en la salud de la persona trabajadora debido a una conducta culposa o dolosa. Tiene la finalidad de reparar el daño causado.	Indemnización por los daños físicos o morales y por los perjuicios ocasionados a las personas trabajadoras.	Indemnización de 50 000 € a una persona trabajadora por la pérdida de una mano a causa de un fallo de mantenimiento de un equipo.
	Penal. Como consecuencia de poner en peligro grave la vida, la salud o la integridad física de la persona trabajadora.	• Privación de libertad. • Multa económica. • Inhabilitación para ejercer determinados derechos o cargos.	Sentencia que condena a ocho meses de prisión a un empresario que encomendó a una persona trabajadora tareas para las cuales carecía de formación.
Persona trabajadora	**Disciplinaria.** Como consecuencia del incumplimiento de sus obligaciones sobre prevención de riesgos laborales.	Se aplicará la sanción que corresponda, según el régimen disciplinario de la empresa, en función de la gravedad de la infracción.	Dos personas trabajadoras fueron despedidas por motivos disciplinarios por no utilizar el casco de seguridad de manera continua y reiterada.

Tabla 13.5. Responsabilidades de las empresas y de las personas trabajadoras.

CASO PRÁCTICO 5. Responsabilidades con la prevención

El gerente de un taller de electromecánica ha sido condenado a dos años y cuatro meses de prisión por el fallecimiento de una persona a causa de una descarga producida mientras manipulaba un cuadro eléctrico, trabajo para el cual no estaba cualificada. Además, la empresa carecía de plan de prevención.

Señala a qué tipo de responsabilidades se refiere el caso.

Solución:

Se trata de un supuesto de responsabilidad penal, ya que el incumplimiento de la empresa ha puesto en riesgo grave la vida de la persona trabajadora.

PONTE A PRUEBA 3. Responsabilidades relacionadas con la prevención

Los propietarios de una panadería industrial fueron condenados a dos años de cárcel por el accidente de una trabajadora que perdió un brazo manipulando una máquina amasadora sin haber sido informada de los riesgos que corría al utilizarla; además, los sistemas de seguridad no estaban operativos. En la sentencia se estableció una indemnización de 140 000 euros para la víctima.

Después del accidente, la Inspección de Trabajo de Valencia levantó actas de infracción por falta muy grave a la empresa y efectuó un recargo de un 50 % de las prestaciones de la Seguridad Social a favor de la trabajadora lesionada.

a) Identifica los tipos de responsabilidad y la sanción que se impone en este caso.

b) ¿Qué infracción muy grave ha podido cometer la empresa de acuerdo con los hechos descritos?

Para resolver esta tarea, utiliza la Tabla 13.5 y lee el artículo 12 de la Ley sobre Infracciones y Sanciones en el Orden Social.

3. Daños derivados del trabajo

La finalidad principal de la prevención de riesgos laborales es evitar cualquier tipo de daño que pueda sufrir una persona trabajadora.

> Según la Ley de Prevención de Riesgos Laborales, son **daños derivados del trabajo** las enfermedades, patologías o lesiones sufridas con motivo u ocasión del trabajo.

Los accidentes de trabajo y las enfermedades profesionales, que son los principales daños, se denominan **patologías específicas del trabajo** por su relación de causa-efecto con el mismo. Existen otras enfermedades que se conocen como **patologías inespecíficas del trabajo** (fatiga crónica, estrés, envejecimiento prematuro...) porque en su aparición pueden influir factores no laborales (Fig. 13.7).

¿SABÍAS QUE...?

El primer **accidente de trabajo** descrito tuvo lugar durante el Neolítico y consistió en el derrumbamiento de una galería en una cantera de sílice, en terrenos de la actual Bélgica, que causó numerosos muertos.

Daños derivados del trabajo

- **Patologías específicas del trabajo**
  Existe una relación de causa-efecto.
  - Accidentes de trabajo
  - Enfermedades profesionales
- **Patologías inespecíficas del trabajo**
  Existen factores no laborales que influyen en su aparición.
  - Otras patologías

Fig. 13.7. Daños derivados del trabajo.

3.1. Accidentes de trabajo

Los accidentes laborales son uno de los indicadores de los riesgos existentes en el puesto de trabajo. Desde el punto de vista legal, la Ley General de la Seguridad Social (LGSS) establece su definición para los trabajadores por cuenta ajena.

> Se entiende por **accidente de trabajo** toda lesión corporal que la persona trabajadora sufra con ocasión o como consecuencia del trabajo que ejecute por cuenta ajena (Fig. 13.8).

Lesión corporal	Una lesión corporal no solamente se refiere al daño físico, sino también al psíquico o mental.
Trabajo por cuenta ajena	Se produce cuando la padece una persona trabajadora por cuenta propia o ajena.
Relación de causalidad	Se establece un nexo causal, es decir, una relación de causa-efecto, entre el trabajo y la lesión.

Fig. 13.8. Requisitos básicos del accidente de trabajo.

Además del accidente de trabajo que se produce en el lugar de trabajo y durante la jornada laboral, la LGSS recoge otros supuestos que merecen la misma consideración (Tabla 13.6).

¿SABÍAS QUE...?

Desde el 1 de enero de 2019, todas las personas trabajadoras autónomas están obligadas a **cotizar por contingencias profesionales** (accidentes de trabajo y enfermedades profesionales) a través de una mutua colaboradora con la Seguridad Social.

Según el artículo 316 de la LGSS, se entenderá como accidente de trabajo del trabajador autónomo el ocurrido como consecuencia directa e inmediata del trabajo que realiza por su propia cuenta y que determina su inclusión en el campo de aplicación de dicho Régimen Especial.

CASO PRÁCTICO 6. Accidente de trabajo

Francisco ha sufrido quemaduras leves en una mano cuando se encontraba realizando tareas de mantenimiento de una caldera de gasóleo. Indica si se dan los elementos para poder hablar de accidente de trabajo.

Solución:

Sí, ya que se reúnen todos los requisitos: lesión corporal, trabajo por cuenta ajena y relación de causalidad entre la lesión y el trabajo.

IMPORTANTE

Se deben tener en cuenta también los **incidentes** (sucesos que causan daños a la propiedad, pero no a las personas), porque pueden transformarse en accidentes de trabajo.

	Concepto	Ejemplo
	Son accidentes de trabajo...	
Los accidentes al ir y volver del lugar de trabajo (accidentes *in itinere*)	Se establecen los requisitos necesarios por jurisprudencia: • La finalidad del viaje debe estar determinada por el trabajo. • El trayecto desde el domicilio al lugar de trabajo, o viceversa, ha de ser el habitual, aunque no se trate del más corto. • El accidente debe producirse dentro del tiempo prudencial que se invierte en el trayecto y sin desviaciones relevantes. • El viaje debe realizarse con un medio de transporte.	El accidente de tráfico que sufre una persona trabajadora cuando se dirige hacia el trabajo tras salir de su domicilio. No será accidente laboral el producido al desplazarse para realizar una gestión personal con autorización de la empresa.
Los accidentes en misión	Se producen cuando la persona trabajadora se desplaza o está desplazada para cumplir una misión encomendada por la empresa. Puede ocurrir en el viaje y mientras se realiza el trabajo.	No se considera accidente de trabajo el infarto que sufre una persona trabajadora que está descansando en el hotel donde se aloja para cumplir una misión.
Las enfermedades relacionadas con el trabajo	• Las enfermedades comunes que contraiga la persona trabajadora por la realización de su trabajo, siempre que se pruebe que la enfermedad tuvo como causa exclusiva la ejecución del mismo. • Las enfermedades que la persona trabajadora padezca anteriormente y que se compliquen por un accidente de trabajo. • Las consecuencias de un accidente modificadas por nuevas enfermedades contraídas en el medio en que se haya situado a la persona trabajadora para su curación.	• El estrés que sufre una persona trabajadora como consecuencia de una excesiva carga de trabajo. • Una hernia discal que se agrava al manipular una carga dará lugar a una baja por accidente de trabajo.
	No son accidentes de trabajo...	
Los accidentes por imprudencia temeraria	Existe imprudencia temeraria cuando la persona trabajadora actúa de manera contraria a las normas dictadas por la empresa de forma reiterada. Si se da también un riesgo manifiesto, innecesario y grave, se considera que **existe imprudencia temeraria;** si no, será una **imprudencia profesional**, que no impide que se considere accidente de trabajo.	El atrapamiento de una mano de una persona trabajadora al retirar una pantalla de protección cuando se le había prohibido terminantemente.
Los accidentes por dolo	Se considera que existe dolo cuando la persona trabajadora consciente, voluntaria y maliciosamente provoca un accidente para obtener prestaciones que se derivan de la contingencia.	El daño que se produce la persona trabajadora de forma intencionada para cobrar alguna prestación.
	Se presume que son accidentes de trabajo...	
Los accidentes por presunción legal	Los accidentes que ocurren en el tiempo y en el lugar de trabajo, salvo que se pruebe lo contrario.	El infarto que sufre una persona trabajadora cuando está trabajando se considera accidente de trabajo.

Tabla 13.6. Otros accidentes de trabajo.

PONTE A PRUEBA 4. Supuestos de accidentes de trabajo

Señala si los siguientes casos cumplen los requisitos para ser considerados accidentes de trabajo. Justifica las respuestas.

a) Una hernia discal que se agrava como consecuencia de la manipulación de cargas pesadas.

b) Una infección contraída en el hospital al que se acude por un golpe en el trabajo.

c) Un accidente de tráfico al volver a casa después de haber visitado a unos familiares al salir del trabajo.

d) Unas quemaduras al extinguir un incendio que se produce en los locales de la empresa.

Para resolver esta actividad, puedes consultar el artículo 156 de la Ley General de la Seguridad Social.

ACTIVIDADES

9. Señala cuáles son los principales tipos de accidentes de trabajo que piensas que se producen en tu sector profesional.

10. En la empresa donde trabaja Isabel, un compañero ha sufrido un grave accidente de tráfico al desplazarse, en horario laboral, a una cita médica con la autorización de la empresa.

¿Se puede afirmar que es un accidente *in itinere*? Justifica la respuesta.

3.2. Enfermedades profesionales

La enfermedad profesional es el **daño** o la **alteración de la salud** causados por las condiciones ambientales (agentes físicos, químicos o biológicos) del puesto de trabajo.

La **Ley General de la Seguridad Social** la define como «la contraída a consecuencia del trabajo ejecutado por cuenta ajena y propia en las actividades que se especifiquen en el cuadro que se apruebe por las disposiciones de aplicación y desarrollo de esta ley, y que esté provocada por la acción de elementos o sustancias que en dicho cuadro se indiquen para cada enfermedad profesional».

Así, para que exista una enfermedad profesional, deben darse dos parámetros:

- Que el trabajo sea por cuenta ajena.
- Que la enfermedad se origine como consecuencia de las actividades y las sustancias o elementos que se especifiquen en el cuadro de enfermedades profesionales establecido por el Real Decreto 1299/2006, de 10 de diciembre. Tienes algunos ejemplos en la Figura 13.9.

¿SABÍAS QUE...?

Se entiende por **enfermedad profesional** la contraída a consecuencia del trabajo ejecutado por cuenta propia, que esté provocada por la acción de los elementos y sustancias y en las actividades que se especifican en la lista de enfermedades profesionales, anexa al Real Decreto 1299/2006, de 10 de noviembre, por el que se aprueba el cuadro de enfermedades profesionales.

Enfermedades profesionales

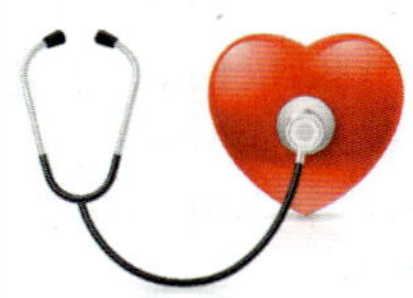

1. **Causadas por agentes químicos**
   Producidas por metales, ácidos, alcoholes, etc.
2. **Causadas por agentes físicos**
   Síndrome del túnel carpiano, hipoacusia, bursitis, nódulos en las cuerdas vocales, tendinitis, etc.
3. **Causadas por agentes biológicos**
   Paludismo, legionela, dengue, fiebre amarilla, hepatitis A y B, etc.
4. **Causadas por la inhalación de sustancias y agentes no incluidas en otros apartados**
   Silicosis, asbestosis, asma, etc.
5. **De la piel, no incluidas en otros apartados**
   Producidas por polvo de madera, productos farmacéuticos, sustancias químico-plásticas, aditivos, disolventes, conservantes, perfumes, etc.
6. **Causadas por agentes carcinógenos**
   Cáncer de piel o de pulmón, silicosis, asbestosis, etc.

Fig. 13.9. Principales enfermedades específicas del trabajo.

CASO PRÁCTICO 7. Enfermedades profesionales

Isabel trabaja en un laboratorio de anatomía patológica y se encuentra de baja por una hepatitis B.

Indica si esta enfermedad se considera como profesional y dentro de qué grupo está incluida.

Solución:

Sí, es una enfermedad profesional causada por agentes biológicos que se puede dar en personas que realizan actividades relacionadas con la prevención y la asistencia médica.

PONTE A PRUEBA 5. Enfermedades profesionales

Investiga cuáles son las enfermedades profesionales que tienen más incidencia en nuestro país según el tipo de agente que las produce y la actividad económica.

Para resolver esta actividad, puedes consultar los datos estadísticos que nos ofrece el Observatorio de Enfermedades Profesionales en el siguiente enlace: **https://bit.ly/3qR5qxY**.

ACTIVIDADES

11. Carmelo trabaja como oficial panadero en un obrador. Últimamente sufre picor en la nariz y en los ojos y le han diagnosticado asma por exposición al polvo de la harina con la que trabaja.

¿Qué debe hacer para saber si se trata de una enfermedad profesional?

12. Indica cuáles son las principales enfermedades profesionales propias de tu sector y explica qué agentes las causan.

3.3. Otras patologías

Son patologías inespecíficas del trabajo, por existir factores no laborales que pueden influir en su aparición, como el estrés, el envejecimiento prematuro, la insatisfacción laboral y la fatiga. A estos daños hay que añadir las patologías emergentes como el *burnout* y el *mobbing* (Fig. 13.10).

Patologías inespecíficas

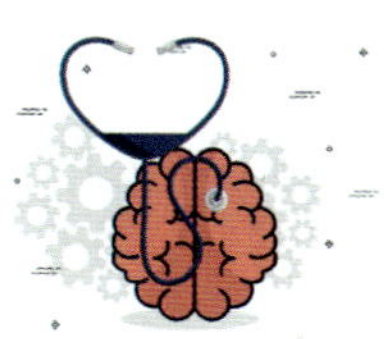

- **Fatiga.** Disminución de la capacidad física y mental de una persona trabajadora.
- **Insatisfacción laboral.** Malestar que sufre la persona trabajadora como consecuencia de su trabajo y que incide de forma notable en su rendimiento.
- **Estrés.** Tensión provocada por las demandas del entorno de trabajo, que superan la capacidad de la persona trabajadora para hacerles frente, y afecta negativamente a su salud psíquica y física.
- **Envejecimiento prematuro.** Proceso natural que afecta a los seres vivos y que se acelera en personas trabajadoras expuestas a altas temperaturas o que realizan esfuerzos físicos y psíquicos considerables.
- ***Mobbing.*** Situación en la que una persona o un grupo ejercen una presión psicológica extrema, de forma sistemática (al menos una vez por semana), durante un tiempo prolongado (más de seis meses), sobre otra persona en el lugar de trabajo.
- ***Burnout* o «síndrome del quemado».** Desgaste emocional, despersonalización y menor realización personal que se produce en las personas trabajadoras que están en contacto con clientes y usuarios o pacientes.

Fig. 13.10. Enfermedades profesionales inespecíficas.

¿SABÍAS QUE...?

Las enfermedades causadas por **agentes físicos** constituyen cerca del 80 % de las enfermedades profesionales declaradas en nuestro país, seguidas, con casi un 6 %, por las enfermedades de la piel.

¿SABÍAS QUE...?

El **estrés** es uno de los principales problemas para la salud y la seguridad de las personas trabajadoras en Europa. En torno a la mitad de los trabajadores europeos consideran que el estrés es un elemento común en sus lugares de trabajo.

CASO PRÁCTICO 8. Enfermedades profesionales

A Carolina le han diagnosticado un cuadro médico de estrés, originado por un exceso de carga de trabajo. Al tramitar la incapacidad temporal, le han comentado que el estrés no es una enfermedad profesional. ¿Es correcta esta afirmación?

Solución:

Sí, porque el estrés no es una enfermedad profesional; sin embargo, en este caso, el médico ha firmado una incapacidad laboral temporal por estrés debido a un exceso de carga en el trabajo.

ACTIVIDADES

13. En la empresa de Eva se están dando bastantes casos de trabajadores que presentan un cuadro de ansiedad por la presión a la que se les somete para que aumenten la productividad, ya que en caso contrario se les amenaza con el despido. Indica si esta situación podría ser causa de daños para la salud de las personas trabajadoras.

14. Señala qué tipos de daños están presentes en tu sector profesional.

PIENSA Y RESUELVE

15. Las empresas están obligadas a informar a las personas trabajadoras de los riesgos a los que están expuestas en su trabajo. Una de las técnicas que se han empleado en una organización consiste en colocar carteles informativos, pero los representantes de los trabajadores han comunicado a la empresa que la información que llega por este método es insuficiente.

Piensa y propón otras maneras para que las personas trabajadoras tengan acceso a dicha información de manera más efectiva.

ACTIVIDADES DE SÍNTESIS

1. Completa el texto con las siguientes palabras clave:

seguridad y salud / daño / social / bienestar / accidente / prevención / riesgo laboral / enfermedades profesionales / Ley de Prevención de Riesgos Laborales / obligaciones

La salud es el estado de ... físico, psíquico y ... . Un ... es la posibilidad de sufrir un ... derivado del trabajo. Los principales daños son los ... de trabajo y las ... . Para evitar los riesgos se deben adoptar medidas de ... . La principal norma referida a la prevención es la ... , que establece las ... de la empresa y los derechos de las personas trabajadoras relacionadas con la ... en el trabajo.

2. Clasifica los siguientes elementos en función del grupo de riesgos al que pertenecen: vibraciones, movimientos repetitivos, monotonía, bacterias, radiaciones, fibras, trabajo a turnos, posturas forzadas, golpes con herramientas, trabajo nocturno, ruido, caída desde una altura, hongos, gases, virus, manipulación de cargas.

3. Indica en qué consisten estas obligaciones de la empresa:

a) Formación de las personas trabajadoras.

b) Vigilancia de la salud.

c) Coordinación de la actividad preventiva.

d) Protección de colectivos especialmente sensibles.

4. Identifica de la siguiente lista los riesgos laborales, los factores de riesgo y los daños laborales.

a) Fractura.

b) Exposición a agentes químicos.

c) Equipo que genera ruido.

d) Quemaduras.

e) Caídas al mismo nivel.

f) Trabajo en altura.

5. Indica si las siguientes afirmaciones son verdaderas o falsas. Justifica tus respuestas.

a) Las personas trabajadoras menores de edad tienen el mismo tratamiento en cuanto a la prevención de riesgos laborales que las mayores de edad.

b) Las personas trabajadoras están obligadas a someterse a los reconocimientos médicos de la empresa.

c) La formación sobre prevención de riesgos laborales debe realizarse fuera del horario de trabajo.

d) La responsabilidad administrativa de la empresa por incumplimiento de las obligaciones relacionadas con la prevención supone para esta el pago de indemnizaciones a las personas trabajadoras.

INVESTIGACIÓN

Palabras clave para la búsqueda de información: *daños en la salud, accidente de trabajo, enfermedad profesional.*

Según la OIT, alrededor de 7500 personas mueren cada día debido a accidentes o enfermedades laborales. Concretamente, la organización calcula que fallecen diariamente 1000 personas en el mundo como consecuencia de accidentes de trabajo, mientras que otras 6500 lo hacen a causa de enfermedades profesionales, lo que supone entre un 5 y un 7 % del conjunto de las muertes registradas a nivel mundial.

En total, cerca de 2,78 millones de personas trabajadoras mueren cada año en accidentes de trabajo y por enfermedades profesionales.

6. Visualiza el vídeo *Seguridad y salud en el centro del futuro del trabajo* en el siguiente enlace y responde a las cuestiones que se plantean: **http://bit.ly/3nveojm.**

a) ¿Cómo repercuten los accidentes de trabajo?

b) ¿Cuáles son las principales actuaciones de la OIT en relación con la seguridad y la salud?

c) En el vídeo se menciona el accidente de Rana Plaza en Bangladés. Indaga y elabora una ficha con datos para presentar lo que ocurrió.

7. Investiga sobre los datos de siniestralidad laboral en España e indica qué número de accidentes de trabajo se producen al año en nuestro país, sus causas más frecuentes y los sectores de actividad en que más se producen.

Puedes consultar el siguiente enlace:

- **https://bit.ly/2KxaYOi**

8. Los índices de incidencia y de frecuencia son unos indicadores que se utilizan en las comparativas sobre accidentes.

a) Explica qué son los índices de frecuencia y de incidencia y cómo se calculan.

b) Con los siguientes datos, calcula los índices de incidencia y frecuencia de una empresa que emplea 52 personas trabajadoras y en la que han trabajado 110 000 horas al año y se han producido tres accidentes laborales con baja.

Puedes consultar el siguiente enlace:

- **http://bit.ly/2Kz6Vkx**

TEST DE REPASO

1. La prevención de riesgos es el conjunto de medidas adoptadas por la empresa para...

a) Proteger a las personas trabajadoras de los riesgos de su puesto de trabajo.
b) Evaluar los riesgos laborales.
c) Evitar los riesgos derivados del trabajo.
d) Cumplir la normativa sobre prevención de riesgos laborales.

2. Si es posible sufrir un daño derivado del trabajo, estamos hablando de...

a) Un accidente de trabajo.
b) Un factor de riesgo.
c) Un riesgo laboral.
d) Una condición de trabajo.

3. Si una persona trabajadora está expuesta a situaciones que aumentan la posibilidad de sufrir un daño derivado del trabajo, hacemos referencia a...

a) Un riesgo laboral.
b) Un factor de riesgo.
c) Un daño derivado del trabajo.
d) Una medida de protección.

4. Para poder hablar de accidente de trabajo, ¿qué requisitos es necesario que concurran?

a) Que se produzca en el trabajo por cuenta propia, que haya lesión corporal y que no exista una relación de causa-efecto entre el accidente y el trabajo.
b) Que se produzca en el trabajo por cuenta ajena, que haya lesión corporal y que exista una relación de causa-efecto entre el accidente y el trabajo.
c) Que se produzca en el centro de trabajo.
d) Que no haya imprudencia profesional por parte de la persona trabajadora.

5. ¿Cuál de los siguientes requisitos no es necesario para que exista enfermedad profesional?

a) Debe darse en personas trabajadoras por cuenta ajena.
b) Debe venir incluida en el cuadro del Real Decreto 1299/2006.
c) Debe manifestarse de forma inmediata.
d) Debe contraerse en actividades y por la acción de determinadas sustancias recogidas en la normativa.

6. El accidente *in itinere* es aquel que se produce...

a) En el centro de trabajo.
b) En los desplazamientos por motivos laborales.
c) Al ir o volver del trabajo.
d) En medios de transporte de la empresa.

7. Cuando una enfermedad no está incluida en el cuadro de enfermedades profesionales, pero tiene su causa en el trabajo, nos encontramos ante...

a) Una enfermedad laboral.
b) Un accidente no laboral.
c) Un accidente de trabajo.
d) Una enfermedad común.

8. Los accidentes de trabajo y las enfermedades profesionales se rigen por...

a) El Estatuto de los Trabajadores.
b) La Ley General de la Seguridad Social.
c) La Ley de Prevención de Riesgos Laborales.
d) El Reglamento de los Servicios de Prevención.

9. No se consideran personas trabajadoras especialmente sensibles...

a) Las mujeres en periodo de embarazo o lactancia.
b) Las personas menores de edad.
c) Las personas trabajadoras con una discapacidad psíquica, física o sensorial.
d) Quienes desarrollan trabajos de especial peligrosidad.

10. Si una trabajadora está embarazada, la empresa debe en primer lugar...

a) Realizar una evaluación de riesgos.
b) Adaptar su puesto de trabajo, si es necesario.
c) Informarla de los riesgos que existen en su situación.
d) Reducir su jornada.

11. Cuando una persona menor se incorpora a una empresa, esta debe...

a) Realizar una evaluación de riesgos del puesto de trabajo.
b) Someterla a un reconocimiento médico.
c) Informar a la Inspección de Trabajo.
d) Presentarla a los encargados y las encargadas de prevención de la empresa.

12. Señala qué tipo de responsabilidad no puede tener la empresa en relación con la actividad preventiva...

a) Civil.
b) Penal.
c) Administrativa.
d) Disciplinaria.

13. La responsabilidad civil de la empresa en relación con la prevención de riesgos laborales consiste en...

a) Una pena de prisión.
b) Una indemnización para la persona trabajadora.
c) Una multa que debe pagar a la Administración.
d) Un recargo de las prestaciones a la Seguridad Social.

COMPRUEBA TU APRENDIZAJE

1. Identifica, en las siguientes situaciones, los riesgos, los factores de riesgo que los generan y los daños en la salud de estas personas trabajadoras:

a) Marcos, carrocero, trabaja con un nivel de ruido elevado continuamente por el uso de pulidoras, martillos y compresores de aire comprimido; para evitar la pérdida de audición, usa protectores auditivos.

b) Lidia trabaja en una empresa de distribución, preparando los pedidos de la venta *on-line*. Frecuentemente, ayuda a otros colegas, por lo que no tiene tiempo de organizar sus pedidos a tiempo y se equivoca en ocasiones. Su jefe la ha reprendido alguna vez. La empleada piensa que, si la situación continúa, puede sufrir una depresión nerviosa por el estrés, como le ocurrió a un compañero.

2. A continuación se indican varios supuestos de personas trabajadoras con distintos tipos de enfermedades:

a) Un mecánico de automóviles diagnosticado de cáncer de laringe contraído por la exposición al amianto, material presente en las pastillas de freno y en los embragues de los automóviles.

b) Un médico que ha encadenado dos bajas por estrés causadas por el elevado número de pacientes que debe atender.

c) Un soldador de una calderería que sufre hipoacusia. Habitualmente, se encuentra expuesto a un nivel de ruido de 90 dB(A).

Busca, en el cuadro de enfermedades profesionales del RD 1299/2006, si se trata de enfermedades profesionales y en qué grupo se incluyen.

3. Una trabajadora de una empresa farmacéutica está expuesta a las siguientes condiciones de trabajo:

a) Ruido de los equipos de trabajo.

b) Exposición a vapores de sustancias químicas.

c) Realización de posturas forzadas.

d) Trabajo a turnos y nocturno.

e) Empleo de equipos de envasado.

Indica a qué grupo de factores de riesgo pertenece cada una de ellas.

4. Señala, en los siguientes supuestos sobre daños derivados del trabajo, cuál es el riesgo al que han estado expuestos los trabajadores, el factor de riesgo y el daño causado:

a) Un trabajador sufrió cortes en la mano izquierda mientras trabajaba en una fábrica cortando pescado con una guillotina. La máquina carecía de resguardos de protección.

b) Varios personas trabajadoras han sido diagnosticadas de silicosis por estar expuestas a polvo de sílice durante años en la factoría donde fabricaban piezas de cerámica.

5. Los accidentes de trabajo (AT) y las enfermedades profesionales (EP) son los principales daños derivados del trabajo. Identifica qué características son propias de cada uno de ellos.

a) Resulta de una acción brusca.

b) Provoca una lesión corporal.

c) Se incluye en un cuadro de la Seguridad Social.

d) Ocurre en el lugar de trabajo.

e) Puede declararse, aunque se haya dejado de trabajar.

f) Se produce de manera lenta.

6. Identifica si los siguientes supuestos son accidentes de trabajo o enfermedades profesionales:

a) El estrés postraumático de un profesional sanitario que ha sido agredido por el familiar de un paciente.

b) La tendinitis de una cajera de supermercado después de diez años realizando el mismo trabajo.

c) Un corte profundo en la palma de la mano de un cocinero ocurrido cuando picaba unas verduras.

d) La dermatitis de un trabajador por emplear sustancias químicas en el tratamiento de papel.

e) La intoxicación de un trabajador por un escape de CO_2.

f) El síndrome del túnel carpiano de un pescadero.

7. Indica si se cumplen los requisitos para que se trate de un accidente de trabajo.

a) Marcela, que trabaja en un almacén, ha sufrido un golpe en la cabeza al caerle encima varias cajas que estaban mal apiladas. La empleada ha estado dos días de baja por las contusiones causadas.

b) Un trabajador sufrió un accidente de tráfico cuando se dirigía a visitar a un familiar después de finalizar su jornada laboral y tras haber realizado una breve parada para llenar el depósito de gasolina.

8. En una empresa de fabricación de pinturas trabajan estas personas:

a) Un trabajador de 17 años.

b) Un empleado con problemas respiratorios.

c) Una trabajadora de 55 años.

Señala si deben considerarse especialmente sensibles, y qué medidas debe adoptar la empresa con respecto a estas personas trabajadoras.

9. César trabaja en una bodega después de terminar sus estudios de viticultura. Cuando lo contrataron, lo informaron de los posibles riesgos a los que estaría expuesto y recibió un curso sobre el manejo de equipos, productos químicos y manipulación de cargas. Le facilitaron guantes, zapatos y mascarillas para desempeñar su trabajo. Este año le han realizado, además, un reconocimiento médico. Indica cuáles han sido las obligaciones relacionadas con la prevención de riesgos laborales que ha cumplido la empresa.

10. Alexander, que ha estudiado Mecatrónica, se ha incorporado a una empresa procesadora y envasadora de alimentos. Como esta considera que el trabajador está suficientemente formado, no le ha ofrecido ninguna formación sobre los riesgos de su puesto de trabajo.

a) ¿Cumple la empresa sus obligaciones relacionadas con la formación sobre riesgos laborales?

b) La empresa ha adquirido un nuevo robot y va a formar al personal para que lo utilice de manera segura, pero la formación se llevará a cabo fuera de la jornada laboral. ¿Es obligatorio asistir?

11. Julieta, que está embarazada, trabaja en un hospital como técnica en radioterapia. Su médico le ha indicado que no puede continuar con sus tareas por existir riesgos para la salud del feto.

a) ¿Tiene derecho a ser destinada a otro puesto de trabajo?

b) En caso de que no exista otro puesto, ¿qué medidas pueden adoptarse?

12. Isabel trabaja en una empresa en la que debe llevar máscara de protección respiratoria. Isabel, alegando molestias, no se la pone de manera continua, razón por la cual ha sido sancionada con dos días de suspensión de empleo y sueldo.

Indica qué tipo de responsabilidad le ha sido impuesta, y si podría tener alguna otra.

13. Un trabajador de una carpintería sufrió una amputación de dos dedos de la mano con una sierra de disco. La máquina no tenía el marcado CE ni resguardos de seguridad. Señala las responsabilidades referidas a la prevención de riesgos laborales en las que puede incurrir la empresa.

14. Localiza tu convenio colectivo y busca, en el apartado sobre infracciones y sanciones, cómo se pueden sancionar disciplinariamente los incumplimientos relacionados con la prevención de riesgos laborales por parte de la persona trabajadora, la gravedad de dichos incumplimientos y las sanciones que pueden acarrear.

- Escribe dos ideas de esta unidad que tengas claras y que te parezcan fundamentales. ¿Qué te ayudó a comprenderlas?
- Formula dos preguntas sobre aspectos de la unidad que no hayas entendido totalmente.
- Escribe dos aspectos de esta unidad sobre los que te gustaría profundizar.

DE CAMINO AL MUNDO LABORAL

Las conductas responsables de las personas trabajadoras en el trabajo contribuyen a prevenir los riesgos laborales.

Objetivo

- Tomar conciencia de la importancia de la prevención de los riesgos laborales, especialmente en el caso de personas trabajadoras jóvenes.
- Saber en qué consisten el accidente *in itinere* y el accidente en misión y qué diferencias presentan.

Tareas

1. Una manera de sensibilizar sobre la prevención de los riesgos laborales consiste en promover campañas entre las personas trabajadoras.

En grupo de tres personas, vais a diseñar un cartel para dar a conocer una campaña.

a) Elegid un tema que consideréis importante.

b) Repartid las tareas: creación del eslogan, búsqueda de imágenes y diseño.

c) Presentad en clase el trabajo final.

2. Las personas jóvenes son un colectivo especialmente propenso a sufrir accidentes de trabajo.

Investiga cuáles son las causas y escribe tu opinión sobre este tema.

Puedes consultar estos enlaces:

- **http://bit.ly/3r7LO4P**
- **https://bit.ly/3nErGde**

3. Los accidentes *in itinere*, o al ir o volver del trabajo, se encuentran entre los accidentes laborales más importantes en cuanto a número y gravedad.

Visualiza el siguiente vídeo sobre los accidentes *in itinere* y en misión y responde a estas cuestiones:

a) ¿Cómo inciden los accidentes *in itinere* y en misión sobre las estadísticas de accidentes de trabajo?

b) Explica qué son los accidentes en misión y en qué se diferencian de los accidentes *in itinere*.

c) Señala cuáles son las causas de estos accidentes, en qué profesiones se producen con más frecuencia y cómo podrían evitarse.

Puedes consultar los siguientes enlaces:

- **http://bit.ly/37nxcvk**
- **https://bit.ly/2NAtrvd**

14 UNIDAD

La gestión de la prevención en la empresa

ESTUDIARÁS

- La planificación de la prevención en la empresa.
- La evaluación de riesgos como elemento básico de la actividad preventiva.
- La gestión de la prevención en la empresa.
- La representación de las personas trabajadoras en materia preventiva.
- Los organismos públicos relacionados con la prevención de riesgos laborales.

Y SERÁS CAPAZ DE

- Participar en la elaboración de un plan de prevención de riesgos en la empresa, identificando las responsabilidades de todos los agentes implicados.

En cuanto ha finalizado sus estudios de Técnico Superior en Programación de la Producción en Fabricación Mecánica, Amanda se ha incorporado a una empresa donde va a poner en práctica todos los conocimientos adquiridos.

Sus compañeros y compañeras le han recomendado que revise la evaluación de riesgos, ya que la empresa ha adquirido dos máquinas para cuya puesta en marcha y manejo se han creado varios puestos de trabajo específicos.

¿Por qué crees que es necesario evaluar los riesgos de estos nuevos puestos de trabajo? ¿A quién piensas que le corresponde la responsabilidad sobre la evaluación de riesgos?

- ¿Sabes qué es la evaluación de riesgos?
- ¿Sabes que significan las siglas INNST?
- ¿Sabes si existe alguna representación de las personas trabajadoras en la empresa en materia de prevención de riesgos laborales?

1. Gestión de la prevención en la empresa

La empresa está obligada a garantizar la seguridad y la salud de las personas trabajadoras a su servicio en todos los aspectos relacionados con el trabajo. Con el fin de alcanzar este objetivo, debe realizar una serie de actividades y, para ello, tiene que implantar un sistema de gestión de la prevención capaz de desarrollarlas. Este sistema de prevención debe estar integrado en el sistema general de gestión de la empresa, es decir, ha de formar parte de las actividades que se realicen en ella.

Se entiende por **sistema de gestión de la prevención de riesgos laborales (SGPRL)** el sistema estructurado que define la política de prevención y que incluye la estructura de la organización, las responsabilidades, las prácticas, los procedimientos, los procesos y los recursos necesarios para llevar a cabo la gestión de la prevención en el ámbito de la empresa (Fig. 14.1).

Sistema de gestión de la prevención

- **¿Qué es?** → Define la política de prevención de la empresa.
- **¿Qué incluye?** →
  - La estructura organizativa.
  - Las responsabilidades.
  - Las funciones, las prácticas y los procedimientos.
  - Los recursos necesarios.
- **¿Qué actividades preventivas realiza?** →
  - Diseñar un plan de prevención de riesgos laborales.
  - Evaluar los riesgos, revisándolos periódicamente.
  - Planificar la prevención de manera integrada en el diseño empresarial.
  - Adoptar un conjunto de acciones preventivas para eliminar o controlar los riesgos detectados y vigilar su eficacia.
  - Informar al personal sobre los riesgos que comporta su trabajo.
  - Formar a las personas trabajadoras sobre prevención.
  - Establecer una vigilancia adecuada de la salud de la plantilla.
  - Desarrollar las medidas para emergencias y primeros auxilios.
  - Adoptar un modelo organizativo para las actividades preventivas.

Fig. 14.1. Sistema de gestión de la prevención.

Un **sistema de gestión** es el proceso mediante el cual la empresa planifica las actividades que debe realizar, las ejecuta, evalúa su resultado con respecto al efecto esperado y, por último, lleva a cabo las acciones correctoras que encaucen el sistema de acuerdo con los requisitos establecidos en la política de la empresa (Fig. 14.2).

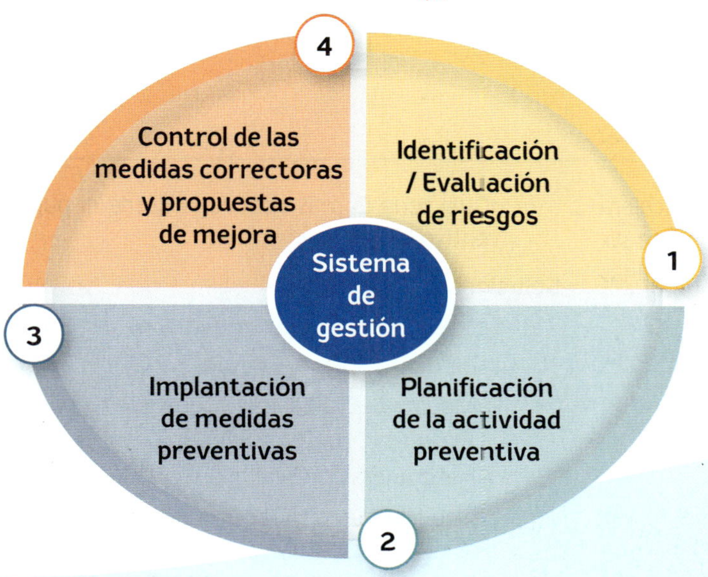

Fig. 14.2. Fases de un sistema de gestión de la prevención.

¿SABÍAS QUE...?

La **acción preventiva** se traduce en tres pilares básicos: evitar, evaluar y combatir los riesgos en su origen.

La gestión de la prevención debe guiarse por los **principios de la acción preventiva** establecidos en el artículo 15 de la LPRL (Tabla 14.1).

Principio	Contenido	Ejemplo
Evitar los riesgos	Se deberá suprimir el riesgo o la exposición a este, teniendo en cuenta el riesgo o la exposición a este que puedan derivarse de la actividad productiva y de los equipos y materiales utilizados.	Diseñar un método de trabajo que no genere riesgo de atrapamiento o ruido.
Evaluar los riesgos que no pueden evitarse	Se evaluarán aquellos riesgos que no hayan sido evitados, para determinar la probabilidad de que se produzcan y la severidad de los daños que pueden ocasionar.	Evaluar la probabilidad de que se genere un ruido inevitable y el daño que puede causar.
Combatir los riesgos en su origen	Se debe integrar la prevención desde la concepción de los lugares de trabajo, los equipos y los procesos.	Aislar aquellos procesos que generan agentes químicos peligrosos para la salud.
Adaptar el trabajo a la persona (ergonomía)	Se adaptará la actividad laboral a la persona con vistas a atenuar el trabajo monótono y repetitivo y reducir sus efectos sobre la salud.	Enriquecer el contenido de las tareas de un puesto para evitar la monotonía y los trabajos repetitivos.
Tener en cuenta la evolución de la técnica	Se debe incorporar la tecnología no solo buscando rentabilidad económica, sino considerando también la eliminación o, en su defecto, la reducción de los riesgos para la seguridad y la salud de las personas trabajadoras.	Comprar equipos que introduzcan mejoras en la acción preventiva; por ejemplo, que protejan las zonas en las que se puede producir atrapamiento.
Sustituir lo peligroso por lo que entrañe poco o ningún peligro	Se trata de utilizar herramientas o productos que impliquen menos riesgos para la salud de las personas trabajadoras.	Sustituir los productos que han sido catalogados como cancerígenos por otros que no resulten tan dañinos para la salud.
Planificar la prevención	Se integrará en un conjunto coherente la técnica, la organización del trabajo, las condiciones laborales, las relaciones sociales y los factores ambientales en busca de una mejora de la acción preventiva.	Planificar la manipulación de cargas.
Adoptar medidas que antepongan la protección colectiva a la individual	Se debe dar prioridad a las medidas de protección colectiva por parte de la empresa.	Poner pantallas que absorban el ruido antes que facilitar cascos, tapones, etc.
Dar las debidas instrucciones a las personas trabajadoras	Se informará a las personas trabajadoras para que puedan desarrollar su actividad en las mejores condiciones de seguridad.	Informar a la persona trabajadora sobre los riesgos que entraña la manipulación de una máquina nueva.

Tabla 14.1. Principios de la acción preventiva.

CASO PRÁCTICO 1. Gestión de la prevención

En una empresa, las personas trabajadoras utilizan una escalera manual para consultar los expedientes colocados en la parte superior de una estantería, circunstancia que ha provocado varias caídas, aunque ninguna grave.

La empresa se ha planteado varias medidas para evitar más accidentes:

- *Medida 1.* Situar los expedientes en un estante inferior.
- *Medida 2.* Evaluar los riesgos.
- *Medida 3.* Formar a las personas trabajadoras sobre el uso seguro de escaleras.

a) Identifica qué principio está detrás de cada medida.

b) ¿Cuál sería la más adecuada desde el punto de vista preventivo? Razónalo.

Solución:

a) Los principios que están detrás de cada medida son:

- *Medida 1.* Evitar el riesgo.
- *Medida 2.* Evaluar los riesgos que no han podido evitarse.
- *Medida 3.* Dar las debidas instrucciones a las personas trabajadoras.

b) La medida 1 es la más adecuada, de acuerdo con los principios de la acción preventiva, pues colocando los expedientes en un estante inferior se evita el riesgo.

2. El plan de prevención

La actividad preventiva de la empresa debe integrarse en el sistema general de gestión, acción que se lleva a cabo mediante la creación de un plan de prevención de riesgos laborales.

> El plan de **prevención de riesgos laborales** es la herramienta a través de la cual se integra la actividad preventiva de la empresa en su sistema general de gestión y se establece su política de prevención de riesgos laborales.

El plan de prevención de riesgos laborales obligatorio para la empresa debe incluir, como mínimo, este contenido (Fig. 14.3):

PLAN DE PREVENCIÓN DE RIESGOS LABORALES

1. **La identificación de la empresa** y de su actividad productiva, el número de centros y sus características, y el número de personas trabajadoras.
2. **La estructura organizativa de la empresa**, indicando las funciones y responsabilidades que asume cada nivel jerárquico y los cauces de comunicación entre ellos.
3. **La organización de la producción** en cuanto a la identificación de los procesos técnicos, las prácticas y los procedimientos organizativos de la empresa.
4. **La organización de la prevención** en la empresa, indicando la modalidad preventiva elegida y los órganos de representación existentes.
5. **La política**, los objetivos y las metas de la empresa en materia de prevención, así como los recursos humanos, técnicos, materiales y económicos de los que va a disponer para ello.

Instrumentos

I. **Evaluación de los riesgos** a los que están expuestas las personas trabajadoras.

II. **Planificación de la acción preventiva** para minimizar los riesgos existentes.

Las empresas de hasta 50 personas trabajadoras que no desarrollen actividades peligrosas pueden elaborar un único documento que incluya el plan de prevención, la evaluación de los riesgos y la planificación de las medidas preventivas.

Fig. 14.3. Plan de prevención de riesgos laborales.

! IMPORTANTE

El **plan de prevención** debe ser aprobado por la dirección de la empresa y asumido por las personas trabajadoras, que han de contribuir a la integración de la actividad preventiva.

PONTE A PRUEBA 1. Plan de prevención

Enrique, técnico en paisajismo, va a crear una empresa de diseño y conservación de jardines y quiere contratar a una compañera del ciclo formativo que ha estudiado. La gestoría le ha informado de que está obligado a contar con un plan de prevención de riesgos laborales.

Teniendo en cuenta el tamaño de la empresa y su actividad, ¿existe alguna manera más sencilla de gestionar esta obligación?

Para resolver esta actividad, puedes consultar el artículo 2 del RD 39/1997 sobre el Reglamento de los Servicios de Prevención.

ACTIVIDADES

1. En una lavandería industrial se usaba tetracloroetileno (una sustancia cancerígena) en el proceso de lavado. Se han producido algunos problemas de salud en la plantilla y la dirección ha decidido cambiar dicho proceso para que ese disolvente no fuera necesario, y sustituir esa sustancia química por otra menos peligrosa. Identifica con qué principio de la acción preventiva se corresponde esta iniciativa.

2.1. Evaluación de riesgos laborales

La **evaluación de riesgos laborales** es un proceso dirigido a **estimar la magnitud de los riesgos que no puedan evitarse y obtener la información necesaria** para que la empresa esté en condiciones de tomar una decisión apropiada sobre la necesidad de adoptar medidas preventivas y, en tal caso, sobre el tipo de medidas que deben tomarse (Fig. 14.4).

Evaluación de riesgos

- ¿Para qué?
  - Obtener la información necesaria para decidir si se deben tomar medidas y el tipo de medidas que hay que adoptar.
    - Eliminar o reducir los riesgos mediante:
      - Prevención en el origen.
      - Medidas organizativas.
      - Protección colectiva.
      - Protección individual.
      - Información y formación.
    - Control periódico de:
      - Las condiciones de trabajo.
      - Los métodos.
      - La organización.
      - El estado de salud de las personas trabajadoras.
- ¿Qué se evalúa?
  - Las condiciones laborales existentes o previstas en cada caso: características de los locales; instalaciones; equipos de trabajo; agentes físicos, químicos y biológicos, y organización y ordenación de las tareas.
  - La posibilidad de que el puesto sea ocupado por una persona trabajadora especialmente sensible por sus condiciones personales o su estado biológico.
- ¿Cuándo se evalúa?
  - Se evalúa al inicio de la actividad.
  - Se repite cuando cambian las condiciones de trabajo, se producen daños en la salud o hay indicios de ineficacia de las medidas de prevención.

Fig. 14.4. Evaluación de riesgos.

! IMPORTANTE

En la evaluación de riesgos se debe incorporar la **perspectiva de género,** de manera que se hagan visibles las diferencias entre los hombres y las mujeres en cuanto a la exposición a los riesgos laborales y las consecuencias de estos.

A. Método de evaluación general del INSST

Existen varias formas de realizar una evaluación de riesgos. Algunas se recogen en normas específicas, mientras que, para el resto, se pueden utilizar métodos de evaluación general como el del Instituto Nacional de Seguridad y Salud en el Trabajo (INSST). Dicho método se estructura del modo siguiente:

- **Etapa 1. Clasificación de las actividades de trabajo.** Un paso previo a la evaluación de riesgos consiste en preparar un listado de las actividades y tareas desarrolladas en la empresa.
- **Etapa 2. Análisis de riesgos.** El análisis del riesgo conlleva su identificación y estimación:
  a) **Identificación de riesgos.** Cada empresa debe elaborar una lista propia, teniendo en cuenta el carácter de sus actividades y los lugares en los que se desarrollan (Tabla 14.2).

Riesgos laborales		
1 Caída de personas a distinto nivel.	10 Atrapamiento o aplastamiento por o entre objetos.	20 Exposición a agentes biológicos.
2 Caída de personas al mismo nivel.	11 Atrapamiento o aplastamiento por vuelco de máquinas o vehículos.	21 Atropellos o golpes con vehículos.
3 Caída de objetos por desplome o derrumbamiento.	12 Posturas inadecuadas o movimientos repetitivos.	22 Exposición al ruido.
4 Caída de objetos por manipulación.	13 Exposición a temperaturas ambiente extremas.	23 Exposición a vibraciones.
5 Caída de objetos desprendidos.	14 Contactos térmicos.	24 Iluminación inadecuada.
6 Pisadas sobre objetos.	15 Contactos eléctricos.	25 Carga mental.
7 Choques y golpes contra objetos móviles o inmóviles.	16 Exposición a sustancias nocivas o tóxicas.	26 Riesgos derivados de factores psicosociales u organizacionales.
8 Golpes y cortes por objetos y herramientas.	17 Exposición a radiaciones.	27 Movimientos repetitivos.
9 Proyección de fragmentos y partículas.	18 Explosión.	28 Sobresfuerzos.
	19 Incendio.	29 Manipulación manual de cargas.
		30 Exposición a pantallas de visualización de datos.

Tabla 14.2. Lista de riesgos laborales.

b) **Estimación del riesgo.** En cada riesgo detectado se debe valorar conjuntamente la **gravedad** potencial del daño y la **probabilidad** de que este se produzca. En la Figura 14.5 y en la Tabla 14.3 se muestra el método para estimar los niveles de riesgo utilizando la matriz 3 × 3, de acuerdo a la probabilidad estimada y las consecuencias esperadas.

ESTIMACIÓN DEL RIESGO

Probabilidad

Alta: el daño ocurrirá siempre o casi siempre.

Media: el daño se producirá en algunas ocasiones.

Baja: el daño ocurrirá raras veces.

Gravedad

Ligeramente dañino: daños superficiales (cortes y magulladuras pequeñas, irritación de los ojos por polvo, etc.), molestias e irritación (dolor de cabeza y malestar).

Dañino: laceraciones, quemaduras, conmociones, torceduras importantes, fracturas menores, sordera, dermatitis, asma, trastornos musculoesqueléticos y enfermedades que conducen a una incapacidad menor.

Extremadamente dañino: amputaciones, fracturas mayores, intoxicaciones, lesiones múltiples, lesiones fatales, cáncer y enfermedades crónicas que acorten la vida.

Fig. 14.5. Gravedad y probabilidad de los riesgos.

Estimación del nivel de riesgo		Consecuencias		
		Ligeramente dañinas (LD)	Dañinas (D)	Extremadamente dañinas (ED)
Probabilidad	Baja (B)	Trivial (T)	Tolerable (TO)	Moderada (MO)
	Media (M)	Tolerable (TO)	Moderada (MO)	Importante (I)
	Alta (A)	Moderada (MO)	Importante (I)	Intolerable (IN)

Tabla 14.3. Estimación de los riesgos.

c) **Valoración del riesgo.** El valor de riesgo obtenido, de acuerdo con la Figura 14.5, se compara con el riesgo tolerable y se emite un juicio que permite decidir si se precisa adoptar medidas preventivas, mejorar los controles existentes o implantar unos nuevos, así como el calendario de las acciones que se llevarán a cabo (Tabla 14.4).

Riesgo	Acción y temporización
Trivial	No se requiere una actuación específica.
Tolerable	No se necesita perfeccionar la acción preventiva; sin embargo, se deben considerar soluciones más rentables o mejoras que no supongan una carga económica importante. Se requieren comprobaciones periódicas para asegurar que se mantiene la eficacia de las medidas de control.
Moderado	Se deben hacer esfuerzos para reducir el riesgo, determinando las inversiones precisas. Las medidas destinadas a ese fin tienen que implantarse en un periodo determinado.
Importante	No se debe comenzar el trabajo hasta que se haya reducido el riesgo. Para conseguirlo, puede que se precisen recursos considerables.
Intolerable	Hacen falta recursos ilimitados. Debe prohibirse el trabajo.

Tabla 14.4. Valoración del riesgo y acción preventiva.

ACTIVIDADES

2. En una empresa de tratamiento de superficies metálicas se ha realizado la evaluación de riesgos. Indica si se deben adoptar medidas preventivas y el orden de prioridad según la estimación de los riesgos.

a) Riesgo de caída: trivial.
b) Riesgo de exposición a agentes químicos: importante.
c) Riesgos de exposición a agentes biológicos: tolerable.
d) Riesgo de exposición a ruido: moderado.

CASO PRÁCTICO 2. Evaluación de riesgos

Mateo trabaja como administrativo en una empresa contabilizando todas las facturas. En fechas recientes se ha realizado la evaluación de riesgos, tanto de la organización como del puesto del empleado. Los riesgos detectados son los siguientes:

a) Caída al mismo nivel por la existencia de objetos y obstáculos en el suelo.

b) Sobresfuerzos debidos a posturas inadecuadas o forzadas, carga física postural o movimientos repetitivos.

c) Carga mental como consecuencia de las altas exigencias cuantitativas.

d) Fatiga visual debido al uso de pantallas de visualización de datos y a una iluminación deficiente.

Evalúa los riesgos identificados, teniendo en cuenta su valoración (probabilidad, consecuencias y estimación del riesgo) e indica las acciones preventivas necesarias.

Solución:

Riesgo identificado	Probabilidad			Consecuencias			Estimación del riesgo					Acción requerida
	B	M	A	LD	D	ED	T	TO	M	I	IN	
a) Caída	X			X			X					Liberar las zonas de paso de objetos y obstáculos. Mantener el orden y la limpieza en los puestos de trabajo.
b) Sobresfuerzo		X			X				X			Adoptar posturas correctas de trabajo, ajustando la altura y la posición del mobiliario a la estatura y las necesidades de la persona trabajadora.
c) Carga mental		X			X			X				Realizar pausas cortas y frecuentes cambiando de tarea para prevenir la aparición de la fatiga. Planificar el trabajo, en la medida de lo posible.
d) Fatiga visual		X			X			X				Orientar la pantalla de forma que se eviten los reflejos y modificar el brillo del monitor, reduciéndolo al mínimo. La pantalla, el teclado y los documentos deben encontrarse a una distancia de los ojos similar (45-55 cm). La pantalla debe estar entre 15° y 30° por debajo de la horizontal de los ojos. Conviene hacer pausas cortas (de aproximadamente cinco minutos) al cabo de cada hora en los trabajos con pantallas de visualización.

ACTIVIDADES

3. Identifica los riesgos a los que están expuestas las personas trabajadoras y evalúalos según el método de evaluación general del INSST.

a) Utilización de escaleras manuales por parte de los trabajadores de un almacén para acceder a mercancías ubicadas en la parte alta de una estantería.

b) Realización del techado de un edificio, a una altura de seis metros, por un trabajador de una empresa de construcción.

2.2. Planificación de la acción preventiva

Cuando el resultado de la evaluación revele situaciones de riesgo, la empresa debe planificar las acciones preventivas necesarias para eliminar, controlar o reducir dichos riesgos, conforme a un orden de prioridad fijado en función de su magnitud y del número de personas trabajadoras expuestas (Fig. 14.6 y Tablas 14.5 y 14.6).

Planificación de la acción preventiva
• Cuantificación de los medios humanos y materiales necesarios. • Determinación del plazo previsto para la ejecución de las acciones (en función de la magnitud del riesgo y de la naturaleza de la medida o la actividad preventiva). • Asignación de los recursos económicos para la consecución de los objetivos propuestos. • Planificación de las medidas de emergencia, la vigilancia de la salud y la información y formación sobre cuestiones relacionadas con la prevención destinadas a las personas trabajadoras.

Tabla 14.5. Contenido de la planificación de la actividad preventiva.

Planificación de la acción informativa

Acciones	Documentación de referencia	Implantación	Efectuada
Elaboración de fichas informativas sobre riesgos y medidas que se deben adoptar en cada puesto de trabajo.	Plan de información a las personas trabajadoras.	Servicio de prevención propio / Departamento de Recursos Humanos.	Sí.
Revisión de las fichas informativas.	Dípticos y trípticos.	Mandos intermedios.	
Impartición de actividades de información a los trabajadores.		Servicio de prevención propio / mandos intermedios.	

Tabla 14.6. Ejemplo de planificación de las acciones informativas por parte de una empresa.

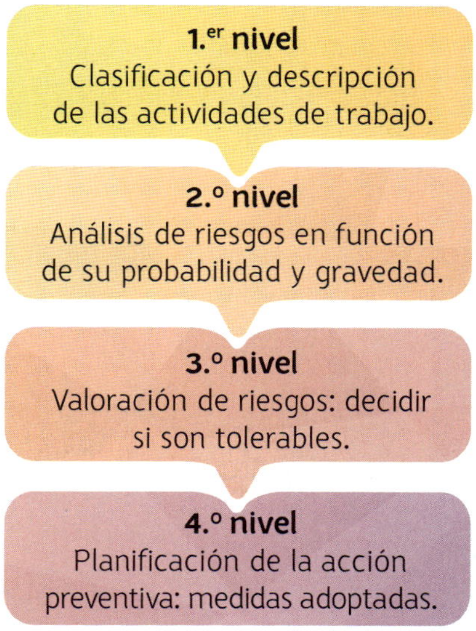

Fig. 14.6. Etapas de la acción preventiva.

¿SABÍAS QUE...?

Al proceso conjunto de evaluación y control del riesgo se lo suele denominar **gestión del riesgo.**

PONTE A PRUEBA 2. Identificar riesgos

Evalúa los riesgos a los están expuestas las personas que trabajan en el taller de reparación de vehículos de la imagen.

Puedes seguir estos pasos:

a) Clasifica las tareas que se ejecutan.

b) Analiza los riesgos:

- Identifica las actividades que se desarrollan.
- Haz una estimación de los riesgos (gravedad y probabilidad).

c) Valora los riesgos.

Para resolver esta tarea, estudia con detalle los contenidos relacionados con la evaluación de riesgos explicados en esta unidad.

3. Organización de la prevención en la empresa

La empresa debe ocuparse de la organización y la gestión de la actividad preventiva. El primer paso consiste en elegir la modalidad a través de la cual llevarlo a cabo.

Según la LPRL, las empresas pueden optar entre una o varias **modalidades** para organizar la prevención, en función de su actividad y del número de personas trabajadoras (Tabla 14.7).

Asunción por parte de la empresa	La empresa puede asumir la actividad preventiva, excepto la vigilancia de la salud, siempre que: • Tenga un máximo de 10 personas, o de 25 si se trata de un único centro de trabajo. • Se desarrollen actividades que no estén incluidas en el anexo I del Reglamento de los Servicios de Prevención (trabajos en instalaciones de alta tensión, actividad en la minería, trabajo subterráneo, tareas con exposición a sustancias cancerígenas, radiaciones ionizantes y agentes químicos y biológicos peligrosos, y actividades en la industria siderometalúrgica). • La actividad profesional del empresario o la empresaria se desarrolle de forma habitual en el centro de trabajo. • Se tenga la capacidad correspondiente a las funciones preventivas que se van a desarrollar.
Designación de personas trabajadoras	La empresa puede designar a una o varias personas trabajadoras para que se ocupen de la actividad preventiva. Dichas personas deben: • Tener la capacidad necesaria. Este requisito implica que han de poseer la formación adecuada, la cual dependerá de la complejidad de las funciones que deban desempeñar en la empresa. • Disponer del tiempo necesario y de los medios precisos. • Ser suficientes en número.
Servicio de prevención propio (SPP)	El SPP es el área o departamento de la empresa, dotado de recursos materiales y humanos, que se encarga de gestionar la prevención de riesgos laborales. La empresa está obligada a constituirlo siempre que: • Tenga más de 500 personas trabajadoras. • Realice alguna de las actividades del anexo I del Reglamento sobre los Servicios de Prevención, aunque cuente con un número de personas trabajadoras comprendido entre 250 y 500. • Así lo decida la autoridad laboral por la peligrosidad de la actividad, salvo que se acuda a la modalidad de servicio de prevención ajeno.
Servicio de prevención mancomunado	Cuando varias empresas realicen actividades simultáneamente en un único centro de trabajo, edificio o centro comercial, pertenezcan a un mismo sector productivo o grupo empresarial, o desarrollen su actuación en un polígono industrial o un área geográfica limitada, pueden constituir un servicio de prevención mancomunado, que tendrá la consideración de servicio de prevención propio.
Servicio de prevención ajeno (SPA)	Los SPA son entidades especializadas dedicadas al apoyo y asesoramiento a las empresas en relación con la prevención de riesgos laborales. La empresa debe acudir a un servicio de prevención ajeno cuando no lo asuma personalmente, de forma total o parcial, y cuando la designación de una o varias personas trabajadoras resulte insuficiente.
Recursos preventivos	Los recursos preventivos no son una modalidad preventiva, pero las empresas en las que se desarrollen actividades de especial peligrosidad deben contar con una persona que se encargue de velar por la prevención de riesgos laborales, como un recurso preventivo más de la empresa. • Se considera recurso preventivo a una o varias personas designadas o asignadas por la empresa, con formación y capacidad adecuadas, que disponen de los medios y recursos necesarios, y suficientes en número, para vigilar el cumplimiento de las actividades preventivas que así lo requieran. • Se deben nombrar cuando coincidan personas trabajadoras de varias empresas y alguna de ellas modifique o agrave con su actividad el riesgo de las demás, o cuando se lleven a cabo actividades o procesos peligrosos o con riesgos especiales recogidos en el anexo I del Reglamento de los Servicios de Prevención.

Tabla 14.7. Modalidades de organización de la prevención.

CASO PRÁCTICO 3. Actividad preventiva

Un estudio de arquitectura con dos centros de trabajo en la misma localidad dispone de una plantilla de doce empleados y empleadas en cada uno de ellos. La empresa, que tiene un nivel superior en formación de riesgos laborales, pretende asumir personalmente la actividad preventiva. ¿Podrá hacerlo?

Solución:

No, ya que, aunque tenga capacidad suficiente, su actividad no esté recogida en el anexo I del Reglamento de los Servicios de Prevención y su plantilla cuente con menos de 25 personas trabajadoras, la empresa no tiene un único centro de trabajo. Puede optar por alguna de las otras modalidades: designar a personas trabajadoras, contratar un servicio de prevención ajeno y, en último lugar, por ser menos factible, crear un servicio de prevención propio.

IMPORTANTE

La organización de los recursos necesarios para el desarrollo de las **actividades preventivas** debe ejecutarse a través de una o varias de las modalidades previstas en la Ley de Prevención de Riesgos Laborales y el RD 39/1997 sobre el Reglamento de los Servicios de Prevención.

PONTE A PRUEBA 3. Actividades de especial peligrosidad

La actividad empresarial que realiza una empresa determina, en función de su peligrosidad, las modalidades de organización de la actividad preventiva a las que puede optar.

Di si las siguientes actividades se consideran de especial peligrosidad o no.

a) Servicios sanitarios.
b) Instalación de líneas de alta tensión.
c) Eliminación de residuos biológicos del grupo 2.
d) Trabajos administrativos.
e) Minería de interior.
f) Construcción de edificios.

Para resolver esta actividad, puedes consultar el anexo I del RD 39/1997, por el que se aprueba el Reglamento de los Servicios de Prevención.

IMPORTANTE

La **formación en prevención de riesgos** puede ser de nivel básico, intermedio o superior. Dicho nivel se adquiere realizando un número determinado de horas de formación sobre prevención de riesgos laborales.

PONTE A PRUEBA 4. Organización de la actividad preventiva

A un congreso sobre gestión de prevención de riesgos laborales, han acudido los representantes de empresas de distintos sectores y con plantillas de diferentes dimensiones.

Indica a qué modalidad de organización debe acogerse cada una de estas empresas:

a) Una que cuenta con 260 personas trabajadoras y que desarrolla una de las actividades mencionadas en el anexo I del RD 39/1997.
b) Una que tiene 69 personas en plantilla.
c) Una que cuenta con 800 personas trabajadoras.
d) Una empresaria que emplea a 20 personas y posee un solo centro de trabajo y está dedicada a la actividad comercial.
e) Varias situadas en el mismo polígono industrial, todas con menos de 500 personas en plantilla.

Para resolver esta actividad, puedes consultar los artículos 10 a 14 del Real Decreto 39/1997, por el que se aprueba el Reglamento de los Servicios de Prevención.

¿SABÍAS QUE...?

Los estudiantes que hayan superado el módulo de Formación y Orientación Laboral de un ciclo formativo de Grado Medio o Superior de Formación Profesional del sistema educativo de la Ley Orgánica 2/2006, de 3 de mayo, de Educación, a excepción de aquellos que lo tuvieran exento o convalidado, pueden solicitar la **certificación de la formación de nivel básico en prevención de riesgos laborales.**

ACTIVIDADES

4. En una empresa dedicada a la construcción de obra pública se están llevando a cabo tareas de soterramiento de líneas eléctricas de alta tensión. Indica si es obligatoria la designación de recursos preventivos.

5. María trabaja como auxiliar de extracciones en un laboratorio privado de análisis clínicos que emplea a ocho personas en un solo centro. La empresaria tiene la titulación de licenciada en Medicina y el título de nivel básico de Prevención de Riesgos Laborales.

¿Puede asumir esta empresaria la organización de la actividad preventiva de este laboratorio clínico? Justifica tu respuesta.

4. Participación de las personas trabajadoras en la prevención de riesgos laborales

Las personas trabajadoras tienen derecho a participar en todas las cuestiones relacionadas con la prevención de riesgos laborales en la empresa. Los órganos de representación colectiva especializada en acción preventiva, según la LPRL, son **los delegados de prevención** y el **comité de seguridad y salud.**

A. Delegados de prevención

Son los **representantes de los trabajadores** en la empresa con funciones específicas en materia de prevención de riesgos laborales. Serán designados **por y entre los representantes del personal,** con arreglo al número de estos y según una escala predeterminada (Tabla 14.8). Dichos delegados tienen las competencias, facultades y garantías que se especifican en la Tabla 14.9.

Delegados de prevención	
Número de personas trabajadoras	Número de delegados
De 10 a 49	1
De 50 a 100	2
De 101 a 500	3
De 501 a 1000	4
De 1001 a 2000	5
De 2001 a 3000	6
De 3001 a 4000	7
Más de 4001	8

Tabla 14.8. Número de delegados de prevención.

Delegados de prevención		
Competencias	Facultades	Garantías
• Colaborar con la empresa en la mejora de la acción preventiva. • Promover y fomentar la cooperación de las personas trabajadoras. • Controlar el cumplimiento de la normativa. • Ser consultados con carácter previo a la toma de decisiones sobre seguridad y salud.	• Acompañar al personal técnico en las evaluaciones de riesgos. • Tener acceso a la información y la documentación sobre condiciones de trabajo. • Obtener información de los órganos de protección y prevención. • Visitar los lugares de trabajo para comprobar las condiciones en que se desarrollan las actividades. • Recabar información y proponer medidas.	• El tiempo utilizado para el desarrollo de sus funciones tiene la consideración de horas sindicales. • La empresa debe proporcionarles la formación y los medios necesarios. • El tiempo de formación se considera como tiempo de trabajo y sin coste.

Tabla 14.9. Competencias, facultades y garantías de los delegados de prevención.

B. Comité de seguridad y salud

Es el **órgano paritario y colegiado** de participación y consulta de las actuaciones de la empresa en materia de prevención de riesgos laborales que debe constituirse en todas aquellas que cuenten con 50 o más personas trabajadoras. Al tratarse de un órgano paritario, estará formado por los delegados de prevención, de una parte, y por el empresario o empresaria o sus representantes, en número igual al de los delegados de prevención, de otra. Sus competencias serán las siguientes:

- **Participar en la elaboración,** puesta en práctica y evaluación de los planes de prevención.
- **Informar a la empresa** de las deficiencias existentes y de su corrección.
- **Conocer los daños** para la salud de las personas trabajadoras.

CASO PRÁCTICO 4. Participación de las personas trabajadoras

Jennifer trabaja en una agencia de *marketing* que tiene una plantilla de 45 personas trabajadoras y en la que se ha elegido a los delegados de personal y, próximamente, se va a nombrar a los delegados de prevención.

a) ¿Cuántos delegados de prevención le corresponden a la empresa?

b) ¿Cómo deben ser elegidos dichos delegados?

Solución:

a) A esta agencia de marketing le corresponden dos delegados de prevención.

b) Los delegados de prevención que serán elegidos por y entre los delegados de personal.

ACTIVIDADES

6. En una empresa se ha designado a dos trabajadoras, que tienen la formación de nivel básico, como delegadas de prevención. ¿Es posible este tipo de nombramiento por parte de la empresa?

5. Organismos públicos relacionados con la prevención

Según la CE, los poderes públicos deben velar por la seguridad y la salud de las personas trabajadoras. Las Administraciones públicas desempeñan funciones de promoción de la prevención de los riesgos laborales, asesoramiento técnico, vigilancia y control del cumplimiento de la normativa, y, en su caso, también de sanción. Existen distintos organismos públicos que desarrollan estas tareas, tanto a nivel nacional como internacional (Tabla 14.10).

Organismos internacionales	Agencia Europea para la Seguridad y la Salud en el Trabajo (EU-OSHA)	Agencia Europea para la Seguridad y la Salud en el Trabajo	Trabaja para lograr unos lugares de trabajo más seguros, saludables y productivos en Europa. Promueve la cultura de la prevención y cuenta con personal especializado en seguridad y salud en el trabajo (SST), así como con especialistas de la comunicación y la administración.
	Fundación Europea para la Mejora de las Condiciones de Vida y de Trabajo (Eurofound)	Eurofound	Evalúa y analiza las condiciones de vida y de trabajo, emite dictámenes autorizados y asesora a los responsables de la política social, contribuye a la mejora de la calidad de vida e informa de las nuevas tendencias en este ámbito.
	Comité Consultivo para la Seguridad y la Salud en el Trabajo (CCSS)	European Commission	Asiste a la Comisión Europea en la preparación, aplicación y evaluación de cualquier iniciativa relativa a la seguridad y la salud en el trabajo.
Organismos nacionales	Instituto Nacional de Seguridad y Salud en el Trabajo (INSST)	insst Instituto Nacional de Seguridad y Salud en el Trabajo	Analiza y estudia las condiciones de seguridad y salud en el trabajo, así como la promoción y el apoyo a la mejora de estas. Constituye el centro de referencia nacional y se coordina tanto con los organismos europeos relacionados con este tema como con los organismos técnicos de las comunidades autónomas.
	Organismos técnicos de las comunidades autónomas	irsa Instituto Riojano de Salud Laboral	Desarrollan, dentro de su ámbito de competencia, la promoción de la prevención de riesgos, el asesoramiento técnico y la vigilancia y control del cumplimiento de la normativa.
	Inspección de Trabajo y Seguridad Social	itss Inspección de Trabajo y Seguridad Social	Vigila y controla el cumplimiento de la normativa sobre prevención de riesgos laborales. También asesora a empresas y a las personas trabajadoras sobre las cuestiones que puedan plantearse respecto a las obligaciones relacionadas con esta materia. Puede paralizar la actividad de las empresas en caso de que existan riesgos graves e inminentes para la salud de las personas trabajadoras.
	Comisión Nacional de Seguridad y Salud en el Trabajo	COMISION NACIONAL DE SEGURIDAD Y SALUD EN EL TRABAJO	Es el principal órgano de participación institucional en materia de seguridad y salud en el trabajo. Está integrada por un representante de las comunidades autónomas, uno de la Administración General del Estado, uno de las organizaciones empresariales y representantes designados por las organizaciones sindicales más representativas.

Tabla 14.10. Organismos públicos relacionados con la salud laboral.

PIENSA Y RESUELVE

7. Las empresas deben hacer partícipes a las personas trabajadoras de la gestión de la prevención. Esta acción se lleva a cabo normalmente a través de sus representantes para este tema, los delegados de prevención. En grupos, organizad una tormenta de ideas para determinar qué medios se pueden usar para que las personas trabajadoras participen directamente en la acción preventiva de la empresa. Seleccionad aquellos que consideráis mejores y presentadlos en clase.

ACTIVIDADES DE SÍNTESIS

1. Utiliza estas palabras para completar oraciones.

> evaluación de riesgos / probabilidad / planificación de la actividad preventiva / gravedad / plan de prevención / actividad preventiva

La integración de la actividad preventiva en la empresa se hace a través del ... . Este tiene dos instrumentos ... y la ... . La evaluación de riesgos estima la ... y la ... . Si la evaluación de riesgos pusiera de manifiesto riesgos se deberá planificar la ... .

2. Relaciona los niveles de riesgo (moderado, trivial, tolerable, importante e intolerable) con la prioridad de las medidas que se deben adoptar:

a) No se necesita mejorar la acción preventiva.

b) Se deben hacer esfuerzos para reducir el riesgo.

c) No se requiere ninguna acción específica.

d) Debe prohibirse el trabajo.

e) No se debe trabajar hasta que se reduzca el riesgo.

3. Completa en tu cuaderno la información que falta en este mapa mental respondiendo a las preguntas.

Gestión de la prevención

- **Plan de prevención**
  - ¿Para qué sirve?
  - ¿Cuáles son sus instrumentos?
  - ¿Cuál es su contenido?
- **Participación de los trabajadores en la prevención**
  - ¿Cómo pueden participar los trabajadores en PRL?
- **Evaluación de riesgos**
  - ¿Qué es?
  - ¿Cuáles son sus fases?
- **Modalidades de organización de la prevención**
  - ¿Cómo pueden organizar las empresas su actividad preventiva?
- **Planificación de la actividad preventiva**
  - ¿Cuándo se hace?
  - ¿Qué se incluye?

4. Identifica todos los riesgos que ves en la imagen y propón las medidas preventivas necesarias para eliminarlos o controlarlos.

INVESTIGACIÓN

> **Palabras clave para la investigación:** campañas saludables, Instituto Nacional de la Seguridad Social, salud en el trabajo.

5. La EU-OSHA organiza las «campañas saludables» para mejorar el entorno laboral en lo que se refiere a la protección de la seguridad y la salud de las personas trabajadoras. Investiga qué campañas ha promovido y cuál es la actual.

- **http://bit.ly/2NfUnQQ**

6. En España, el INSST es el órgano de referencia en prevención de riesgos laborales. Visualiza el vídeo que te proponemos y haz un esquema de sus funciones.

- **https://bit.ly/3h63azq**

7. Prevención 10 es un portal de asesoramiento en prevención de riesgos laborales. Investiga a qué colectivo está dirigido y di qué herramientas pone a su disposición. Accede como invitado o invitada y selecciona alguna de las actividades próximas a tu sector profesional e investiga que permite hacer a las empresas en ellas.

- **http://bit.ly/3hdmxqj**

TEST DE REPASO

1. El documento a través del cual se integra la prevención en el sistema de gestión de la empresa es:

(a) La evaluación de riesgos.
(b) La planificación de la acción preventiva.
(c) El plan de prevención.
(d) El manual de autoprotección.

2. Cualquier actuación preventiva debe tener en cuenta una serie de principios. El primero es:

(a) Combatir los riesgos en su origen.
(b) Evaluar los riesgos.
(c) Evitar los riesgos.
(d) Anteponer la protección colectiva a la individual.

3. El plan de prevención es un documento:

(a) De realización obligatoria para las empresas.
(b) Que se debe elaborar cuando se produce un accidente de trabajo.
(c) Que pueden realizar las empresas de manera voluntaria.
(d) Que forma parte de la evaluación de riesgos laborales.

4. Son instrumentos del plan de prevención:

(a) El plan de emergencia y el plan de evacuación.
(b) El plan financiero y el de producción.
(c) La evaluación de riesgos y la planificación de la acción preventiva.
(d) La evaluación de riesgos y el plan de emergencia.

5. La evaluación de riesgos es un proceso destinado a:

(a) Planificar las medidas de prevención y protección.
(b) Estimar la magnitud de los riesgos que no puedan evitarse.
(c) Integrar la prevención en la empresa.
(d) Planificar las medidas de emergencia.

6. La finalidad de la evaluación de riesgos:

(a) Proponer medidas preventivas.
(b) Establecer la organización de la prevención.
(c) Completar el plan de prevención.
(d) Obtener la información necesaria para decidir si hay que tomar medidas y de qué tipo.

7. Para estimar un riesgo en la evaluación de riesgos, hay que tener en cuenta:

(a) El número de personas trabajadoras afectadas.
(b) Su probabilidad y frecuencia.
(c) Su probabilidad y gravedad.
(d) El factor de riesgo que lo provoca.

8. Cuando la evaluación ha puesto de manifiesto riesgos laborales, se debe:

(a) Realizar un plan de prevención.
(b) Realizar la planificación de la acción preventiva.
(c) Volver a realizar la evaluación de riesgos.
(d) Organizar un servicio de prevención.

9. Una empresa que tiene 450 personas trabajadoras y desempeña una actividad del Anexo I del RD 39/1997 deberá organizar la prevención a través de:

(a) La designación de personas trabajadoras.
(b) Un servicio de prevención propio.
(c) Un servicio de prevención ajeno.
(d) Un servicio de prevención mancomunado.

10. El empresario o empresaria puede asumir la prevención de riesgos personalmente...

(a) Cuando emplea más de diez personas.
(b) Cuando su actividad esté incluida en el Anexo I, del Real Decreto 39/1997.
(c) Cuando emplea más de 25 personas.
(d) Cuando emplea hasta 25 personas trabajadoras, en un solo centro de trabajo, y no desempeña una actividad del Anexo I, del Real Decreto 39/1997.

11. Los recursos preventivos deben designarse por la empresa cuando:

(a) La empresa emplea más de 50 personas.
(b) Se desarrollan trabajos de especial peligrosidad.
(c) La empresa lo decide.
(d) Lo piden los delegados de prevención.

12. La participación de las personas trabajadoras en la prevención de riesgos laborales se hace a través de:

(a) Los delegados de personal.
(b) Los delegados de prevención.
(c) El comité de empresa.
(d) El comité de seguridad y salud.

13. El organismo europeo que se encarga de la información de la Unión Europea para la seguridad y la salud es:

(a) El INSST.
(b) La Fundación Europea para la Mejora de las Condiciones de Vida y de Trabajo (Eurofound).
(c) La EU-OSHA
(d) La Fundación para la Prevención de Riesgos Laborales.

COMPRUEBA TU APRENDIZAJE

1. En una fábrica de neumáticos, la evaluación de riesgos ha puesto de manifiesto los siguientes problemas:

   a) Una máquina está provocando un estruendo que incrementa sustancialmente el nivel de ruido debido a la falta de mantenimiento de sus piezas.

   b) Otra máquina tiene una antigüedad de 20 años y cumple los requisitos de seguridad, pero en el mercado existen modelos más seguros y productivos.

   Indica las medidas que tendrán que adoptarse en la empresa teniendo en cuenta la aplicación de los principios generales de la prevención de riesgos laborales.

2. Marcial trabaja en el Departamento de Recursos Humanos en una empresa de soldadura de tanques industriales. En la última inspección de trabajo le pidieron el plan de prevención, pero no tenía claro en qué consistía este documento, ya que nunca los había visto. Resuelve las siguientes cuestiones:

   a) Explica en qué consiste el plan de prevención.

   b) Si la plantilla tiene 55 personas, ¿se puede presentar el plan de prevención de manera simplificada?

3. Una empresa de desarrollo de aplicaciones informáticas con una plantilla de 35 personas ha contratado la actividad preventiva con un servicio ajeno que, después de analizar la situación, le ha entregado un documento que integra de manera conjunta el plan de prevención, la evaluación de riesgos y la planificación de la actividad preventiva. Indica si puede hacerlo de ese modo.

4. Identifica los riesgos a los que están expuestas las personas trabajadoras de un almacén.

5. En la evaluación de riesgos de su puesto de trabajo una empleada ha visto la siguiente matriz. Pero la estimación de riesgos no está finalizada. Termínala con ayuda del método del INSST:

   a) Choque contra objetos inmóviles. Probabilidad: media. Consecuencias: ligeramente dañina.

   b) Golpes / cortes por objetos o herramientas. Probabilidad: baja. Consecuencias: dañina.

   c) Atrapamiento por o entre objetos. Probabilidad: media. Consecuencias: extremadamente dañina.

6. Natalia trabaja como auxiliar de radiología en un hospital. Se ha comprado un equipo nuevo de diagnosis por imagen que emplea rayos X en su puesto de trabajo. Señala si se debe hacer una nueva evaluación de riesgos de este.

7. Estima los siguientes riesgos en función de sus consecuencias y su probabilidad siguiendo el método de evaluación general del INSST:

   a) Riesgo de atrapamiento de una empleada que trabaja en una cinta transportadora, que dispone de las protecciones adecuadas.

   b) Riesgo de estrés de un teleoperador.

   c) Riesgo de exposición a agentes biológicos de un trabajador de la limpieza viaria.

   d) Riesgo de exposición a agentes químicos de una pintora de un taller de reparación de vehículos.

8. En una peluquería, la evaluación de riesgos ha señalado que existen los siguientes:

   a) De caídas al mismo a nivel: trivial.

   b) De exposición a sustancias químicas: tolerable.

   c) De trastornos musculoesqueléticos: importante.

   Según la valoración, indica la prioridad de las medidas que deben adoptarse.

9. Andrea trabaja como jardinera en un vivero. Identifica los riesgos a los que está expuesta y evalúa su puesto de trabajo de acuerdo con el método del INSST, sabiendo que sus tareas son las siguientes:

   a) Manipular plantas y sacos de arena.

   b) Abonar las plantas y aplicarles tratamientos.

   c) Podar los setos y los árboles.

10. Carlos está empleado como asistente de dirección en una entidad financiera. Las condiciones de su trabajo son:

    a) Falta de una silla ergonómica.

    b) Iluminación deficiente.

    c) Falta de orden y existencia de cables por el suelo.

    d) Problemas con la aplicación informática para diseñar los planos.

    e) Ruido elevado de teléfonos e impresoras.

    Evalúa los riesgos a los que está expuesto el trabajador y planifica las medidas correctoras que se deben adoptar.

11. Mario, propietario del restaurante El Bistrot, estudió el ciclo de Restauración y el curso de nivel básico de Prevención de Riesgos Laborales; ahora quiere hacerse cargo de la organización de la prevención de su empresa.

    a) ¿Puede asumir Mario esta responsabilidad con una plantilla actual de quince personas a su cargo?

    b) ¿Y si contara con 23 personas trabajadoras en dos restaurantes?

COMPRUEBA TU APRENDIZAJE

12. Una empresa de calzado que emplea a 175 personas ha decidido organizar la actividad preventiva a través de un servicio ajeno. Indica si es correcta la elección y si podría haber optado por otras modalidades.

13. Una empresa dedicada a la eliminación de amianto (material muy peligroso) en construcciones y que tiene una plantilla de 100 personas ha decidido crear un servicio de prevención propio. Indica si está obligada a hacerlo.

14. En una empresa está pintando un depósito de combustible en el mismo lugar en el que personas trabajadoras de otra empresa realizan la soldadura de otro nuevo que se está instalando. ¿Es necesaria la presencia de recursos preventivos?

15. Juliana trabaja en un edificio de oficinas en el que tienen su sede quince empresas. Indica si esta empresa puede optar por constituir un servicio de prevención mancomunado.

16. En la empresa Legasur, dedicada a la venta, instalación y mantenimiento de equipos electrónicos, trabajan 69 personas, existe un comité de empresa y se van a nombrar delegados de prevención.

    a) Explica quiénes son los delegados de prevención, cuántos pueden nombrarse y qué funciones tienen.

    b) Indica si en la empresa debe existir un comité de seguridad y salud.

17. En una empresa se han nombrado dos delegados de prevención a los que se les ha encargado la realización de la evaluación de riesgos. ¿Les corresponden a estas personas las competencias que le ha asignado la empresa?

18. Carmen trabaja en una empresa de reparación de motores de aviones. Tanto ella como sus compañeros y compañeras se quejan de las condiciones laborales: hay mucho ruido y no cuentan con los equipos de protección adecuados. Los delegados de prevención han formulado una denuncia ante la Inspección de Trabajo, ya que quieren evitar acudir a los tribunales. ¿Es acertado plantear la denuncia ante la Inspección de Trabajo?

    a) ¿Qué deberá hacer la Inspección de Trabajo si comprueba que existe una infracción?

    b) ¿Qué medida puede adoptar en caso de que los incumplimientos generen un riesgo grave e inminente para la seguridad y la salud de la plantilla de la empresa?

- Escribe dos ideas de esta unidad que tengas claras y que te parezcan fundamentales. ¿Qué te ayudó a comprenderlas?
- Formula dos preguntas sobre aspectos de la unidad que no hayas entendido totalmente.
- Escribe dos aspectos de esta unidad sobre los que te gustaría profundizar.

DE CAMINO AL MUNDO LABORAL

Cuando empieces a trabajar, la empresa te tiene que informar del plan de prevención y la evaluación de riesgos.

Objetivo

Tomar conciencia de la importancia del plan de prevención para las empresas y para las personas trabajadoras.

Tareas

1. **Todas las empresas deben realizar el plan de prevención y la evaluación de riesgos, y, como trabajador o trabajadora, debes ser informado de su contenido.**

   Visualiza este vídeo y haz una lista de las ventajas que tiene para la empresa el plan de prevención:

   - **https://bit.ly/2Wz9hCW**

2. **La evaluación de riesgos en el trabajo sirve para estimar la magnitud de aquellos riesgos que no se pueden evitar.**

   Seleccionad en grupo un puesto de trabajo relacionado con tu perfil profesional. Tened en cuenta el listado no exhaustivo de riesgos establecido en la unidad y el método propuesto por el INSST, y resolved estas cuestiones:

   a) Uno identificará los riesgos y elaborará una ficha para cada uno de ellos, en la que incluirá una descripción exhaustiva del mismo y una fotografía.

   b) Otro cumplimentará la ficha de evaluación según el modelo del INSST.

   c) Un tercero propondrá las medidas preventivas que sean adecuadas.

   Puedes utilizar los siguientes recursos:

   - **https://bit.ly/3bJLusO**
   - **https://bit.ly/3rjieP1**

3. **La actividad preventiva se puede organizar designando a personas trabajadoras con la formación adecuada.**

   Visualiza el vídeo que te proponemos y haz una lista de las tareas que podrías desempeñar si fueras designado trabajador o trabajadora de la actividad preventiva en una empresa:

   - **http://bit.ly/3pcj5z8**

4. **La divulgación de las medidas de seguridad para la prevención de riesgos permite prevenir los accidentes en el trabajo.**

   Recoge información sobre los riesgos de tu sector profesional y elige un medio para divulgarla: una presentación, un folleto, un vídeo, un cartel, etc.

15 UNIDAD Los riesgos ambientales

ESTUDIARÁS

- El análisis de los riesgos laborales ligados a las condiciones ambientales.
- Los agentes químicos.
- Los agentes biológicos.
- Los agentes físicos.

Y SERÁS CAPAZ DE

- Evaluar los riesgos derivados de tu actividad, analizando las condiciones de trabajo y los factores de riesgo presentes en tu entorno laboral.
- Aplicar las medidas de prevención y protección, analizando las situaciones de riesgo en el entorno laboral.

En una empresa se ha creado un nuevo departamento y se ha convocado a las personas que lo integran para darles formación sobre los riesgos laborales que entraña su nuevo puesto.

Entre los riesgos más frecuentes, se han destacado los siguientes: la exposición al ruido, el riesgo de atrapamiento en máquinas, la manipulación de cargas, la exposición a sustancias químicas y el estrés por los ritmos elevados de trabajo.

De todos los riesgos mencionados, ¿sabrías identificar cuáles son provocados por las condiciones ambientales?

- ¿Conoces los efectos que tiene en la salud un nivel alto de ruido en el trabajo?
- ¿Sabes dónde podrías buscar información sobre los riesgos que conlleva manipular un producto químico?
- ¿Eres capaz de identificar alguna profesión en la que exista riesgo biológico?

1. Riesgos ambientales

En el entorno de trabajo en el que las personas desarrollan su actividad profesional existen numerosos agentes contaminantes que pueden dañar su salud, al generar enfermedades profesionales a corto, medio o largo plazo. Estos agentes pueden ser de tres tipos (Tabla 15.1).

Químicos	Biológicos	Físicos

Son sustancias químicas que, al incorporarse al medio ambiente laboral en forma de gas, humo, vapor y polvo, generan enfermedades.	Son seres vivos microscópicos (virus, bacterias, hongos, gusanos y protozoos) que pueden producir enfermedades infecciosas o alérgicas.	Son formas de energía (ruido, vibraciones, temperatura, iluminación y radiaciones) que pueden afectar a las personas trabajadoras.

Tabla 15.1. Agentes ambientales de riesgo.

2. Riesgos químicos

Muchas personas trabajadoras, en el desarrollo de su actividad o como consecuencia de ella, manipulan sustancias químicas que son peligrosas y que pueden generar riesgos para su salud en forma de enfermedades o de accidentes como incendios, explosiones, etc.

> El **riesgo químico** es la posibilidad de que una persona trabajadora sufra un determinado daño derivado de la exposición a agentes químicos.

Cuando penetran en el organismo humano, los agentes químicos pueden producir un daño de forma inmediata o a corto plazo (asfixia, irritación de las vías respiratorias, etc.) o generar enfermedades profesionales con el paso de los años (asma, dermatitis, cáncer, etc.).

Los agentes químicos son absorbidos por el organismo través de distintas vías (Fig. 15.1).

Vías de entrada de los agentes químicos en el organismo

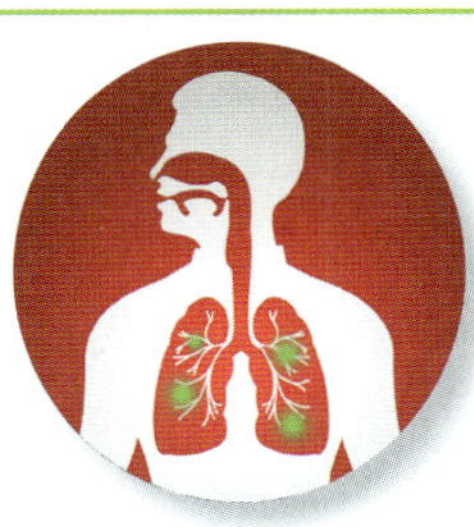

Respiratoria. A través de la nariz, la boca, la laringe, los bronquios, los bronquiolos y los alvéolos pulmonares. Se considera la vía de entrada más importante para los agentes químicos.

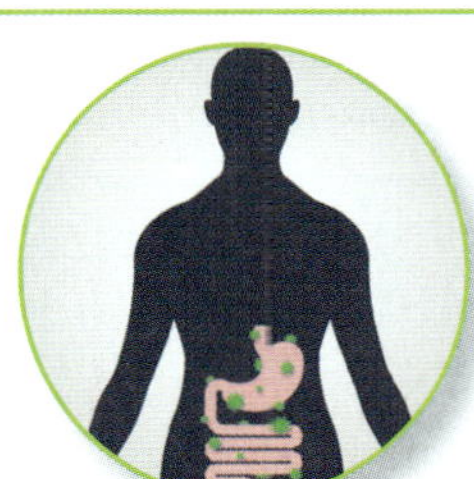

Digestiva. A través de la boca, el esófago, el estómago y los intestinos. Se asocia a hábitos higiénicos inadecuados (como no lavarse las manos después de manipular sustancias químicas o comer en el trabajo).

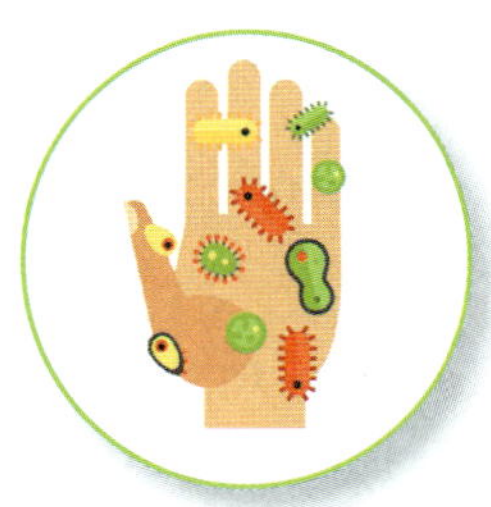

Dérmica. A través de la piel, por contacto con los agentes químicos o elementos contaminados.

Parenteral. A través de la piel por heridas, cortes, llagas, etc.

Fig. 15.1. Vías de penetración de los agentes químicos.

ABC VOCABULARIO

Agente contaminante. Energía, agente químico o ser vivo que puede producir efectos nocivos en la salud de las personas cuando está presente en una concentración suficiente.

Agentes químicos. Elementos o compuestos químicos que pueden encontrarse en los lugares de trabajo. Pueden ser gaseosos, como el gas butano y el monóxido de carbono; sólidos, como el polvo de madera y las fibras de amianto, y líquidos, como el etanol y el ácido sulfúrico.

Exposición a un agente químico. Consiste en la presencia de un agente químico, siempre que implique un contacto con la persona trabajadora por vía respiratoria o dérmica.

ABC VOCABULARIO

Agente químico peligroso. Aquel que puede representar un riesgo para la seguridad y la salud de las personas trabajadoras, debido a sus propiedades fisicoquímicas, químicas o toxicológicas y a la forma en que se utiliza o está presente en el lugar de trabajo.

El efecto que provoca un agente químico sobre la salud de la persona trabajadora depende de la dosis que esta recibe y de la toxicidad de la sustancia (Fig. 15.2):

Dosis Cantidad de sustancia absorbida + **Toxicidad** Capacidad de producir daño = **Efecto**

Fig. 15.2. Fórmula del cálculo de la exposición.

Cuando penetran en el **organismo humano**, los agentes químicos pueden producir efectos diversos en función de sus características (Fig. 15.3).

Efectos de los agentes químicos en el cuerpo humano

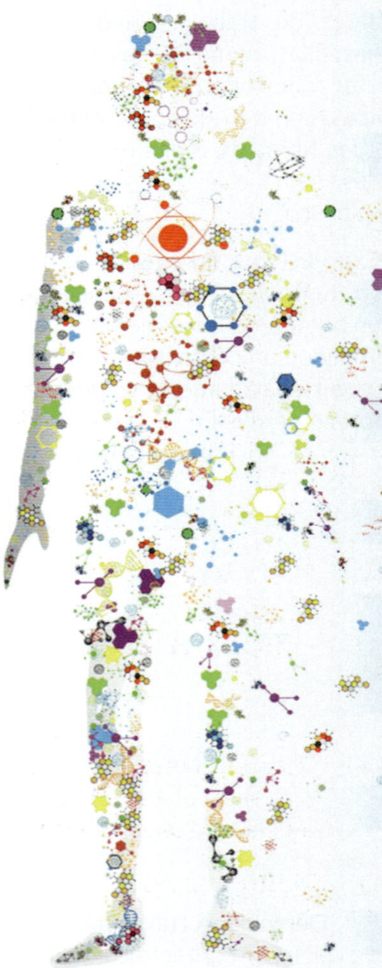

Irritantes	Irritan la piel y las mucosas. *Halógenos, ozonos...*
Asfixiantes	Impiden o dificultan el suministro de oxígeno hasta las células. *Dióxido de carbono, gases nobles, nitrógeno, monóxido de carbono, ácido cianhídrico, nitratos...*
Anestésicos	Deprimen el sistema nervioso central; generalmente, el efecto desaparece cuando desaparece el contaminante. *Disolventes industriales, acetona, propano...*
Corrosivos	Destruyen los tejidos sobre los que actúan. *Ácidos, álcalis...*
Sensibilizantes	Producen reacciones alérgicas. *Formaldehído, fibras vegetales, polvo de madera...*
Cancerígenos, mutágenos y tóxicos para la reproducción	Provocan cáncer y alteraciones del ADN, así como malformaciones en el feto. *Arsénico, amianto, benceno, cadmio, níquel, fibras vegetales, polvo de madera...*
Sistémicos	Alteran el funcionamiento del sistema nervioso central y los riñones, entre otros órganos. *Mercurio, magnesio, cadmio, manganeso, plomo y sus derivados.*
Neumoconióticos	Actúan en el pulmón por acumulación de polvo o humo. *Silicatos, asbesto, amianto, hierro, aluminio...*

Fig. 15.3. Clases de agentes químicos en función de sus efectos.

ACTIVIDADES

1. Identifica a qué tipo de riesgos estarán expuestas principalmente las siguientes personas trabajadoras:
   a) Un trabajador de una fábrica de muebles de madera.
   b) Un trabajador de una clínica veterinaria.
   c) Una trabajadora de un horno de pan.
2. Piensa si en tu sector de actividad profesional se utilizan sustancias químicas y si conoces sus efectos.
3. Jennifer, que trabaja como protésica dental, lleva mucho tiempo con hinchazón en ambas manos, con sequedad de la piel y con una ronchas de color rojizo. Su médico le ha diagnosticado una dermatitis crónica a consecuencia del uso continuado de guantes de látex.

   Indica qué tipo de sustancia es el látex, teniendo en cuenta sus efectos sobre la salud.

A. Identificación de los agentes químicos

La empresa debe informar a la plantilla sobre los agentes químicos peligrosos presentes en el lugar de trabajo, los riesgos para la seguridad y la salud que conllevan y las medidas preventivas a adoptar, con el fin de que las personas trabajadoras puedan llevar a cabo su actividad de manera segura.

La información acerca de los agentes químicos se obtiene de los datos contenidos en la **ficha de seguridad** (FDS) y en la **etiqueta de seguridad** (Fig. 15.4).

Para facilitar la identificación de los riesgos (físicos, para la salud o el medio ambiente) por parte de las personas trabajadoras en contacto con agentes químicos, la normativa europea establece que todos los envases deben ir etiquetados con el correspondiente pictograma o símbolo identificativo del riesgo.

El Sistema Mundialmente Armonizado de Clasificación y Etiquetado de Productos Químicos (GHS, por sus siglas en inglés) establece los siguientes **pictogramas** para el etiquetado de las sustancias químicas (Tabla 15.2):

Fig. 15.4. Las etiquetas siguen las normas REACH-CLP de la Unión Europea.

	Pictograma y símbolo		Significado	Presentes en...
Peligros físicos		**Explosivos** *Bomba explotando.*	Que hace o puede hacer explosión: peligro de explosión, proyección, incendio, onda expansiva...	Fuegos artificiales, munición...
		**Inflamables** *Llama.*	Que se enciende con facilidad (gas, sólido o vapor inflamable).	Aceite para lámparas, gasolina, quitaesmaltes...
		**Comburentes** *Llama sobre un círculo.*	Que provoca o favorece la combustión.	Lejía, oxígeno para usos médicos...
		**Gases a presión** *Bombona de gas.*	Que contiene gas a presión: peligro de explosión en caso de calentamiento.	Bombonas de gas.
		**Sustancias corrosivas** *Corrosión.*	Que provoca quemaduras graves en la piel y lesiones oculares graves.	Desatascadores de tuberías, ácido acético, ácido hidroclorhídrico, amoniaco...
Peligros para la salud		**Toxicidad aguda** *Calavera y tibias cruzadas.*	Que envenena, emponzoña e intoxica; puede ser mortal en caso de ingestión, inhalación y contacto con la piel.	Plaguicidas, biocidas, metanol...
		**Peligro grave para la salud** *Peligro para la salud.*	Que puede ser mortal para el organismo, perjudicar la fertilidad o al feto, provocar cáncer, defectos genéticos, dificultades respiratorias por inhalación, etc.	Trementina, gasolina, aceite para lámparas...
		**Peligro para la salud** *Signo de exclamación.*	Que puede irritar las vías respiratorias, provocar somnolencia o vértigo, desencadenar una reacción alérgica en la piel, provocar una irritación ocular grave, etc.	Detergentes para lavadoras, limpiadores de inodoros, líquidos refrigerantes...
Peligros para el medio ambiente		**Peligro para el medio ambiente** *Medio ambiente.*	Que puede ser muy tóxico o tóxico para los organismos acuáticos, con efectos nocivos duraderos.	Plaguicidas, biocidas, gasolina, trementina...

Tabla 15.2. Pictogramas de los contaminantes químicos.

Identificación y medición

Valoración o comparación con valores límite ambientales

Medidas de prevención y protección-control

Fig. 15.5. Actividad preventiva.

B. Prevención del riesgo químico

La empresa debe eliminar o reducir al mínimo la exposición de las empleadas y los empleados a los agentes químicos para garantizar su seguridad y su salud durante el trabajo, desarrollando una **actividad preventiva** frente al riesgo químico (Fig. 15.5).

Una vez identificados los peligros y evaluados los riesgos, las medidas que se adopten deben seguir el «principio STOP», que establece una jerarquía en las medidas dirigidas a prevenir y reducir la exposición de las personas trabajadoras a sustancias peligrosas (Fig. 15.6).

STOP

Sustitución de la sustancia peligrosa por otras menos nocivas e, incluso, eliminación total de dicha sustancia.

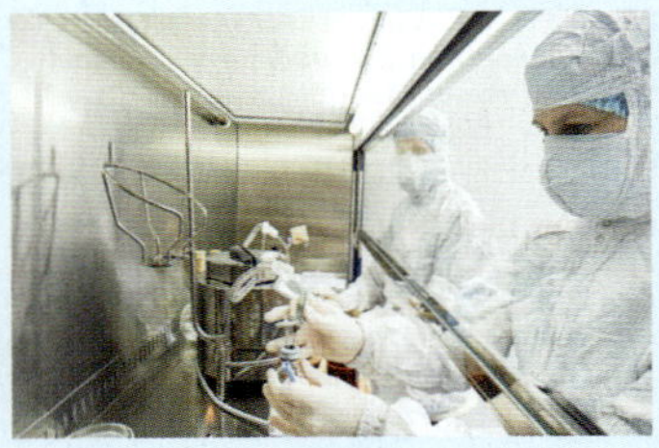

Medidas **técnicas** sobre el foco o el medio, como encerramiento de procesos y ventilación general o localizada.

Medidas **organizativas,** como limitar el número de personas trabajadoras expuestas o el tiempo de exposición.

Medidas de **protección personal,** como usar equipos de protección individual (EPI) en el trabajo.

Fig. 15.6. Principio STOP para sustancias químicas.

¿SABÍAS QUE...?

Los **valores límite ambientales (VLA)** son valores de referencia para medir la concentración de agentes químicos en el aire; representan condiciones a las cuales se considera que la mayoría de las personas trabajadoras pueden estar expuestas día tras día, durante toda su vida laboral, sin sufrir efectos adversos en su salud. Se utilizan para agentes químicos que suponen un riesgo por inhalación.

CASO PRÁCTICO 1. Prevención de enfermedades profesionales

Antonio trabaja en una fábrica de plásticos. Últimamente se han detectado varios casos de rinitis alérgica y, ante la sospecha de que su origen sea laboral, la empresa va a adoptar medidas preventivas. Indica qué actuaciones debe seguir para eliminar o reducir el riesgo.

Solución:

En primer lugar, la empresa debe comprobar la presencia de algún agente químico que pueda generar la rinitis; en caso de que lo detecte, tiene que evaluar su concentración comparándola con los VLA de referencia. Si finalmente se detecta su presencia, se adoptarán medidas de prevención y protección.

PONTE A PRUEBA 1. Pictogramas de seguridad

Rosa trabaja de chapista en un taller de vehículos. Uno de los productos que maneja son los disolventes, entre cuyos componentes se encuentra el tolueno. Además de ser inflamable, es tóxico agudo y provoca irritación y somnolencia. Indica qué pictogramas tendría que incluir su etiqueta de seguridad según los efectos que produce.

Para resolver esta actividad, consulta la página de la Agencia Europea de Sustancias y Mezclas Químicas (ECHA, por sus siglas en inglés) en este enlace: **https://bit.ly/3bcCAng.**

ACTIVIDADES

4. Indica en qué orden deberían adoptarse las siguientes medidas de acuerdo con el principio STOP: aislamiento, higiene personal, sustitución del agente químico, reducción del tiempo de exposición, ventilación, protección individual, aspiración y encerramiento del proceso.

5. En una empresa se han detectado varios casos de trabajadores afectados por problemas respiratorios.

Explica los pasos que debe dar la empresa para determinar si la causa de estos trastornos se encuentra en la actividad laboral.

3. Riesgos biológicos

El **riesgo biológico** es aquel derivado de la actuación de agentes biológicos que puede originar cualquier tipo de **infección, alergia o intoxicación** a la persona trabajadora.

Son **agentes biológicos** todos los **seres vivos** (de origen animal o vegetal) y las **sustancias** derivadas de estos (Fig. 15.7) que están presentes en el puesto de trabajo y que pueden constituir un riesgo para la salud de las personas trabajadoras.

Los agentes biológicos pueden penetrar en el organismo de la misma forma que los contaminantes químicos, es decir, por vía respiratoria, digestiva, dérmica y parenteral.

ABC VOCABULARIO

Agente biológico. Microorganismo, cultivo celular o endoparásito humano susceptible de originar cualquier tipo de infección, alergia o toxicidad.

Zoonosis. Enfermedad transmitida al ser humano por los animales, o viceversa, bien directamente, bien a través de vectores como mosquitos o garrapatas.

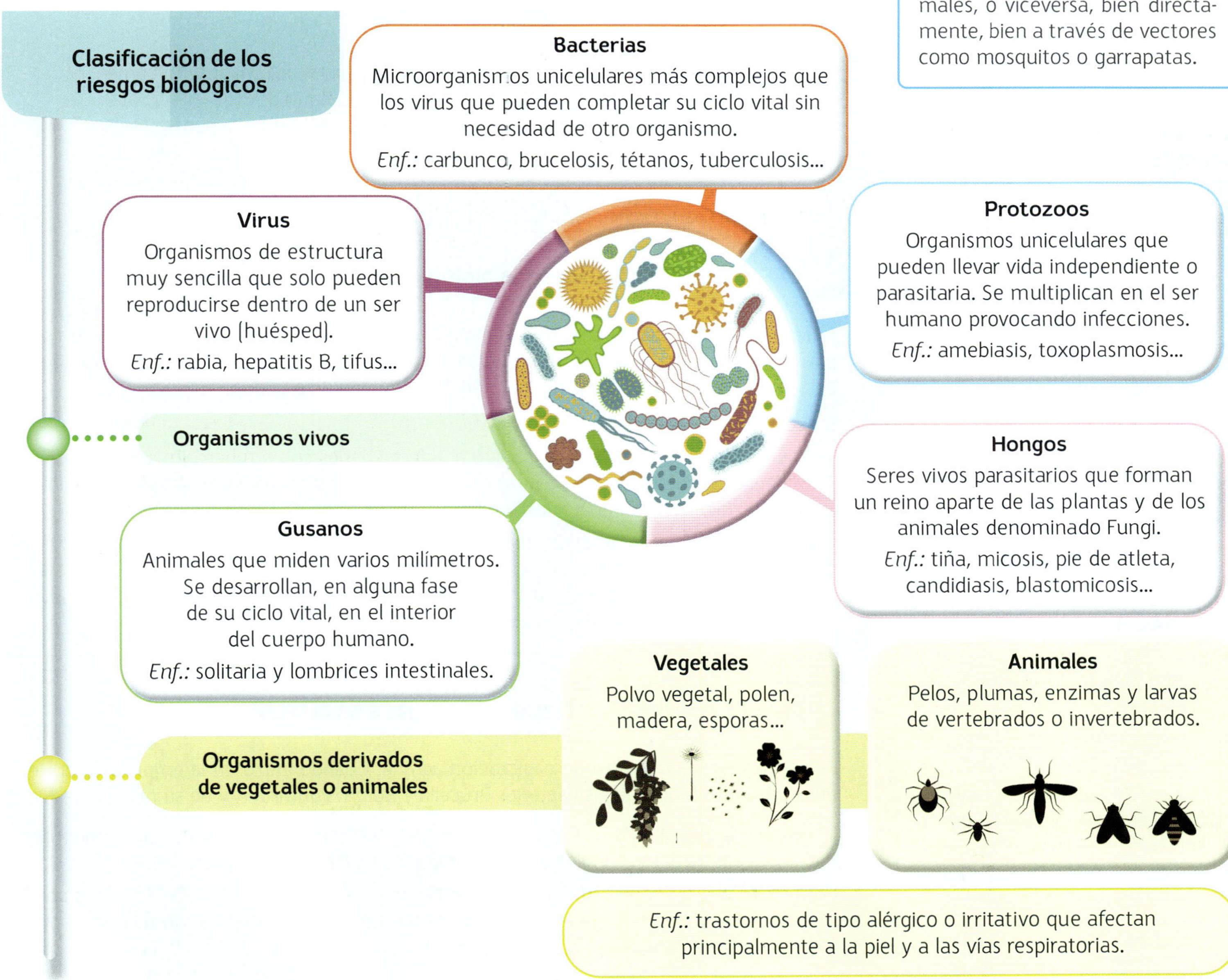

Fig. 15.7. Clasificación de los agentes biológicos.

PONTE A PRUEBA 2. Medidas de protección ante el riesgo biológico

Debido al coronavirus de la COVID-19, las empresas deben adoptar medidas de protección frente a este riesgo. Indica cuáles son las medidas higiénicas para los centros de trabajo de tu sector profesional.

Para resolverlo puedes consultar las directrices de buenas prácticas por sectores del INSST para la aplicación de las medidas establecidas frente a este riesgo en **https://bit.ly/3bumhkf.**

Actividad	Enfermedad
Laboratorio	Hepatitis, sida, zoonosis...
Personal sanitario y de atención a grupos de riesgo	Hepatitis, sida, herpes, tuberculosis, COVID y otras infecciones.
Agricultura y ganadería	Zoonosis, tétanos, parasitosis...
Veterinarios, cuidado de animales	Zoonosis (brucelosis).
Saneamiento público y limpieza urbana	Leptospirosis, tétanos, hepatitis, fiebre tifoidea...
Industrias cárnicas	Zoonosis.

Tabla 15.3. Profesiones con riesgo biológico.

El contagio por agentes biológicos puede ser **directo,** cuando se produce de persona a persona o de animal a persona, o **indirecto,** si tiene lugar a través de elementos (aire, agua, suelo, objetos, alimentos, etc.) previamente contaminados por personas o animales infectados.

Las medidas de prevención y protección deben ir encaminadas a impedir la transmisión del agente biológico (Fig. 15.8). No obstante, estas enfermedades causadas por agentes biológicos pueden estar asociadas a ciertas actividades (Tabla 15.3).

Protección colectiva

- Reducir al mínimo el número de personas trabajadoras expuestas.
- Adoptar medidas de manipulación y transporte seguras.
- Asegurar la recogida, el almacenamiento y la evacuación de residuos.
- Desinfectar y desratizar.
- Señalizar las zonas de riesgo.

Protección individual

- Vacunarse.
- Respetar las normas de higiene (lavarse las manos, no comer...).
- Utilizar los equipos de protección adecuados (guantes, bata...).
- Manejar con precaución los objetos cortantes y punzantes.
- Desinfectar y esterilizar el instrumental y las superficies.

Fig. 15.8. Medidas de prevención y protección frente al riesgo biológico.

CASO PRÁCTICO 2. Riesgos biológicos

Javier estudió Anatomía Patológica y ahora trabaja en el área de extracciones de un hospital. Identifica alguna de las enfermedades que puede contraer en el desempeño de su actividad (Tabla 15.3) e indica alguna medida preventiva que podría evitarlas.

Solución:

a) El personal sanitario está expuesto a enfermedades como tuberculosis, sida, herpes, hepatitis, etc., debido a pinchazos o a contacto, bien con sangre u otros líquidos biológicos, bien con material o instrumental contaminados.

b) La manera de evitar estas infecciones es la siguiente: manejar con precaución los residuos generados tras el uso de materiales cortantes o punzantes (probetas, jeringuillas, agujas, etc.); manipular y limpiar de manera segura la sangre y otros fluidos; utilizar guantes y ropa de protección; adoptar medidas de higiene adecuadas.

PONTE A PRUEBA 3. Riesgos biológicos en el trabajo

Pablo trabaja en un centro de explotación agraria. Cuando entró en la empresa le advirtieron de la presencia de las bacterias Brucella y *Bacillus anthracis* y de su peligrosidad.

Investiga a qué grupo de agentes biológicos pertenecen estos organismos y qué enfermedades pueden generar, e indica alguna medida preventiva que se deba adoptar.

Para resolver esta actividad, consulta el anexo 2 y el apéndice 14 de la *Guía técnica para la evaluación y prevención de los riesgos relacionados con la exposición a agentes biológicos durante el trabajo.*

ACTIVIDADES

6. Ricardo trabaja como auxiliar en una clínica veterinaria. Hace poco, le mordió un perro al que estaba curando y, por ese motivo, el empleado ha sido vacunado contra la rabia. Indica cómo se ha producido la infección y qué tipo de agente la ha transmitido.

7. Explica si en tu sector profesional existe riesgo biológico, señalando en qué actividades se da y de qué modo se podría producir la transmisión.

¿SABÍAS QUE...?

Los **agentes biológicos** se clasifican en varios grupos:

- **Grupo 1.** Agentes que resulta poco probable que provoquen una enfermedad al ser humano.
- **Grupo 2.** Agentes que causan una enfermedad a las personas y suponen un peligro, pero es poco probable que se propaguen a la colectividad y contra los cuales existe un tratamiento eficaz.
- **Grupo 3.** Agentes que provocan una enfermedad grave al ser humano, con riesgo de propagación y con un tratamiento eficaz.
- **Grupo 4.** Agentes que causan una enfermedad grave al ser humano, tienen muchas probabilidades de propagarse a la colectividad y no cuentan con un tratamiento eficaz.

4. Riesgos físicos

Los **agentes físicos** son manifestaciones de diversos tipos de energía, producida por determinadas fuentes y que puede afectar a las personas trabajadoras expuestas a ella (Fig. 15.9).

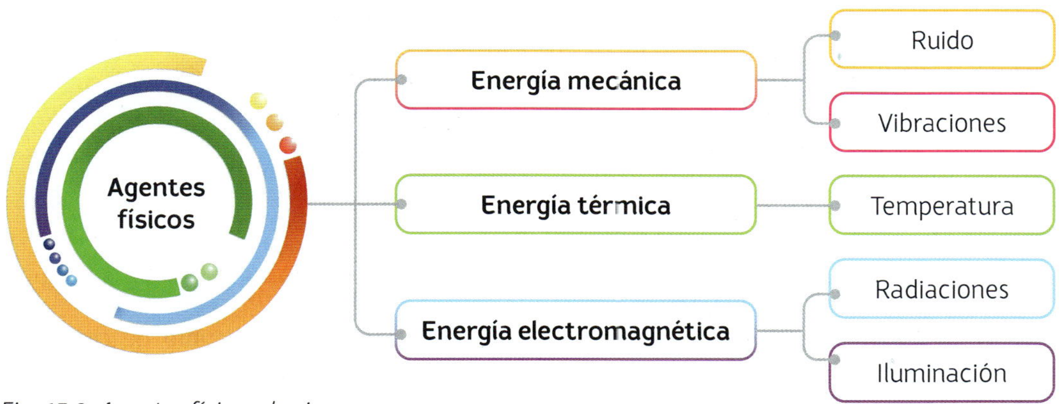

Fig. 15.9. Agentes físicos de riesgo.

IMPORTANTE

El riesgo para la salud de la persona trabajadora depende de:

- **La intensidad o el nivel del ruido**, que se mide en decibelios (dB):
  - El $\mathbf{L_{Aeq,d}}$. Es el nivel de acústica equivalente diario (promedio diario de presión sonora de un puesto de trabajo referido a una jornada laboral de ocho horas).
  - El $\mathbf{L_{Máx}}$ **o pico.** Es el valor máximo de presión acústica instantánea alcanzado en un periodo de tiempo breve (por ejemplo, una explosión). Se expresa en dBC.
- **El tiempo de exposición al ruido:** a mayor tiempo, más riesgo para la persona trabajadora.

A. El ruido

El **ruido** es un sonido molesto y no deseado que interfiere en una actividad humana o la impide.

El ruido es uno de los agentes físicos más extendidos en el ámbito laboral. Sus principales efectos son: reducción de la capacidad auditiva del individuo (sordera o hipoacusia laboral); alteración de los sistemas respiratorio y cardiovascular; trastornos digestivos y del sueño; agresividad, irritabilidad, etc., y aumento del riesgo de sufrir accidentes laborales, al disminuir el grado de atención y el tiempo de reacción.

El RD 286/2006, que regula los riesgos de la exposición al ruido, establece los valores límite de exposición de la persona trabajadora y las medidas que la empresa debe adoptar (Tabla 15.4).

Niveles de ruido	Información y formación	Vigilancia de la salud	Uso de protectores	Evaluación (medición)	Señalización	Medidas técnicas y organizativas
Valores superiores a 80 dB (A) y a 135 dB (C) de nivel pico	Sí.	Audiometría cada cinco años.	La empresa entrega protectores auditivos a las personas trabajadoras.	Cada tres años.	No obligatoria.	No.
Valores superiores a 85 dB (A) y a 137 dB (C) de nivel pico	Sí.	Audiometría cada tres años.	Las personas trabajadoras están obligadas a usar los protectores auditivos.	Cada año.	Obligatoria.	Sí.

- Los valores **límite** de exposición que no deben superarse nunca son 87 dB (A) de nivel diario ($L_{Aeq,d}$) y 140 dB (C) de nivel pico ($L_{Máx}$ o pico).
- Para los valores **menores** de 80 dB (A) y 135 dB de nivel pico no es necesario adoptar ninguna medida preventiva.

Tabla 15.4. Valores límite de exposición al ruido y medidas de prevención que se deben adoptar.

CASO PRÁCTICO 3. Exposición al ruido en el trabajo

Manuela, que trabaja en una peluquería, se pregunta si el ruido que generan los secadores (aproximadamente 68 dBA de nivel de exposición diaria) supone un riesgo para su salud.

Solución:

No, ya que el nivel de exposición diaria no supera los 80 dBA, por lo que no se considera un riesgo para la salud.

B. Las vibraciones

> Una **vibración** es todo movimiento transmitido al cuerpo humano por estructuras sólidas, capaz de provocar un efecto nocivo o cualquier molestia.

Los efectos se producen cuando una parte de la energía generada por la vibración es absorbida por el cuerpo humano. Se distinguen dos modos de exposición, en función de la parte del cuerpo que entra en contacto con los elementos vibrantes (Fig. 15.10).

VIBRACIONES

	De cuerpo entero	De mano-brazo
	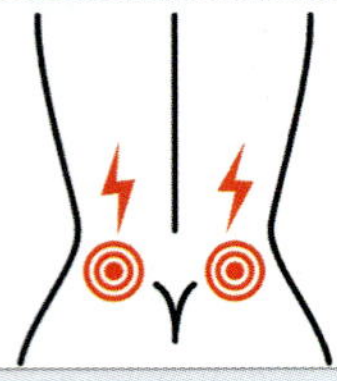	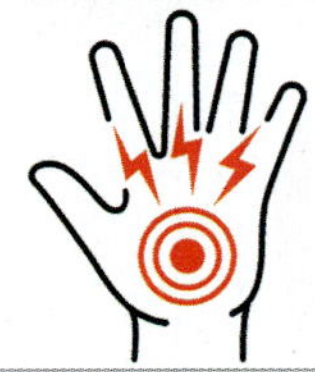
Definición	Movimientos que se producen cuando el cuerpo (glúteos, espalda, pies o piernas) se apoya sobre una superficie vibrante.	Movimientos que se producen cuando el punto de contacto con el elemento vibrante es la mano.
Causas	Manejo y conducción de maquinaria industrial: • Carretillas elevadoras y camiones. • Vehículos especiales (niveladora, apisonadora, etc.). • Tractores agrícolas, motocultores y otros equipos.	Uso de herramientas eléctricas: • Martillo neumático, taladro eléctrico y rozadora de pared. • Radial, lijadora, compactadora, etc.
Efectos	• Lumbalgias, hernias y pinzamientos discales. • Lesiones de la columna vertebral. • Otros: dolores abdominales, mareos, insomnio, falta de sueño, etc.	• Problemas vasculares, articulares y nerviosos, trastornos musculoesqueléticos, etc. • Síndrome de Raynaud (o «dedos muertos»). • Entumecimiento y pérdida de sensibilidad.
Valores de exposición a tener en cuenta*	• Valor que da lugar a una acción: 0,5 m/s^2. • Valor límite de exposición: 1,15 m/s^2.	• Valor que da lugar a una acción: 2,5 m/s^2. • Valor límite de exposición: 5 m/s^2.
Medidas de prevención	• **En el foco:** elección de equipos menos vibrantes, instalación de suspensiones en los equipos y automatización y uso del mando a distancia. • **En el medio:** uso de aislantes de vibración. • **En el receptor:** uso de equipos de protección individual (EPI): guantes, cinturón y botas; rotación de las personas trabajadoras; reducción de la duración de la exposición.	

* La unidad de medición de estos valores límite es m/s^2 (metros por segundo al cuadrado), ya que es medida en términos de aceleración eficaz.

Fig. 15.10. Clasificación de las vibraciones.

PONTE A PRUEBA 4. Niveles de ruido

Una trabajadora de una imprenta ha soportado durante varios días un nivel de ruido de 89 dBA de $L_{Aeq,d}$. Determina si se supera el nivel de exposición al ruido y qué debería hacerse.

Para resolver esta actividad, consulta el RD 286/2006, de 10 de marzo, sobre la protección de la salud de los trabajadores contra los riesgos relacionados con la exposición al ruido.

ACTIVIDADES

8. Marcelo trabaja como conductor de una máquina niveladora en obras públicas. Indica a qué tipo de vibraciones está expuesto, cuáles son los valores límite de exposición y qué efectos pueden provocar dichas vibraciones en su salud.

9. Mario trabaja como monitor de baile en un gimnasio. El nivel de ruido equivalente diario al que está expuesto es de 83 dBA. Indica si este nivel supone algún riesgo para su salud y, en caso afirmativo, qué medidas preventivas deberían adoptarse.

C. La temperatura

La temperatura ambiental del puesto de trabajo puede afectar al confort térmico de las personas trabajadoras, incluso generar a estas estrés térmico por calor o por frío.

> El **confort térmico** es la sensación de bienestar de la persona trabajadora con respecto al ambiente que la rodea.

Las condiciones ambientales de los lugares de trabajo no deben suponer un riesgo para la salud. El RD 486/1997 establece los intervalos de valores aceptables de temperatura.

Los factores que influyen en el confort ambiental son la temperatura, la humedad y la ventilación del lugar de trabajo (Tabla 15.5), pero también la ropa y las características de la persona trabajadora. Este confort puede verse alterado por el estrés térmico.

> El **estrés térmico** es la carga de calor que las personas trabajadoras reciben y acumulan en su cuerpo y que resulta de la interacción entre las condiciones ambientales del lugar donde trabajan, la actividad física que realizan y la ropa que llevan (Fig. 15.11).

IMPORTANTE

El **sistema termorregulador** permite al ser humano tener una temperatura constante, sean cuales sean las condiciones exteriores: 37 ± 1 °C.

¿Qué es el estrés térmico por calor?

Aumento brusco y sostenido de la temperatura que se produce en el cuerpo de la persona trabajadora.

¿Cuáles son los efectos del calor?

- Aumento de la temperatura corporal.
- Golpe de calor (a partir 40 °C de temperatura corporal).
- Deshidratación, lipotimia y déficit salino.
- Incremento del ritmo respiratorio y vasodilatación.

¿Dónde se puede producir?

Se puede producir en la exposición a altas temperaturas: altos hornos, metalurgia, cocinas, tintorerías, lavanderías, panaderías, trabajos de soldadura, trabajo en el exterior en verano, etc.

¿Cómo se puede prevenir?

- Evitando cambios bruscos de temperatura.
- Usando ropa de trabajo adecuada.
- Bebiendo agua con frecuencia.
- Manteniendo la piel limpia para facilitar la transpiración.

¿Qué es el estrés térmico por frío?

Pérdida de calor excesiva que se produce en el cuerpo de la persona trabajadora.

¿Cuáles son los efectos del frío?

- Hipotermia.
- Contracciones musculares.
- Congelación en diferentes grados.
- Torpeza manual.

¿Dónde se puede producir?

Se puede producir en la exposición a bajas temperaturas: cámaras frigoríficas, industria alimentaria (congelados, carne y pescado), trabajos en el exterior en invierno, etc.

¿Cómo se puede prevenir?

- Limitando el tiempo de trabajo.
- Usando ropa de trabajo adecuada.
- Estableciendo pausas en el tiempo de trabajo.
- Disponiendo de locales adecuados para las pausas.

Fig. 15.11. Efectos y prevención del estrés térmico.

Tipo de trabajo	Temperatura	Humedad relativa	Velocidad del aire		
			Ambientes no calurosos	Ambientes calurosos	Ambientes con aire acondicionado
Sedentario (oficinas y similares)	17-27 °C	30-70 %. En locales con riesgo de electricidad estática: mínimo 50 %.	0,25 m/s	0,5 m/s	0,25 m/s
Ligero (no sedentario)	14-25 °C			0,75 m/s	0,35 m/s

Tabla 15.5. Valores de temperatura, humedad y ventilación en el trabajo.

PONTE A PRUEBA 5. Estrés térmico

Un empleado de una lavandería industrial se ha desmayado mientras trabajaba. Indica cuáles son los síntomas que nos pueden indicar que estamos ante un golpe de calor y qué acciones deberíamos emprender para socorrer a esta persona en situación de riesgo.

Para resolver, puedes acceder a **https://bit.ly/2Ms9Exe**.

> **? ¿SABÍAS QUE...?**
>
> Para medir el daño producido por la radiación, se utiliza como referencia la dosis equivalente, cuya unidad de medida es el **Sievert (Sv)**, aunque es más habitual utilizar el **milisievert (mSv)**.

D. Las radiaciones

> Las radiaciones son **ondas y partículas electromagnéticas** emitidas por determinadas materias y equipos.

En general, las radiaciones, ya sean naturales, como las solares, o artificiales, constituyen un peligro para la salud. Según los efectos biológicos que provoquen en esta, pueden ser no ionizantes o ionizantes (Tabla 15.6).

Radiaciones	Tipos	Actividades de riesgo	Efectos en la salud	Medidas preventivas
No ionizantes Radiaciones que no tienen bastante energía para ionizar la materia y no provocan cambios en los átomos. Aunque son menos peligrosas que las radiaciones ionizantes, también producen efectos adversos en la salud.	**Ultravioletas**	Soldadura, fundición, fototerapia, fotocopiadoras, esterilización de instrumental clínico...	• Ojos: conjuntivitis, enfermedades del cristalino... • Piel: enrojecimientos, quemaduras, cáncer...	• Encerramiento y pantallas. • Limitación de la radiación (se mide en milisieverts, mSv). • Formación a las personas trabajadoras. • Vigilancia médica. • Uso de equipos de protección individual. • Señalización de las zonas de riesgo.  Zona vigilada · Zona controlada · Zona limitada · Zona prohibida
	Infrarrojos	Fabricación de vidrio, soldadura, hornos de secado y fusión (metalurgia)...	• Ojos: conjuntivitis. • Piel: quemaduras, eritemas, cáncer...	
	Microondas	Actividades industriales, medicina y vida cotidiana.	• Reproducción y alteraciones genéticas. • Sistema nervioso, cardiovascular, visión, audición...	
	Láser	Cirugía, fibra óptica, artes gráficas y soldadura.	• Ojos. • Piel.	
Ionizantes Radiaciones que tienen bastante energía para ionizar la materia, provocando cambios en los átomos. Producen efectos de suma gravedad en el organismo, como alteraciones en el ADN.	**Rayos X**	• Producción de energía eléctrica en nucleares. • Detección de defectos en soldaduras o grietas de edificios. • Detectores de metales. • Radiodiagnóstico. • Análisis clínicos e investigación científica. • Radioterapia. • Medicina nuclear.	• **Agudos.** Vómitos, síntomas intestinales y caída de cabello. • **Tardíos.** Aparecen varios años después: cataratas, leucemia y otras formas de cáncer. • **Genéticos.** Afectan al sistema reproductivo y provocan modificaciones genéticas en las futuras generaciones.	
	Rayos α (alfa)			
	Rayos γ (gamma)			
	Rayos β (beta)			

Tabla 15.6. Tipos de radiaciones, efectos y medidas de prevención.

Los límites de exposición a las radiaciones ionizantes son los siguientes (Tabla 15.7).

Personas expuestas	Dosis eficaces (suma de las dosis del organismo entero)	Dosis equivalentes		
		Extremidades	Piel	Cristalino del ojo
Personas trabajadoras	100 mSv en cinco años oficiales consecutivos (máximo: 50 mSv en cualquier año oficial).	500 mSv	500 mSv	150 mSv
Aprendices (16 a 18 años)	6 mSv en cada año oficial.	150 mSv	500 mSv	45 mSv
Público	1 mSv en cada año oficial.		50 mSv	15 mSv
Mujeres embarazadas	No se debe superar 1 mSv.			

Tabla 15.7. Límite de exposición a las radiaciones ionizantes.

ACTIVIDADES

10. Alberto trabaja como soldador. Los equipos de soldadura que utiliza emiten radiaciones ultravioleta. Identifica a qué tipo de radiaciones está expuesto y las medidas preventivas que se deben adoptar.

E. La iluminación

La **iluminación** es una parte fundamental en el acondicionamiento de los puestos de trabajo. Una iluminación **adecuada** permite a la persona trabajadora desempeñar su actividad en condiciones más seguras, a la vez que aumenta su rendimiento. Por el contrario, una iluminación **deficiente** puede producir pérdida de agudeza y fatiga visual, dolores de cabeza, cansancio, irritabilidad y aumento de la probabilidad de sufrir accidentes.

Para que el trabajo se desempeñe con un máximo de confort visual, es necesario que se sigan las siguientes **medidas preventivas:**

- Adecuar la **intensidad** o cantidad de luz a la actividad que se realice.
- Emplear **luz natural**, si fuese posible, y, si no es suficiente, acompañar con luz auxiliar.
- Procurar unas características de luz acordes a la tarea que se está ejecutando, como son: distribución uniforme, contraste adecuado y eliminación de deslumbramientos.
- Utilizar los niveles mínimos de iluminación (medidos en lux), establecidos por el Real Decreto 486/1997, de 14 de abril, y que se recogen en Tabla 15.8.

ABC VOCABULARIO

Luz visible. Radiación electromagnética emitida dentro del espectro visible y que, por tanto, es capaz de producir una sensación visual.

Lux. Unidad de iluminancia, que equivale al nivel de iluminación o iluminancia de una superficie que recibe un flujo luminoso de 1 lumen por metro cuadrado.

Zona o parte del lugar de trabajo	Nivel mínimo de iluminación	Ejemplos de tareas visuales y nivel recomendado (en lux)	
Bajas exigencias visuales	100 lux	Manejo de máquinas y herramientas pesadas, lavado de automóviles, etc.	200 lux
Exigencias visuales moderadas	200 lux		
Exigencias visuales altas	500 lux	Trabajos administrativos, reparación de automóviles, planchado y corte en trabajos de confección, etc.	500 lux
Exigencias visuales muy altas	1000 lux		
Áreas o locales de uso ocasional	50 lux	Escritura y dibujo con tinta, ajuste en mecánica, selección industrial de alimentos, etc.	1000 lux
Áreas o locales de uso habitual	100 lux		
Vías de circulación de uso ocasional	25 lux	Escritura y dibujo con lápiz, costura en actividades de confección, etc.	2000 lux
Vías de circulación de uso habitual	50 lux	Montaje sobre circuitos impresos, trabajos de relojería, igualación de colores, etc.	5000 lux

Tabla 15.8. Niveles mínimos de iluminación en el lugar de trabajo.

CASO PRÁCTICO 4. Confort visual y térmico

Una trabajadora de un servicio de atención al cliente se queja de molestias en la vista, de que el lugar donde trabaja no tiene suficiente iluminación y de que en la pantalla del ordenador hay demasiado brillo, ya que el sol incide directamente. En su área trabajan además otros 50 trabajadores y la temperatura es bastante elevada (alrededor de 29 °C) y, aunque hay climatización, el ambiente térmico no es confortable.

Indica los defectos del puesto de trabajo y las soluciones.

Solución:

El nivel de iluminación cuando se realizan tareas con altas exigencias visuales debe ser de 500 lux. Pueden evitarse los brillos de la luz solar poniendo cortinas u otro tipo de apantallamiento.

La causa de la falta de confort térmico es que la temperatura en este lugar de trabajo no es adecuada para el tipo de actividad que se debe realizar: sedentaria. En este caso, la temperatura adecuada debería estar entre 17 y 27 °C, y aquí se supera.

PIENSA Y RESUELVE

11. La exposición a sustancias contaminantes conlleva un riesgo importante para la salud de las personas, tanto en el trabajo como en su vida cotidiana. En la empresa la información sobre los efectos de las sustancias químicas se obtiene a través de la etiqueta de seguridad y la ficha de datos de seguridad. Piensa y propón un eslogan para concienciar del peligro que tienen las sustancias químicas en el trabajo y en nuestra vida cotidiana.

ACTIVIDADES DE SÍNTESIS

1. Completa en el cuaderno este mapa conceptual.

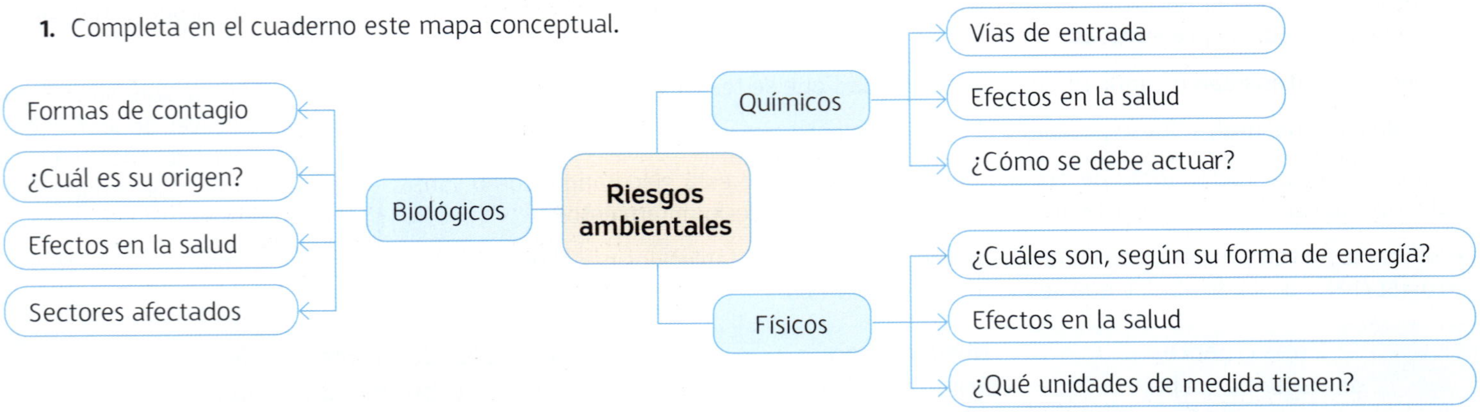

2. Elabora en el cuaderno una tabla en la que clasifiques los siguientes contaminantes según el tipo de riesgo que implican: ruido, hongos, temperatura, vapores, iluminación, bacterias, gases, radiaciones, virus, fibras y vibraciones.

Riesgo físico	Riesgo biológico	Riesgo químico

3. Relaciona estas enfermedades con el agente que las produce y la medida preventiva que podría evitarlas.

Enfermedad	Agente	Prevención
Alergias	Ruido	Pantallas
Conjuntivitis	Iluminación	Mascarillas
Hipoacusia	Sustancias irritantes	Vacunación
Tétanos	Radiaciones	Adecuar la intensidad a la tarea
Fatiga visual	Bacteria	Utilizar protección auditiva

INVESTIGACIÓN

Palabras clave para la búsqueda de información: *riesgo químico, disruptores endocrinos, asbestosis, trabajo saludable.*

4. La principal consecuencia de la exposición a agentes ambientales son las enfermedades profesionales. Al año se declaran unas 19 000 enfermedades profesionales relacionadas con la exposición a agentes ambientales.

a) Visualiza el vídeo *Riesgo químico: ¿conoces lo que usas?* (**https://bit.ly/3pLY12l**). A continuación, reflexiona sobre la importancia de las medidas preventivas frente al riesgo químico e indica los motivos por los cuales las personas trabajadoras han sufrido daños en su salud.

b) Uno de los riesgos químicos al que pueden estar expuestas las personas trabajadoras se encuentra en los alteradores o disruptores endocrinos.

Visualiza este vídeo, **https://bit.ly/3ovqQjC**, y busca información sobre este tema en el siguiente enlace del INSST: **http://bit.ly/3otbcFn**. Después, define qué son, cómo pueden afectar a la salud, cómo se puede saber si una sustancia es un alterador endocrino y cómo deben actuar las empresas si se encuentran estas sustancias en el trabajo.

c) La asbestosis es una enfermedad profesional que se produce por la exposición al amianto. Visualiza el video *La ría del amianto* (**https://bit.ly/3q38MgX**) y explica cómo y a partir de qué factores de riesgo se generó la enfermedad. Haz una propuesta sobre las medidas preventivas que deberían haberse adoptado.

5. La exposición a sustancias peligrosas en los lugares de trabajo europeos es muy habitual; por este motivo, se deben tomar medidas para proteger a las personas trabajadoras de este riesgo. La campaña «Trabajos saludables: alerta frente a sustancias peligrosas» de la EU-OSHA (2018-2019) tuvo como objetivo sensibilizar sobre la existencia de sustancias peligrosas en el lugar de trabajo y los riesgos que representan.

Visualiza este vídeo y responde a las siguientes cuestiones: **https://bit.ly/2XjVBvX**.

a) ¿Qué problema se plantea?

b) ¿Por qué es importante adoptar medidas?

c) ¿Quiénes pueden ser las personas más afectadas?

d) ¿Qué deben hacer las empresas?

e) ¿Qué beneficios pueden obtener las empresas?

TEST DE REPASO

1. **Son riesgos ambientales en el trabajo...**
   - a) El ruido.
   - b) La organización del trabajo.
   - c) Las sustancias químicas.
   - d) El empleo de máquinas.
2. **Para saber a qué riesgos están expuestas cuando manipulan sustancias químicas, las personas trabajadoras deben prestar atención a...**
   - a) La ficha de peligrosidad.
   - b) La ficha de seguridad.
   - c) Los carteles de seguridad.
   - d) Todas las opciones son correctas.
3. **El nivel de ruido de exposición diaria límite que no debe superarse en ningún caso es...**
   - a) 85 dBA.
   - b) 87 dBA.
   - c) 80 dBA.
   - d) 84 dBA.
4. **Cuando el nivel de ruido de un determinado lugar de trabajo es de 83 dBA, se debe...**
   - a) Proporcionar protectores auditivos a todas las personas trabajadoras.
   - b) Obligar a las personas trabajadoras a usar protectores auditivos.
   - c) Dar protectores auditivos a quien los solicite.
   - d) Realizar una evaluación de riesgos cada año.
5. **En un puesto de trabajo con unos requerimientos visuales altos, el nivel de iluminación mínimo será de...**
   - a) 250 lux.
   - b) 100 lux.
   - c) 500 lux.
   - d) 50 lux.
6. **La tuberculosis se produce por exposición a...**
   - a) Contaminantes físicos.
   - b) Contaminantes biológicos.
   - c) Contaminantes químicos.
   - d) Riesgos psicosociales.
7. **Una sustancia química irritante es aquella que...**
   - a) Irrita la piel.
   - b) Produce alergias.
   - c) Dificulta el suministro de oxígeno.
   - d) Desplaza el oxígeno.
8. **Un producto químico en cuya etiqueta de seguridad aparece un pictograma que representa una calavera tiene un efecto...**
   - a) Tóxico.
   - b) Inflamable.
   - c) Comburente.
   - d) Corrosivo.
9. **En un puesto de trabajo donde se desarrolla una actividad sedentaria, la temperatura debe oscilar entre...**
   - a) 15 y 24 °C.
   - b) 16 y 26 °C.
   - c) 17 y 27 °C.
   - d) 14 y 25 °C.
10. **Es una medida de prevención frente a la exposición a vibraciones...**
    - a) El uso de cascos.
    - b) La instalación de suspensiones.
    - c) La insonorización de los equipos.
    - d) La no utilización de máquinas manuales.
11. **Las radiaciones más peligrosas para la salud de las personas trabajadoras son las...**
    - a) No ionizantes.
    - b) Carcinógenas.
    - c) Químicas.
    - d) Ionizantes.
12. **El estrés térmico es...**
    - a) La situación en la que se puede producir un golpe de calor.
    - b) La sensación de bienestar térmico con respecto al ambiente que nos rodea.
    - c) La situación en la que la persona trabajadora tiene mucho calor.
    - d) El calor que se recibe y se acumula en el cuerpo.
13. **La primera medida preventiva frente a un riesgo químico debería ser...**
    - a) Adoptar medidas preventivas.
    - b) Adoptar medidas organizativas.
    - c) Usar equipos de protección individual.
    - d) Sustituir las sustancias peligrosas.
14. **Los VLA, o valores límite de exposición ambiental, se utilizan como valor de referencia de los agentes...**
    - a) Biológicos.
    - b) Químicos.
    - c) Físicos.
    - d) Ambientales.

COMPRUEBA TU APRENDIZAJE

1. Identifica el tipo de agentes contaminantes a los que se exponen estas personas trabajadoras:

a)

b)

c)

d)

2. En una empresa se utiliza un disolvente que contiene etilbenceno. La evaluación de riesgos ha determinado que existe una concentración diaria de 120 ppm. Señala qué nos indica este resultado si el VLA para esta sustancia es de 100 ppm.

3. Visualiza este video de Napo, identifica todas las conductas poco correctas en la utilización de sustancias químicas desde el punto de vista de la prevención, y señala las pautas para un comportamiento adecuado: **http://bit.ly/3nr34UG**.

4. Comprueba cuánto sabes sobre pictogramas. Realiza el siguiente test tantas veces como sea necesario hasta que no cometas ningún error: **http://bit.ly/3bkHKOg**.

5. Señala de qué peligros nos informan estos pictogramas:

6. Mario se ocupa de la limpieza de una oficina y, entre otros productos, utiliza amoniaco. En la etiqueta del mismo se dice que es irritante. Explica qué efectos producen en el organismo humano las sustancias con estas características.

7. Antonio trabaja en una empresa en la que se utiliza un desinfectante de equipos y superficies que produce irritación de las vías respiratorias y lesiones oculares graves. Además, es una sustancia inflamable y nociva para los organismos acuáticos. Indica qué pictogramas debería contener la etiqueta de seguridad.

8. Indica en el cuaderno qué tipo de vibraciones producen los siguientes equipos de trabajo o vehículos y cuáles son sus efectos en el organismo: tractor, taladradora, autobús y lijadora.

9. Lidia terminó sus estudios de Anatomía Patológica y empezó a trabajar en un hospital tomando muestras y realizando análisis de sangre.

a) Señala si se expone a riesgo biológico y cómo puede producirse el contagio.

b) Menciona algunas enfermedades profesionales propias de su actividad profesional.

c) Indica las medidas de protección individual que deben adoptarse.

10. Adrián trabaja como desarrollador de programas informáticos. Últimamente le pican mucho los ojos y piensa que la iluminación de su puesto de trabajo no es la adecuada. Una medición ha determinado que el nivel de iluminación es de 200 lux. Además, al tratarse de un sótano, la iluminación es artificial y solo de tipo general. Indica si dicha iluminación es la idónea para esta actividad y ofrece pautas para conseguir una más adecuada.

11. En una fábrica de chips para ordenadores trabajan varias personas realizando tareas distintas. Indica el nivel mínimo de iluminación para cada uno de ellas:

a) Ana, auxiliar administrativa.

b) Marcos, técnico de mantenimiento.

c) Marta, montadora de circuitos.

12. En un periódico se ha realizado una evaluación del ruido existente y el nivel de exposición diaria detectado en los diferentes puestos de la empresa arroja los siguientes resultados:

- Puesto de trabajo A: 82 dBA.
- Puesto de trabajo B: 86 dBA.
- Puesto de trabajo C: 69 dBA.

a) Indica qué medidas son preceptivas para cada nivel de ruido de acuerdo con el Real Decreto 286/2006.

b) Explica qué medidas preventivas deben adoptarse para evitar la exposición de las personas trabajadoras al ruido.

13. David y Laura trabajan en una empresa en la que se fabrican muebles de oficina; él, como carretillero, y ella, como montadora, actividad para la cual utiliza herramientas como la radial y la lijadora. Los valores diarios de exposición son: la carretilla, 4 m/s^2; la lijadora, 1,5 m/s^2; la radial, 2,6 m/s^2.

a) ¿A qué tipo de vibraciones está expuesto cada uno de los trabajadores?

b) ¿Se sobrepasan los valores límite de exposición a vibraciones mecánicas?

14. Sofía calienta su desayuno en el microondas, más tarde va a hacerse una radiografía y después se dirige a su trabajo en un taller de soldadura. ¿Está expuesta a algún tipo de radiación? ¿De qué tipo?

15. Víctor trabaja en el servicio de radioterapia de un hospital, donde se utilizan, entre otros, rayos X, γ y α.

a) Identifica a qué tipo de radiaciones está expuesto.

b) ¿Qué radiación máxima podrá recibir?

16. En un almacén de frutas, la temperatura se mantiene en alrededor de 10 °C, por lo que las personas trabajadoras deben ir bastante abrigadas, incluso en verano.

a) ¿Es adecuada la temperatura del centro de trabajo para el tipo de actividad que se realiza?

b) ¿Qué efectos puede producir una temperatura por debajo del nivel de equilibrio térmico?

17. Una cocinera que trabaja en un restaurante está expuesta a temperaturas que alcanzan los 34 °C.

a) Señala cuál debe ser la temperatura adecuada para este tipo de actividad.

b) Indica qué medidas se deben adoptar para prevenir el golpe de calor.

18. En una empresa maderera hay mucho serrín y polvo. Algunas personas trabajadoras tienen tos e irritación ocular, e incluso un empleado ha sufrido episodios de bronquitis. La empresa tiene instalados sistemas de aspiración localizada, pero no se utilizan mascarillas. Las instalaciones se barren una vez a la semana.

a) ¿Qué medidas preventivas ha adoptado la empresa?

b) ¿Crees que se podrían añadir otras?

19. Realiza un listado de las tareas que se realizan en tu actividad profesional y señala el nivel mínimo de iluminación requerido.

20. Indica qué niveles de iluminación sería los adecuados para los siguientes puestos de trabajo:

a) Ángel trabaja como auxiliar administrativo en una oficina bancaria.

b) Natalia realiza el montaje de circuitos electrónicos.

c) Verónica es ilustradora de cuentos infantiles.

d) César trabaja como mecánico en un taller de reparación de vehículos.

- Escribe dos ideas de esta unidad que tengas claras y que te parezcan fundamentales. ¿Qué te ayudó a comprenderlas?
- Formula dos preguntas sobre aspectos de la unidad que no hayas entendido totalmente.
- Escribe dos aspectos de esta unidad sobre los que te gustaría profundizar.

DE CAMINO AL MUNDO LABORAL

Como persona trabajadora, estás obligada a aplicar las medidas de prevención y protección para no poner en riesgo tu salud ni la de tus compañeros y compañeras.

Objetivo

Identificar los factores de riesgo en tu sector de actividad.

Tareas

1. En la mayoría de los sectores profesionales están presentes los agentes contaminantes.

En grupo, vais analizar los riesgos ambientales a los que estéis expuestos, sus causas y sus principales efectos, así como la forma de prevenirlos.

a) Identificadlos y clasificadlos en químicos, físicos y biológicos, indicando los factores de riesgo que pueden provocarlos.

b) Señalad cuáles son sus posibles efectos negativos en la salud.

c) Indicad las principales medidas preventivas que habría que adoptar.

Para presentarlo en clase podéis utilizar alguna aplicación, como Canva, Genially, etc.

2. Estamos rodeados de sustancias químicas: en casa, en la calle, en el trabajo... Algunas son muy peligrosas y, por ello, debes conocerlas.

Busca información y responde a estas cuestiones:

a) Los carcinógenos químicos son de las sustancias con efectos más graves para la salud de las personas. Investiga si las siguientes sustancias son carcinógenas o no: formaldehído, dinitrotolueno y amianto.

Puedes consultar el siguiente enlace:

- **https://bit.ly/3oVtIWh**

b) Para prevenir, es recomendable leer la etiqueta de los productos químicos que utilizamos en casa.

Puedes consultar la siguiente página web:

http://bit.ly/3hUTN66

Sustancia	Tricloroetileno (TCE)	Hipoclorito sódico	Amoniaco
Presente en...	Disolventes	Lejía	Amoniaco
Pictograma			
Efectos			

16 UNIDAD

Los riesgos de las condiciones de seguridad, ergonómicos y psicosociales

ESTUDIARÁS

- Los riesgos derivados de las condiciones de seguridad.
- Los riesgos derivados de las condiciones ergonómicas y psicosociales.

Y SERÁS CAPAZ DE

- Evaluar los riesgos derivados de tu actividad, analizando las condiciones de trabajo y los factores de riesgo presentes en tu entorno laboral.
- Aplicar las medidas de prevención y protección, analizando las situaciones de riesgo en el entorno laboral.

La ficha de información de riesgos laborales que una empresa entrega a las personas trabajadoras en el momento de su contratación indica que en su actividad estarán expuestas a riesgos de caída al mismo y distinto nivel, a riesgo eléctrico, a sobresfuerzos debidos a posturas forzadas y manipulación de cargas y a estrés por la presión originada por los tiempos de trabajo.

¿Sabrías indicar si se trata de riesgos derivados de las condiciones de seguridad, ergonómicos o psicosociales?

- ¿Podrías citar algún riesgo causado por el uso de máquinas?
- ¿Conoces los efectos que puede provocar el paso de la electricidad por el cuerpo humano?
- ¿Sabes a qué tipo de riesgos se hace referencia cuando se habla del riesgo de estrés?

1. Riesgos por las condiciones de seguridad

Los **riesgos derivados de las condiciones de seguridad** son aquellos que tienen como origen los lugares y espacios de trabajo, los equipos de trabajo, as instalaciones eléctricas y los incendios y pueden causar accidentes laborales (Tabla 16.1).

Lugares de trabajo	Equipos de trabajo	Instalaciones eléctricas	Incendios

Tabla 16.1. Factores de riesgo derivados de las condiciones de seguridad.

1.1. Riesgos derivados de los lugares de trabajo

Los lugares de trabajo deben reunir una serie de condiciones para que la actividad laboral se desarrolle de la manera más cómoda posible y se eviten los accidentes.

> Los **lugares de trabajo** son las **áreas del centro de trabajo** en las que el personal debe permanecer o a las que puede acceder como consecuencia de su actividad laboral.

Los lugares de trabajo pueden ser fuentes de riesgos laborales (Fig. 16.1).

Riesgos en los lugares de trabajo	Causas de los riesgos
• Caídas al mismo nivel. • Caídas a distinto nivel. • Pisadas sobre objetos. • Choques contra objetos inmóviles. • Choques contra objetos móviles. • Atropellos con vehículos. • Caídas de objetos por desplome o derrumbamiento.	• Aberturas o huecos desprotegidos, escaleras o plataformas en mal estado. • Falta de espacio o de limpieza, o desorden. • Desniveles en el suelo que pueden provocar el vuelco de vehículos de trabajo o caídas o tropiezos de personas. • Causas relacionadas con el tráfico en la empresa.

Fig. 16.1. Riesgos existentes en los lugares de trabajo.

¿SABÍAS QUE...?

El **RD 486/1997** establece las disposiciones mínimas de seguridad y salud aplicables a los lugares de trabajo. Es la norma que debe tenerse en cuenta para garantizar lugares de trabajo seguros.

CASO PRÁCTICO 1. Lugares de trabajo

Alejandra trabaja como administrativa. Su oficina no es un lugar muy confortable, porque en 30 m^2 realizan su actividad diez personas. Como no hay espacio para circular, pues el mobiliario ocupa la mayor parte, los golpes con este son frecuentes. Hace poco, Alejandra se tropezó con unas cajas que estaban en el suelo.

a) Identifica el riesgo al que está expuesta Alejandra.

b) Señala la medida preventiva que debería adoptarse para evitarlo.

Solución:

a) Choques contra objetos inmóviles.

b) Las personas trabajadoras deben disponer de espacio suficiente para hacer su trabajo. El local debe tener, como mínimo, 20 m^2 de superficie libre, una vez descontada la que ocupa el mobiliario, y 100 m^3 no ocupados. Al tratarse de una oficina, la altura mínima del local será de 2,5 m.

Los lugares de trabajo deber cumplir unas condiciones mínimas con el fin de que su utilización no genere riesgos para la seguridad y la salud de las personas trabajadoras (Fig. 16.2).

Espacios de trabajo y zonas peligrosas

Los **espacios de trabajo** y las **zonas peligrosas** deben disponer de unas dimensiones que permitan la realización de la actividad sin peligro alguno y en condiciones ergonómicas adecuadas:

- 3 m de altura desde el piso hasta el techo. No obstante, en locales comerciales, de servicios, oficinas y despachos, la altura podrá reducirse a 2,5 m.
- 2 m^2 de superficie libre por cada persona trabajadora.
- 10 m^3, no ocupados, por cada persona trabajadora.

Las **máquinas** y los **equipos** de trabajo se deben distribuir de manera que no generen riesgos.

Suelos, aberturas o desniveles y barandillas

Los **suelos** de los locales de trabajo han de ser fijos, estables y no resbaladizos, sin irregularidades ni pendientes peligrosas.

Las **aberturas en los suelos o las paredes** y los **desniveles** que supongan un riesgo de caída de personas se deben proteger mediante barandillas u otros sistemas de protección de seguridad equivalentes. Los **huecos de las paredes** se protegerán obligatoriamente si la altura de caída es superior a **2 m.**

Las **barandillas de protección** han de ser de materiales rígidos y resistentes, tener una altura mínima de 90 cm y, además, contar con una protección que impida el deslizamiento por debajo de ellas.

Vías de circulación

Las **vías de circulación** de los lugares de trabajo tienen que ser utilizadas conforme a su uso previsto y con total seguridad para quienes circulen por ellas.

Las **puertas exteriores** deben tener una anchura mínima de 80 cm, y los pasillos, de 1 m.

El **trazado** de las vías de circulación deberá estar claramente **señalizado.**

Orden, limpieza y mantenimiento

- El orden, la limpieza y el mantenimiento son básicos para evitar accidentes por caídas y golpes.
- Las **zonas de paso,** las **salidas** y las **vías de circulación** de los lugares de trabajo y, en especial, las salidas previstas para la evacuación en caso de emergencia deben permanecer **libres de obstáculos,** de forma que sea posible utilizarlas en todo momento sin dificultad.
- Los **materiales, herramientas y utensilios** que se encuentren en cada puesto de trabajo han de ser los necesarios para realizar la labor en cada momento, y colocarse ordenadamente en los soportes destinados a ellos (bandejas, cajas, estanterías, etc.).
- Los **apilamientos** de materiales deben ser estables y seguros.

Fig. 16.2. Condiciones generales de los lugares de trabajo.

PONTE A PRUEBA 1. Lugares de trabajo seguros

Las escaleras de los lugares de trabajo deben tener unas determinadas dimensiones para ser seguras. Completa en el cuaderno los datos que faltan en la Figura 16.3 e indica cuáles deben ser las dimensiones reglamentarias de una escalera que no sea de servicio.

Para resolver esta actividad, puedes consultar el anexo I del Real Decreto 486/1997, por el que se establecen las disposiciones mínimas de seguridad y salud aplicables a los lugares de trabajo.

Fig. 16.3. Dimensiones de una escalera.

ACTIVIDADES

1. Mateo trabaja en una entidad financiera. Su oficina, que comparte con otras doce personas, mide 2,5 m de alto, 7 m de ancho y 10 m de largo. El mobiliario ocupa 25 m^2. Indica si se respetan las dimensiones, en cuanto a altura y superficie, que deben tener los lugares de trabajo.
2. Manuel trabaja en una empresa en la que se está reparando el sistema de acometida de agua, y justo a la entrada del edificio donde trabaja se ha cavado una zanja con un desnivel de un metro. Indica si es necesario que se proteja.
3. En una empresa de fabricación de piezas metálicas trabajan 25 personas en las oficinas y 50 en el taller de mecanizado. Indica qué dimensiones deberían tener ambas secciones, considerando el número de personas trabajadoras que prestan sus servicios en la empresa.

1.2. Riesgos derivados de los equipos de trabajo

El uso de equipos de trabajo (máquinas y herramientas) es una característica de todos los sectores productivos, y puede ocasionar accidentes laborales.

> Se considera **equipo de trabajo** cualquier maquinaria, aparato, instalación o herramienta utilizado en la actividad profesional.

A. Riesgos asociados al uso de máquinas

Los accidentes de trabajo provocados por máquinas se producen generalmente por averías, un mantenimiento deficiente, un mal diseño o la actuación no segura de las personas trabajadoras al realizar tareas inusuales o extraordinarias.

Los **principales riesgos** asociados a las máquinas se recogen en la Tabla 16.2.

IMPORTANTE

Uso de equipos de trabajo

- El equipo de trabajo está reservado a las personas trabajadoras encargadas de su utilización.
- Los trabajos de reparación y mantenimiento deben ser realizados por las personas capacitadas específicamente para ello.

Riesgos		Factores de riesgo
Mecánico	Aplastamientos, cortes, atrapamientos, impactos, abrasiones, proyección de materiales, partículas y fluidos, etc.	• Elementos móviles accesibles (cuchillas, carros, etc.). • Elementos de transmisión (ejes, poleas, etc.). • Proyección de elementos de la máquina por rotura. • Proyección del material empleado.
Eléctrico	Choque eléctrico o quemadura.	• Contacto con partes en tensión (directos) o accidentalmente en tensión. • Contacto indirecto por aislamiento no adecuado.
Térmico	Quemaduras.	• Contacto con materiales o piezas expuestas a temperaturas extremas, llamas, explosiones o radiaciones por fuentes de calor.
Ruido	Sordera, fatiga.	• Nivel de ruido elevado causado por los equipos o por un aislamiento deficiente.
Vibraciones	Trastornos musculares.	• Vibración de máquinas que afecta a la persona trabajadora.
Proyección de partículas	Cortes, perforaciones o proyección de sólidos o fluidos.	• Proyección de materiales por rotura de la maquinaria.

Tabla 16.2. Riesgos derivados de la utilización de equipos de trabajo.

La principal medida de prevención consiste en adquirir máquinas seguras, pero aun así es necesario proteger frente a los riesgos que no se han podido evitar; para ello deben adoptarse las siguientes **medidas preventivas** (Fig. 16.4).

Integradas en la máquina

Sistemas de protección

- **Resguardos.** Elementos de la máquina que garantizan la protección de la persona trabajadora mediante una barrera material (carcasa, pantalla, puerta, cubierta, etc.).
- **Dispositivos de seguridad.** Elementos distintos del resguardo que eliminan o reducen el riesgo, solos o asociados a un mando.

Advertencias

- **Manuales de instrucciones.** Especificaciones técnicas del fabricante sobre la instalación, la utilización y el mantenimiento.
- **Señalización.** De los posibles riesgos o de los equipos de protección que hay que utilizar para desarrollar la actividad profesional en condiciones de seguridad.

Dispositivos suplementarios

Función de parada. Todas las máquinas deben tener habilitada esta funcionalidad.

Se hará uso de la función de parada en caso de necesidad, por motivos de seguridad o por falta de funcionamiento de las protecciones.

No integradas en la máquina

- Informar y dar formación a las personas trabajadoras.
- Utilizar los equipos de protección individual.
- Aplicar los métodos apropiados para el desarrollo de las tareas.
- Realizar el mantenimiento siguiendo las normas del fabricante.

Fig. 16.4. Medidas preventivas de los riesgos debidos al uso de equipos de trabajo.

ABC VOCABULARIO

Herramienta. Instrumento utilizado por la persona trabajadora de forma individual para realizar una actividad o un trabajo manual.

Máquina. Elemento o instalación que transforma la energía bajo una función productiva principal o auxiliar. En los lugares donde se ubican se concentra la energía (cinética, eléctrica, neumática...).

IMPORTANTE

Según la normativa europea, toda maquinaria fabricada debe cumplir unos requisitos de seguridad y llevar **el marcado «CE»** (certificado de conformidad), lo que garantiza que ha sido revisada por los organismos oficiales y certificada con las medidas de seguridad.

B. Riesgos asociados al uso de herramientas

Los trabajos de mantenimiento y de reparación requieren el uso de herramientas, que pueden ser **manuales** (accionadas por la fuerza humana: destornillador, martillo, alicates, etc.) o **portátiles** (con un accionamiento eléctrico, neumático o hidráulico). Dicho uso conlleva unos riesgos que deben ser evitados mediante la adopción de medidas preventivas (Fig. 16.5).

Riesgos

- Golpes producidos por las herramientas.
- Proyección de fragmentos o partículas.
- Contacto eléctrico.
- Sobresfuerzos y esguinces.

Factores de riesgo

- Uso de herramientas inadecuadas.
- Empleo de herramientas defectuosas.
- Manejo incorrecto de herramientas.
- Abandono de herramientas en un lugar peligroso.
- Mantenimiento deficiente.
- Transporte incorrecto de las herramientas.

Medidas preventivas

- Adquirir herramientas con marcado CE.
- Utilizar herramientas diseñadas para su uso.
- Mantener en buen estado las herramientas.
- Transporte adecuado y seguro, protegiendo los filos y las puntas.
- Utilizar equipos de protección cuando sea necesario.
- Formación adecuada en el manejo de las herramientas de trabajo.

Fig. 16.5. Riesgos derivados del uso de herramientas, factores de riesgo y medidas preventivas.

CASO PRÁCTICO 2. Riesgo de las máquinas

Un empleado de una panadería, que llevaba quince días en el puesto de trabajo, sufrió el atrapamiento de un brazo en la máquina amasadora. Aunque no se han determinado todavía las causas del accidente, haz un listado de los motivos que podrían haberlo propiciado.

Solución:

Las causas podrían ser estas: falta de formación e información o imprudencia del trabajador, carencia de homologación o de mantenimiento periódico de los equipos, ausencia de protección de las partes peligrosas de la máquina...

ACTIVIDADES

4. Identifica qué causas han provocado los accidentes de trabajo que se detallan a continuación:

a) Una máquina cerradora de botes ha empezado a funcionar mal: las tapas se quedan atascadas y algunos envases salen sin ellas; al tratar de retirar una tapa enganchada, con la máquina en funcionamiento, la trabajadora encargada del proceso ha sufrido el arrastre y posterior atrapamiento de una mano.

b) Un trabajador que operaba con una pieza de pequeñas dimensiones en la lijadora de disco ha padecido una gran abrasión en el dedo pulgar de la mano izquierda al quedar este aprisionado entre la lijadora y la base de apoyo de las piezas.

5. Visualiza este vídeo sobre la reconstrucción de un accidente de trabajo provocado por la proyección de partículas. Indica las causas del accidente y las medidas preventivas que lo habrían evitado: **https://bit.ly/2M5Qr48**.

6. ¿A qué riesgos están expuestas estas personas trabajadoras?

a)

b)

1.3. Riesgos derivados de las instalaciones eléctricas

Los accidentes producidos por la electricidad no suponen un porcentaje elevado, pero sus consecuencias pueden ser muy graves, ya que incluso llegan a provocar la muerte de las personas trabajadoras.

> Se produce **riesgo eléctrico** cuando existe la posibilidad de que una corriente eléctrica pase a través de un cuerpo humano (riesgo de electrocución).

Los accidentes eléctricos pueden producirse por:

- **Contacto directo.** Cuando una parte del cuerpo, por ejemplo, una mano, entra en contacto con un elemento puesto en tensión, como un cable sin recubrimiento o piezas conductoras de la corriente eléctrica.
- **Contacto indirecto.** Cuando la persona toca las partes (generalmente, carcasas o partes metálicas de un equipo o instalación) que se han puesto en tensión como resultado de un fallo de aislamiento.
- **Incendios y explosiones.** Como consecuencia de sobrecargas o cortocircuitos.

Los principales **efectos** producidos por la corriente eléctrica en el cuerpo humano se clasifican en dos categorías, según se indica en la Figura 16.6.

! IMPORTANTE

Las personas trabajadoras están obligadas a respetar la **señalización** para prevenir los riesgos derivados de las instalaciones eléctricas (peligro de electrocución).

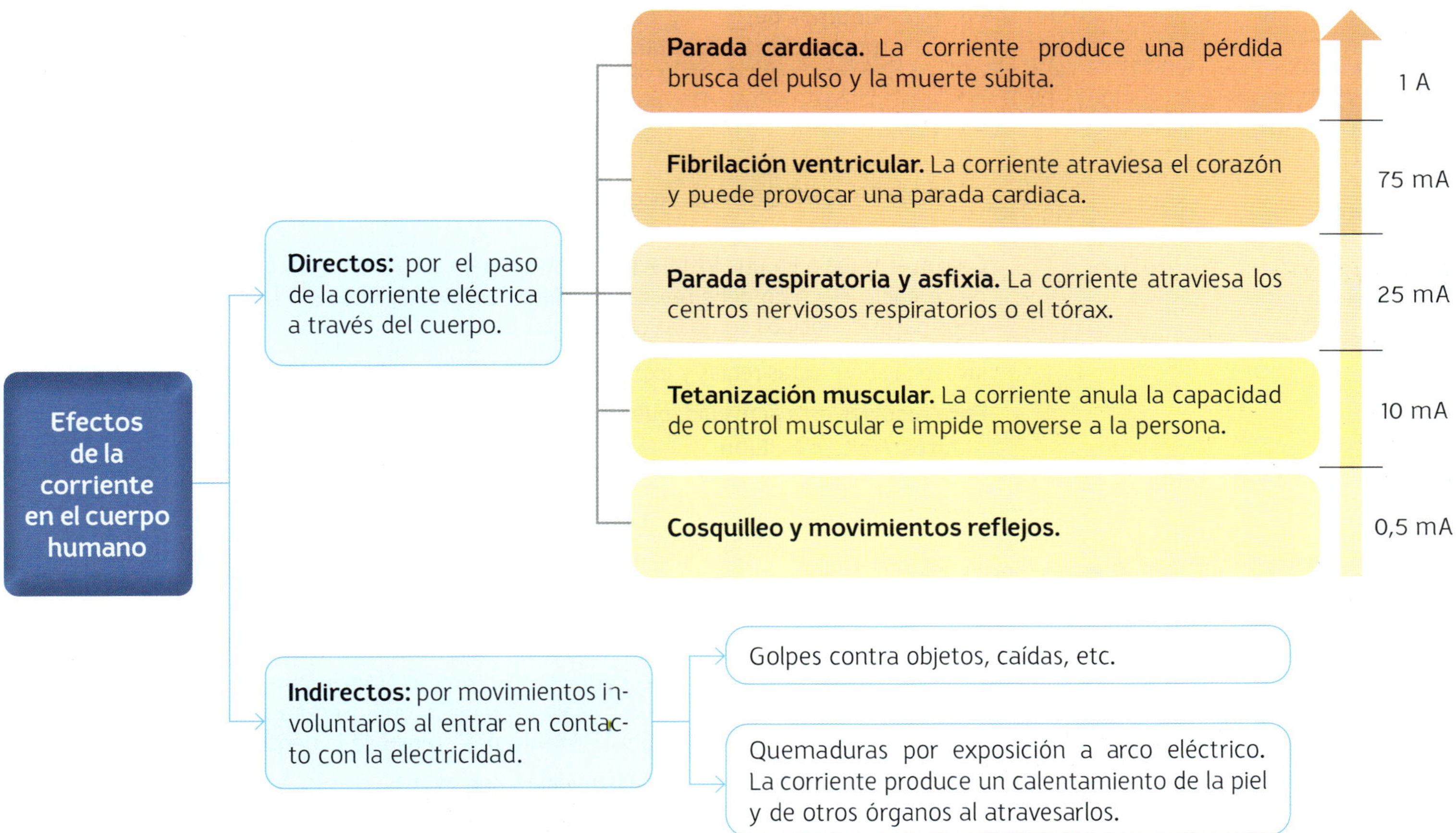

Fig. 16.6. Efectos de la electricidad en el cuerpo humano.

La **gravedad** de los accidentes eléctricos depende de la intensidad de la corriente (a mayor intensidad, lesiones más graves), pero también hay que tener en cuenta otras variables que determinan las consecuencias del contacto eléctrico, como la duración de dicho contacto (a más duración, mayores daños), la resistencia del cuerpo humano y el recorrido de la corriente a través de este. Los accidentes son mucho más graves si en el trayecto de la corriente se encuentran órganos vitales, como los pulmones, el corazón o el cerebro.

La relación entre la intensidad de la corriente (medida en miliamperios o mA) y sus efectos se refleja en la escala de la Figura 16.6.

? ¿SABÍAS QUE...?

Los **efectos de la corriente eléctrica** dependen de su intensidad:

$$\text{Intensidad (I)} = \frac{\text{Tensión (V)}}{\text{Resistencia (R)}}$$

Los riesgos derivados del uso de las instalaciones eléctricas pueden ser evitados mediante la aplicación de **medidas preventivas y de protección** sobre las instalaciones y los equipos, así como sobre las personas trabajadoras (Fig. 16.7).

- **Medidas de prevención en los riesgos eléctricos**
  - **Sobre instalaciones y equipos**
    - Medidas de protección ante contactos eléctricos directos
      - Alejar de las zonas de trabajo las partes activas de las instalaciones.
      - Recubrir con aislantes las partes en tensión.
      - Interponer obstáculos.
      - Usar interruptores diferenciales.
    - Medidas de protección ante contactos eléctricos indirectos
      - Usar tensiones de seguridad: 24 voltios (V) en locales húmedos o mojados, y 50 voltios en locales secos.
      - Separar los circuitos.
      - Poner doble aislamiento.
      - Puesta a tierra y neutro.
  - **Sobre las personas trabajadoras**
    - Medidas informativas
      - Formar e informar sobre los riesgos.
      - Señalizar los riesgos.
    - Equipos de protección individual
      - Usar equipos aislantes (guantes, botas, etc.).
      - Emplear herramientas aislantes (pértigas, alfombras o banquetas aislantes).

Fig. 16.7. Medidas de prevención de los riesgos eléctricos.

PONTE A PRUEBA 2. Reglas de oro de la electricidad

Cualquier trabajo en una instalación eléctrica, o en su proximidad, que suponga un riesgo de contacto eléctrico debe realizarse sin tensión. Para trabajar sin tensión hay que seguir unos pasos conocidos como las cinco reglas de oro.

Investiga sobre estas reglas y explica en qué consiste cada una de ellas.

Para resolver esta actividad, puedes visualizar este vídeo:

- **https://bit.ly/2LIEj9u**

CASO PRÁCTICO 3. Riesgo eléctrico

Manuel es técnico de mantenimiento de una empresa. Estaba reparando el motor de una máquina y, cuando se disponía a eliminar el cable de alimentación, cortó otro por error y recibió una descarga eléctrica que le hizo perder el equilibrio y caer al suelo. La tijera de corte tenía deteriorado el aislamiento, que dejaba la estructura metálica a la vista.

a) ¿Cuál ha sido el factor determinante del contacto eléctrico?

b) ¿Qué medidas preventivas pueden evitar este riesgo?

Solución:

a) El contacto eléctrico se produjo por: la falta de un método de trabajo en tensión que asegurase la protección frente al aislamiento defectuoso de la herramienta.

b) Las medidas preventivas que lo habrían evitado son: el mantenimiento adecuado de las herramientas y un método de trabajo en tensión que garantizara la seguridad y evitara los riesgos eléctricos.

ACTIVIDADES

7. Un técnico electricista se encontraba realizando el cableado de una instalación eléctrica. Al intentar conectar los dos bordes de un cable sufrió una fuerte descarga que le produjo una parada cardiorrespiratoria. Indica qué tipo de contacto ha sufrido este trabajador e indica qué medidas preventivas debería haber adoptado.

1.4. Incendios

Los incendios constituyen un riesgo de los lugares de trabajo que puede ocasionar pérdidas personales y materiales considerables. Para que se produzca un fuego es necesario que confluyan los siguientes elementos (Fig. 16.8).

Combustible: Sustancia o materia capaz de arder. **+** **Comburente**: Sustancia que al combinarse con el combustible permite la combustión (oxígeno). **+** **Energía de activación**: Calor que permite iniciar el fuego (llama, chispa o electricidad). **=**

Triángulo del fuego **+** **Reacción en cadena**: Gases inflamables que emanan del fuego y que hacen que se mantenga. **=**

Tetraedro del fuego

Fig. 16.8. Elementos del fuego.

Los principales productos de los incendios y sus **efectos sobre las personas** son:

- **Gases tóxicos,** que constituyen la principal causa de muerte en los incendios.
- **Humos y gases calientes,** que pueden producir quemaduras externas o internas por inhalación, además de dificultar la visión y la evacuación de las personas.
- **Calor** producido por las llamas, que puede originar deshidratación y bloqueo respiratorio.

Los agentes extintores están determinados por según la sustancia combustible (Tabla 16.3).

Agente extintor	Clases de fuego			
	A **Sólidos con brasa** (papel y madera)	B **Líquidos inflamables y sólidos licuables** (gasolina y grasa)	C **Gases inflamables** (propano, butano y gas ciudad)	D **Metales** (magnesio, sodio, potasio...)
Agua a chorro	Adecuado			
Agua pulverizada	Excelente	Aceptable		
Espuma física	Adecuado	Adecuado		
Polvo convencional BC		Excelente	Adecuado	
Polvo polivalente ABC	Adecuado	Adecuado	Adecuado	
Anhídrido carbónico	Aceptable	Aceptable		
Específicos para metales				Adecuado

Tabla 16.3. Tipos de extintores.

IMPORTANTE

El **agua** jamás debe emplearse para extinguir fuegos eléctricos, pues implica **peligro de muerte** por electrocución.

Para un uso correcto de un extintor portátil, se deben seguir estos pasos (Fig. 16.9):

Paso 1 Coger el extintor por el asa, colocarlo en vertical y quitar la anilla de seguridad.

Paso 2 Colocar la boquilla del extintor y apuntar al centro del fuego.

Paso 3 Presionar la palanca de disparo y realizar una descarga de comprobación.

Paso 4 Dirigir el chorro hacia el fuego y mover el extintor en zigzag hasta que este se apague.

Fig. 16.9. Manejo de un extintor portátil.

ACTIVIDADES

8. Manuel trabaja en una imprenta, donde un día observó a unos compañeros fumando cerca de unos envases de disolvente señalizados con el pictograma de «inflamable». Indica si se dan los elementos para que se produzca un incendio, de qué tipo sería y qué agente extintor sería el más adecuado para acabar con él.

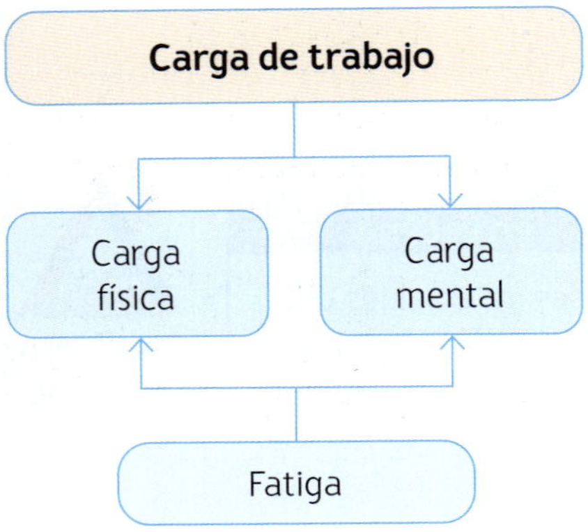

Fig. 16.10. La carga de trabajo.

2. Riesgos ergonómicos de la carga de trabajo

> La **carga de trabajo** es todo esfuerzo que tenemos que realizar para realizar nuestra actividad laboral.

Cuando el trabajo es muscular, se habla de carga física; si, por el contrario, supone un mayor esfuerzo intelectual, decimos que se trata de carga **mental**. La consecuencia más directa de la carga de trabajo es la **fatiga**, que consiste en la disminución de la capacidad física y mental de una persona después de haber desempeñado una tarea durante un periodo de tiempo determinado (Fig. 16.10).

2.1. Carga física de trabajo

> La **carga física** son los requerimientos físicos a los cuales se ve sometida la persona trabajadora a lo largo de la jornada.

Como consecuencia de la carga física pueden aparecer trastornos musculoesqueléticos (TME) o alteraciones en músculos, articulaciones, tendones, ligamentos, nervios y hueso (Fig. 16.11).

Los factores de riesgo que están detrás de la carga física son las posturas que se deben adoptar durante el trabajo, los movimientos repetitivos y la manipulación de cargas.

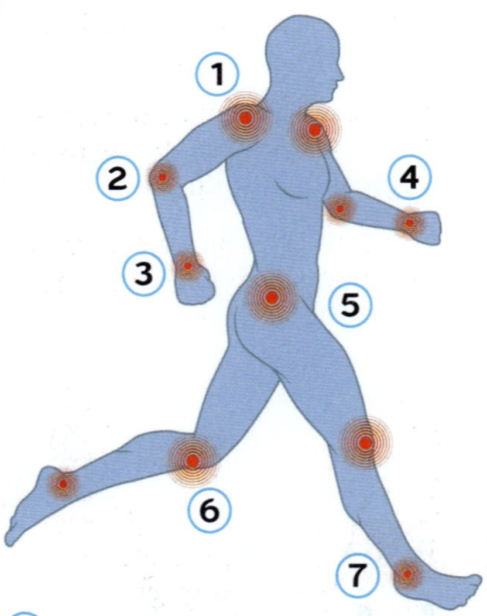

1. Tendinitis del manguito rotador.
2. Bursitis, epicondilitis (codo de tenista), epitrocleitis.
3. Síndrome del túnel carpiano.
4. Tendinitis de flexores y extensores.
5. Ciática, hernia discal.
6. Bursitis.
7. Tendinitis del talón de Aquiles.

Fig. 16.11. Trastornos musculoesqueléticos (TME).

A. La postura de trabajo

La realización de tareas, a veces en posturas prolongadas o forzadas, puede ocasionar alteraciones musculoesqueléticas. La persona trabajadora debe seguir unas pautas en función de la postura que deba adoptar para llevar a cabo su trabajo (Fig. 16.12).

Trabajo sentado

- Mantener la espalda recta, apoyada contra el respaldo de la silla y evitar torsiones del tronco.
- Nivelar la mesa a la altura de los codos.
- Adecuar la altura de la silla al tipo de trabajo, apoyar completamente los pies en el suelo y mantener las rodillas al mismo nivel que la cadera.
- Cambiar de posición y alternar esta postura con otras.

Trabajo de pie

- Colocar el plano de trabajo y las herramientas en el área de trabajo.
- Alternar esta postura con otras para retrasar el cansancio.
- Adecuar la altura del puesto de trabajo a la actividad que se realiza.
- Trabajar con los brazos a la altura de la cintura para no doblar la espalda o agacharse.

Fig. 16.12. Medidas preventivas para el trabajo sentado y de pie.

B. Los movimientos repetitivos

Se considera que un movimiento es repetitivo cuando se realiza de forma continua e implica sobrecarga, dolor y, por último, lesión.

Las tareas con movimientos repetitivos son comunes en trabajos con cadenas de montaje, en los talleres de reparación, en la industria agroalimentaria, en las tareas administrativas, en centros comerciales, etc.

C. La manipulación manual de cargas

La **manipulación manual de cargas** es cualquier operación de transporte o sujeción de una carga por parte de una o varias personas trabajadoras que, por sus características o condiciones inadecuadas, entrañe riesgos para el sistema musculoesquelético de estas.

Es importante que, a la hora de manipular cargas, las personas trabajadoras hayan recibido la formación necesaria sobre las técnicas que se deben emplear (Fig. 16.13).

Lo que se debe hacer

- Colocarse cerca de la carga con los pies separados a la altura de los hombros.
- Agacharse doblando las rodillas, con la espalda recta y sujetar la carga con los brazos estirados y pegados al cuerpo.
- Levantar la carga enderezando las piernas y manteniendo la espalda recta.

Lo que no se debe hacer

- Doblar la espalda y dar tirones bruscos al levantarse.
- Levantar la carga pesada por encima de la cintura con un solo movimiento.
- Torcer la cintura mientras se sujeta una carga; hay que girar todo el cuerpo moviendo los pies.

Fig. 16.13. Instrucciones que se deben seguir al manipular cargas para prevenir riesgos.

2.2. Carga mental de trabajo

La **carga mental** de trabajo es el nivel de actividad mental o de esfuerzo intelectual necesario para desarrollar el trabajo al que se ve sometida la persona trabajadora a lo largo de su jornada laboral.

Esta carga viene determinada por la relación que se establece entre las exigencias del trabajo (cantidad de información, complejidad y tiempo de respuesta). También influyen las características individuales del individuo, las condiciones ambientales del puesto de trabajo y factores psicosociales. Además de una disminución del rendimiento, una carga mental excesiva puede provocar cefaleas, insomnio, depresión, ansiedad, agresividad, etc.

CASO PRÁCTICO 4. TME

Francisco, que trabaja como auxiliar de geriatría en una residencia de mayores, tiene problemas en la espalda, las manos y los brazos. Su actividad consiste en la realización de las tareas relacionadas con la higiene y la movilización de pacientes. Indica si su trabajo puede ser la causa de las lesiones que sufre.

Solución:

Sí. Las posturas forzadas y los grandes esfuerzos durante la realización de las tareas pueden provocar lesiones musculoesqueléticas en la espalda, los brazos o las piernas.

ACTIVIDADES

9. Miguel trabaja como instalador de cocinas. Últimamente tiene dolores en las muñecas y le han diagnosticado tendinitis. Indica la causa que puede haber provocado la lesión y propón alguna medida preventiva que pueda evitar el riesgo de sufrirla. Para responder, puedes ayudarte viendo este vídeo: **https://bit.ly/3pYsDyi**.

¿SABÍAS QUE...?

El **peso máximo** que se recomienda no sobrepasar en el manejo de cargas es de 25 kg.

Las mujeres trabajadoras, las personas jóvenes y las mayores no deben manipular cargas que pesen más de 15 kg.

IMPORTANTE

Las medidas preventivas que se deben adoptar para **manipular las cargas** son las siguientes:

- Utilizar medios mecánicos para su transporte siempre que sea posible.
- Evaluar el riesgo de su manejo manual.
- Adoptar medidas técnicas u organizativas para reducir el riesgo.
- Proporcionar formación sobre la forma correcta del manejo manual (Fig. 16.14).
- Vigilar la salud de las personas trabajadoras que las manipulan habitualmente.

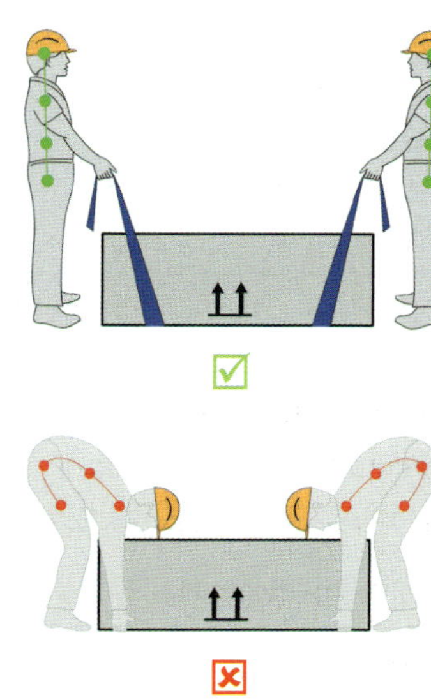

Fig. 16.14. Medidas preventivas al manipular las cargas.

IMPORTANTE

Los riesgos psicosociales afectan a la salud física, psíquica y social. Las empresas, a fin de conseguir este objetivo, deben promover **entornos de trabajo saludables.**

3 SALUD Y BIENESTAR

3. Riesgos psicosociales

La Agencia Europea para la Seguridad y la Salud en el Trabajo considera como **factores de riesgo psicosocial** aquellos aspectos del diseño, la organización y la dirección del trabajo y de su entorno social que pueden causar daños psíquicos, sociales o físicos en la salud de las personas trabajadoras.

Los riesgos psicosociales que afectan a las personas trabajadoras están condicionados por factores muy diversos (Tabla 16.4). Los más frecuentes son el estrés laboral, el *mobbing* o acoso laboral y el *burnout* o síndrome del profesional quemado. Para evitarlos, las empresas tienen que desarrollar una gestión preventiva adecuada.

	Factores de riesgo psicosocial
Contenido del trabajo	Monotonía, fragmentación del trabajo, falta de variedad, o tareas sin sentido y desagradables.
Carga y ritmo de trabajo	Carga de trabajo excesiva o insuficiente, presión en cuanto al tiempo o plazos estrictos.
Tiempo de trabajo	Horarios muy largos o impredecibles, trabajo a turnos, trabajo nocturno o trabajo en días festivos.
Participación y control	Falta de participación y de control en la toma de decisiones.
Cultura organizacional	Comunicación escasa, apoyo insuficiente ante los problemas o falta de definición de objetivos.
Condiciones de trabajo	Salario, inestabilidad en el empleo o condiciones físicas del trabajo.
Relaciones interpersonales	Aislamiento, malas relaciones, conflictos o acoso psicológico o sexual.
Rol	Ambigüedad o conflicto de roles y responsabilidad sobre personas.
Desarrollo personal	Escasa valoración social del trabajo, inseguridad en uno mismo o falta de promoción.
Interacción casa-trabajo	Problemas de conciliación entre la vida laboral y la familiar.

Tabla 16.5. Factores de riesgo psicosocial.

3.1. El estrés

El estrés es probablemente el primer riesgo psicosocial de todos porque actúa como respuesta general ante los factores psicosociales de riesgo.

El **estrés relacionado con el trabajo** se experimenta cuando las demandas del medio laboral exceden la capacidad de las personas trabajadoras para controlarlas (Fig. 16.15).

El estrés en el trabajo se debe a un desajuste entre la persona trabajadora y el **exceso de demanda de trabajo** a la que no puede hacer frente; está determinado por las condiciones físicas del trabajo, el contenido de la tarea y la estructura de la organización.

¿SABÍAS QUE...?

Existe un estrés positivo, denominado **eustrés,** y también un estrés negativo, denominado **distrés.** Generalmente se emplea el término *estrés* en el sentido negativo.

Causas del estrés

- La cultura de la empresa.
- El control de su trabajo por parte de la persona trabajadora.
- El nivel de exigencia laboral.
- Las relaciones en el entorno de trabajo.
- Las funciones de la persona trabajadora.
- La formación para su puesto.

Consecuencias del estrés

En la organización

- Absentismo, problemas disciplinarios, comunicación agresiva, etc.
- Disminución de la producción o de la calidad.

En el individuo

- Comportamiento: alcoholismo, drogas, violencia, hostigamiento, etc.
- Psicológicos: trastornos del sueño, depresión, ansiedad, etc.

Fig. 16.16. Causas y consecuencias del estrés.

3.2. El *mobbing*

El ***mobbing*** o **acoso laboral**, definido por el Instituto Nacional de Seguridad y Salud en el Trabajo, es el ejercicio de violencia psicológica externa en el ámbito laboral realizada por una o más personas sobre otra, respecto de la que existe una relación asimétrica de poder.

Las particularidades del acoso laboral se muestran en la Tabla 16.5, y sus tipos en la Figura 16.16.

Características	• La continuidad en el tiempo. • La reiteración en el comportamiento. • La intencionalidad de hacer daño (humillar, abusar o amenazar).	
Finalidades	• Aislar a la víctima e impedir que se exprese. • Desacreditar a la víctima en su trabajo, menospreciarla frente a sus compañeros y compañeras y comprometer su salud.	
Consecuencias	Físicas	Trastornos cardiovasculares, musculares, respiratorios y gastrointestinales.
	Psíquicas	Ansiedad, depresión, apatía o pérdida de interés por actividades que antes interesaban.
	Sociales	Aparición de conductas de aislamiento y retraimiento.
	Laborales	Pérdida de productividad, siniestralidad laboral, etc.

Tabla 16.6. Características del mobbing.

Tipos de acoso laboral

- **Acoso descendente.** El que ejerce un superior jerárquico contra una persona trabajadora.
- **Acoso laboral horizontal.** El que se produce entre personas de la misma categoría o nivel jerárquico.
- **Acoso laboral ascendente.** El que se ejerce desde un puesto inferior contra un cargo superior.

Fig. 16.17. Tipos de acoso laboral.

3.3. El *burnout*

El *burnout* o **síndrome del quemado** es el resultado de un proceso de **estrés crónico laboral** y organizacional que desemboca en un estado de agotamiento emocional y de fatiga desmotivante para las tareas laborales.

Las consecuencias son: agotamiento emocional, cansancio físico y psicológico, actitud fría y despersonalizada con los demás, falta de compromiso con el trabajo y sentimiento de incompetencia o ineficacia debido a la convicción de no poder atender debidamente las tareas.

¿SABÍAS QUE...?

El ***burnout*** se produce en profesiones en las que existe una intensa interacción con otras personas, que, por sus características, son sujetos necesitados de ayuda (docencia, medicina, asistencia social, etc.).

Se diferencia del estrés por un agravamiento del agotamiento emocional, más que físico, y la pérdida de motivación laboral.

3.4. Medidas preventivas de los riesgos psicosociales

La prevención de los riesgos psicosociales debe realizarse a **la medida de cada empresa u organización.** Se trata de buscar el equilibrio entre las condiciones laborales y el factor humano, con el fin de evitar la aparición de consecuencias negativas tanto sobre la salud de la persona trabajadora como sobre la organización.

Estas medidas preventivas deben apoyarse en: adecuar la carga y el ritmo de trabajo a las personas; fomentar estrategias de comunicación; establecer sistemas de resolución de conflictos; mejorar la motivación de la plantilla; facilitar la cohesión interna del grupo, y mejorar la calidad de las relaciones laborales.

PIENSA Y RESUELVE

10. En el Departamento de Recursos Humanos están preocupados por el elevado número de bajas por estrés que se dan en su empresa. Por ello, han solicitado al servicio de prevención la evaluación de riesgos psicosociales, con el fin de investigar las causas, y han pedido al personal que proponga medidas para mejorar el ambiente laboral en la empresa.

Ayúdales sugiriendo ideas que, en tu opinión, puedan contribuir a ello.

¿SABÍAS QUE...?

El INNST ha publicado un «Diario de incidentes», cuyo objetivo es identificar la posibilidad de estar siendo objeto de acoso psicológico en el trabajo.

- **https://bit.ly/3dsGJEY**

ACTIVIDADES DE SÍNTESIS

1. Completa en tu cuaderno este mapa conceptual:

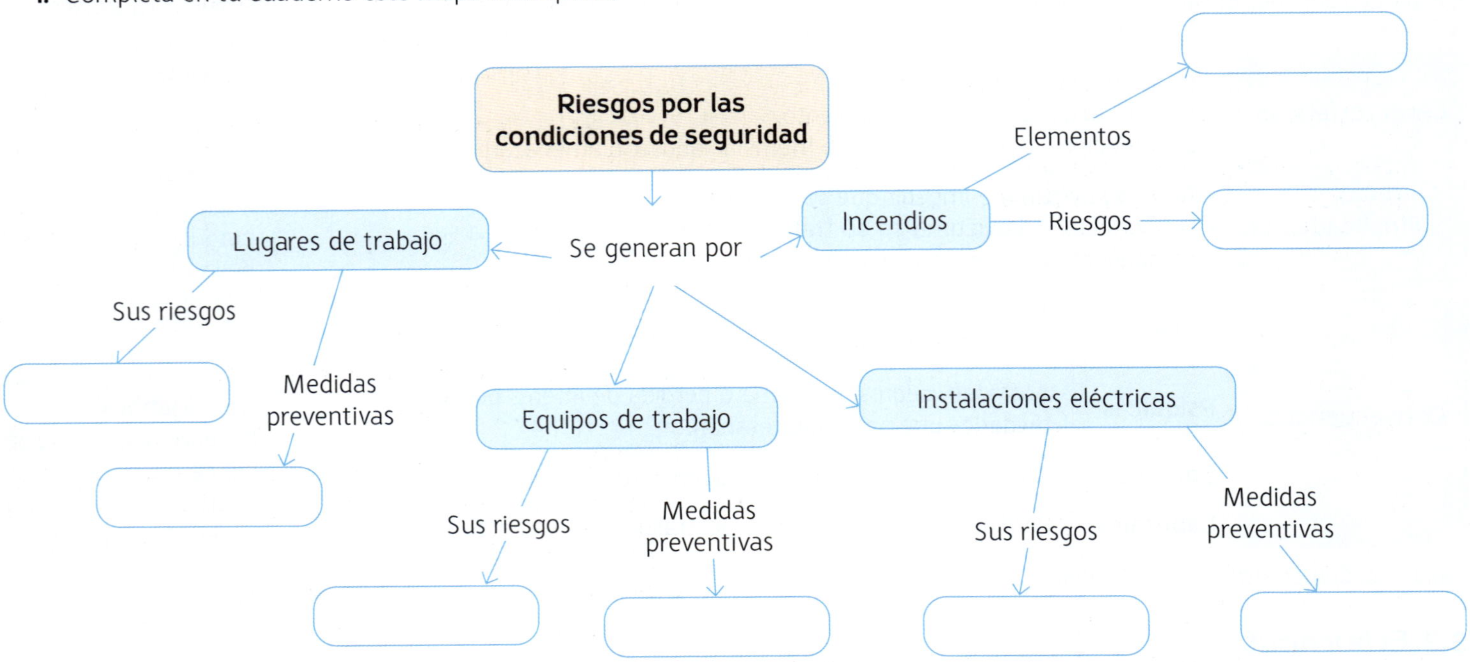

2. Completa las imágenes con las pautas para mover una carga.

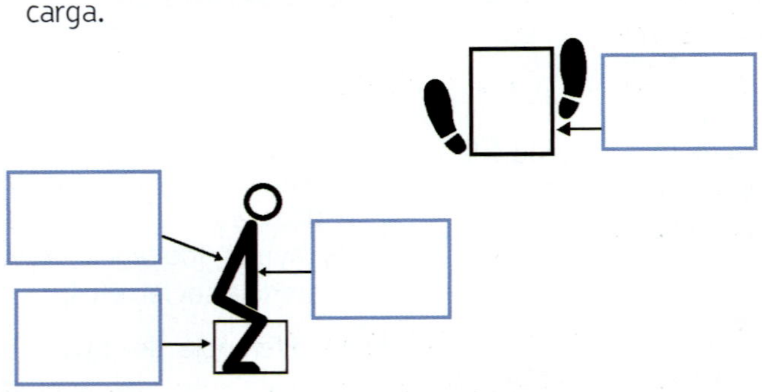

3. Completa con las palabras clave las siguientes afirmaciones sobre los riesgos en el trabajo:

estrés / *psicosociales* / *organización* / mobbing / *entorno* / *dirección* / burnout

Los factores de riesgo ··· son aquellos aspectos del diseño, la ··· y la ··· del trabajo y de su ··· social que pueden causar daños en la salud de las personas trabajadoras. Los principales riesgos son el ··· , el ··· o acoso moral y psicológico en el trabajo y el ··· o «síndrome del quemado».

INVESTIGACIÓN

Palabras clave para la búsqueda de información: *trastornos musculoesqueléticos (TME), EU-OSHA, riesgos por cargas físicas.*

4. Los TME son la principal causa de baja en Europa y en España. La EU-OSHA ha promovido la campaña «Trabajos saludables: relajemos las cargas».

Con ayuda de los siguientes vídeos, responde a las preguntas que se plantean a continuación:

- **https://bit.ly/3qADbDM**
- **https://bit.ly/2M99NW6**

a) ¿Qué problema se plantea en esta campaña?

b) ¿Por qué es importante prevenir los TME?

c) ¿Cómo puede afectar el teletrabajo a los TME?

5. Nos vamos a centrar en alguno de los tipos de riesgos derivados de la carga física. Entra en la siguiente página web, selecciona uno de los riesgos relacionados con esta y completa una tabla en el cuaderno.

- **http://bit.ly/3ptjFrW**

Riesgo		
Factor de riesgo	Efectos	Medidas preventivas

TEST DE REPASO

1. No es un riesgo derivado de las condiciones de seguridad.

a) Los lugares de trabajo.
b) Los equipos de trabajo.
c) Los incendios.
d) El estrés.

2. Los lugares de trabajo deben garantizar una superficie libre por cada persona trabajadora de...

a) 10 m^3.
b) 2 m^2.
c) 3 m de altura.
d) 10 m^2.

3. No son riesgos asociados a las máquinas...

a) Los atrapamientos.
b) El ruido.
c) La manipulación de cargas.
d) La proyección de partículas.

4. El efecto de la corriente que se puede producir a partir de 1A (amperio) es...

a) Fibrilación ventricular.
b) Tetanización muscular.
c) Contracción muscular.
d) Parada cardiaca.

5. La gravedad de los efectos de la electricidad sobre el cuerpo humano depende principalmente de...

a) La intensidad.
b) La duración.
c) La edad de la persona.
d) La resistencia del cuerpo.

6. La principal causa de muerte por incendios es...

a) Las quemaduras.
b) El golpe de calor.
c) Los gases tóxicos.
d) La deshidratación.

7. Para que se produzca un incendio son necesarios...

a) Un combustible, un comburente y una reacción en cadena.
b) Un combustible y una energía de activación.
c) Un combustible, un comburente y una energía de activación.
d) Un combustible, un comburente y oxígeno.

8. En la fatiga mental influye...

a) La postura de trabajo.
b) Las exigencias de la tarea que se realiza.
c) La manipulación de cargas.
d) Los movimientos repetitivos.

9. La principal causa de los trastornos musculoesqueléticos es...

a) La carga mental.
b) Los lugares de trabajo.
c) La carga física.
d) El empleo de máquinas.

10. No es un factor de riesgo psicosocial...

a) La monotonía en el trabajo.
b) El horario de trabajo.
c) La estabilidad en el empleo.
d) El empleo de máquinas.

11. El *burnout* es...

a) Una forma de fatiga mental.
b) La falta de motivación en el trabajo.
c) Una forma de acoso en el trabajo.
d) El estrés crónico.

12. No es un riesgo psicosocial...

a) El estrés.
b) El acoso laboral.
c) Los TME.
d) El *burnout*.

13. No es un factor de riesgo psicosocial...

a) Las condiciones de empleo.
b) La presencia de agentes químicos.
c) El ritmo de trabajo.
d) El tiempo de trabajo.

14. La manipulación de una carga no debe hacerse con...

a) La espalda inclinada.
b) Las piernas flexionadas.
c) La espalda recta.
d) La carga pegada al cuerpo.

15. Para los fuegos de clase A (sólidos con brasa), el mejor agente extintor es:

a) Agua.
b) Polvo.
c) Espuma.
d) Anhídrido carbónico.

COMPRUEBA TU APRENDIZAJE

1. Identifica los tipos de riesgos a los que están expuestas estas personas trabajadoras:

a)

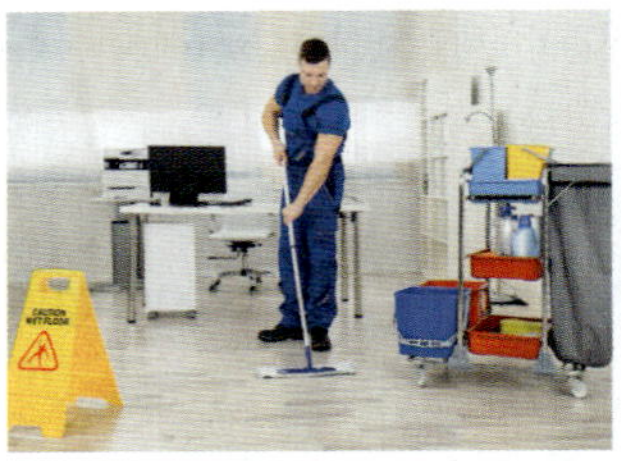

b)

c)

d)

2. Señala los factores de riesgo que pueden desencadenar los riesgos siguientes y las medidas preventivas que podrían evitarlos: caída al mismo nivel, atrapamiento, riesgo eléctrico, estrés y carga física.

3. Juan trabaja en una empresa en la que la evaluación de riesgos laborales indica los siguientes riesgos para su puesto:

   a) Riesgo de caída al mismo nivel.

   b) Golpes contra partes móviles e inmóviles de las máquinas.

   c) Riesgo de cortes.

   d) Riesgo de exposición a ruido.

   e) Riesgo de contactos eléctricos directos e indirectos.

   f) Riesgo de trastornos musculoesqueléticos por movimientos repetitivos.

   g) Fatiga por trabajo a turnos.

   Indica a qué grupo de factores de riesgo pertenece cada uno de ellos.

4. Xabier trabaja en una empresa de venta de componentes electrónicos en la que uno de los accidentes más frecuentes lo constituyen las caídas al mismo nivel. Para evitar que se sigan produciendo, se van a adoptar distintas medidas preventivas. Indica cuáles serían más adecuadas para prevenir ese riesgo.

5. Beatriz trabaja en el Departamento de Atención al Cliente. Las dimensiones del área donde ella y otras 40 personas desarrollan su actividad son estas: 110 m^2 de superficie y 2,5 m de altura. Las mesas y el resto del mobiliario ocupan un espacio de 25 m^2. Indica si las dimensiones relacionadas con la superficie y la altura son adecuadas.

6. Raúl trabaja en una empresa del sector automovilístico. Cuando esta incorpora a nuevos empleados y empleadas los informa de los riesgos de su puesto de trabajo. Él, en concreto, estará expuesto los riesgos de corte, de atrapamiento y de aplastamiento generados por las máquinas con las que trabaja. Indica las causas que pueden dar lugar a estos riesgos y qué medidas preventivas son las adecuadas para evitarlos.

7. Lucas trabaja como técnico electricista en una empresa. Hace poco, reparando una avería eléctrica, sufrió una descarga que le produjo quemaduras en las manos. Indica qué regla ha incumplido este empleado.

8. Visualiza este vídeo e identifica las situaciones de exposición a riesgos eléctricos que se muestran y las medidas preventivas que se proponen para cada una de ellas.

   - **http://bit.ly/2NpAJBN**

9. Laura trabaja como patronista en una empresa del sector textil. Debido a sus tareas, pasa mucho tiempo de pie y empieza a tener molestias en las piernas. Señala qué postura se debe mantener cuando se trabaja de pie.

10. Indica si son verdaderas o falsas las siguientes afirmaciones relacionadas con una correcta manipulación de cargas:

    a) Se debe doblar la espalda.

    b) No se aconseja levantar manualmente más de 35 kg.

    c) Se deben separar los pies a una distancia aproximada de 50 cm uno de otro.

    d) Los pies deben estar juntos.

    e) Las piernas deben estar totalmente estiradas.

11. En un taller, las herramientas nunca están colocadas en el tablero de trabajo, hay trapos llenos de grasa tirados por el suelo y los neumáticos están apilados sin orden alguno. Señala si esta situación puede generar riesgos para la salud de las personas trabajadoras.

12. En una empresa, las personas trabajadoras están expuestas a riesgos derivados de la carga física. Indica los factores de riesgo que detectas en estos casos:

    a) Daniel trabaja en la cadena de montaje y siempre realiza las mismas operaciones.

    b) Lucía, telefonista en el servicio de atención al cliente, atiende unas 100 llamadas de clientes y clientas al día.

    c) Diego, operario en el almacén, se encarga de la preparación de pedidos. Carga y descarga todas las cajas que entran y salen del recinto.

13. En las siguientes situaciones, señala cuáles son los factores de riesgo psicosociales y cómo podrían evitarse:

    a) Un trabajador ha sido diagnosticado de trastornos digestivos. Hace diez años que trabaja por la noche.

    b) Un joven trabaja en una empresa de corte de madera en la que se producen muchos accidentes por atrapamientos y cortes debido a que las personas encargadas imponen un ritmo muy elevado en la producción.

c) Un joven trabaja como auxiliar administrativo desde hace tres años. Actualmente está muy desanimado porque, a pesar de su esfuerzo y de su formación, no consigue que le asignen tareas con más responsabilidad que las que hace desde que empezó a trabajar en la empresa.

14. Luis es jefe de cocina de un restaurante. Lleva varios años en este puesto y cada vez le resulta más difícil, pues los turnos son rotatorios, sale tarde por las noches, hay mal ambiente en el equipo y la plantilla se renueva constantemente. Además, se les exige progresivamente mayor productividad. En su casa le dicen que está estresado.

a) ¿Se puede hablar de estrés en este caso?

b) ¿Cuáles podrían ser las causas que lo generan?

15. Susana trabaja como higienista en una clinica dental y actualmente está de baja por depresión. Su superior le cambia constantemente, y de modo unilateral, el turno de trabajo, le encomienda labores que están por debajo de su categoría o sin sentido. Últimamente, la amenaza con despedirla, recriminándole que no hace correctamente su trabajo.

a) Indica si se dan los requisitos para hablar de acoso laboral.

b) Con ayuda del diario de incidentes del INSST, identifica las conductas que pueden suponer acoso laboral.

16. Una asistente social trabaja desde hace 18 años para personas con problemas económicos, psicológicos y de integración. Últimamente presenta episodios frecuentes de crisis de angustia con un importante componente somático. Su médica le ha diagnosticado el síndrome de desgaste profesional o *burnout*. Explica qué es el *burnout* y cuáles son sus causas y sus consecuencias.

17. Señala la postura correcta para la manipulación de cargas.

- Escribe dos ideas de esta unidad que tengas claras y que te parezcan fundamentales. ¿Qué te ayudó a comprenderlas?
- Formula dos preguntas sobre aspectos de la unidad que no hayas entendido totalmente.
- Escribe dos aspectos de esta unidad sobre los que te gustaría profundizar.

DE CAMINO AL MUNDO LABORAL

Las nuevas formas de organización del trabajo han supuesto la aparición de nuevos riesgos laborales que conviene conocer para poder prevenirlos.

Objetivo

- Conocer los riesgos laborales derivados de la organización del trabajo e identificar los factores de riesgo psicosocial.
- Prevenir los trastornos musculoesqueléticos.

Tarea

1. **Más del 50 % de las personas trabajadoras europeas consideran que el estrés es un riesgo común en sus lugares de trabajo. Este trastorno se relaciona con cerca de la mitad de las jornadas laborales perdidas.**

   En grupo, investigad sobre este riesgo psicosocial y elaborad una presentación que incluya:

   a) Concepto.

   b) Factores de riesgo.

   c) Efectos en las personas.

   Podéis utilizar los siguientes recursos:

   - **http://bit.ly/39UMlic**
   - **http://bit.ly/3c4BWsF**

2. **Aunque parezca que trabajar en una oficina no conlleva riesgos laborales, los TME son la principal causa de baja en el mundo.**

   Consulta estos recursos y, apoyándote en la imagen, describe las pautas del trabajo sentado.

   - **https://bit.ly/3sMSf3g**
   - **https://bit.ly/361Wuhp**
   - **https://bit.ly/39WXVz4**

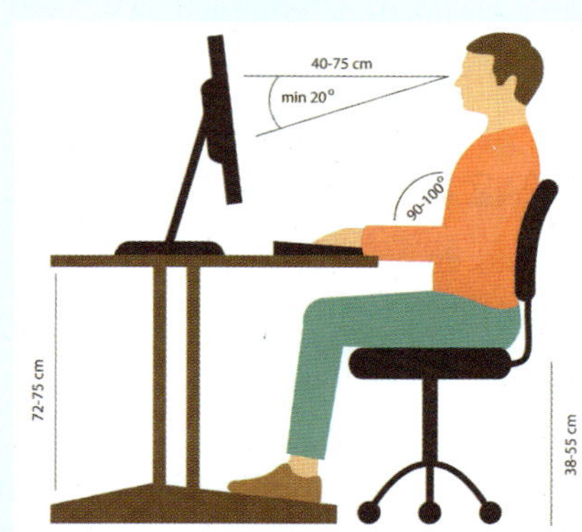

3. **Existen prácticas saludables para evitar los TME derivados del uso de equipos informáticos.**

   Utilizad los siguientes recursos y practicad en clase:

   - **https://bit.ly/3qlUhzx**
   - **https://bit.ly/3ivkYVk**

17 UNIDAD

Medidas de prevención y protección

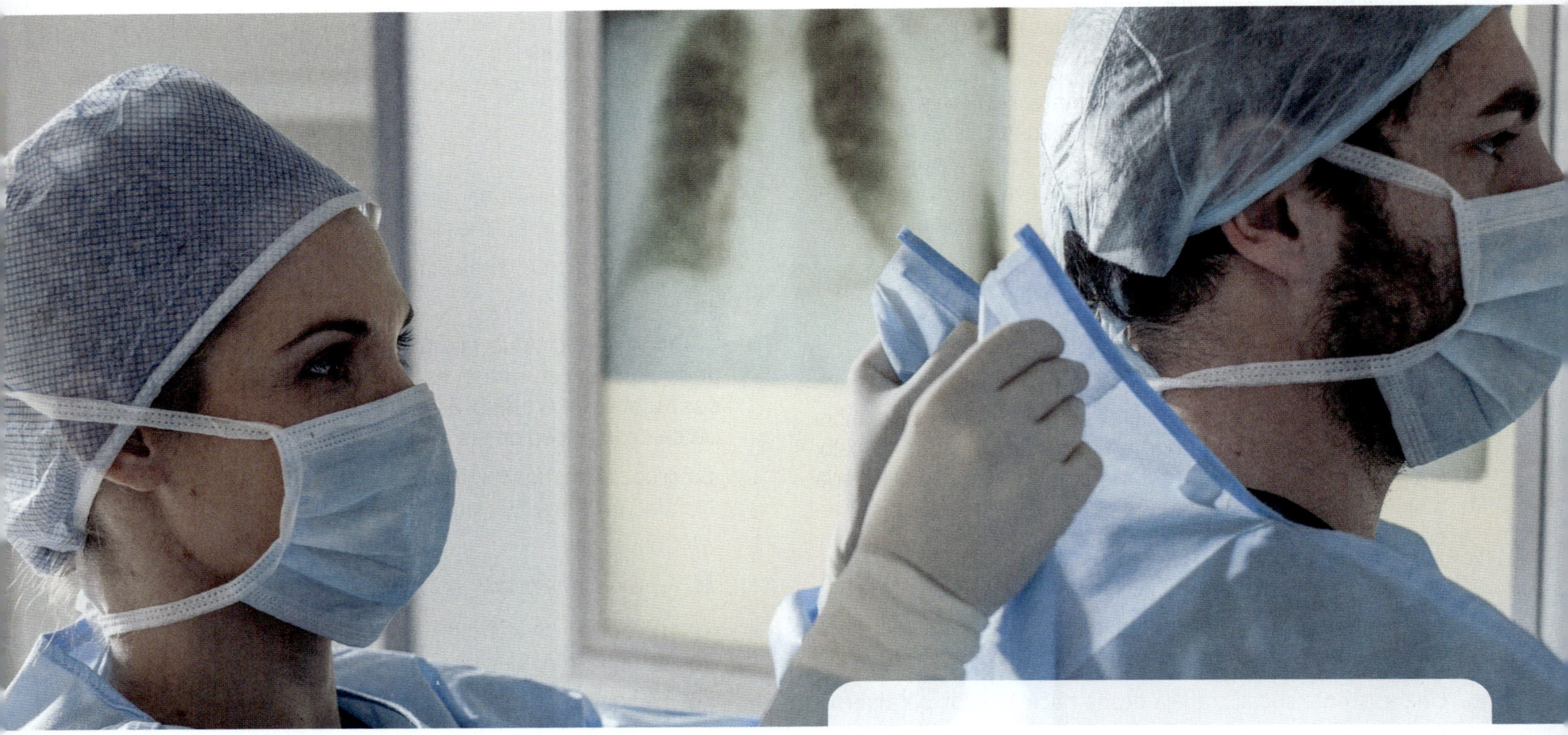

ESTUDIARÁS

- Las medidas de prevención y de protección individuales y colectivas.
- Los planes de emergencia y de evacuación en los entornos de trabajo.
- El protocolo de actuación ante una emergencia.
- La elaboración de un plan de emergencia para una pyme.

Y SERÁS CAPAZ DE

- Aplicar las medidas de prevención y de protección, analizando las situaciones de riesgo en el entorno laboral.

Carlos y Patricia se han incorporado a una empresa de fabricación mecánica después de finalizar su formación. El encargado de su sección, al mostrarles su lugar de trabajo, les ha señalado la importancia de cumplir las medidas de prevención y las de protección. Además, en cada máquina se han colocado unos carteles que informan de los riesgos que conlleva su uso y de los equipos de protección individual que se deben utilizar.

¿Puedes diferenciar entre medidas de prevención y de protección? ¿Cuándo se deben utilizar estas últimas?

- ¿Sabes qué es un EPI?
- ¿Sabes describir la señal de obligación de uso de equipos de protección individual?
- ¿Sabrías qué hacer en caso de evacuación?

1. Prevención y protección

Las empresas están obligadas a garantizar la seguridad y la salud de las personas trabajadoras, adoptando para ello las medidas necesarias.

Con el fin de alcanzar esta meta, deben aplicar medidas de prevención y de protección, que, aun persiguiendo un mismo objetivo (evitar las consecuencias de los riesgos laborales sobre las personas), tienen un significado diferente.

> Las **medidas de prevención** son el conjunto de acciones o medidas adoptadas o previstas en todas las fases de la actividad de la empresa con el fin de evitar o disminuir los riesgos derivados del trabajo. Se actúa directamente sobre los riesgos para evitar que se materialicen.

> Las **medidas de protección** son aquellas adoptadas para eliminar, minimizar o disminuir los daños que pueden ocasionar sobre las personas trabajadoras los diferentes riesgos previstos. No actúan sobre el riesgo, sino sobre sus posibles consecuencias.

1.1. Medidas de prevención

El primer principio de la acción preventiva de la empresa consiste en evitar los riesgos. Las medidas relacionadas con la prevención se agrupan en varias técnicas o disciplinas que actúan sobre distintos factores (Tabla 17.1).

ODS

El ODS número 8, Trabajo decente y crecimiento económico, desarrollado por la OIT, incluye entre sus objetivos el de promover un **entorno laboral seguro y sin riesgos** para todas las personas trabajadoras; con esa finalidad, las empresas deben adoptar las medidas de prevención y protección necesarias.

8 TRABAJO DECENTE Y CRECIMIENTO ECONÓMICO

Técnica	Objetivo	Actuación
Seguridad en el trabajo	Evitar los accidentes de trabajo.	Actúa sobre los equipos de trabajo y sobre las condiciones del entorno: seguridad de los edificios y lugares de trabajo; superficies de los locales; suelos, techos y paredes; pasillos y escaleras; puertas, barandillas y ventanas; limpieza, etc.
Higiene industrial	Prevenir la aparición de enfermedades profesionales en las personas trabajadoras expuestas a contaminantes ambientales.	• Identifica los factores de riesgo. • Mide la intensidad del agente, el tiempo de exposición y todos los datos complementarios. • Valora el riesgo comparándolo con los valores de referencia. • Corrige la situación si es necesario. • Realiza controles periódicos.
Ergonomía en el trabajo	Adaptar el trabajo a las condiciones fisiológicas y psicológicas de las personas trabajadoras para evitar la aparición de fatiga física o mental.	• Analiza y diseña los puestos, los procesos y los equipos de trabajo de acuerdo con las características de la persona trabajadora. • Se ocupa de aspectos diversos, como la distribución de espacios, el tiempo y la carga de trabajo, etc.
Psicosociología aplicada	Prevenir los daños psicológicos ocasionados por el trabajo. Estudiar los aspectos psíquicos y sociales del individuo en el ambiente de trabajo.	• Actúa a través de la selección de personal, la orientación profesional y el clima laboral. • Estudia los aspectos relacionados con la organización del trabajo, como el contenido de la tarea, las relaciones laborales, etc.
Medicina del trabajo	Mantener en estado óptimo la salud de las personas trabajadoras. Prevenir y curar las patologías derivadas del trabajo.	• Previene enfermedades (por ejemplo, mediante la realización de reconocimientos médicos y la educación sanitaria). • Reduce los efectos del daño con el diagnóstico y el tratamiento. • Repara a través de la rehabilitación.

Tabla 17.1. Técnicas preventivas.

ACTIVIDADES

1. Manuel trabaja en una empresa del sector textil. Para evitar el síndrome del túnel carpiano, esta ha disminuido el peso de las bobinas de hilo y ha dotado al personal de un dispositivo que permite manejarlas de forma más cómoda. Indica con qué técnica de prevención se corresponde la acción preventiva de la empresa.

1.2. Medidas de protección

> Las medidas de protección se aplican con el fin de proteger a las personas trabajadoras contra los riesgos que no se han podido evitar o que no se han eliminado totalmente.

Dichas medidas pueden ser de dos tipos: colectivas o individuales (Fig. 17.1). Uno de los principios de la acción preventiva señala que **hay que adoptar medidas que antepongan la protección colectiva a la individual.**

Protección colectiva. Protege a varias personas trabajadoras de forma general y simultánea.

Protección individual. Protege a una persona trabajadora de manera individual.

Fig. 17.1. Medidas de protección colectiva e individual.

A. Medidas de protección colectiva

> Las medidas de protección colectiva tienen como objetivo la **protección simultánea** de varias personas trabajadoras expuestas a un determinado riesgo que no ha podido ser evitado o que no se ha eliminado totalmente.

Las **medidas de protección colectiva** se utilizan para proteger a las personas trabajadoras de los riesgos de los lugares de trabajo, de los equipos de trabajo y de los riesgos ambientales (Fig. 17.2).

Medidas de protección colectiva

Resguardos. Elementos de la máquina que garantizan la protección mediante una barrera material (valla, tapa, pantalla, carcasa, cubierta, etc.).

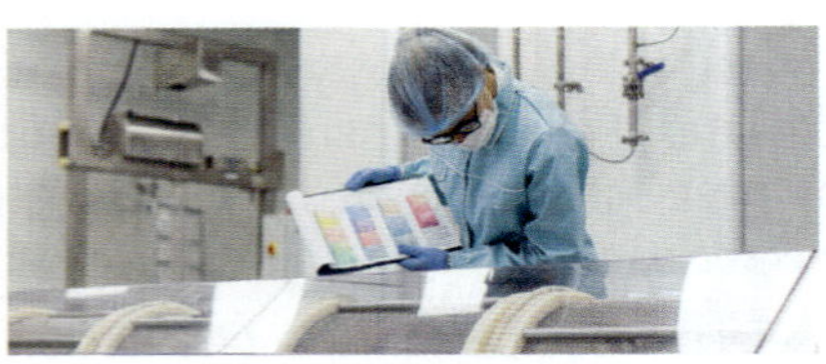

Dispositivos de prevención. Medidas que impiden el funcionamiento de una máquina al detectar el acceso de una persona (mando a dos manos, por ejemplo).

Barandillas. Estructuras de madera o metal que impiden las caídas desde altura. Deben tener una altura mínima de 90 centímetros.

Redes. Aparejos trabados en forma de malla que se utilizan en las obras de construcción para minimizar los efectos de las caídas de las personas trabajadoras.

Ventilación. La general produce corrientes de aire para reducir la contaminación, y la localizada elimina un agente contaminante en el mismo foco de generación.

Interruptor diferencial. Dispositivo que evita el contacto directo con la corriente eléctrica desconectando automáticamente la instalación eléctrica.

Fig. 17.2. Medidas de protección colectiva.

CASO PRÁCTICO 1. Medidas de prevención y medidas de protección (I)

Sara trabaja en una fábrica de baterías para automóviles. Con el fin de evitar los riesgos derivados de las posturas forzadas, la empresa ha modificado los procesos de la cadena de trabajo, a la vez que ha dotado de exoesqueletos a las personas que manipulan cargas manualmente.

Indica si las medidas que se han adoptado son de prevención o de protección.

Solución:

La modificación de los procesos constituye una medida de prevención; en concreto, es una medida ergonómica, ya que trata de adaptar el trabajo a las características de la persona para evitar el riesgo, en este caso, de posturas forzadas. La dotación de exoesqueletos es una medida de protección, ya que el riesgo sigue existiendo, pero las consecuencias se minimizan.

CASO PRÁCTICO 2. Medidas de prevención y medidas de protección (II)

A un trabajador de una empresa vitivinícola, que estaba limpiando una cinta transportadora de uva en marcha, se le ha caído un estropajo, y, para recuperarlo, ha metido la mano y se le ha quedado atrapada entre uno de los rodillos de la cinta.

Responde a las siguientes cuestiones sobre medidas de prevención y de protección:

a) ¿Cuáles son las causas del accidente?

b) ¿Qué medidas de prevención y de protección podrían haberlo evitado?

Solución:

a) Las causas del accidente han sido las siguientes:
- Tener acceso a una zona con riesgo de atrapamiento.
- No haber detenido el equipo para hacer la limpieza.

b) Las medidas que deberían haberse observado son las siguientes:
- Medidas de prevención: parar previamente el equipo y comprobar la ausencia de energía residual.
- Medidas de protección: instalar una protección adecuada que impida el contacto con los rodillos.

PONTE A PRUEBA 1. Medidas de protección

Señala qué medidas de protección se utilizan en tu sector profesional y frente a qué riesgo protegen.

Medida de protección	Riesgo frente al cual protege

Para resolver esta prueba, puedes visitar la página web del Instituto Nacional de Seguridad y Salud en el Trabajo (www.insst.es), donde puedes consultar la *Guía técnica para la evaluación y prevención de los riesgos relativos a la utilización de equipos de trabajo.*

ACTIVIDADES

2. En una empresa dedicada a la fabricación de paneles solares se han detectado los riesgos siguientes:

a) Exposición al ruido.

b) Proyección de partículas.

c) Trastornos por movimientos repetitivos.

d) Estrés por el elevado ritmo de trabajo.

Indica qué técnica de prevención se debe utilizar sobre cada uno de ellos para evitar daños en la salud de las personas trabajadoras.

3. En una empresa siderometalúrgica se han facilitado equipos de protección respiratoria para evitar la inhalación de los humos metálicos generados y se han instalado unas campanas extractoras y un sistema de renovación del aire. Identifica de qué medidas de protección se trata y señala cuál debe ser adoptada en primer lugar y por qué razón.

4. Indica si las siguientes medidas son de protección colectiva o individual y frente a qué riesgo protegen.

a)

b)

¿SABÍAS QUE...?

Los **EPI** tienen que incluir el marcado «CE», que indica que cumplen las normas de seguridad de la Unión Europea. El fabricante debe suministrar un folleto con información acerca de todas sus características, escrito en español y con un contenido preciso.

B. Medidas de protección individual (EPI)

Los **equipos de protección individual** son los equipos que debe llevar o sujetar la persona trabajadora para protegerse de uno o varios riesgos que puedan amenazar su seguridad o su salud en el trabajo.

La empresa está obligada a facilitar los EPI **adecuados a los riesgos** a los que están expuestas las personas trabajadoras, y el personal debe utilizarlos correctamente.

Los EPI se pueden clasificar según la parte del cuerpo que protegen (Tabla 17.2).

Protectores de la cabeza	Protegen de golpes, choques, proyección de objetos, caídas, etc.	• Cascos de seguridad. • Cascos de protección contra choques e impactos. • Gorros, gorras y sombreros. • Cascos para usos especiales (fuego, químicos, etc.).
Protectores del oído	Protegen de la exposición excesiva a un nivel sonoro alto.	• Protectores auditivos (tapones y orejeras). • Cascos antirruido.
Protectores de los ojos, la cara y la piel	Protegen de la proyección de partículas, chispas, polvo, radiaciones luminosas, salpicaduras de líquidos corrosivos, etc.	• Gafas de montura (universal, integral y de cazoletas). • Pantallas faciales. • Pantallas para soldadura. • Cremas de protección y pomadas.
Protectores de las vías respiratorias	Protegen de atmósferas tóxicas, sin aire suficiente o respirable, o con polvo no tóxico (demoliciones, humos, corte de piezas cerámicas...).	• Equipos filtrantes de partículas, gases y vapores de aire libre. • Equipos aislantes con suministro de aire de submarinismo.
Protectores de las manos	Protegen de golpes, rozaduras, enfermedades de la piel, pinchazos, cortes, salpicaduras, etc.	• Guantes contra las agresiones mecánicas (perforaciones, cortes y vibraciones), químicas, eléctricas y de origen térmico. • Manoplas, mangas y manguitos.
Protectores de los pies y las piernas	Protegen de objetos, atrapamientos, golpes, pinchazos, cortes, etc.	• Calzado de seguridad, de protección y de trabajo, frente a la electricidad y contra las motosierras. • Polainas y rodilleras.
Protectores de tronco y abdomen	Protegen de salpicaduras de productos químicos, chispas, cortes, etc.	• Chalecos, chaquetas y mandiles de protección frente a rayos X y ante las agresiones mecánicas y químicas. • Chalecos y salvavidas. • Cinturones de sujeción del tronco.
Protección total del cuerpo	Protegen de caídas o en lugares oscuros o poco iluminados, en trabajos junto a carreteras o zonas con tránsito de vehículos.	• Equipos de protección contra las caídas desde altura (arneses y cinturones de seguridad). • Prendas de señalización (cinturones, brazaletes y chalecos reflectantes).

Tabla 17.2. Equipos de protección individual.

ACTIVIDADES

5. Señala qué equipos de protección individual deberían utilizarse en estas situaciones:

a)

b)

c)

2. Señalización de seguridad

La señalización se utiliza como medida complementaria a las actuaciones preventivas, cuando ninguna evita el riesgo en su totalidad. La señalización proporciona una indicación o una obligación relativas a la seguridad o la salud en el trabajo mediante una señal en forma de panel, un color, una señal luminosa o acústica, una comunicación verbal o una señal gestual.

Según el lenguaje y el medio de comunicación utilizados, las señales pueden ser de varios tipos (Tabla 17.3):

IMPORTANTE

El **RD 485/1997**, de 14 de abril, sobre las disposiciones mínimas relativas a la señalización de los lugares de trabajo, establece el marco legal acerca de esta materia.

Señales en forma de panel	Señales luminosas	Señales acústicas y verbales	Señales gestuales
		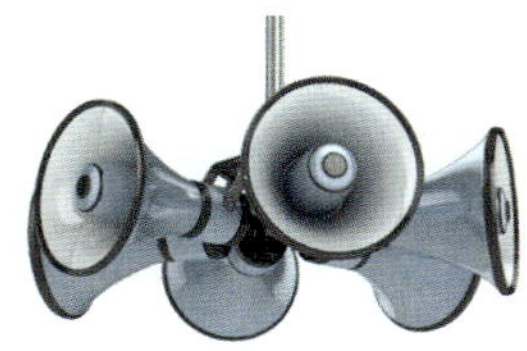	
Señales de advertencia, indicación u obligación; combinan una forma geométrica, unos colores y un símbolo o pictograma con un significado.	Señal de luz intermitente de mucha potencia, emitida por medio de un dispositivo formado por materiales transparentes o translúcidos.	Acústica: señal sonora emitida y difundida por megafonía. Verbal: mensajes predeterminados en los que se utiliza la voz humana o sintética.	Señales con los brazos o las manos de forma codificada para guiar a las personas trabajadoras que están ejecutando tareas peligrosas.

Tabla 17.3. Tipos de señales.

Las señales más utilizadas son las señales en forma de panel (circular, triangular, cuadrado o rectangular), que figuran en las Tablas 17.4 y 17.5.

Prohibición	Obligación	Advertencia	Lucha contra incendios	Salvamento
			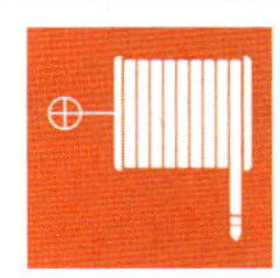	
Prohíben un comportamiento susceptible de provocar un peligro.	Obligan a un comportamiento determinado por motivos de seguridad.	Advierten de la proximidad y la naturaleza de un riesgo o peligro.	Informan de la ubicación de los equipos de lucha contra incendios.	Indican salidas de emergencia, primeros auxilios o salvamento.

Tabla 17.4. Señales en forma de panel.

PONTE A PRUEBA 2. Señales gestuales

Una empresa constructora está preparando unos terrenos para edificar una urbanización. Para coordinar los movimientos de la maquinaria y los vehículos que se desplazan por la obra han contratado a Elisabeth.

La trabajadora ha visto que un camión marcha atrás iba a colisionar con una excavadora que estaba maniobrando y ha actuado rápidamente dando las indicaciones a seguir. ¿Qué gesto deberá utilizar Elisabeth para que el camión pare y después retroceda?

Para resolver esta actividad, puedes consultar el Real Decreto 485/1997, sobre disposiciones mínimas en materia de señalización de seguridad y salud en el trabajo.

ACTIVIDADES

6. Guadalupe acaba de ser contratada en un hospital como auxiliar de enfermería. ¿Qué equipo de protección individual debe utilizar?

7. Haz una enumeración de los equipos de protección individual que se suelen emplear en las empresas relacionadas con tu sector profesional.

Señales de advertencia							
Materias inflamables	Materias explosivas	Materias tóxicas	Materias corrosivas	Materias radiactivas	Cargas suspendidas	Vehículos de manutención	Radiaciones láser
Materias comburentes	Radiaciones no ionizantes	Campo magnético intenso	Riesgo de tropezar	Caída a distinto nivel	Riesgo biológico	Baja temperatura	Materias nocivas o irritantes

Señales de prohibición							
Prohibido fumar	Prohibido el paso a peatones	Agua no potable	No tocar	Prohibido fumar y encender fuego	Prohibido apagar con agua	Prohibido el acceso a vehículos de manutención	Entrada prohibida a personas no autorizadas

Señales de emergencia (salvamento o socorro)				
Primeros auxilios	Camilla	Ducha de seguridad	Lavado de los ojos	Dirección obligatoria

Señales relativas a los equipos de lucha contra incendios				
Manguera para incendios	Extintor	Escalera de mano	Teléfono para lucha contra incendios	Dirección que debe seguirse (señal indicativa adicional a las anteriores)

Señales de obligación					
Protección obligatoria de la vista	Protección obligatoria de la cabeza	Protección obligatoria del oído	Protección obligatoria de las vías respiratorias	Protección obligatoria de los pies	Protección obligatoria del cuerpo
Protección obligatoria de la cara	Protección individual obligatoria contra caídas	Vía obligatoria para peatones	Obligación general (acompañada, si procede, de una señal adicional)		Protección obligatoria de las manos

Tabla 17.5. Paneles de señalización más habituales.

3. Medidas de emergencia

En la actividad de una empresa se pueden presentar circunstancias inesperadas que supongan la aparición de situaciones peligrosas para las personas trabajadoras, las instalaciones o, incluso, el medio ambiente. Estos casos constituyen situaciones de emergencia, que obligan a actuar sin dilación.

> Se habla de **situación de emergencia** cuando sobreviene alguna de las circunstancias mencionadas que requieren una acción inmediata.

Según la Ley 31/ 1995, de 8 de noviembre, de Prevención de Riesgos Laborales (LPRL), la empresa tiene la obligación de velar por la seguridad de su plantilla, para lo cual debe ser capaz de prever las posibles situaciones de emergencia que puedan producirse y de afrontarlas mediante la aplicación de las medidas necesarias.

Las empresas están obligadas a hacer frente a estas situaciones (Fig. 17.3):

Obligaciones de las empresas en situaciones de emergencia

- Analizar las situaciones de emergencia y adoptar las medidas necesarias sobre varios aspectos.
  - Primeros auxilios.
  - Evacuación.
  - Lucha contra incendios.
- Designar a las personas trabajadoras encargadas de actuar en caso de emergencia. Deben reunir ciertas condiciones.
  - Con formación adecuada.
  - Suficientes en número.
  - Dotadas del material adecuado.
- Organizar con los servicios externos las relaciones necesarias, sobre varios aspectos.
  - Primeros auxilios.
  - Asistencia médica de urgencia.
  - Salvamento.
  - Lucha contra incendios.

Fig. 17.3. Medidas de emergencia.

VOCABULARIO

Emergencia. Situación imprevista de peligro para las personas y para los enseres; por ejemplo, incendios, explosiones, accidentes laborales, amenazas de bomba, escapes de sustancias tóxicas o peligrosas, catástrofes naturales, etc., que requieren una actuación inmediata y eficaz para su control.

PONTE A PRUEBA 3. Señalización de seguridad

Las señales en forma de panel son una combinación de distintos elementos: forma geométrica, color de seguridad y contraste y pictograma. Describe cómo deben combinarse para que tengan un significado las señales de obligación, prohibición y advertencia.

Para resolver esta actividad, puedes apoyarte en Real Decreto que establece las disposiciones mínimas sobre señalización.

ACTIVIDADES

8. Paula está empleada en una fábrica de productos de limpieza. Analiza las señales que están presentes en su área de trabajo y explica su significado.

a)

b)

c)

d)

e)

f)

9. Visualiza este vídeo del INSST: **https://bit.ly/302Ytii**, sobre la señalización de seguridad, e indica cuál es la finalidad de esta y los requisitos que debe cumplir.

10. Determina qué señalización debe emplear una empresa ante situaciones de emergencia.

IMPORTANTE

La **señalización de seguridad** se utiliza para:

- Llamar la atención de quien la recibe y provocar su respuesta inmediata.
- Dar a conocer el peligro con anticipación y de forma clara.
- Informar sobre el modo de actuar en cada caso concreto.

LEGISLACIÓN

El Real Decreto 393/2007, de 23 de marzo, aprueba la **Norma Básica de Autoprotección** de los centros, establecimientos y dependencias dedicados a actividades que puedan dar origen a situaciones de emergencia.

IMPORTANTE

Todas las empresas deben tener un **plan de emergencia**, de acuerdo con lo que establece el artículo 20 de la LPRL, pero solo están obligadas a disponer de un plan de autoprotección aquellas que se incluyen en el anexo 1 del Real Decreto 393/2007.

3.1. El plan de autoprotección

La empresa está obligada a elaborar un plan de autoprotección para hacer frente a las posibles situaciones de emergencia y ofrecer una respuesta adecuada que no solo tenga en cuenta a las personas trabajadoras, sino también a otras personas que puedan encontrarse presentes.

El **plan de autoprotección** es el documento que elabora una empresa con el objeto de prevenir y controlar los riesgos sobre las personas y los bienes, dando respuesta adecuada a las posibles situaciones de emergencia e integrando estas actuaciones en el sistema público de Protección Civil (Fig. 17.4).

Plan de autoprotección
Sistema de acciones y medidas para...

- Prevenir y controlar los riesgos sobre las personas y los bienes.
- Dar una respuesta adecuada a situaciones de emergencia.
- Coordinar el plan de actuación con Protección Civil.

Fig. 17.4. Funciones del plan de autoprotección.

El **RD 393/2007**, de 23 de marzo, por el que se aprueba la Norma Básica de Autoprotección de los centros, establecimientos y dependencias dedicados a actividades que puedan dar origen a situaciones de emergencia, establece cuál debe ser el contenido de los planes de autoprotección. (Fig. 17.5).

Contenido del plan de autoprotección

1 Información de la empresa y evaluación del riesgo

- Identificación de los titulares y del emplazamiento.
- Descripción detallada de la actividad y del medio físico.
- Inventario, análisis y evaluación de riesgos.

2 Medios de protección disponibles

- Inventario y descripción de las medidas de autoprotección.
- Medios humanos y técnicos para las situaciones de emergencia.

3 Plan de emergencia o plan de actuación

- Identificación y clasificación de las emergencias.
- Procedimientos de actuación.
- Identificación de personas y equipos responsables.
- Identificación de la persona responsable de su puesta en marcha.

4 Implantación del plan de autoprotección

- Identificación de la persona responsable.
- Formación de todo el personal.
- Señalización.
- Dotación de medios materiales y de recursos.
- Realización de simulacros.

5 Revisión y mantenimiento del plan de autoprotección

- Formación e información para el reciclaje.
- Sustitución de medios y recursos, auditorías...
- Realización de simulacros.

Fig. 17.5. Contenido del plan de autoprotección.

3.2. El plan de actuación ante emergencias

El **plan de emergencias** es una parte del plan de autoprotección; en él se organiza la **respuesta ante situaciones de emergencia** y las medidas de protección e intervención que hay que adoptar en función de la actividad de la empresa y de su localización geográfica (Fig. 17.6).

Plan de actuación en caso de emergencia

- Identificación y clasificación de las emergencias
- Procedimientos de actuación
- Identificación y organización de las personas y los equipos
- Designación de las personas responsables

Fig. 17.6. Contenido del plan de emergencias.

A. Clasificación de las emergencias

La emergencia tipo es el riesgo de incendio, pero existen otras, distintas en función de la actividad de la empresa. Las emergencias se clasifican según su gravedad (Fig. 17.7).

Conato de emergencia	Emergencia parcial	Emergencia general
Situación que puede ser controlada por el personal de la empresa mediante los medios de protección del local o sector del centro de trabajo.	Situación que requiere la actuación de los equipos especiales del sector de la empresa afectado. No afecta a otros sectores colindantes o a terceras personas.	Situación que precisa la actuación de todos los medios humanos y materiales del edificio y de medios exteriores. Comporta la evacuación de las personas ocupantes del local o el edificio.

Fig. 17.7. Clasificación de las situaciones de emergencia según su gravedad.

CASO PRÁCTICO 3. Tipos de emergencias

Matías trabaja como técnico químico en una empresa de disolventes y aerosoles. La semana pasada se originó una fuga en uno de los tanques contenedores del edificio, pero la brigada de emergencias actuó de manera inmediata y en poco tiempo el personal pudo volver a sus puestos de trabajo.

Indica qué tipo de emergencia se produjo.

Solución:

En la empresa de Matías se ha dado una situación de emergencia parcial, que se puede solucionar con la actuación de las brigadas de emergencia de un sector y no afecta a otros.

ACTIVIDADES

11. Consulta el anexo I del RD 393/2007, de 23 de marzo, por el que se aprueba la Norma Básica de Autoprotección, e indica cuándo tienen obligación de desarrollar un plan de autoprotección los siguientes locales: un centro docente, un edificio de uso comercial o administrativo y un centro sanitario.

12. Identifica el tipo de emergencia en estos supuestos:

a) Riesgo de incendio de una nave próxima a un almacén de material combustible.

b) Incendio de un contenedor lleno de trapos impregnados de grasa y gasoil. El fuego ha sido controlado por varias personas trabajadoras del lugar utilizando un extintor.

c) Incendio de un depósito de combustible para calefacción extinguido por los equipos de intervención de la empresa.

13. Indica alguna situación que pueda dar lugar a un conato de emergencia, a una emergencia parcial y a una emergencia general en una empresa de tu sector profesional.

ABC VOCABULARIO

Alerta. Situación declarada con el fin de tomar precauciones específicas debido a la probable y cercana ocurrencia de un suceso o accidente.

Alarma. Aviso o señal por la que se informa a las personas para que sigan unas instrucciones específicas ante una situación de emergencia.

B. Los equipos de emergencias

> El **equipo de emergencias** está integrado por personas especialmente formadas, entrenadas y organizadas para actuar en caso de emergencia dentro de un establecimiento.

Su misión fundamental consiste en evitar aquellas condiciones que puedan originar un siniestro. Deben utilizar los equipos e instalaciones previstos a fin de dominar la emergencia o, en su defecto, controlarla hasta que llegue la ayuda externa (Fig. 17.8).

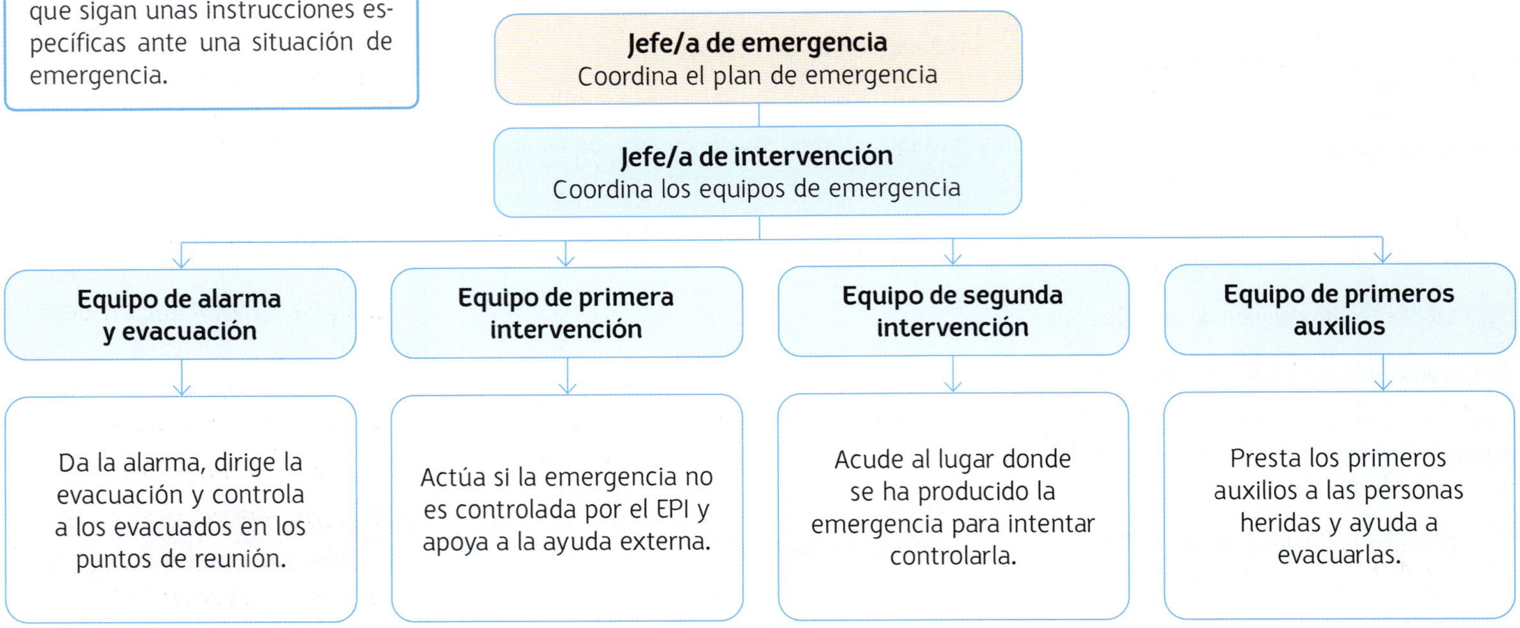

Fig. 17.8. Equipos de emergencias.

C. Los procedimientos de actuación ante emergencias

Ante una situación de emergencia, las personas responsables deben desarrollar una serie de acciones ya preestablecidas (Fig. 17.9).

1 Plan de alarma y alerta

Son las actuaciones que activan el plan de emergencia y provocan la movilización de los recursos de acuerdo con la gravedad del riesgo o el accidente. En función de los distintos grados de emergencia, se distinguen las siguientes actuaciones:

- **Alerta.** Situación de conato de emergencia o primer aviso que requiere evaluar la situación.
- **Alarma local.** Situación que precisa la actuación de los equipos de intervención.
- **Alarma general.** Situación de grave peligro que requiere la evacuación del edificio.

2 Plan de intervención

Son las actuaciones propias de la intervención de los equipos designados e instruidos para el control del riesgo o el accidente.

3 Plan de evacuación y confinamiento

Son las actuaciones derivadas de un estado o situación de emergencia general, en el que es necesario proceder a la evacuación del centro. Este plan determina el conjunto de instrucciones para el desalojo parcial o total:

- Señal de alarma general.
- Opciones de salida.
- Normas de conducta.
- Itinerarios.
- Puntos de reunión exterior.
- Información y simulacro.

4 Recepción del apoyo exterior

El jefe o la jefa de emergencias recibe a la ayuda externa, le entrega un plano de cada planta del edificio y la informa de las características del siniestro (planos, personas heridas y atrapadas...).

Fig. 17.9. Plan de actuación ante emergencias.

D. El plan de evacuación y confinamiento

Debido a su gravedad, algunas situaciones de emergencia precisan el desalojo de un local para salvaguardar la integridad física de las personas que lo ocupan. Por ello, es necesario que esté prevista la forma en que se llevará a cabo dicho desalojo, mediante la redacción del correspondiente plan de evacuación.

> El **plan de evacuación** es la parte del plan de emergencias que hace referencia al desalojo del edificio, es decir, a la salida organizada de las personas.

En caso de emergencia general, cuando se dé la orden de desocupar el centro de trabajo, deben seguirse unas **pautas de actuación** fijadas en el plan de evacuación (Fig. 17.10).

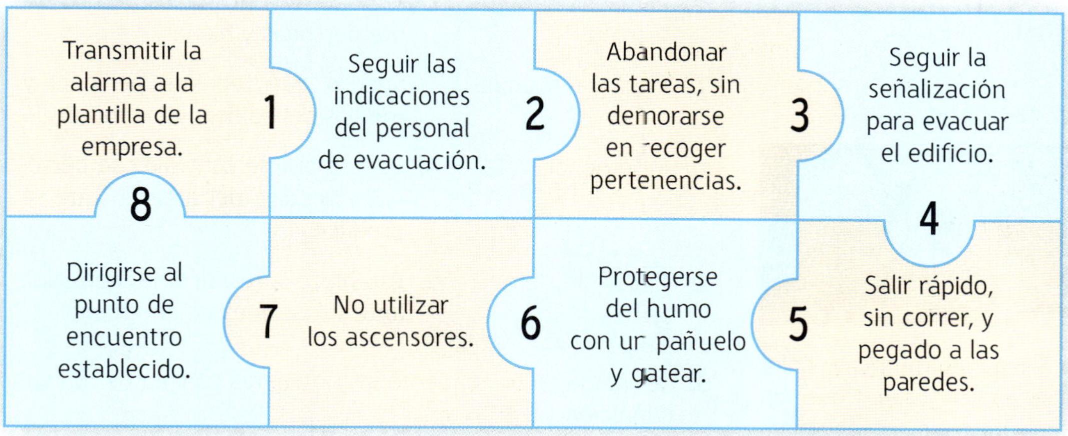

Fig. 17.10. Actuación en caso de evacuación.

? ¿SABÍAS QUE...?

En caso de que haya un riesgo en el exterior (amenaza de bomba, fuga de una sustancia tóxica...) o en el interior (incendio, fugas de gases...) o personas con dificultades que impida la evacuación, se debería proceder al **confinamiento** de las personas que deben permanecer dentro de un espacio interior protegido y aislado del exterior.

! IMPORTANTE

Todo **plan de evacuación** debe definir:

- La evacuación de personas con impedimentos físicos.
- El rescate de atrapados.
- El transporte de heridos.
- La información a las personas ajenas al establecimiento.

CASO PRÁCTICO 4. Plan de emergencia

Claudia ha sido contratada como constructora de decorados teatrales. Nada más incorporarse, le han comentado que formará parte del equipo de alarma y evacuación. Ella quiere disponer de la información que le permita desarrollar sus tareas de manera eficiente.

Indica dónde puede encontrar esta información.

Solución:

Claudia debe consultar el plan de emergencias. Su trabajo consistirá en dar la alarma, dirigir la evacuación y controlar a las personas evacuadas en los puntos de reunión.

ACTIVIDADES

14. En el almacén de una empresa de fabricación de embalajes de papel se ha producido un pequeño incendio. No se ha dado ninguna alarma y el fuego se ha extendido y amenaza con afectar a otras zonas. Ante la situación, las personas que trabajan allí deciden dirigirse a las taquillas a recoger el abrigo y, para ir más rápido, utilizan el ascensor, mientras que otros se marchan a casa, ya que dan la jornada por perdida. Cuando el equipo de alarma y evacuación se dispone a desalojar el área de trabajo, descubre que ya no queda nadie.

Responde a las siguientes cuestiones:

a) Indica si se ha procedido de manera apropiada ante la situación de emergencia.

b) En caso contrario, ¿cuáles han sido las conductas incorrectas?

PIENSA Y RESUELVE

15. En una situación de emergencia resulta muy importante haber ensayado la forma de actuación. En las empresas, una de las maneras de prepararse consiste en la simulación del plan de evacuación. Piensa y aporta otras soluciones que podrían adoptar las empresas con el fin de que su personal mejore su preparación para actuar en estas situaciones.

ACTIVIDADES DE SÍNTESIS

1. Indica si las siguientes medidas son de prevención o de protección:

a) Realización de reconocimientos médicos.

b) Dispositivos de seguridad.

c) Ventilación general.

d) Reorganización de turnos de trabajo.

e) Barandillas.

f) Modificación de un proceso de trabajo.

2. Identifica los equipos de protección individual que llevan las personas de la imagen e indica qué parte del cuerpo protegen.

3. Completa la tabla combinando forma geométrica y color de seguridad para la señalización de seguridad que corresponda: obligación, advertencia, prohibición, salvamento y lucha contra incendios.

	Forma geométrica		
Color de seguridad	○	△	□ ▭
Rojo			
Amarillo			
Verde			
Azul			

4. Relaciona los siguientes conceptos con su definición:

a) Conato de emergencia	1. Documento que organiza la salida de las personas de un edificio en caso de emergencia.
b) Plan de autoprotección	2. Previene y controla los riesgos sobre personas y bienes.
c) Plan de evacuación	3. Suceso que requiere personal y medios del edificio y exteriores.
d) Emergencia total	4. Suceso que se controla con personal y medios del área en que se produce.
e) Plan de emergencia	5. Establece la respuesta organizada ante situaciones de emergencia.

5. Relaciona en tu cuaderno los siguientes conceptos con su definición:

a) Conato de emergencia	1. Accidente que requiere personal y medios del edificio.
b) Emergencia parcial	2. Accidente que requiere personal y medios del edificio y exteriores.
c) Emergencia total	3. Accidente que se controla con personal y medios del área en el que se produce.

INVESTIGACIÓN

Palabras clave para la búsqueda de información: *medidas de protección individual, equipo de protección, EPI, EPI inteligente.*

6. Los equipos de protección individual deben utilizarse cuando las medidas de prevención o de protección colectiva son insuficientes.

a) Desde que las personas han desarrollado una actividad laboral han adoptado medidas de protección.

Señala cuáles fueron los primeros EPI que se utilizaron, contra qué riesgos protegían y cómo surgieron. Para documentarte, puedes utilizar este enlace:

- **http://bit.ly/3cfYEhu**

b) Con ayuda de los siguientes documentos, elabora una ficha en la que indiques cuándo tienen que utilizarse los EPI, cuáles deben ser los criterios para seleccionarlos, qué condiciones deben reunir y qué elementos no se consideran EPI.

Para resolver esta actividad, puedes apoyarte en los siguientes recursos:

- **https://bit.ly/2YgZDWe**
- **https://bit.ly/36yc1Gf**

c) En la actualidad, se habla de los EPI inteligentes. Investiga y explica en qué consisten, menciona alguno de los que se comercializan y expón las ventajas que presentan.

Para resolver esta actividad, puedes consultar los siguientes enlaces:

- **https://bit.ly/37WkWBZ**
- **https://bit.ly/2YlIR8u**

TEST DE REPASO

1. Las medidas de protección consisten en...

- (a) El conjunto de medidas adoptadas o previstas en todas las fases de la actividad de la empresa dirigidas a evitar la aparición de riesgos laborales.
- (b) El conjunto de actividades adoptadas para eliminar, minimizar o disminuir los daños que los diferentes riesgos previstos podrían ocasionar sobre las personas trabajadoras.
- (c) El conjunto de técnicas para adaptar el trabajo a la persona trabajadora.
- (d) El cumplimiento de las obligaciones relativas a la vigilancia de la salud.

2. Las medidas de prevención consisten en...

- (a) El conjunto de medidas adoptadas o previstas en todas las fases de la actividad de la empresa dirigidas a evitar la aparición de riesgos laborales.
- (b) El conjunto de actividades adoptadas para eliminar, minimizar o disminuir los daños que los diferentes riesgos previstos podrían ocasionar sobre las personas trabajadoras.
- (c) El conjunto de técnicas para adaptar el trabajo a a persona trabajadora.
- (d) El cumplimiento de las obligaciones relativas a la vigilancia de la salud.

3. La higiene industrial en el trabajo es una técnica preventiva que trata de evitar...

- (a) La fatiga.
- (b) Las enfermedades profesionales.
- (c) La carga mental.
- (d) Los accidentes laborales.

4. Es un medio de protección colectiva que evita los riesgos de los equipos de trabajo desde altura...

- (a) Una barandilla.
- (b) Un casco.
- (c) Un interruptor diferencial.
- (d) Un resguardo de seguridad.

5. ¿Cuándo deben utilizarse las medidas de protección individual?

- (a) La persona trabajadora siempre debe ir equipada con medidas de protección individual.
- (b) Cuando los riesgos no se puedan eliminar o reducir con las medidas colectivas.
- (c) Cuando deba protegerse a varias personas de forma simultánea.
- (d) Cuando lo ordene el empresario o la empresaria.

6. La selección de los equipos de protección individual la hace...

- (a) La empresa.
- (b) La persona trabajadora.
- (c) El comité de empresa.
- (d) La Inspección de Trabajo.

7. La señalización pretende estimular la actuación del individuo frente a la circunstancia que se quiere señalizar. Comprende colores, formas y símbolos. Así, el color azul significa...

- (a) Prohibición.
- (b) Zona de peligro.
- (c) Obligación.
- (d) Salvamento.

8. La señalización de advertencia debe ser en forma de...

- (a) Panel.
- (b) Señal acústica.
- (c) Señal luminosa.
- (d) Señal gestual.

9. El documento en el que la empresa planifica y da respuesta a las posibles situaciones de emergencia se llama...

- (a) Plan de prevención.
- (b) Plan de primeros auxilios.
- (c) Plan de autoprotección.
- (d) Plan de evacuación.

10. El plan de actuación ante emergencias forma parte de...

- (a) El plan de prevención.
- (b) El plan de primeros auxilios.
- (c) El plan de autoprotección.
- (d) No forma parte de ninguno de los anteriores.

11. El orden correcto de actuación ante una emergencia es:

- (a) Alerta, evacuación e intervención.
- (b) Alerta, intervención y evacuación.
- (c) Evacuación, alerta e intervención.
- (d) Intervención, alerta y evacuación.

12. Para que se produzca la evacuación de un centro, debe tratarse de...

- (a) Un conato de emergencia.
- (b) Una emergencia general.
- (c) Una emergencia parcial.
- (d) Una alarma general.

COMPRUEBA TU APRENDIZAJE

1. Autocar es una empresa que fabrica salpicaderos para vehículos industriales. En su centro de trabajo se han adoptado diversas medidas preventivas:

   a) Medición del nivel de ruido.

   b) Elección de equipos de trabajo con alimentación manual para sustituirlos por los de alimentación automática.

   c) Cambio en la cadena de montaje para evitar movimientos repetitivos y posturas forzadas.

   d) Realización de reconocimientos médicos anuales.

   e) Distribución de la carga de trabajo y organización de equipos de trabajo rotatorios.

   f) Toma de muestras ambientales para detectar la presencia de agentes químicos.

   Identifica cada una de ellas con la técnica de prevención a la que pertenecen.

2. Visualiza el siguiente vídeo sobre un accidente de trabajo por caída desde altura: **https://bit.ly/3r7e3Fc.**

   Después, responde a estas cuestiones:

   a) Señala cuáles han sido las causas del suceso.

   b) Indica las medidas que deberían haberse adoptado para evitarlo.

3. Carlota trabaja en una empresa de fabricación metálica. El riesgo principal de su puesto es la proyección de partículas. La organización le ha facilitado gafas especiales y ha incorporado una pantalla a la máquina. Indica cuál de las dos medidas debe adoptarse en primer lugar y por qué.

4. Señala cuáles son los equipos de protección individual más adecuados para los siguientes riesgos:

   a) Proyección de virutas de metal a los ojos.

   b) Pinchazo de un técnico de laboratorio con una jeringuilla.

   c) Caída desde altura de un operario que trabaja en cubiertas.

   d) Desprendimiento de objetos.

   e) Inhalación de disolventes en un taller de chapa y pintura.

   f) Vibraciones de un martillo neumático utilizado por una persona trabajadora.

5. Señala frente a qué riesgos protegen los siguientes equipos de protección individual:

   a) Pantallas faciales.

   b) Botas de seguridad.

   c) Cascos.

   d) Arneses.

6. Consulta el RD 773/1997, sobre disposiciones mínimas de seguridad y salud relativas a la utilización por las personas trabajadoras de equipos de protección individual, y señala qué equipos de protección individual se excluyen.

7. Visualiza el siguiente vídeo sobre un accidente durante el empleo de una máquina cortadora: **https://bit.ly/3cfqpql.** Después, indica cuál ha sido su causa y como se podría haber evitado.

8. Identifica qué medidas de prevención o de protección no se han cumplido en estos accidentes:

   a) Una carretilla atropelló a una empleada mientras realizaba tareas como reponedora. En la nave no hay señalización alguna y la empresa permitía la utilización de las carretillas a cualquier persona trabajadora sin tener en cuenta si contaba o no con la formación y la preparación necesarias.

   b) Un ayudante de aserrador perdió tres dedos al tropezar con algún objeto, desequilibrarse y quedar atrapada su mano derecha con una sierra que no estaba protegida.

   c) Un trabajador que descargaba unos tableros de madera sobre la cubierta de una casa sufrió una caída. Dichos tableros le eran suministrados en paquetes mediante una grúa-torre. En un movimiento por el tejado, el empleado pisó uno de ellos, resbaló y cayó al suelo desde una altura de cuatro metros. Llevaba un arnés anticaída, pero no estaba anclado. Para la realización de la obra, las personas trabajadoras habían recibido, como equipo de protección individual, un casco, botas de seguridad y guantes.

9. Manuela, una empleada de una fábrica de cerveza, sufrió el atrapamiento de una mano en una máquina embotelladora al intentar quitar un tapón que había quedado mal colocado. Señala qué medidas de protección deberían haberse adoptado para evitar este accidente de trabajo.

10. Francisco presta sus servicios en una empresa de fabricación mecánica y ha sido designado por esta como persona encargada en relación con la prevención de riesgos laborales. Su primera tarea consiste en identificar todos los riesgos de los equipos y las herramientas con los que trabajan. Después de la visita al taller, Francisco ha identificado los siguientes riesgos: cortes, proyección de partículas y atropello por vehículos de manutención.

    a) Indica las medidas de protección individual y colectiva que deben adoptarse.

    b) ¿Qué señalización resulta procedente para los riesgos que se han detectado?

11. Busca en la *Guía técnica sobre señalización de seguridad y salud en el trabajo* las señales que indiquen: riesgo biológico, entrada prohibida a personas no autorizadas, manguera contra incendios, advertencia de rayos láser, vía obligatoria para peatones y equipo de primeros auxilios.

12. Localiza en Internet el RD 485/1997, de 14 de abril, sobre disposiciones mínimas relativas a la señalización de los lugares de trabajo, y representa mediante gestos estas órdenes: «alto», «izar», «bajar», «adelante», «atrás», «peligro».

13. Busca información y resuelve estas cuestiones sobre el plan de autoprotección:

a) Explica qué es y para qué sirve.

b) Haz un glosario con, al menos, cinco términos específicos. Utiliza el anexo III del RD 393/2007, de 23 de marzo, sobre la Norma Básica de Autoprotección.

c) Investiga qué es una emergencia de protección civil en este enlace: **http://bit.ly/3a6olhG**.

Puedes utilizar los siguientes recursos:

- **https://bit.ly/39FTxnH**
- **https://bit.ly/3sC7L1K**

14. Todas las empresas deben tener un plan de emergencia, pero no necesariamente un plan de autoprotección. Consulta este enlace y completa la tabla para conocer cuá es son las diferencias entre ambos: **http://bit.ly/39n27cd**.

	Plan de emergencia	Plan de autoprotección
Normativa		
Definición		
Obligación de registro		
Revisión		

15. Guillermo trabaja en una fábrica de ascensores. Mientras hacía su tarea ha oído gritos; se ha acercado a ver qué ocurría y ha descubierto que sus compañeros estaban apagando con un extintor pequeño un incendio en un cubo de residuos. Señala ante qué tipo de emergencia nos encontramos y si es necesario activar el plan de evacuación.

16. Javier estaba trabajando cuando ha sonado la alarma y le han dado la orden de evacuar el edificio. Ha observado algunas actuaciones de su compañeros: cerrar las puertas con llave, desplazarse a gatas porque hay humo y cubrirse la nariz con un paño mojado. Indica si estas actuaciones son correctas o no y explica cómo debería haberse procedido correctamente.

- Escribe dos ideas de esta unidad que tengas claras y que te parezcan fundamentales. ¿Qué te ayudó a comprenderlas?
- Formula dos preguntas sobre aspectos de la unidad que no hayas entendido totalmente.
- Escribe dos aspectos de esta unidad sobre los que te gustaría profundizar.

DE CAMINO AL MUNDO LABORAL

Todos los trabajos entrañan un riesgo y existen muchos tipos de medidas preventivas que debes conocer y poner en práctica.

Objetivo

- Identificar los riesgos laborales de tu sector profesional.
- Conocer las medidas para prevenirlos.

Tarea

1. Revisa el listado de los principales riesgos de tu actividad que ya has elaborado y analiza la información relacionada con la señalización.

Responde a estas cuestiones:

a) ¿Qué señalización debería colocarse en una empresa tipo de tu sector profesional?

b) ¿Qué nuevas señales emergentes se han incluido en la última versión de la *Guía técnica sobre señalización*?

Para resolver esta cuestión, puedes consultar el siguiente enlace:

- **https://bit.ly/3qPGeIl**

2. ¿Cómo se actúa en caso de emergencia?

En grupos de tres personas, vais a ayudar a vuestros compañeros y compañeras para que sepan cómo actuar correctamente en caso de emergencia.

a) Un componente del equipo recorre el centro educativo y dibuja un plano en el que se localicen los equipos de protección antiincendios y la señalización de emergencia.

b) Otro visualiza el siguiente vídeo y, según las instrucciones ofrecidas en él, diseña un cartel para dar a conocer las pautas de actuación ante una situación de emergencia.

Puedes utilizar el siguiente enlace:

- **https://bit.ly/39LxzQn**

c) El tercero organiza con los compañeros y las compañeras el reparto de funciones del equipo de emergencias y elabora un organigrama del mismo.

Puedes utilizar el siguiente recurso:

- **https://bit.ly/3tOezGw**

3. Diseña varias acciones que deben desarrollarse para evitar daños ante un conato de emergencia y ante la fuga de un gas irritante.

Puedes utilizar los siguientes recursos:

- **https://bit.ly/3a83WsG**
- **https://bit.ly/2NIDObp**

18 UNIDAD

Los primeros auxilios en la empresa

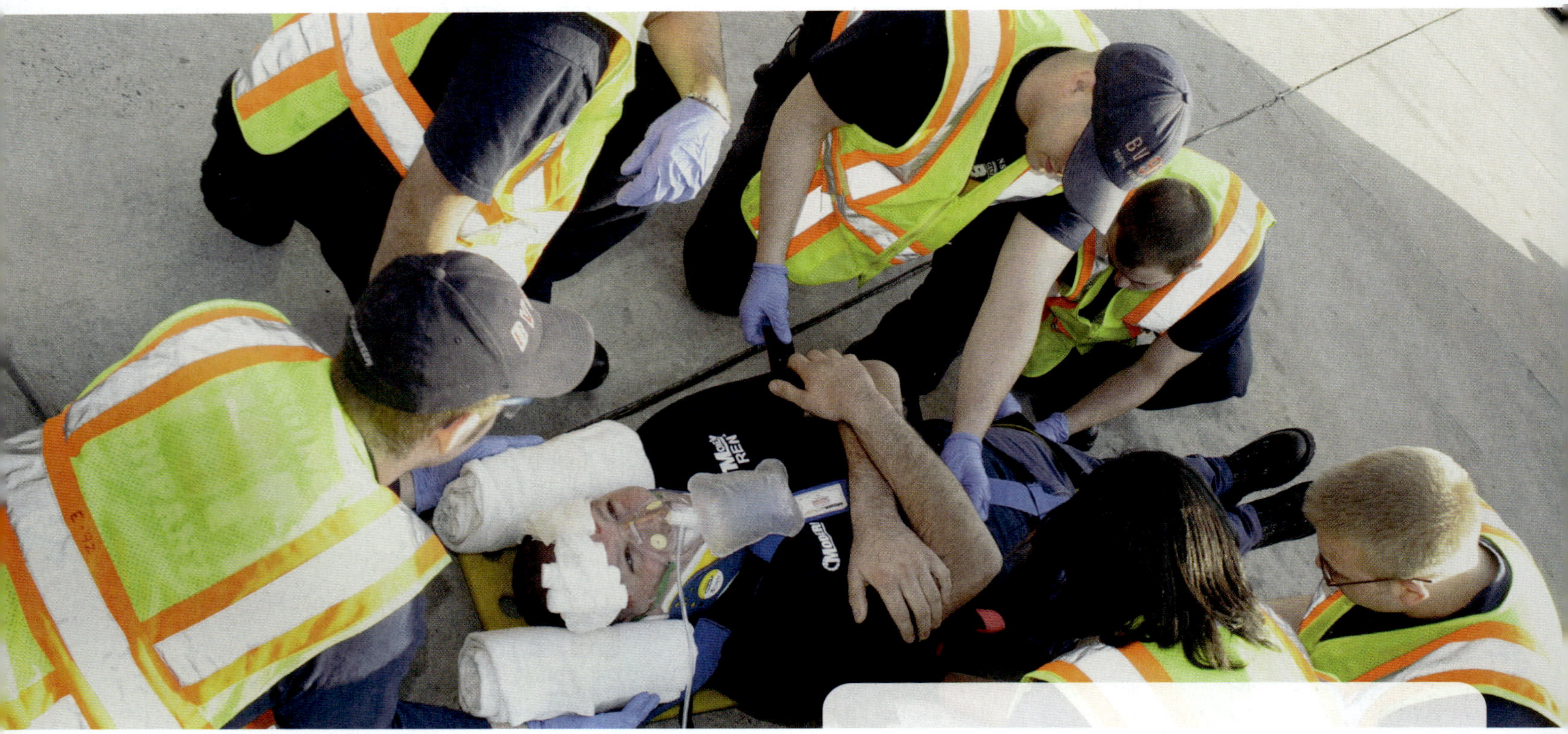

ESTUDIARÁS

- Los primeros auxilios en la empresa.
- La clasificación de las personas heridas en caso de emergencia.
- Las técnicas de primeros auxilios.
- El transporte de personas heridas.
- El tratamiento de otras emergencias.

Y SERÁS CAPAZ DE

- Aplicar las medidas de prevención y de protección, analizando las situaciones de riesgo en el entorno laboral que corresponden a tu sector profesional.

Los primeros minutos después de un accidente resultan vitales: si se tuvieran unas nociones básicas sobre primeros auxilios, podrían salvarse muchas vidas.

¿Eres capaz de mencionar alguna situación de emergencia que se pueda dar en una empresa y en la que sea necesario prestar primeros auxilios? ¿Sabes qué se debe hacer los primeros minutos después de un accidente con víctimas?

- ¿Conoces el significado de las siglas PAS?
- ¿Sabes a qué teléfono hay que llamar en caso de emergencia?
- ¿Tienes claro cómo habría que actuar si una persona sufriera una parada cardiorrespiratoria?

1. Primeros auxilios

> Los **primeros auxilios** son las medidas que se adoptan inicialmente, hasta que se puede obtener asistencia sanitaria profesional, en el lugar de los hechos con una persona accidentada o enferma de modo repentino.

La **finalidad** de los primeros auxilios se centra en los siguientes puntos:

- Asegurar que la vida se mantiene.
- No agravar la situación de la persona accidentada.
- Garantizar el traslado a un centro sanitario en condiciones adecuadas.
- Colaborar en la recuperación de las víctimas.

! IMPORTANTE

Principios de primeros auxilios

- Mantener la calma.
- Actuar con rapidez.
- Tranquilizar a la persona accidentada.
- Activar urgentemente el sistema de emergencia.
- No dar de beber a una víctima inconsciente.
- Mantener la temperatura corporal de la persona accidentada.
- No mover a la víctima a menos que sea necesario.
- Trasladar a la víctima de forma adecuada en el vehículo apropiado (ambulancia).
- No darle medicación.

1.1. Activación del sistema de emergencias

Una rápida actuación ante un accidente puede salvar la vida de una persona o evitar que su estado empeore; por ello, cuando se produzca un accidente en una empresa deberá activarse el **sistema PAS** (proteger, avisar y socorrer), técnica de primeros auxilios para la que las personas trabajadoras deben estar entrenadas y que comprende las actuaciones básicas para empezar a atender a la víctima (Fig. 18.1).

PROTEGER

1. Alejar el peligro tanto de la persona accidentada como de nosotros mismos.
2. Observar si las causas que han provocado el accidente continúan activas e intentar eliminarlas para evitar nuevos accidentes.
3. Señalizar el lugar del accidente de forma adecuada. Solo si existe peligro para la persona accidentada se procederá a su traslado de forma segura.

AVISAR

1. Avisar a los servicios de socorro de la empresa.
2. Llamar al 112 y facilitar: datos de la persona que llama, lugar exacto de los hechos, tipo de accidente y número de personas heridas y su situación.
3. Mantener libre la línea telefónica empleada para facilitar la comunicación con los servicios de ayuda.

SOCORRER

Una vez protegida la persona accidentada y avisados los servicios de socorro, se procederá a asistir a la víctima, actuando en dos fases:

1. **Evaluación primaria.** Reconocer los signos vitales, en este orden: consciencia y respiración.
2. **Evaluación secundaria.** Examinar otras posibles lesiones desde la cabeza hasta los pies.

Fig. 18.1. Cadena de socorro: sistema PAS.

CASO PRÁCTICO 1. Activación de la cadena de emergencia

En un taller de reparaciones, una trabajadora ha recibido una descarga eléctrica cuando intentaba conectar unos cables en tensión sin desconectar el interruptor principal. Indica cuál debe ser la secuencia de los pasos que se deben seguir de acuerdo con la conducta PAS.

Solución:

La conducta PAS determina las siguientes actuaciones:

a) Desconectar la corriente eléctrica para evitar poner en riesgo la vida de la víctima y nuestra propia vida.

b) Avisar al servicio de urgencias, llamando al 112: identificarse, informar sobre la ubicación del taller, explicar que se ha producido un accidente por descarga eléctrica y especificar que hay una persona herida.

c) Socorrer a la persona accidentada para evaluar su estado y comprobar los signos vitales.

1.2. Orden de atención en caso de múltiples heridos: triaje

Cuando hay **varias personas heridas** a consecuencia de un accidente, el orden en el que son atendidas es fundamental. Se debe actuar conforme a una serie de **prioridades.**

> El **triaje** es un procedimiento empleado para **clasificar** a las personas heridas en aquellas situaciones en las que existe un número indeterminado; tiene como finalidad asegurar su supervivencia.

VOCABULARIO

Triaje. Palabra derivada del francés *(triage)* que originalmente se empleó en conflictos militares con el significado de 'priorizar, seleccionar'. Se usó por primera vez en las guerras napoleónicas para referirse al método de clasificación para atender al gran número de personas heridas en combate.

Mediante este procedimiento se asigna a cada víctima una **tarjeta con un color** (rojo, amarillo, verde o negro), que depende de la prioridad que se otorgue a su atención. Para aplicar el triaje no hospitalario, se puede emplear el método **SHORT**, dirigido a **personal no sanitario** (Fig. 18.2).

Las letras del acrónimo SHORT se corresponden con las iniciales de los pasos que se deben seguir: **S:** camina; **H:** habla sin dificultad; **O:** obedece órdenes sencillas; **R:** respira; **T:** taponar la hemorragia.

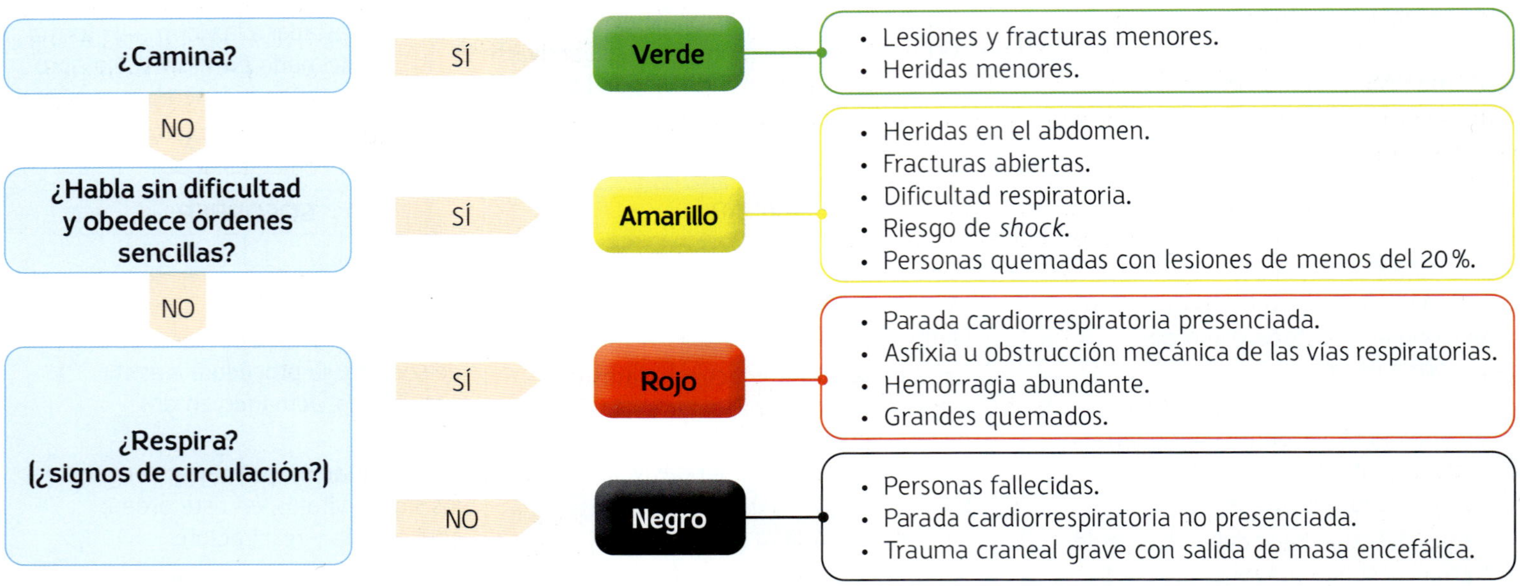

Fig. 18.2. Clasificación de personas accidentadas según el triaje básico SHORT.

CASO PRÁCTICO 2. Conducta PAS

Un empleado de mantenimiento de una fábrica de salpicaderos de coche ha visto cómo quedaban atrapados los dedos de su mano entre los rodillos de una máquina que estaba reparando. Sus colegas se han dirigido rápidamente a socorrerlo.

Indica cuál debe ser el protocolo de actuación de acuerdo con la conducta PAS.

Solución:

La conducta PAS indica que, antes de atender a una persona accidentada, la que la socorre debe protegerse, en este caso, parando la máquina y desconectándola de la corriente; luego ha de proteger a la víctima sacándola de la zona peligrosa.

El segundo paso que debe dar consiste en avisar al servicio de urgencias, llamando al 112, e informar sobre el lugar y el tipo de accidente, así como del número de personas heridas. Debe identificarse y ser la última en colgar el teléfono, por si hace falta repetir algún dato.

Finalmente, ha de socorrer a la víctima reconociendo los signos vitales.

ACTIVIDADES

1. Varias personas trabajadoras procedían a la demolición de un edificio cuando uno de los muros se derrumbó por sorpresa, y algunas de ellas resultaron heridas.

Determina el color de la tarjeta que se asignaría a cada una de las personas heridas en el accidente con la finalidad de establecer el orden correcto aplicando la técnica del triaje.

a) Una persona que sangra abundantemente.
b) Una persona con una fractura de un brazo.
c) Una persona con una parada cardiorrespiratoria.

2. Soporte vital básico

La situación de máxima emergencia es la **parada cardiorrespiratoria (PCR)**; por ello, resulta imprescindible conocer la técnica del **soporte vital básico (SVB)**, ya que la vida de la persona accidentada depende de su aplicación inmediata.

> El **soporte vital básico (SVB)** integra tanto las medidas de prevención de la parada cardiorrespiratoria (PCR) como las medidas de reanimación cardiopulmonar (RCP) en caso de que esta se produzca; también comprende el conocimiento del sistema de emergencias y la desfibrilación precoz.

Para conseguir salvar la vida de las personas que sufren una parada cardiorrespiratoria se debe seguir la cadena de supervivencia, que consta de cuatro acciones o eslabones que hay que desarrollar para conseguir un mayor índice de éxito (Fig. 18.3).

Los tres primeros, que pueden ser ejecutados por cualquier persona con conocimientos básicos sobre técnicas para salvar vidas, constituyen el soporte vital básico. El paso final solo puede ser realizado por personal sanitario.

Las acciones de la cadena de supervivencia, según el European Resuscitation Council (ERC), son las siguientes:

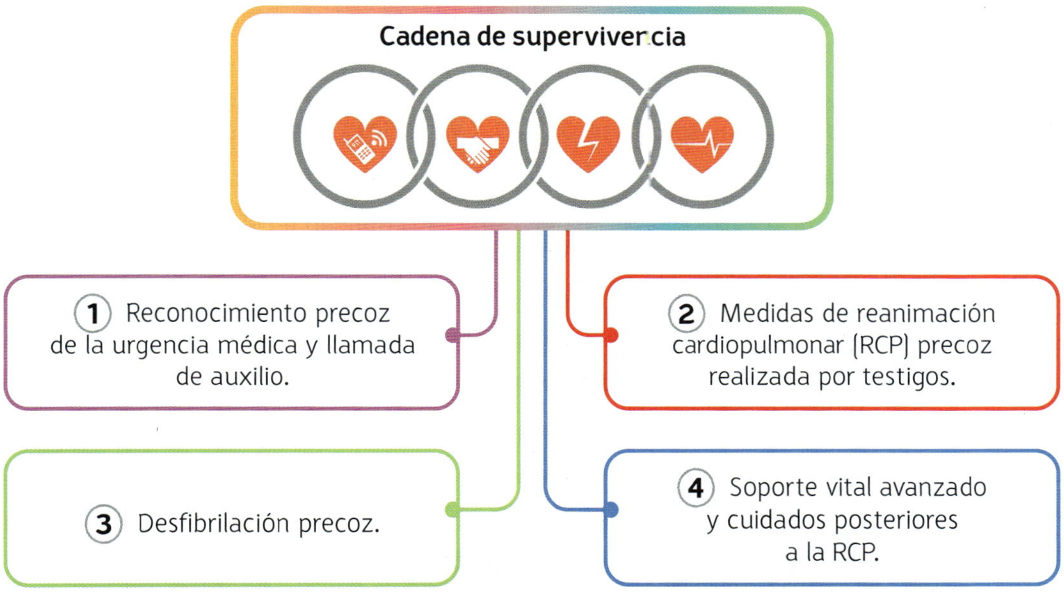

Fig. 18.3. Cadena de supervivencia.

2.1. Primer paso: comprobar el nivel de consciencia

Para hacerlo, nos colocamos de rodillas a la altura de los hombros de la persona accidentada. Luego, hay que **moverla** y **preguntarle** si se encuentra bien (Fig. 18.4).

a) **Si la víctima contesta o se mueve,** significa que está consciente. En ese caso, debemos llevar a cabo las siguientes acciones:

1. Dejarla en la posición en la que se la encontró (siempre que no suponga un peligro).
2. Comprobar su estado periódicamente.
3. Buscar ayuda si es necesario.

b) **Si la víctima no contesta ni se mueve,** significa que está inconsciente. Por lo tanto, nuestra actuación consistirá en:

1. Gritar pidiendo ayuda.
2. Colocar a la persona boca arriba y abrirle las vías respiratorias mediante la **maniobra frente-mentón.**

ABC VOCABULARIO

Parada cardiorrespiratorio (PCR). Interrupción de las funciones cardiaca y respiratoria que impide que la sangre oxigenada llegue a las células. Se trata de una situación de máxima emergencia de cuya atención dependerá la vida de la víctima.

Reanimación cardiopulmonar básica (RCP). Conjunto de maniobras encaminadas a suplir las funciones cardiaca y respiratoria de una persona que está en parada cardiorrespiratoria, mediante la aplicación de compresiones torácicas externas y la respiración boca a boca.

Fig. 18.4. Primer paso: consiste en comprobar el estado de la víctima.

2.2. Segundo paso: comprobar la respiración

A. Actuación si el socorrista o la socorrista tiene formación

Si se está formado, **se deben abrir las vías respiratorias** realizando la maniobra frente-mentón o hiperextensión del cuello (extendiendo la cabeza y levantando la barbilla). Para ello, debemos seguir estos pasos (Fig. 18.5):

1. Colocar una mano en la frente y la otra en el mentón.
2. Empujar hacia atrás con la mano de la frente.
3. Comprobar que la lengua no tapona la entrada de aire, retirar cualquier obstrucción visible de la boca de la víctima (caramelos, dentadura postiza, etc.) y extraer los cuerpos extraños.
4. Mantener la punta de los dedos bajo la barbilla y elevarla para abrir la vía aérea.

Fig. 18.5. Maniobras para abrir las vías respiratorias (pasos 1 y 4).

B. Actuación si el socorrista o la socorrista no tiene formación

Si no se está formado, se debe acercar la cara a la de la persona accidentada para **ver** si existe movimiento torácico, **oír** si hay sonidos respiratorios y **sentir** el aire espirado en la mejilla.

Dependiendo de si la víctima respira o no, tendremos que actuar de distinta manera:

a) **Si respira**, se la debe colocar en posición lateral de seguridad (PLS) (Fig. 18.6); sin embargo, si ha sufrido un traumatismo, no se la moverá.

b) **Si no respira** o no lo hace con normalidad, es decir, solo jadea o boquea, se han de llevar a cabo las siguientes acciones:

1. Colocarla en posición de decúbito supino, tumbada mirando hacia arriba (Fig. 18.7).
2. Llamar al **112** y pasar a realizar compresiones torácicas con ayuda del operador telefónico de emergencias (Fig. 18.8).
3. Enviar a alguien a buscar un DEA (desfibrilador externo automático).

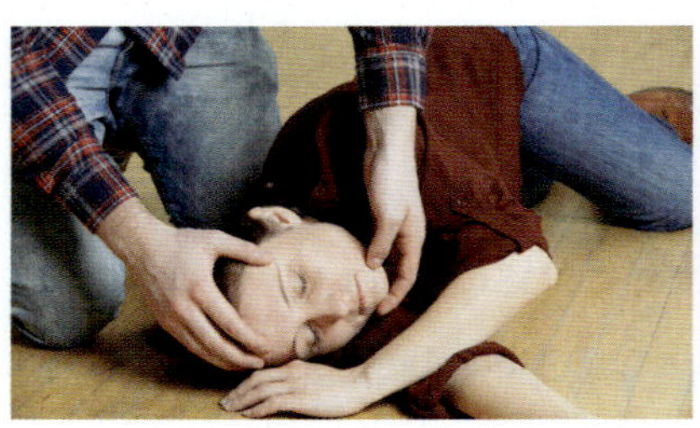

Fig. 18.6. Posición lateral de seguridad.

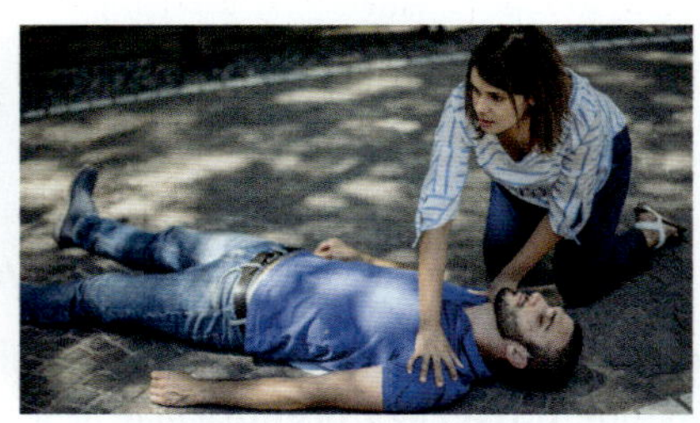

Fig. 18.7. Posición de decúbito supino.

PONTE A PRUEBA 1. Posición lateral de seguridad

La posición lateral de seguridad o postura de recuperación se utiliza cuando una persona accidentada no está consciente pero respira, con el fin de evitar que la lengua bloquee la tráquea, cierre las vías respiratorias y provoque una parada cardiorrespiratoria.

Investiga cómo se debe actuar para poner a la víctima en esta posición.

Para resolver esta actividad, puedes coordinarte con un compañero o una compañera, buscar información y practicar los pasos que se deben seguir. Puedes utilizar los siguientes recursos: **https://bit.ly/3rfjQZy** y **https://bit.ly/3r9c6bq**.

ODS

El objetivo de desarrollo sostenible número 3 busca garantizar una vida sana y promover el bienestar para todos en todas las edades, asegurando así el desarrollo sostenible. Las empresas deben tener como meta la construcción de una sociedad en cuyo centro se sitúen las personas, y, en concreto, su **salud y su bienestar**.

3 SALUD Y BIENESTAR

Fig. 18.8. Segundo paso: si la persona herida no respira, hay que llamar urgentemente al 112.

2.3. Tercer paso: realizar compresiones torácicas

Las **compresiones torácicas** se aplican para restablecer el movimiento del corazón y la circulación. A la hora de realizarlas hay que seguir estos pasos (Fig. 18.9):

1. Colocar las manos en el centro del pecho.
2. Aplicar 30 compresiones torácicas:
   - Comprimir firmemente al menos 5 cm, pero no más de 6 cm.
   - Comprimir con una frecuencia de entre 100 y 120 compresiones por minuto.
3. Si la persona que realiza las compresiones está formada en primeros auxilios, puede combinarlas con ventilaciones (en caso contrario, debe continuar con las compresiones):
   - Colocar los labios alrededor de la boca.
   - Soplar de forma continua hasta que el pecho se eleve.
   - Insuflar aire de nuevo cuando el pecho descienda.

La RCP se continúa con 30 compresiones (Fig. 18.10) y 2 ventilaciones (Fig. 18.11).

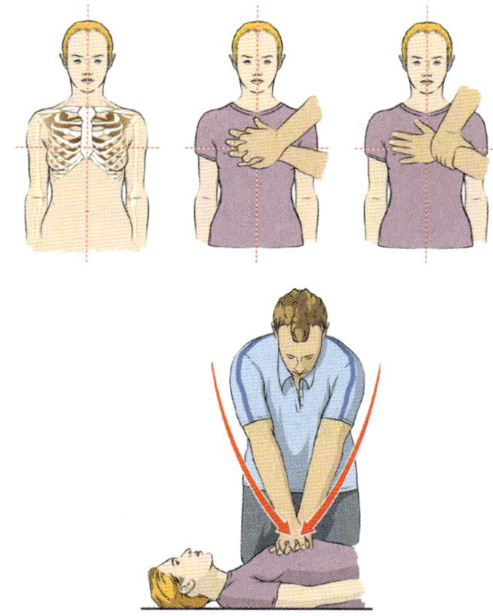

Fig. 18.9. *Procedimiento de aplicación de las compresiones torácicas.*

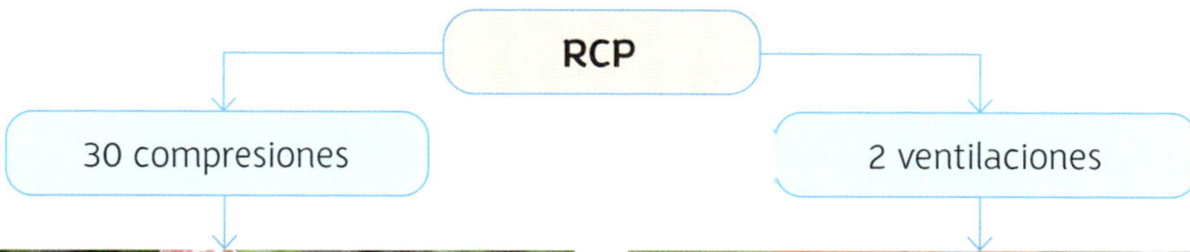

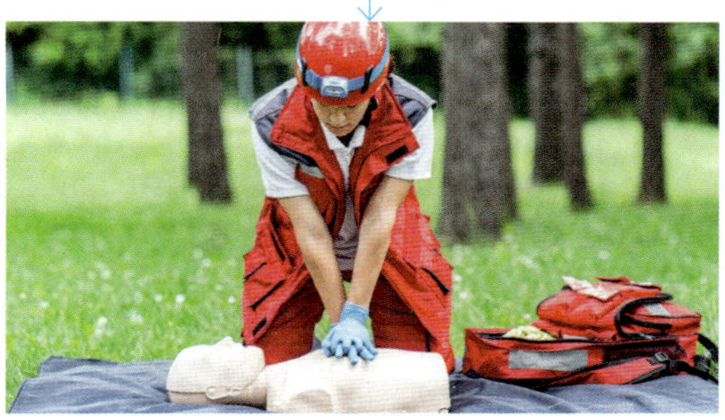

Fig. 18.10. Aplicación de compresiones.

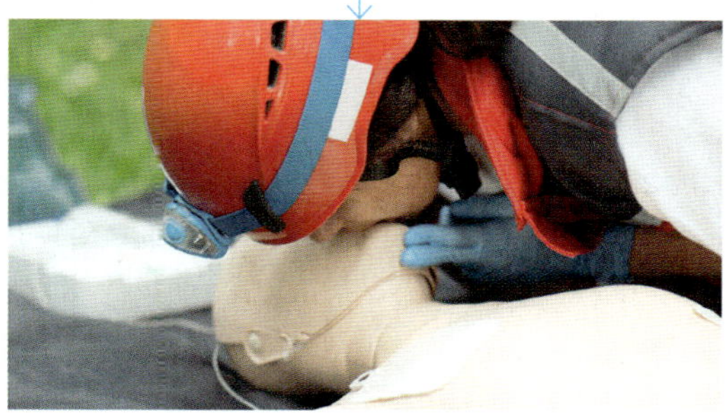

Fig. 18.11. Aplicación de ventilaciones.

En las recomendaciones 2015 del ERC se determina que las personas rescatadoras no entrenadas deben proporcionar compresiones torácicas continuamente, sin ventilaciones. El oxígeno que contiene la sangre es suficiente para oxigenar el cerebro durante unos minutos mientras llega la ayuda especializada, pero el flujo de sangre debe ser continuo. Además, establece un protocolo de asistencia telefónica para aquellas personas que no conocen las maniobras. La RCP debe continuar hasta que acudan los medios sanitarios, la víctima reaccione o la persona reanimadora se sienta agotada.

2.4. Cuarto paso: utilizar el DEA

Tan pronto como se disponga de un desfibrilador externo semiautomático (DEA), se debe:

1. Poner en funcionamiento el dispositivo y aplicar los parches (Fig. 18.12):
   - Seguir las instrucciones verbales o visuales.
   - Aplicar un parche debajo de la axila izquierda.
   - Aplicar el otro parche debajo de la clavícula derecha, cerca del esternón.
   - Si hay más de un reanimador o reanimadora, no se debe interrumpir la RCP.
2. Cuando el DEA indica que la carga está lista:
   - Separarse y dar la descarga.
   - Continuar la RCP.
3. Seguir las instrucciones del DEA y continuar la RCP, salvo que se tenga la seguridad de que la víctima se ha recuperado y comienza a respirar con normalidad.

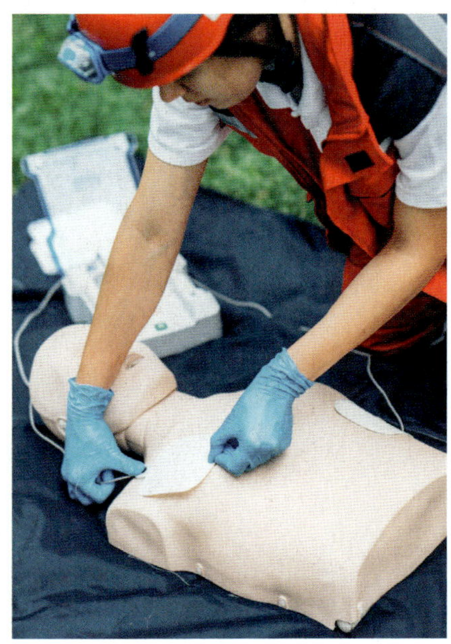

Fig. 18.12. El cuarto paso consiste en colocar el DEA.

CASO PRÁCTICO 3. SVB en traumatismos

Un empleado de una empresa de la construcción ha sufrido un golpe en la cabeza al derrumbarse el andamio en el que trabajaba. Los compañeros y las compañeras han acudido rápidamente para comprobar si respiraba, y, al verificar que no estaba consciente, han llamado al 112. A continuación, una compañera ha comenzado a practicarle compresiones torácicas.

¿Crees que es correcta la actuación?

Solución:

Sí. Después de comprobar que la víctima no está consciente ni respira se le deben realizar las compresiones torácicas, que pueden combinarse con ventilaciones siempre que la persona reanimadora esté preparada para ello.

CASO PRÁCTICO 4. SVB en una electrocución

Un trabajador sufre una descarga eléctrica mientras repara una máquina averiada. Una vez desconectada esta, sus compañeros comprueban que no está consciente ni respira, por lo que un compañero instruido en técnicas de primeros auxilios va a proceder a practicarle la RCP.

Indica los pasos que debe seguir.

Solución:

En caso de parada cardiorrespiratoria, se debe:

- Llamar al 112.
- Colocar a la persona accidentada en decúbito supino.
- Iniciar compresiones torácicas.
- Enviar a alguien a buscar un DEA.

VOCABULARIO

Desfibrilador externo semiautomático (DEA). Aparato electrónico portátil que diagnostica y trata la parada cardiorrespiratoria restableciendo el ritmo cardiaco.

ACTIVIDADES

2. Marta, que trabaja en una empresa de diseño y creación de páginas web, ha visto que un compañero se ha desvanecido súbitamente. Como tiene conocimientos de primeros auxilios, piensa que sufre una PCR. Indica qué supone esta situación y qué acciones debe desarrollar Marta para socorrerlo.

3. Relaciona cada una de estas actuaciones del soporte vital básico con la imagen que le corresponda.

Comprobación de la respiración.	Compresiones torácicas.
Colocación del DEA.	Ventilaciones.

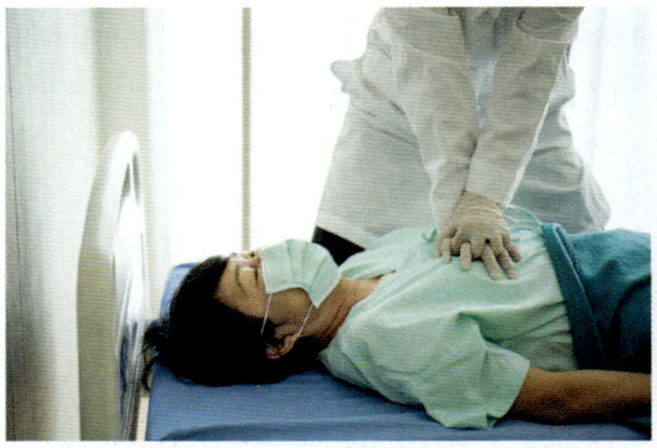

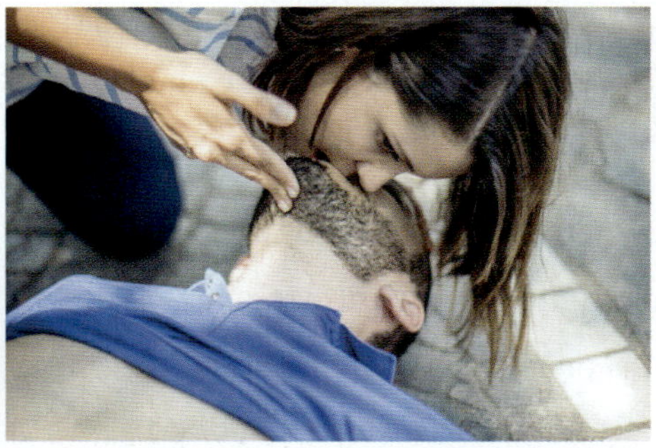

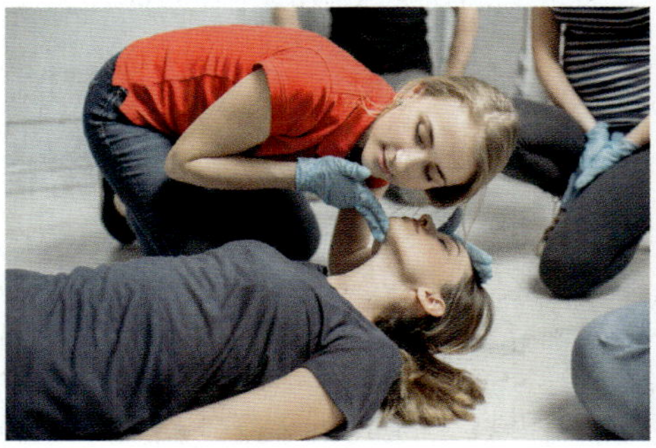

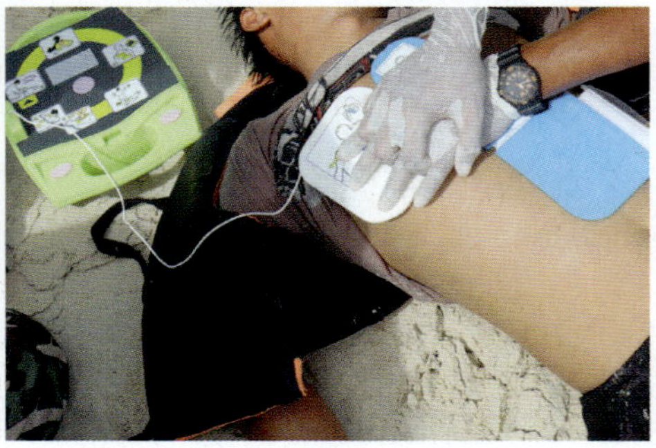

3. Atragantamientos

Generalmente, los atragantamientos se relacionan con la comida o con otros cuerpos sólidos.

> El **atragantamiento** u obstrucción de las vías respiratorias impide que el oxígeno llegue a los pulmones, lo que puede provocar la pérdida de la consciencia.

Esta obstrucción de las vías respiratorias puede ser de dos tipos:

- **Obstrucción parcial o incompleta.** El cuerpo extraño no tapa toda la entrada de aire y la persona empieza a toser como mecanismo de defensa.
- **Obstrucción total.** El aire no entra ni sale de la boca; la persona no tose ni habla.

La actuación ante una obstrucción varía en función de su tipo (Fig. 18.13).

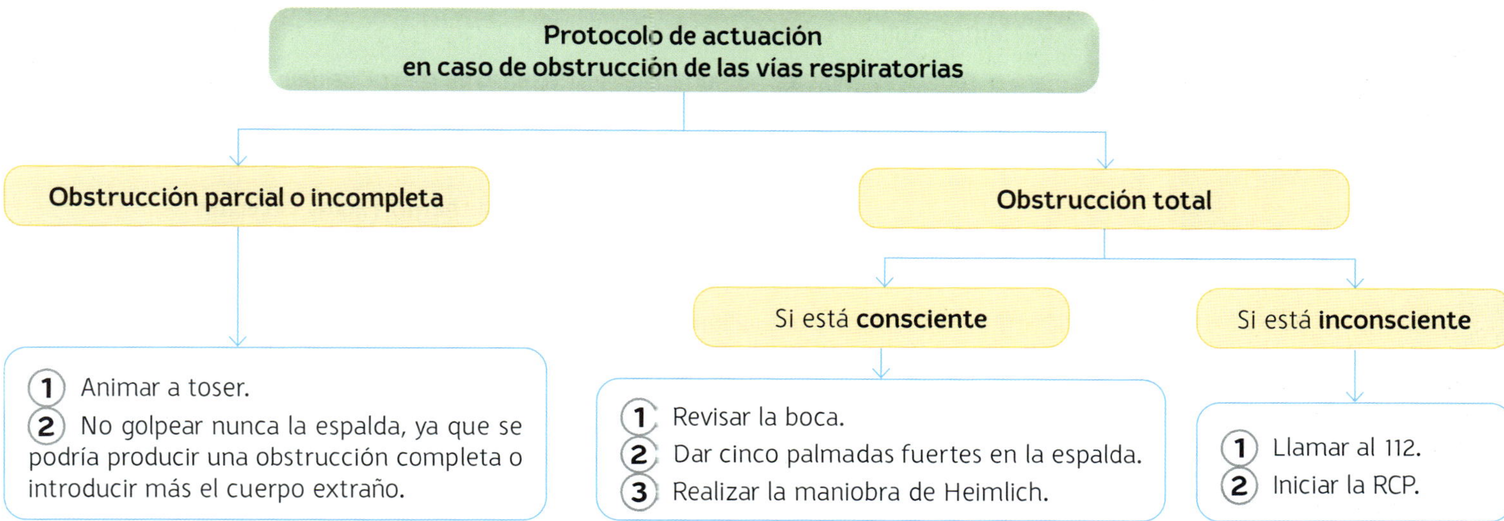

Fig. 18.13. Actuación en caso de obstrucción de las vías respiratorias.

La **maniobra de Heimlich** consiste en empujar el cuerpo extraño hacia la tráquea y, por tanto, hacia la salida, mediante la expulsión del aire que llena los pulmones (Fig. 18.14).

1. Situarse detrás de la persona accidentada y colocar los brazos alrededor de su cintura con el pulgar de un puño hacia dentro, justo por encima del ombligo.
2. Con la otra mano, agarrar el puño firmemente.
3. Presionar con fuerza hacia dentro y hacia arriba del estómago.

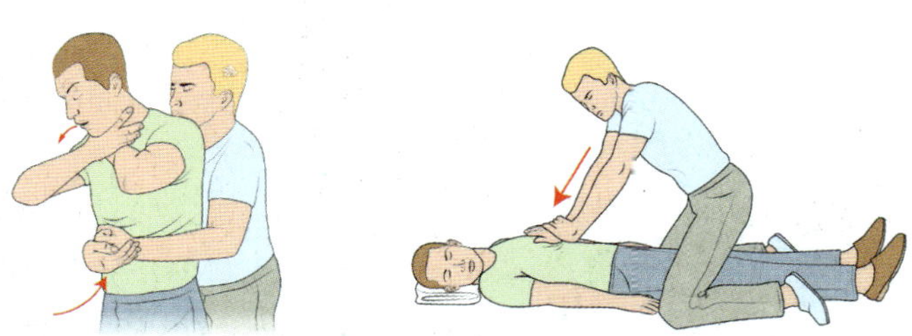

Fig. 18.14. Maniobra de Heimlich; también se puede realizar en posición horizontal.

ACTIVIDADES

4. Alejandro se encuentra en la pausa de la comida y observa que un compañero se ha atragantado con un trozo de algún alimento. El accidentado comienza a toser fuertemente e indica con gestos que lo golpeen en la espalda. ¿De qué tipo de atragantamiento se trata? ¿Es correcta la conducta que propone la persona afectada?

¿SABÍAS QUE...?

El signo universal de atragantamiento es **llevarse las manos al cuello.** Otros signos pueden ser la dificultad para hablar, la salivación y el color azulado de la piel.

IMPORTANTE

Automaniobra de Heimlich

Si no cuentas con ayuda, puedes realizar una automaniobra (Fig. 18.15): coloca el puño sobre el ombligo y sostén este con la otra mano, inclínate sobre una silla, una mesa o una encimera y lleva el puño hacia ti con fuerza y presionando hacia arriba.

Fig. 18.15. Automaniobra de Heimlich.

4. Técnicas de actuación ante otras emergencias

Una vez que la vida de la persona accidentada está fuera de peligro, hay que comprobar si tiene otras lesiones, como por ejemplo hemorragias.

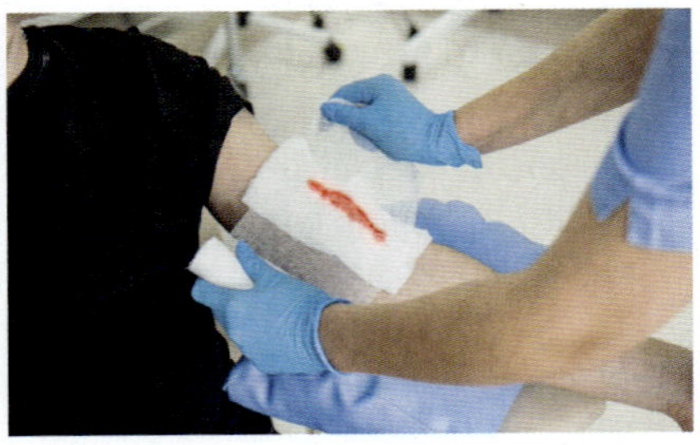

Fig. 18.17. Método de compresión directa.

4.1. Hemorragias

Las hemorragias más importantes en el ámbito laboral se producen en las extremidades (brazos y piernas), ya que son las partes del cuerpo más expuestas a traumatismos.

> Una **hemorragia** es cualquier salida de sangre de los vasos sanguíneos.

Ante una hemorragia, el objetivo del socorrista o la socorrista es evitar la pérdida de sangre o el empeoramiento del estado de la víctima. Las hemorragias pueden ser externas, internas o exteriorizadas.

A. Hemorragias externas

Para detener este tipo de hemorragias se utilizan **tres métodos de manera consecutiva**, de forma que se aplica el siguiente en caso de que el anterior no tenga éxito. Dichos métodos se detallan a continuación (Fig. 18.16).

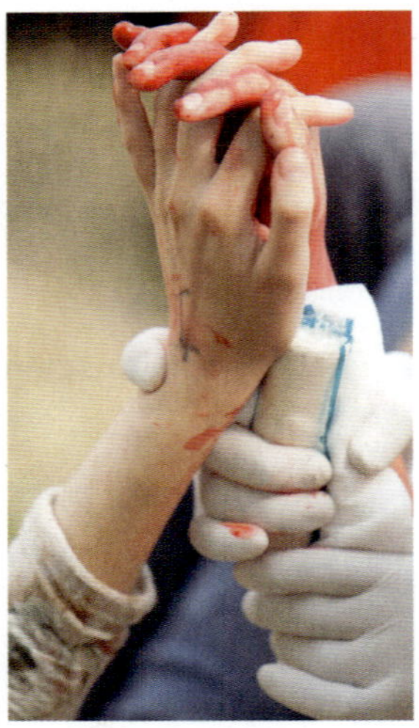

Fig. 18.18. Método de compresión arterial para hemorragias en las extremidades.

Protocolo de actuación en caso de hemorragias externas

Método 1. Compresión directa (Fig. 18.17)

Se trata de la primera actuación cuando se presenta una hemorragia externa:

1. Presionar en el punto de sangrado utilizando un apósito (gasas, pañuelo...) lo más limpio posible, durante un tiempo mínimo de diez minutos.
2. Pasados los diez minutos de compresión, aliviar la presión. Nunca se debe quitar el apósito; si la hemorragia continúa, se colocan otros encima y se efectúa un vendaje compresivo.
3. Si la herida se localiza en una extremidad, se elevará esta, si es posible, a una altura superior a la del corazón de la persona accidentada.

Método 2. Compresión arterial (Fig. 18.18)

Se aplica cuando falla la compresión directa; solo es efectiva en las extremidades:

1. Presionar directamente sobre la arteria del brazo (humeral) o de la pierna (femoral) y detener la circulación sanguínea en esa arteria y sus ramificaciones.
2. Mantener la presión hasta la llegada de la asistencia sanitaria.

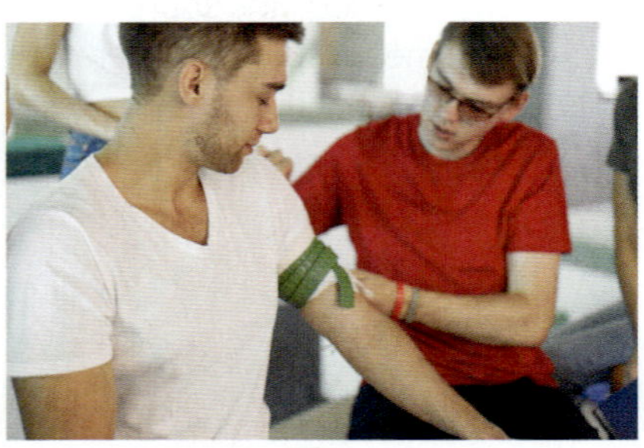

Fig. 18.19. Método del torniquete en una clase de primeros auxilios.

Método 3. Torniquete (Fig. 18.19)

Se emplea cuando los otros métodos no han sido eficaces y solo en caso de que la vida de la persona accidentada corra peligro (amputaciones y aplastamientos), siempre que el socorrista o la socorrista estén entrenados:

1. Aplicar en la base de la extremidad afectada.
2. Usar una banda ancha (5-10 cm).
3. Anotar la hora exacta de la aplicación.
4. Aflojar el torniquete. Nunca debe hacerlo el socorrista, sino personal sanitario.

Fig. 18.16. Métodos para detener una hemorragia.

PONTE A PRUEBA 2. Tipos de hemorragias

Además de por el foco de sangrado, las hemorragias se pueden clasificar en función del vaso sanguíneo del cual provienen.

a) Indica cómo se clasifican según este criterio.

b) Detalla los síntomas de una hemorragia grave.

Para resolver esta actividad, puedes ver el siguiente vídeo: **https://bit.ly/3pmkx1t**

B. Hemorragias internas

En las hemorragias internas no sale sangre al exterior, sino que se queda en el interior del cuerpo. Sus síntomas son: **piel fría, palidez, mareo, tensión baja y taquicardia.** Sobre las hemorragias internas **no se debe intervenir;** solo hay que avisar urgentemente a los servicios de emergencia y colocar boca arriba, con las piernas levantadas, a la persona accidentada. Además, se la debe cubrir para evitar la pérdida de calor.

C. Hemorragias exteriorizadas

Son aquellas en las que, **aun siendo internas, la sangre sale al exterior** a través de un orificio natural del cuerpo: la boca, un oído, etc. (Fig. 18.20).

Protocolo de actuación ante hemorragias exteriorizadas

Otorragia o hemorragia de oído (Fig. 18.21)

1. Colocar a la persona accidentada en posición lateral de seguridad (PLS), con el oído que sangra orientado hacia el suelo.
2. No intentar detener la hemorragia.
3. Controlar los signos vitales y evacuar urgentemente a la víctima a un centro sanitario.

Epistaxis o hemorragia de nariz (Fig. 18.22)

1. Presionar directamente sobre el tabique nasal durante cinco minutos.
2. Inclinar la cabeza de la persona herida hacia delante para evitar la posible inspiración de coágulos.
3. Después de cinco minutos, aliviar la presión y comprobar si la hemorragia ha cesado.
4. En caso contrario, introducir una gasa mojada en agua oxigenada por la fosa nasal sangrante.
5. Si la hemorragia no se detiene, evacuar a la víctima a un centro sanitario.

Fig. 18.20. Protocolo de actuación ante hemorragias exteriorizadas.

CASO PRÁCTICO 5. Hemorragias

Un trabajador sufre un corte en un brazo mientras maneja una lijadora. La herida sangra de manera abundante y sus compañeros se disponen a realizar una compresión arterial. ¿Es correcta la actuación de sus compañeros?

Solución:

No, ya que la primera actuación debe ser la compresión directa, y solo en caso de que sea inefectiva se practicará la compresión arterial.

¿SABÍAS QUE...?

Las **hemorragias** producen falta de oxigenación de los tejidos y causan la muerte de estos.

Fig. 18.21. El oído que sangra debe orientarse hacia el suelo.

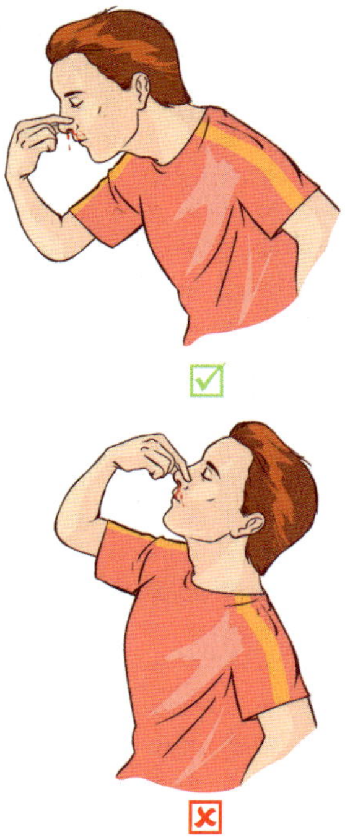

Fig. 18.22. Actuación en caso de otorragia.

ACTIVIDADES

5. Indica a qué tipo de hemorragia corresponden las siguientes actuaciones:

a) Torniquete.

b) Presión directa sobre la herida.

c) Presión sobre las arterias.

d) Colocar en PLS.

e) Colocar a la persona accidentada boca arriba y con las piernas elevadas.

6. Un albañil ha sufrido una caída desde un andamio. Se ha levantado y no tiene fracturas, pero sangra por un oído. Indica de qué tipo de hemorragia se trata y qué conducta se debe seguir en este caso.

7. Una trabajadora sangra abundantemente por la nariz a causa de un golpe que le ha propinado un compañero de forma accidental. La primera reacción de auxilio por parte de este ha consistido en inclinar hacia atrás la cabeza de la víctima. Indica si es correcta esta actuación.

4.2. Quemaduras

> Las **quemaduras** son lesiones que se producen por la acción del calor sobre los tejidos del cuerpo humano.

Estas lesiones pueden tener como causa el fuego, la electricidad, sustancias cáusticas o corrosivas, el sol, líquidos a altas temperaturas, objetos incandescentes, etc. La **primera actuación** en caso de quemadura consiste en eliminar el agente que la haya originado (apagar las llamas de la persona accidentada, cortar la corriente, etc.).

Las quemaduras se clasifican según su **profundidad** (Fig. 18.23) o su **extensión** (Fig. 18.24). Su gravedad se diagnostica en función de su extensión y de su grado. Cuanto más extensa sea la quemadura, mayor será su gravedad.

IMPORTANTE

En las quemaduras por **sustancias químicas se debe:**

- Quitar toda la ropa impregnada por la sustancia.
- Lavar abundantemente con agua durante, al menos, diez minutos.

Tipos de quemaduras según profundidad		Protocolo de actuación en caso de quemaduras
Primer grado	• Enrojecimiento de la parte externa de la piel. • Ligera inflamación. • Dolor.	Aplicar agua fría durante 15 a 20 minutos, aproximadamente, sin que el chorro caiga directamente en la zona quemada, o sumergiendo la zona afectada en un recipiente con agua fría.
Segundo grado	• La parte interior de la piel se quema. • Se forman ampollas. • Dolor fuerte.	(1) Aplicar agua fría durante 15 a 20 minutos. (2) No reventar las ampollas. (3) Si las ampollas se han reventado, tratarlas como una herida: aplicar antiséptico y cubrir con gasas estériles. (4) Acudir a un centro sanitario.
Tercer grado	• Piel reseca o calcinada (color marrón). • Lesión de los tejidos bajo la piel. • Destrucción de músculos y vasos sanguíneos. • No duelen.	(1) Refrescar con agua durante 15 a 20 minutos aproximadamente. (2) Cubrir con gasas humedecidas con suero fisiológico. (3) No retirar los restos de ropa. (4) No aplicar pomadas ni cremas de ningún tipo. (5) Acudir a un centro sanitario.

Fig. 18.23. Clasificación de las quemaduras por su profundidad.

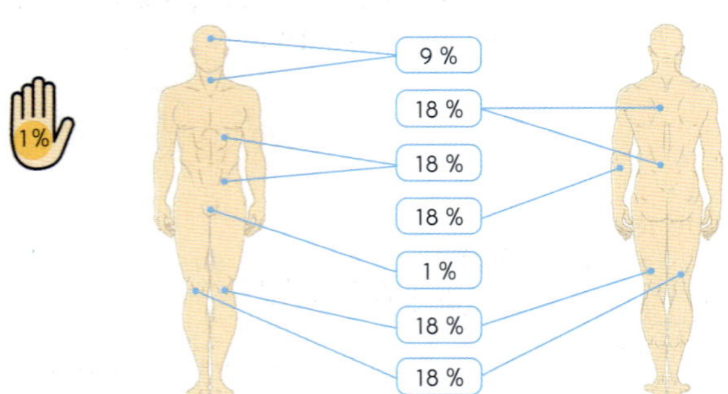

Fig. 18.24. Regla de Wallace.

En los servicios de urgencias, para evaluar la extensión de una quemadura de una forma rápida y lo más precisa posible, se expresa en porcentajes la superficie corporal afectada mediante lo que se denomina la «regla de los nueves» o «regla de Wallace» (Fig. 18.24).

Según esta regla, la superficie del cuerpo se divide en once áreas, cada una de las cuales representa un 9 %. Las quemaduras que afectan a una superficie superior al 25 % en adultos deben considerarse graves, de igual forma que si se localizan en la cara, las manos o los genitales.

ACTIVIDADES

8. Un trabajador ha sufrido quemaduras graves al caerle sobre las piernas un recipiente de agua hirviendo. Para calmarle el dolor, un compañero le ha retirado la ropa pegada, le ha echado agua fresca, le ha cubierto las ampollas con gasas bañadas en suero y le ha aplicado una crema. De las actuaciones mencionadas, indica cuáles son adecuadas y cuáles no lo son.

9. Manuela trabaja como panadera en un obrador. Al sacar el pan del horno, se ha quemado las manos. La piel presenta un tono enrojecido y, aunque no tiene ampollas, la empleada siente mucho dolor.

a) ¿De qué tipo de quemadura se trata?

b) ¿Cómo se debería proceder para curarla?

4.3. Traumatismos

Los **traumatismos** son **lesiones del sistema músculoesquelético,** producidas normalmente por una acción mecánica externa, que afectan a huesos, articulaciones y tendones.

En el trabajo se pueden producir accidentes por caídas, golpes y atrapamientos que originan fracturas, contusiones, esguinces y luxaciones (Fig. 18.25).

Traumatismos		Síntomas	Protocolo de actuación
Contusión	Lesión producida por un golpe sobre el cuerpo sin causar herida.	• Dolor, inflamación, hematoma y edema. • En la cabeza provoca un chichón.	1 Aplicar frío local. 2 Elevar la zona afectada por encima del corazón cuando sea posible.
Esguince	Desgarro de ligamentos que se produce cuando se fuerza una articulación.	• Inflamación y dolor. • Amoratamiento. • Se conserva la movilidad.	1 Aplicar frío local. 2 Levantar la extremidad lesionada. 3 Inmovilizar la zona afectada: el brazo en cabestrillo y la pierna en horizontal.
Luxación	Torcedura brusca y dolorosa de una articulación.	• Deformación de la articulación. • Dolor e imposibilidad de movimiento.	1 Aplicar frío. 2 Mantener la articulación tal y como se encuentre. 3 No movilizar ni intentar recolocar el hueso en su sitio: el brazo en cabestrillo y la pierna en horizontal.
Fractura	Rotura del hueso. Las fracturas pueden ser abiertas (si se produce una herida al romperse la piel) o cerradas (cuando no hay rotura de la piel).	• Imposibilidad de mover el miembro fracturado. • Deformación y amoratamiento de la zona afectada. • Sensación de dolor. • Hemorragias y fragmentos de hueso roto en las fracturas abiertas.	1 No intentar recolocar la fractura ni situar el hueso en su posición natural. 2 Aplicar frío local. 3 Inmovilizar la zona afectada con material rígido por encima y por debajo del punto de fractura. 4 Si hay una herida, protegerla con un paño o un trapo limpio.

Fig. 18.25. Actuación en caso de traumatismo.

CASO PRÁCTICO 6. Fracturas

Un trabajador se ha precipitado desde una plataforma de dos metros. Ha caído de pie y puede apoyar la pierna, pero le duele mucho el tobillo, que se ha amoratado poco después. Con los síntomas que presenta, indica ante qué tipo de traumatismo nos encontramos.

Solución:

El trabajador tiene los síntomas propios de un esguince, ya que hay dolor y amoratamiento y conserva la movilidad.

IMPORTANTE

En caso de traumatismo grave que afecte a la cabeza o a la **columna vertebral,** no se debe movilizar a la persona accidentada.

ACTIVIDADES

10. Una trabajadora ha resbalado en un taller al pisar una mancha de grasa que no se había limpiado. Se ha caído y, como consecuencia del golpe, le duele mucho el brazo derecho. Indica los síntomas que podrían indicar que ha sufrido una fractura.

4.4. Heridas

> Las **heridas** son lesiones que se producen por la **pérdida de continuidad de la piel** como consecuencia de un traumatismo.

Una herida requiere una serie de cuidados, tal como se indica en la Figura 18.26.

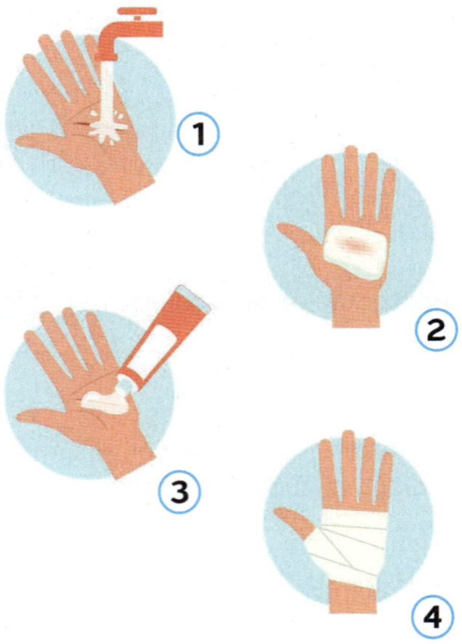

Fig. 18.27. Tratamiento de las heridas leves.

Tipos de heridas	Protocolo de actuación en caso de herida
Heridas leves • Solo afectan a la epidermis. • Se han producido hace menos de seis horas.	(1) Lavarse las manos (Fig. 18.27). (2) Limpiar la herida con agua y jabón utilizando gasas estériles. (3) Aplicar un antiséptico yodado (salvo en las personas alérgicas). (4) Cubrir la herida con gasas estériles.
Heridas graves • Afectan a las capas internas de la piel. • Presentan hemorragia. • Se localizan en ojos, tórax y abdomen. • Son extensas y sucias. • Tienen cuerpos extraños.	(1) Evaluar los signos vitales. (2) No extraer los cuerpos enclavados (solo sujetarlos para evitar que se muevan). (3) No hurgar dentro de la herida. (4) Colocar un apósito o una gasa húmeda. (5) Acudir a un centro sanitario.

Fig. 18.26. Clasificación de las quemaduras por su profundidad.

4.5. Pérdida de consciencia

Es una situación en la que la persona **no es capaz de responder a los estímulos externos.** Su origen suele ser una lipotimia o un ataque epiléptico (Fig. 18.28).

Pérdida de consciencia		Protocolo de actuación en caso de pérdida de consciencia
Lipotimia	Desmayo o mareo con pérdida del conocimiento durante unos segundos, debido a una disminución momentánea de la sangre que llega al cerebro.	(1) Tumbar a la persona con las piernas en alto para facilitar que la sangre llegue al cerebro. (2) Aflojar las prendas de vestir que compriman el cuello, el tórax o la cintura y quitar los calcetines. (3) Aportar suficiente aire abriendo puertas y ventanas. (4) Si la persona mantiene las constantes vitales, colocarla en PLS. (5) Si no se detectan las constantes vitales, iniciar la RCP.
Epilepsia	Enfermedad que se caracteriza por la pérdida de conocimiento y convulsiones; en ocasiones, va acompañada de salida de espuma por la boca.	(1) Despejar el entorno de cualquier objeto que pueda herir a la víctima. (2) No intentar sujetarla o inmovilizarla. (3) Colocarle una manta o ropa debajo para amortiguar los golpes. (4) Colocar en PLS cuando cese la crisis o si aparecen vómitos. (5) Comprobar las constantes vitales.

Fig. 18.28. Actuación en caso de pérdida de consciencia.

ACTIVIDADES

11. Isabel trabaja en un centro de estética. Hoy ha visto que una clienta empezaba a encontrarse mal y parecía que iba a desmayarse. Rápidamente, la ha tumbado en el suelo, le ha levantado las piernas y ha abierto las ventanas. Indica si es correcta la actuación de la empleada y qué más debería hacer.

4.6. Transporte de heridos

Como norma general, **no se debe mover a las personas accidentadas,** pero en caso de que sea necesario para asegurar su supervivencia o la del socorrista o la socorrista, se puede proceder a movilizar a la víctima de acuerdo con las siguientes **normas:**

A. Varios socorristas

Si existe una lesión de espalda se deben colocar tres socorristas con la persona accidentada tendida entre sus piernas. Los socorristas pasarán los brazos por debajo de la víctima: uno le sostendrá la cabeza; otro, la cintura, y el último, los pies. Una cuarta persona introducirá una camilla o cualquier otra superficie rígida por debajo de su cuerpo (Fig. 18.29).

Si la víctima no tiene una lesión de espalda, pueden transportarla a la sillita de la reina (Fig. 18.29).

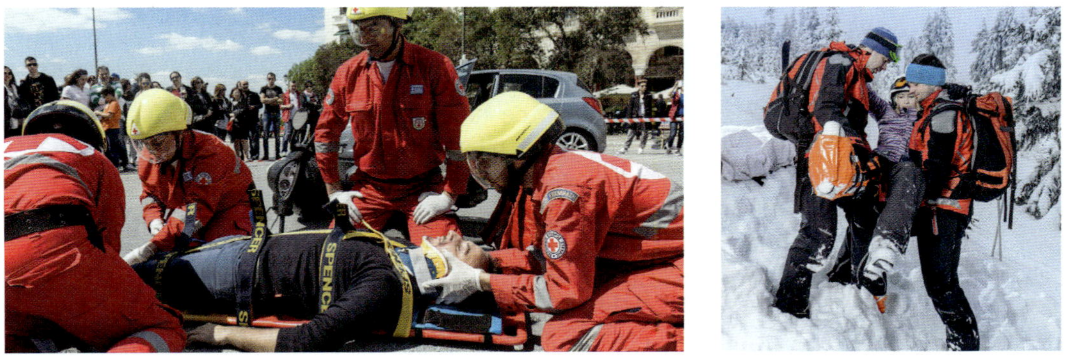

Fig. 18.29. Procedimientos para el transporte de personas heridas: en camilla por lesión de espalda y sin lesión a la sillita de la reina.

Fig. 18.30. Transporte de heridos por una sola persona.

B. Un solo socorrista

En caso de que el traslado de la víctima deba realizarlo una sola persona y la distancia sea larga, la llevará sujeta por los hombros, con una mano por detrás de la espalda (Fig. 18.30), o bien en brazos o a cuestas.

Si la distancia es corta y la persona que socorre está sola, puede arrastrar a la víctima por el suelo, sujetándola por los tobillos.

4.7. Botiquín de primeros auxilios

En función del riesgo existente, de su tamaño y de las facilidades de acceso al centro de asistencia más cercano, las empresas deben disponer de los medios más adecuados para dispensar auxilio a las personas trabajadoras en caso de accidente, desde un botiquín portátil hasta un local de primeros auxilios en las empresas de más de 50 personas trabajadoras.

El **botiquín de primeros auxilios** (Fig. 18.31) tiene que cumplir las siguientes normas:

- Ha de ser portátil y fácil de trasladar al lugar del accidente.
- Debe revisarse periódicamente para sustituir los elementos sucios, caducados o dañados y reponer los elementos agotados.
- Tiene que estar debidamente señalizado y situado en un lugar de fácil acceso.

El **local de primeros auxilios,** además del botiquín, debe disponer de una fuente de agua potable y una camilla.

Botiquín portátil

Instrumental básico
Desinfectantes y antisépticos, gasas estériles, algodón hidrófilo, vendas, esparadrapo, apósitos adhesivos, tijeras, pinzas y guantes desechables.

Material auxiliar
Manta isotérmica, botella de suero fisiológico, antiséptico yodado y torniquete.

Otros
Férulas, analgésico (espray, pomada), etc.

Fig. 18.31. Contenido de un botiquín de primeros auxilios.

PIENSA Y RESUELVE

12. Las empresas, teniendo en cuenta las situaciones de emergencia que se puedan producir en ellas, deben adoptar las medidas de primeros auxilios que sean necesarias.

Ponte en el lugar del servicio de prevención de la empresa y propón medidas para que los primeros auxilios puedan ser realizados por todo el personal.

ACTIVIDADES DE SÍNTESIS

1. El SVB prevé distintas actuaciones en función del nivel de consciencia y la respiración de la persona accidentada. Completa en el cuaderno un cuadro con las actuaciones apropiadas según la situación de la víctima.

Consciente	Respira	Actuación

2. Identifica estas técnicas de primeros auxilios y señala en qué situación de emergencia debe practicarse cada una.

a)

b)

3. Indica si estas actuaciones son correctas o incorrectas desde el punto de vista de los primeros auxilios.

a) Cuando hay hemorragia en un oído, se coloca a la víctima con el oído que sangra hacia el suelo.

b) Si se produce una hemorragia de nariz, lo primero que se debe hacer es introducir una gasa mojada en agua oxigenada por la fosa nasal sangrante.

c) Cuando hay una hemorragia externa, la primera técnica que se aplica es la compresión directa durante, como mínimo, diez minutos.

d) Si se produce una hemorragia externa en una pierna, esta se eleva a una altura superior a la del corazón.

e) En caso de hemorragia interna, se coloca la cabeza de la persona accidentada más baja que los pies y se aplica un torniquete.

f) Se debe intentar colocar el brazo a una persona trabajadora que ha sufrido una luxación.

g) Hay que echar agua sobre las quemaduras.

h) Ante una hemorragia, practicar un torniquete debe ser la última actuación.

4. Completa en tu cuaderno las siguientes frases colocando las palabras que faltan: *RCP, parada cardiorrespiratoria, consciente, 30:2 por minuto, PLS, respira, DEA.*

- La ... se utiliza en caso de ... cuando el herido no está ... ni respira.
- La RCP se debe realizar a un ritmo de ... hasta que llegue el ... .
- En el caso de una persona accidentada que no está consciente pero ... , se la debe colocar en ... .

INVESTIGACIÓN

Palabras clave para la búsqueda de información: *tipos de hemorragias, protocolo de actuación en caso de hemorragia,* shock *hipovolémico.*

5. Elena trabaja en una empresa dedicada a la fabricación de piezas metálicas. Un día, para colocar algunas de esas piezas en una estantería, se subió a una escalera, esta se tambaleó y la empleada cayó desde lo alto, desplomándose sobre Samuel, que se encontraba cerca. Elena comenzó a sangrar por la nariz y Samuel quedó inconsciente. Al oír el ruido, su compañero Matías se dirigió hacia el lugar y, como la puerta había quedado atrancada por la escalera, trató de abrirla con un fuerte empujón. El cristal de la puerta se partió en pedazos, uno de ellos alcanzó a Matías y le ocasionó un gran corte en un brazo.

Todo el personal acudió a socorrer a las víctimas. Mientras un compañero llamaba al 112, los otros sentaron a Elena en una silla, presionaron con los dedos sus fosas nasales, que no dejaban de sangrar, y le colocaron la cabeza hacia atrás.

Otro compañero intentaba detener la sangre que salía por la herida del brazo de Matías con un trapo manchado de grasa (el único que había encontrado). Al cabo de unos minutos, creyendo que la hemorragia se había detenido, retiró el trapo, pero la sangre volvió a brotar. Entonces decidió realizarle un torniquete, para lo cual cogió un trozo de camisa y le hizo un vendaje muy fuerte por encima de la herida. Por último, se atendió a Samuel. Al descubrir que no estaba consciente, empezaron a practicarle compresiones torácicas.

a) Identifica los errores cometidos por los compañeros de las personas accidentadas e indica cuál habría sido la forma correcta de proceder.

b) Las hemorragias pueden provocar un *shock* hipovolémico. Investiga en qué consiste y cómo se debe actuar en caso de que se produzca. Puedes utilizar el siguiente recurso: **http://bit.ly/3as832l.**

TEST DE REPASO

1. **Los primeros auxilios son medidas que se adoptan para...**
   - a) Curar las heridas y la hemorragia lo antes posible.
   - b) Atender inicialmente, hasta que se pueda obtener asistencia médica profesional, en el mismo lugar de los hechos a una persona accidentada o enferma de modo repentino.
   - c) Trasladar lo antes posible a la víctima a un centro sanitario.
   - d) Conseguir que la persona herida no deje de trabajar.
2. **Cuando se habla de primeros auxilios, PAS significa...**
   - a) Prevenir, avisar y socorrer.
   - b) Proteger, avisar y socorrer.
   - c) Prevenir, actuar y socorrer.
   - d) Proteger, avisar y salir.
3. **El triaje es una técnica que se utiliza para...**
   - a) Priorizar a las víctimas en caso de accidente múltiple.
   - b) Avisar a la asistencia sanitaria en caso de accidente.
   - c) Atender a las personas accidentadas en el mismo lugar del accidente.
   - d) Socorrer a víctimas en parada cardiorrespiratoria.
4. **El reconocimiento de las constantes vitales forma parte de...**
   - a) Laevaluación primaria.
   - b) La evaluación secundaria.
   - c) Las compresiones torácicas.
   - d) La evaluación terciaria.
5. **El soporte vital básico se emplea en situaciones en las que existe...**
   - a) Una fractura.
   - b) Una hemorragia.
   - c) Una PCR.
   - d) Quemaduras.
6. **La primera actuación de la cadena de supervivencia es...**
   - a) La detección precoz y el aviso al 112.
   - b) El soporte vital avanzado.
   - c) La aplicación precoz del DEA.
   - d) La RCP precoz.
7. **¿Cuál es la primera actuación en caso de parada respiratoria?**
   - a) Abrir las vías respiratorias.
   - b) Comprobar la consciencia.
   - c) Realizar compresiones torácicas.
   - d) Aplicar ventilaciones.
8. **La principal medida en caso de quemaduras es...**
   - a) Poner crema antiséptica.
   - b) Explotar las ampollas.
   - c) Refrescar con agua la zona quemada.
   - d) Poner gasas encima de las quemaduras.
9. **Si una persona sufre una lipotimia...**
   - a) Se le debe dar de beber agua.
   - b) Se la pondrá en PLS.
   - c) Se la debe sentar.
   - d) Se la tumbará en el suelo con las piernas hacia arriba.
10. **Si se presume que hay lesión en la columna vertebral...**
    - a) Se debe mover a la persona herida.
    - b) No se debe mover a la víctima.
    - c) Se debe dar de beber agua a la persona herida.
    - d) Se colocará a la víctima en PLS.
11. **En la RCP, el ritmo de las compresiones torácicas y ventilaciones cuando solo hay un socorrista debe ser...**
    - a) 30:2 por minuto.
    - b) 100:2 por minuto.
    - c) 15:2 por minuto.
    - d) 60:2 por minuto.
12. **La maniobra de Heimlich debe realizarse cuando se produce una obstrucción...**
    - a) Nunca.
    - b) Completa.
    - c) Parcial.
    - d) Siempre.
13. **Indica qué actuación no debe realizarse en caso de atragantamiento parcial...**
    - a) Dejar toser.
    - b) Observar que se escupa el cuerpo extraño.
    - c) Golpear en la espalda.
    - d) Si hay obstrucción completa, la maniobra de Heimlich.
14. **En caso de hemorragia, la primera actuación es...**
    - a) Hacer un torniquete.
    - b) Aplicar la compresión directa.
    - c) Aplicar la compresión arterial.
    - d) Lavar la herida.
15. **En primeros auxilios, PLS significa...**
    - a) Posición límite de socorro.
    - b) Posición lateral de seguridad.
    - c) Protección lateral de seguridad.
    - d) Postura ligera de seguridad.

COMPRUEBA TU APRENDIZAJE

1. En una empresa han resultado heridos varios trabajadores al desplomarse una plataforma. Cuando, tras oír el enorme estruendo, llegan sus compañeros, se plantean a quién deben atender en primer lugar. Indica si existe alguna técnica para clasificar a las víctimas.

2. En la empresa en la que trabaja Martina, la plantilla va a recibir formación sobre cómo actuar en caso de emergencia y sobre la conducta PAS. Explica en qué consiste esta y para qué se utiliza.

3. Rodrigo estaba en su puesto de trabajo, en un taller de reparación carpintería, cuando un compañero se ha cortado en el brazo con la máquina con la que cortaba unos listones de madera y pierde mucha sangre. Lo primero que ha hecho es parar la máquina y ha ido rápidamente a socorrerle, taponándole la herida.

   Indica si los pasos que ha dado son correctos de acuerdo con la técnica PAS.

4. Un cliente de la cafetería donde Rosa trabaja ha sufrido un infarto. Explica cuáles son los pasos que deben darse según la cadena de supervivencia.

5. Lidia y Carla trabajan como jardineras para un ayuntamiento. Cuando se incorporaron recibieron formación sobre primeros auxilios y, en especial, sobre la actuación en caso de hemorragias producidas por cortes con las tijeras de podar, la máquina cortacésped, etc.

   Indica qué se debe hacer ante las hemorragias externas.

6. Un empleado de una empresa de alimentación que trabaja con una máquina trituradora de carne se ha cortado en la mano con una de las cuchillas y sangra abundantemente.

   a) ¿Cómo hay que proceder para detener la hemorragia?

   b) Practicad en clase las diferentes técnicas de actuación en casos de hemorragias externas.

7. Una trabajadora de una empresa de reparto de mercancías ha sido atropellada por una carretilla elevadora. Aunque no sangra, sus compañeros temen que pueda sufrir una hemorragia interna.

   a) Indica cuáles son los síntomas característicos de las hemorragias internas.

   b) Explica cuál es el procedimiento de actuación ante este tipo de hemorragias.

8. Un trabajador ha sufrido la amputación de varios dedos al explosionar una caldera de gasoil que estaba reparando. La persona que lo ha socorrido tiene formación en primeros auxilios.

   Indica qué actuación es la adecuada y cómo debe llevarse a cabo.

9. Una trabajadora que porta un envase vacío de disolvente para tirarlo pasa junto a un bidón en el que arde madera. En ese momento, se produce una deflagración que prende su ropa. Un compañero sofoca las llamas envolviéndola con una manta y la hace rodar por el suelo. La empleada tiene quemaduras en las piernas y los brazos. Considerando su extensión, ¿ante qué tipo de quemaduras nos encontramos?

10. Una trabajadora de una brigada antiincendios ha sufrido quemaduras en ambas manos y, como consecuencia, tiene ampollas y fuertes dolores.

    a) ¿Ante qué tipo de quemaduras nos encontramos, según su profundidad?

    b) ¿Cómo se debe actuar con estas quemaduras?

11. Raúl trabaja como panadero en un obrador. Al sacar el pan del horno, se ha quemado con una de las planchas. La piel presenta un tono enrojecido; no tiene ampollas, pero sí mucho dolor.

    a) ¿De qué tipo de quemaduras se trata?

    b) ¿Cómo debería proceder el empleado para curarlas adecuadamente?

12. A Carlos, que limpiaba con un producto químico, se le vertió este sobre las manos accidentalmente. ¿Cómo deben actuar sus compañeros para socorrerlo?

13. Una pintora que estaba pintando las paredes de una nave industrial se ha caído y se ha dado un golpe fuerte en una pierna. Se queja de que le duele mucho y de que no puede caminar.

    a) ¿Se dan los síntomas para hablar de fractura?

    b) ¿Cómo se debe actuar ante una fractura de pierna?

14. Un trabajador se ha caído de un tejado y ha sufrido una fractura, por la que sangra. Les ha comentado a sus compañeros que no puede moverse.

    ¿Qué pasos se deben dar mientras llega la asistencia médica al lugar del accidente?

15. Como consecuencia de una descarga eléctrica, una trabajadora que estaba subida a un poste de la luz ha caído de espaldas. Cuando sus compañeros le preguntan si puede moverse, ella responde negativamente, por lo que deciden subirla a un coche y trasladarla a un hospital. Indica si la decisión tomada por estas personas es correcta.

16. Visiona en YouTube el vídeo de la Cruz Roja de Cataluña: *Guía de primeros auxilios. 09 Traumatismos. 09/13.* A continuación, señala cuáles son los cuidados que deben ofrecerse cuando se produce una luxación.

17. Un trabajador que colocaba género en un supermercado ha tropezado con una caja; no consigue apoyar el pie y tiene el tobillo un poco inflamado.

    Indica si se dan los síntomas para hablar de esguince y señala cómo se debe actuar en este caso.

COMPRUEBA TU APRENDIZAJE

18. Una empleada de un invernadero ha sufrido una lipotimia. Explica qué se debe hacer cuando se produce una lipotimia por un golpe de calor.

19. En el comedor de una empresa, durante el descanso para la comida, un trabajador se ha atragantado con un trozo de pan. No puede hablar ni toser, pero está consciente.

a) ¿Ante qué tipo de obstrucción nos encontramos? ¿Cómo se debe actuar?

b) ¿Es adecuada la maniobra de Heimlich para esta situación? Explica cómo hay que realizarla.

c) En el supuesto de que el trabajador no estuviera consciente, ¿cómo se debería actuar?

20. Aprender primeros auxilios puede ser una tarea gratificante y amena. ¡Vamos a practicar!

Con las indicaciones de Madrid Salud del Ayuntamiento de Madrid, practicaremos cómo salvar una vida.

- **http://bit.ly/3tEIOhQ**

21. Aunque la pauta general es no mover a los accidentados, en algunos casos se hace imprescindible y por ello debemos estar preparados. Vamos a informarnos sobre cómo se debe hacer y después lo practicaremos en clase con nuestros compañeros.

Puedes utilizar los siguientes recursos:

- **https://bit.ly/3sMsyyM**
- **https://bit.ly/377mtEM**

22. Señala cuáles de las siguientes actuaciones no deben realizarse:

a) Intentar colocar el brazo a una persona trabajadora que ha sufrido una luxación.

b) Echar agua a una quemadura.

c) Dar de beber a una persona accidentada inconsciente.

d) Practicar un torniquete como primera actuación ante una hemorragia.

23. Una trabajadora de un almacén de muebles de cocina se ha herido al coger una caja de madera que estaba un poco astillada.

Señala qué procedimiento hay que seguir para tratar la herida que se ha hecho.

- Escribe dos ideas de esta unidad que tengas claras y que te parezcan fundamentales. ¿Qué te ayudó a comprenderlas?
- Formula dos preguntas sobre aspectos de la unidad que no hayas entendido totalmente.
- Escribe dos aspectos de esta unidad sobre los que te gustaría profundizar.

DE CAMINO AL MUNDO LABORAL

En el trabajo pueden darse situaciones de emergencia que debemos saber enfrentar para preservar el estado de salud de la persona accidentada. ¿Alguna vez has presenciado un accidente? ¿Sabrías cómo actuar?

Objetivo

- Saber activar la cadena de socorro.
- Conocer cómo debemos actuar en caso de accidente mientras esperamos al personal especializado.
- Reconocer las principales lesiones para practicar los primeros auxilios.

Tarea

1. **A lo largo del curso has identificado los riesgos y los daños en la salud propios de tu sector.**

   En grupos de tres estudiantes, haced una lista de los riesgos más frecuentes y de los primeros auxilios que se deben aplicar.

   Podéis utilizar los siguientes recursos:

   - **https://bit.ly/3e6f6BN**
   - **https://bit.ly/3jfAiWC**
   - **https://bit.ly/3rdhrP5**
   - **https://bit.ly/382TdPN**

2. **Para activar la cadena de socorro, una de las medidas de la conducta PAS consiste en llamar al 112.**

   Visiona los vídeos para aprender a realizar una llamada eficaz al 112 y, después, elabora un cartel que explique esta información.

   Puedes emplear los siguientes recursos:

   - **https://bit.ly/2YJWkqZ**
   - **https://bit.ly/3jgPfaI**

3. **La cadena de supervivencia muestra los pasos para salvar vidas en caso de parada cardiorrespiratoria.**

   Visiona los vídeos y haz un esquema en el que expliques en qué consiste dicha cadena.

   Puedes utilizar los siguientes recursos:

   - **https://bit.ly/3cEmLGD**
   - **https://bit.ly/3pNKzeY**

4. **El uso del DEA es importante en el SVB.**

   Visiona los siguientes vídeos y elabora un esquema con las pautas para utilizarlo:

   - **https://bit.ly/2YI5Oyb**
   - **https://bit.ly/2MVBh28**

ANEXO

Anexo

Agenda de desarrollo sostenible. 17 objetivos para cambiar el mundo

En 2015, la ONU aprobó la Agenda 2030 para el Desarrollo Sostenible, una oportunidad para que los países y sus sociedades emprendan un nuevo camino con el que mejorar la vida de todo el mundo, sin dejar a nadie atrás.

La Agenda cuenta con 17 objetivos de desarrollo sostenible (ODS), que son los siguientes:

Objetivo 1
Poner fin a la pobreza en todas sus formas en todo el mundo.

Objetivo 2
Poner fin al hambre.

Objetivo 3
Garantizar una vida sana y promover el bienestar para todos en todas las edades.

Objetivo 4
Garantizar una educación inclusiva, equitativa y de calidad, y promover oportunidades de aprendizaje durante toda la vida para todo el mundo.

Objetivo 5
Lograr la igualdad entre géneros y empoderar a todas las mujeres y a las niñas.

Objetivo 6
Garantizar la disponibilidad de agua y su gestión sostenible, así como el saneamiento para todo el mundo.

Objetivo 7
Garantizar el acceso a una energía asequible, segura, sostenible y moderna.

Objetivo 8
Promover el crecimiento económico inclusivo y sostenible, el empleo y el trabajo decente para todo el mundo.

Objetivo 9
Construir infraestructuras resilientes, promover la industrialización sostenible y fomentar la innovación.

Objetivo 10
Reducir la desigualdad dentro de los países y entre estos.

Objetivo 11
Lograr que las ciudades sean más inclusivas, seguras, resilientes y sostenibles.

Objetivo 12
Garantizar modalidades de consumo y producción sostenibles.

Objetivo 13
Adoptar medidas urgentes para combatir el cambio climático y sus efectos.

Objetivo 14
Conservar y utilizar sosteniblemente los océanos, los mares y los recursos marinos.

Objetivo 15
Gestionar sosteniblemente los bosques, luchar contra la desertificación, detener e invertir la degradación de las tierras, detener la pérdida de biodiversidad.

Objetivo 16
Promover sociedades justas, pacíficas e inclusivas.

Objetivo 17
Revitalizar la Alianza Mundial para el Desarrollo Sostenible.

1. Cálculo de la liquidación por extinción del contrato de trabajo

> La **liquidación** comprende los conceptos retributivos devengados por la persona trabajadora como consecuencia de la relación laboral mantenida con la empresa y que esta le debe abonar al extinguirse el contrato de trabajo.

La empresa tiene que pagar a la persona trabajadora, a la finalización del contrato, los siguientes conceptos retributivos no cobrados: salario del mes adeudado; parte proporcional de las pagas extraordinarias; vacaciones no disfrutadas; indemnización, si procede, según la modalidad de extinción utilizada, y plazo de preaviso incumplido.

1.1. Salario del mes adeudado

Para calcular las cantidades adeudadas en concepto de salario, remitimos a las unidades de este libro dedicadas al cálculo del salario.

1.2. Liquidación de pagas extraordinarias

La liquidación de las pagas extraordinarias debe realizarse teniendo en cuenta si su devengo es anual o semestral, según disponga el convenio colectivo aplicable.

- **Pagas extraordinarias de devengo anual.** Deben liquidarse la paga de verano y la de Navidad:

$$\text{Paga de verano} = \frac{\text{Días desde la última paga cobrada} \times \text{valor de la paga}}{\text{365 o 366 días (si el año es bisiesto)}}$$

$$\text{Paga de Navidad} = \frac{\text{Días desde la última paga cobrada} \times \text{valor de la paga}}{\text{365 o 366 días (si el año es bisiesto)}}$$

- **Pagas extraordinarias de devengo semestral.** Debe liquidarse la paga del semestre en el que se extingue el contrato:

$$\text{Paga} = \frac{\text{Días desde la última paga cobrada} \times \text{valor de la paga}}{\text{181 o 182 días (año bisiesto), primer semestre; 184 días, segundo semestre}}$$

La empresa debe hacer la correspondiente retención a cuenta del IRPF sobre las cantidades adeudadas a la persona trabajadora en concepto de pagas extraordinarias.

IMPORTANTE

Periodo de devengo de pagas extraordinarias

Devengo anual:

- Verano: del 1 de julio al 30 de junio siguiente.
- Navidad: del 1 de enero al 31 de diciembre.

Devengo semestral:

- Verano: del 1 de enero al 30 de junio.
- Navidad: del 1 de julio al 31 de diciembre.

El devengo semestral debe venir reflejado en el convenio colectivo; si el convenio no dispone nada al respecto, se entiende que el devengo es anual.

1.3. Liquidación de vacaciones

Comprende las vacaciones devengadas y no disfrutadas. Si la persona trabajadora hubiera disfrutado más días de vacaciones de los debidos, la empresa deducirá de la liquidación esos días. El cálculo se realiza de la siguiente manera:

- **Número de días de vacaciones** que le corresponde disfrutar a la persona trabajadora:

$$\frac{\text{Número de días trabajados en el año} \times \text{30 días}}{365}$$

- **Liquidación de vacaciones:**

Salario diario × número de días de vacaciones no disfrutadas que le corresponden en ese año

La empresa debe practicar la correspondiente retención a cuenta del IRPF y descontar la cotización a la Seguridad Social sobre la remuneración de las vacaciones.

IMPORTANTE

El Tribunal Supremo indica que en el **salario de vacaciones** se deben incluir los conceptos salariales que la persona trabajadora perciba de manera regular.

1.4. Indemnización

El salario de la indemnización comprende:

- Salario base.
- Salario en especie.
- Complementos salariales.
- Pagas extraordinarias.
- Promedio de las horas extraordinarias realizadas en el último año.
- Promedio de las comisiones cobradas en el último año

No se incluyen los conceptos extrasalariales que percibiera la persona trabajadora.

Para el cálculo de la indemnización que le corresponde a esta por la extinción de su contrato, hay que seguir estos pasos:

a) Comprobar su antigüedad en la empresa.

b) Calcular el salario diario, que se halla de la siguiente manera:

$$\text{Salario diario} = \frac{\text{Salario anual}}{365}$$

c) Comprobar el número de días de indemnización que le corresponden a la persona trabajadora en función de la modalidad de extinción utilizada por la empresa.

d) Aplicar la siguiente fórmula:

Indemnización = salario diario × número de días de indemnización × años de trabajo

La indemnización pactada en el SMAC o fijada en una sentencia no tributa en el IRPF si no supera los límites establecidos en la ley.

Las indemnizaciones establecidas por convenio, pacto o contrato entre la empresa y la persona trabajadora no están exentas de tributación.

1.5. Preaviso incumplido

Si la empresa incumple el preaviso fijado legal o convencionalmente para notificar la finalización del contrato, debe abonar el importe correspondiente al preaviso incumplido:

Preaviso incumplido = salario diario × número de días de preaviso incumplido

La empresa debe practicar la deducción del IRPF.

¿SABÍAS QUE...?

El **finiquito** es el documento que recoge las cantidades adeudadas a la persona trabajadora cuando se extingue su contrato.

Por otro lado, documenta la extinción de la relación laboral; en él se declara:

- Haber recibido las cantidades adeudadas.
- La extinción del contrato.
- Que las partes no tienen nada que reclamarse.

IMPORTANTE

El **finiquito tiene valor liberatorio**, por ello es preciso que no se firme o se firme indicando «no conforme», cuando no se está seguro de las cantidades ofrecidas, porque se pierde todo derecho a reclamar tras la firma frente a la empresa.

Liquidación de finiquito

Salario del mes	+	Parte proporcional de pagas extras	+	Vacaciones no disfrutadas	+	Indemnización	+	Preaviso incumplido
Tributa en el IRPF. Cotiza a la Seguridad Social.	+	Tributa en el IRPF.	+	Tributa en el IRPF. Cotiza a la Seguridad Social.	+	No tributa en el IRPF ni cotiza a la Seguridad Social si se ajusta al límite legal.	+	Tributa en el IRPF.

Fig. A.1. Conceptos retributivos que integran la liquidación de la persona trabajadora.

2. Riesgos laborales en el sector sociosanitario

Asistencia sanitaria y social

Un 10 % de las personas trabajadoras de la Unión Europea trabaja en el sector de la asistencia sanitaria y social. Este sector comprende empleos muy diferentes (atención médica, labores administrativas, limpieza, etc.). La tasa de accidentes (34 %) es muy alta con respecto al resto de profesiones, y los trastornos musculoesqueléticos, uno de los problemas que más inciden en este colectivo.

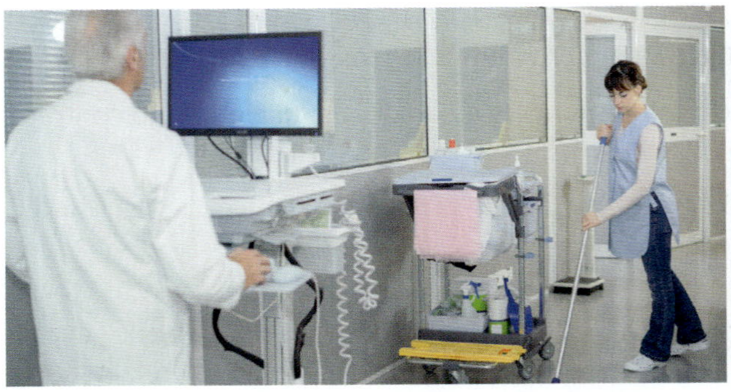

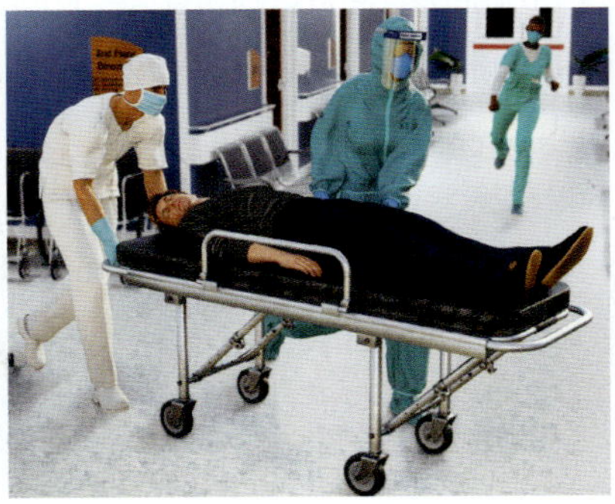

Riesgos más comunes

Accidentes de trabajo
El riesgo de accidente más frecuente es el de pinchazos con agujas, que, además, puede ocasionar contagios con virus transportados por la sangre. También se pueden producir cortes, quemaduras, caídas y descargas eléctricas. No debemos olvidar la violencia del público y de pacientes que se puede sufrir en ocasiones.
Trastornos musculoesqueléticos por levantamiento de cargas y posturas forzadas
Suelen producirse cuando se trabaja con pacientes, pero también al empujar carritos y camas, al manejar ropa en la lavandería o al usar determinados productos y suministros.
Infecciones por agentes biológicos
Se pueden contraer enfermedades infecciosas (sanguíneas o respiratorias) por contacto con virus o microorganismos, como el VIH o el virus de la hepatitis B.
Riesgos radiológicos
Este riesgo se puede dar en personas trabajadoras del área de radiología (rayos X).
Riesgos químicos
La utilización de desinfectantes, esterilizantes, medicamentos, gases anestésicos, productos de limpieza, etc., puede causar lesiones dérmicas y problemas en el sistema respiratorio. Alguno de los productos también puede ser cancerígeno. El uso de guantes de látex puede producir dermatitis, asma o sinusitis. Es posible evitar este riesgo utilizando guantes con un bajo nivel de látex y limitando su uso a operaciones con riesgo.
Riesgos psicosociales
Se puede producir estrés por la violencia del público, el enfrentamiento al dolor y a situaciones traumáticas, la falta de autonomía, la monotonía del trabajo y el aislamiento, así como por las relaciones con los compañeros y compañeras y con los pacientes.
Organización del trabajo
El trabajo nocturno, los ritmos de trabajo y el trabajo a turnos pueden producir trastornos en la salud de la persona trabajadora, además de afectar a sus relaciones sociales. Unos calendarios de trabajo adecuados contribuyen a prevenir y controlar este riesgo.

Fig. A.2. Ficha de riesgos laborales en la asistencia sanitaria y social.

¿SABÍAS QUE...?

Las **actividades hospitalarias** son las que conllevan un riesgo más elevado de contraer una enfermedad profesional. De las 629 actividades económicas existentes, 59 presentan una mayor prevalencia de enfermedades profesionales, y, en concreto, las actividades hospitalarias son las únicas que mantienen el riesgo de enfermedad profesional en los seis grupos de enfermedad. Además, entre todas las actividades productivas, este sector hospitalario es el que acumula un porcentaje más alto de EP causadas por agentes biológicos.

3. Riesgos laborales en oficinas y despachos

A ANEXO

Oficinas y despachos

Tradicionalmente se ha asociado el trabajo en una oficina a la ausencia de riesgos laborales, criterio que está lejos de la realidad. En las oficinas se producen, además de los accidentes clásicos de seguridad (golpes, caídas, incendios, etc.), otro tipo de problemas derivados de la falta de ergonomía del puesto de trabajo y de la organización de este (horarios, reparto de responsabilidades, comunicación, estilo de mando, etc.). Las lesiones musculoesqueléticas pueden afectar a huesos, músculos, tendones, ligamentos o nervios, en especial en la zona de la espalda o en las extremidades superiores. No podemos olvidar tampoco los trastornos musculoesqueléticos derivados de movimientos repetitivos y posturas forzadas ante las pantallas de visualización de datos.

Riesgos más comunes

Accidentes de trabajo
Se pueden producir caídas al mismo y a distinto nivel al utilizar escaleras y transitar por zonas en las que haya cables sin proteger. Son habituales los cortes y pinchazos con tijeras, abrecartas y diferentes materiales de oficina. Otros accidentes que se suelen sufrir son los golpes contra objetos inmóviles como mesas, cajones, etc., provocados al moverse por espacios de reducidas dimensiones. Se pueden dar también contactos eléctricos por el uso de equipos e instalaciones (ordenadores, fotocopiadoras, impresoras, enchufes, ladrones, etc.).
Riesgos físicos
El ruido derivado del empleo de fotocopiadoras, impresoras y teléfonos puede hacer que el nivel sonoro sea excesivo, lo cual puede ocasionar malestar y pérdida de concentración. Una temperatura inadecuada puede provocar estrés térmico, por lo que se deben utilizar sistemas de climatización y ventilación adecuados. Trabajar durante periodos largos frente al ordenador y con una iluminación deficiente puede causar fatiga visual.
Riesgos químicos
Los riesgos químicos que se pueden producir en las oficinas derivan de la emisión de productos químicos en impresoras láser, fotocopiadoras, faxes y tóneres (ozono, etc.). A veces, lo que se genera es una mala calidad del aire debida al formaldehído (producido por las maderas conglomeradas), el polvo, el dióxido de carbono, los humos del exterior, etc.
Fatiga física y trastornos musculoesqueléticos por movimientos repetitivos y posturas forzadas
El uso de pantallas de visualización de datos puede producir traumatismos en los dedos y las muñecas, derivados tanto de una incorrecta colocación de las manos en el teclado como de la frecuencia de las pulsaciones. Son habituales el dolor en las zonas cervical, lumbar y dorsal, la tensión en el cuello y en los hombros y los calambres en las piernas.
Organización del trabajo
Un ritmo de trabajo excesivo, un reparto de tareas desigual y ciertos requerimientos temporales pueden provocar trastornos en la salud de la persona trabajadora, como fatiga, estrés, etc.
Riesgos psicosociales
Se puede producir fatiga mental por la falta de control sobre el trabajo, por la monotonía o por el grado de atención requerido, así como por las relaciones con el público, cuando se trabaja en atención al cliente, y por las relaciones con los compañeros y compañeras.

Fig. A.3. Ficha de riesgos laborales en oficinas y despachos.

? ¿SABÍAS QUE...?

Los principales **riesgos físicos** asociados al trabajo en oficinas y despachos están directamente relacionados con las posturas y los movimientos realizados al usar pantallas de visualización de datos.

Por un lado, el hecho de permanecer continuamente sentado supone mantener una postura estática que puede conllevar fatiga y problemas musculoesqueléticos. Por otro, una configuración inadecuada del puesto de trabajo y unos hábitos posturales incorrectos por parte de la persona trabajadora determinan posiciones forzadas del cuello, los brazos o la espalda, que pueden alterar la salud. El **uso del ordenador** implica, en ocasiones, la realización de movimientos repetitivos (por ejemplo, en las tareas de introducción de datos) que provocan lesiones, especialmente en la zona mano-muñeca.

4. Riesgos laborales en hostelería

Hostelería

La hostelería es uno de los sectores más activos de nuestro país en cuanto a la creación de empleo. Esta demanda hace que las empresas contraten temporalmente a personas trabajadoras con poca formación profesional en el campo de la hostelería y ninguna en el ámbito de la prevención de riesgos laborales. Según datos estadísticos, más del 65 % de los accidentes laborales corresponden a personal temporal.

Riesgos más comunes

Accidentes de trabajo

Se pueden producir por:

- Caídas al mismo o distinto nivel debidas a suelos sucios o resbaladizos, la utilización de escaleras o la necesidad de realizar trabajos en salas situadas a diferente nivel.
- Cortes y amputaciones por elementos cortantes derivados del uso de máquinas y utensilios (picadoras, cuchillos, latas, vidrio, etc.).
- Quemaduras con recipientes de cocina, fogones, freidoras, hornos, vajillas, vapores, etc.
- Contacto eléctrico con instalaciones en mal estado, cables, conductores, etc.

Trastornos musculoesqueléticos por levantamiento de cargas y posturas forzadas

Se pueden sufrir al trabajar mucho tiempo de pie, realizando movimientos repetitivos, transportar cargas y trabajar con los brazos en alto.

Riesgos físicos

Se puede producir una mala calidad del aire por contacto con humo de tabaco, una temperatura inadecuada, etc.

Un alto nivel de ruido por las conversaciones de los clientes y por la música elevada.

Incendios

La presencia de elementos sólidos y líquidos inflamables (cartón, papeles, disolventes, etc.) y focos de ignición (cerillas, cigarrillos, mecheros, etc.) puede provocar incendios. La existencia de instalaciones de gas es un factor de riesgo.

Riesgos químicos

Se pueden producir dermatitis e intoxicaciones por contacto con sustancias químicas, como detergentes y aerosoles, y con sustancias corrosivas, como la lejía, el aguafuerte, el amoniaco, etc.

Riesgos psicosociales

El trato con el público, un ritmo de actividad frenético, la falta de trabajo en equipo, los conflictos entre compañeros y compañeras, la violencia y el acoso son los principales riesgos psicosociales.

Organización del trabajo

Una jornada laboral excesiva, la acumulación de clientela en horas punta, la falta de coordinación y la imprevisión del trabajo pueden producir estrés.

Fig. A.4. Ficha de riesgos laborales en hostelería.

¿SABÍAS QUE...?

En el sector de la hostelería existe un elevado índice de siniestralidad.

En este entorno socioeconómico y ocupacional no solo se dan los **riesgos tradicionales** (químicos, eléctricos, biológicos y mecánicos), sino que tienen especial incidencia los **riesgos emergentes**, como los trastornos musculoesqueléticos debidos a movimientos repetitivos (por un inadecuado diseño del puesto de trabajo y por la falta de descansos) y el estrés laboral (debido a la atención al cliente, la rotación de horarios, la falta de conciliación de la vida laboral y familiar, las jornadas excesivas, etc.).

5. Riesgos laborales en talleres de reparación de vehículos

A ANEXO

Talleres de reparación de vehículos

En los talleres de reparación de vehículos se realizan actividades muy diversas: desde arreglar y sustituir piezas hasta reparar y pintar carrocerías. Los riesgos laborales de este sector tienen mucho que ver con las herramientas de trabajo y con las condiciones de seguridad, además de con la exposición a contaminantes químicos y físicos (pinturas, disolventes, gasolina o ruido) y con la organización del trabajo (esfuerzos, fatiga física y mental, etc.).

Riesgos más comunes

Accidentes de trabajo
Se pueden producir por: • Golpes y cortes con partes de máquinas sin proteger, como lijadoras y herramientas, y proyección de partículas. • Golpes con gatos, grúas y elevadores. • Caídas en el foso, desde plataformas y escaleras o desde el suelo. • Contacto eléctrico (con elevadores, herramientas y máquinas averiadas, etc.). • Quemaduras por contacto con partes calientes de máquinas.
Radiaciones
Se pueden producir por utilización de equipos de soldadura.
Riesgos físicos
Se puede producir una mala calidad del aire por contacto con humo de tabaco, una temperatura inadecuada, etc. Un alto nivel de ruido por las conversaciones de la clientela y por la música elevada.
Riesgos químicos
Los riesgos químicos propios de los talleres de reparación de vehículos son debidos a emisiones de productos químicos, como pinturas, disolventes, taladrinas, etc. Se pueden sufrir intoxicaciones por escape de gases tóxicos (monóxido de carbono, óxido de nitrógeno, etc.), humos y vapores (hidrocarburos sin quemar) y gases sin quemar (aldehídos, óxidos de azufre, etc.).
Fatiga física y trastornos musculoesqueléticos por movimientos repetitivos y posturas forzadas
El levantamiento de cargas, las posturas inclinadas, permanecer mucho tiempo de pie, trabajar con los brazos en alto, etc., pueden producir fatiga física y trastornos musculoesqueléticos.
Organización del trabajo
Un ritmo de trabajo excesivo, un reparto de tareas desigual y ciertos requerimientos temporales pueden ocasionar trastornos en la salud de la persona trabajadora, como fatiga, estrés, etc.
Riesgos psicosociales
Se puede sufrir fatiga mental por la falta de control sobre el trabajo, la monotonía y el grado de atención requerido, así como por la relación con la clientela y con los compañeros y compañeras.

Fig. A.5. Ficha de riesgos laborales en talleres de reparación de vehículos.

! IMPORTANTE

La **carga física** de trabajo es uno de los principales riesgos ergonómicos a los que están expuestas las personas trabajadoras de los talleres de reparación de automóviles, en particular, los mecánicos, chapistas y pintores; son muy habituales las lesiones dorsolumbares (por manipulación manual de cargas) y los trastornos musculoesqueléticos (por la adopción de posturas forzadas).

SGA

La aproximación europea

Sistema Globalmente Armonizado de Clasificación y

PELIGROS FÍSICOS

Clases de peligro y categorías de peligro*	Elementos de la etiqueta NUEVO**		Elementos de la etiqueta ANTIGUO	
Explosivos • Explosivos inestables • Explosivos divisiones 1.1 a 1.3 Sustancias/mezclas que reaccionan espontáneamente, tipos A, B Peróxidos orgánicos, tipos A, B	H200 H201, H202, H203 H240, H241 H240, H241	Peligro	(R2, R3)	Peligro
Explosivos, división 1.4	H204	Atención	Sin clasificación	
Gases inflamables, categoría 1 Aerosoles inflamables, categoría 1 Líquidos inflamables, categoría 1	H220 H222 H224	Atención / Peligro	(R12) (R12) R12	Extremadamente inflamable
Líquidos inflamables, categoría 2 Sólidos inflamables, categoría 1 Sólidos inflamables, categoría 2	H225 H228 H228	Atención / Peligro	R11 (R11) (R11)	Fácilmente inflamable
Aerosoles inflamables, categoría 2 Líquidos inflamables, categoría 3	H223 H226	Atención	Sin símbolo (R10) R10 Sin clasificación. Punto de inflamación 56-60 °C	Inflamable
Líquidos pirofóricos, categoría 1 Sólidos pirofóricos, categoría 1 Sustancias/ mezclas que, en contacto con el agua, desprenden gases inflamables, categorías 1, 2 y categoría 3	H250 H250 H260 H261 H261	Atención / Peligro	R17 R17 (R15) (R15) (R15)	Fácilmente inflamable
Sustancias/mezclas que reaccionan espontáneamente, tipo B Sustancias/mezclas que reaccionan espontáneamente, tipos C y D y tipos E y F Sustancias/mezclas que experimentan calentamiento espontáneo, categoría 1 y categoría 2	H241 H242 H242 H251 H252	Atención / Peligro	R12 R12	Fácilmente inflamable
Peróxidos orgánicos, tipo B Peróxidos orgánicos, tipos C y D Peróxidos orgánicos, tipos E y F	H241 H242 H242	Atención / Peligro	R7 R7	Comburente
Gases comburentes, categoría 1 Líquidos comburentes, categorías 1 y 2 y categoría 3 Sólidos comburentes, categorías 1 y 2 y categoría 3	H270 H271, H272 H272 H271, H272 H272	Peligro/Atención	R8 R8, R9 R8, R9	Comburente
Gases a presión • Gas comprimido • Gas licuado • Gas licuado refrigerado • Gas disuelto	H280 H280 H281 H280	Atención	Sin clasificación	
Sustancias/mezclas corrosivas para los metales, categoría 1	H290	Atención	Sin clasificación	

Este póster es solo una versión simplificada del SGA y sirve a modo de ejemplo.
No es posible la conversión directa del SGA al anterior sistema de clasificación y etiquetado de la UE.

Adaptación autorizada del diseño original de MERCK, S.L.

* Basado en el Anexo I del Reglamento (CE) n.° 1272/2008 para todas las categorías de peligro con pictogramas del SG   ** Tomando como base la tabla de

Fig. A.6. Aproximación europea SGA.

Etiquetado de Productos Químicos

MINISTERIO DE EMPLEO Y SEGURIDAD SOCIAL — INSTITUTO NACIONAL DE SEGURIDAD E HIGIENE EN EL TRABAJO

PELIGROS PARA LA SALUD HUMANA

Clases de peligro y categorías de peligro*	Elementos de la etiqueta NUEVO**		Elementos de la etiqueta ANTIGUO	
Toxicidad aguda, categorías 1, 2 • Oral • Cutánea • Inhalación	H300 H310 H330	Peligro	R28 R27 R26	Muy tóxico
Toxicidad aguda, categoría 3 • Oral • Cutánea • Inhalación	H301 H311 H331	Peligro	R25 R24 R23	Tóxico
Mutagenicidad en células germinales, categorías 1A, 1B Carcinogenicidad, categorías 1A, 1B Toxicidad para la reproducción, categorías 1A, 1B STOT*** tras exposición única, categoría 1 STOT*** tras exposiciones repetidas, categoría 1	H340 H350 H360 H370 H372	Peligro	R46 R45, R49 R60, R61 R39 R48	Tóxico
Sensibilización respiratoria, categoría 1 Toxicidad por aspiración, categoría 1	H334 H304	Peligro	R42 R65	Nocivo
Mutagenicidad en células germinales, categoría 2 Carcinogenicidad, categoría 2 Toxicidad para la reproducción, categoría 2 STOT*** tras exposición única, categoría 2 STOT*** tras exposiciones repetidas, categoría 2	H341 H351 H361 H371 H373	Atención	R68 R40 R62, R63 R68 R48	Nocivo
Toxicidad aguda, categoría 4 • Oral • Cutánea • Inhalación	H302 H312 H332	Atención	R22 R21 R20	Nocivo
Corrosión cutánea, categorías 1A, 1B, 1C	H314	Peligro	R34, R35	Corrosivo
Lesión ocular grave, categoría 1	H318	Peligro	R41	Irritante
Irritación cutánea, categoría 2 Irritación ocular, categoría 2 Sensibilización cutánea, categoría 1 STOT*** tras exposición única, categoría 3 • Irritación de las vías respiratorias	H315 H319 H317 H335	Atención	R38 R36 R43 R37	Irritante
• Efectos narcóticos	H336	Atención	Sin símbolo R67	

PELIGROS PARA EL MEDIO AMBIENTE

Clases de peligro y categorías de peligro*	Elementos de la etiqueta NUEVO**		Elementos de la etiqueta ANTIGUO	
Peligroso para el medio ambiente acuático, agudo, categoría 1 Peligroso para el medio ambiente acuático, crónico, categoría 1	H400 H410	Atención	R50 R50/53	Peligroso para el medio ambiente
Peligroso para el medio ambiente acuático, crónico, categoría 2	H411	|	R51/53	Peligroso para el medio ambiente

correspondencias del Anexo VII del Reglamento (CE) n.º 1272/2008. *** Toxicidad especifica en determinados òrganos *(STOT: Specific Target Organ Toxicity)*

Fig. A.6. Aproximación europea SGA (continuación).